최신

원가 관리회계

저자 소개

홍철규 서울대학교 공과대학 산업공학과 학사
서울대학교 대학원 경영학과 석사
London School of Economics(LSE) 회계학 박사
각종 국가공인자격시험 출제위원 다수 역임
기획재정부 공기업, 공공기관 경영평가단 평가팀장
학술지 관리회계연구 편집위원장
한국관리회계학회 회장
현 법무법인 화우 ESG센터 자문교수
중앙대학교 경영경제대학/경영전문대학원 교수

최신

원가 관리회계

초판 발행 2025년 12월 24일

지은이 홍철규
펴낸이 류원식
펴낸곳 교문사

편집팀장 성혜진 | **디자인** 신나리 | **본문편집** 우은영

주소 10881, 경기도 파주시 문발로 116
대표전화 031-955-6111 | **팩스** 031-955-0955
홈페이지 www.gyomoon.com | **이메일** genie@gyomoon.com
등록번호 1968.10.28. 제406-2006-000035호

ISBN 978-89-363-2716-3(93320)
정가 36,000원

저자와의 협의하에 인지를 생략합니다.
잘못된 책은 바꿔 드립니다.

최신

원가 관리회계

중앙대학교 **홍철규** 지음

COST & MANAGEMENT ACCOUNTING

교문사

머리말

본서는 저자의 원가회계 교재와 관리회계 교재를 바탕으로, 원가관리회계 분야의 핵심적인 주제들을 한 학기 동안 함축적으로 학습할 수 있도록 구성한 것이다. 원가계산시스템, 예산과 이익계획, 의사결정, 전략적 원가관리, 책임회계와 성과평가 등 대부분의 중요한 분야를 포괄하고 있으며, 교재의 서술에 있어서 저자가 기존 교재들에서 추구한 깊이와 논리를 유지하고자 노력하였다. 본서는 집필 과정에서 다음 사항에 중점을 두었다.

첫째, 대학생은 물론, MBA 학생들과 일반 경영관리자들이 방대한 원가관리회계의 핵심적인 사항을 단시간에 학습할 수 있도록 하였다.

둘째, 저자의 오랜 국가고시 출제 경험을 바탕으로, 공인회계사와 세무사를 포함한 각종 국가고시 자격증 시험을 준비하는 학생들이 원가관리회계 시험에 효과적으로 대비할 수 있도록 간단하고 명료한 설명에 집중하였다. 그러나, 더 많은 주제에 대해 좀 더 깊이 있게 학습하기를 원하거나, 각종 국가고시에 완벽하게 대비하기를 원하는 독자들은 저자의 원가회계와 관리회계 교재를 권한다.

셋째, 각 장의 마지막에 각종 기출문제를 수록하여 본문에서 학습한 내용을 실전문제를 통해 복습하고 익힐 수 있도록 하였다.

본서의 출간을 위해 도움을 주신 분들께 감사드린다. 교재의 구성에 대해 도움을 준 정준희 교수님께 고마움의 뜻을 전하며, 도서출판 교문사의 류원식 대표님, 성혜진 팀장님, 진경민 부장님께 감사를 드린다.

2025년 12월

저자 홍철규 교수

차례

PART I 원가관리회계 기초

CHAPTER 1 서론

CHAPTER 2 원가의 분류와 제조원가의 흐름

PART II 원가계산시스템의 이해

CHAPTER 3 개별원가계산

CHAPTER 4 원가배분

CHAPTER 5 활동기준원가계산

CHAPTER 6 전부원가계산과 변동원가계산

CHAPTER 7 종합원가계산

CHAPTER 8 결합원가계산과 부산품 회계

PART III 이익계획, 전략적 원가관리, 책임회계

CHAPTER 9 원가-조업도-이익 분석

CHAPTER 10 의사결정과 관련정보

CHAPTER 11 균형성과표, 시간관리, 수명주기원가관리

CHAPTER 12 품질관리, 재고관리, 제약이론

CHAPTER 13 예산과 차이분석 및 표준원가계산

CHAPTER 14 분권화와 사내대체가격, 책임회계와 성과평가

PART

I

원가관리회계 기초

CHAPTER

1

서론

본 장에서는 원가관리회계가 다루는 분야에 대해 전반적으로 소개한다. 관리회계는 경영자의 의사결정에 필요한 정보를 판별해서 수집하고, 보고하는 분야로서, 글로벌 경쟁 속에서 고객가치 창출과 기업가치 제고를 지원한다. 이를 위해 관리회계는 통합적이며, 다기능적인 접근을 통해 가치사슬과 공급사슬에서 기업의 핵심성공요인을 관리할 수 있는 다양한 분석 방법을 제공한다. 관리회계에서 원가정보의 활용형태와 원가정보 산출 시스템에 대해서도 간략히 소개한다.

CHAPTER

1 서론

1. 원가관리회계 학습 내용

관리회계와 재무회계는 회계학의 양대 축을 구성한다. 관리회계와 재무회계의 목적은 정보이용자의 의사결정에 유용한 정보를 제공하는 것이지만, 정보이용자와 의사결정 사안에 있어서 큰 차이가 있다.

재무회계(financial accounting)의 주요 이용자는 투자자, 채권자, 정부 규제기관 등 외부 이해관계자들이다. 따라서 재무회계는 조직이 재무적으로 어떤 상태에 있는지, 일정한 기간에 걸쳐 재무적으로 어떤 성과를 거두었는지를 파악할 수 있게 해주는 재무제표를 작성하는 것이 주요 목적이다. 재무제표는 조직과 외부 이해관계자들을 연결하는 중요한 커뮤니케이션 수단이다.

반면에, **관리회계**(management accounting)의 주요 이용자는 기업 내부 경영관리자들이다. 따라서 관리회계는 내부 경영관리에 필요한 정보를 수집하고, 측정하고, 분석하고, 보고하는 것이 주요 목적이다. 주요 관련분야로는 예산수립, 제품기획과 제품가격결정, 원가관리, 성과측정과 보상 등을 들 수 있다.

재무회계와 관리회계에 모두 관련된 분야가 **원가회계**(cost accounting)이다. 원가회계는 재무상태표의 재고자산(제품과 재공품)의 가치와 손익계산서의 매출원가를 계산하는 데 필요한 원가정보를 제공한다. 또한 관리회계 영역인 예산수립, 원가관리, 가격결정, 성과평가 등 기업가치 제고를 위한 기업 내부의 경영 의사결정에 필요한 원가정보를 제공하는 역할도 한다.

기업가치 제고는 단순히 원가를 줄이려는 공급자 중심의 사고만으로는 달성할 수 없다. 제품의 품질, 고객만족도, 고객 지불의사 등 수요자 관점을 반영해야 한다. 관리회계는 원가회계에서 획득한 정보와 함께, 기업활동과 관련된 다양한 수요자 관점의 정보를 함께 수집하고, 측정하고, 분석하여 기업가치 제

그림 1-1 **재무회계, 관리회계, 원가회계의 비교**

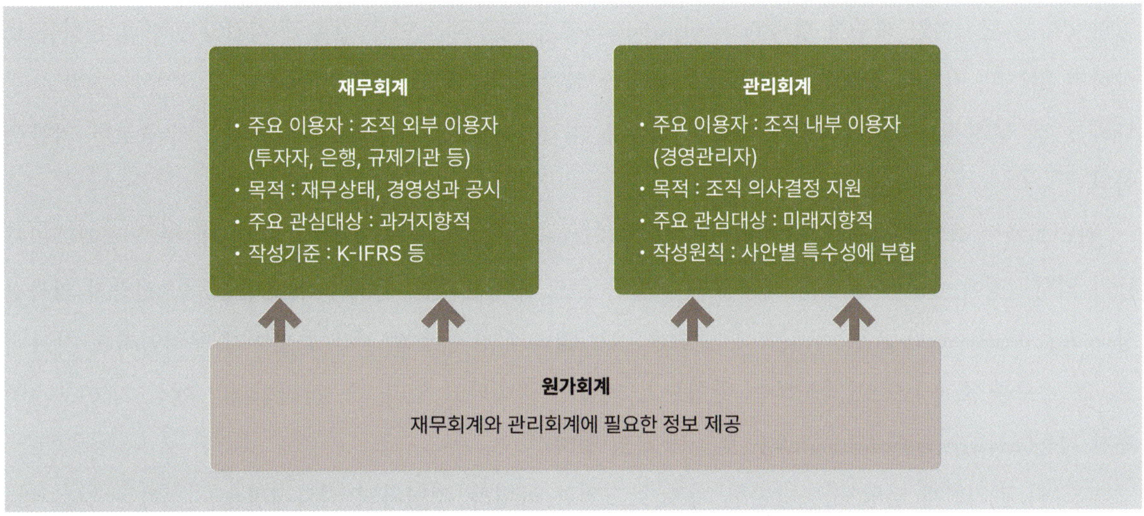

고를 위한 경영자 의사결정을 지원한다.

원가회계와 관리회계는 종종 혼용하기도 하며, 한글 교재에서는 이를 통합해서 **원가관리회계**라고 표현하기도 한다[1]. 본서에서는 전통적인 원가회계의 핵심 주제인 원가계산과 관련된 주제들과 함께, 기업가치 제고를 위한 경영자의 의사결정에 필요한 정보 제공과 관련된 관리회계 주제들을 모두 학습한다. 아울러, 본서에서는 원가회계와 관리회계를 엄격히 구분하지 않고, 대체로 관리회계라는 용어를 포괄적으로 사용하기로 한다.

2. 관리회계의 기능

1) 관리회계의 경영촉진 기능

기업의 성공은 지속적인 이윤 창출을 통해 **기업가치**(firm value)를 증가시키는 것이다. 현대 경영의 특징은 **글로벌 경쟁**(global competition)과 **고객우선주의**(customer orientation)로 요약된다. 기업이 **고객가치**(customer value)

1 대표적인 원가관리회계 분야 교재인 Horngren 교수의 저서는 "Cost Accounting"이라는 타이틀을 사용하고 있으며, "A Managerial Emphasis"라는 부제를 붙이고 있다. 이는 원가회계와 관리회계가 통합된 교재의 성격을 나타낸다.

창출을 통해 지속적인 경쟁력을 확보하지 않고는 글로벌 경쟁 속에서 기업가치를 창출하기 어렵다[2]. 영업이익 등 단기적인 **재무적 성과(financial performance)**는 지속적인 이윤 창출과 기업의 장기적 존립을 보장하지 않는다. 기업의 경쟁력은 고객가치 창출을 위해 효과적인 전략을 개발하고 그 전략을 올바로 구사하는 데 달려 있으며, 관리회계 정보와 기법은 기업이 전략을 개발하고 구사하는 데 중요한 역할을 한다.

관리회계는 과거에는 내부의 핵심적인 운영 자료(operating data)를 추적하여, 하위 및 중간 경영관리자들의 의사결정에 필요한 정보를 제공하는 역할을 주로 수행했지만, 이제는 최고경영층이 **전략적 의사결정(strategic decision-making)**을 내리는 데 필요한 정보(예 고객 만족, 품질, 시간, 효율성)가 무엇인지를 찾아내고, 그 정보를 효과적으로 제공하는 방향으로 역할이 확대되고 있다. 즉, 관리회계의 핵심 기능이 **경영촉진 기능(management-facilitating role)**으로 이동하고 있다.

따라서 관리회계 담당자는 단순한 자료 보고자가 아니라, 경영자의 의사결정을 지원하는 전문가로서, 동적인 기업환경에서 고객가치 창출과 기업 전략의 성공에 중요한 정보를 찾아내고, 요약하고, 분석하고, 보고하는 전문적인 능력을 갖추어야 한다.

경영자의 의사결정에 필요한 정보는 **재무적 정보(financial information)**는 물론, 품질과 시간 등 **비재무적 정보(nonfinancial information)**를 포괄하며, 기업 내부정보(internal information)는 물론 경쟁기업, 시장, 이해관계자 등 기업 외부정보(external information)를 포함한다. 또한 **객관적인 정보(objective information)**는 물론, 특정 분야에 대한 종업원의 업무능력과 교육훈련 수준, 종업원의 회사에 대한 만족도, 고객 충성도와 만족도, 공급업체의 품질과 납기 준수능력 등 **주관적인 정보(subjective information)**도 포함한다.

2) 고객가치 창출과 기업 전략의 실행 지원

고객가치는 고객이 제품(서비스)을 구매함으로써 얻는 총체적 **효익(benefits)**과 고객이 치러야 하는 **희생(sacrifice)**의 차이를 말한다. 고객이 얻는 총체적 효익은 제품을 구매함으로써 얻는 유형, 무형의 모든 혜택을 말한다. 고객이 얻는 혜택에는 제품의 기능과 특성, 품질, 평판, 브랜드명, 지원서비스 등이 모두 포함될 수 있다. 커피 한 잔의 가격은 천차만별이다. 대학교 캠퍼스 내 커피숍에서는 ₩1,800이며, 백운호

2 "우리는 새로운 디지털 환경의 경쟁에서 살아남고 우위를 점하기 위해 어떻게 해야 할 것인가를 깊이 고민했고, 그 해답은 바로 고객 중심 전략에 있다고 판단했습니다."("We need to think existentially about how we compete and win in this new digital environment, and the answer? It's all about customers for me.") (Adrian Hallmark, 벤틀리 회장 겸 CEO)

수 호숫가 커피숍에서는 ₩8,500이다. 소비자는 커피 한 잔의 효익을 커피의 맛으로만 평가하지 않는다.

고객이 치러야 하는 희생에는 구매가격, 제품을 획득하고 사용하는 방법을 이해하는 데 투입하는 노력과 시간, 제품을 사용하고, 유지(수리)하고, 처분하는 데 드는 **구매 후 비용**(postpurchase costs)이 모두 포함된다. 고객가치를 창출하고 증가시키는 것은 고객이 얻는 총체적 효익을 증가시키고, 고객이 치러야 하는 희생은 줄이는 것이다.

> **고객가치(customer value)**
> = 고객이 얻는 유·무형의 총체적 효익(benefits) − 고객이 치러야 하는 희생(sacrifice)

고객우선주의를 바탕으로 경쟁력을 강화하기 위해서는 정교한 **기업 전략**(corporate strategy)이 요구된다. 기업 전략은 다양한 형태로 분류할 수 있으나, 관리회계에서는 고객가치 창출을 위한 기업 전략을 크게 **원가우위전략**(cost leadership strategy)과 **제품차별화전략**(product differentiation strategy)으로 분류하는 경우가 많다.

원가우위전략의 목적은 경쟁자보다 낮은 원가(가격)로 고객에게 더 나은 가치를 제공하여, 고객이 치러야 하는 희생을 줄이는 것이다. 반면에, 제품차별화전략은 고객의 희생을 줄이는 데 집중하기보다 제품의 총체적 효익을 증가시킴으로써 고객가치를 창출하고자 한다. 그러나 제품차별화전략도 고객에게 제공하는 부가적인 가치가 기업이 지출해야 하는 비용을 초과해야 한다[3]. 관리회계는 기업이 전략을 성공적으로 구사하는 데 필요한 원가관리와 고객가치에 관한 정보를 제공한다.

> **고객가치 창출 전략의 핵심요소**
> - 원가우위전략 : 고객의 희생(sacrifice) 감소
> - 제품차별화전략 : 고객의 총체적 효익(benefits) 증가

3 제품차별화전략을 구사하는 대표적인 기업인 Apple의 CEO Tim Cook은 2013년 Bloomberg와의 인터뷰에서 "우리 목표는 저렴한 휴대전화기를 판매하는 것이 아니라, 훌륭한 휴대전화기와 훌륭한 경험을 파는 것이며, 더 낮은 비용으로 이것을 하는 방법을 우리는 알고 있다."("We never had an objective to sell a low-cost phone. Our primary objective is to sell a great phone and provide a great experience, and we figured out a way to do it at a lower cost.")라고 말했다. 제품차별화전략의 본질과 원가관리의 중요성을 잘 보여주는 말이다.

3) 가치사슬과 공급사슬 관리 정보 제공

고객가치는 **가치사슬**(value chain)과 **공급사슬**(supply chain)을 통해 실현된다. **가치사슬**은 고객이 지불할 의사(willingness to pay)가 있는 기업의 활동과 기능들을 진행 순서에 따라 사슬 모양으로 나타낸 것으로, 제조기업의 가치사슬은 그림 1-2와 같다. 연구개발활동으로부터 시작하여, 디자인활동과 제조활동, 제품을 판매하기 위한 마케팅활동과 배송활동 및 고객지원활동이 있으며, 모든 활동을 총괄적으로 조정하고 관리하는 경영관리활동이 있다.

가치사슬 전체에 걸친 모든 세부적인 활동이 고객효익과 고객희생에 영향을 미친다. 각 가치사슬활동의 상대적 중요성은 산업별로 다르고, 기업이 택하는 전략에 따라 다를 수 있다. 기업은 가치사슬활동에 대해 고객들이 부여하는 가치(효익)와 함께, 이들 가치를 제공하는 데 소요되는 원가를 추적하고 관리해야 한다.

고객가치 정보의 예를 들면, 디자인 단계에서는 고객이 제품의 어떤 특성에, 얼마의 가치를 부여하는가? 마케팅 단계에서는 고객은 해당 제품의 브랜드 이미지에 얼마나 많은 가치를 부여하는가? 배송단계에서는 빠른 배송이나 배달기한 준수가 고객에게 얼마나 소중한가? 등이 있다.

그림 1-3은 소비자들의 휴대전화기 구매 의사결정에 영향을 미치는 **제품의 가치속성**(value attribute)에 관한 조사결과이다. 기업은 가격, 무게, 크기를 소비자들의 구매의사에 영향을 미치는 중요한 가치속성으로 판단하지만, 소비자들은 가격, 서비스 대응성, 화면의 선명성, 사용의 편의성을 중요한 가치속성으로 여기고 있는 것으로 나타났다. 이처럼 기업이 판단하는 고객가치는 소비자들이 제품에 부여하는 효익(가치)과 큰 차이가 있을 수 있음에 주의해야 한다.

고객희생에 관한 정보는 고객가치를 제공하는 데 드는 원가에 관한 정보이다. 기업이 지속적인 경쟁우위를 확보하기 위해서는 가치사슬활동의 원가자료를 적극적으로 활용하여 경쟁전략을 개발하고, 전략추진의 효과를 평가하는 **전략적 원가관리**(strategic cost management)를 실행해야 한다.

그림 1-2 제조기업의 가치사슬활동

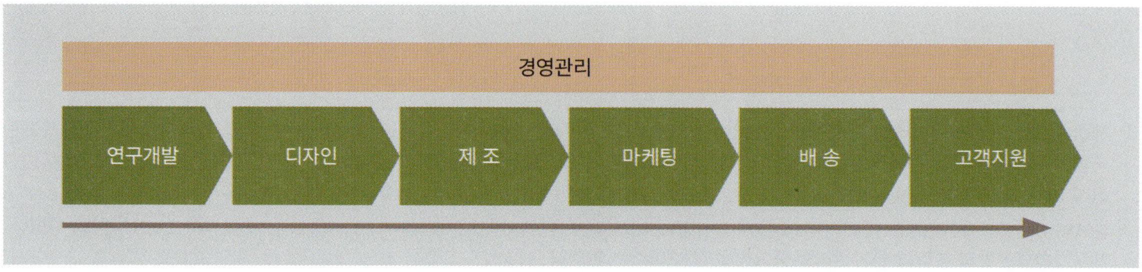

그림 1-3 휴대전화기 가치속성에 대한 기업과 소비자의 관점 차이

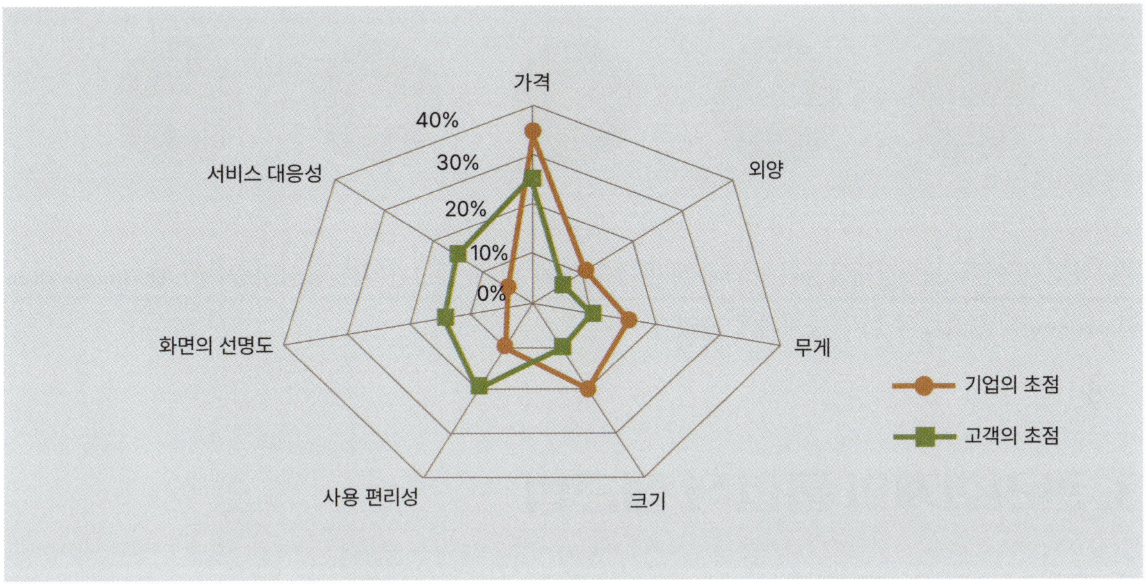

출처 : C.J. Mcnair-Connolly, et al. (2013), Cost Management, Nov/Dec.

공급사슬(supply chain)은 제품(서비스)의 제조와 배송(전달)과 관련된 일련의 활동으로, 관련활동이 기업의 내부에서 이루어질 수도 있고 외부에서 이루어질 수도 있다. 공급사슬은 원재료를 공급하는 기업으로부터 고객에게 제품을 전달하는 기업까지 여러 기업이 하나의 산업 영역을 구축하고 있는 경우가 많다. 예를 들어, 자동차산업에서 공급사슬에는 철강 등 원재료 공급업체, 부품제조업체, 완성차업체, 육해상 운송업체, 자동차판매업체 등이 포함된다.

기업은 경쟁기업보다 공급사슬을 더 잘 관리함으로써 경쟁우위를 확보할 수 있다. 고품질의 부품을 적기에 공급받는 것은 고품질의 제품을 고객에게 제공하는 것만큼 중요하다. 공급사슬의 원가관리를 위해서는 공급사슬에 있는 기업들의 활동에 대한 통합조정이 필요하다. 재고 정보의 공유를 통한 불필요한 재고의 최소화, 부품 품질 유지, 규정된 납품 일정 준수 등이 공급사슬 원가관리의 중요한 요소이다.

제품의 최종 사용자인 고객이 제품에 대해 지불하는 희생(가격)에는 공급사슬에 있는 모든 기업의 원가가 포함된다. 따라서 공급사슬에 있는 기업 전체의 원가를 효과적으로 관리하지 않으면 원가경쟁력을 확보할 수 없다. 예를 들어, 자동차 공급사슬에서 1차, 2차, 3차 공급업체들과 운송업체, 유통업체들의 원가는 완성차업체의 원가경쟁력과 직결된다.

최근 COVID-19 대유행과 함께 **공급망 대란**(supply chain disruption)이 발생하고 반도체, 2차 전지 등

그림 1-4 자동차 제품의 공급사슬

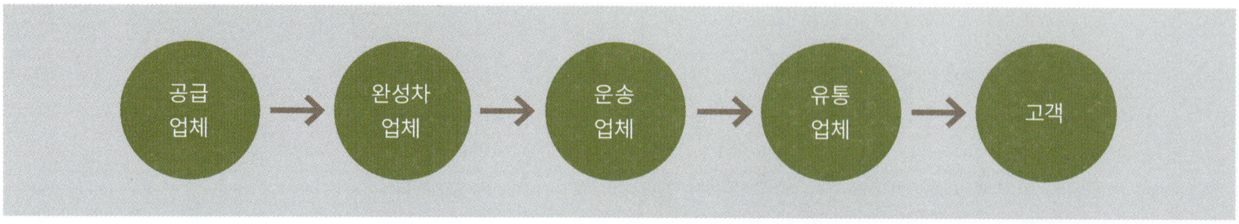

첨단산업 분야에서는 강대국들의 이해관계가 충돌함에 따라 재고관리와 **공급사슬(망) 관리**(supply chain management)의 중요성이 더욱 증가하게 되었다.

3. 관리회계의 통합적 접근법

1) 통합적·다기능적 접근

고객효익과 고객희생은 상호 밀접하게 연관되어 있다. 제품(서비스)의 품질, 고객대응시간, 고객만족도, 가격(원가)을 서로 분리해서 생각할 수 없다. 동적인 경쟁환경에서 경쟁력을 확보하기 위해서는 고객효익과 고객희생에 대한 **통합적 접근**(integrative approach)이 필요하다.

원가관리(cost management)는 관리회계의 통합적 접근법을 실행하는 중요한 도구이다. 원가관리는 고객가치 창출을 위해 기업의 자원을 관리하는 활동으로서, 전통적인 재무적 접근법인 **원가절감**(cost reduction)과 구분되어야 한다. 원가절감은 고객의 효익을 충분히 고려하지 않고 원가를 줄이는 데 집중하지만, 원가관리에서는 고객효익과 고객가치 창출을 위해 필요한 경우 의도적으로 더 많은 원가를 투입할 수 있다. 예를 들어, 신속한 배송이 고객가치의 중요한 요소라면, 기업은 배송활동에 더 많은 자원을 투입해서 고객가치를 창출함으로써 더 많은 이익을 획득할 수도 있다.

휴대전화기 구매 의사결정(그림 1-3)의 예를 들면, 기업은 고객이 제품의 각 가치속성에 부여하는 효익(가치)의 상대적 중요성을 고려하여 기업의 자원투입 의사결정을 내려야 한다. 원가관리의 핵심은 **고객가치에 기초한 원가관리**(value-based cost management)이며, 이를 위해 고객의 선호와 고객 만족 등 비재무적인 정보(nonfinancial information)를 적극적으로 활용해야 한다. 고객가치를 충분히 고려하지 않는 원가절감은 단기적인 재무적 성과(financial performance)를 창출하는 데는 도움이 될 수도 있지만, 장기적인 경쟁력 확보에는 부정적인 영향을 미칠 수도 있다.

가치사슬활동의 원가관리에도 통합적인 관점이 요구된다. 연구개발과 디자인활동에 더 많은 원가를 투입할 경우, 제조, 마케팅, 고객지원활동의 원가를 줄일 수 있게 되어 전체 원가를 줄일 수도 있다. 이처럼 원가관리는 활동별로 원가를 독립적으로 관리하는 것이 아니라, 가치사슬활동 전체에 대해 통합적으로 실시해야 한다.

또한 전략을 개발하거나 문제를 찾아내고 해결책을 제시하기 위해서는 제조, 마케팅, 회계/재무 등 기능별 접근이 아닌 **다기능적 접근**(cross-functional approach)이 요구된다. 예를 들어, 마케팅 전략은 제품의 판매량과 판매 시기는 물론, 제품의 제조와 부품 구매에도 영향을 미친다. 고객이 요구하는 제품의 기능은 제조원가에 영향을 미친다. 따라서 기능별 독립적인 접근은 기업의 역량과 자원과 활동을 고객가치 창출에 집중하기 어렵게 한다.

가치사슬과 공급사슬에 대한 통합적인 관리는 비즈니스 전 분야에 대한 전문적인 지식을 요구한다. 관리회계시스템은 여러 경영관리시스템 중 하나지만, 기업의 가치사슬과 공급사슬 관리를 고객효익과 고객희생, 즉 고객가치(customer value) 관점에서 통합적으로 분석하고 관리할 수 있는 체계를 제공한다.

마지막으로, 전략의 성공적 실행을 위해서는 전략추진의 핵심적인 성과를 측정하고 관리해야 한다. 관리회계는 **균형성과표**(BSC, Balanced Scorecard)를 이용하여 재무적·비재무적 성과를 통합적으로 균형 있게 측정하고 피드백함으로써, 전략의 실행력을 강화한다.

2) 활동기준원가계산과 활동기준경영관리

조직에서 가치사슬활동의 원가관리를 위해 **활동기준경영관리**(ABM, Activity-Based Management)를 사용할 수 있다. 활동기준경영관리는 **활동**(activity)을 기본 단위로 고객가치와 기업가치 제고를 추구하는 통합적인 접근법이다.

활동기준경영관리는 두 가지 도구를 사용한다. 하나는 **활동기준원가계산**(ABC, Activity-Based Costing)이다. 활동기준원가계산은 제조원가는 물론 디자인과 엔지니어링, 마케팅, 배송, 고객지원, 일반관리 등 전 가치사슬활동의 원가를 세부 **활동**(activity)별로 추적하고 집계하여 제품과 고객에게 할당함으로써 원가계산의 정확성을 높인다. 활동기준원가계산에서 산출되는 다양한 **원가동인**(cost driver)에 관한 정보는 각 활동의 원가발생 원인을 파악하게 해줌으로써 원가를 인과관계적으로 관리할 수 있게 해준다.

활동기준경영관리(ABM)가 사용하는 다른 도구는 **프로세스가치 분석**(process value analysis)이다. 활동기준경영관리는 개념적으로 모든 활동(프로세스)을 고객에게 가치(효익)를 부여하는 **부가가치활동**(value-added activities)과 고객에게 가치를 부여하지 않는 **비부가가치활동**(nonvalue-added activities)으로 구분한다. 부가가치활동은 프로세스 개선을 통해 효율화하고, 비부가가치활동은 점진적으로 제거하거나 최소한으로 줄이는 접근법을 사용한다.

4. 관리회계에서 핵심성공요인과 지속가능성 관리

경쟁이 덜 심했던 과거에는 기업은 공급자 관점에서 비교적 소수의 제품을 오랫동안 대량으로 생산하여 판매할 수 있었다. 그러나 경쟁이 심화됨에 따라 제품의 수명주기는 짧아지고, 고객가치 창출이 중요한 성공요소가 되었다. 고객가치 창출을 위한 대표적인 **핵심성공요인**(KSF, Key Success Factor)으로는 **원가**(cost), **품질**(quality), **시간**(time), **혁신**(innovation), **지속가능성**(sustainability)을 들 수 있다. 고객이 원하는 고품질의 제품(서비스)을 고객이 지불할 용의가 있는 가격으로 빠른(희망하는) 시간에 공급하는 능력이 경쟁력의 핵심이다. 이들 요인의 성공적 실행은 기업의 가치사슬(value chain)활동과 공급사슬(supply chain)의 성공적 관리에 달려 있다. 핵심성공요인에 대해 하나씩 살펴보자.

원가(cost)

원가는 제품(서비스)의 가격에 영향을 미치는 중요한 요소이다. 기업이 어떤 전략을 택하든, 고객가치 창출에 기반을 둔 원가절감은 고객희생을 감소시킴으로써 고객가치(customer value)를 증가시킬 수 있다. 기업은 연구개발, 디자인, 제조, 마케팅, 배송, 고객지원 등 기업이 수행하는 각종 활동(activity)의 원가를 세부적으로 파악하고 원가 발생원인을 찾아 관리함으로써, 가치사슬활동의 효율성(efficiency)을 높여야 한다. 또한 공급사슬 관리를 통해 낮은 가격으로 원재료와 부품을 조달해야 한다.

품질(quality)

경쟁이 심화됨에 따라 제품(서비스)의 품질은 선택이 아닌 필수 요소가 되었다. 고객의 기대를 충족하지 못하는 제품은 가격과 상관없이 고객의 선택을 기대하기 어렵다. 품질관리는 고객효익의 증가를 통해 고객가치를 증가시킬 뿐만 아니라, 기업의 원가관리에도 중요한 역할을 한다. 제품의 품질 향상은 불량품과 낭비를 줄이고, 불필요한 재고 부담을 줄이는 등 원가를 감소시키는 효과가 있다. 내부 제조공정의 품질관리는 물론, 공급업체가 고품질의 원재료와 부품을 공급할 수 있도록 관리해야 한다.

시간(time)

경쟁이 심화되고 고객의 욕구가 다양해짐에 따라, 제품의 수명주기는 짧아지고 고객은 새로운 제품을 더 빨리 원하고 있다. 혁신적인 제품을 짧은 시간에 개발하고, 제품 제조시간을 단축하고, 제품을 신속하게 배송(및 기한 내 배송)하는 것은 고객효익의 중요한 요소로 자리 잡게 되었다. 따라서 신제품 개발능력을 높이고, 고객이 가치를 부여하지 않는 비부가가치 활동의 시간(non-value added time)을 줄여 고객 대응성(customer responsiveness)을 높여야 한다.

혁신(innovation)

제품의 수명주기가 짧아짐에 따라 기업에서 혁신은 고객가치 창출의 중요한 요소가 되었다. 고객가치와 기업가치 제고를 위해 제품과 서비스의 혁신은 물론, 비즈니스 모델, 제조공정, 마케팅, 배송, 고객서비스 등 기업활동 전체의 혁신이 요구된다.

지속가능성(sustainability)

최근 사회적으로 **ESG**라 불리는 **환경(environmental)**, **사회(social)**, **지배구조(governance)** 분야에서 '좋은(good)' 기업에 대한 요구가 증가하고 있다. 기후변화가 극심해짐에 따라 지구환경의 지속가능성에 관한 관심이 점차 증가하고 있으며, 이산화탄소 등 **온실가스(greenhouse gas) 배출**에 대한 정부의 규제도 강화되고 있다. 소비자들과 비영리단체 등 **이해관계자(stakeholder)**들도 환경문제에 관해 기업에 압력을 가하고 있다. 사회(social) 분야에서, 종업원들은 더 안전한 근로환경과 더 나은 보상을 요구하고 있다. 고객 우선주의(customer orientation)와 함께, **ESG(지속가능성) 경영**은 투자자와 소비자들의 선택을 받기 위한 또 하나의 중요한 경영 기준이 되고 있다.

관리회계의 균형성과표(BSC)는 핵심성공요인에 대한 기업의 성과를 추적하고 관리하는 수단으로서, 이들 요인이 원가와 고객가치, 기업가치에 미치는 영향을 종합적으로 측정하고, 평가할 수 있게 해준다.

5. 관리회계와 경영자의 계획 및 통제 기능

경영활동은 계획을 세우고(plan), 이것을 실행하며(do), 실행결과를 평가하고 이를 다시 계획에 피드백하는(see) **PDS(Plan-Do-See)** 순환과정을 거친다. 이 순환과정에서 경영관리자는 **계획(planning)**과 **통제(control)**

기능을 수행하며, 이에 필요한 **의사결정**(decision-making)을 내리게 된다.

1) 계획기능

계획(plan) 단계에서는 새로운 사업에 진출할 것인지? 기존의 사업부를 폐지할 것인지? 어떤 제품을 만들 것인지? 몇 개를 만들 것인지? 부품을 내부에서 생산할 것인지, 외부에서 조달할 것인지? 어떤 재료를 사용할 것인지? 품질을 어떻게 개선할 것인지? 얼마에 팔 것인지? 광고비에 얼마를 쓸 것인지? 금년도 목표이익은 얼마가 적정한지? 언제, 얼마의 자금을 조달할 것인지? 중간 및 하위경영자들에 대한 성과평가 측정과 보상을 어떻게 할 것인지? 등에 관한 의사결정을 내린다. 이러한 의사결정은 기업이 택하는 전략의 영향을 받는다. **예산**(budget)은 계획 단계에서 가장 중요한 기능을 하는 도구이다.

2) 통제기능

통제(control) 단계에서는 계획 단계에서 내린 의사결정의 **실행**(Do) 과정을 모니터하고, 계획과 비교하여 성과를 평가하고, 결과를 **피드백**(feedback)하여 필요한 수정 조치를 내리고, 보상과 관련된 의사결정을 내린다. 예를 들어, 제품의 품질과 제조공정에 문제가 없는가? 원재료 조달과 부품 재고에 문제가 없는가? 원가가 설정된 표준을 초과하여 발생하고 있지 않은가? 판매량이 기대치를 충족하고 있는가? 고객 배송시간은 준수되고 있는가? 신제품 개발은 계획된 일정대로 진행되고 있는가? 고객 불만 사항은 무엇인가? 관리자의 성과는 적절한가? 등을 모니터하고, 문제가 발견되면 해결방안을 제시한다.

단위조직의 실제 성과(actual results)를 예산(budget)과 비교하는 **성과보고서**(performance report)는 관리자의 성과를 평가하는 기초 자료의 역할을 한다. 또한 기업이 선택한 전략과 의사결정의 효과를 분석하고, 예산과의 차이를 분석하여 문제점을 발견하며, 대안을 제시하여 차기 계획 수립에 피드백하는 유용한 도구로서 역할을 한다.

관리회계는 경영자의 계획과 통제기능과 관련된 각종 의사결정에 필요한 정보를 제공하는 역할을 한다. 경영자는 계획 단계에서 경쟁자 정보, 경영환경 정보, 미래에 대한 예측 정보, 재무적 시나리오 등을 필요로 하며, 통제 단계에서는 실행과정에서 측정한 각종 재무적·비재무적인 성과에 관한 정보를 필요로 한다.

3) 계획과 통제 기능의 충돌 가능성

기업 주주들의 목적은 기업이 장기적으로 이윤을 창출하여 기업가치를 증가시키는 것이다. 그러나 관리자와 종업원과 공급업체는 주주들의 목적과 다른 자신들의 이해관계(self-interest)를 추구한다. 최고경영층은 경영통제(management control)활동을 통해 관리자들의 이해관계가 주주들의 목적과 일치되도록(align) 유도해야 한다.

기업의 **관리회계시스템**은 계획과 통제 기능에 필요한 정보를 제공한다. 그러나 동일한 관리회계 정보를 계획과 통제목적으로 동시에 사용하면 시스템 내부에 충돌(trade-off)을 일으킬 수 있다. 대표적으로, 예산(budget)은 계획기능에 중요한 역할을 하지만, 실제 성과를 평가하고 비교하는 기준점으로서 통제기능에도 중요한 역할을 하는 경우가 많다. 회사의 기획부서에서 판매직 사원들에게 내년도 예상판매액에 관한 정보를 요구할 수 있다(계획목적). 그러나 그 예상판매액 수치가 자신들의 내년도 성과평가에 사용된다면(통제목적), 판매직 사원들은 내년도에 달성할 수 있는 최대목표보다 낮은 수치를 예상판매액으로 보고할 가능성이 크다.

따라서 경영자의 의사결정에 필요한 정보를 수집하고, 분석하고, 보고하는 과정에서 관리회계 담당자는 계획과 통제 기능 사이에 발생할 수 있는 충돌 가능성을 항상 고려해야 한다. 업무를 실제로 수행하는 사람의 유인을 올바로 고려하지 않는다면, 경영자의 계획과 통제 기능 모두 올바로 작동하기 어렵다.

4) 관리회계 정보와 관리회계시스템

관리회계 정보는 가치사슬과 공급사슬 및 고객과 경쟁기업에 대한 다양한 정보를 포함한다. 그러나 이런 정보들이 하나의 **정보시스템(information system)**을 통해 제공될 필요는 없다. **관리회계시스템**은 기업의 여러 정보시스템의 일종으로서, 예산, 제품원가, 부문별 실적 등에 관한 정보와 지식을 제공하고, 제조와 마케팅, 고객지원 등의 분야에 대한 정보는 다른 정보시스템을 통해 제공될 수도 있다. 정보시스템의 형태는 조사분석이나 메모 등 비공식적인 형태가 될 수도 있고, IT 시스템을 통한 공식적인 전자시스템의 형태가 될 수도 있다.

또한 관리회계시스템은 독립적인 시스템이 아닌 재무회계 정보와 관리회계 정보를 통합적으로 관리하는 **내부회계시스템(internal accounting system)**의 형태로 구축되는 경우가 더 일반적이다.

외부보고(재무회계)를 위한 정보와 내부보고(관리회계)를 위한 정보는 성격상 많은 차이가 있어 통합적으로 운용될 경우 오용의 소지가 있지만, 각각 별도의 정보시스템을 구축하고 유지하는 것은 비용이 많이 들고, 사용자들의 혼란을 불러올 수 있기 때문이다. 아울러, 관리회계 정보는 많은 비정형적인 의사결정을 대상으로 하고 있어, 내부 회계시스템이 모든 의사결정에 관한 정보를 별도로 담기 어렵다. 따라서 하나의 회계시스템을 유지하면서 의사결정 상황에 따라 관련자료를 새로이 재분류하고, 재결합하고, 재조직하는 것이 바람직할 수 있다.

지금까지 설명한 관리회계와 고객가치, 기업가치의 관계를 총괄적으로 요약해서 나타내면 **그림 1-5**와 같다.

그림 1-5 **관리회계와 고객가치, 기업가치의 관계**

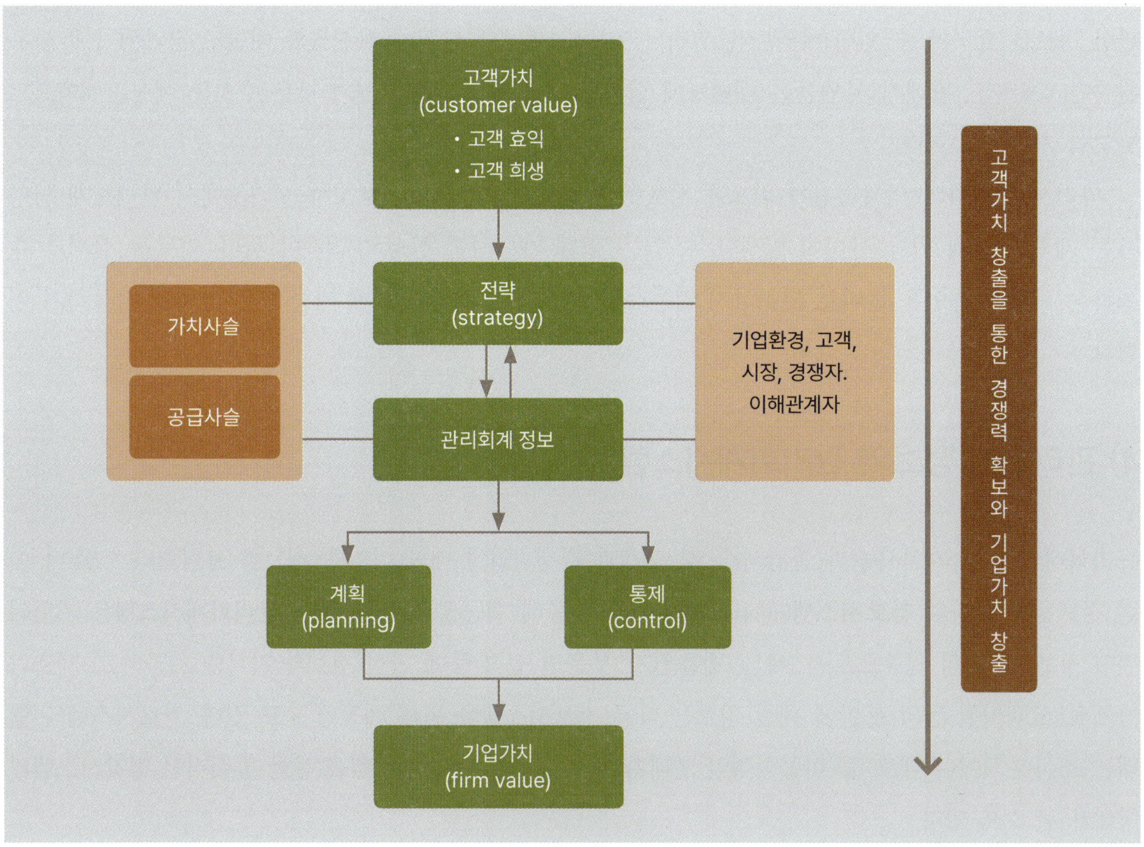

6. 다양한 원가개념

원가(cost)는 "재화나 용역을 얻기 위해 희생된 경제적 효익" 또는 "특정 목적을 달성하기 위해 소비한 자원의 화폐적 가치"로 정의되며, 소비한 자원의 화폐적 가치는 대체로 자원을 획득하기 위해 지불해야 하는 금액으로 측정한다. 이런 정의에도 불구하고 현실적으로 원가를 측정하기 위해서는 고려해야 할 사항들이 많다.

예를 들어, 어떤 제품을 만들어서 소비자들에게 판매하기 위해 제조원가와 광고비를 지출했다고 가정해보자. 이때 광고비는 제품의 원가인가? 정답은 "목적에 따라 다르다"("different costs for different purposes!")는 것이다. 만약 재무제표 작성이 목적이라면 제품의 원가에는 **제조원가**만 포함되며, 광고비는 포함되지 않고 발생한 기간에 비용으로 처리해야 한다. 일반적으로 인정된 회계원칙에서 제품원가의 범위를 엄격하게 제한하고 있기 때문이다. 그러나 제품가격 결정이나 제품수익성 평가가 목적이라면, 광고비가 제품원가에 포함될 것이다. 광고비도 제품과 관련해서 발생한 원가로서 이익을 내기 위해서는 회수해야 하기 때문이다.

가격결정을 위한 원가도 상황에 따라 그 범위가 다를 수 있다. 예를 들어, 기업은 단기적인 가격을 결정할 때 경쟁상황과 경기 등을 종합적으로 고려하는데, 이때 제품원가는 단기적으로 회수해야 할 최소한의 원가로서 재료원가와 노무원가만 대상이 될 수도 있다. 그러나, 장기적으로 투자수익을 확보하는 데 필요한 제품의 평균적인 가격수준을 결정할 때는 제품원가에 고정설비의 원가도 포함해야 한다. 이와 같이 원가는 의사결정 상황과 목적에 따라 다르게 정의해야 한다.

예제 1-1

다음은 로봇 진공청소기를 제조하여 판매하는 ㈜나이슨에서 202X년에 발생할 것으로 예상되는 원가(비용) 항목의 일부를 나타낸 것이다.

가. 제품의 재료원가
나. 제품 고객배송비용
다. 제품 TV 광고비
라. 회사 대표이사 급여
마. 공장 감가상각비
바. 기술개발을 위한 연구비
사. 공장 근로자 급여

위 원가(비용) 항목 중에서 재무상태표의 제품 가치측정과 제품의 정상가격 결정 시에 각각 반영할 필요가 있는 원가(비용) 항목을 찾아보자.

예제에서 제품의 재료원가, 공장 감가상각비, 공장 근로자 급여는 제품의 제조원가로서 재무상태표의 제품 가치에 포함되지만(제조원가에 대해서는 제2장과 제3장에서 자세하게 학습한다), 나머지는 제조원가가 아니므로 재무제표 작성 목적의 제품원가에 해당하지 않는다. 그러나, 제품의 정상적인 가격 결정을 위해서는 회사의 모든 비용이 제품원가의 고려대상이 된다(표 1-1). 이처럼 목적에 따라 포함되는 원가의 범위도 달라진다.

표 1-1 ㈜나이슨의 주요 목적별 원가(비용) 항목 포함 여부 | 예제 1-1

원가(비용) 항목	재무상태표의 제품 가치측정	제품의 정상가격 결정
가. 제품의 재료원가	○	○
나. 제품 고객배송비용		○
다. 제품 TV 광고비		○
라. 회사 대표이사 급여		○
마. 공장 감가상각비	○	○
바. 기술개발을 위한 연구비		○
사. 공장 근로자 급여	○	○

7. 원가정보의 활용

원가회계를 통해 생산되는 **원가정보**는 단순히 원가계산 결과 수치만을 의미하지 않으며, 원가계산 과정에서 발생하는 다양한 정보를 포함한다. 제품별·부문별·활동별 원가 규모, 원가요소(재료, 노무 등)별 원가 규모, 원가발생의 원인, 여러 분야 원가들의 상호관계, 원가의 변화행태, 설비의 활용도, 재료공급과 제품판매 관련 시장 동향 등 광범위하다. 원가정보의 활용은 그림 1-6과 같이 나타낼 수 있다. 원가정보의 활용에 대해 좀 더 구체적으로 살펴보자.

1) 재무제표 작성

재무상태표의 주요 **재고자산**에는 재료, 재공품, 제품이 있다. **재료**는 외부로부터 취득한 것으로서, 취득원가에는 구입가격과 운송비용 등 부대비용이 포함된다. **제품**은 즉시 판매할 수 있는 상태에 있는 완성

그림 1-6 **원가정보의 활용 분야**

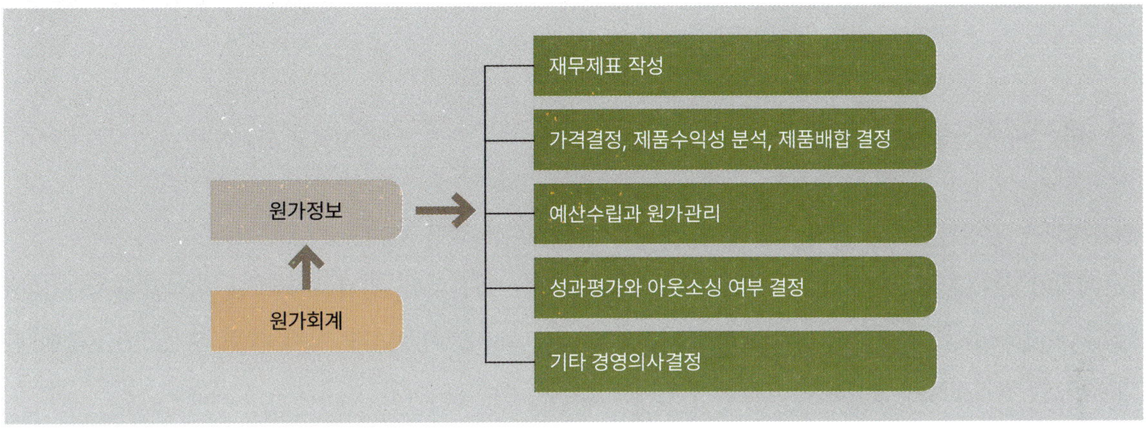

품이다. **재공품**은 재료가 가공되기 시작한 시점부터 완성되기 직전까지 모든 중간 단계에 있는 미완성품이다. 재고자산 중에서 재료의 원가는 쉽게 측정할 수 있지만, 재공품과 제품의 원가는 복잡한 계산 과정을 통해 얻을 수 있다. 원가회계의 가장 중요한 기능 중의 하나가 바로 재공품과 제품의 원가를 계산하는 것이다.

원가정보는 **손익계산서** 작성에도 필요하다. 손익계산서의 비용 중에서 가장 큰 비중을 차지하는 항목이 **매출원가**이다. 매출원가란 판매된 제품의 원가로서, 매출원가를 알기 위해서는 제품원가계산이 필요하다. 시간흐름상으로 볼 때, 제품은 판매되기 전에는 재무상태표에 제품으로 기록되지만 판매될 때 매출원가로 대체된다. 손익계산서의 매출에서 매출원가를 차감한 금액이 **매출총이익**(gross margin)이다.

매출총이익 = 매출 − 매출원가

2) 가격결정, 제품수익성 분석, 제품배합 결정

기업이 제품가격을 결정할 때 제품원가를 고려하는 것이 일반적이다. 정부와의 제품공급 계약을 체결할 때도 원가정보는 가격산정을 위한 핵심자료가 된다. 따라서, 제품원가 정보가 왜곡되면 잘못된 가격결정을 내릴 수 있고, 제품수익성에 대해서도 잘못된 판단을 내리게 된다. 만약 실제로 수익성이 낮은 제품을 수익성이 높은 제품으로 오해하여 생산을 확장하고, 반대로 실제로 수익성이 높은 제품의 생산을 축소하는 경우, 기업은 중대한 위험에 처하게 된다.

최근 들어, 경쟁이 증가함에 따라 기업이 생산하는 제품의 종류가 점점 다양해지고 있으며, 생산과 정도 점점 복잡해지고 있다. 이런 상황에서 정확한 제품원가의 산출은 어렵고도 중요한 과제가 되고 있다.

3) 예산수립과 원가관리

원가정보는 경영관리자의 계획과 통제 기능 모두에 중요한 역할을 한다.

계획기능과 관련하여, 기업은 연말에 차년도 매출예산, 생산예산, 원가(비용)예산, 이익예산 등 영업예산(operating budget)을 수립하고, 예산재무제표(pro forma statement)를 작성한다. 이때 제품, 부문, 공정 등에 관한 다양한 원가정보는 중요한 기초자료가 된다.

통제기능과 관련하여, 원가정보를 이용하여 설정한 원가(비용)예산은 기업활동에서 발생하는 원가의 효율성을 판단하고 원가발생을 통제하는 기준점(표준)으로서, 실제 발생원가가 예산으로부터 크게 괴리되는 경우 경영자의 주의를 환기시키는 역할을 한다.

원가절감과 관련된 기능으로서, 주요 활동의 원가 발생원인에 관한 정보(예를 들어, 배송원가를 발생시키는 요인은 제품의 부피)는 원가절감에 대한 구체적인 방향성을 제시한다. 또한, 원가정보는 기업의 가치사슬활동들의 원가 상호관계를 파악할 수 있게 해줌으로써 전반적인 원가절감을 가능하게 한다. 예를 들어, 디자인에 더 많은 자원을 투입하여 제품의 복잡성을 낮춤으로써, 복잡성의 영향을 받는 제조, 마케팅, 배송, 고객지원활동의 원가를 대폭 절감할 수도 있다. 이처럼 원가정보는 원가절감과 원가통제 등 **원가관리(cost management)** 전반에 중요한 역할을 한다.

4) 성과평가와 아웃소싱 여부 결정

일반적으로 기업은 정기적으로 각 부서의 성과를 평가하고 그 결과를 토대로 구성원들에게 보상을 제공한다. 평가와 보상은 중요한 통제 기능 중 하나이다. 부문별·제품별·활동별 원가(비용) 예산과 발생액의 차이는 담당자의 성과를 평가하는 데 중요한 자료가 된다.

또한, 원가정보는 각종 부품의 자체제작/아웃소싱 여부 및 고객 전화응대활동과 IT활동 등 내부 활동의 외주 여부를 결정할 때도 중요한 역할을 한다.

8. 원가계산시스템의 종류

이제 원가정보를 산출하는 제조기업 **원가계산시스템**의 종류에 대해 간략히 살펴보자. 원가계산시스템은 제조활동의 형태와 원가정보의 사용 목적 등에 따라 종류가 다양하다. 이를 **3차원 모델**로 나타내면 그림 1-7과 같다.

- 첫 번째 차원은 **원가집계방법**이다. 제조활동의 형태에 따라 크게 **개별원가계산**(job costing)과 **종합원가계산**(process costing)으로 구분된다. 기업이 여러 종류의 제품을 생산하는 경우 각 제품의 원가를 따로 계산해야 하며, 이때 주로 사용하는 방식이 개별원가계산이다. 반면에, 한 가지 종류의 제품을 연속적으로 대량생산하는 경우에는 완성품과 미완성품(재공품)의 원가를 별도로 계산해야 하며, 이때는 종합원가계산을 사용한다. 그 외에 개별원가계산과 종합원가계산 방식이 혼합된 조별원가계산, 혼합원가계산(hybrid costing) 등이 있다.
- 두 번째 차원은 **제품 원가의 범위**이다. 제품원가의 범위를 변동제조원가로 한정할 것인지, 고정제조원가까지 포함할 것인지에 따라, **변동원가계산**(variable costing)과 **전부원가계산**(absorption costing)으로

그림 1-7 원가계산시스템의 3차원 모델

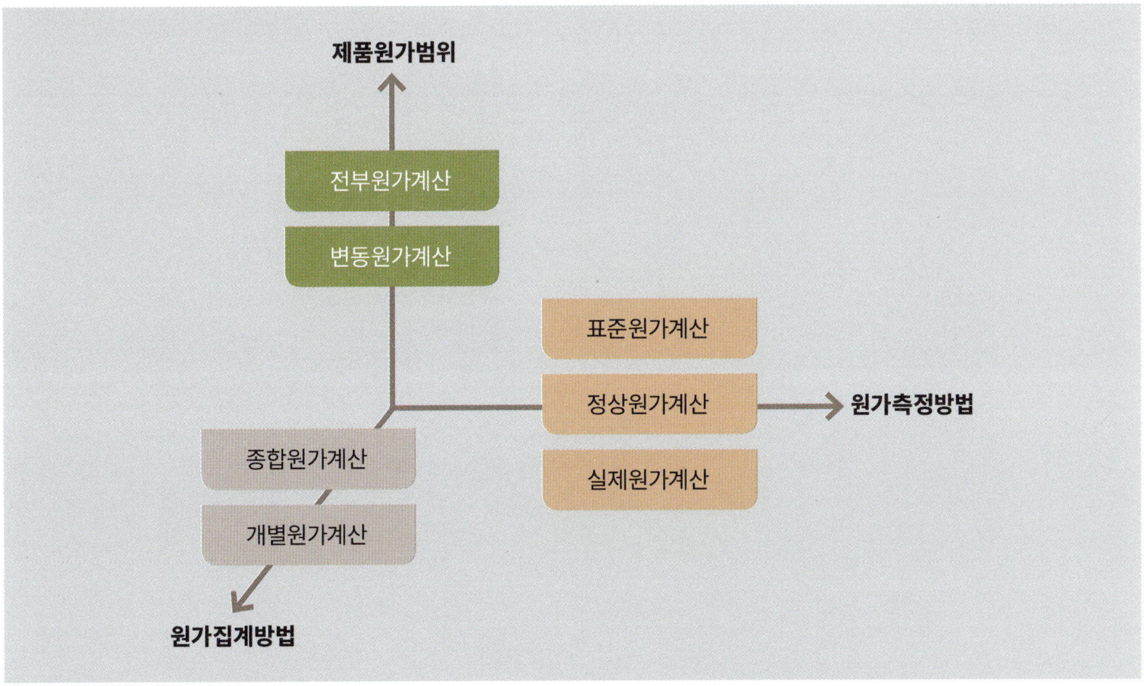

구분된다. 재무제표 작성을 위해서는 모든 제조원가를 제품원가에 포함하는 전부원가계산을 사용해야 한다. 그러나, 전부원가계산의 문제점으로 인해 내부보고 목적으로는 변동제조원가와 고정제조원가를 별도로 구분하여 손익을 계산하는 변동원가계산이 바람직할 수 있다.

- 세 번째 차원은 **원가측정방법**이다. 원가측정방법에 따라 원가계산시스템은 **실제원가계산**(actual costing), **정상원가계산**(normal costing), **표준원가계산**(standard costing)으로 구분된다. 실제원가계산은 실제 발생원가를 제품원가로 기록하는 방식이다. 정상원가계산은 제품원가 중에서 일부 원가요소는 실제 발생원가가 아닌 기초에 추정한 예산을 토대로 원가를 계산하는 방식이다. 재무제표 작성은 실제원가계산을 원칙으로 하고 있으나, 실제원가계산 방식에서는 연말 이전에는 완전한 원가정보 획득이 어려워, 정상원가계산이 현실적으로 많이 사용된다. 표준원가계산은 모든 원가요소를 미리 설정한 표준금액(예산)으로 측정하는 방식이다. 표준원가계산제도에서는 미리 설정된 표준을 사용하므로 실제 발생원가의 적정성을 조기에 판단할 수 있도록 해준다.

실무적으로, 원가회계시스템은 3차원 모델(원가집계방법, 원가의 범위, 원가측정방법)의 조합으로 결정된다. 예를 들어, [개별원가계산+전부원가계산+정상원가계산] 방식을 택하거나, [종합원가계산+전부원가계산+표준원가계산] 방식이 가능하다.

연습문제

01 관리회계의 기능

관리회계의 기능에 대한 다음 설명 중에서 적절하지 않은 것은?

① 관리회계는 기업가치 제고를 위한 전략을 개발하고 전략을 구사하는 데 유용한 정보를 제공한다.
② 고객이 제품에 부여하는 가치는 마케팅 분야의 주요 기능이므로 관리회계의 관심 영역이 아니다.
③ 관리회계는 재무적 정보와 비재무적 정보를 제공함으로써 경영을 촉진하는 기능을 한다.
④ 관리회계는 의사결정 지원을 위해 기업 내부 정보는 물론 기업 외부 정보를 제공하며, 객관적인 정보는 물론 의사결정에 도움이 되는 주관적인 정보도 제공한다.

02 기업가치와 고객가치

기업가치와 고객가치에 관한 다음 설명 중에서 적절하지 않은 것은?

① 기업가치를 창출하기 위해서는 고객가치를 창출해야 한다.
② 제품의 평판과 관련된 지원서비스도 고객가치에 영향을 미친다.
③ 기업의 제품 제조원가는 제품가격에 반영되므로 고객가치에도 영향을 미친다.
④ 제품차별화전략은 고객의 효익을 증가시키는 전략을 구사하는 기법이므로 원가관리는 중요한 요소가 아니다.

03 원가관리의 이해

원가관리에 대한 다음 설명 중에서 적절하지 않은 것은?

① 원가관리는 고객가치와 무관하게 원가를 최대한 줄여 단기적 이익을 창출하는 데 집중한다.
② 원가관리는 디자인, 제조, 고객지원 등 가치사슬활동 상호 간에 미치는 영향을 고려한다.
③ 원가 등 재무적인 요소는 균형성과표를 이용하여 품질, 시간과 같은 비재무적인 요소와 함께 균형 있게 관리해야 한다.
④ 기업 내부의 원가는 물론 공급사슬에 있는 외부 기업들의 원가도 기업의 원가경쟁력에 영향을 미친다.

04 핵심성공요인의 관리

기업의 핵심성공요인 관리에 대한 다음 설명 중에서 적절하지 않은 것은?

① 핵심성공요인의 관리를 위해서는 기업 내부의 가치사슬활동은 물론 외부의 공급사슬도 적극적으로 관리해야 한다.

② 원가는 고객가치에 영향을 미치는 중요한 요소이므로, 효율성 향상을 통해 원가를 절감해야 한다.
③ 품질은 고객가치에 영향을 미치는 중요한 요소이지만, 품질을 높일수록 비용이 증가하기 때문에 적절한 수준의 품질에 만족하는 것이 바람직하다.
④ 기업은 장기적인 기업가치 제고를 위해 ESG(지속가능성) 경영을 통해 '좋은' 기업이 되도록 노력해야 한다.

05 계획과 통제기능에 필요한 정보

관리회계의 의사결정에 필요한 정보 제공과 관련된 다음 사항 중에서 적절하지 않은 것은?

① 관리회계는 경영자의 계획과 통제기능 수행에 필요한 정보를 제공한다.
② 관리회계시스템은 관리자의 행동 유인을 고려하지 않아도 된다.
③ 예산을 계획기능과 통제기능에 동시에 사용하면 계획기능에 문제가 발생할 수도 있다.
④ 관리회계 정보는 기업의 내부회계시스템 속에서 통합적으로 제공되는 경우가 많다.

06 관리회계의 이해

다음 중에서 관리회계에 관해 올바로 설명한 것은?

① 신뢰성과 정확성이 높은 정보의 제공이 중요하다.
② 일반적으로 인정된 회계원칙을 준수해야 한다.
③ 일정한 주기별(분기, 반기)로 관련 보고서를 제출한다.
④ 미래의 활동과 손익에 관심을 기울인다.

07 원가회계의 이해

원가회계에 대한 다음 설명 중에서 가장 잘못된 것은?

① 예산수립과 성과평가에 필요한 정보를 제공하는 역할을 한다.
② 관리회계의 한 분야로서 외부 재무보고와는 무관하다.
③ 원가계산은 물론 각종 의사결정에 필요한 원가정보를 제공하는 분야이다.
④ 외부고용 제품원가 산출기준은 원가계산준칙, 기업회계기준서(K-IFRS) 등에 규정되어 있다.

08 기업의 활동

연구개발, 디자인, 제조, 마케팅, 배송, 고객지원 등 기업이 수행하는 일련의 활동을 무엇이라 하나?

① 가치사슬(value chain)

② 원가관리(cost management)
③ 핵심성공요소(key success factor)
④ 내부통제(internal control)

09 제품원가의 이해
다음 중 제품원가에 대한 가장 적합한 표현은?

① 제조원가가 제품원가이다.
② 판매원가도 제품원가에 포함된다.
③ 목적(상황)에 따라 제품원가도 다르다.
④ 가치사슬활동의 원가 모두 제품원가에 속한다.

10 원가정보의 활용
원가정보에 관한 다음 설명 중 옳지 않은 것은?

① 원가회계는 완성품인 제품은 물론 미완성인 재공품의 원가계산과도 관련되어 있다.
② 제품가격은 시장에서 결정되므로 제품의 원가는 가격결정에 역할을 미치지 않는다.
③ 원가정보는 경영의 계획과 통제기능 모두에 중요한 역할을 한다.
④ 기업활동의 아웃소싱 여부를 결정할 때도 원가정보가 사용된다.

11 원가정보의 성격
원가정보에 관한 다음 설명 중 옳지 않은 것은?

① 매출원가는 판매된 제품의 원가이다.
② 경쟁이 치열하고 제품의 종류가 매우 다양해질수록 제품원가계산의 중요성은 증가한다.
③ 원가절감을 위해서는 모든 가치사슬 활동의 모든 원가를 함께 줄이는 것이 좋다.
④ 원가정보를 토대로 수립한 원가(비용)예산은 부서의 성과평가에도 사용될 수 있다.

12 원가계산시스템의 분류
다음 원가계산시스템 중 원가집계방법에 따른 분류에 속하는 것은?

① 종합원가계산
② 정상원가계산

③ 전부원가계산
④ 실제원가계산

13 원가계산시스템의 분류
다음 중 원가계산시스템의 분류로 옳은 것은?

① 원가집계방법에 따른 분류 - 전부원가계산, 정상원가계산
② 원가범위에 따른 분류 - 종합원가계산, 전부원가계산
③ 원가측정방법에 따른 분류 - 정상원가계산, 실제원가계산, 표준원가계산
④ 원가변동에 따른 분류 - 표준원가계산, 변동원가계산

CHAPTER

2

원가의 분류와 제조원가의 흐름

본 장에서는 기본적인 원가분류와 원가용어를 설명하고, 제품원가계산에 필요한 제조원가의 분류와 흐름에 대해 학습한다. 기업에서 발생하는 원가(비용) 중에는 외부 재무보고용 제품원가에 포함되는 원가와 그렇지 않은 원가(비용)가 있다. 손익계산과 재고자산의 가치평가를 위해서는 제품원가의 범위에 대한 명확한 이해가 선행되어야 한다.

CHAPTER

2

원가의 분류와 제조원가의 흐름

1. 제품원가와 기간비용

제조기업의 활동영역은 그림 2-1과 같이 **가치사슬**(value chain)을 통해 나타낼 수 있다. 가치사슬활동 중에서 제조활동의 원가를 **제조원가**, 나머지 비제조활동의 원가를 **비제조원가**라고 한다. 이 중에서 제조원가만 재무보고용 **제품원가**(product costs)에 포함되며[1], 나머지 비제조활동의 원가는 대부분 **판매비와관리비**(SGA, Selling, General, and Administrative expenses)로 분류되어 **기간비용**(period costs)으로 처리된다[2]. 제품원가와 기간비용의 구분이 중요한 이유는 제품이 판매되지 않을 때 제품원가는 자산으로 계속 남아서 손익에 영향을 미치지 않지만, 기간비용은 발생한 기간에 모두 비용으로 처리되기 때문이다. 구체적인 예

그림 2-1 제조기업의 가치사슬활동

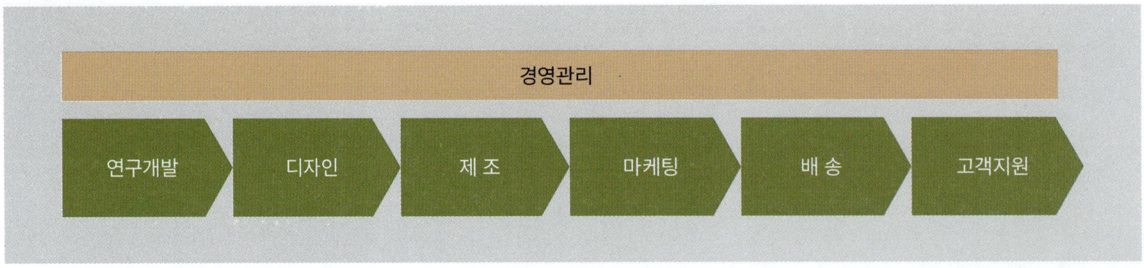

1 K-IFRS에서는 제조원가 중에서도 비정상적으로 낭비된 부분은 제품원가가 아닌 기간비용으로 인식하도록 규정하고 있다.

2 K-IFRS에서 연구개발활동(디자인활동 포함)은 연구단계와 개발단계로 구분할 수 있는 경우에 한하여, 개발단계에서 자산인식요건을 충족시키는 비용의 경우 개발비(무형자산)로 인식하도록 허용하고 있으나 제품의 원가로 인식하는 것은 아니다. 제약회사의 경우 임상단계에 따라 자산화 여부가 결정된다.

제를 통해 학습해보자.

예제 2-1

202X년도 초에 설립된 이 회사에서 202X년도에 발생한 총원가(비용)는 1억2천만원이며, 당기의 제품 생산량은 1,000개이다. 총원가(비용) 중에서 제조원가는 1억원이며 판매비와관리비는 0.2억원이다. 제품 판매가격이 20만원이라고 할 때, 판매량이 각각 0개, 700개, 1,000개인 경우에 대해 영업이익을 계산해 보자.

당기에 제조한 제품 1,000개에 포함될 제품원가(제조원가)는 총 1억원으로서 개당 10만원이다. 매출원가는 판매된 제품의 원가로서, 판매량이 0개, 700개, 1,000개일 때 각각 0원, 7천만원, 1억원이 된다. 이처럼 매출원가는 제품의 판매량에 따라 달라진다. 그러나, 판매비와관리비 0.2억원은 판매량에 무관하게 발생한 당기에 모두 비용으로 처리된다. 각 경우에 대한 영업이익은 표 2-1과 같이 계산된다.

표 2-1 손익계산서(판매량 변화에 따른 영업이익의 변화) | 예제 2-1

	판매량 0개	판매량 700개	판매량 1,000개
매출액	0	1.4억원	2.0억원
매출원가	0	(0.7억원)	(1.0억원)
매출총이익	0	0.7억원	1.0억원
판매비와관리비	(0.2억원)	(0.2억원)	(0.2억원)
영업이익	(0.2억원)	0.5억원	0.8억원

재무상태표의 제품계정에는 판매되지 않고 기말에 재고로 남은 제품의 원가가 기록된다. 판매량이 0개, 700개, 1,000개일 때 기말재고 수량은 각각 1,000개, 300개, 0개로서, 기말재고액은 각각 1억원, 0.3억원, 0원이 된다. 판매량이 700개인 경우에 총원가(비용)의 흐름과 재무제표에 대한 표시는 그림 2-2와 같다. 재무상태표의 자산 0.3억원은 판매 시에 매출원가로 비용처리된다.

만약 당기에 발생한 총원가(비용) 1.2억원에 대해 제조원가와 기간비용의 구분이 달라지면, 동일한 판매량에 대한 영업이익은 달라지게 되므로, 정확한 구분이 손익계산에 필수적이다. 예를 들어, 1.2억원이 모두 제조원가라면, 판매량이 0개인 경우에도 영업이익이 0이 된다. 제품원가는 제품이 판매되기 전까지는 계속 자산으로 인식할 수 있으므로 **재고가능원가**(inventoriable costs)라고 부른다. 제조원가는 재고

그림 2-2 판매량이 700개인 경우의 원가흐름

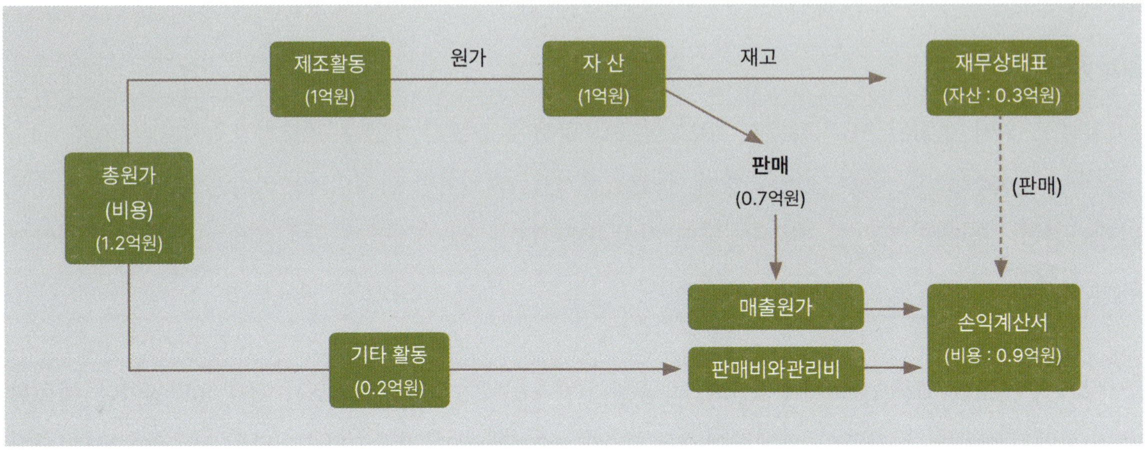

가능원가인 반면에 판매비와관리비는 재고불능원가(noninventoriable costs)이다[3]. 제조원가와 판매비와관리비의 구분에는 다소 자의성이 있을 수 있어서, 회사에서 이를 이익조정에 악용할 소지도 있다.

관련된 다른 용어로서 소멸원가와 미소멸원가가 있다. **원가(cost)**는 재화나 용역을 얻기 위해 희생된 경제적 효익으로 정의되며, **자산(asset)**은 경제적 효익을 희생하여 획득한 미래용역잠재력이다. 즉, 원가는 투입(희생)이며, 자산은 산출(획득)이다. 제조기업에서 원가를 투입하여 획득한 미래용역잠재력 중 대표적인 것이 제품이다. 미래용역잠재력이 여전히 남아 있는 원가를 **미소멸원가(unexpired costs)**라 부르며, 자산이 바로 미소멸원가이다. 반면에 재화나 용역이 판매되거나 화재나 도난이 발생하여 미래용역잠재력이 사라지면 **소멸원가(expired costs)**가 된다. 비용과 손실이 소멸원가에 해당한다. 제품은 판매되기 전에는 미소멸원가 상태에 있다가 판매되면 매출원가로 소멸원가가 된다.

어떤 원가(비용)가 제품원가에 포함되는지 여부는 원가(비용)의 기능적 분류와 구분돼야 한다. 인건비 중 공장 생산직 근로자의 급여는 제조원가로서 제품원가에 포함되지만, 판매직 사원의 급여는 판매비와관리비로서 기간비용으로 처리된다. 마찬가지로 건물 감가상각비, 보험료 등도 용도가 제품의 제조와 관련된 것인지, 판매 및 관리와 관련된 것인지에 따라 제품원가에 해당할 수도 있고 판매비와관리비에 해당할 수도 있다. 제품원가와 기간비용 비교는 표 2-2와 같다.

3 대부분의 판매비와관리비가 자산화되지 못하고 당기에 비용 처리되는 이유는 재무회계의 자산인식 요건(미래 경제적 효익의 유입 가능성 등)에 부합하지 않기 때문이다.

표 2-2 제품원가와 기간비용 비교

	제품원가	기간비용
관련활동(원가)	제조활동(제조원가)	비제조활동(비제조원가)
세부 분류	직접재료원가, 직접노무원가, 제조간접원가 등(아래에서 설명)	판매비와관리비 항목
재고화 가능 여부	재고가능원가	재고불능원가
비용화 시기	제품 판매 시(매출원가로 대체)	발생 기간

우리는 지금까지 재무보고용 제품원가에 대해 설명했다. 그러나, 제1장에서 학습한 바와 같이, 원가정보는 기업 내부의 다양한 의사결정(제품가격 결정과 제품수익성 분석, 예산수립과 원가관리 등)에 사용되며, 상황(목적)에 따라 포함해야 할 원가의 범위도 달라진다. 예를 들어, 제품가격 결정을 위해서는 제조활동의 원가뿐만 아니라, 가치사슬 전체 활동의 원가를 제품에 할당하는 것이 적합할 수도 있다. 또한, 방위산업체 제품과 같이 정부에서 발주한 제품의 원가에는 협의에 따라 제조원가 외에도 연구개발비와 디자인원가의 일부가 포함될 수도 있다.

2. 직접원가와 간접원가 및 원가할당

제조기업은 재무상태표와 손익계산서 작성을 위해 재공품과 제품의 원가를 측정하며, 그외 다양한 목적으로도 원가를 측정한다. 예를 들어, 기업 내 부문(서)이나 활동(예 고객전화 응대활동)의 원가 또는 특정 유통채널 고객의 원가[4]를 측정할 수 있다. 이러한 원가정보는 특정 부서나 활동의 아웃소싱 여부 결정, 유통채널별 공급가격 결정, 원가관리 등 다양한 경영관리 목적으로 사용된다. 이처럼 우리가 그 원가를 알고 싶어 하는 대상을 **원가대상**(cost object) 또는 **원가집적대상**이라고 한다. 원가회계의 중요한 목적 중 하나는 원가대상의 원가를 계산하는 것이다.

원가대상의 원가를 계산하는 과정을 포괄적으로 **원가할당**(cost assignment)이라고 한다. 그림 2-3에 나타난 바와 같이, 원가할당 과정은 직접원가에 대한 **원가추적**(cost tracing)과 간접원가에 대한 **원가배분**(cost

4 예를 들어, 전자제품 제조회사는 백화점, 대리점, 마트 등 다양한 유통채널 고객을 보유하고 있으며, 그중에서 특정 백화점 채널 고객의 원가를 파악하고자 할 수 있다. 제품 제조원가는 차이가 없더라도 주문처리, 배송, 제품저장, 판매후서비스 등의 원가는 유통채널 고객들 간에 큰 차이를 보일 수 있다.

그림 2-3 **원가계산에서 원가할당 체계**

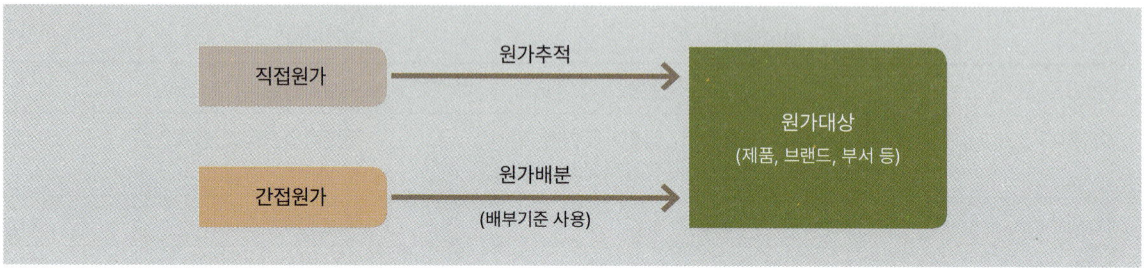

allocation)으로 구성된다. **직접원가**(direct costs)는 원가대상에 직접 귀속시킬 수 있는 원가이며, **간접원가**(indirect costs)는 원가대상에 직접 귀속시킬 수 없는 원가로서, **원가배부기준**(cost allocation base)을 사용하여 배부한다.

직접원가와 간접원가에 대해 좀 더 살펴보자. 예를 들어, 사무용품 제조회사에서 책상과 의자의 원가를 계산하고자 한다. 책상과 의자 제조에 필요한 재료가 다르다면(같더라도 사용할 때마다 따로 기록한다면), 재료의 원가는 직접추적이 가능한 직접원가가 된다. 반면에 책상과 의자 제조를 위해 절단부에 있는 같은 기계들을 사용해서 재료를 절단한다면, 기계의 감가상각비는 간접원가에 해당한다. 즉, 간접원가는 둘 이상의 원가대상에 공통으로 발생하여 특정 원가대상으로 직접 귀속시킬 수 없는 원가이다.

이처럼 직접원가와 간접원가의 분류는 먼저 구분 가능성에서 출발한다. 다음으로, 구분이 가능한 경우에도, 금액이 적어 중요성이 낮거나 직접추적하는 것이 비용적인 측면에서 비효율적일 경우에는 경제적으로 가능한(economically feasible) 방법으로 추적할 수 없으므로, 간접원가로 처리하여 배분하는 것이 바람직할 수 있다.

직접원가와 간접원가는 원가대상에 대한 **추적가능성**(traceability)에 따른 구분이므로, 특정 원가를 직접원가와 간접원가로 분류하기 위해서는 원가대상을 먼저 정해야 한다는 사실에 유의해야 한다. 위 사무용품 제조회사의 예에서 공장장이 부서별 운영 효율성을 분석하기 위해 부서별 원가를 파악하고자 한다고 가정하자(이제 원가대상이 부서). 책상과 의자의 재료를 절단하는 기계의 감가상각비는 이제 절단부에 직접 추적가능한 직접원가가 된다.

제품가격 결정을 위해, 제조원가가 아닌 판매비와관리비를 제품별로 할당할 경우, 판매비와관리비도 직접원가(비용)와 간접원가(비용)로 구분해서 원가할당을 실시한다.

3. 변동원가와 고정원가

1) 원가행태에 따른 원가분류

제품을 비롯한 원가대상(cost object)의 **조업도(level of an activity)**가 변함에 따라 원가가 변하는 양상을 **원가행태(cost behavior)**라고 한다[5]. 원가행태에 대한 분석은 원가계산, 원가통제, 예산수립, 성과평가, 가격결정은 물론, 제품원가의 범위에 대한 논쟁에 이르기까지 매우 중요한 역할을 한다.

원가는 원가행태에 따라 **변동원가(variable costs)**와 **고정원가(fixed costs)**로 구분한다[6](그림 2-4). **변동원가**는 조업도가 증가함에 따라 총계가 비례적으로 증가하는 원가로서, 조업도 한 단위당 원가는 일정하게 고정되어 있는 원가를 말한다. 예를 들어, 책상을 제조할 때 책상 한 단위당 직접재료원가는 일정하며,

그림 2-4 변동원가와 고정원가의 원가행태

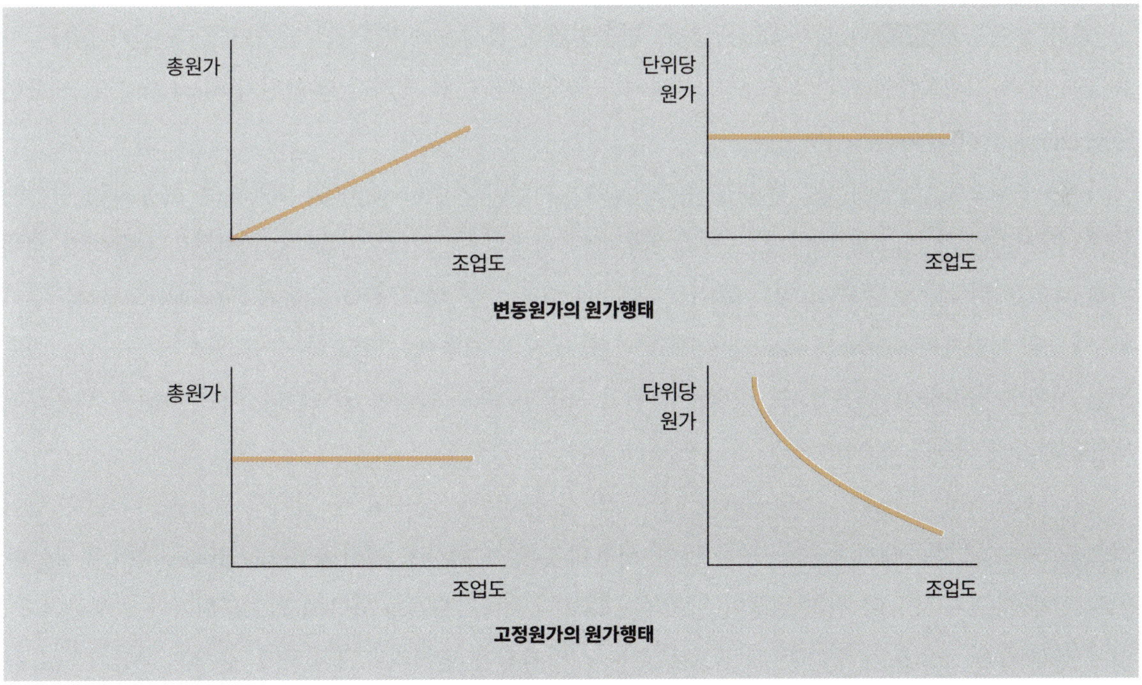

5 **조업도**는 제품생산량, 기계작업시간, 직접노동시간 등 활동량을 말한다.

6 경제학에서는 총원가와 생산량의 관계를 주로 다루지만, 회계학에서는 다양한 원가대상의 원가행태를 분석한다. 또한, 경제학에서 원가와 생산량의 관계는 전체 생산량에 대한 원가의 변화행태(예 S자 곡선)를 주로 제시하지만, 회계학에서는 일정한 조업도 범위 내에서 원가의 선형추정(linear approximation)을 실시한다.

그림 2-5 혼합원가와 계단원가

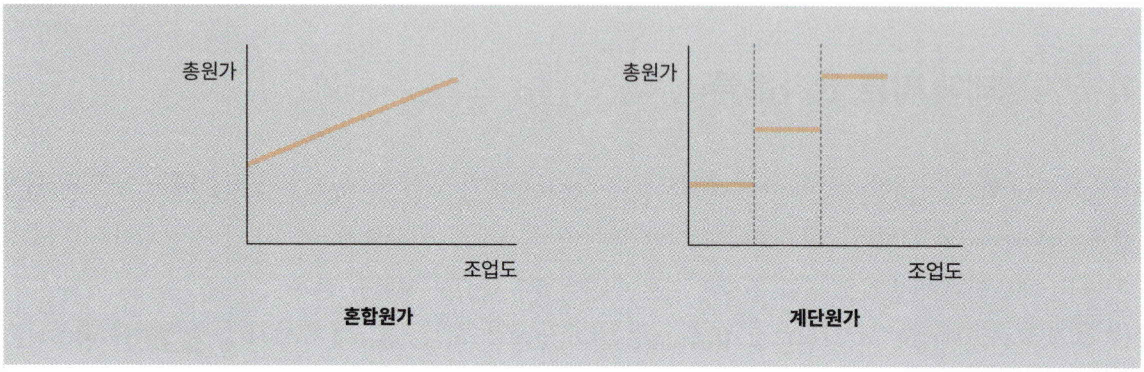

책상 생산량이 증가함에 따라 직접재료원가의 총계는 비례적으로 증가한다. 반면에 **고정원가**는 조업도가 증가하더라도 총계가 변하지 않고 고정되어 있는 원가로서, 조업도 한 단위당 원가는 조업도가 증가함에 따라 계속 감소하는 원가이다. 기계설비 감가상각비가 이에 속한다.

원가 중에는 그림 2-5와 같이 고정원가와 변동원가의 특성을 함께 지닌 원가도 있다. 전기요금은 사용량에 따라 기본요금에 추가로 요금이 부과되는 형태이다. 이런 원가를 **혼합원가**(mixed costs) 또는 **준변동원가**(semi-variable costs)라고 부른다.

다른 유형으로, 계단식으로 변하는 원가도 있다. 기업이 자원(resources)을 취득하여 사용하는 유형에는 두 가지가 있다. 필요할 때마다 자원을 취득하여 사용할 수도 있으며(예 재료, 에너지), 사용하기 전에 미리 자원을 취득해야 할 수도 있다(예 건물, 기계설비, 인력). 전자의 자원을 **유동자원**(flexible resources), 후자의 자원을 **기정자원**(committed resources)이라고 한다. 전자의 경우에는 필요한 수량만큼 취득하거나 대량 구입 시에도 저장하여 사용할 수 있어서, 자원의 사용과 원가 발생이 일치한다. 이런 자원을 사용하면 변동원가가 발생한다.

그러나 후자의 경우에는 실제 필요한 세부적인 용량 단위로 구매할 수 없어서 필요량보다 많은 덩어리(lump, chunk)로 취득해야 하는 경우가 많아, 사용하지 않는 **미사용 생산용량**(unused capacity)이 발생한다. 이로 인해 자원의 사용과 원가 발생이 일치하지 않는다. 이런 자원을 사용하면 고정원가가 발생한다. 기업이 생산량 등 조업도가 증가할 때 필요에 따라 기정자원을 덩어리로 구입하면 원가는 계단식으로 증가한다. 예를 들어, 소프트웨어 제작부서에서 프로그래머를 채용할 때 노무원가는 계단식으로 증가한다. 이런 원가를 **계단원가**(step costs) 또는 **준고정원가**(semi-fixed costs)라고 한다. 계단의 폭이 매우 좁고 숫자가 많을 때(프로그래머의 숫자가 매우 많을 때)는 사실상 변동원가로 간주할 수 있다.

고정원가는 원가발생 성격에 따라 **기초고정원가**(committed fixed costs)와 **재량고정원가**(discretionary fixed costs)로 세분화할 수도 있다. 전자는 공장, 기계 등의 유형자산과 같이 생산능력을 확보하기 위해 발생하는 고정원가를 말하며, 후자는 연구개발비, 광고비 등과 같이 경영층의 재량에 의해 지출 수준이 결정되는 고정원가를 말한다.

유의할 점은 변동원가와 고정원가의 구분도 원가대상이 무엇이냐에 따라 달라진다는 것이다. 제품을 설계하는 데 소요되는 디자인원가를 예로 들어 보자. 원가대상이 디자인부서라면 디자인원가는 디자인부서의 조업도(제품설계시간)에 따라 변하는 변동원가가 될 수 있지만, 원가대상이 제품이라면 조업도(생산량)에 따라 변하지 않는 고정원가가 된다.

2) 관련범위와 원가동인

원가 중에 실제로 조업도와 무관하게 항상 고정되어 있는 원가는 공장장의 급여 등 극히 일부 항목에 지나지 않는다[7]. 예를 들어, 생산량이 폭증하는 경우 기계설비를 추가로 구입해야 하므로 기계설비 감가상각비도 증가한다. 따라서, 원가행태는 일정한 조업도 범위 내에서 원가가 변화하는 양상을 의미하며, 이 범위를 벗어나면 원가행태도 달라진다. 기계설비 감가상각비가 고정원가라고 말하는 것은 특정 기간에 일정한 조업도 범위 내에서 그 비용이 고정되어 있다는 것을 의미한다.

예를 들어, 202X년에 영업을 개시한 어떤 회사의 당년도 예상 기계시간이 2,200~3,500시간이며, 기계 한 대당 연간 가용시간이 2,000시간이라고 하자. 2,000시간까지는 기계 1대가 필요하고, 2,001~4,000시간까지는 기계 2대가 필요하다. 따라서 202X년에 예상되는 조업도(기계시간)의 범위에서 필요한 기계 2대에 대한 감가상각비는 고정되므로 기계 감가상각비를 고정원가라고 한다. 여기서 기계 감가상각비가 고정원가가 되는 조업도의 범위, 즉 구체적인 원가행태가 규정되는 조업도의 범위(여기서 2,001~4,000기계시간)를 **관련범위(relevant range)**라고 한다(그림 2-6). 이처럼 어떤 원가의 원가행태를 규정할 때 관련범위도 함께 정의된다.

만약 202X년 이 회사가 예상하는 조업도(기계시간)의 범위가 1,000~5,000시간이라면, 관련범위가 확대되어 기계설비 감가상각비는 이제 고정원가가 아니라 계단원가가 된다. 고정원가와 마찬가지로 변동원가도 재료의 대량구입에 따른 할인 등으로 인해 관련범위를 벗어나면 원가행태가 바뀔 수 있다.

7 급여 등 각종 원가는 물가변동의 영향을 받아 시간이 지남에 따라 인상되기도 하지만 원가행태는 일정기간에 국한하여 정의되므로 이런 요소들을 배제한다.

그림 2-6 고정원가와 관련범위

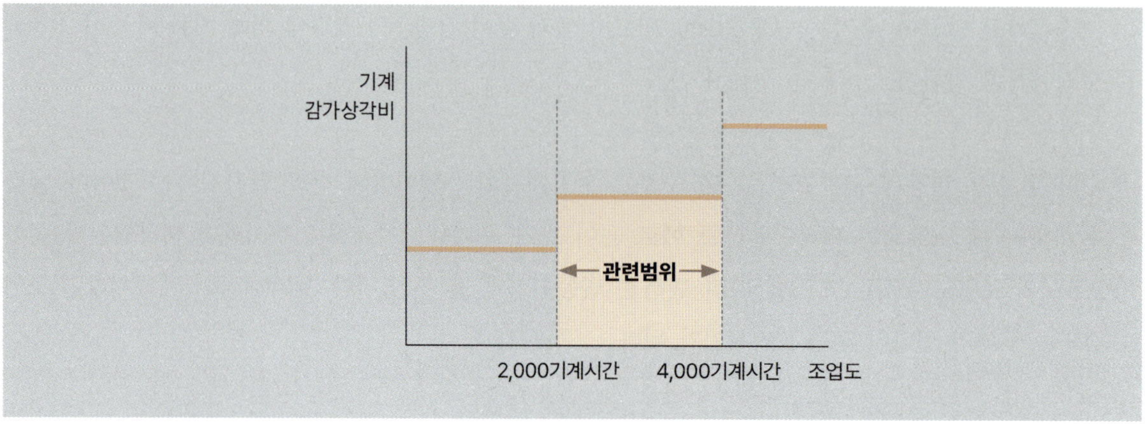

원가를 변화시키는 요인을 **원가동인**(cost driver)이라고 한다. 변동원가는 조업도 변화에 따라 변하는 원가이므로 당연히 조업도가 원가동인이다. 고정원가는 단기적으로는 쉽게 변하지 않지만, 장기적으로 조업도가 관련범위를 벗어나면 변한다. 따라서, 고정원가에도 원가동인이 있다. 위의 예에서 기계 감가상각비의 원가동인은 기계시간(조업도)이다.

다른 예로서, 단기적으로 고정원가인 관리직 사원들의 총급여도 장기적으로 업무량(조업도)이 증가하면 관리직 사원들의 숫자가 증가하여 총급여도 증가하므로, 업무량이 원가동인이다. 제5장 활동기준원가계산에서 원가동인에 대해 추가적으로 설명한다.

3) 원가 추적가능성과 원가행태의 조합에 따른 분류

원가 추적가능성에 따른 분류(직접원가와 간접원가)와 원가행태에 따른 분류(변동원가와 고정원가)를 조합하면 네 가지 형태의 원가분류가 가능하다(표 2-3): **직접변동원가**(direct variable costs), **직접고정원가**(direct fixed costs), **간접변동원가**(indirect variable costs), **간접고정원가**(indirect fixed costs).

책상과 의자를 제조하는 사무용품 제조회사의 예를 다시 이용해서 설명해보자. 원가대상은 책상이며, 조업도는 생산량으로 정의하자. 직접변동원가는 직접원가인 동시에 변동원가로서, 책상 제조에 투입되는 목재의 원가가 이에 해당한다. 직접고정원가는 직접원가인 동시에 고정원가로서, 공장에서 책상과 의자를 제조하는 생산라인이 별도로 존재하고 각 생산라인의 감독자가 따로 있다고 가정하면, 감독자 급여가 이에 해당한다. 간접변동원가는 간접원가인 동시에 변동원가로서, 공장 전기요금이 이에 해당한다. 간접고정원가는 간접원가인 동시에 고정원가로서, 책상과 의자 제조에 공통으로 사용되는 절단기계

감가상각비와 공장장 급여, 공장보험료 등이 이에 속한다.

표 2-3 원가 추적가능성과 원가행태의 조합에 따른 원가분류(원가대상 : 책상)

		원가대상으로의 추적가능성	
		직접원가	간접원가
원가행태	변동원가	[직접변동원가] • 책상 목재 원가	[간접변동원가] • 공장전기요금
	고정원가	[직접고정원가] • 책상 제조라인 감독자 급여	[간접고정원가] • 절단기계 감가상각비 • 공장장 급여, 공장보험료

경영 의사결정에 사용되는 나머지 원가 용어들은 제10장 등에서 자세하게 학습한다.

4. 제조원가의 분류와 흐름

1) 제조원가의 분류

제조기업이 수행하는 여러 활동 중에서 제조활동의 원가는 외부 재무보고용 제품원가의 대상이 된다. 제조활동은 제조기업의 가장 핵심적인 활동으로서 다른 활동에 비해 매우 복잡하므로, 제조원가가 어떻게 흘러가는지를 이해하고, 발생한 원가를 올바로 분류하고 집계하는 것이 매우 중요하다.

제조원가는 그림 2-7과 같이 자원의 종류에 따라 크게 **재료원가**, **노무원가**, **제조경비**(**기타 제조원가라고도 불린다**)로 분류된다. 제조경비는 재료원가와 노무원가에 포함되지 않는 나머지 모든 제조원가를 말한다. 각종 생산설비와 공장건물의 감가상각비, 전기요금, 통신요금, 냉난방비 등이 이에 속한다. 제조원가를 재료원가, 노무원가, 제조경비로 분류하는 것은 전통적으로 재료원가와 노무원가가 제조원가를 구성하는 가장 중요한 요소들이기 때문이다.

재료원가는 원가대상으로의 추적가능성에 따라 다시 직접재료원가와 간접재료원가로 나누어지며, 노무원가도 마찬가지로 직접노무원가와 간접노무원가로 나누어진다. 제조경비는 전통적으로 전부 간접원가의 범주에 속하는 것으로 간주된다. 간접원가인 간접재료원가와 간접노무원가 및 제조경비를 합쳐 **제조간접원가**라고 한다.

그림 2-7 **제조원가의 분류**

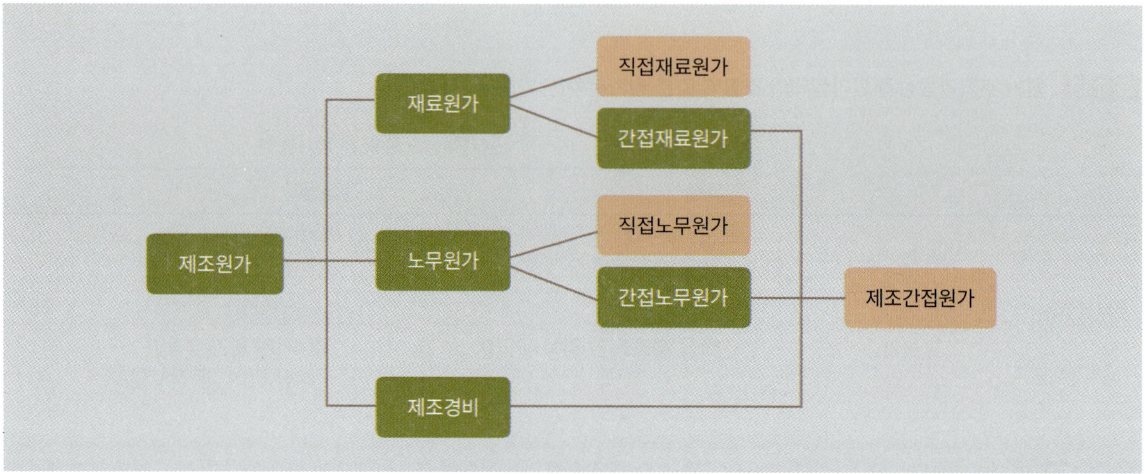

원가계산에는 직접원가와 간접원가의 구분이 중요하므로, 원가계산 목적상으로 제조원가를 분류할 때는 재료원가, 노무원가, 제조경비라는 분류 대신에 **직접재료원가**(direct materials costs), **직접노무원가**(direct manufacturing labor costs), **제조간접원가**(manufacturing overhead costs 또는 indirect manufacturing costs)라는 분류를 더 자주 사용한다[8].

제조원가를 다른 방식으로 분류하기도 한다. 직접원가(direct costs)에 해당하는 직접재료원가와 직접노무원가는 개별 원가대상(예 제품)에 직접 추적이 가능한 원가로서 직접적인 관련성을 맺고 있으므로 **주원가**(prime costs), 기본원가, 기초원가 등으로 불린다. 그리고 직접재료원가를 제외한 직접노무원가와 제조간접원가는 주재료의 가공에 투입되는 원가이므로 **가공원가** 또는 **전환원가**(conversion costs)라고 부른다. 그림2-8에 나타난 바와 같이, 직접노무원가는 주원가인 동시에 가공원가이다.

제조간접원가 중에 **간접재료원가**에는 주요 재료가 아닌 나사못, 접착제, 납땜용 납과 같은 보조재료와 소모품의 원가가 포함된다. 간접노무원가에 대해서는 좀 더 자세한 설명이 필요하다. **간접노무원가**는 크게 두 가지로 구분할 수 있다. 첫째, 제조지원 부서 인력의 노무원가이다. 제조지원 부서 인력은 제조활동을 지원하지만 제조활동에 직접 종사하지 않는 인력으로서 공장장, 공장 유지보수와 경비 및 청소 인력, 공장의 지원부서(예 창고부서, 전력부서) 인력 등을 말한다. 이들의 노무원가는 간접노무원가에 해당한다. 둘째, 제조활동에 직접 종사하는 제조부서(예 절단부, 조립부) 인력들의 노무원가 중에서 특정 원가

8 종종 원가와 비용이라는 용어를 혼용해서 사용하기도 한다. 과거에는 직접재료비, 직접노무비, 제조간접비 등의 용어를 주로 사용했으나, 최근에는 제조와 관련된 비용에는 원가라는 표현이 더 일반적으로 사용되고 있다.

그림 2-8 주원가와 가공원가

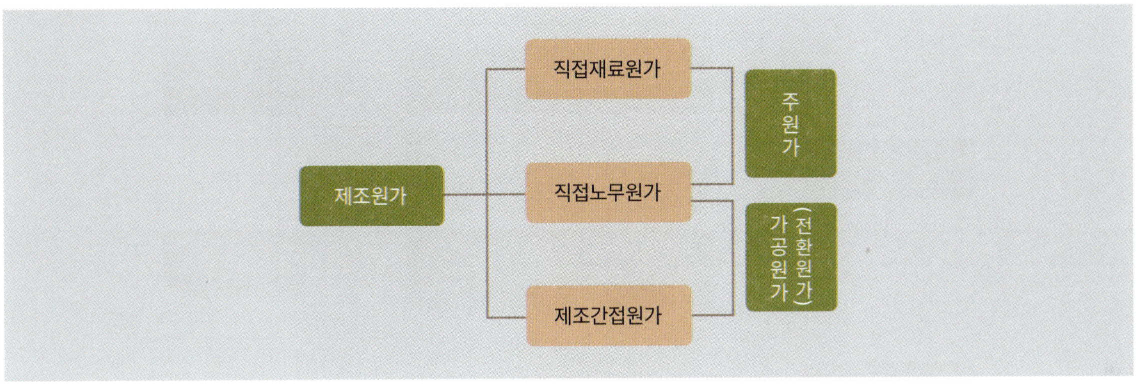

대상으로 직접 귀속시키기 어려운 원가이다.

절단부를 예로 들어 제조부서 인력의 노무원가에 대해 자세히 살펴보자. 절단부 인력이 하는 일들은 다양할 수 있다. 재료를 절단하는 제품제조활동을 수행하기도 하고, 절단용 기계의 청소와 유지보수와 같이 제품제조와 직접 관련되지 않은 일을 할 수도 있다. 만약 절단부서 인력들이 각자 투입한 투입시간을 업무별로 기록하지 않는다면, 이들의 노무원가는 모두 간접노무원가가 된다.

그러나, 절단부 인력들이 각자 투입한 투입시간을 제품별로 기록하는 경우에는 제품제조에 투입한 시간에 해당하는 노무원가는 해당 제품(원가대상)의 직접노무원가로 처리하고, 제품제조와 직접 관련이 없는 업무에 투입한 시간에 해당하는 노무원가는 간접노무원가로 분류한다. 제조부서 인력이 여러 종류의 제품을 제조하는 활동을 수행하는 경우, 일반적으로 제품별로 투입한 시간을 기록하여 투입시간 기준으로 각 제품(원가대상)으로 노무원가를 할당하며, 이 할당된 노무원가는 직접노무원가에 해당한다.

제조활동에 직접 종사하는 인력들의 노무원가 중에 야간(공휴일)근무수당과 초과근무수당이 발생할 경우, 그중에 정상적인 시간당 급여를 초과하는 금액은 성격상 특정 제품으로 귀속시킬 수 없는 원가이므로 간접노무원가에 속한다[9]. 마찬가지로, 기계고장이나 작업일정 관리 잘못으로 인한 일시적 유휴시간(idle time)에 대한 노무원가도 특정 제품으로 직접 귀속시킬 수 없는 간접원가에 해당한다. 그림 2-9는 노무원가의 분류를 정리한 것이다.

9 예를 들어, 조립부서 근무자 김씨는 이번 달에 제품 A, 제품 B와 관련된 작업을 수행했으며, 작업량이 많아 여러 차례 야간근무를 했다고 하자. 야간근무 시간에는 주로 제품 B와 관련된 작업을 했다. 만약 제품 B를 반드시 야간에 제조해야 하는 것이 아니라면, 김씨의 야간근무로 인한 수당을 제품 B의 원가로만 간주하기 어려우므로 제품 A와 제품 B에 배분해야 한다.

그림 2-9 제조원가 중 노무원가의 분류

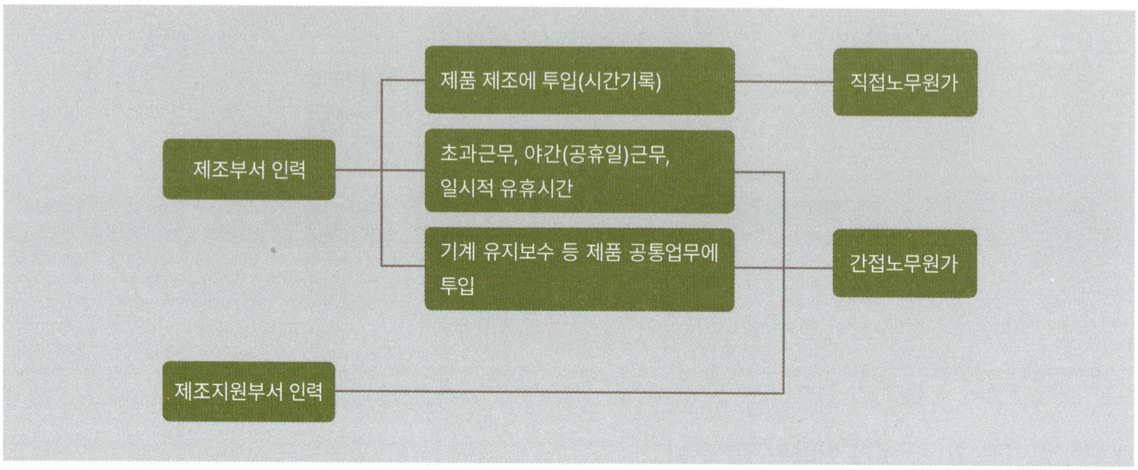

2) 제조원가의 흐름

이제 제조원가의 흐름에 대해 구체적으로 살펴보자. 제조원가의 흐름을 이해하는 데 가장 중요한 계정이 바로 **재공품**(Work-in-Process)계정이다. 그림 2-10에 나타난 바와 같이, 재공품계정은 재료가 투입되어 가공되기 시작하는 순간부터 제품으로 완성되기 직전까지 모든 작업단계에서 발생하는 원가가 집계되는 계정이다.

예를 들어, 책상을 제조하는 회사에서, 재료인 나무가 창고를 나와 공장으로 이동하면 재공품계정으로 대체된다. 노무원가와 제조경비도 투입(발생) 시에 재공품계정에 집계된다. 물리적으로는 재료가 창고를 떠난 시점부터 완성되지 않은 중간단계의 각종 반제품은 모두 재공품에 속한다. 즉, 바로 판매될 수 있는 상태에 도달하지 못한 모든 중간 형태는 재공품이다.

제품이 물리적으로 재료-재공품-제품의 순서를 거쳐 완성되듯이, 모든 제조원가는 재공품계정을

그림 2-10 제조원가 흐름 도식

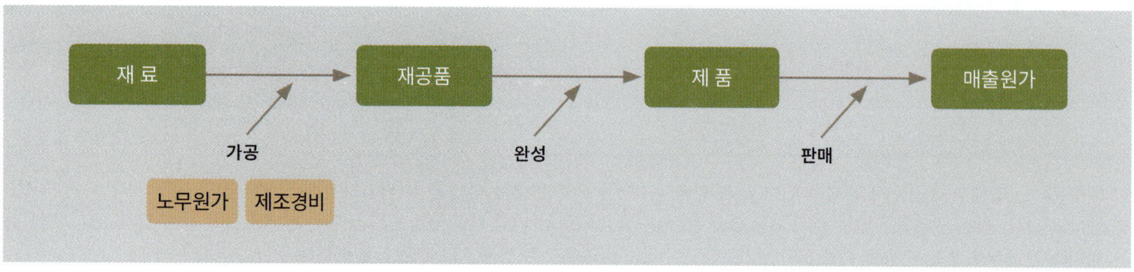

거친 다음, 완성시점에 **제품**(Finished Goods)계정으로 대체된다. 재공품계정은 모든 제조원가가 통과하는 깔때기와 같은 역할을 한다. 제품계정으로 대체된 원가는 제품이 판매될 때 **매출원가**(Cost of Goods Sold)계정으로 대체되어 비용처리된다. 이제 제조원가의 흐름을 예제를 통해 학습해보자.

예제 2-2

202X년 기초재고는 직접재료 300만원, 재공품 400만원, 제품 500만원이다. 202X년도 중에 직접재료 1,000만원을 추가로 구입했으며, 직접노무원가는 400만원, 제조간접원가는 200만원이 발생했다. 당년도 말에 파악된 직접재료 재고는 600만원, 재공품 재고는 500만원, 제품 재고는 400만원이다. 202X년도의 원가흐름을 분석하고 관련 용어를 학습해보자.

직접재료원가는 당기에 사용한 직접재료의 금액으로서, 그림 2-11과 같이 직접재료의 기초재고와 당기 매입액을 합한 다음, 기말재고를 차감하여 계산하면 700만원이 된다. 실제로 직접재료원가 계산을 위해서는 원가흐름에 대한 가정이 필요하다. 재료를 사용할 때 기초재고 보유분을 먼저 사용한 뒤 당기에 구입한 재료를 사용할 수도 있고, 당기에 새로 구입한 재료를 먼저 사용한 뒤 기초재고를 사용할 수도 있다. 전자의 원가흐름을 **선입선출법**(FIFO, first-in first-out method)이라 하고, 후자의 흐름을 **후입선출법**

그림 2-11 직접재료 투입/산출 관계

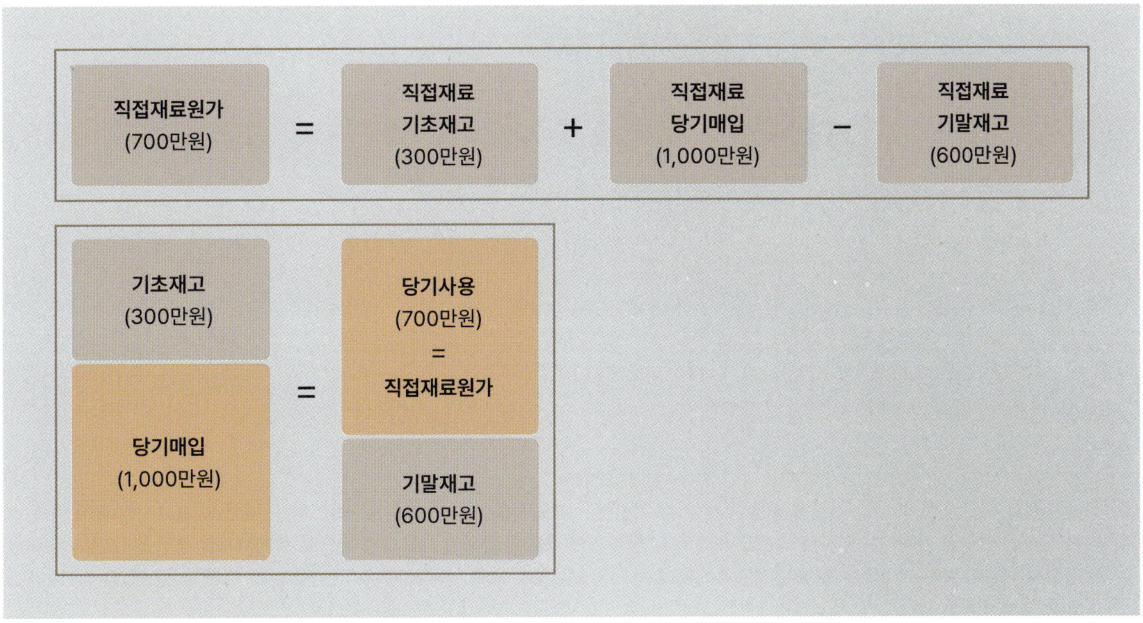

(LIFO, last-in first-out method)이라 한다. 이들이 혼합된 형태로서 기초재고와 당기에 매입한 재료를 일정한 비율로 사용하는 것을 **가중평균법**(WA, weighted average method)이라 한다. 한국채택국제회계기준(K-IFRS)의 적용대상이 되는 기업들은 후입선출법을 사용할 수 없다[10].

선입선출법의 경우에 재료의 기말재고는 대체로 당기에 구입한 재료들로 구성되며, 후입선출법의 경우에 재료의 기말재고는 기초재고 보유분이 항상 포함된다. 본 예제에서의 직접재료 기말재고도 이런 원가흐름 가정을 통해 산출된 금액이다.

당기에 발생한 제조원가는 직접재료원가 700만원, 직접노무원가 400만원, 제조간접원가 200만원 등 총 1,300만원으로서, 이를 **당기총제조원가**(Total Manufacturing Costs)라고 한다(그림 2-12). 본 예제에서 당기총제조원가는 1,300만원이다. 따라서 재공품계정에는 기초재고 400만원에 당기총제조원가 1,300만원이 추가로 흘러 들어가게 된다.

당기총제조원가는 당기에 투입된 총제조원가로서, 기초에 재공품 재고의 형태로 남아 있던 것을 계속해서 추가로 가공하는 데 투입될 수도 있고, 당기에 새로이 재료를 투입하여 가공하는 데 투입될 수

그림 2-12 당기총제조원가의 구성

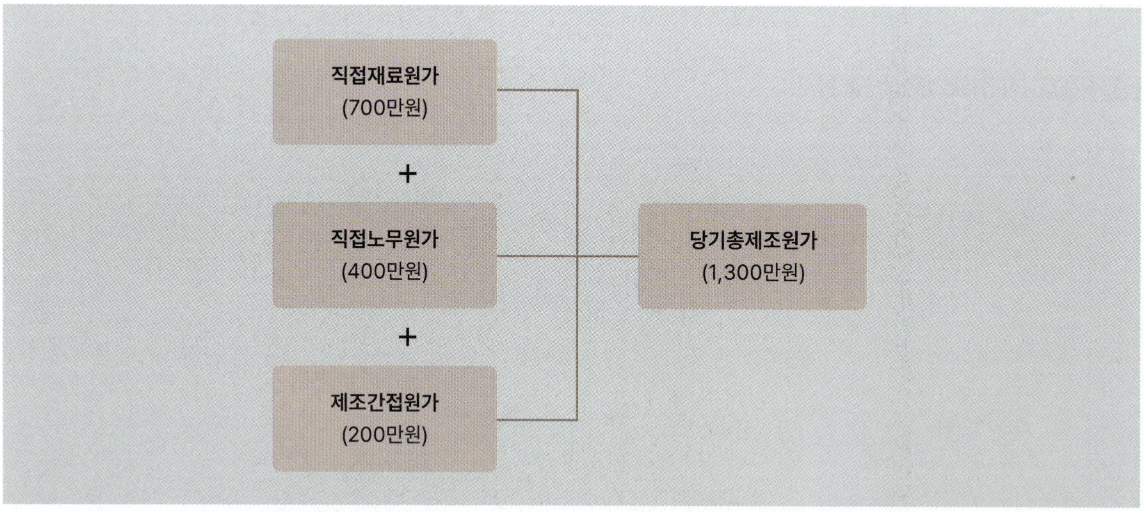

10 K-IFRS가 아닌 일반기업회계기준을 사용할 수 있는 기업들은 후입선출법 사용이 허용된다. 후입선출법의 대표적인 문제 중의 하나는 오래전에 낮은 가격에 구입하여 그동안 재고로 이연해 왔던 재료를 일시에 사용하는 것으로 회계처리할 경우, 제조원가가 매우 낮아져서 이익이 매우 높아지는 현상이 발생하게 되므로 이익조정 수단으로 사용될 수 있다는 것이다. 이를 후입선출법 청산(LIFO liquidation)이라고 한다.

그림 2-13 재공품 투입/산출 관계

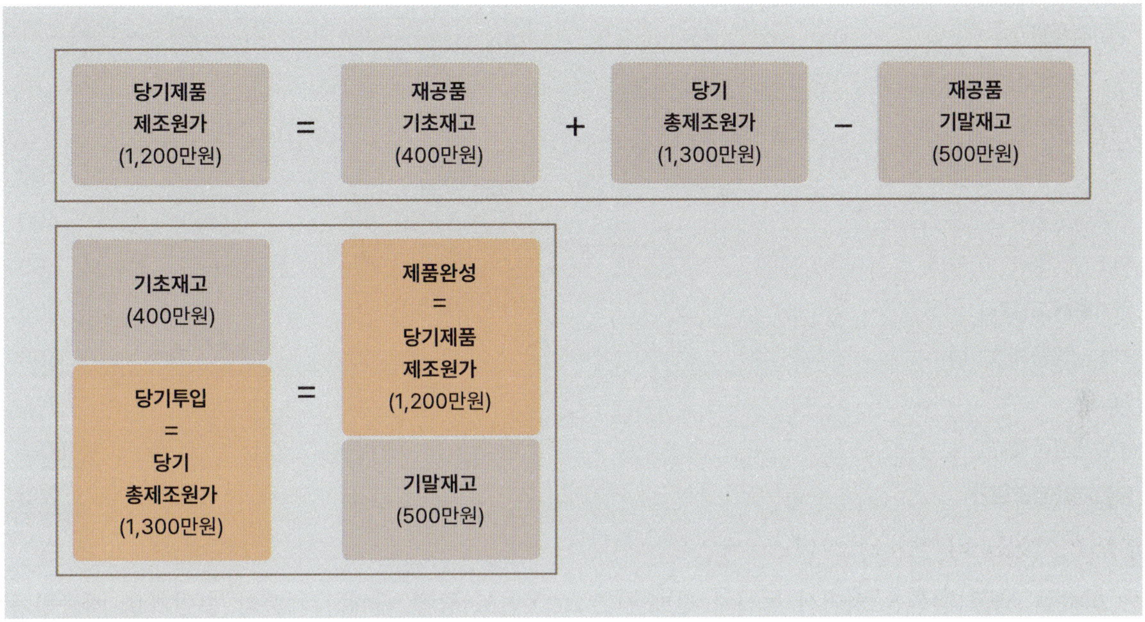

도 있다. 그 가공순서는 재료와 마찬가지로 원가흐름 가정에 따라 다르다. 재공품 중에서 당기에 완성된 제품의 원가를 **당기제품제조원가**(Cost of Goods Manufactured)라고 부른다. 그림 2-13과 같이 당기제품제조원가는 기초재공품과 당기에 투입된 원가(즉, 당기총제조원가)의 합계에서 기말에 완성되지 않고 재공품으로 남아 있는 원가를 빼면 구할 수 있다. 본 예제에서 기말재공품 재고가 500만원이므로, 당기제품제조원가는 1,200만원(=기초재공품 400만원+당기총제조원가 1,300만원−기말재공품 500만원)이 된다.

당기제품제조원가는 당기에 완성된 제품의 원가로서, 그중에는 기초재공품이 당기에 추가로 가공되어 완성된 것도 있을 수 있으므로, 전기에 투입된 원가(기초재공품 원가)도 포함될 수 있다. 비교해서 설명하면, 당기총제조원가는 당기에 투입된 제조원가 총액을 말하며, 당기제품제조원가는 당기에 완성된 제품의 제조원가 총액을 말한다.

이상의 절차를 거쳐, 당기에 완성된 제품의 원가를 계산하는 과정을 일목요연하게 보여주는 계산서를 **제조원가명세서**(Schedule of Cost of Goods Manufactured)라고 부른다(표 2-4).

표 2-4 **제조원가명세서**

(단위 : 만원)

직접재료원가		
기초재고	300	
당기매입	1,000	
기말재고	(600)	700
직접노무원가		400
제조간접원가		200
당기총제조원가		1,300
기초재공품재고		400
합 계		1,700
기말재공품재고		(500)
당기제품제조원가		1,200

회사는 제품 생산을 하면서 동시에 판매한다. 202X년도 중에 판매된 제품의 총원가를 **매출원가(Cost of Goods Sold)**라고 한다. 매출원가 계산에도 제품의 기초재고와 당기제조분의 판매순서와 관련된 원가흐름 가정이 필요하다. 그림 2-14와 같이, 202X년 매출원가는 제품의 기초재고에 당기제조분(즉, 당기제

그림 2-14 **제품 투입/산출 관계**

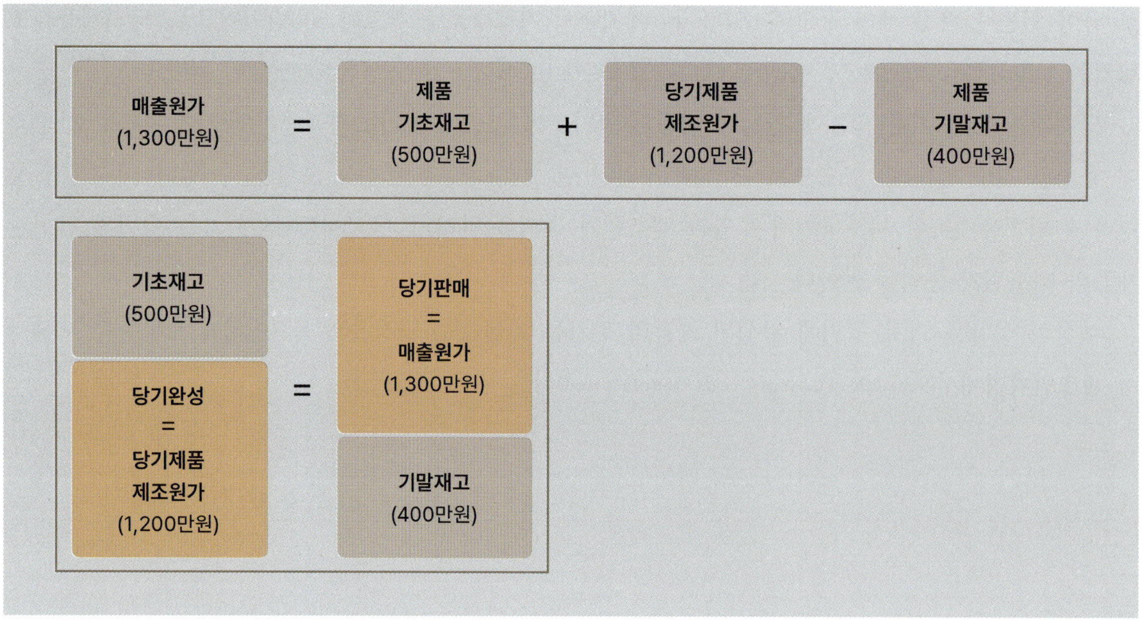

그림 2-15 주요 자산계정과 매출원가의 원가흐름도

직접재료

기초재고	300만	당기사용	700만
당기매입	1,000만	기말재고	600만
합 계	1,300만	합 계	1,300만

재공품

기초재고	400만	제품완성	1,200만
당기총제조원가			
• 직접재료원가	700만	기말재고	500만
• 직접노무원가	400만		
• 제조간접원가	200만		
합 계	1,700만	합 계	1,700만

제 품

기초재고	500만	당기판매	1,300만
당기완성 (당기제품 제조원가)	1,200만	기말재고	400만
합 계	1,700만	합 계	1,700만

매출원가

매출원가	1,300만	

품제조원가)를 더한 다음 기말재고를 빼면, 1,300만원이 된다.

연도 말 재무상태표에 재고자산은 재료, 재공품, 제품으로 구분해서 기록하며, 매출원가는 손익계산서에서 비용 항목으로 기록된다. 이제 202X년도 중에 발생한 주요 재고자산의 계정별 변화 내역을 정리해보자. 이를 위해 그림 2-15와 같이 T계정을 사용하면 편리하다. 매출원가를 제외하고 모두 자산계정이므로 T계정의 왼쪽은 자산의 증가를 나타내고, 오른쪽은 자산의 감소를 나타낸다.

5. 손익계산서와 원가흐름 분개

이제 우리는 손익계산서를 작성할 준비가 되었다. 이 회사가 202X년도에 판매한 제품의 원가(즉, 매출원가)는 앞에서 계산한 1,300만원이다. 매출액은 2,500만원이라고 하자. 매출액에서 매출원가를 차감한 금액을 **매출총이익**(Gross Margin)이라고 하며 1,200만원이 된다. **매출총이익률**(gross margin percentage)은 매출총이익을 매출액으로 나누어 다음과 같이 계산한다.

매출총이익률 = 매출총이익 ÷ 매출 = 1,200만원 ÷ 2,500만원 = 48%

매출총이익에서 영업활동을 위해 지출한 비용(판매비와관리비)을 차감하면 **영업이익**(Operating Income)이 된다. **영업이익률**(operating income percentage)은 영업이익을 매출액으로 나누어 다음과 같이 계산한다.

영업이익률 = 영업이익 ÷ 매출 = 500만원 ÷ 2,500만원 = 20%

다음으로, 영업이익에서 기타 영업외 활동으로 인해 발생한 수입과 비용 등을 가감하면 당기순이익이 된다. 판매비와관리비는 기업의 가치사슬활동 중에서 제조활동에 투입된 원가를 제외한 나머지 활동들의 원가이다. 판매비와관리비는 700만원으로 가정하였다(표 2-5).

표 2-5 제조기업의 손익계산서 | 예제 2-2

(200X. 1. 1~202X. 12. 31) (단위 : 천원)

매출액		25,000
매출원가		
기초제품재고액	5,000	
당기제품제조원가	12,000	
판매가능액	17,000	
기말제품재고액	(4,000)	(13,000)
매출총이익		12,000
판매비와관리비		(7,000)
영업이익		5,000

지금까지 설명한 202X년에 이 회사에서 발생한 원가의 흐름을 분개로 표시하면 다음과 같다.[11]

11 분개에서 자산항목(현금, 외상매출금, 직접재료, 재공품, 제품 등)은 차변에 기록되면 자산의 증가를 나타내고, 반대로 대변에 기록되면 감소를 나타낸다. 부채항목(외상매입금, 미지급임금, 미지급비용 등)은 자산항목과 반대로 차변은 감소를, 대변은 증가를 나타낸다. 비용항목(매출원가, 판매비와관리비 등)은 차변의 증가를 나타내며, 수익항목(매출)은 대변의 증가를 나타낸다.

직접재료 1,000만원 외상 구매

(차) 직접재료 1,000만 (대) 외상매입금 1,000만

직접재료 700만원 사용

(차) 재공품 700만 (대) 직접재료 700만

직접노무원가 400만원 발생

(차) 재공품 400만 (대) 미지급임금 400만

제조간접원가 200만원 발생(감가상각비 110만원, 전기료 20만원, 수도광열비 70만원)[12]

(차) 제조간접원가 200만 (대) 감가상각누계액 110만

미지급비용 90만

제조간접원가 200만원을 해당 제품(재공품)별로 배부

(차) 재공품 200만 (대) 제조간접원가 200만

제품 1,200만원 완성

(차) 제품 1,200만 (대) 재공품 1,200만

제품 1,300만원을 외상으로 2,500만원에 판매

(차) 매출원가 1,300만 (대) 제품 1,300만

(차) 외상매출금 2,500만 (대) 매출 2,500만

판매비와관리비 700만원 현금 지출(제조원가가 아님을 명심하자.)

(차) 판매비와관리비 700만 (대) 현금 700만

우리는 지금까지 제조기업의 원가흐름과 손익계산에 대해 알아보았다. 상기업에서는 제조를 하지 않고 제조기업으로부터 상품을 구입한 다음, 이를 가공하지 않고 판매하기 때문에 원가흐름이 제조기업에 비해 간단하다. 상기업의 손익계산서는 표 2-6과 같다. 제조기업과 비교해 보면 제품계정이 상품계정으로 바뀐 것을 알 수 있다. 또한, 제조기업에서 당기에 자체적으로 제조한 제품의 원가를 나타내는 당기제품제조원가 대신에 당기매입액이 등장한다.

서비스기업의 경우에는 일반적으로 제품이나 상품의 재고가 없으므로 매출원가를 별도로 계산하지

12 제조간접원가는 발생시점에 특정 제품(재공품)으로 직접 추적할 수 없으므로 '제조간접원가'라는 임시계정에 기록한 뒤, 배부시점에 가서 관련된 제품(재공품)으로 배분하게 되며, 이때 직접원가와 마찬가지로 재공품계정으로 대체된다. 자세한 사항은 제3장 개별원가계산에서 학습한다.

않는 경우도 많다. 이때는 매출원가와 판매비와관리비를 묶어서 영업비용이라는 하나의 항목으로 처리하기도 한다.

표 2-6 상기업의 손익계산서

매출액		xxx
매출원가		
기초상품재고액	xxx	
당기매입액	xxx	
판매가능액	xxx	
기말상품재고액	(xxx)	(xxx)
매출총이익		xxx
판매비와관리비		(xxx)
영업이익		xxx

연습문제

01 매출원가의 범위

다음 중 재무제표 작성 목적상 제품원가 및 매출원가의 범위에 속하는 원가는?

① 디자인, 제조
② 제조
③ 마케팅, 고객지원
④ 고객지원

02 영업이익

202X년도에 발생한 총원가(비용)는 1억2천만원이며, 당년도 제품 생산량은 1,000개이다. 제품 판매가격은 20만원, 판매량은 700개이다. 총원가(비용) 중에서 제조원가가 1억원일 때와 0.6억원일 때 영업이익은 각각 얼마인가?

① 0.7억원, 0.98억원
② 0.5억원, 0.38억원
③ 0.56억원, 0.36억원
④ 0.56억원, −0.04억원

03 제품의 기말재고

위 02번 문제에서 제조원가가 1억원일 때와 0.6억원일 때 연도 말 재무상태표의 제품 재고는 각각 얼마인가?

① 0.3억원, 0.18억원
② 0.36억원, 0.18억원
③ 0.2억원, 0.6억원
④ 0.36억원, 0.6억원

04 원가할당 과정

원가할당 과정에 관한 다음 설명 중 잘못된 것은?

① 직접원가와 간접원가의 구분을 위해서는 먼저 원가대상을 정의해야 한다.
② 간접원가는 원가배부기준을 사용해서 배분한다.

③ 원가추적은 원가할당과 원가배분을 모두 포함하는 용어이다.
④ 원가대상별로 물리적으로 구분이 가능한 경우에도 간접원가가 될 수 있다.

05 원가의 분류
다음 중 바르게 표현된 것은?

① 원가행태에 따른 분류 : 고정원가, 변동원가
② 원가행태에 따른 분류 : 직접원가, 간접원가
③ 원가의 추적가능성에 따른 분류 : 고정원가, 변동원가
④ 원가의 추적가능성에 따른 분류 : 제조원가, 비제조원가

06 고정원가와 변동원가
고정원가와 변동원가의 구분에 관한 다음 설명 중 옳은 것은?

① 원가변화 행태에 관한 것이므로 원가대상을 정의하지 않아도 된다.
② 고정원가는 관련범위를 벗어나도 변하지 않고 고정된 원가이다.
③ 경영자가 재량적으로 결정하는 원가(비용) 중에도 고정원가가 있다.
④ 기계감가상각비 등의 고정원가는 원가가 변하지 않으므로 원가동인이 없다.

07 총제조원가
어떤 회사의 최근 2년간 생산량과 총제조원가는 다음과 같다. 2년간 고정원가와 단위당 변동원가는 변화가 없었다.

	생산량	총제조원가
2021년	1,000개	₩40,000
2022년	2,000개	₩60,000

2023년도에 고정원가가 20% 증가하고, 단위당 변동원가가 10% 감소하면 생산량이 2,500개일 때 총제조원가는 얼마인가?

① ₩70,000 ② ₩69,000 ③ ₩65,000 ④ ₩82,000

08 기초원가와 전환원가 (2015 국가직 9급)

다음은 ㈜한국의 2014년 중에 발생한 원가 및 비용에 관한 자료이다. 이 자료를 이용하여 기초원가와 전환원가를 계산하면?

• 직접재료원가	₩60,000	• 간접재료원가	₩15,000
• 직접노무원가	₩15,000	• 간접노무원가	₩7,500
• 공장건물감가상각비	₩10,000	• 영업사원급여	₩12,000
• 공장수도광열비	₩7,000	• 본사비품감가상각비	₩10,500
• 공장소모품비	₩5,000	• 본사임차료	₩15,000

	기초원가	전환원가
①	₩75,000	₩59,500
②	₩75,000	₩97,000
③	₩97,500	₩44,500
④	₩97,500	₩82,000

09 제조원가의 이해 (2006 세무사)

2005년 1월 5일에 영업을 시작한 서울상회는 2005년 12월 31일에 재공품 ₩10,000, 제품 ₩20,000을 가지고 있었다. 2006년에 영업실적이 부진하자 이 회사는 동년 6월 말에 재공품 재고를 남겨두지 않고 전량 제품으로 생산한 뒤 싼 가격으로 전부 처분하고 공장을 폐쇄하였다. 이 회사의 2006년도 원가를 큰 순서대로 정리한 것으로 옳은 것은?

① 매출원가, 당기제품제조원가, 당기총제조원가
② 매출원가, 당기총제조원가, 당기제품제조원가
③ 당기총제조원가, 당기제품제조원가, 매출원가
④ 모두 금액이 같다.
⑤ 매출원가만 높고, 당기제품제조원가와 당기총제조원가는 같다.

10 기초 재공품의 추정 (2011 세무사)

㈜국세의 4월 매출액은 ₩20,000이며, 매출총이익률은 30%이다. ㈜국세의 공장에서 4월에 발생한 원가 관련 자료는 다음과 같다. ㈜국세의 4월 1일 재공품 금액은 얼마인가?

• 재고자산 현황

일 자	직접재료	재공품	제 품
4월 1일	₩1,000	?	₩3,000
4월 30일	₩2,000	₩3,000	₩4,000

- 4월에 매입한 직접재료금액은 ₩4,500이다.
- 4월 1일에 미지급임금은 ₩2,000이며, 4월 30일 미지급임금은 ₩4,000이다.
- 4월에 지급한 임금은 ₩6,000이다.
- ㈜국세의 공장에서 발생한 임금의 50%는 생산직 종업원의 임금이다.
- 4월에 발생한 제조간접원가 중 임금을 제외한 나머지 부분은 ₩1,500이다.

① ₩2,500 ② ₩3,000 ③ ₩3,500
④ ₩4,000 ⑤ ₩5,000

11 기본원가 (2022 세무사)

㈜세무의 20X1년 1월의 재고자산 자료는 다음과 같다.

	직접재료	재공품	제 품
20X1. 1. 1.	₩80,000	₩100,000	₩125,000
20X1. 1. 31.	60,000	75,000	80,000

20X1년 1월 중 직접재료의 매입액은 ₩960,000이고, 직접노무원가는 제조간접원가의 40%이다. 1월의 매출액은 ₩2,500,000이며, 매출총이익률은 16%이다. 20X1년 1월의 기본원가(prime costs)는?

① ₩1,050,000 ② ₩1,160,000 ③ ₩1,280,000
④ ₩1,380,000 ⑤ ₩1,430,000

12 당기제품제조원가 (2015 감정평가사)

㈜감평의 20X5년 1월 1일 재공품 재고액은 ₩50,000이고, 1월 31일 재공품 재고액은 ₩100,000이다. 1월에 발생한 원가자료가 다음과 같을 경우, ㈜감평의 20X5년 1월 당기제품제조원가는?

• 직접재료 사용액	₩300,000	• 영업직원 급여	₩300,000
• 공장건물 감가상각비	₩100,000	• 공장감독자 급여	₩400,000
• 공장기계 수선유지비	₩150,000	• 공장근로자 급여	₩500,000
• 본사건물 감가상각비	₩200,000	• 판매자 수수료	₩100,000

① ₩1,000,000 ② ₩1,400,000 ③ ₩1,450,000
④ ₩1,600,000 ⑤ ₩1,900,000

13 제조원가 분류와 영업이익 (2018 관세사)

당해 연도에 설립된 ㈜관세는 당기에 제품 1,000개를 생산하여 800개를 판매하였다. 이 과정에서 판매비인 화재보험료를 제조간접원가로 처리하였다. 화재보험료를 판매비로 회계처리한 경우와 비교하여 동 회계처리가 당기손익에 미치는 영향은?

① 매출총이익은 증가하고, 영업이익은 감소한다.
② 매출총이익과 영업이익이 모두 증가한다.
③ 매출총이익과 영업이익이 모두 변하지 않는다.
④ 매출총이익과 영업이익이 모두 감소한다.
⑤ 매출총이익은 감소하고, 영업이익은 증가한다.

14 직접재료원가 (2014 국가직 9급)

㈜한국은 단일 제품을 생산 판매하고 있다. ㈜한국의 1월 중 생산활동과 관련된 정보가 다음과 같을 때, 1월의 직접재료원가는?

- 당월총제조원가는 ₩2,000,000이고 당월제품제조원가는 ₩1,940,000이다.
- 1월 초 재공품은 1월 말 재공품원가의 80%이다.
- 직접노무원가는 1월 말 재공품원가의 60%이며, 제조간접원가는 직접재료원가의 40%이다.

① ₩1,000,000 ② ₩1,100,000 ③ ₩1,200,000 ④ ₩1,300,000

15 매출총이익 (2016 국가직 9급)

다음 자료를 토대로 계산한 ㈜대한의 매출총이익은?

- 당기 중 직접재료원가는 전환원가의 50%이다.
- 직접노무원가 발생액은 매월 말 미지급임금으로 처리되며 다음 달 초에 지급된다. 미지급임금의 기초금액과 기말금액은 동일하며, 당기 중 직접노무원가의 지급액은 ₩450이다.
- 재공품 및 제품의 기초금액과 기말금액은 ₩100으로 동일하다.
- 기타 발생비용으로 감가상각비(생산현장) ₩100, 감가상각비(영업점) ₩100, CEO 급여 ₩150, 판매수수료 ₩100이 있다. CEO 급여는 생산현장에 1/3, 영업점에 2/3 배부된다.
- 매출액은 ₩2,000이다.

① ₩1,050 ② ₩1,100 ③ ₩1,150 ④ ₩1,200

16 제조간접원가 (2022 CPA)

㈜대한은 의료장비를 생산하고 있으며, 20X1년 2월 원가 관련 자료는 다음과 같다.

- 재료 구입액은 ₩4,000, 재료 기말재고액은 ₩1,400이다.
- 노무원가는 공장에서 발생한 것이며, 노무원가의 80%는 생산직 종업원의 임금이다.
- 지급한 노무원가는 ₩3,700, 기초 미지급노무원가는 ₩200, 기말 미지급노무원가는 ₩500이다.
- 기본원가(기초원가, prime costs)는 ₩5,700이다.
- 제조경비는 ₩2,100이며, 전액 제조간접원가이다.

20X1년 2월 ㈜대한의 제조간접원가는 얼마인가? (단, 기초재고자산은 없다.)

① ₩2,100 ② ₩2,200 ③ ₩2,800 ④ ₩3,000 ⑤ ₩3,100

17 직접재료재고 (2020 관세사)

㈜관세의 20X1년 6월 매출액은 ₩400,000이며, 매출총이익률은 25%이다. 원가 관련 자료가 다음과 같을 때 6월 말 직접재료재고액은?

	6월 초	6월 말
직접재료	₩20,000	?
재공품	₩50,000	₩40,000
제 품	₩90,000	₩100,000
직접재료매입액	₩180,000	
전환(가공)원가	₩130,000	

① ₩20,000 ② ₩30,000 ③ ₩40,000 ④ ₩50,000 ⑤ ₩60,000

PART

II

원가계산시스템의 이해

CHAPTER

3

개별원가계산

본장에서는 제1장에서 설명한 원가집계방법에 따른 원가계산시스템의 종류(개별원가계산, 종합원가계산) 중에서 개별원가계산에 대해 학습한다. 개별원가계산의 절차를 설명하고, 원가측정방법에 따른 구분(실제원가계산, 정상원가계산, 표준원가계산)에 따라 개별원가계산이 어떻게 실시되는지에 대해 설명한다. 제조간접원가 배부와 관련된 여러 주제를 학습하며, 연도 말 실제 발생원가와의 차이조정방법에 대해 자세하게 학습한다.

CHAPTER

3

개별원가계산

1. 개별원가계산의 기초

원가계산을 어떻게 할 것인가는 제품(서비스)이 생산(제공)되는 방식에 의해 영향을 받는다. **개별원가계산**(job costing)은 **작업**(job)별로 원가를 계산할 때 사용하는 방식으로서, 각 작업은 다른 작업과 명확히 구분되며, 일정한 기간이 경과하면 해당 작업이 완전히 종료된다는 특징이 있다. 따라서 선박 제조나 광고 제작 등 주문형 제품(서비스)의 원가계산에 적합하다. 각 작업의 원가를 계산하기 위해서는 각 작업이 시작되는 시점부터 완료되는 시점까지 발생하는 모든 제조원가(직접재료원가, 직접노무원가, 제조간접원가 배부액)를 작업별로 누적하여 집계하며, 작업이 완료되는 시점에 가면 해당 작업의 총원가를 알 수 있게 된다. 이 과정에서 핵심은 제조간접원가를 집계하여, 관련된 작업별로 배분하는 일이다.

작업의 구분 방식은 원가계산을 하는 목적에 따라 다를 수 있다. 예를 들어, 어떤 조선회사가 카타르에 있는 고객 A로부터 LNG선박(대, 중, 소 각 5척씩)의 제조를 의뢰받았으며, 호주에 있는 고객 B로부터 동일한 규모의 컨테이너선 5척의 제조를 의뢰받았다고 하자. 이 경우, LNG선과 컨테이너선은 고객 A와 고객 B에게 인도하는 시기가 다르고, 가격과 제조원가도 다를 것이므로 각각 별도의 작업으로 구분하는 것이 바람직하다. 또한, 고객 A로부터 제작을 의뢰받은 LNG선도 대, 중, 소로 구분해서 각각의 원가를 별도로 파악하고 싶다면, 이들도 각각 개별적인 작업으로서 별개의 **원가대상**(cost object)으로 구분하여 설정할 수 있다.

광고 제작 기업도 마찬가지이다. 어떤 광고회사가 LG전자로부터 시그니처 올레드TV 광고 제작을 의뢰받고, 현대자동차로부터는 전기자동차 광고 제작을 의뢰받았다고 하자. 두 광고는 광고주가 다르고, 가격과 인도 시기가 다를 뿐만 아니라, 광고에 등장하는 연예인이나 촬영장소 등이 달라서 두 광고의 제작원가는 차이가 나게 마련이다. 따라서 올레드TV 광고와 자동차 광고를 각각 개별적인 작업(job)으로 설정하는 것이 일반적일 것이다. 이처럼 개별원가계산은 작업의 종료시점이 있고 작업별로 원가가 다른 경우에 적합한 원가계산방법이다. 개별원가계산과 비교되는 방식으로 제품의 생산 종료시점이 별도로 정해지지 않는 연속 대량생산 제품의 원가계산에 적합한 **종합원가계산**이 있다. 이 방식은 제7장에서 학습한다.

개별원가계산이 적용될 수 있는 경우를 예로 들면 표 3-1과 같다.

표 3-1 개별원가계산 기업유형별 적용 예시

제조기업	상기업*	서비스기업
• 선박 제조, 항공기 제조	• 인터넷의 상품 판매	• 광고제작
• 아파트 건설	• 백화점의 상품 판매	• 회계감사
• 주문형 반도체 제조	• 홈쇼핑의 상품 판매	• 컨설팅
• 주문형 사무용 가구 제조	• 마트의 상품 판매	• 법률 자문

* 상기업의 경우 판매비와관리비의 배분이 주요 관심사항이 된다.

개별원가계산에서는 작업 내에 속한 하나하나의 제품(서비스) 단위가 아닌 작업 전체 단위로 원가계산을 실시한다. 예를 들어, 고객회사로부터 직원들에게 기념품으로 지급할 회사 로고 모양의 커피콩 그라인더 1,500개를 제작해 달라는 주문을 받았다고 하자. 이 주문을 하나의 작업(작업 #101)으로 인식하여 원가계산을 하고자 할 경우, 제품 1,500개 제작이 모두 완료되는 시점까지 투입되는 모든 제조원가는 작업 #101의 재공품계정에 누적으로 집계한다. 비록 일부 그라인더가 완성되더라도 1,500개가 모두 완성될 때까지는 투입된 제조원가가 제품계정으로 대체되지 않는다는 사실에 유의해야 한다. 다시 말해서, 작업 전체가 완전히 종료되어야 비로소 재공품계정에 집계된 원가가 제품계정으로 대체된다는 것이다. 따라서 개별원가계산에서는 하나의 작업의 원가는 재공품계정과 제품계정에 동시에 등장하지 않으며, 해당 작업의 원가는 재공품계정이나 제품계정 둘 중의 한 곳에만 나타나게 된다.

2. 개별원가계산의 절차

그림 3-1에 나타난 바와 같이, 모든 원가계산은 먼저 **원가대상**(cost object)을 정한 뒤 관련된 모든 원가를 **직접원가**(direct costs)와 **간접원가**(indirect costs)로 구분한다(제2장 참고). 직접원가는 해당 원가대상으로 직접

추적하여 할당하고, 간접원가는 먼저 **원가집합**(cost pool)이라 부르는 소그룹별로 원가를 집계한 다음, 원가집합별로 적합한 **원가배부기준**(cost allocation base)을 사용하여 원가대상으로 배부한다. 개별원가계산에서 원가대상은 작업(job)이 된다. 따라서, 해당 작업에 직접 추적가능한 직접원가는 해당 작업으로 바로 할당하고, 다른 작업들과도 관련된 간접원가는 원가집합을 이용하여 배부한다.

그림 3-1 일반적인 원가계산의 원가할당 과정

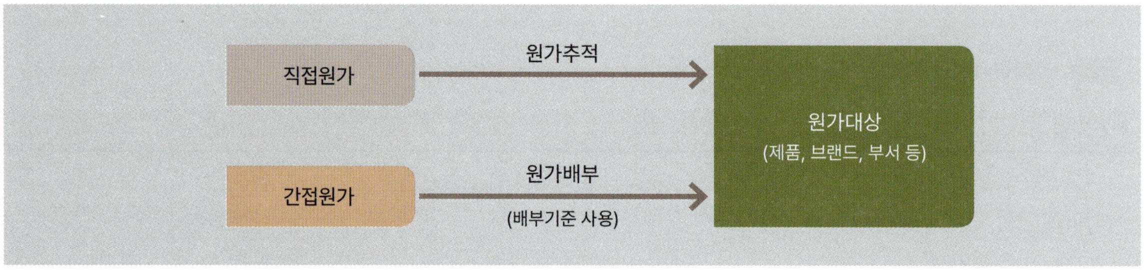

제조기업에서 개별원가계산의 구체적인 과정은 다음과 같다.

첫째, [원가대상 결정] 원가를 계산하고자 하는 원가대상(cost object)인 작업(job)을 결정한다.

둘째, [원가집계 및 직접원가 할당] 각 작업의 직접원가와 간접원가를 확인하고, 구분하여 집계한다. **작업원가표**(job cost record 또는 job cost sheet)를 이용하여 작업별로 원가를 기록하고, 집계한다. 작업원가표는 표 3-2에 나타난 바와 같이 개별 작업별로 하나씩 작성되며, 작업의 고객명, 제조착수일자, 종료일자 등 작업에 대한 기본 정보와 함께 해당 작업과 관련해서 발생하는 모든 제조원가들이 집계된다. 예를 들어, 작업원가표에서 작업번호 SS30은 미라전자로부터 제작을 의뢰받은 사무용 책상 500개를 제작하는 작업이다. SS30 작업원가표에는 해당 작업의 작업착수일자부터 종료일자까지 발생한 모든 제조원가를 기록한다. 제조원가는 직접재료원가, 직접노무원가, 제조간접원가로 구분하여 기록한다.

직접재료원가는 **재료청구서**(materials requisition record)를 토대로 날짜순으로 작성한다. 재료청구서는 작업별로 재료를 청구할 때마다 작성하며, 청구재료 종류, 청구부서, 청구일자, 개수, 단가, 총원가 등 재료청구와 관련된 상세내역이 기록되는 자료로서, 직접재료원가에 대한 원천자료 역할을 한다. 예를 들어, 표 3-2에 나타나 있는 재료청구서 202312-230에는 작업 SS30과 관련하여 직접재료 MK-22 400개를 청구한 내역이 기록된다. 다른 관련된 자료로서 **재료기록표**(material records)가 있다. 재료기록표는 재료의 종류별로 작성하며, 재료의 입고와 작업별 출고 내역을 기록하는 자료이다.

표 3-2 작업원가표

작업번호	SS30			**고객명**	미라전자
작업착수일	2023. 12. 2			**작업종료일**	2024. 6. 5
직접재료원가					
수령일	재료청구서번호	재료번호	수 량	단가(원)	총원가(원)
2023. 12. 2	202312-230	MK-22	400	20,000	8,000,000
2023. 12. 5	202312-252	XY-03	600	50,000	30,000,000
2024. 1. 4	......	......	....	.....	....
.....					
합 계					6.5억원
직접노무원가					
작업기간	작업시간표번호	작업자번호	작업시간	임률(원)	총원가(원)
2023. 12. 2-9	LT-L20	630311	30	30,000	900,000
2023. 12. 2-15	LT-L11	771223	50	20,000	1,000,000
2024. 1. 4-13	....	....	..	....	....
.....					
합 계					3.5억원
제조간접원가					
날 짜	원가집합	배부기준	배부기준 사용량	배부율(원)	총원가(원)
2023. 12. 31	절단부	기계시간	300	40,000	12,000,000
2023. 12. 31	조립부	직접노동시간	400	60,000	24,000,000
2024. 1. 31	절단부	기계시간	...	......	....
2024. 1. 31	조립부	직접노동시간	...	......	....
.....					
합 계					1.8억원
제조원가 총계					11.8억원

직접노무원가는 근로자별 **작업시간표**(labor time sheet)를 토대로 작성한다. 근로자별 작업시간표는 각 근로자에 대해 날짜별로 작업별 시간투입 내역을 기록한다. 근로자는 특정 작업에 시간을 투입할 수도 있고, 기계유지보수 등 특정 작업에 귀속시킬 수 없는 활동에도 시간을 투입할 수도 있다.

투입시간 중에서 특정 작업과 관련된 시간에 대한 노무원가(시간당 임률을 이용해서 계산)는 해당 작업의 작업원가표에 직접노무원가로 기록한다. 예를 들어, 표 3-2에서 작업시간표(LT-L20)는 근로자 김철수(사번 630311)의 시간 투입 내역을 기록한 표로서, 12월 2일부터 9일까지 작업 SS30에 30시간을 투입하였으므로, 작업 SS30으로 할당될 직접노무원가는 ₩900,000이다. 작업시간표(LT-L20)에는 김철수가 다른 작업들에 투입한 시간도 기록되며, 이들 시간에 대한 노무원가는 각각 해당 작업의 작업원가표에 직접노무원가로 기록된다.

김철수가 투입한 시간 중에서 특정 작업에 귀속시킬 수 없는 활동에 투입한 시간에 대한 노무원가는 제조간접원가로 별도로 집계한다. 이렇게 모든 근로자에 대해 투입한 시간을 기준으로 직접노무원가와 제조간접원가(간접노무원가)를 별도로 구분해서 기록한다. 이렇게 집계된 제조간접원가는 추후 배부기준을 사용하여 관련된 작업별로 배분되어 각 작업원가표에 나타나게 된다.

직접재료원가와 직접노무원가를 제외한 모든 제조원가는 제조간접원가로 분류되어, 회사가 설정한 방식에 따라 원가집합(cost pool)별로 집계된다. 전통적인 원가계산 방식에서 제조간접원가의 집계와 원가집합의 구성은 일반적으로 공장의 부서(문)별로 실시하며, 활동기준원가계산(ABC)에서는 활동별로 실시한다(활동기준원가계산은 제5장에서 자세하게 학습한다).

최근 들어 IT 기술의 발달과 함께 원가집계를 포함한 위 과정의 대부분은 물리적인 종이 장부가 아닌 기업의 정보시스템을 통해 진행되는 경우가 많다.

셋째, [제조간접원가 원가집합별 집계와 원가배부기준 결정] 제조간접원가는 발생시점부터 원가집합별로 구분하여 집계하거나, 추후 원가집합별로 다시 집계한다. 이와 함께 원가집합별로 **원가배부기준**(cost allocation base)을 정한다. 예를 들어, 제조간접원가의 원가집합을 절단부, 조립부 등 공장 부서 단위로 설정한 뒤, 절단부의 제조간접원가가 각 작업이 사용하는 기계시간과 관련성이 높다면 기계시간을 배부기준으로 사용하고, 조립부의 제조간접원가는 직접노동시간과 관련성이 높다면 직접노동시간을 배부기준으로 사용한다. 원가집합을 정할 때에는 적절한 원가배부기준을 찾을 수 있는지를 함께 고려해야 한다.

넷째, [원가배부율 계산] 원가집합별로 **제조간접원가 배부율**(manufacturing overhead cost rate)을 계산한다. 원가배부율은 원가배부기준 한 단위당 간접원가 배부액이다. 예를 들어, 일정 기간 동안 절단부의 총제조간접원가가 1억원이며, 절단부의 총기계시간이 2,500시간이라고 하자. 절단부 제조간접원가를 기계시간으로 나누면, 절단부의 기계시간당 제조간접원가 배부율은 다음과 같이 계산된다.

절단부 제조간접원가 배부율 = 절단부 총제조간접원가 ÷ 절단부 총기계시간
= 1억원 ÷ 2,500시간
= 기계시간당 ₩40,000

다섯째, [제조간접원가 배부] 원가집합별로 계산된 제조간접원가 배부율을 이용하여 각 작업에 제조간접원가를 배부한다. 제조간접원가의 배부는 일정한 주기별로(예를 들어, 1개월) 실시하며, 작업이 종료되는 시점(SS30은 2024년 6월 5일)에도 실시한다. 작업 SS30의 작업원가표에 나타난 바와 같이, 12월 말에 작업 SS30에 배부되는 절단부 제조간접원가는 작업 SS30이 12월 중에 사용한 절단부 기계시간 300시간에 절단부 원가배부율인 시간당 ₩40,000을 곱해서 다음과 같이 계산한다. 유사한 배부과정을 조립부 등 다른 원가집합에 대해서도 실시한다.

작업 SS30에 배부될 절단부 제조간접원가(12월분) = 300시간 × ₩40,000 = ₩12,000,000

여섯째, [작업의 총제조원가 계산] 작업이 종료되면, 직접재료원가, 직접노무원가, 제조간접원가 배부액을 합하여 해당 작업의 총제조원가를 계산한다. 2024년 6월 5일에 종료된 SS30의 총제조원가는 다음과 같다.

작업 SS30의 총제조원가 = 직접재료원가 + 직접노무원가 + 제조간접원가
= 6.5억원 + 3.5억원 + 1.8억원
= 11.8억원

이상의 절차를 마치면 작업 SS30에 대한 원가계산이 종료되며, 작업 SS30의 총제조원가 11.8억원은 재공품계정에서 제품계정으로 대체된다. 작업별 원가의 정확성은 제조간접원가를 작업별로 어떻게 배부하느냐에 달려 있다. 즉, 개별원가계산의 정확성은 원가집합과 배부기준의 선택에 달려 있다고 할 수 있다.

3. 개별원가계산시스템의 종류

본 장에서는 원가집계방법 중의 하나인 개별원가계산에 대해 설명하고 있다. 제1장에서 설명한 바와 같이, 원가계산시스템은 원가집계방법과 무관하게 원가측정방법에 따라(즉, 어떤 원가를 사용하느냐에 따라) **실제원가계산**(actual costing), **정상원가계산**(normal costing), **표준원가계산**(standard costing)으로 구분된다. 따라서, 개별원가계산도 실제 실행 과정에서 어떤 원가를 사용하느냐에 따라 다음과 같은 세 가지 유형의 원가계산시스템으로 분류할 수 있다.

1) 실제개별원가계산(actual job costing)

모든 제조원가(직접재료원가, 직접노무원가, 제조간접원가)에 대해 실제 발생한 원가를 측정하여 원가계산을 실시하는 방식이다. 제조간접원가의 배부도 **실제배부율**(actual indirect cost rate)을 사용하여 실시하게 된다.

제조간접원가 실제배부율 = 제조간접원가 실제발생액 ÷ 배부기준 총 실제사용량

2) 정상개별원가계산(normal job costing)

제조원가 중에서 직접원가(직접재료원가, 직접노무원가)는 실제 발생한 원가를 작업별로 추적하여 할당한다. 그러나 제조간접원가는 **예정배부율**(budgeted indirect cost rate, budgeted manufacturing overhead rate)을 사용하여 배부한다. 예정배부율은 다음과 같이 계산한다.

제조간접원가 예정배부율 = 제조간접원가 예산 ÷ 배부기준 총 예산(예정)사용량

정상원가계산에서 제조간접원가 배부율은 예정배부율을 사용하지만, 각 작업별로 배부를 실시할 때에는 각 작업이 실제로 사용한 배부기준 사용량을 곱해서 다음과 같이 배부액을 계산한다.

작업별 제조간접원가 배부액 = 예정배부율 × 작업별 배부기준 실제사용량

3) 표준개별원가계산(standard job costing)

모든 제조원가를 미리 설정한 표준원가를 이용하여 원가계산을 하는 방식이다. 각 원가요소(직접재료원가, 직접노무원가, 제조간접원가)별로 제품 한 단위당 표준 투입량과 투입량 한 단위당 표준원가를 미리 설정하게 된다.

세 가지 유형을 정리하면 표 3-3과 같다. 세 가지 유형 중에서 본 장에서는 **실제개별원가계산**과 **정상개별원가계산**을 학습하고, **표준개별원가계산**은 제13장에서 학습한다.

표 3-3 개별원가계산시스템의 종류

원가요소	실제개별원가계산	정상개별원가계산	표준개별원가계산
직접재료원가	실제발생원가	실제발생원가	표준원가
직접노무원가	실제발생원가	실제발생원가	표준원가
제조간접원가	실제배부율× 배부기준 실제사용량	예정배부율× 배부기준 실제사용량	표준배부율× 배부기준 표준사용량

4. 제조간접원가 배부율

1) 배부율 계산 주기

실제개별원가계산과 정상개별원가계산은 제조간접원가 배부에 있어서만 차이가 있다. 따라서, 두 원가계산제도의 차이를 이해하기 위해 배부율 계산과 관련된 사항을 먼저 이해할 필요가 있다.

제조간접원가 배부율(manufacturing overhead cost rate)은 제조간접원가 총금액을 배부기준 총수량으로 나누어서 계산하는데, 계산을 위해 분자와 분모 값의 대상 기간을 정해야 한다. 즉, 얼마 동안의 기간을 대상으로 배부율을 계산할지를 결정해야 한다. 1개월 또는 1분기 단위로 제조간접원가 금액을 집계하고, 그 기간 동안의 배부기준 총수량으로 나누어 배부율을 계산할 수도 있고, 1년 단위로 계산할 수도 있을 것이다(배부율 산정 대상기간(계산 주기)은 일반적인 회계기간과 일치할 필요는 없다).

대상 기간이 짧은 경우(예를 들어, 1개월, 1분기)에는 배부율의 변동성이 커진다는 단점이 있다. 먼저, 분

표 3-4 제조간접원가 배부율 산정 주기와 배부율의 안정성

	제조간접원가			배부기준	배부기준 단위당 원가		배부율
	변동원가	고정원가	합 계	직접노동시간	변동원가	고정원가	
생산량이 많은 달	5억원	6억원	11억원	5,000	10만원	12만원	22만원
생산량이 적은 달	2억원	6억원	8억원	2,000	10만원	30만원	40만원

자(제조간접원가 금액) 요인을 살펴보면, 배부대상 원가는 계절적인 변동(예 냉난방비)이 심하게 나타날 수 있다. 또한, 1년 중 특정 기간에만 집중적으로 발생하는 원가(예 기계수선유지비, 보너스)도 있을 수 있다. 따라서, 배부대상 원가의 총액을 월별 또는 분기별로 집계할 경우, 총액이 월별[분기별]로 상당한 차이가 있을 수 있다. 이로 인해 분모(배부기준 총수량)의 숫자가 매월[매분기] 같은 경우에도, 배부율은 월별[분기별]로 상당한 차이가 발생할 수 있다. 예를 들어, 1월에 난방비 지출이 많고 대규모 기계수선도 이루어진다면, 1월의 배부율은 매우 높을 수 있다.

이제 분모(배부기준 총수량) 요인을 살펴보면, 수요의 계절적 변동 등으로 인해 배부기준 사용량이 월별[분기별]로 차이가 클 수 있다. 분자 금액 중에는 조업도(배부기준 수량)와 비례하여 발생하지 않는 고정제조간접원가도 상당히 존재하므로, 분모의 변동이 커지면 배부율의 월별[분기별] 변동이 커질 수 있다. 변동제조간접원가의 경우에도 특정 월[분기]에 제품 수요가 매우 많을 경우 정상급여보다 시간당 임률이 더 높은 야간수당이나 잔업수당을 지급해야 하는 등의 이유로 인해 배부율이 증가할 가능성도 있다.

표 3-4에 나타나 있듯이, 조업도의 월별 변동이 심할 때 배부기준 단위당 고정제조간접원가의 변동성이 커서(12만원, 30만원), 월별 배부율에 큰 차이가 나타나게 된다(22만원, 40만원). 분모와 분자 요인이 결합되면, 제품의 단위당 원가는 더욱 불안정한 수치를 나타낼 수도 있다. 이 경우 같은 작업도 실시하는 시기에 따라 원가 차이가 크게 발생하는 문제가 발생할 수 있다(같은 아이스크림 제품도 겨울에 생산할 때와 여름철에 생산할 때 개당 원가가 크게 차이가 날 수 있다).

이처럼 월[분기] 단위의 제조간접원가 배부율은 매우 불안정하기 때문에, 대상 기간을 확대하여 1년 단위로 제조간접원가 배부율을 산정하는 것이 배부율과 제품원가의 안정성 측면에서 바람직하다. 1년 단위로 배부율을 산정하면, 제조간접원가 금액(분자)의 변동성이 감소하고, 계절적 요인 등으로 인한 배부기준 수량(분모)의 변동성도 줄일 수 있게 된다. 그렇다고 해서 2, 3년 단위로 배부율을 산정하는 것은 현실적으로 분모, 분자에 대한 추정과 집계가 어려우므로 실질적인 대안이 아니다.

2) 실제배부율과 예정배부율

제조간접원가 배부율 계산 주기를 1년 단위로 설정하는 경우에 배부율은 안정되지만, 다른 문제가 발생한다. 실제개별원가계산에서 사용되는 **실제배부율**은 제조간접원가 실제발생액을 배부기준의 총실제사용량으로 나누어 계산하는데, 금액과 사용량을 1년 단위로 집계할 경우 연말에 가서야 비로소 실제배부율을 계산할 수 있다. 따라서, 회계기간(연도) 중에는 실제배부율을 계산할 수 없어서 작업별 제조간접원가의 배부도 실시할 수 없게 된다.

기업은 다양한 이유로 제조간접원가를 포함한 제조원가에 관한 정보를 연중에 수시로 획득하기를 원한다. 연도 중에도 작업이 진행됨에 따라 작업별 제조간접원가의 예상 규모를 파악할 필요가 있으며, 연도 말 이전에 특정 작업이 종료되면 즉시 그 작업의 총제조원가를 파악할 필요가 있다. 그러나, 1년 단위로 계산되는 실제배부율을 사용하는 실제개별원가계산은 이런 원가정보를 제공하지 못한다[1].

실제개별원가계산의 대안으로 사용되는 방식이 정상개별원가계산이다. 정상개별원가계산은 실제배부율 대신에 **예정배부율**을 사용한다. 여기서도 예정배부율은 월 또는 분기 단위보다 1년 주기로 계산하여 배부율의 안정성을 확보한다. 예정배부율은 기초에 설정된 1년 단위 제조간접원가 예산과 배부기준의 1년 단위 예산사용량을 이용하여 계산하므로, 기초에 예정배부율을 미리 계산할 수 있다.

정상개별원가계산에서 작업별 배부액은 예정배부율에 배부기준의 실제사용량을 곱해서 계산하는데, 배부기준의 실제사용량은 연도 중 언제라도 획득할 수 있는 정보이다. 따라서, 연도 중 언제라도 작업별 제조간접원가 배부액을 계산할 수 있다. 즉, 정상개별원가계산에서는 작업완료 시점을 포함하여 언제라도 작업의 제조원가 정보를 획득할 수 있어서, 회계정보의 적시성 측면에서 바람직하다고 할 수 있다. 표 3-2에서 작업 SS30에 대한 제조간접원가의 매월 말 배부도 정상개별원가계산을 통해 실시한 것이다. 정상개별원가계산을 사용하면, 작업별로 배부된 제조간접원가의 총액이 실제로 발생한 금액과 차이가 발생하게 되므로, 연도말에는 이에 대한 조정이 필요할 수 있다. 이에 대해서는 아래에서 자세히 설명한다.

종합하면, 개별원가계산에는 세 가지 형태가 있다. 실제로 발생한 원가를 할당하여 작업의 실제원가를 계산할 수도 있으며(실제개별원가계산), 제조간접원가 예정배부율을 사용하여 주기적으로(예 월별) 제조

1 작업원가표(표 3-2)에서 작업번호 SS30의 경우, 실제개별원가계산을 사용하면 2024년도분 배부액을 알기 위해서는 6월 중에 작업이 종료되었음에도 불구하고 2024년도 말까지 기다려야 한다.

간접원가 배부를 안정적으로 실시하여 작업이 종료되기 전에도 작업별 제조원가의 대체적인 규모를 파악할 수도 있고(정상개별원가계산), 작업별로 모든 원가에 대해 표준원가를 미리 설정할 수도 있다(표준개별원가계산).

5. 개별원가계산의 원가흐름과 분개

개별원가계산에서 원가의 흐름(재공품-제품-매출원가)은 제2장에서 부분적으로 학습한 바 있다. 여기서는 원가흐름에 대한 분개를 좀 더 구체적으로 설명한다[2]. 실제개별원가계산과 정상개별원가계산에서의 원가흐름 분개를 비교하여 설명하고, 표준개별원가계산은 제13장에서 설명한다.

예를 들어 설명해보자. 다음은 (주)옥정의 2023년 10월 한 달 동안의 원가흐름에 대한 분개의 일부를 나타낸 것이다.

재료(직접재료 및 간접재료) 200만원 외상 구입

(차) 재료 200만 (대) 외상매입금 200만

직접재료 210만원 사용

(차) 재공품 210만 (대) 재료 210만

직접노무원가 150만원 발생

(차) 재공품 150만 (대) 미지급임금 150만

위의 분개에 대해 몇 가지 설명이 필요하다. 앞에서 설명한 바와 같이, 원가계산에서 재공품계정은 모든 제조원가가 흘러 들어가는 통로로서 원가계산에 핵심적인 역할을 하는 계정이다. 투입된 모든 제조원가는 재공품계정에 일단 집계되고, 작업이 종료되면 비로소 제품계정으로 대체된다. 위 분개에 나타난 바와 같이, 직접재료원가와 직접노무원가의 발생은 재공품계정에 기록하게 된다.

2 분개에서 자산항목(직접재료, 재공품, 제품, 외상매출금, 현금 등)은 차변에 기록되면 자산의 증가를 나타내고, 대변에 기록되면 감소를 나타낸다. 반대로, 부채항목(외상매입금, 미지급임금, 미지급비용 등)은 자산항목과 달리 차변은 감소를, 대변은 증가를 나타낸다. 비용항목(매출원가, 판매비와관리비 등)은 차변이 증가를 나타내며, 수익항목(매출)은 대변이 증가를 나타낸다.

재공품계정에는 아직 종료되지 않은 여러 작업들의 제조원가가 포함되어 있다. 이런 계정을 **통제(control)계정**이라고 부르는데, 통제계정은 **총계정원장**(general ledger) 과목에 대해 설정하며, 관련된 하위 **보조원장**(subsidiary ledger)들이 존재하여 그 상세한 내역을 별도로 알 수 있다. 앞서 설명한 바와 같이, 재공품 계정에 포함되어 있는 여러 재공품들의 상세 내역은 각 작업의 작업원가표(재공품계정의 보조원장)를 보면 자세히 알 수 있다. 마찬가지로 제품, 재료, 미지급임금, 제조간접원가 등 대다수의 계정들도 통제계정으로서, 관련 보조원장이 별도로 존재한다[3]. 따라서, 위 분개에 나타난 재료구입, 노무원가 투입, 재공품 대체 등은 여러 종류의 재료와 노무원가와 관련되어 있다.

기업은 재료 사용, 노무원가 투입 등 원가가 발생하는 시점에는 해당 보조원장에 기록하고 있다가, 일정한 주기별로(예 월말) 위 분개에 표시된 것처럼 총계정원장에 거래를 기록하게 된다. 최근 들어 IT 시스템의 도입과 활용이 보편화되어, 각종 거래의 기록과 집계 등이 시간 또는 일 단위로 단축되어 이루어지는 경우도 많이 있다.

다음은 제조간접원가와 관련된 분개이다. (주)옥정은 2023년 10월 한 달 동안 제조간접원가 130만원이 발생하였으며, 구체적 내역은 간접재료원가 10만원, 간접노무원가 40만원, 전기료 10만원, 수도광열비 20만원, 감가상각비 50만원이라고 하자. 이에 대한 분개는 다음과 같다.

제조간접원가 130만원 발생

(차) 제조간접원가	130만	(대) 재료	10만
		미지급임금	40만
		미지급비용	30만
		감가상각누계액	50만

위 분개에 나타난 바와 같이, 제조간접원가는 직접재료원가, 직접노무원가와는 다른 방식으로 회계처리된다. 제조간접원가는 간접원가로서 발생한 금액을 특정한 작업에 바로 귀속시킬 수 없으므로, 작업별로 원가를 집계하는 재공품계정으로 바로 대체할 수 없다. 따라서 연도말까지 발생액을 제조간접원가라는 임시 계정에 따로 집계한다. 제조간접원가의 발생을 기록하는 위의 분개는 실제개별원가계산과 정상개별원가계산에서 동일하다.

3 통제계정임을 표시하기 위해 재료통제, 재공품통제, 제품통제, 제조간접원가통제 등으로 쓰기도 한다.

두 방식은 제조간접원가의 배부에서 차이가 난다. 앞에서 설명한 바와 같이, 실제개별원가계산은 실제배부율을 사용하고 정상개별원가계산은 예정배부율을 사용한다. 두 방식의 차이를 예제를 이용해서 자세히 학습해보자.

예제 3-1

위 (주)옥정의 2023년 제조간접원가 예산 및 발생 내역은 표 3-5와 같다. 제조간접원가는 모두 직접노동시간을 이용하여 배부하며, 배부율은 1년(1월 1일~12월 31일) 단위로 계산한다. 이 회사에서 수행한 여러 작업 중에 작업 6은 2023년 8월 중에 착수하였으며, 10월 중에 완성되어 650만원에 판매되었다. 작업 6에 투입된 직접재료원가와 직접노무원가는 총 400만원이다. 10월 제조간접원가 배부와 작업 6의 완성 및 판매에 대한 회계처리를 해보자. 표에 제시되어 있는 10월의 제조간접원가 실제발생액 130만원은 위에서 이미 발생내역을 분개하였다.

표 3-5 (주)옥정의 2023년 제조간접원가 및 배부기준의 예산과 발생 내역

	제조간접원가(원)		배부기준(직접노동시간)		
	예산액	발생액	예정조업도	총실제조업도	작업 6의 실제조업도
1월	.	.	.	.	–
......	.....	.....	.....	.....	–
8월	.	.	.	.	100
9월	.	.	.	.	160
10월	.	1,300,000	450	440	150
11월	.	.	.	.	–
12월	.	.	.	.	–
1년 총계	15,000,000	14,300,000	6,000	5,500	410

1) 정상개별원가계산

정상개별원가계산에서 제조간접원가 처리에 대해 먼저 학습해보자. 2023년도분 제조간접원가 예정배부율은 연도 초에 다음과 같이 계산된다.

2023년도 예정배부율 = 2023년도 제조간접원가 총예산 ₩15,000,000÷2023년 예정 직접노동시간 총계 6,000시간
= 직접노동시간당 ₩2,500

우리는 현재 10월 말 시점에 있으며, 10월 중에 모든 작업에 대해 발생한 실제 직접노동시간의 총계는 440시간이다. 정상개별원가계산에서는 예정배부율을 사용하므로, 10월 말에 작업별로 배부되어 재공품계정으로 대체되는 제조간접원가 총계는 110만원(=₩2,500×440시간)이다. 제조간접원가 배부는 다음과 같이 **제조간접원가배부**라는 계정을 별도로 이용한다.

10월 말 제조간접원가의 작업별 배부(재공품 대체) [4]

(차) 재공품 110만 (대) 제조간접원가배부 110만

위에서 재공품계정으로 대체된 제조간접원가 110만원은 모든 작업에 배분된 금액의 합계로서, 상세내역은 각 작업의 작업원가표에서 확인할 수 있다. 여기서 예정배부율을 사용하여 배분한 10월분 제조간접원가 배부액 110만원은 실제발생액 130만원과 차이가 있다. 이 차이는 매월 조정하지 않고, 연도 말에 총차이를 계산하여 한꺼번에 처리한다.

이제 개별 작업에 대한 제조간접원가 배분에 대해 구체적으로 알아보자. 작업 6에 실제 투입된 직접노동시간은 **표 3-5**에 나타난 바와 같이 8월, 9월, 10월에 각각 100시간, 160시간, 150시간이다. 10월 중 작업이 종료되는 시점에 작업 6에 배부되는 10월분 제조간접원가는 37.5만원(=₩2,500×150시간)이다. 이 배부액은 위에 있는 10월 중 전체 작업에 대한 배부액 110만원의 일부이다.

작업 6에는 8월 말과 9월 말에 이미 제조간접원가가 각각 25만원(=₩2,500×100시간)과 40만원(=₩2,500×160시간)이 배분되어 있다. 따라서, 작업 종료시점에 작업 6에 대한 제조간접원가 배부액 총액은 102.5만원(=25만원+40만원+37.5만원)이 된다. 작업 6의 총제조원가는 직접재료원가와 직접노무원가를 포함하여 502.5만원(=400만원+102.5만원)이 된다. 이처럼 예정배부율을 사용하는 정상개별원가계산에서는 작업종료 즉시 작업의 총제조원가를 알 수 있게 된다. 10월 중 작업 6의 완성에 따른 분개는 다음과 같다.

4 제조간접원가배부 계정을 별도로 이용하지 않고 제조간접원가 계정 자체를 이용하여 다음과 같이 분개하는 경우도 있다. 이 경우 제조간접원가 배부를 실시할 때마다 제조간접원가가 감소되므로 총발생액에 대한 정보를 잃어버릴 우려가 있다.

(차) 재공품 110만 (대) 제조간접원가 110만

작업 6 완성

(차) 제품 502.5만 (대) 재공품 502.5만

즉, 작업 6이 종료됨에 따라 작업 6의 총제조원가는 재공품계정에서 제품계정으로 대체된다. 제품계정 또한 통제계정이므로 완성된 여러 작업들의 원가가 포함된다.

10월 중 작업 6 제품의 판매(고객인도)와 관련된 분개는 다음과 같다.

작업 6 제품을 고객에게 전량 인도

(차) 매출원가 502.5만 (대) 제품 502.5만
(차) 외상매출금 650만 (대) 매출 650만

위에서 작업 6과 관련된 제품과 매출원가 모두 정상원가계산에 의한 원가로 기록되어 있음을 기억하자. 지금까지 제조원가의 흐름과 분개에 대해 알아보았다.

정상개별원가계산에서는 우리가 위에서 10월에 실시했던 작업별 제조간접원가 배부과정을 매월 말일에 실시하며, 어떤 작업이 완성되는 경우에는 그 작업의 완성일에도 그 작업에 제조간접원가를 배부한다. 이런 과정을 거쳐 (주)옥정에서 2023년도에 1년 동안 배부한 제조간접원가 총액은 1,375만원(=예정배부율 ₩2,500×실제 총직접노동시간 5,500시간)이 된다. 이 배부된 총액은 1년 동안 실제로 발생한 제조간접원가 총액 1,430만원과 차이가 있다. 이 차이는 회계연도 말에 조정하는 절차를 거치게 되며, 아래에서 구체적으로 설명한다.

2) 실제개별원가계산

실제개별원가계산에서 작업별 제조간접원가 배부액은 실제배부율에다 작업별 배부기준의 실제사용량을 곱하여 계산한다. (주)옥정의 2023년 제조간접원가 실제배부율은 회계연도 말에 가서야 비로소 계산할 수 있으므로, 2023년 회계연도 말이 도래하기 전에는 연도 중에 제조간접원가를 각 작업으로 배분할 수 없다. 즉, 제조간접원가의 실제 발생액은 발생할 때마다 분개를 통해 기록하지만, 작업별 배분은 회계연도 말까지 이루어지지 않는다.

작업 6의 경우에도, 10월 중에 완성되었지만 완성 시점에 제조간접원가 배부액을 알 수 없어서 작업의 총원가를 알 수가 없다.

2023년 회계연도 말에 (주)옥정의 연간 제조간접원가 실제 발생액은 총 1,430만원, 실제 직접노동시간은 총 5,500시간으로 확인된다. 이를 이용하여 실제배부율은 다음과 같이 계산한다.

2023년 실제배부율 = 2023년 제조간접원가 실제 발생액 ₩14,300,000 ÷ 2023년 실제직접노동시간 5,500시간
= 직접노동시간당 ₩2,600

회계연도 말에 작업 6에 배부되는 제조간접원가 총액은 106.6만원(=실제배부율 ₩2,600×작업 6의 연간 총직접노동시간 410시간)이 된다. 따라서, 연말에 작업 6의 총원가는 506.6만원(=직접원가 400만원+제조간접원가 106.6만원)으로 계산된다.

실제개별원가계산에서 (주)옥정의 2023년도 전체 작업에 대한 제조간접원가 배부 분개는 다음과 같이 실시할 수 있다. 실제원가계산이므로 2023년도 제조간접원가의 작업별 총배부액은 실제 발생액과 같은 금액이 된다.

제조간접원가의 재공품 대체

(차) 재공품	1,430만	(대) 제조간접원가배부	1,430만

2023년도 10월 중에 완성되어 판매된 작업 6과 관련된 분개는 다음과 같이 실시할 수 있다.

작업 6 완성 및 판매

(차) 제품	506.6만	(대) 재공품	506.6만
(차) 매출원가	506.6만	(대) 제품	506.6만
(차) 외상매출금	650만	(대) 매출	650만

위 분개 중에서 매출인식과 관련된 마지막 분개를 제외하고는 연도 중에 분개를 실시할 수 없다. 이처럼 실제개별원가계산에서는 작업이 연도 중에 완성되고 판매된 경우에도 해당 작업의 완성과 판매에 대한 회계처리를 연도 말까지 실시하지 못하는 한계가 있다. 따라서, 실제개별원가계산은 실제발생원가를 반영한다는 장점이 있으나 현실적으로 사용하기 어려우므로, 대신에 정상개별원가를 사용하고 연말에 실제원가와의 차이를 조정하는 것이 일반적이다.

작업 6의 제조원가는 표 3-6과 같이 실제개별원가계산과 정상개별원가계산에서 차이가 발생하며, 그

차이는 모두 제조간접원가 배부액의 차이에서 발생한 것이다.

표 3-6 ㈜옥정의 작업 6 제조원가 비교

(단위 : 원)

	실제개별원가계산	정상개별원가계산
직접원가	4,000,000	4,000,000
제조간접원가	1,066,000	1,025,000
합 계	₩5,066,000	₩5,025,000

마지막으로, ㈜옥정에서 10월 중 판매비와관리비가 200만원이 발생한 경우 분개는 다음과 같다.

(차) 판매비와관리비 200만 (대) 현금 200만

판매비와관리비는 제조원가가 아니므로 발생시점에서 재공품계정으로 집계되지 않고 해당 비용 계정(예 광고비의 경우 광고홍보비 계정)에 기록되어 2023년도 손익계산서에서 모두 당기비용으로 처리하게 된다. 이것은 모든 제품원가계산에서 동일하다.

6. 회계연도 말 배부차이 조정

정상개별원가계산에서 2023년도 ㈜옥정의 제조간접원가 발생과 작업별 배분에 대한 기록을 종합하면 다음과 같이 나타낼 수 있다.

제조간접원가 발생(연간)

차변		대변	
(차) 제조간접원가	14,300,000	(대) 재료	xxx
		미지급임금	xxx
		미지급비용	xxx
		감가상각누계액	xxx

제조간접원가 작업별 배부(연간)

(차) 재공품 13,750,000 (대) 제조간접원가배부 13,750,000

정상개별원가계산을 사용하는 경우에 예정배부율을 사용하므로, 이처럼 제조간접원가의 연간 실제 발생액 총액(1,430만원)과 작업별 배부액 총액(1,375만원)이 일치하지 않을 가능성이 크다. 그 차이를 **배부차이**라고 한다.

제조간접원가 배부차이 = 제조간접원가 총발생액 – 제조간접원가 총배부액

실제 발생액이 배부액보다 큰 경우에는 **과소배부**라고 하고, 그 반대의 경우를 **과다배부(과대배부)**라고 한다. 배부차이는 실제배부율과 예정배부율의 차이로 인해 발생할 수 있지만, 배부기준의 실제사용량과 예정사용량의 차이로 인해서도 발생할 수도 있다. 위의 ㈜옥정의 예제에서 제조간접원가 실제 발생액은 1,430만원이며 배부액은 1,375만원이므로, 55만원의 배부차이가 발생했으며, 과소배부에 해당한다.

제조간접원가 배부차이 = 1,430만원 – 1,375만원 = 55만원(과소배부)

원가계산준칙에 의하면, 외부공표용 재무제표 작성을 위해서는 실제 발생원가를 보고하는 것이 원칙이다. 따라서, 연도 중 원가정보의 획득 목적으로 정상개별원가계산을 채택한 경우 회계연도 말에 가서 배부차이를 조정하여 실제원가와 유사하게 조정해야 한다. 배부차이의 회계연도 말 조정방법으로는 안분법, 수정배부율법, 비안분법이 있다.

1) 안분법

정상원가계산에서 회계연도 말 시점에 재공품, 제품, 매출원가에 포함되어 있는 제조간접원가 금액과 실제개별원가계산에서 이들 계정에 포함될 제조간접원가 금액이 다를 경우 배부차이가 발생한다. **안분법(proration method)**은 제조간접원가 배부차이를 재공품, 제품, 매출원가의 회계연도 말 잔액에 비례하여 배분하는 방법이다.

위의 예제 3-1에서 제조간접원가가 55만원 과소배부되었다. 실제배부율을 사용하여 배부했다면, 과소배부된 금액 55만원은 처음에 각 작업에 모두 배분되어 재공품계정으로 대체되었을 것이다. 그 후 55만원 중에서 작업 6 등 완성된 작업에 포함되어 있던 금액은 제품으로 대체되고, 나머지는 재공품에 남아있게 된다. 최종적으로, 제품이 판매되면 해당 금액은 매출원가로 대체되게 된다. 따라서, 과소배부된 55만원을 재공품, 제품, 매출원가 계정의 기말잔액에 비례하여 해당 계정으로 추가로 배분하면 실제원가와 유사하게 조정된다.

과소배부인 경우 차이 조정의 방향은 이들 계정에 있는 제조간접원가의 잔액들을 증가시키고, 과다배부인 경우에는 이들 계정에 있는 제조간접원가의 잔액들을 감소시키면 된다. 과소배부/과다배부된 금액을 어떤 기준으로 비례배분하느냐에 따라 안분법은 다시 **총원가기준법**과 **원가요소기준법**으로 나누어진다. 다음 예제를 이용해서 학습하자.

예제 3-2

(주)옥정의 예제 3-1을 계속 이용하자. 추가로, 표 3-7에는 정상개별원가계산을 사용하고 있는 (주)옥정의 2023년도 계정별(재공품, 제품, 매출원가) 각 원가요소의 회계연도 말 잔액이 나타나 있다. 2023년도 제조간접원가 실제발생액은 1,430만원이다(표 3-5). 계정별 차이조정 금액을 계산하고 분개를 해보자.

표 3-7 (주)옥정의 2023년 말 계정별 원가요소 잔액(정상원가계산)

(단위 : 원)

관련 계정	직접재료원가	직접노무원가	제조간접원가	합 계
재공품	5,875,000	6,000,000	4,125,000	16,000,000
제 품	6,250,000	7,000,000	2,750,000	16,000,000
매출원가	18,125,000	23,000,000	6,875,000	48,000,000
합 계	30,250,000	36,000,000	13,750,000	80,000,000

(1) 총원가기준법

이 방법은 배부차이를 회계연도 말에 재공품, 제품, 매출원가 계정의 제조원가 합계(총원가)에 비례하여 배부하는 방법이다. 연도 말 재공품, 제품, 매출원가 계정의 총원가비율은 20%, 20%, 60%로서, 배부차이 55만원의 배부내역은 표 3-8과 같다.

표 3-8 (주)옥정의 2023년도 말 계정별 총원가 비율 및 총원가기준법 배부 | 예제 3-2

관련 계정	총원가(원)	총원가비율	총원가기준법 배부(원)
재공품	16,000,000	20.00%	110,000
제 품	16,000,000	20.00%	110,000
매출원가	48,000,000	60.00%	330,000
합 계	80,000,000	100.00%	550,000

총원가기준법을 사용한 경우, 차이 조정 후의 계정별 세부내역은 표 3-9와 같다. 본 예제는 과소배부가 발생한 경우로서 재공품, 제품, 매출원가를 상향 조정한다.

표 3-9 (주)옥정의 2023년도 말 조정 후 계정별 세부내역(총원가기준법) | 예제 3-2

(단위 : 원)

관련 계정	직접재료원가	직접노무원가	제조간접원가	합 계
재공품	5,875,000	6,000,000	4,235,000	16,110,000
제 품	6,250,000	7,000,000	2,860,000	16,110,000
매출원가	18,125,000	23,000,000	7,205,000	48,330,000
합 계	30,250,000	36,000,000	14,300,000	80,550,000

총원가기준법은 총원가에 비례하여 배분하는 방법이므로 실제개별원가계산을 사용했을 경우의 재공품, 제품, 매출원가의 잔액과 달라 정확성이 다소 떨어지나, 편리하고 간단하다는 장점이 있다.

(2) 원가요소기준법(제조간접원가기준법)

원가요소기준법은 제조원가 총액이 아니라 해당 원가요소인 제조간접원가의 회계연도 말 잔액에 비례하여 배분하는 방식이다. 배부차이 55만원은 30%, 20%, 50%의 비율로 표 3-10과 같이 배분된다.

표 3-10 (주)옥정의 2023년도 말 계정별 제조간접원가 비율 및 원가요소기준법 배부 | 예제 3-2

관련 계정	제조간접원가(원)	제조간접원가비율	원가요소기준법 배부(원)
재공품	4,125,000	30.00%	165,000
제 품	2,750,000	20.00%	110,000
매출원가	6,875,000	50.00%	275,000
합 계	13,750,000	100.00%	550,000

원가요소기준법을 사용한 경우, 차이조정 후의 각 계정별 내역은 표 3-11과 같다.

표 3-11 (주)옥정의 2023년도 말 조정 후 계정별 세부내역(원가요소기준법) | 예제 3-2

(단위 : 원)

관련 계정	직접재료원가	직접노무원가	제조간접원가	합 계
재공품	5,875,000	6,000,000	4,290,000	16,165,000
제 품	6,250,000	7,000,000	2,860,000	16,110,000
매출원가	18,125,000	23,000,000	7,150,000	48,275,000
합 계	30,250,000	36,000,000	14,300,000	80,550,000

원가요소기준법을 사용하여 배부차이를 조정하면, 재공품, 제품, 매출원가에 포함되는 제조간접원가의 회계연도 말 조정 후 잔액은 실제배부율을 사용하여 배부했을 때의 잔액들과 같게 된다[5].

안분법(총원가기준법, 원가요소기준법)은 총계정원장을 수정하는 방법으로서 재공품, 제품, 매출원가 금액을 조정하여 재무보고 시에 재고자산과 비용을 실제원가와 유사하게 조정한다. 그러나, 각 작업의 보조원장(작업원가표 등)은 수정하지 않는다. 즉, 재공품과 제품 및 매출원가의 작업(제품) 종류별 원가는 수정하지 않고, 합계 금액만 수정하는 방식이다. 따라서, 안분법에서는 총계정원장 과목과 보조원장 과목의 합계는 서로 일치하지 않게 된다.

(주)옥정의 2023년도 말 원가요소기준법을 이용하여 회계연도 말 과소배부의 차이를 조정하는 분개는 다음과 같다.

정상개별원가계산에서 회계연도 말 배부차이 조정

(차) 재공품	165,000	(대) 제조간접원가	14,300,000
제품	110,000		
매출원가	275,000		
제조간접원가배부	13,750,000		

대변의 제조간접원가 1,430만원은 발생 당시에 차변에 기록한 제조간접원가 발생액 1,430만원을 제거하는 분개이며, 차변의 제조간접원가배부 1,375만원은 연도 중에 작업별로 배부한 금액 1,375만원을 제거하는 분개이다. 이 조정분개를 마치고 나면, 제조간접원가 및 제조간접원가배부의 연도 말 계정 잔액

5 본 예제에서 회계연도 초에 재공품과 제품의 재고가 없는 것으로 가정하였다. 회계연도 초에 재공품과 제품의 재고가 있는 경우 당년도 분 재공품, 제품, 매출원가를 기준으로 배분해야 하는 것이 원칙이나, 계산이 복잡해진다.

은 모두 "0"이 된다[6].

위에서는 과소배부인 경우에 대해 자산과 매출원가를 상향 조정하는 분개를 나타낸 것이다. 반대로 과대배부가 발생한 경우에는 위와 반대로 다음과 같이 자산과 매출원가의 금액을 하향 조정하는 분개를 한다.

(차) 제조간접원가배부	xxxxxxxxxxx	(대) 재공품	xxxx
		제품	xxxx
		매출원가	xxxx
		제조간접원가	xxxxxxxxx

2) 수정배부율법

수정배부율법(adjusted allocation-rate approach)은 모든 회계장부의 수치를 실제개별원가계산에서의 수치와 동일하게 수정하는 방법이다. 총계정원장은 물론 보조원장까지 모두 수정하여 제조간접원가 배부액을 실제발생액 기준으로 조정하는 방법이다. 따라서 재공품, 제품, 매출원가의 회계연도 말 잔액이 모두 실제원가계산과 같은 금액으로 수정될 뿐 아니라, 작업별(제품별) 내역도 모두 실제원가계산과 동일하게 수정된다.

먼저, 연도 말에 실제배부율을 계산하고, 이를 이용해서 모든 작업에 배부될 제조간접원가를 다시 계산한다. 그 후 기말 조정분개를 실시하여 내역을 조정한다. 조정이 끝나면, 총계정원장(재공품, 제품, 매출원가)은 물론, 각종 보조원장(작업원가표, 제품원장 등)도 모두 수정되어 실제원가로 전환된다.

위 (주)옥정의 예제 3-2에서 실제배부율은 ₩2,600이었으며, 예정배부율은 ₩2,500으로서, 실제배부율은 예정배부율의 1.04(=₩2,600÷₩2,500)배이다. 따라서, 예정배부율을 곱해서 배부되어 있는 각 작업의 제조간접원가 금액에 1.04를 곱해 주면 실제배부율로 배부한 것과 같아진다. 이렇게 조정한 후 총계정원

6 제조간접원가의 재공품 대체 분개를 제조간접원가배부 계정을 사용하지 않고 제조간접원가 계정 자체를 사용한 경우(각주 4), 회계연도 말 조정을 위한 분개는 다음과 같이 해야 한다. 어느 방식이든 회계연도 말 배부차이 조정 후에는 제조간접원가(배부)의 계정 잔액은 모두 "0"이 된다.

(차) 재공품	165,000	(대) 제조간접원가	550,000
제품	110,000		
매출원가	275,000		

장에도 반영한다.

총계정원장 과목의 금액은 개별 작업별 조정결과를 반영하지 않고 계정별로 바로 조정할 수도 있다. 제조간접원가의 배부액 대비 발생액의 비율(발생액 1,430만원÷배부액 1,375만원=1.04)을 이용해서 계정별로 조정해도 결과는 같다[7]. 조정내역은 표 3-12와 같다.

표 3-12 (주)옥정의 2023년도 말 조정 후 세부내역(수정배부율법) | 예제 3-2

(단위 : 원)

관련 계정	직접재료원가	직접노무원가	제조간접원가 (조정 전)	제조간접원가* ((조정 전)×1.04)	합 계
재공품	5,875,000	6,000,000	4,125,000	4,290,000	16,165,000
제 품	6,250,000	7,000,000	2,750,000	2,860,000	16,110,000
매출원가	18,125,000	23,000,000	6,875,000	7,150,000	48,275,000
합 계	30,250,000	36,000,000	13,750,000	14,300,000	80,550,000

* 각 작업의 세부 내역을 모두 조정

수정배부율법에 따른 재공품, 제품, 매출원가의 조정 후 금액은 원가요소기준법과 동일하다는 것을 알 수 있다. 다만, 수정배부율법은 보조원장들도 모두 수정하는 방법이므로 재공품, 제품, 매출원가의 작업별(제품별) 세부 내역들도 모두 실제원가로 수정된다. 이러한 전반적인 수정이 매우 번거로운 일이 될 수 있지만, 회계에서 컴퓨터 활용이 보편화됨에 따라 비교적 간단하게 수정작업이 이루어질 수 있을 것이다.

3) 비안분법

비안분법(write-off)은 배부차이를 자산(재공품, 제품)에는 배분하지 않고 전액 당기 비용(손익)에서 조정하는 방법이다. **매출원가조정법**과 **영업외손익법**이 있다.

7 실제배부율과 예정배부율의 비율은 발생액과 배부액의 비율과 같다.

실제배부율 ÷ 예정배부율 = (실제발생액 ÷ 실제조업도) ÷ (예산 ÷ 예정조업도)

= (실제발생액 × 예정조업도) ÷ (실제조업도 × 예산)

= 실제발생액 ÷ (실제조업도 × (예산 ÷ 예정조업도))

= 실제발생액 ÷ 배부액

(1) 매출원가조정법

이 방법은 배부차이 전액을 매출원가에서 조정하는 방법이다. 위에서 과소배부된 ₩550,000은 매출원가를 증가시키는 방향으로 조정하며, 분개는 다음과 같다.

(차) 매출원가	550,000	(대) 제조간접원가	14,300,000
제조간접원가배부	13,750,000		

과대배부가 발생했을 경우에는 매출원가를 감소시키는 방식(대변)으로 조정한다.

(2) 영업외손익법

이 방법은 배부차이 전액을 영업외손익으로 처리하는 방법이다. 위에서 과소배부된 ₩550,000은 **제조간접원가배부차이**라는 계정을 이용하여 영업외비용으로 처리한다. 과대배부가 발생한 경우에는 영업외수익으로 처리한다. 과소배부된 위의 예제에서 조정 분개는 다음과 같다.

(차) 제조간접원가배부차이	550,000	(대) 제조간접원가	14,300,000
제조간접원가배부	13,750,000		

제조간접원가배부차이가 차변에 등장하면 비용이 증가하는 것을 의미하며, 대변에 등장하면 수익이 증가(비용이 감소)하는 것을 의미하는 것으로 이해하면 된다.

4) 차이조정 방법의 비교

지금까지 설명한 회계연도 말 배부차이 조정방법을 요약하면 표 3-13과 같다.

표 3-13 제조간접원가 배부차이 회계연도 말 조정방법

	조정방법	조정 대상계정	비례 배부 시 배부기준
안분법	총원가기준법	재공품, 제품, 매출원가	계정별 제조원가 합계
	원가요소기준법	재공품, 제품, 매출원가	계정별 제조간접원가
수정배부율법	–	재공품, 제품, 매출원가	실제배부율 사용

(표 계속)

	조정방법	조정 대상계정	비례 배부 시 배부기준
비안분법	매출원가조정법	매출원가	–
	영업외손익법	영업외손익	–

비안분법은 배부차이를 일시에 당기 수익(비용)으로 처리하는 방법이다. 과소배부 시에 비안분법을 사용하면, 실제원가와 비교해서 비용이 많이 계상되고 자산이 적게 평가된다. 반대로, 과다배부 시에는 비용이 적게 계상되고, 자산이 크게 평가된다.

따라서 비안분법은 배부차이 금액이 크지 않거나, 재고(재공품, 제품)가 매우 적은 경우에만 사용하는 것이 바람직하다. 이 경우에는 안분법과 비안분법이 손익과 자산평가에 있어서 차이가 별로 없기 때문이다. 배부차이가 크고, 재고가 많은 경우에 비안분법을 사용하게 되면 자산의 과대(또는 과소) 평가 결과를 초래하게 된다. 또한, 작업(제품)별 실제발생원가를 정확하게 파악하는 것이 중요한 경우에는 다소 복잡하더라도 수정배부율법을 사용해야 한다.

우리는 위에서 편의상 제조간접원가를 모두 하나의 원가집합에 집계하여 배부하는 경우에 대해 설명하였다. 만약 두 개 이상의 부문(서)별로 원가집합을 설정하고 원가를 집계하여 배부하는 경우에는 부서(문)별로 위의 배부차이 조정을 각각 실시해야 한다.

7. 개별원가계산 종합예제

지금까지 학습한 내용을 바탕으로, 다음 예제를 이용하여 개별원가계산에서의 원가흐름과 회계처리에 대해 다시 한번 학습해보자.

예제 3-3

도곡세미콘(주)은 차량용 반도체를 고객 주문에 따라 제조하여 판매하는 회사이다. 고객과 주문 시기에 따라 반도체 제품의 사양이 각기 달라 별도의 작업으로 회계처리한다. 202X년 9월 초에 작업 A와 작업 B의 제조가 진행되고 있었으며, 이 중에서 작업 A는 9월 중에 완성되어 고객에게 인도되었고, 작업 B는 9월 말 현재 아직 미완성이다. 또 다른 고객사로부터 9월 초에 제작을 의뢰받은 작업 C는 9월 말에 완

(예제 계속)

성되었으나, 아직 고객에게 인도되지 않고 있다. 이 회사는 정상개별원가계산 제도를 사용하고 있다. 세 작업과 관련된 구체적인 정보는 다음과 같다.

(1) 9월 초 기초재공품 상태인 작업 A와 작업 B의 총원가는 각각 ₩135,000, ₩94,000이며, 구체적인 내역은 표 3-14와 같다.

표 3-14 도곡세미콘(주)의 202X년 9월 초 기초재공품 원가

(단위 : 원)

	직접재료원가	직접노무원가	제조간접원가	합 계
작업 A	55,000	15,000	65,000	135,000
작업 B	28,000	16,000	50,000	94,000
합 계	83,000	31,000	115,000	229,000

(2) 9월 1일 현재 재료 재고는 ₩90,000이다.

(3) 9월 중에 재료 ₩200,000어치를 외상으로 구입하였다.

(4) 9월 중에 작업 A와 작업 B에 추가로 투입된 직접재료원가는 각각 ₩26,000, ₩62,000이며, 작업 C에는 ₩45,000이 투입되었다.

(5) 9월 중에 작업 A와 작업 B에 추가로 투입된 직접노무원가는 각각 ₩12,000, ₩28,000이며, 작업 C에는 ₩15,000이 투입되었다.

표 3-15 도곡세미콘(주)의 202X년 9월 당기투입 직접원가

(단위 : 원)

	직접재료원가	직접노무원가
작업 A	26,000	12,000
작업 B	62,000	28,000
작업 C	45,000	15,000
합 계	133,000	55,000

(6) 9월 중에 투입된 간접재료원가는 총 ₩75,000이다.

(예제 계속)

(7) 9월 중에 투입된 간접노무원가는 총 ₩45,000이다.

(8) 9월 중에 발생한 제조경비는 총 ₩60,000으로서, 보험료 ₩10,000, 감가상각비 ₩45,000, 수도료 및 전기료 총 ₩5,000이다.

제조간접원가 배부에 관한 사항은 다음과 같다. 도곡세미콘(주)은 제조간접원가의 배부기준으로 기계시간을 사용하고 있으며, 9월 중 작업별로 사용한 실제 기계시간은 작업 A가 200시간, 작업 B가 250시간, 작업 C가 150시간이다. 202X 회계연도 초에 추정한 연간 제조간접원가 예산은 ₩2,400,000이며, 예산기계시간은 7,500시간이다. 1년 동안 실제 발생한 제조간접원가는 ₩2,584,000이며, 실제 기계시간은 8,500시간이다. 이상의 자료를 이용하여 도곡세미콘(주)의 202X년 9월 회계처리와 연도 말 조정분개를 해보자.

도곡세미콘(주)의 9월 중 회계처리는 다음과 같이 실시한다.

(1), (2) 분개 없음

(3)	(차) 재료	200,000	(대) 외상매입금	200,000
(4)	(차) 재공품	133,000	(대) 재료	133,000
(5)	(차) 재공품	55,000	(대) 미지급임금	55,000

앞에서 설명한 바와 같이, 재공품계정은 통제계정으로서, 모든 작업에 투입된 직접재료원가와 직접노무원가가 포함된다. 각 작업별 원가 투입내역은 작업원가표에 기록된다.

(6)	(차) 제조간접원가	75,000	(대) 재료	75,000
(7)	(차) 제조간접원가	45,000	(대) 미지급임금	45,000

위 분개는 간접재료원가와 간접노무원가는 제조간접원가 계정에 기록된다는 것을 나타낸다. 제조경비의 발생도 다음과 같이 제조간접원가 계정에 기록된다.

(8)	(차) 제조간접원가	60,000	(대) 미지급비용	15,000
			감가상각누계액	45,000

이상은 재료 구입과 원가 투입에 관한 분개이다. 계속해서 제조간접원가의 배부를 분개해보자. 회계연도 초에 설정된 연간 단위의 제조간접원가 예정배부율은 다음과 같이 계산된다.

제조간접원가 예정배부율 = 제조간접원가 예산 ₩2,400,000 ÷ 예산기계시간 7,500시간
= 기계시간당 ₩320

이 예정배부율에 9월 중에 발생한 각 작업의 실제 기계시간을 곱하여 각 작업별로 제조간접원가를 배부한다. 9월 중에 작업 A에는 작업 완성시점에 ₩64,000(=₩320×200시간)이 배부되고, 작업 B는 아직 종료되지 않았으므로 9월 말에 ₩80,000(=₩320×250시간)이 배부된다. 마찬가지로, 9월 중에 완성되었지만 9월 말 현재 고객에게 인도되지 않은 작업 C에는 작업완료 시점에 ₩48,000(=₩320×150시간)이 배부된다. 9월에 세 작업에 배부되는 제조간접원가 총액은 ₩192,000(=₩64,000+₩80,000+₩48,000)이다. 9월 중 세 작업에 대한 제조간접원가 배부를 통합하여 나타내면 다음과 같다.

(9) (차) 재공품 192,000 (대) 제조간접원가배부 192,000

9월 중 제조간접원가 실제 발생액은 총 ₩180,000(위 (6), (7), (8)의 합계)이므로 배부액과 차이가 발생한다. 이제 9월 중 일부 작업의 완성과 판매에 대한 분개를 위해 작업별로 총원가를 집계하면 **표 3-16**과 같다.

표 3-16 도곡세미콘㈜의 202X년 9월 작업별 원가내역

(단위 : 원)

작업 종류	원가요소	기초잔액	당기투입	합 계	9월 말 계정
작업 A	직접재료원가	55,000	26,000	81,000	매출원가
	직접노무원가	15,000	12,000	27,000	
	제조간접원가	65,000	64,000	129,000	
	합 계	135,000	102,000	237,000	

(표 계속)

작업 종류	원가요소	기초잔액	당기투입	합 계	9월 말 계정
작업 B	직접재료원가	28,000	62,000	90,000	재공품
	직접노무원가	16,000	28,000	44,000	
	제조간접원가	50,000	80,000	130,000	
	합 계	94,000	170,000	264,000	

작업 종류	원가요소	기초잔액	당기투입	합 계	9월 말 계정
작업 C	직접재료원가	0	45,000	45,000	제품
	직접노무원가	0	15,000	15,000	
	제조간접원가	0	48,000	48,000	
	합 계	0	108,000	108,000	

작업 A와 작업 C는 9월 중에 완성되었으며(따라서 9월 중 제품으로 대체되는 금액은 그 합계인 ₩345,000), 작업 A는 고객에게 최종 인도되었으므로 관련 분개는 다음과 같다.

(10)	(차) 제품	345,000	(대) 재공품	345,000
(11)	(차) 매출원가	237,000	(대) 제품	237,000

이상으로 9월 중 도곡세미콘㈜의 정상개별원가계산에 의한 분개가 종료된다. 9월에 제조간접원가의 발생액과 배부액에 차이가 있지만 이를 조정하는 회계처리는 9월 말에 실시하지 않고, 연도 말에 누적해서 한꺼번에 실시한다. 이제 202X 회계연도 말에 도곡세미콘㈜의 제조간접원가 조정분개를 해보자. 1년 동안에 모든 작업에 배부된 제조간접원가 배부액 총계는 다음과 같을 것이다.

연간 제조간접원가 총배부액 = 예정배부율 ₩320 × 실제 총 8,500기계시간 = ₩2,720,000

위의 배부액에는 9월 중에 세 작업에 배부된 금액 ₩192,000이 포함되어 있다. 202X 회계연도의 제조간접원가 배부차이는 다음과 같다.

제조간접원가 배부차이 = 실제발생액 ₩2,584,000 − 배부액 ₩2,720,000 = ₩136,000 과다배부

그림 3-2 도곡세미콘(주)의 202X년 9월의 주요 총계정원장 과목의 T계정(정상개별원가계산)

재 료

차변		대변	
기초재고	(2) 9만	당기사용 (4) 직접재료	13.3만
		(6) 간접재료	7.5만
당기매입	(3) 20만	기말재고	8.2만
합 계	29만	합 계	29만

재공품

차변		대변	
기초재고	(1) 22.9만*	제품완성	(10) 34.5만
	(4) 13.3만		
	(5) 5.5만	기말재고	26.4만
	(9) 19.2만		
합 계	60.9만	합 계	60.9만

* 22.9만(=작업 A 13.5만+작업 B 9.4만)

제 품

차변		대변	
기초재고	-	당기판매	(11) 23.7만
	(10) 34.5만	기말재고	-
합 계	-	합 계	-

매출원가

차변	대변
(11) 23.7만	

외상매입금

차변		대변	
당기지급	-	기초잔액	-
기말잔액	-	당기발생	(3) 20만
합 계	-	합 계	-

미지급임금

차변		대변	
당기지급	11만	기초잔액	5만
기말잔액	4만	(5) 직접노무원가	5.5만
		(7) 간접노무원가	4.5만
합 계	15만	합 계	15만

미지급비용

차변		대변	
당기지급	-	기초잔액	-
기말잔액	-	당기발생	(8) 1.5만
합 계	-	합 계	-

제조간접원가

차변	대변
(6) 7.5만	
(7) 4.5만	
(8) 6.0만	
합 계 18만	

감가상각누계액

차변		대변	
		기초잔액	-
		당기발생	(8) 4.5만
		합 계	-

제조간접원가배부

차변		대변	
		당기배부	(9) 19.2만
		합 계	19.2만

정상개별원가계산 제도를 사용함으로 인해 발생한 과다배부액 ₩136,000은 회계연도 말에 앞에서 설명한 방법을 이용하여 실제개별원가계산의 결과와 유사하게 조정하게 된다. 안분법 사용 시 관련 분개는 다음과 같은 형태를 취한다.

(차) 제조간접원가배부	2,720,000	(대) 재공품	xxxx
		제품	xxxx
		매출원가	xxxx
		제조간접원가	2,584,000

위 분개를 마치면 제조간접원가계정과 제조간접원가배부계정의 연도 말 잔액은 "0"이 된다.

이제 마지막으로, 도곡세미콘(주)의 202X년 9월 총계정원장 과목의 원가흐름을 T계정을 이용하여 일목요연하게 나타내어 보자. 그림 3-2에서 미지급임금 계정의 완전한 형태를 보여주기 위해 미지급임금의 기초잔액은 5만원, 당기지급은 11만원으로 가정하였다. 금액에 대한 정보가 없는 경우는 "－"로 표시하여 비워두었다.

연습문제

01 개별원가계산의 특징

다음 중 개별원가계산제도의 특징이 아닌 것은?

① 조선업에서 사용하기에 적합하다.
② 몇 년이 걸리더라도 작업이 종료될 때까지 계속 원가를 집계한다.
③ 모든 제조원가를 작업별로 직접 추적할 수 있다.
④ 실제원가, 정상원가, 표준원가를 사용할 수 있다.

02 개별원가계산에서 제조간접원가 배부 (2018 감정평가사)

실제개별원가계산제도를 사용하는 ㈜감평의 20X1년도 연간 실제 원가는 다음과 같다.

• 직접재료원가	₩4,000,000
• 직접노무원가	₩5,000,000
• 제조간접원가	₩1,000,000

㈜감평은 20X1년 중 작업지시서 #901을 수행하였는데 이 작업에 320시간의 직접노무시간이 투입되었다. ㈜감평은 제조간접원가를 직접노무시간을 기준으로 실제배부율을 사용하여 각 작업에 배부한다. 20X1년도 실제 총직접노무시간은 2,500시간이다. ㈜감평이 작업지시서 #901에 배부하여야 할 제조간접원가는?

① ₩98,000 ② ₩109,000 ③ ₩128,000 ④ ₩160,000 ⑤ ₩175,000

03 개별원가계산에서 제조간접원가 배부

제조간접원가의 배부에 관한 다음 설명 중 틀린 것을 모두 묶은 것은?

a. 한 부문(서)에서 발생한 제조간접원가는 한 개의 원가집합에 집계한다.
b. 제조간접원가 실제배부율은 회계연도 말에 가야 알 수 있다는 단점이 있다.
c. 제조간접원가 배부율은 매월 변하는 원가규모를 반영하여 월단위로 계산하는 것이 좋다.
d. 제조간접원가의 작업별 배부는 매일 또는 적어도 일주일 단위로 실시하는 것이 일반적이다.
e. 제조간접원가 예정배부율을 사용하면 배부액이 실제 발생액과 달라질 수 있다.

① a, c ② b, c, e ③ a, c, d ④ b, c, d

04 개별원가계산에서 제조간접원가 배부 (2020 세무사)

㈜세무는 개별원가계산제도를 채택하고 있으며, 제품 A와 제품 B를 생산하고 있다. 기초재공품은 없으며, 제품이 모두 기말에 완성되었다. ㈜세무의 20X1년 원가자료는 다음과 같다. 제조간접원가를 직접노무원가 발생액에 비례하여 배부하는 경우, 제품 A와 제품 B의 제조원가는?

	제품 A	제품 B
직접재료원가		
기초재고액	₩20,000	₩10,000
당기매입액	40,000	30,000
기말재고액	10,000	15,000
직접노무원가		
전기 말 미지급액	₩22,000	₩30,000
당기지급액	45,000	60,000
당기말 미지급액	20,000	27,000
제조간접원가		₩30,000

① 제품 A : ₩94,900 제품 B : ₩110,100
② 제품 A : ₩99,100 제품 B : ₩105,900
③ 제품 A : ₩105,900 제품 B : ₩94,900
④ 제품 A : ₩105,900 제품 B : ₩99,100
⑤ 제품 A : ₩110,100 제품 B : ₩94,900

05 개별원가계산에서 제조간접원가 배부 (2023 국가직 9급)

20X1년도에 설립된 ㈜한국은 개별원가계산방법을 적용하고 있으며, 20X1년도 제품 생산과 관련된 정보는 다음과 같다. ㈜한국이 직접노무원가의 140%를 제조간접원가에 배부할 경우 C 제품 생산에 투입된 직접노무원가는?

	A 제품	B 제품	C 제품
제품 관련 정보	생산 완료 및 판매	생산 미완료	생산 완료 및 미판매
제조원가 대비 가공원가 비율	60%	40%	40%
당기총제조원가	₩240,000		
당기제품제조원가	₩180,000		
매출원가	₩60,000		

① ₩16,000 ② ₩20,000 ③ ₩24,000 ④ ₩28,000

06 개별원가계산의 회계처리

개별원가계산의 회계처리와 관련된 다음 설명 중 틀린 것을 모두 묶은 것은?

a. 모든 작업(job)의 원가를 한 개의 작업원가표에 체계적으로 집계한다.
b. 작업원가표는 재공품계정의 상세내역을 나타내는 보조원장이다.
c. 제조간접원가의 실제발생내역은 작업원가표를 통해 확인할 수 있다.
d. 제조간접원가의 배부는 기말 및 작업완성 시점에 실시한다.
e. 특정 근로자의 급여는 모두 직접원가로 분류되거나 모두 간접원가로 분류된다.

① a, d ② b, c, e ③ a, c, e ④ a, d, e

07 정상개별원가계산 (2021 감평사)

㈜감평은 제조간접원가를 기계작업시간 기준으로 예정배부하고 있다. 20X1년 실제 기계작업시간은?

- 제조간접원가(예산) ₩928,000
- 제조간접원가(실제) 960,000
- 제조간접원가 배부액 840,710
- 기계작업시간(예산) 80,000시간

① 70,059시간 ② 71,125시간 ③ 72,475시간
④ 73,039시간 ⑤ 74,257시간

08 정상개별원가계산 (2021 국가직 9급)

㈜한국은 정상(예정)개별원가계산을 적용하며, 기계시간을 기준으로 제조간접원가를 예정배부한다. 20X1년 예정기계시간이 10,000시간이고 원가 예산이 다음과 같을 때 제조간접원가 예정배부율은?

항 목	금 액
직접재료원가	₩25,000
간접재료원가	₩5,000
직접노무원가	₩32,000
공장건물 임차료	₩20,000
공장설비 감가상각비	₩7,000
판매직원 급여	₩18,000
공장설비 보험료	₩13,000
광고선전비	₩5,000

① ₩4/기계시간 ② ₩4.5/기계시간 ③ ₩7.2/기계시간 ④ ₩10.2/기계시간

09 정상개별원가계산에서 원가흐름 (2013 감평사)

㈜감평은 제조원가 항목을 직접재료원가, 직접노무원가 및 제조간접원가로 분류한 후, 개별-정상원가계산을 적용하고 있다. 기초재공품(작업No.23)의 원가는 ₩22,500이며, 당기에 개별 작업별로 발생된 직접재료원가와 직접노무원가를 다음과 같이 집계하였다.

작업번호	직접재료원가	직접노무원가
No.23	₩2,000	₩6,000
No.24	9,000	10,000
No.25	14,000	8,000

제조간접원가는 직접노무원가에 비례하여 예정배부한다. 기초에 직접노무원가는 ₩20,000으로 예측되었으며, 제조간접원가는 ₩30,000으로 예측되었다. 기말 현재 진행 중인 작업은 No.25뿐이라고 할 때, 당기제품제조원가는?

① ₩34,000 ② ₩39,500 ③ ₩56,500 ④ ₩62,000 ⑤ ₩73,500

10 제조간접원가 배부차이 (2019 국가직 7급)

㈜대한은 정상개별원가계산을 적용하고 있으며, 제조간접원가 배부기준은 직접노무시간이다. 20X1년 제조간접원가 예산은 ₩2,000이고, 예정 직접노무시간은 200시간이었다. 20X1년 실제 직접노무시간은 210시간, 제조간접원가 과대배부액이 ₩200이었다. 제조간접원가 실제발생액은?

① ₩1,700 ② ₩1,800 ③ ₩1,900 ④ ₩2,000

11 제조간접원가 배부차이 (2022 국가직 9급)

㈜한국은 정상개별원가계산을 적용하고 있으며, 직접노무시간을 기준으로 제조간접원가를 예정배부하고 있다. 다음 자료를 이용할 경우, 당기 말 제조간접원가 과소 또는 과대배부액은?

- 제조간접원가 예산 ₩130,000
- 예상 직접노무시간 10,000시간
- 실제제조간접원가 발생액 ₩120,000
- 실제직접노무시간 9,000시간

① 과소배부 ₩3,000 ② 과대배부 ₩3,000 ③ 과소배부 ₩10,000 ④ 과대배부 ₩10,000

12 제조간접원가 배부차이 (2018 관세사)

㈜수원은 제조간접원가 배부기준으로 기계작업시간을 사용하여 정상개별원가계산을 적용하고 있다. ㈜수원

의 20X1년 연간 고정제조간접원가 예산은 ₩690,000이고, 실제 발생한 제조간접원가는 ₩1,618,000이다. 20X1년 연간 예정조업도는 27,600기계작업시간이고, 실제 기계작업시간은 총 28,800시간이다. 20X1년의 제조간접원가 배부차이가 ₩110,000(과대배부)일 때 변동제조간접원가 예정배부율은 얼마인가?

① ₩27.4 ② ₩29.6 ③ ₩35.0 ④ ₩36.4 ⑤ ₩37.6

13 총원가기준법 (2022 관세사)

㈜관세는 정상개별원가계산을 채택하고 있으며, 제조간접원가 배부차이를 총원가비례배분법에 의해 기말재고자산과 매출원가에 배분한다. 다음은 당기 말 제조간접원가 배부차이를 조정하기 전 각 계정의 잔액이다.

• 재고자산	
원재료	₩250,000
재공품	90,000
제 품	230,000
• 매출원가	680,000

당기에 발생한 제조간접원가 배부차이가 ₩150,000(과소배부)일 경우, 배부차이 조정 후 기말재고자산은?

① ₩358,400 ② ₩368,000 ③ ₩608,400 ④ ₩618,000 ⑤ ₩638,400

14 매출원가조정법 (2021 세무사)

㈜세무는 정상개별원가계산을 사용하고 있으며, 제조간접원가는 직접노무시간을 기준으로 배부하고, 제조간접원가 배부차이는 전액 매출원가에 조정하고 있다. 당기의 직접재료매입액은 ₩21,000이고, 제조간접원가 배부차이는 ₩7,000(과소배부)이며, 제조간접원가 배부차이 조정 전 매출원가는 ₩90,000이다. 당기 재고자산 관련 자료는 다음과 같다.

	직접재료	재공품	제 품
기초재고	₩3,000	₩50,000	₩70,000
기말재고	4,000	45,000	60,000

직접노무원가가 기초원가의 60%인 경우, 당기에 실제 발생한 제조간접원가는?

① ₩18,000 ② ₩25,000 ③ ₩30,000 ④ ₩32,000 ⑤ ₩37,000

15 매출원가조정법 (2013 관세사)

다음은 정상개별원가계산제도를 채택하고 있는 ㈜관세의 20X3년도 원가계산 자료이다. 제조지시서 #1은 완성되어 판매되었고 제조지시서 #2는 완성되었으나 판매되지 않았으며, 제조지시서 #3은 미완성되었다.

원가항목	제조지시서 #1	제조지시서 #2	제조지시서 #3
기초재공품	₩30,000	₩20,000	–
직접재료원가	22,000	12,000	₩6,000
직접노무원가	30,000	25,000	15,000

제조간접원가는 직접노무원가의 200%를 예정배부하며, 20X3년도에 발생한 실제 총제조간접원가는 ₩120,000이다. 제조간접원가의 배부차이를 매출원가에서 전액 조정한다고 할 때, 제조간접원가 배부차이를 조정한 후의 매출원가는 얼마인가?

① ₩82,000 ② ₩122,000 ③ ₩132,000 ④ ₩142,000 ⑤ ₩202,000

16 원가요소기준법 (2018 세무사)

㈜세무는 정상원가계산을 적용하고 있으며, 제조간접원가는 기본원가(prime costs)의 50%를 예정 배부한다. ㈜세무는 제조간접원가 배부차이를 원가요소기준 비례배부법으로 조정한다. 9월의 기본원가, 매출액과 배부차이 조정 후 기말재고자산은 다음과 같다.

- 기본원가 ₩750,000
- 매출액 ₩1,000,000
- 기말재공품 ₩120,000
- 기말제품 ₩180,000

9월의 배부차이 조정 후 매출원가율이 80%일 때, 배부차이는? (단, 기초재고 자산은 없다.)

① ₩10,000 과대배부 ② ₩15,000 과소배부 ③ ₩15,000 과대배부
④ ₩25,000 과소배부 ⑤ ₩25,000 과대배부

17 원가요소기준법 (2019 CPA)

㈜대한은 정상개별원가계산을 사용하고 있으며, 제조간접원가 배부기준은 기본원가(prime costs)이다. 20X1년 제조간접원가 예정배부율은 기본원가의 40%이었다. 20X1년도 생산 및 판매 자료는 다음과 같다.

(1) 기초재고자산 중 재공품 및 제품의 작업별 원가는 다음과 같다.

	기초재공품		기초제품
	작업 #102	작업 #103	작업 #101
기본원가	₩4,000	₩3,500	₩5,000
제조간접원가	2,000	1,750	2,500
합 계	₩6,000	₩5,250	₩7,500

(2) 당기에 작업 #102와 #103에 소비된 기본원가는 각각 ₩1,500과 ₩1,000이었다.

(3) 당기에 신규로 착수된 작업은 없었고, 작업 #102와 #103은 완성되었다.

(4) 당기에 작업 #101과 #102는 각각 ₩8,300과 ₩10,000에 판매되었다.

(5) 당기에 제조간접원가 실제발생액은 ₩1,250이었다.
(6) ㈜대한은 배부차이를 원가요소기준비례배부법으로 조정한다.

배부차이 조정 후 매출총이익은 얼마인가?

① ₩2,210 ② ₩2,320 ③ ₩2,440 ④ ₩2,520 ⑤ ₩2,550

SUMMARY BY CATEGORY

CHAPTER

4

원가배분

1 경영관리와 원가배분
2 간접원가 배분기준
3 제조간접원가의 배분
4 공장전체 배부율과 부문별 배부율
5 단일배부율법과 이분배부율법

본 장에서는 원가계산의 핵심주제 중의 하나인 간접원가의 배분에 대해 학습한다. 제조원가는 물론 판매비와관리비에 대해서도 간접원가 배분은 중요하다. 간접원가 배분에 사용되는 일반적인 배부기준에 대해 먼저 살펴보고, 제조간접원가를 제품별로 배부하는 전통적인 3단계 부문별 제조간접원가 배부에 대해 자세하게 학습한다. 또한, 제조간접원가의 배부율과 관련된 주제들(예정배부율, 실제배부율, 단일배부율, 이분배부율 등)이 제품원가계산과 경영관리에 미치는 영향을 살펴본다.

CHAPTER

4

원가배분

1. 경영관리와 원가배분

원가를 계산하고자 하는 원가대상(cost object)은 제품이나 서비스가 될 수도 있고, 회사 내의 부문이나 활동, 회사 외부의 유통채널 고객이 될 수도 있다. 또한 원가계산 목적에 따라 이들 원가대상의 원가에는 제조원가는 물론 기업의 가치사슬(연구개발, 디자인, 제조, 마케팅, 배송, 고객서비스, 일반관리 등)활동 전체의 원가가 포함될 수도 있다.

예를 들어, 제품의 가격결정과 수익성 분석을 위해서는 판매비와관리비도 제품원가에 포함된다. 판매비와관리비도 제조원가 못지않게 제품마다 큰 차이를 보여 이들을 고려하지 않을 경우 제품 가격이 왜곡될 가능성이 크기 때문이다.

그 밖에 외부 유통채널 고객들의 수익성 분석, 회사 내부 단위조직들의 운영 효율성 분석과 성과평가 등 다양한 경영관리 목적으로도 판매비와관리비를 할당해야 하는 경우가 많다. 이 과정에서 간접원가(비용)의 배분이 필수적으로 요구된다. 이처럼 기업에서 간접원가의 배분은 매우 광범위하게 발생하는 사안으로서, 원가관리회계에서 매우 중요하게 다루는 주제이다.

본 장에서는 제품원가계산에 필수적인 제조간접원가의 배분을 중심으로 학습한다. 제3장 개별원가계산에서 간략하게 다룬 제조간접원가 배분에 대해 구체적인 절차와 방법을 학습하는 것이다. 먼저, 판매비와관리비를 포함한 일반적인 간접원가 배분에 적용할 수 있는 배분기준에 대해 살펴보자.

2. 간접원가 배분기준

간접원가를 **원가대상**(cost object)으로 배분할 때 적용할 수 있는 **원가배분기준**(cost allocation criteria)에 대해 살펴보자. 원가배분기준은 다음 네 가지로 구분할 수 있다.

첫째, **인과관계기준**(Cause-and-Effect criterion)이다. 이 기준은 원가를 발생시키는 인과관계에 있는 원인(cause) 요소를 찾아서 이에 비례하여 배분하는 기준이다. 예를 들어, 기계부서의 간접원가를 제품별로 배분할 때, 각 제품이 사용한 기계시간에 비례하여 배분하는 것이다. 제품이 사용하는 기계시간이 기계부서의 원가(기계감가상각비, 엔지니어 급여, 소모품비 등)에 인과관계적으로 영향을 미친다고 볼 수 있기 때문이다.

인과관계기준을 이용한 배분은 원가를 발생시키는 요인에 기초하여 원가를 배분하는 방법으로서, 원가발생에 대한 책임에 기초한 배분방법이므로 가장 합리적이라고 할 수 있다. 따라서, 모든 경제적 의사결정에서 최우선적으로 적용해야 하는 가장 중요한 기준이다[1]. 일반적으로 원가계산이 정확하다는 말은 인과관계에 기초한 경우에 사용되는 표현이다. 인과관계기준이 아닌 다른 기준들은 가치판단이 어느 정도 개입된 기준으로서 다소 자의적이고 임의적(arbitrary)이라는 비판에서 벗어나기 어렵다.

활동기준원가계산(ABC)을 비롯한 제품원가계산에서 사용되는 대부분의 원가배분기준은 인과관계기준을 우선적으로 사용한다. 그러나 인과관계기준을 사용할 수 없는 경우에는 다음과 같은 다른 배분기준들을 고려해야 한다.

둘째, **수혜기준**(Benefits Received criterion)이다. 이 기준은 원가대상이 받은 혜택의 크기에 비례하여 배분하는 기준이다. 예를 들어, 복수의 제품을 생산하는 기업이 실시한 기업 이미지 광고의 비용을 각 제품의 매출액에 비례하여 배분하는 것이다. 이는 매출액이 큰 제품은 적은 제품에 비해 기업 이미지 광고의 혜택을 더 많이 받은 것으로 볼 수 있으므로, 광고비를 더 많이 부담해야 한다는 논리에 근거한 것이다.

1 그럼에도 불구하고, 특정 목적 달성을 위해 의도적으로 인과관계 기준이 아닌 다른 배분기준을 적용하는 경우도 있다. 예를 들어, 1980년대에 일본에서 일부 대규모 제조기업들은 본사 비용을 각 공장에 배분할 때, 인력을 감축하고 공장 자동화를 유도하기 위해, 의도적으로 각 공장의 근로자 수에 비례하여 배분하기도 하였다.

이미지 광고는 제품의 매출에 영향을 미칠 수 있지만, 반대로 제품의 매출이 이미지 광고 비용에 인과관계적인 영향을 미친다고 할 수는 없다. 따라서 이미지 광고 비용을 제품의 매출액에 따라 배분하는 것은 수혜기준에 근거한 것이라 할 수 있다. 인과관계 기준을 적용하기 어려울 때 차선으로 고려하는 배분기준이 수혜기준이다.

셋째, **공정성기준(Fairness or Equity criterion)**이다. 이 기준은 관련된 당사자들이 합리적이고(reasonable), 공정하다고(fair) 간주하는 방법을 사용하여 간접원가를 배분하는 기준이다. 공정성이라는 용어가 가치판단이 개입된 용어이므로, 이 방법은 논리적인 방법이라기보다는 관련 당사자들이 상호 만족할 수 있는 결과를 유도할 수 있는 기준을 적용하여 원가를 배분하는 것을 의미한다.

예를 들어, 정부와 계약을 통해 제품을 공급하는 방위산업체에서 계약당사자들에게 상호 만족스러운 기준을 적용하여 간접원가를 배분하는 경우이다. 이때 간접원가 배분은 계약 쌍방이 최종적으로 상호 만족스러운 가격에 도달할 수 있는 수단을 찾는 것과 같은 것이다. 많은 경우에 상호 만족할 수 있는 공정한 기준을 찾기 어려울 수도 있으므로, 이 기준을 적용하는 것이 현실적으로 쉽지 않을 수도 있다.

넷째, **부담능력기준(Ability to Bear criterion)**이다. 이 기준은 원가대상들이 부담할 수 있는 능력에 비례하여 간접원가를 배분하는 기준이다. 예를 들어, 본사의 관리비용을 각 사업부문에 배분할 때 각 부문의 영업이익에 비례하여 배분하는 것이다. 영업이익이 큰 사업부문이 본사 관리비용을 더 많이 흡수할 수 있는 능력이 있다고 간주하는 것이다.

결론적으로, 인과관계기준이 가격결정, 원가통제 등 경제적 의사결정 시에 가장 우선적으로 적용해야 하는 기준이다. 다른 기준들은 경제적 의사결정에 필요한 원가정보를 왜곡하는 결과를 초래할 우려가 있으므로, 인과관계기준을 적용할 수 없는 경우에만 고려하는 것이 바람직하다. 유사한 한글 표현으로 구분 없이 사용하는 용어로서, 원가를 배부할 때 사용하는 구체적인 기준인 기계시간, 매출액 등을 칭하는 **원가배부기준(cost allocation base)**이 있다.

3. 제조간접원가의 배분

1) 부문별 원가계산제도

이제 **제조간접원가(manufacturing overhead costs)**를 제품으로 배분하는 방법에 대해 본격적으로 학습해보자. 제조간접원가는 제조원가(manufacturing costs)를 발생시키는 생산현장(공장)에서 발생하는 원가 중에서 간접원가를 말한다. 공장에서의 생산은 복잡한 과정을 거쳐 이루어지고 여러 가지 형태의 간접원가가 발생하므로, 이를 체계적으로 배분할 필요가 있다. 제조간접원가의 배분도 앞에서 설명한 인과관계기준을 우선적으로 고려해야 한다.

인과관계를 반영하기 위해 전통적인 원가계산제도가 일반적으로 채택하는 방식은 **부문별 원가계산제도(departmental costing system)**이다. 이 방식은 제조간접원가를 집계할 때 부서(문) 단위로 집계하여 최종적으로 제품으로 배분하는 방식이다. 이와 비교되는 방식이 활동기준원가계산제도로서, 부문 구조를 이용하지 않고 활동이라는 개념을 이용하여 간접원가를 배부하는 방식이다. 이에 대해서는 제5장에서 자세하게 설명한다.

2) 제조부문과 보조부문

부문별 원가계산제도에서는 부서(문)별로 집계된 간접원가를 최종 제품으로 배분하기 위해, 먼저 공장 내의 모든 부서(문)를 개념적으로 제조부문과 보조부문으로 구분한다. **제조부문(operating departments 또는 production departments)**은 재료를 투입하고 가공하여 제품을 제조하는 활동을 수행하는 부문으로서, 재료절단부서, 기계작업부서, 조립부서, 도색부서 등을 예로 들 수 있다.

이에 반해, **보조부문(support departments 또는 service departments)**(**지원부문** 또는 **서비스부문**이라고도 한다.)은 제조활동을 직접 수행하지 않고 다른 부문을 보조하는 역할을 한다. 보조부문의 예로는 재료를 저장하는 창고부서, 공장 전체 직원의 급여와 회계 업무를 담당하는 총무부서, 공장의 전기관리를 담당하는 전력부서, 공장 유지보수 부서, IT 부서 등을 들 수 있다.

보조부문의 지원대상 부서는 제조부문과 타 보조부문은 물론 자기부서일 수도 있다. 예를 들어, 전력부서에서 생산하는 전력을 전력부서도 일부 소비할 수 있다. 보조부문이 제공하는 서비스의 자체 소비를 **자가소비**라고 부른다. 그림 4-1은 부문별 원가계산제도에서 제조와 관련된 부문의 개념도를 나타낸 것이다.

그림 4-1 부문별 원가계산제도의 부문 구성 개념도

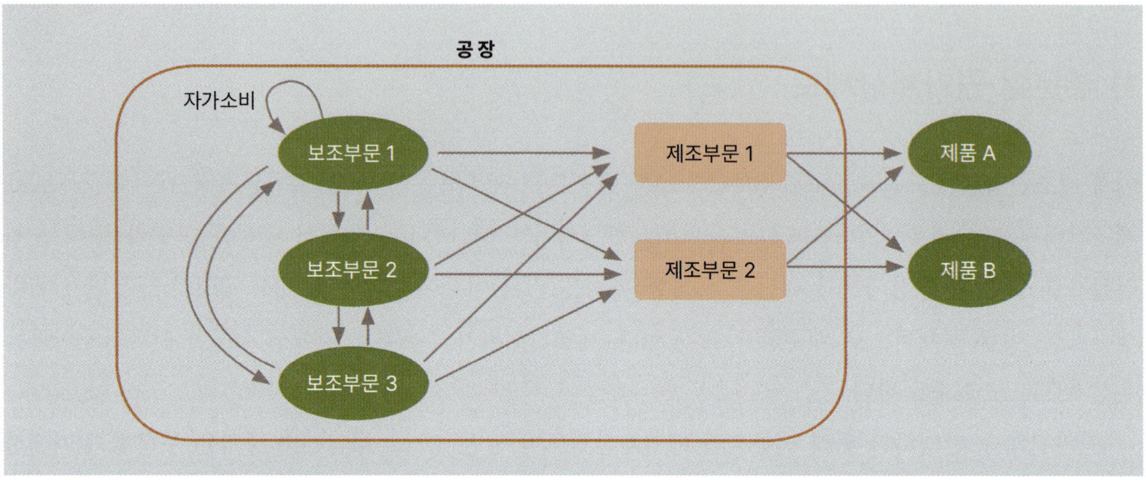

보조부문은 제조활동을 직접 수행하지 않으므로, 보조부문 원가는 모두 제조간접원가에 속한다. 보조부문의 원가는 제품과의 직접적인 관련성을 찾기 어려운 경우가 많기 때문이다. 예를 들어 절단부서, 기계부서 및 조립부서의 기계설비들을 유지보수하는 부서의 원가는 제품과 직접적인 관련성을 찾기 어렵다. 따라서 보조부문의 원가는 제조부문으로 먼저 배부한 다음, 최종적으로 제품으로 배부하게 된다.

반면에 **제조부문**은 제품을 직접 제조하는 활동에 종사하므로, 제품 제조와 관련된 직접원가(직접재료원가, 직접노무원가)와 제조간접원가 모두 발생할 수 있다. 예를 들어, 기계부서에서는 특정 제품의 기계작업과 관련해서 직접재료원가도 발생하지만, 기계감가상각비 등 제조간접원가도 발생한다. 보조부문과 달리, 제조부문의 제조간접원가는 제품과의 직접적인 관련성을 찾을 수 있어서 제품으로 바로 배부할 수 있다. 이를 요약하면 표 4-1과 같다.

표 4-1 부문별 원가계산에서 부문과 원가의 관계

부문 구분	제조원가의 구분		원가와 제품의 직접적 관련성
	직접원가	제조간접원가	
보조부문	x	o	찾기 어려움
제조부문	o	o	찾기 쉬움

3) 제조간접원가의 3단계 배부

부문별 원가계산제도는 위에서 설명한 부문 구조를 이용하여 제조간접원가를 제품으로 배부하며, 다음과 같은 **3단계 배부** 절차를 거친다.

■ **제1단계 : 공장에서 발생하는 모든 원가를 부서(문)별로 집계하고, 여러 부서에 공통으로 발생하는 원가는 관련된 부서들에 배분한다.**

제조간접원가 중에는 각 부서에서 개별적으로 발생하는 원가도 있지만, 여러 부서에 공통으로 발생하는 원가도 있다. 예를 들어, 공장에 있는 사무실 건물에 여러 부서의 사무직 직원들이 근무하고 있다면, 이 건물의 감가상각비, 보험료, 냉난방비 등은 여러 부서에 공통으로 발생하는 원가이므로 관련 부서들에 먼저 배부한다. 이 경우 인과관계기준에 의한 적절한 배부기준은 각 부서가 차지하는 공간면적이 될 수 있을 것이다. 공장건물 내에 여러 제조부서들이 함께 있을 때 공장건물의 감가상각비, 공장장 급여, 공장 보험료 등도 여러 부서에 공통으로 발생하는 원가이다.

여러 부서에 공통으로 발생하는 이런 원가를 **부문공통원가**(**부문간접원가**)라고 하며, 특정 부서 단위에서만 발생하는 원가를 **부문개별원가**(**부문직접원가**)라고 한다[2]. 제1단계가 종료되고 나면, 각 부서에는 해당 부서의 부문개별원가와 부문공통원가 중에서 배분받은 원가가 모이게 된다.

■ **제2단계 : 보조부문의 원가를 제조부문으로 배분한다.**

보조부문에 집계된 제조간접원가를 그 부서가 지원하는 제조부문으로 배분한다. 예를 들어, 기계유지보수부서의 원가를 절단부서, 기계부서, 조립부서에 배분한다. 이 단계가 종료되면, 보조부문의 모든 제조간접원가는 제조부문에 할당되고, 보조부문에는 원가가 남아 있지 않게 된다.

■ **제3단계 : 제조부문의 원가를 최종 원가대상인 제품으로 배분한다.**

예를 들어, 기계부서에 집계된 제조간접원가를 공장에서 생산하는 여러 제품으로 배분한다. 이 단계가 종료되고 나면, 공장에서 발생하는 모든 제조간접원가는 제품으로 배분이 완료된다.

이상의 3단계 제조간접원가 배부 과정은 **그림 4-2**와 같이 나타낼 수 있다. 제조간접원가의 3단계 배

---

2 여러 부문에 공통으로 관련된 단위를 명시적으로 보조부문으로 정의할 수도 있다.

그림 4-2 부문별 원가계산제도에서 제조간접원가의 3단계 배분

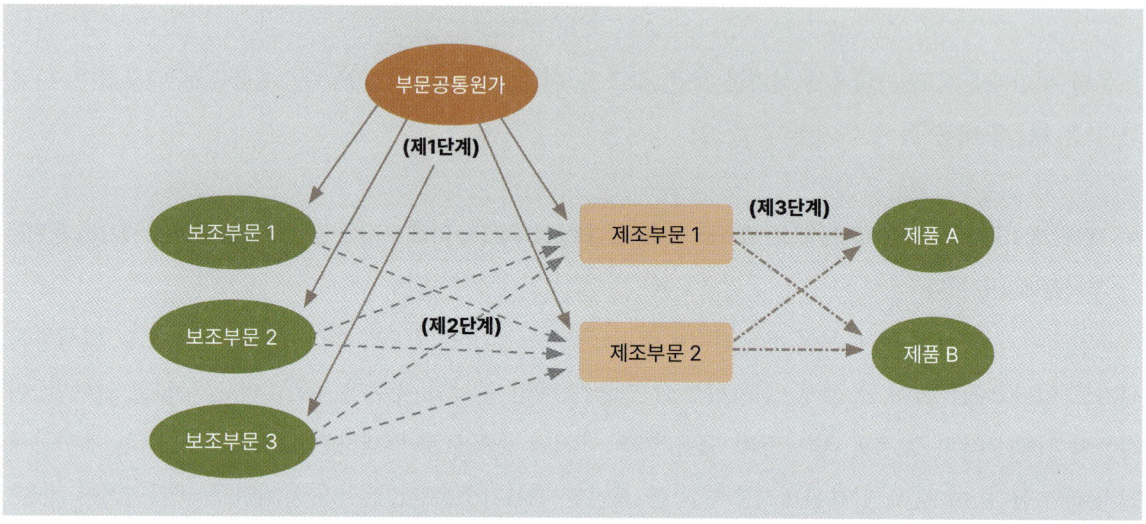

분과는 별도로, 각 제조부문에서 발생하는 직접원가(직접재료원가, 직접노무원가)는 각 제품으로 직접 추적하여 할당한다. 이제 단계별로 배부 과정에 대해 자세하게 학습해보자.

(1) 제1단계 : 원가의 부문별 집계와 부문공통원가의 배부

부문별로 원가를 집계하고, 부문공통원가를 관련된 보조부문과 제조부문에 배분하는 단계이다. 제1단계에서 부문공통원가와 배부기준의 예시는 표 4-2 와 같다. 예를 들어, 공장장의 급여는 인과관계기준을 적용하기 어려워 차선책으로 수혜기준 등을 적용할 수 있다.

표 4-2 부문공통원가 및 배부기준 예시

부문공통원가	배부기준 예시	원가배분기준
공장장 급여	각 부문의 인원수	인과관계기준 적용 곤란(수혜기준 적용)
건물 감가상각비 및 유지관리비	각 부문의 공간점유 면적	인과관계기준 또는 수혜기준 적용
통신요금 및 수도요금	각 부문의 인원수	인과관계기준 적용
공장전기요금	각 부문의 기계 보유 대수	인과관계기준 적용

(2) 제2단계 : 보조부문 원가의 배부

제2단계는 보조부문의 원가를 제조부문으로 배부하는 단계이다. 이때 보조부문 간에 용역 상호수수가

없으면 제조부문으로 직접 배부하면 된다. 그러나 보조부문이 2개 이상이고, 보조부문 간에 용역의 상호수수(상호지원)가 있을 때는 원가배분방법이 다소 복잡하다. 다음의 예제를 이용해서 구체적으로 학습해보자. 연간 예정배부율을 사용하는 정상원가계산이 일반적이므로, 이하에서는 연간 예산과 예정조업도 자료를 이용해서 설명한다.

예제 4-1

㈜고려밸브는 고객의 주문에 따라 다양한 종류의 밸브를 제작하여 판매하는 회사이다. 이 회사의 공장에는 보조부문으로, 태양광을 이용해서 자체적으로 전력을 생산하는 전력부와 제품 제조에 필요한 각종 자재를 보관하는 창고부가 있으며, 제조부문으로는 절단부와 조립부가 있다. 202X년에 총 10개의 작업(job)이 예정되어 있으며, 보조부문의 용역 예정 사용량과 제조간접원가 예산은 표 4-3과 같다.

창고부 원가의 배부기준으로는 창고 공간 점유면적을 사용하며, 창고 공간 총 200m^{2}는 전력부, 절단부, 조립부가 각각 40, 80, 80m^{2}씩 사용할 예정이다. 전력부 원가의 배부기준은 사용전력량(kWh)으로서 창고부, 절단부, 조립부가 각각 1,000, 6,000, 3,000kWh씩을 사용할 예정이다(용역의 자가소비는 없는 것으로 가정하였다). 보조부문의 원가를 제조부문으로 배부해보자.

표 4-3 ㈜고려밸브의 202X년 보조부문 용역 예정 사용량 및 부문별 제조간접원가 예산

제공부문	배부기준	사용부문				합 계
		보조부문		제조부문		
		창고부	전력부	절단부	조립부	
창고부	점유면적	–	40m^2 (20%)	80m^2 (40%)	80m^2 (40%)	200m^2 (100%)
전력부	전력 사용량	1,000kWh (10%)	–	6,000kWh (60%)	3,000kWh (30%)	10,000kWh (100%)
제조간접원가	–	₩20,000	₩290,000	₩500,000	₩600,000	₩1,410,000

보조부문의 용역 상호수수가 있을 때 배부방법은 세 가지가 있다. 먼저, 예제에서 보조부문의 용역 제공 비율을 그림 4-3과 같이 나타내면 이해하기 편리하다.

그림 4-3 보조부문 용역의 사용 형태

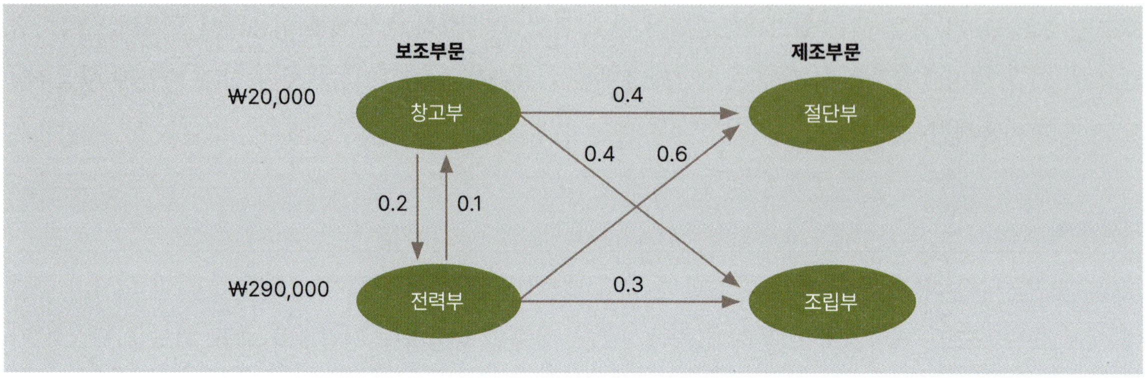

① **직접배부법**(Direct Allocation Method)

이 방법은 보조부문 상호 간의 용역 상호수수를 완전히 무시하고 보조부문의 원가를 제조부문으로 직접 배부하는 방법이다. 따라서 창고부의 경우, 원가 ₩20,000은 제조부문인 절단부와 조립부에만 직접 배부한다. 이때 배부비율은 절단부와 조립부의 용역사용량이 기준이 된다. 직접배부법에 의한 배부결과는 표 4-4 와 같다.

표 4-4 보조부문원가의 배부(직접배부법) | 예제 4-1

(단위 : 원)

	보조부문		제조부문		합 계
	창고부	전력부	절단부	조립부	
부문제조간접원가	20,000	290,000	500,000	600,000	1,410,000
창고부원가 배부	(20,000)	0	10,000 (=₩20,000×40%÷(40%+40%))	10,000 (=₩20,000×40%÷(40%+40%))	0
전력부원가 배부	0	(290,000)	193,333 (=₩290,000×60%÷(60%+30%))	96,667 (=₩290,000×30%÷(60%+30%))	0
원가 합계	0	0	703,333	706,667	1,410,000

제2단계 배부가 종료되면, 절단부의 총제조간접원가 예산은 자체 원가 ₩500,000과 두 보조부문으로부터 배부받는 ₩203,333.3(=₩10,000+₩193,333.3)을 합해서 총 ₩703,333.3이 된다. 마찬가지로, 조립부의 총제조간접원가 예산은 자체 원가 ₩600,000과 두 보조부문으로부터 배부받은 ₩106,666.7

(=₩10,000+₩96,666.7)을 합해서 ₩706,666.7이 된다.

직접배부법은 사용하기 쉽고 계산이 간단하다는 장점이 있으나, 보조부문 간의 용역 상호수수를 완전히 무시한 방법이므로 배부의 정확성이 매우 낮을 우려가 있다[3].

② **단계배부법(Step-down Allocation Method)**

이 방법은 모든 보조부문에 대해 배부순서를 정한 다음, 순차적으로 보조부문의 원가를 배부하는 방법이다. 마치 계단을 내려가듯이 한 방향으로만 배부가 이루어지게 되며, 한 번 배부가 완료된 보조부문으로는 원가를 다시 배부하지 않는다.

예를 들어, 세 개의 보조부문(보조부문 1, 보조부문 2, 보조부문 3)과 두 개의 제조부문(제조부문 1, 제조부문 2)이 있을 때, 배부순서를 보조부문 2, 보조부문 3, 보조부문 1로 정했다고 하자. 그러면 그림 4-4와 같이, 먼저 보조부문 2의 원가를 보조부문(1, 3) 및 제조부문(1, 2)에 배분한다. 다음으로, 보조부문 3의 원가(배분받은 원가 및 자체 원가)를 보조부문 1과 제조부문(1, 2)에 배분한다. 마지막으로, 보조부문 1의 원가(배분받은 원가 및 자체 원가)를 제조부문(1, 2)에 배분한다.

단계배부법의 결과는 배부순서에 따라 달라지므로 배부순서를 정하는 것이 중요하다. 기본적으로

그림 4-4 단계배부법(배부순서가 부문 2, 부문 3, 부문 1인 경우)

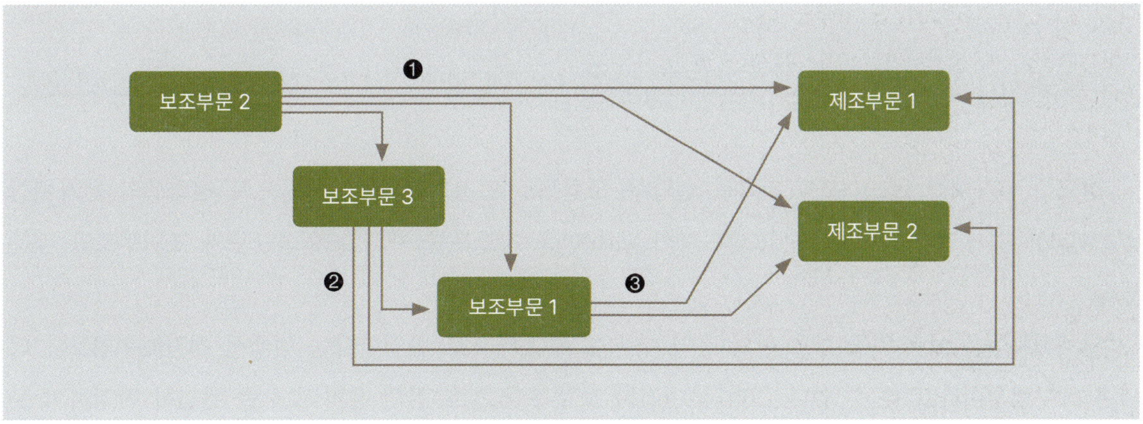

3 예를 들어, 만약 창고부의 용역을 전력부가 대부분 사용한다고 가정하면(동시에 창고부는 전력부의 용역을 매우 매우 적게 사용한다고 가정), 창고부의 원가는 사실상 전력부에 대부분 배분된 다음, 절단부와 조립부의 전력부 용역 사용비율에 따라 배분되는 것이 논리적일 것이다. 따라서, 창고부의 원가는 사실상 제조부문의 전력부 용역 사용비율에 따라 배분해야 한다. 그러나, 직접배부법을 사용하게 되면, 창고부의 원가가 전적으로 제조부문의 창고부 용역 사용비율에 따라 배분되므로 배분이 크게 왜곡될 수 있다.

배부순서는 보조부문 상호 간의 용역 수수 형태를 가장 잘 반영하는 것이 원칙이지만, 여러 가지 요소들(각 부문의 원가의 규모, 타 보조부문에 대한 용역제공비율 등)이 영향을 미치므로 단순화하기 쉽지 않다. 일반적으로 타 보조부문들에 제공하는 용역의 비중이 가장 높은 부문부터 순차적으로 배부한다.

본 예제에서 창고부가 타 보조부문들(여기서 전력부)에 제공하는 용역의 비중은 총 20%이며, 전력부가 타 보조부문들(여기서 창고부)에 제공하는 용역의 비중은 총 10%이다. 따라서, 창고부 원가를 먼저 배분한 뒤, 전력부 원가를 배분하기로 하자. 창고부 원가를 먼저 배분할 경우의 단계배부법에 의한 배부결과는 표 4-5와 같다.

표 4-5 보조부문원가의 배부(단계배부법)(창고부 먼저) | 예제 4-1

(단위 : 원)

	보조부문		제조부문		합 계
	창고부	전력부	절단부	조립부	
부문제조간접원가	20,000	290,000	500,000	600,000	1,410,000
창고부원가 배부	(20,000)	4,000 (=₩20,000×20%÷(20%+40%+40%))	8,000 (=₩20,000×40%÷(20%+40%+40%))	8,000 (=₩20,000×40%÷(20%+40%+40%))	0
전력부원가 배부	0	(294,000)	196,000 (=₩294,000×60%÷(60%+30%))	98,000 (=₩294,000×30%÷(60%+30%))	0
원가 합계	0	0	704,000	706,000	1,410,000

창고부 원가예산 ₩20,000을 전력부, 절단부, 조립부로 먼저 배분하고, 다음으로 전력부의 원가예산 ₩294,000(=자체 원가 ₩290,000+배분받은 원가 ₩4,000)은 창고부를 제외하고 절단부와 조립부로만 배분한다.

단계배부법은 보조부문 상호 간의 용역 수수를 부분적으로 반영한다는 점에서 직접배부법보다 더 나은 배부방법이라고 볼 수 있다. 그러나, 여전히 보조부문 상호 간의 용역 수수를 완전히 반영하지 못하는 방법이라는 한계가 있으며, 배부순서에 따라 배부결과가 달라지는 단점이 있다.

③ 상호배부법(Reciprocal Allocation Method)

이 방법은 보조부문 상호 간의 용역 수수를 완전히 반영하여 원가배부를 실시하는 방법으로서, 이론적으로 가장 우수하다. 창고부는 용역을 제공하기 위해 자체 원가(₩20,000)를 발생시키며, 전력부로부터 필요한 용역을 제공받아야 한다. 전력부 또한 용역을 제공하기 위해 자체 원가(₩290,000)를 발생시킴은 물론 창고부로부터 필요한 용역을 제공받아야 한다.

보조부문 간의 이런 용역 상호수수를 수식을 통해 표현해보자. 창고부와 전력부가 용역을 제공하는데 필요한 총괄원가를 각각 C, J라고 하자. 그러면 C와 J는 다음과 같이 연립방정식을 통해 계산할 수 있다.

$$C = 20{,}000 + 0.1J$$

$$J = 290{,}000 + 0.2C$$

방정식을 풀면, C = ₩50,000, J = ₩300,000이다. 이제 창고부와 전력부의 원가배부는 자체 원가가 아닌 총괄원가인 C와 J의 값을 이용해서 실시한다. C와 J를 합하면, ₩350,000으로서 창고부와 전력부의 자체 원가 합계 ₩310,000(= ₩20,000 + ₩290,000)보다 당연히 많다. 이것은 C와 J에는 다른 부서의 용역을 사용함으로 인해 배분받는 원가(0.1 J, 0.2C)까지 포함되어 있기 때문이다. 상호배부법의 구체적인 배부결과는 **표 4-6**과 같다.

표 4-6 보조부문원가의 배부(상호배부법) | 예제 4-1

(단위 : 원)

	보조부문		제조부문		합 계
	창고부	전력부	절단부	조립부	
부문제조간접원가	20,000	290,000	500,000	600,000	1,410,000
창고부원가 배부	(50,000)	10,000 (=₩50,000×20%÷(20%+40%+40%))	20,000 (=₩50,000×40%÷(20%+40%+40%))	20,000 (=₩50,000×40%÷(20%+40%+40%))	0
전력부원가 배부	30,000 (=₩300,000×10%÷(10%+60%+30%))	(300,000)	180,000 (=₩300,000×60%÷(10%+60%+30%))	90,000 (=₩300,000×30%÷(10%+60%+30%))	0
원가 합계	0	0	700,000	710,000	1,410,000

창고부의 총괄원가 ₩50,000은 전력부, 절단부, 조립부로 배분하고, 전력부의 총괄원가 ₩300,000은 창고부, 절단부, 조립부에 배분한다. 자체 원가가 아닌 총괄원가를 이용해서 배부하지만, 배부 후 보조부문의 잔액은 "0"이 됨을 표에서 확인할 수 있다. 단계배부법과의 차이점은 원가 배부순서와 상관없이 나

머지 모든 용역 이용부서에 배분한다는 점이다[4].

상호배부법은 보조부문 상호 간의 용역 수수를 완전히 반영하는 방법이므로 가장 정확하다는 장점이 있지만, 계산이 복잡하다는 단점이 있다. 보조부문의 숫자가 많아지면 수작업으로 방정식을 푸는 것이 어려우므로 컴퓨터를 이용하여 계산해야 한다.

(3) 제3단계 : 제조부문 제조간접원가의 배부

우리는 지금까지 부문 구조를 이용한 제조간접원가의 3단계 배부방법 중에서 제2단계 배부까지 학습하였다. 제2단계가 종료된 후에는 보조부문의 제조간접원가는 모두 제조부문으로 배분이 완료된 상태로서, 각 제조부문의 제조간접원가에는 부문 자체에서 발생하는 제조간접원가와 그 전 단계에서 배부받은 원가가 모두 모여 있는 상태이다.

이제 제조부문의 원가를 최종 제품(작업)으로 배부하는 제3단계에 대해 살펴보자. 이 단계에서도 배부기준으로는 인과관계기준을 우선적으로 고려해야 한다. 제3단계의 배부기준 예시는 표 4-7에 나타나 있다.

표 4-7 제조부문별 제조간접원가 배부기준 예시

제조부문	배부기준 예시	원가배분기준
기계부	기계시간	인과관계기준 적용
절단부	기계시간	인과관계기준 적용
조립부	직접노동시간	인과관계기준 적용
도색부	직접노동시간	인과관계기준 적용

예제 4-2

앞의 ㈜고려밸브 예제 4-1을 이용하자. 이 회사는 202X년에 작업 1, 2, 3을 포함하여 총 10개의 작업을 수행할 예정이다. 절단부와 조립부의 원가배부기준으로 각각 기계시간과 직접노동시간을 사용한다. 202X년 초에 추정한 작업 1, 2, 3의 제조부문 자원 예산사용량은 표 4-8과 같다. 제3단계 배분을 위해

(예제 계속)

4 상호배부법은 단계배부법의 변형된 형태로 이해할 수 있다. 만약 보조부문의 원가를 배부순서 없이 용역을 이용한 모든 상대부서로 계속 배분하면 배부결과가 상호배부법과 거의 동일해진다. 이 방법은 이론적으로는 배분이 영원히 계속되지만, 실제로는 몇 단계를 지나면 보조부문에 남는 금액이 급격히 줄어들고 대부분의 원가는 제조부문으로 배부된다.

제조부문별 예정배부율을 계산해보자.

표 4-8 (주)고려밸브의 작업별 제조부문 자원 예산사용량

(단위 : 시간)

	작업 1	작업 2	작업 3	……	합 계
(1) 절단부 기계시간	30	50	25	……	400
(2) 절단부 직접노동시간	10	17	20	……	200
(3) 조립부 기계시간	6	25	5	……	200
(4) 조립부 직접노동시간	20	25	100	……	1,000

제2단계 배부에서 상호배부법을 사용한 것으로 가정하면, 절단부와 조립부의 제조간접원가 예산 총액은 각각 ₩700,000, ₩710,000이다(표 4-6).

제조부문별 예정배부율은 표 4-9에 나타난 바와 같이, 제조부문별로 예산을 배부기준의 예정조업도(즉, 배부기준 예산사용량)로 나누어 계산한다(제3장 개별원가계산에서 넷째 과정). 계산 결과, 절단부의 예정배부율은 ₩1,750, 조립부의 예정배부율은 ₩710이다.

표 4-9 제조부문의 예정배부율 계산(제3단계)(제2단계에서 상호배부법 사용 가정) | 예제 4-2

제조부문	제조간접원가예산(1) (표 4-6)	배부기준 예산사용량(2) (표 4-8)	예정배부율(3) (=(1)÷(2))
절단부	₩700,000	400기계시간	₩1,750
조립부	₩710,000	1,000직접노동시간	₩710

제조부문별 예정배부율은 연도 초에 계산하며, 실제 작업이 진행된 후에는 이 예정배부율을 이용하여 작업별로 제조간접원가를 배부한다(제3장 개별원가계산에서 다섯째 과정). 다음 예제를 이용하여 학습해 보자.

예제 4-3

㈜고려밸브의 202X년 제조부문 배부기준과 관련하여 작업별 실제사용량(실제조업도)은 표 4-10과 같다. 예제 4-1과 예제 4-2의 자료를 이용하여 작업별로 제조간접원가를 배부해보자.

표 4-10 ㈜고려밸브의 202X년 제조부문 자원의 작업별 실제사용량

(단위 : 시간)

	작업 1	작업 2	작업 3	……	합 계
(1) 절단부 기계시간	35	48	26	……	450
(2) 절단부 직접노동시간	12	15	18	……	210
(3) 조립부 기계시간	7	24	6	……	205
(4) 조립부 직접노동시간	18	25	85	……	950

㈜고려밸브의 202X년 제조간접원가를 작업별로 배부하면 표 4-11과 같다.

표 4-11 ㈜고려밸브의 제3단계 작업별 원가배부 | 예제 4-3

(단위 : 원)

	작업 1	작업 2	작업 3	……	합 계
절단부원가 배부 (=표 4-10의 (1)×₩1,750)	61,250	84,000	45,500	……	787,500
조립부원가 배부 (=표 4-10의 (4)×₩710)	12,780	17,750	60,350	……	674,500
합 계	74,030	101,750	105,850	……	1,462,000

표 4-11에는 작업 1, 2, 3에 대한 원가 배부내역만 제시되어 있지만, ㈜고려밸브가 당해에 실제로 실시한 모든 작업에 대해 동일한 방식으로 배부한다(예산수립 시점에서 계획하지 않았던 신규 작업이 추가되었다면 그 작업에도 배부). 이 과정을 통해 절단부의 원가는 총 ₩787,500이 작업으로 배부되고, 조립부의 원가는 총 ₩674,500이 배부된다[5].

5 본 예제에 나타난 바와 같이, 정상원가계산에서 작업이 진행된 후 제품으로 원가를 배부할 때, 기초에 제조부문별로 계산한 예정배부율을 그대로 사용하며, 제1단계(부문공통원가를 부문별로 배부)와 제2단계(보조부문 원가를 제조부문으로 배부)는 새로 실시하지는 않는다.

작업이 종료되면, 그 작업의 총원가는 작업 시작 시점부터 종료 시점까지 투입된 직접재료원가와 직접노무원가 및 그동안 배부된 제조간접원가를 모두 합하여 계산한다. 예를 들어, 작업 1이 202X년에 착수하여 그해에 종료된 경우, 작업 1의 총제조원가는 다음과 같이 계산한다(제2단계에서 상호배부법 사용 가정)(제3장 개별원가계산에서 여섯째 과정).

직접재료원가	XXXXX
직접노무원가	XXXXX
제조간접원가	74,030
작업 1 총제조원가	XXXXX

4) 3단계 제조간접원가 배부와 개별원가계산

지금까지 우리는 3단계 배부법을 이용하여 제조간접원가를 작업으로 배분하는 방법에 대해 학습하였다. 이 과정에서 정상원가계산의 원리에 따라 원가를 작업으로 배부할 때 예정배부율을 사용하였으며, 배부는 원가계산 기말(예: 월말) 및 작업 종료시점에 실시한다(제3장 개별원가계산 참고).

정상원가계산을 사용하면, 연도 말에 외부 재무보고를 위해 실제원가와 유사하도록 제조간접원가 배부차이를 조정해야 한다. 이를 위해 연도 말에 다음과 같은 절차를 실시해야 한다.

첫째, 연도 말에 제1단계 배부(부문공통원가의 배부)와 제2단계 배부(보조부문 원가를 제조부문으로 배부)를 실제발생액과 배부기준의 실제조업도를 사용하여 **예제 4-1**에서 설명한 방법으로 다시 실시한다. 이 과정이 종료되면 제조간접원가 실제발생액이 제조부문별로 배부되어 집계가 완료된다.

둘째, 위 첫째 단계를 통해 각 제조부문에 집계된 제조간접원가 실제발생액과 그동안 예정배부율을 사용하여 각 제조부문에서 작업으로 배분한 배부액의 차이(즉, 배부차이)를 제조부문별로 계산한다.

셋째, 제조부문별 제조간접원가 배부차이는 제3장 개별원가계산에서 설명한 배부차이 조정방법을 사용하여 제조부문별로 조정한다.

4. 공장전체 배부율과 부문별 배부율

지금까지 학습한 3단계 제조간접원가 배부방법은 최종적으로 제조부문별로 배부기준을 각기 선정하여 배부율을 계산하는 것이다. 이는 인과관계기준으로 원가를 배부함으로써 정확성을 높이기 위한 것이다. 이처럼 제조부문별로 각기 계산한 제조간접원가배부율을 **부문별 제조간접원가 배부율**(departmental overhead rate)이라고 한다.

반면에, 3단계 배부 대신에 공장에서 발생하는 모든 제조간접원가를 하나의 원가집합에 모은 다음, 하나의 배부기준을 사용하여 계산한 배부율을 **공장전체 제조간접원가 배부율**(plant-wide overhead rate)이라고 한다. 이 경우, 부문공통원가와 부문개별원가의 구분이나 제조부문과 보조부문의 구분이 필요 없다. 이 방법은 계산이 간단하다는 장점이 있으나, 원가배분의 정확성이 낮아질 가능성이 크다.

예제 4-2에서 절단부는 기계작업을 많이 하는 부서로서 기계시간이 인과관계기준을 반영한 적절한 배부기준이며, 조립부는 수작업을 많이 하는 부서로서 직접노동시간이 배부기준으로서 적절할 수 있다. 그러나, 공장전체 제조간접원가 배부율을 사용하는 경우, 기계작업과 수작업을 주로 수행하는 부서들의 원가들이 혼재되어 배부되므로, 인과관계기준을 만족시키는 하나의 적절한 배부기준을 찾기 어렵다.

예제 4-4

㈜고려밸브 예제를 사용하여, 공장전체 제조간접원가 배부율을 계산하여 작업별로 원가를 배부해보자. 배부기준으로는 기계시간과 직접노동시간을 각각 사용하자.

표 4-12는 배부기준인 기계시간과 직접노동시간의 예산사용량을 제조부문 전체에 대해 집계한 다음, 각 배부기준에 대해 공장전체 예정배부율을 계산하여 나타낸 것이다. 공장전체 제조간접원가 예산은 ₩1,410,000이다(표 4-3). 기계시간을 배부기준으로 사용하는 경우, 공장전체 예정배부율은 ₩2,350, 직접노동시간을 배부기준으로 사용하는 경우에는 ₩1,175으로 계산된다.

표 4-12 제조부문 배부기준 총 예산사용량 및 공장전체 예정배부율

(단위 : 시간)

	작업 1	작업 2	작업 3	……	합 계	공장전체 예정배부율
제조부문 기계시간 (표 4-8의 (1)+(3))	36	75	30	……	600	₩2,350 (=₩1,410,000÷600시간)
제조부문 직접노동시간 (표 4-8의 (2)+(4))	30	42	120	……	1,200	₩1,175 (=₩1,410,000÷1,200시간)

이제 작업이 진행된 후, 이 공장전체 예정배부율을 이용하여 제조간접원가를 작업별로 배부해보자. 공장전체 배부기준의 작업별 실제사용량(표 4-10)을 표 4-13에 다시 정리하였다.

표 4-13 공장전체 배부기준의 작업별 실제사용량

(단위 : 시간)

	작업 1	작업 2	작업 3	……	합 계
제조부문 기계시간 (표 4-10의 (1)+(3))	42	72	32	……	655
제조부문 직접노동시간 (표 4-10의 (2)+(4))	30	40	103	……	1,160

공장전체 예정배부율(표 4-12)과 작업별 배부기준의 실제사용량(표 4-13)을 토대로 작업별로 제조간접원가를 배부한 결과는 표 4-14에 나타나 있다.

표 4-14 공장전체 배부율에 의한 작업별 배부 | 예제 4-4

(단위 : 원)

	작업 1	작업 2	작업 3	……	합 계
(1) 공장전체 배부율 배부 (기계시간 기준)	98,700	169,200	75,200	……	1,539,250
(2) 공장전체 배부율 배부 (직접노동시간 기준)	35,250	47,000	121,025	……	1,363,000

표 4-14에 나타난 바와 같이, 공장전체 배부율을 사용할 때, 기계시간을 기준으로 한 배부와 직접노동시간을 기준으로 한 배부가 작업별로 매우 큰 차이를 보이는 것을 알 수 있다. 또한, 부문별 배부율을 사용한 배부(표 4-11)와도 상당한 차이가 있는 것을 알 수 있다. 이처럼 3단계 부문별 배부와 달리, 공장전체 배부율은 올바른 원가배부를 기대하기 어렵다.

5. 단일배부율법과 이분배부율법

1) 단일배부율법과 이분배부율법의 적용

우리는 지금까지 원가를 배부할 때 변동원가와 고정원가를 구분하지 않고 하나의 원가집합에 모아서 배분하였다. 이런 배부방법을 **단일배부율법**(single rate method)이라고 한다. 반면에 각 부문의 원가를 원가행태(cost behavior)에 따라 변동원가와 고정원가로 구분하여 별도의 원가집합에 집계하고 각기 다른 배부기준을 사용하여 배부하는 방법을 **이분배부율법**(dual rate method) 또는 **이중배부율법**이라고 한다.

보조부문 원가배부에서 단일배부율과 이분배부율의 핵심적인 차이는 단일배부율법에서는 고정원가도 변동원가와 마찬가지로 이용부문이 사용한 보조부문 서비스의 실제조업도에 따라 배부하지만, 이분배부율법에서는 변동원가와 달리 고정원가는 이용부문이 사용한 실제조업도와 무관하게 예정된 조업도에 따라 일정한 금액을 배부한다는 점이다. 고정원가는 관련범위(relevant range) 내에서는 실제조업도에 따라 변하지 않고 일정하므로 이분배부율이 이론적으로 우수하다고 할 수 있다.

일반적인 원가배부와 마찬가지로 보조부문 원가의 배부도 외부 재무보고를 위한 제품원가계산을 제외하고는 경영관리 목적에 부합하는 방향으로 다양한 방식을 선택하여 사용할 수 있다. 다음 예제를 통해 배부방법을 학습해보자.

예제 4-5

전력설비 중의 하나인 변압기를 생산하여 판매하는 ㈜매봉일렉트릭은 보조부문으로 전력부를 운영하고 있으며(보조부문이 한 개), 제조부문으로 절단부와 조립부를 운영하고 있다. 202X년 이 회사의 전력부 예산 및 이용부문의 조업도 자료는 표 4-15와 같다. 단일배부율과 이분배부율을 이용하여 전력부의 원가를 배부해보자.

표 4-15 ㈜매봉일렉트릭의 202X년 전력부 관련 자료

[전력부 예산 및 실제 발생원가] (단위 : 원)

항목	금액
고정원가예산	5,500,000
변동원가예산	750/kWh
실제고정원가	5,500,000
실제변동원가	6,200,000

(예제 계속)

[전력부 용역 사용 관련 조업도]

(단위 : kWh)

이용부문	당기예정조업도 (a)	실제최대조업도 (b)	실제조업도 (c)
절단부	5,000	5,400	4,900
조립부	3,000	3,400	3,200
합 계	8,000	8,800	8,100

(1) (단일배부율) 예산과 당기예정조업도를 이용하여 계산한 예정배부율을 사용하여, 실제조업도 기준으로 원가를 배부하자.

(2) (이분배부율) 고정원가는 예산을 실제최대조업도 기준으로 배부하고, 변동원가는 예정배부율을 사용하여 실제조업도 기준으로 배부하자.

단일배부율에서 예정배부율은 다음과 같이 계산한다.

예정배부율 : ₩5,500,000 ÷ 8,000kWh + ₩750 = ₩1,437.5

단일배부율에 의한 전력부 원가배부는 표 4-16과 같다.

표 4-16 단일배부율(당기예정조업도 예정배부율과 실제조업도 기준 배부) | 예제 4-5

이용부문	배부원가
절단부	₩1,437.5 × 4,900kWh = ₩7,043,750
조립부	₩1,437.5 × 3,200kWh = ₩4,600,000
합 계	₩11,643,750

이분배부율에서 예정배부율은 다음과 같다.

변동원가 예정배부율 = ₩750/kWh

고정원가 예정배부율 = ₩5,500,000 ÷ 8,800kWh = ₩625/kWh

이분배부율에 의한 전력부 원가배부는 표 4-17과 같다.

표 4-17 이분배부율(변동원가 : 예정배부율과 실제조업도 기준, 고정원가: 실제최대조업도 기준) | 예제 4-5

이용부문	변동원가	고정원가	합 계
절단부	₩750×4,900kWh = ₩3,675,000	₩625×5,400kWh = ₩3,375,000	₩7,050,000
조립부	₩750×3,200kWh = ₩2,400,000	₩625×3,400kWh = ₩2,125,000	₩4,525,000
합 계	₩6,075,000	₩5,500,000	₩11,575,000

위 예제에 나타난 바와 같이, 작업 진행 후 원가를 배부할 때 일반적으로 단일배부율에서는 고정원가도 변동원가와 함께 실제조업도 기준으로 배부하지만, 이분배부율에서는 고정원가는 실제조업도에 영향을 받지 않는 이미 예정되어 있는 조업도 기준을 사용하여 배부한다는 특징이 있다.

2) 단일배부율과 이분배부율의 장단점

단일배부율과 이분배부율의 가장 큰 차이는 고정원가의 배부에 있다. 이분배부율에서는 고정원가를 부문별 실제최대조업도 또는 예정조업도 기준으로 배부하여 연도초에 배부액을 미리 확정하게 된다. 이로 인해 이용부서의 배부액에 대한 불확실성이 사라지며, 이용부서는 이미 확정된 고정원가 배부액(매몰원가)을 고려할 필요 없이 다양한 의사결정을 내릴 수 있게 된다는 장점이 있다. 또한, 이분배부율은 부문별로 성과평가를 받는 사업부제에서 부문 이익과 회사 전체의 이익을 일치시키는 **목표일치성(goal congruence)**을 유도할 수 있다는 장점이 있다.[6]

그러나, 이분배부율에서는 이용부서가 실제로 사용한 고정자원에 대한 원가를 측정하여 반영하지 않으므로 고정자원 사용의 장기적인 기회비용을 올바로 반영하지 않는다는 단점이 있으며, 이용부서가 고정원가를 실제사용량에 따라 부담하지 않으므로 고정원가에 대한 통제력이 전체적으로 약화될 수 있다.

또한, 이용부서들이 실제최대조업도와 예정조업도를 속여 낮추고자 하는 유인이 있을 수 있으며, 이로 인해 보조부문 서비스에 대한 회사 전체의 총수요 예측과 생산용량 도입에 왜곡이 발생할 수도 있다.

6 단일배부율과 이분배부율에 관한 추가 예제와 목표일치성에 대한 자세한 설명은 『최신 원가회계』(홍철규, 2025) 참고.

마지막으로, 고정원가와 변동원가를 구분하는 것이 까다로울 수도 있다는 단점이 있다.

3) 보조부문 용역 상호수수와 이분배부율

이분배부율은 보조부문 간 용역 상호수수가 있는 경우에도 직접배부법, 단계배부법, 상호배부법과 함께 사용할 수 있다. 예를 들어, 보조부문의 원가를 배부할 때 이분배부율법과 상호배부법을 함께 사용할 수 있다. 다음 예제를 통해 학습해보자.

예제 4-6

㈜신라밸브는 ㈜고려밸브(예제 4-1)의 경쟁회사로서, 동일한 부문구조를 가지고 있다. ㈜신라밸브는 이분배부율을 사용하여 보조부문의 원가를 배분하며, 고정원가는 예산을 당기예정조업도를 사용하여 배분하고, 변동원가는 실제발생액을 실제조업도를 사용하여 배분한다. 202X년 창고부의 고정원가 예산은 ₩14,000이며, 변동원가의 실제발생액은 ₩6,000이다. 또 전력부의 고정원가 예산은 ₩230,000이며, 변동원가의 실제발생액은 ₩60,000이다. 창고부와 전력부의 원가를 제조부문으로 배부할 때 직접배부법을 사용한다. 구체적인 조업도 내역은 표 4-18과 같다. 보조부문의 원가를 이분배부율법을 사용해서 배부해보자.

표 4-18 ㈜신라밸브의 202X년 예정조업도 및 실제조업도

	창고부	전력부	절단부	조립부	합 계
예정조업도					
– 창고부(m^2)	–	40	80	80	200
– 전력부(kWh)	1,000	–	6,000	3,000	10,000
실제조업도					
– 창고부(m^2)	–	80	120	200	400
– 전력부(kWh)	2,000	–	8,000	5,000	15,000

고정원가 예산부터 배부해보자. 절단부와 조립부의 예정조업도를 기준으로 배부한다. 배부결과는 표 4-19와 같다.

표 4-19 (주)신라밸브의 직접배부법에 의한 고정원가의 배부 | 예제 4-6

(단위 : 원)

	창고부	전력부	절단부	조립부	합 계
부문 고정원가	14,000	230,000	–	–	244,000
창고부원가 배부	(14,000)	0	7,000 (=14,000×80÷(80+80))	7,000 (=14,000×80÷(80+80))	0
전력부원가 배부	0	(230,000)	153,333.3 (=230,000×6,000÷(6,000+3,000))	76,666.7 (=230,000×3,000÷(6,000+3,000))	0
합 계	0	0	160,333.3	83,666.7	244,000

이제 변동원가 발생액을 배부해보자. 절단부와 조립부의 실제조업도를 기준으로 배부한다. 배부결과는 표 4-20과 같다.

표 4-20 (주)신라밸브의 직접배부법에 의한 변동원가의 배부 | 예제 4-6

(단위 : 원)

	보조부문		제조부문		합 계
	창고부	전력부	절단부	조립부	
부문 변동원가	6,000	60,000	–	–	66,000
창고부원가 배부	(6,000)	0	2,250 (=6,000×120÷(120+200))	3,750 (=6,000×200÷(120+200))	0
전력부원가 배부	0	(60,000)	36,923.1 (=60,000×8,000÷(8,000+5,000))	23,076.9 (=60,000×5,000÷(8,000+5,000))	0
합 계	0	0	39,173.1	26,826.9	66,000

변동원가와 고정원가의 배부결과를 함께 정리하면 표 4-21과 같다.

표 4-21 (주)신라밸브의 202X년 이분배부율에 의한 배부결과 종합 | 예제 4-6

(단위 : 원)

	제조간접원가	절단부	조립부	합 계
창고부				
– 고정원가	(14,000)	7,000	7,000	0
– 변동원가	(6,000)	2,250	3,750	0
전력부				
– 고정원가	(230,000)	153,333.3	76,666.7	0
– 변동원가	(60,000)	36,923.1	23,076.9	0
합 계	(310,000)	199,506.4	110,493.6	0

이처럼 보조부문 간 용역 상호수수가 있을 때도 단일배부율을 사용하든 이분배부율을 사용하든, 직접배부법, 단계배부법, 상호배부법과 함께 사용할 수 있다.

연습문제

01 원가배분기준

다음 중 원가계산 목적상 원가배분기준으로 가장 적합한 기준은?

① 인과관계기준 ② 수혜기준 ③ 공정성기준 ④ 부담능력기준

02 원가배분기준

정부와 계약을 통해 제품을 공급하는 경우와 같이, 계약 쌍방이 최종적으로 상호 만족스러운 가격에 도달할 수 있는 수단을 찾을 때 사용하는 원가배분기준은?

① 인과관계기준 ② 수혜기준 ③ 공정성기준 ④ 부담능력기준

03 보조부문 원가의 배부

보조부문 원가의 배부에 관한 다음 설명 중 틀린 것을 모두 묶은 것은?

a. 보조부문 원가를 제조부문으로 먼저 배부하는 이유는 보조부문 원가와 원가대상의 직접적인 관계를 찾기 어렵기 때문이다.
b. 보조부문에서 발생하는 원가는 모두 간접원가이며, 제조부문에서 발생하는 원가는 모두 직접원가이다.
c. 보조부문이 한 개인 경우에도 상호배부법을 사용해야 정확한 원가배부가 이루어진다.
d. 보조부문 상호 간 용역수수가 없으면 직접배부법을 사용한다.
e. 보조부문 원가를 용역을 이용한 모든 부문에 연속적으로 배분하면 상호배부법과 동일한 결과가 나온다.

① a, c, e ② a, d, e ③ b, c. e ④ b, c

04 보조부문 원가의 배부 (2016 세무사)

부문별 원가계산에 관한 설명으로 옳지 않은 것은?

① 단계배부법은 보조부문의 배부순서가 달라져도 배부금액은 차이가 나지 않는다.
② 단계배부법은 보조부문 간의 서비스 제공을 한 방향만 고려하여 그 방향에 따라 보조부문의 원가를 단계적으로 배부한다.
③ 상호배부법은 보조부문 간의 상호배부를 모든 방향으로 반영한다.

④ 단계배부법은 한 번 배부된 보조부문의 원가는 원래 배부한 보조부문에는 다시 배부하지 않고 다른 보조부문과 제조부문에 배부한다.

⑤ 직접배부법은 보조부문 간에 주고받는 서비스 수수관계를 전부 무시한다.

05 직접배부법 (2019 관세사)

㈜관세는 제조부문(절단, 조립)과 보조부문(수선, 동력)을 이용하여 제품을 생산하고 있다. 수선부문과 동력부문의 부문원가는 각각 ₩250,000과 ₩170,000이며 수선부문은 기계시간, 동력부문은 전력소비량(kWh)에 비례하여 원가를 배부한다. 각 부문 간의 용역수수 관계는 다음과 같다.

사용부문 / 제공부문	제조부문		보조부문	
	절 단	조 립	수 선	동 력
수 선	60시간	20시간	8시간	12시간
동 력	350kWh	450kWh	140kWh	60kWh

㈜관세가 보조부문원가를 직접배부법으로 제조부문에 배부할 경우, 절단부문에 배부될 보조부문원가는? (단, 보조부문의 자가소비분은 무시한다.)

① ₩189,500 ② ₩209,500 ③ ₩226,341 ④ ₩236,875 ⑤ ₩261,875

06 직접배부법 (2021 관세사)

다음은 ㈜관세의 부문원가를 배부하기 위한 배부기준과 원가자료이다.

	보조부문		제조부문	
	S1	S2	P1	P2
기계시간	–	200	400	400
전력량(kWh)	100	–	300	200
점유면적(m^2)	10	20	30	40
부문개별원가	₩240,000	₩160,000	₩400,000	₩600,000
부문공통원가	₩100,000			

부문공통원가는 점유면적을 기준으로 배부한다. 보조부문원가는 S1은 기계시간, S2는 전력량을 기준으로 직접배분법을 사용하여 제조부문에 배부한다. 제조부문 P1의 배부 후 총원가는?

① ₩663,000 ② ₩674,000 ③ ₩682,000 ④ ₩686,000 ⑤ ₩694,000

07 단계배부법 (2016 국가직 9급)

㈜한국에는 보조부문에 수선부와 전력부가 있고, 제조부문에 A와 B가 있다. 수선부의 변동원가 당기 발생액은 ₩10,000이며, 전력부와 두 제조부문에 1,000시간의 수선 용역을 제공하였다. 전력부의 변동원가 당기 발생액은 ₩7,000이며, 수선부와 두 제조부문에 2,000kWh의 전력을 제공하였다. ㈜한국이 보조부문 원가 중 수선부 원가를 먼저 배부하는 단계배부법을 사용할 경우, 제조부문 A에 배부되는 보조부문의 원가는?

제공 \ 사용	수선부	전력부	제조부문 A	제조부문 B
수선부(시간)	–	200	500	300
전력부(kWh)	500	–	1,000	500

① ₩11,000 ② ₩12,000 ③ ₩13,000 ④ ₩14,000

08 단계배부법 (2012 CPA)

㈜갑은 현재 보조부문의 원가를 생산부문의 부문직접원가를 기준으로 배부하고 있다. 생산부문과 보조부문의 관련 자료는 다음과 같다.

	생산부문		보조부문	
	A	B	C	D
부문직접원가	500만원	400만원	300만원	600만원
서비스 제공비율				
보조부문 C	40%	50%	–	10%
보조부문 D	30%	60%	10%	–

㈜갑은 보조부문 C의 원가를 우선 배부하는 단계배부법으로 보조부문의 원가배부방법을 변경하고자 한다. 이 변경이 생산부문 A에 배부되는 보조부문원가에 미치는 영향은?

① 90만원 감소 ② 120만원 증가 ③ 150만원 증가
④ 170만원 감소 ⑤ 190만원 증가

09 상호배부법 (2020 관세사)

㈜관세는 제조부문(성형, 조립)과 보조부문(수선, 동력)을 이용하여 제품을 생산하고 있다. 수선부문과 동력부문의 부문원가는 각각 ₩260,000과 ₩100,000이며, 각 부문 간의 용역수수관계는 다음과 같다.

제공부문 \ 사용부문	제조부문		보조부문	
	성 형	조 립	수 선	동 력
수 선	45%	35%	–	20%
동 력	55%	20%	25%	–

㈜관세가 보조부문원가를 상호배부법으로 제조부문에 배부할 경우, 조립부문에 배부될 보조부문원가 합계액은?

① ₩118,000 ② ₩121,400 ③ ₩137,000 ④ ₩172,000 ⑤ ₩223,000

10 상호배부법 2018 세무사

㈜세무는 세 개의 제조부문(P1, P2, P3)과 두 개의 보조부문(S1, S2)을 운영하고 있으며, 보조부문원가를 상호배분법에 의해 제조부문에 배분하고 있다. 각 부문의 용역수수관계는 다음과 같다.

사용부문 / 제공부문	제조부문			보조부문	
	P1	P2	P3	S1	S2
S1	40%	20%	20%	–	20%
S2	30%	30%	30%	10%	–

두 개의 보조부문(S1, S2)으로부터 제조부문 P1, P2, P3에 배분된 금액이 각각 ₩150,000, ₩120,000, ₩120,000일 경우, 보조부문원가를 배분하기 이전의 각 보조부문 S1과 S2에 집계된 원가는?

	S1	S2
①	₩100,000	₩290,000
②	₩120,000	₩270,000
③	₩150,000	₩300,000
④	₩270,000	₩120,000
⑤	₩300,000	₩150,000

11 상호배부법 2022 감정평가사

㈜감평은 두 개의 제조부문 X, Y와 두 개의 보조부문 S1, S2를 운영하고 있으며, 배부 전 부문 발생원가는 다음과 같다.

부 문		부문발생원가
보조부문	S1	₩90
	S2	180
제조부문	X	158
	Y	252

보조부문 S1은 보조부문 S2에 0.5, 제조부문 X에 0.3, 보조부문 S2는 보조부문 S1에 0.2의 용역을 제공하고 있다. 보조부문의 원가를 상호배분법에 의해 제조부문에 배부한 후 제조부문 X의 원가가 ₩275인 경우, 보조부문 S2가 제조부문 X에 제공한 용역제공비율은?

① 0.2 ② 0.3 ③ 0.4 ④ 0.5 ⑤ 0.6

12 상호배부법과 자가소비 2020 CPA

㈜대한은 두 개의 제조부문(절단부문, 조립부문)과 두 개의 지원부문(전력부문, 수선부문을 통해 제품을 생산한다. ㈜대한은 상호배분법을 사용하여 지원부문의 원가를 제조부문에 배부하고 있다. 원가배부 기준은 전력부문은 전력(kW)이며, 수선부문은 수선(시간)이다. 제조 부문에 배부된 원가 및 배부기준과 관련된 내역은 다음과 같다. 전력부문에서 발생한 부문 원가는 얼마인가?

	제조부문		지원부문	
	절단부문	조립부문	전력부문	수선부문
배부 받은 원가(원)	7,400	4,200		
전력(kW)	100	60	50	40
수선(시간)	60	30	60	30

① ₩4,000 ② ₩6,300 ③ ₩7,600 ④ ₩10,000 ⑤ ₩12,500

13 제조간접원가 배부율

제조간접원가 배부율에 관한 다음 설명 중 옳은 것을 모두 묶은 것은?

a. 부문별 배부율보다 공장 전체 원가를 이용한 공장 전체 배부율이 더 정확한 배부결과를 가져온다.
b. 예정배부율은 실제 발생액과 다른 배부결과를 가져올 수 있으므로 가급적 사용하지 않아야 한다.
c. 예정배부율은 실제배부율과 달라서 부서의 계획수립에 혼란을 초래할 우려가 있다.
d. 이분배부율은 고정원가와 변동원가에 대해 다른 배부율을 사용하므로 원가변화 행태를 더 잘 반영한다.
e. 이분배부율은 사업부제에서 목표일치성을 유도하는 데 도움이 된다.

① a, c, d ② b. c, e ③ a, b, d, e ④ d, e

14 이분배부율 2019 국가직 9급

㈜한국은 제조부문인 조립부문과 도장부문이 있으며, 보조부문으로 전력부문이 있다. 20X1년 3월 중에 부문별로 발생한 제조간접원가와 제조부문이 사용한 전력의 실제사용량과 최대사용가능량은 다음과 같다.

	전력부문	조립부문	도장부문	합 계
제조간접원가	₩325,000	₩250,000	₩400,000	₩975,000
실제사용량	–	300kW	700kW	1,000kW
최대사용가능량	–	500kW	1,000kW	1,500kW

한편 전력부문에서 발생한 제조간접원가 ₩325,000은 변동원가가 ₩100,000이고 고정원가는 ₩225,000이다. ㈜한국이 이중배분율법을 적용하여 보조부문원가를 제조부문에 배부할 때, 조립부문에 배분되는 전력부문의 원가는?

① ₩97,500 ② ₩105,000 ③ ₩108,330 ④ ₩120,000

CHAPTER

5

활동기준 원가계산

본 장에서는 전통적인 개별원가계산방식을 대신해서 등장한 활동기준원가계산에 대해 학습한다. 핵심 개념인 활동에 관해 구체적으로 설명하고, 활동기준원가계산의 진행절차와 전통적인 원가계산의 차이점에 관해 설명한다. 또한, 활동기준원가계산에서 새롭게 제시하는 원가(활동)계층에 대해 자세하게 학습하고, 전통적 원가계산이 체계적인 원가왜곡을 초래하는 이유에 대해 살펴본다. 활동기준원가계산에서 원가계산 절차는 비교적 단순하지만, 활동의 개념과 활동원가의 집계방법, 원가계층 등 이론적인 기반에 대한 충분한 이해가 중요하다.

CHAPTER

5

활동기준원가계산

1. 활동기준원가계산의 등장 배경

전통적인 개별원가계산시스템은 간접원가의 배분을 위해 **부문별 원가계산제도**(departmental costing system)를 주로 사용한다(제4장 참고). 부문별 원가계산제도는 간접원가를 배분하기 위해 부문(department)별로 원가를 집계하여 원가대상으로 배분하는 방식이다. 그러나, 경쟁이 증가하여 제품이 다양해지고 제조환경이 변함에 따라, 부문별 원가계산제도는 간접원가 배분의 정확성이 낮아지는 문제점을 노출하게 되었다. 이에 대한 대안으로 등장한 것이 **활동기준원가계산**(ABC, Activity-Based Costing)이다. 정확한 원가계산 필요성이 대두된 구체적인 배경은 다음과 같다.

첫째, 시장에서 경쟁이 치열해짐에 따라, 각 제품의 가격 결정과 수익성 분석을 위해서 보다 정확한 원가정보가 필요하게 되었다.

둘째, 기업이 경쟁에 대응하여 다양한 종류의 제품을 생산하게 됨에 따라, 간접원가가 급격히 증가하고 제품별 자원소요량의 차이도 증가하여, 각 제품의 원가를 정확하게 파악하기 어렵게 되었다. 제품의 원가는 단순히 생산량과 관련된 요소들에 의해서만 영향을 받는 것이 아니라, 제품의 복잡성(complexity)과 일(활동) 요구량에 의해 크게 영향을 받지만, 전통적인 원가계산제도는 이런 점을 반영하기에는 한계가 있는 것으로 평가되었다.

셋째, 공장에서 기계화, 자동화, 지능화, IT 시스템의 도입이 진전됨에 따라 제조원가의 구조가 크게 변화하게 되었다. 직접노무원가의 비중이 대폭 감소하는 대신 제조간접원가의 비중은 급격히 증가하였다. 기계가 인력을 대신하게 되어 인건비 비중은 감소하고, 기계설비의 감가상각비의 비중은 대폭 증가하게 되었기 때문이다.

이처럼 생산하는 제품 종류가 매우 많고 제조간접원가의 비중이 매우 높은 현대 기업환경에서, 부문구조를 주로 사용하고 생산량과 관련된 요소들을 배부기준으로 사용하는 전통적 원가계산 방식은 대규모 원가왜곡을 초래할 가능성이 매우 크다. 활동기준원가계산을 처음 제시한 카플란(Kaplan) 교수는 여러 종류의 제품을 생산하는 대규모 제조업체에서 전통적인 원가계산방식을 사용해서 계산한 제품원가가 특정 제품만 생산하는 소규모 제조업체의 제품원가보다 오히려 높게 나타나는 원가왜곡 현상을 보고한 바 있다.

또한, 경쟁이 증가하고 제품의 다양성이 증가함에 따라, 본사 등 지원부서의 기능이 대폭 확대되어 판매비와관리비의 비중이 증가한 것도 전통적인 원가계산의 문제점을 더욱 부각하게 되었다[1]. 이와 같은 시장환경과 원가(비용) 발생 구조의 대폭적인 변화로 인해, 최근에는 제조업체에는 물론, 통신, 의료 등의 서비스 분야에도 활동기준원가계산이 광범위하게 도입되고 있다.

2. 활동기준원가계산의 기본개념

1) 원가계산의 정확성 제고방법

원가계산의 정확성은 간접원가 배부의 정확성에 달려 있다. 간접원가 배부의 정확성을 높이는 방향은 크게 다음의 세 가지이다.

첫째, 기존에 간접원가로 분류되던 원가 중에서 경제적으로(economically feasible) 추적가능한 범위 내에서 원가의 직접추적을 확대하여 배분의 필요성을 제거한다.

둘째, 간접원가를 배분하기 위해 원가집합(cost pool)을 구성할 때, 원가의 변화행태가 유사한 항목들의 원가를 같은 원가집합에 집계한다. 예를 들어, 기계시간 변화에 따라 비례적으로 변하는 원가 항목들(예 기계감가상각비, 관련 소모품, 기계 작업 근로자의 급여 등)을 하나의 원가집합에 집계한다. 제품을 구성하는 부품수에 비례하여 변하는 원가 항목들도 하나의 원가집합에 집계한다.

즉, 같은 원가집합에 속하는 원가항목들은 조업도 변동에 따라 유사하게 변동하도록 구성해야 한다.

1 판매비와관리비는 재무보고 목적상 제품원가에 해당하지 않지만, 제품의 가격결정과 수익성 분석에 중요한 정보로서 제품별 정확한 배분이 요구된다. ABC는 제조간접원가는 물론 판매비와관리비의 정확한 배분을 위해서도 사용된다.

그림 5-1 전통적인 부문별 원가계산제도

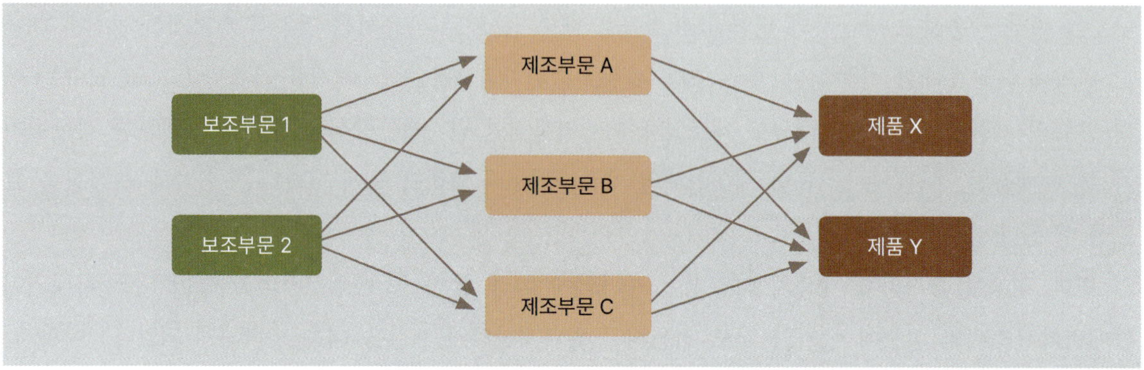

이를 **원가집합의 동질성**(homogeneity)이라고 한다. 만약 기계시간에 비례해서 변하는 원가들과 부품수에 비례하는 원가들을 하나의 원가집합에 집계하면 원가집합의 동질성이 낮아진다.

셋째, 원가집합별로 적절한 원가동인을 이용해서 **원가배부기준**(cost allocation base)으로 사용한다. 위에서 기계시간, 부품 수와 같이 각 원가집합의 원가를 발생시키는 원인을 적절히 설명하는 요소들을 **원가동인**(cost driver)이라고 한다. 원가동인과 원가집합의 구성은 서로 연결되어 있다. 만약 원가의 변화행태가 다른 원가 항목들을 하나의 원가집합에 집계하면, 적절한 원가동인을 찾기 어렵게 된다.

ABC는 둘째 방향과 관련해서, **활동**(activity)을 이용하여 원가집합을 구성하여 각 원가집합이 최대한 동질적인(homogeneous) 원가들로 구성될 수 있도록 한다. 셋째 방향과 관련해서는 활동으로 이루어진 원가집합의 원가배부기준으로 원가동인을 사용함으로써 원가배분의 정확성을 높이고자 한다.

그림 5-1에 나타난 바와 같이, 전통적인 원가계산은 다양한 이질적인 원가들이 포함된 부문을 하나의 원가집합으로 사용하므로(특히, 제조부문 원가의 집계), 적절한 원가동인을 찾기 어려워 원가배부의 정확성이 낮아질 우려가 크다.

2) 활동의 개념

전통적인 원가계산과 활동기준원가계산의 핵심적인 차이는 전통적인 원가계산제도가 주로 부문(department)을 이용하여 간접원가를 배분하지만, ABC는 활동(activities)을 이용하여 간접원가를 배분하는 방식이라는 점이다.

여기서 **활동**이란 조직에서 수행하는 다양한 일(task)을 말한다. 전통적인 부문 개념을 이용해서 활동의 개념을 설명하자면, 하나의 부문(서) 내에 다양한 활동이 있을 수 있다. 예를 들어, 절단부문의 경우 절단용 기계를 정교하게 설정하는 기계셋업활동, 실제로 기계를 작동시켜서 재료나 부품을 절단하는 절단활동, 절단된 재료를 검사하는 검사활동 등이 있을 수 있다. 이렇게 활동을 이용하여 간접원가를 배분하면 원가집합의 동질성이 높아져서 전통적인 부문별 원가계산제도에 비해 원가계산의 정확성이 증가할 가능성이 크다.

활동은 매우 추상적인 개념이므로 실제로 활동을 정의할 때에는 담당자의 판단이 요구된다. 기업의 업무를 매우 세분화하여 많은 수의 활동을 정의할 수도 있고, 단순화하여 소수의 활동을 정의할 수도 있다. 정의된 활동의 숫자가 많아질수록 원가계산의 정확성이 증가할 수도 있지만, 많은 데이터를 수집해야 하는 등 원가계산에 비용이 많이 소요될 수 있으므로, 적절한 수의 활동을 정의하는 것이 바람직하다.

3) ABC에서 활동이 지니는 의미

제품을 생산하기 위해서는 인력, 소모품, 기계, 전기 등 다양한 자원이 소요된다. 즉, 원가가 발생한다. 따라서 정확한 제품 원가계산을 위해서는 제품생산과 자원소비의 관계를 이해할 필요가 있다. 전통적인 원가계산제도에는 이에 대한 이론적 기반이 존재하지 않으며 단순히 부문구조를 이용하여 배부만 실시한다.

그림 5-2 원가계산에서 제품과 자원의 관계

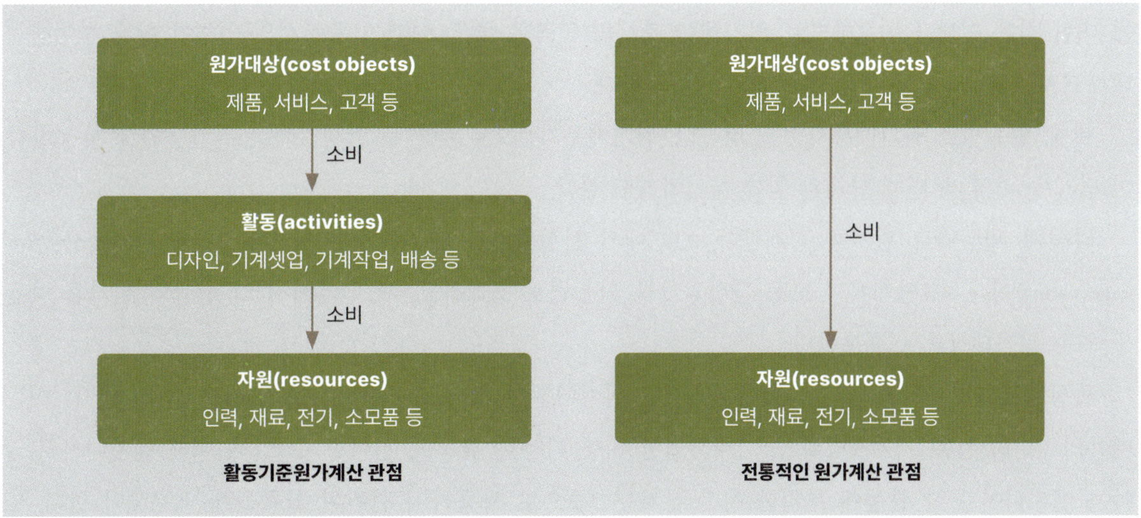

그러나, ABC에서는 그림 5-2와 같이 제품생산과 자원소비의 관계를 활동이라는 개념을 도입하여 "제품–활동–자원"의 2단계 구조로 설명한다. 즉, "제품은 활동을 소비하며, 활동은 자원을 소비한다"는 소비구조를 설정하고 있다. 제품을 생산하기 위해서는 재료구매활동, 기계셋업활동, 기계작업활동, 품질검사활동 등 여러 가지 활동을 필요로 하며, 활동이 인력, 소모품, 기계, 전기 등 다양한 자원을 필요로 한다는 것이다. ABC는 이 **2단계 자원소비 구조**를 설정하여 제품과 자원소비 간의 모호한 관계를 활동이라는 개념으로 연결한 것이다. 2단계 자원소비 구조는 디자인, 배송, 마케팅 등 비제조활동에 대해서도 마찬가지로 적용된다.

3. ABC 원가계산 절차

ABC에서 원가계산 절차는 활동이라는 개념을 이용하는 방식이라는 점을 제외하고는 제4장에서 설명한 개별원가계산과 크게 다르지 않다. 구체적인 원가계산 절차는 다음과 같다.

첫째, 원가를 계산하고자 하는 원가대상(cost object)인 작업(job)을 결정한다.

둘째, 원가대상의 직접원가와 간접원가를 확인하며, 직접원가는 각 작업으로 직접 할당한다. 직접재료원가와 직접노무원가는 물론, 직접 추적이 가능한 간접원가도 직접원가로 분류하여 해당 작업에 직접 할당한다. 작업별 원가의 집계는 작업원가표를 이용할 수 있다.

셋째, 간접원가의 집계와 배부를 위해 활동을 정의한다. 이를 위해서는 조직이 수행하는 각종 업무에 대한 깊은 이해가 필요하므로 원가계산 부서의 인력은 물론, 여러 업무부서의 인력이 함께 참여하는 태스크포스(task force)를 구성하는 것이 바람직하다.

넷째, 활동별로 원가배부기준을 정한다. 원가배부기준으로 원가를 발생시키는 원가동인을 사용한다. 이 단계는 위의 세 번째 단계와 함께 실시하기도 한다.

다섯째, 활동별로 원가를 집계한다. ABC에서 간접원가의 배부는 기본적으로 **2단계 원가계산(a two-stage costing)**이다. 제1단계에서 모든 간접원가를 활동별로 집계하고, 제2단계에서 각 활동의 원가를 제품 등 최종 원가대상으로 배분한다.

활동별로 원가를 집계하는 제1단계에서도 원가배분이 많이 요구될 수 있다. 예를 들어, 엔지니어는 제품의 디자인활동, 기계셋업활동, 기계작업활동 등 다양한 활동에 관여할 수 있다. 이때 엔지니어의 급여는 엔지니어가 각 활동에 투입한 시간을 배부기준으로 사용하여 관련된 활동들에 배부해야 한다. 또한 전기, 수도, 공장 건물 등의 자원은 여러 활동에 공통으로 사용되는 자원이므로, 이들 자원의 원가도 관련 활동들에 배분해야 한다. 그 외에도 여러 활동을 공통으로 지원하는 총무, 유지보수, 공장 건물 등과 관련된 원가도 각 활동으로 먼저 배부해야 한다[2].

일반적으로 활동은 부문보다 작은 단위로서 활동의 숫자가 더 많아, 전통적인 원가계산에서 부문공통원가를 각 부문에 배부하는 경우에 비해 ABC에서 제1단계의 배부가 더 많을 수 있다. 이처럼 활동도 원가를 계산해야 하는 일종의 원가대상에 해당하므로 **기초원가대상**(fundamental cost objects)이라 부르기도 한다[3].

여섯째, 활동별로 원가동인의 총량을 집계하여, 활동별 원가배부율을 다음과 같이 계산한다.

활동의 원가배부율 = 활동의 총원가 ÷ 활동의 원가동인 총량

표 5-1은 활동별 원가배부율 계산 예시이다. 개별원가계산에서 설명한 바와 같이, 활동별 원가배부율도 실제배부율이 아닌 예정배부율을 이용한 정상개별원가계산을 사용하는 것이 바람직하다.

표 5-1 활동별 원가동인 및 원가배부율 예시

활 동	배부기준 (원가동인)	활동원가(원) (1)	원가동인 총량 (2)	원가배부율(원) (3) (=(1)÷(2))
제품엔지니어링활동	부품수	300,000	30개	10,000
셋업활동	셋업시간	608,000	760시간	800
기계작업활동	기계작업시간	8,470,000	22,000시간	385

일곱째, 활동별로 원가배부율을 이용하여 각 원가대상에 원가를 배부한다.

여덟째, 작업이 종료되면, 직접원가와 활동별 간접원가 배부액을 합하여 해당 작업의 총원가를 계산한다.

2 ABC는 전통적인 부문별 원가계산에서 사용하는 보조부문과 제조부문의 구분을 사용하지 않는다. ABC에서는 보조부문에서 수행하는 업무는 제품과의 관계가 명확한 경우에 독립적인 활동으로 정의할 수 있으나, 그렇지 않을 때는 그 원가를 다른 활동들로 먼저 배부한다.

3 ABC에서는 제1단계의 배부기준을 **자원동인(resource driver)**이라고 부르며, 제2단계의 배부기준을 **원가동인(cost driver)**이라고 구분하여 부르기도 한다.

이상에서 알 수 있듯이, ABC에서 원가계산은 부문구조를 이용하는 대신 활동을 이용하여 원가집합을 구성하고, 원가동인을 배부기준으로 사용한다는 점을 제외하고는 절차에 있어서 전통적인 방식과 큰 차이가 없다.

4. 원가계층(활동계층)

일반적으로, 원가는 일정한 관련범위(relevant range) 내에서 생산량에 따라 비례적으로 변하는 변동원가와 변하지 않는 고정원가로 구성된다고 가정한다. 전통적인 원가계산은 이러한 **원가행태(cost behavior)**에 따른 분류에 기반을 두고 있다. 그러나, ABC에서는 생산량 변화에 따라 원가가 변하는 형태가 다양할 수 있다는 점을 원가계산에 반영한다. 제품생산량과 원가의 다양한 관계를 **원가계층(cost hierarchy)** 또는 **활동계층**이라 부른다. ABC는 조직에서 발생하는 원가를 네 가지 유형으로 분류한다.

1) 제품단위수준활동

첫 번째 원가계층은 **제품단위수준활동(output unit level activities)**의 원가이다. 여기서 단위(output unit)는 생산량 한 단위를 말하는 것으로, 생산량이 한 단위 증가함에 따라 원가가 비례적으로 증가하는 활동의 원가를 말한다.

생산부서에서 기계설비를 조작하여 생산을 하는 기계작업활동을 예로 들어 보자. 기계작업활동의 원가에는 기계설비 감가상각비, 관련 장비 및 소모품 비용, 기계작업 근로자의 급여, 전력비용 등이 포함될 수 있다. 기계작업활동의 원가는 기계작업시간이 증가할수록 비례적으로 증가하므로, 기계작업시간이 원가동인이다[4]. 여기서 기계작업시간과 기계작업활동의 원가는 생산량(output volume)에 비례해서 변동한다. 이처럼 원가가 생산량에 비례해서 변하는 활동들을 제품단위수준활동이라고 부른다.

이를 그래프로 나타내면 그림 5-3과 같다. 제품 A는 제품 B보다 더 복잡하거나 더 커서, 한 단위 생산에 더 많은 기계작업시간이 소요되지만 두 제품 모두 생산량이 증가하면 기계작업활동의 원가도 비례적으로 증가한다.

4 기계설비 감가상각비와 기계작업 근로자의 급여는 단기적으로는 기계작업시간에 따라 변동하지 않지만, 장기적으로는 기계작업시간이 증가하면 기계설비 추가도입과 인력 추가채용으로 인해 증가한다. 따라서 ABC는 단기고정원가도 원가동인(cost driver)이 있다는 관점을 가지고 원가동인을 이용해서 배부한다.

그림 5-3 제품단위수준활동의 원가와 생산량의 관계

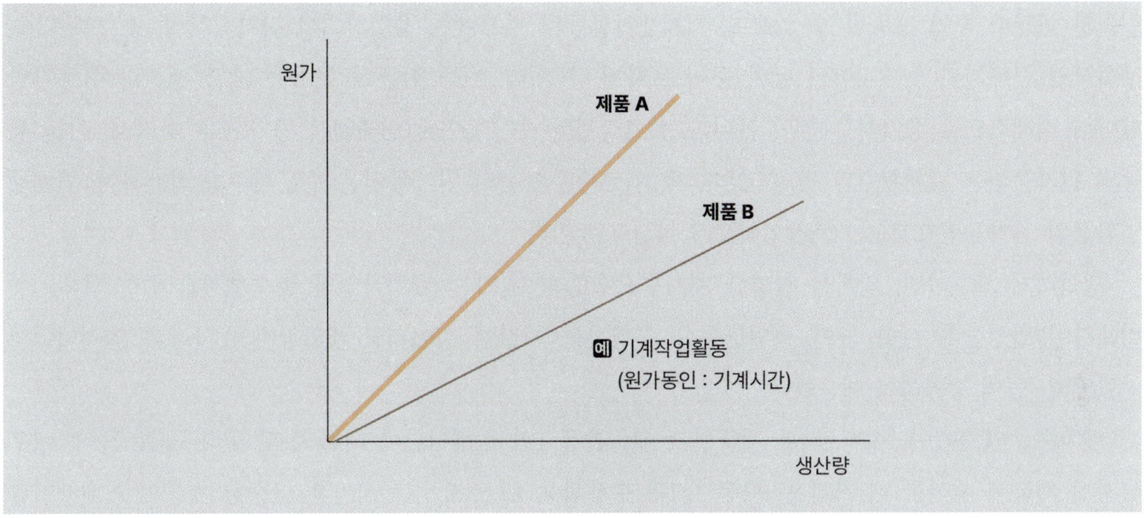

2) 뱃치수준활동

두 번째 원가계층은 **뱃치수준활동**(batch-level activities)의 원가이다. 조직에서 작업(업무)을 수행할 때 종종 묶음 단위로 수행한다. 이때 이 묶음 단위를 **뱃치**(batch)라고 한다. 재료주문활동을 예로 들면, 재료를 주문할 때 한 번에 500개 또는 600개 등 복수의 단위로 주문하는 경우가 많을 것이다. 만약 500개씩 3회에 걸쳐 주문한다면, 재료주문활동은 3회의 뱃치로 수행하는 것이다.

기계셋업활동도 마찬가지이다. 기계셋업활동은 본격적인 생산이 시작되기 전에 기계가 올바로 장착되어 있는지를 점검하고, 조정하여 재설정하며, 기계 사이의 접촉 부위를 청소하여 불순물을 제거하고, 윤활유를 칠하며, 기계가 올바로 장착되었는지 확인하기 위해 시범적으로 몇 개를 생산해보는 일 등을 말한다.

기계셋업활동이 올바르게 수행되지 않으면 생산되는 제품의 모양이나 규격이 정확하지 않거나 표면에 스크래치가 발생하고 불순물이 흡착될 수 있다. 따라서, 제조활동을 수행할 때 연속적으로 쉬지 않고 생산하는 것이 아니라, 일정한 수량의 제품을 생산한 뒤 생산을 중단하고 기계를 재점검하는 기계셋업활동을 실시한 후에 다시 일정한 수량의 제품을 생산하는 과정을 반복하게 된다. 제품 5,000개를 생산하기 위해 제품을 500개 생산할 때마다 기계셋업이 이루어진다면, 뱃치횟수는 총 10회가 된다. 여기서 기계셋업을 한 후, 다음 셋업이 있을 때까지 생산하는 제품의 수량, 즉 뱃치 1회에 포함된 생산량을 **뱃치규모**(batch size)라고 한다.

위에서 설명한 재료주문활동의 원가에는 주문부서의 사무용품비용, 컴퓨터 등의 감가상각비, 주문인력의 인건비 등이 포함될 수 있으며, 기계셋업활동의 원가에는 셋업장비의 감가상각비, 소모품 비용, 셋업작업 근로자와 엔지니어의 급여 등이 포함될 수 있다. 이들 활동의 원가는 제품 생산량이 증가할 때마다 비례적으로 증가하는 것이 아니라, 뱃치작업의 수행횟수에 비례해서 증가한다. 따라서, 이들 활동의 원가동인은 뱃치횟수가 될 수 있다. 즉, 재료주문활동의 원가동인은 주문횟수가 적절하며, 기계셋업활동의 원가동인으로는 기계셋업횟수가 적절할 것이다.

정확하게 표현하면, 위에서 설명한 뱃치수준활동의 원가는 뱃치작업의 총수행시간(뱃치작업시간)에 비례하여 발생한다. 예를 들어, 셋업활동을 수행하는 시간이 길어지면 셋업장비의 사용과 엔지니어의 시간 투입 등이 증가하기 때문이다.

뱃치수준의 활동을 수행할 때, 제품별로 뱃치활동 1회 수행시간이 다를 수도 있다. 예를 들어, 매우 복잡한 제품을 생산할 때 기계셋업활동 1회를 수행하는 데 소요되는 시간은 단순한 제품의 기계셋업활동 1회에 걸리는 시간보다 더 길 수도 있다. 이 경우 원가배부기준은 셋업횟수보다 셋업시간이 더 적절하다.

종합하면, 복잡한 제품은 뱃치규모가 적을 가능성이 커서 생산량에 비해 뱃치횟수가 더 많고, 뱃치활동 1회 수행에도 더 많은 시간이 소요될 수 있다. 따라서 뱃치활동 1회에 소요되는 시간이 제품들 사이에 크게 차이가 날 때는 소요시간을, 차이가 크지 않을 때는 뱃치횟수를 배부기준으로 사용하는 것이 좋다. 이처럼 제품의 생산량이 아닌 뱃치횟수(시간)와 관련된 활동의 원가를 뱃치수준활동의 원

그림 5-4 뱃치수준활동의 원가와 생산량의 관계

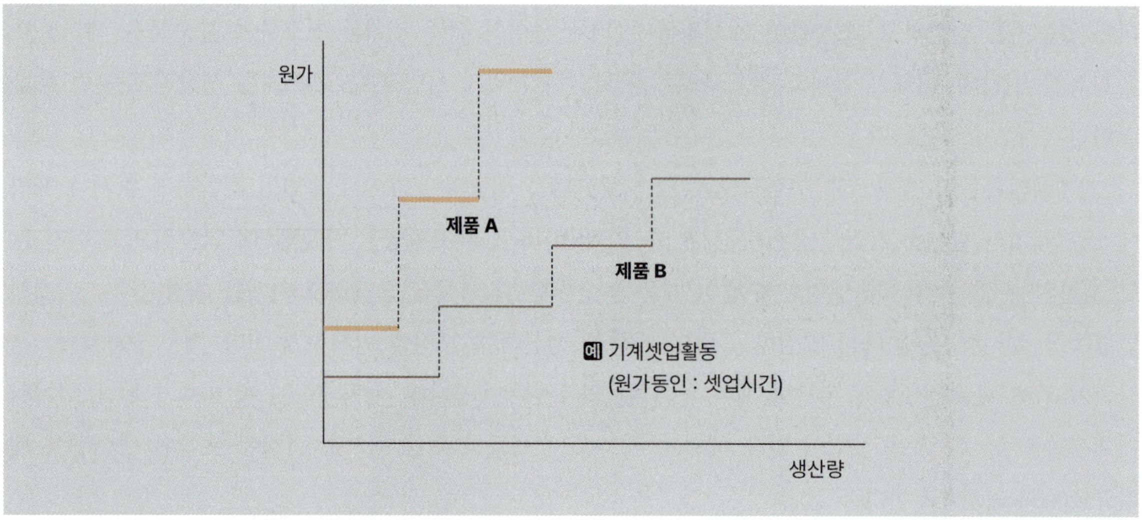

가라고 한다.

그림 5-4에 나타난 바와 같이, 뱃치수준활동에서 뱃치횟수는 생산량에 비례하지 않고 계단식으로 증가하는 형태를 취한다. 뱃치규모(뱃치 1회당 생산량)가 크면 뱃치횟수가 적어져서 원가가 적게 발생할 것이다. 그림에서 제품 A는 제품 B보다 뱃치규모(계단의 폭)가 더 작고, 뱃치작업 1회당 소요되는 시간(계단의 높이)도 더 많다는 것을 알 수 있다. 이처럼 뱃치수준활동의 원가는 제품의 생산량보다는 **제품의 복잡성**에 의해 크게 영향을 받는다.

3) 제품수준활동

세 번째 원가계층은 **제품수준활동**(product level activities)(또는 **제품유지수준활동**(product sustaining level activities))의 원가이다. 대표적인 예로는 디자인(설계)활동을 들 수 있다. 디자인활동의 원가는 제품의 생산량이나 뱃치횟수와 무관하게 발생하는 원가로서, 그림 5-5에 나타난 바와 같이 제품 생산량과 무관하게 일정하다.

이 활동의 원가도 제품의 크기나 복잡성에 의해 크게 영향을 받는다. 디자인활동의 원가는 디자인 장비와 공간의 감가상각비, 관련 소모품, 디자이너 급여 등을 들 수 있는데, 이들 원가는 디자인 소요시간에 비례해서 발생한다. 따라서, 디자인 소요시간이 원가동인이 될 수 있다.

그러나, 제품별로 디자인에 소요되는 시간을 별도로 측정하는 것은 현실적으로 매우 힘든 일이므로,

그림 5-5 제품수준활동의 원가와 생산량의 관계

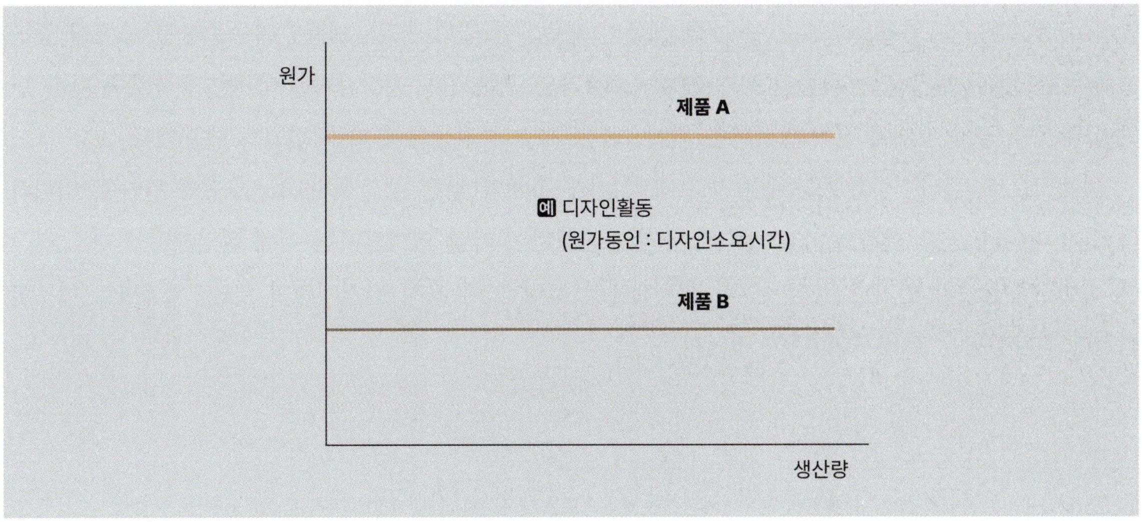

다른 대안 측정치를 사용하는 것이 편리하다. 예를 들어, 각 제품에 포함된 부품의 수는 제품의 복잡성을 초래하는 요소로서, 제품의 디자인 시간에 크게 영향을 미칠 수 있다. 이 경우 부품수를 원가동인으로 사용할 수 있다. 제품의 크기도 디자인 소요시간에 영향을 미칠 수 있으며, 그 경우에는 부품 수와 크기를 동시에 고려해서 측정할 수 있다.

제품 엔지니어링과 관련된 활동의 원가도 제품수준활동의 원가에 해당한다. 표에 나타낸 바와 같이, 제품 A는 제품 B보다 더 복잡한 제품으로서 디자인 활동에 더 많은 원가가 발생하지만, 제품의 생산량과는 전혀 무관하게 일정하다.

4) 설비수준활동

네 번째 원가계층은 **설비수준활동(facility level activities)**(또는 **설비유지수준활동(facility sustaining level activities)**)의 원가이다. 이 활동은 개별 제품의 생산에 관련된 원가라기보다 공장설비 전체를 유지하는 것과 관련된 원가이다. 예를 들어, 공장보험료, 공장임차료 또는 공장감가상각비, 공장장 급여, 공장보안비용 등이 이에 해당한다.

이들은 공장에서 생산되는 전체 제품의 생산과 관련된 원가로서, 모든 제품의 생산이 중단되기 전에는 일부 종류의 제품 생산을 중단하거나 생산량을 줄이더라도 감소하지 않는 원가들이다. 그림 5-6에 나타낸 바와 같이, 이들 원가는 제품별 생산량과 무관하게 일정하게 발생함은 물론, 생산되는 제품의 종류와도 무관하게 발생하는 고정원가의 성격을 띤다[5].

설비수준활동의 원가는 제품수준활동의 원가와 구분된다. 공장감가상각비는 개별 제품과 관련성을 찾기 어렵지만, 디자인활동의 원가는 개별 제품과 관련되어 있다. 또한, 제품단위수준활동 중에서 공장 전체와 관련되어 발생하는 활동의 원가(예 전기요금)와도 구분된다. 공장감가상각비는 생산량에 따라 변하지 않지만, 공장 전체에 걸쳐 발생하는 전기요금은 제품의 생산량에 따라 변하기 때문이다.

마지막으로, 설비수준활동의 원가라고 해서 기계 장치와 같은 생산설비(equipment)의 원가를 의미하는 것이 아니라, 공장 전체 설비(facilities)의 유지와 관련된 원가를 의미한다는 점에 유의해야 한다.

설비수준활동의 원가의 가장 큰 특징은 위에서 설명한 세 가지 원가계층과 달리, 제품별로 배부할 적절한 원가동인을 찾을 수 없다는 것이다.

5 판매비와관리비 중에서 설비수준활동의 원가에 해당하는 비용으로는 대표이사 급여, 기업이미지 광고비 등을 들 수 있다.

그림 5-6 설비수준활동의 원가와 생산량의 관계

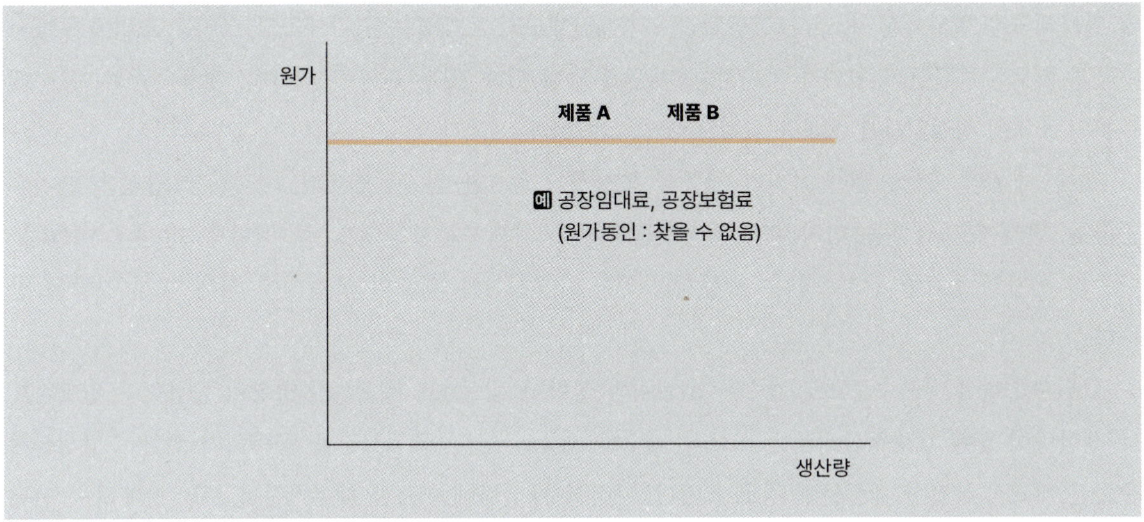

5) 원가계층에 대한 이해의 중요성

이제 위에서 설명한 네 가지 원가계층의 의미에 관해 구체적으로 살펴보자.

첫째, 네 가지 원가계층 중에서 설비수준의 원가는 일종의 **결합원가**(joint costs)로서 간접원가 중에서도 특별한 종류에 속한다. 이들 원가는 **인과관계기준**에 따라 배부할 수 있는 적절한 원가동인이 존재하지 않는다는 특징이 있다. 따라서 설비수준원가는 다른 원가배부기준(예 수혜기준, 부담능력기준, 공정성기준 등)을 사용해서 배부하더라도 다소 임의적(arbitrary)일 수밖에 없다.

따라서, ABC에서는 불가피한 경우를 제외하고는 이들 설비수준의 원가를 개별 제품에 배부하지 않고 제품 공통의 원가로 보고하도록 권장한다. 그러나, 재무제표 작성을 위해서는 모든 제조원가의 제품별 배분이 필요하며, 가격 결정 등의 목적을 위해서도 제품별 배분이 필요하므로, 일반적으로는 기업이 의도하는 목적에 부합하는 배부기준을 사용해서 배부하는 경우가 많다.

둘째, 전통적인 원가계산제도에서 사용하는 대부분의 원가배부기준은 생산량, 직접노무원가, 직접노동시간, 기계시간 등으로서, 이들 배부기준은 생산량과 비례하는 기준이라는 특징이 있다. 이런 의미에서 전통적인 원가계산제도를 **생산량에 기초한 원가계산제도**(volume-based costing)라고 부르기도 한다.

즉, 전통적인 원가계산제도가 암묵적으로 기반을 두고 있는 원가계층은 제품단위수준활동의 원가이다[6]. 따라서 뱃치수준과 제품수준 활동의 원가를 생산량과 비례하는 배부기준을 사용하여 배부함으로써 **원가왜곡**을 발생시킬 수 있다. 전통적인 원가계산제도가 초래하는 원가왜곡의 크기는 조직에서 뱃치수준과 제품수준활동의 원가가 차지하는 비중에 달려 있다. 일부 연구에 의하면, 뱃치수준 원가는 대부분의 조직에 광범위하게 존재하는 것으로 알려져 있다.

셋째, 제품의 생산량뿐만 아니라 **제품의 복잡성**이 중요한 원가동인이다. 제품의 복잡성은 단위수준활동 원가에도 영향을 미치지만, 뱃치수준활동과 제품수준활동에도 큰 영향을 미친다. 이들 두 활동의 원가의 중요한 원가동인은 활동시간이며, 활동시간은 제품의 복잡성에 의해 크게 영향을 받는다.

단위수준에서 제품수준으로 갈수록 생산량의 영향이 감소하고 복잡성의 영향이 증가한다. 일반적으로 생산량이 많은 대량생산제품은 비교적 단순한 제품인 반면, 틈새시장을 공략하기 위한 소량생산제품들은 비교적 복잡한 제품들인 경우가 많다. 따라서, 생산량에 기초한 배부기준을 주로 사용하는 전통적인 원가계산제도에서 뱃치수준과 제품수준활동의 원가를 배분하는 과정에서, 대량생산제품에는 원가를 과다배부하고, 소량생산제품에는 원가를 과소배부하는 **원가상호보조**(cost cross-subsidization) 현상이 발생하는 경향이 있다. 이러한 현상은 제품별 수익성을 왜곡함으로써, 기업의 제품별 가격정책과 제품배합(product mix)에 심각한 왜곡을 초래할 우려가 있다.

5. ABC 종합예제

예제 5-1

정선(주)은 가스관 특수 밸브를 제조하는 회사로서 두 종류의 제품(단밸, 복밸)을 생산하고 있다. 단밸은 비교적 작고 단순한 제품이며, 복밸은 크고 복잡한 제품이다. 202X년도 단밸의 예산생산량(판매량)은 80,000개, 복밸의 예산생산량(판매량)은 20,000개이다. 이 회사는 현재 전통적인 원가계산제도를 사용하고 있으며, 모든 간접원가는 기계작업시간을 이용하여 배부하고 있다. 202X년도 간접원가 예산은 ₩13,569,600이며, 단밸과 복밸의 예산 기계작업시간은 각각 16,000시간, 6,000시간으로서, 총 22,000시간

(예제 계속)

6 제품단위수준활동을 제외한 나머지 세 활동을 비단위수준활동(non-volume based activities)이라고 부르기도 한다.

이다. 최근 정선(주)은 단밸을 저가로 판매하는 기업들과의 경쟁에 직면하여 제품원가의 정확한 계산을 위해 ABC의 도입을 검토하고 있다. 본부 관리비용은 금액이 적어 제품원가계산에서 제외하고 있다.

전통적인 원가계산과 ABC 계산결과를 비교해보자. ABC 도입준비팀이 제시한 자료는 아래에서 설명한다.

1) 기존의 전통적 원가계산

전통적 원가계산에 의한 제품 원가계산 결과는 표 5-2에 나타나 있다. 간접원가 예정배부율은 기계작업시간당 ₩616.8(=₩13,569,600÷22,000시간)이며, 단밸과 복밸의 간접원가 배부액은 각각 ₩9,868,800, ₩3,700,800이다.

표 5-2 정선(주)의 202X년 전통적 원가계산에 의한 제품 예산 원가계산 결과 | 예제 5-1

(단위 : 원)

	단 밸	복 밸	합 계
간접원가배분 (기계작업시간)	9,868,800 (=16,000시간×₩616.8)	3,700,800 (=6,000시간×₩616.8)	13,569,600
직접재료원가 (단위당 ₩120; ₩210)	9,600,000	4,200,000	13,800,000
직접노무원가 (단위당 ₩1.5; ₩2.25)	120,000	45,000	165,000
총원가	19,588,800	7,945,800	27,534,600
제품 단위당 원가	244.86 (=₩19,588,800÷80,000개)	397.29 (=₩7,945,800÷20,000개)	

직접원가를 포함하여, 전통적 원가계산에 의한 제품 단밸과 복밸의 제품 단위당 예산원가는 각각 ₩244.86, ₩397.29이다.

2) ABC를 이용한 원가계산

이 회사의 ABC 도입준비팀은 두 제품과 관련된 업무를 종합적으로 분석하여, 회사의 업무를 다음과 같은 여섯 가지 활동으로 정의하였다: 제품엔지니어링활동, 셋업활동, 기계작업활동, 품질검사활동, 배송활동, 공장관리활동.

도입준비팀이 보고한 각 활동의 특징을 살펴보면 다음과 같다.

정선(주)에서 제품엔지니어링활동은 제품의 디자인이나 성능을 개선하는 것과 관련된 활동으로서, 원가가 생산량과는 무관하게 발생하는 제품수준활동으로 제품을 구성하는 부품수가 적절한 원가동인으로 선정되었다. 단밸의 생산량은 복밸보다 4배 많지만, 부품 수는 단밸과 복밸이 각각 10개와 20개로서 복밸이 오히려 2배 많다.

셋업활동의 구체적인 내역은 표 5-3에 나타나 있다. 단밸의 경우, 1회 뱃치로 생산하는 생산량(뱃치규모)은 250개이지만, 복밸은 제품이 복잡하여 뱃치규모가 50개에 불과하다. 이로 인해 단밸과 복밸의 총 뱃치수는 각각 320회, 400회로서, 복밸이 오히려 더 많다. 더욱이 셋업 1회에 소요되는 시간도 복밸이 훨씬 더 길어서, 단밸과 복밸의 셋업 1회당 소요시간은 각각 0.5시간, 1.5시간이다. 이로 인해 단밸과 복밸의 총셋업시간은 각각 160시간, 600시간으로, 생산량은 복밸이 단밸에 비해 1/4에 불과하지만 셋업시간은 3배 이상 길다. 이로 인해 뱃치수준활동인 셋업활동의 원가배부기준으로 셋업시간을 사용하기로 했다.

표 5-3 정선(주)의 202X년 제품별 예산 셋업활동 내역

	제품 단밸	제품 복밸
(1) 총생산량	80,000개	20,000개
(2) 뱃치규모	250개	50개
(3) 뱃치수(=(1)÷(2))	320회	400회
(4) 뱃치당 셋업시간	0.5시간	1.5시간
(5) 총셋업시간(=(3)×(4))	160시간	600시간

기계작업활동은 제품단위수준 활동의 원가로서, 전통적인 원가계산과 마찬가지로 기계작업시간을 배부기준으로 사용하기로 했다. 단밸과 복밸의 예산 기계작업시간은 각각 16,000시간과 6,000시간이다. 평균적으로, 단밸 1개당 기계작업시간은 0.2시간(=16,000시간÷80,000개)이 소요되며, 복밸 1개당 0.3시간(=6,000시간÷20,000개)이 소요된다.

정선(주)에서 품질검사활동은 각 뱃치작업이 종료될 때마다 일정한 수량의 제품을 추출하여 검사하는 활동이다[7]. 따라서 검사활동은 뱃치수준활동으로 분류되었다. 원가동인으로는 검사시간이 적절하지만, 검사시간이 제품의 복잡성과 밀접한 관련이 있으므로 복잡성을 나타내는 셋업시간을 배부기준으로 대신 사용하기로 결정했다.

배송활동은 완성된 제품을 각 판매처에 트럭으로 배송하는 활동으로서, 트럭 운송거리가 원가동인이 될 수 있다. 이 회사의 고객은 한 군데로서 각 제품의 총운송거리는 각 제품의 총적재부피와 관련되어 있다. 적재부피는 제품 판매량에 비례해서 증가하므로, 배송활동은 제품단위수준활동으로 분류되었다. 단밸과 복밸의 총적재부피는 각각 17,500m^3, 14,500m^3이다. 제품별 적재부피는 각 제품의 개당 부피에 적재수량(판매량)을 곱하여 계산한다.

마지막으로, 공장관리활동은 나머지 다섯 개 활동들을 관리하고, 공장을 유지관리하는 활동이다. 이 활동은 설비수준활동으로서 적절한 인과관계가 있는 원가동인을 찾기 어려워, 회사업무에서 원가비중이 가장 큰 기계작업활동의 원가동인인 기계작업시간을 배부기준으로 사용하기로 했다.

이 회사의 ABC 도입준비팀이 제시한 202X년 활동별 배부기준과 예산 및 활동별 배부율 계산내역은 표 5-4와 같다.

표 5-4 정선(주)의 202X년 활동별 상세 계산내역

활 동	원가계층	예산 활동원가(원)	배부기준(원가동인)	배부기준 소비량		합 계	예산 원가배부율 (원)
		(1)		단밸(2)	복밸(3)	(4)(=(2)+(3))	(5)(=(1)÷(4))
제품엔지니어링 활동	제품수준	300,000	부품수(개)	10	20	30	10,000
셋업활동	뱃치수준	608,000	셋업시간(시간)	160	600	760	800
기계작업활동	제품단위수준	8,470,000	기계작업시간(시간)	16,000	6,000	22,000	385
품질검사활동	뱃치수준	159,600	셋업시간(시간)	160	600	760	210
배송활동	제품단위수준	1,920,000	적재부피(m^3)	17,500	14,500	32,000	60
공장관리활동	설비수준	2,112,000	기계작업시간(시간)	16,000	6,000	22,000	96
간접원가 총계		13,569,600					

7 검사 샘플이 제품생산량에 비례해서 추출될 경우 품질검사활동은 제품단위수준 활동으로 분류될 수 있다.

이를 토대로, 최종적으로 ABC에 의한 제품별 배부내역은 표 5-5와 같다[8].

표 5-5 정선(주)의 202X년 ABC에 의한 제품 예산 원가계산 결과 | 예제 5-1

			단 밸		복 밸		합계(원)
간접원가배분	활 동	원가 배부율(원) (1)	원가동인 소비량 (2)	배부액(원) (3) (=(1)×(2))	원가동인 소비량 (4)	배부액(원) (5) (=(1)×(4))	(6) (=(3)+(5))
	제품엔지니어링활동	10,000	10	100,000	20	200,000	300,000
	셋업활동	800	160	128,000	600	480,000	608,000
	기계작업활동	385	16,000	6,160,000	6,000	2,310,000	8,470,000
	품질검사활동	210	160	33,600	600	126,000	159,600
	배송활동	60	17,500	1,050,000	14,500	870,000	1,920,000
	공장관리활동	96	16,000	1,536,000	6,000	576,000	2,112,000
	간접원가 합계			9,007,600		4,562,000	13,569,600
직접재료원가				9,600,000		4,200,000	13,800,000
직접노무원가				120,000		45,000	165,000
합 계				18,727,600		8,807,000	27,534,600

표에 나타난 바와 같이, 제품엔지니어링활동 원가의 경우, 복밸은 단밸보다 생산량이 1/4에 불과하지만, 원가는 2배 배부된다. 복밸이 크고 복잡해서 원가동인인 부품수는 오히려 2배이기 때문이다.

단밸과 복밸에 배부되는 셋업활동의 원가는 각각 ₩128,000, ₩480,000으로서, 복밸에 3.75배 많이 배부된다. 만약 셋업활동의 원가를 전통적인 원가계산방식으로 배분하면(기계작업시간을 이용해서 배분), 단밸과 복밸의 기계작업시간이 각각 16,000시간과 6,000시간이므로, 오히려 단밸에 2.67(=6,000시간÷16,000시간)배 많이 배부될 것이다.

8 외부보고용 재무제표 작성을 위해서는 제조활동이 아닌 배송활동의 원가는 제품에 배부하지 않고 판매비와관리비로서 기간비용으로 처리해야 한다.

3) 전통적 원가계산의 위험성 및 ABC의 의미

정선㈜의 ABC와 전통적 원가계산의 결과를 비교하면 표 5-6과 같다. ABC를 이용해서 계산하면, 비교적 단순하고 대량으로 생산하는 단벨의 원가는 ₩861,200 더 적어진다. 반대로 복잡하고 소량으로 생산하는 복벨은 ₩861,200 더 증가한다.

표 5-6 정선㈜의 202X년 ABC와 전통적 원가계산의 제품원가 비교

(단위 : 원)

		단벨	복벨
ABC	(1) 총원가	18,727,600	8,807,000
	(2) 제품단위당	234.095	440.35
전통적 원가계산	(3) 총원가	19,588,800	7,945,800
	(4) 제품단위당	244.86	397.29
원가차이	(5) 총원가(=(1)−(3))	−861,200	861,200
	(6) 제품단위당(=(2)−(4))	−10.765	43.06

이처럼 전통적 원가계산제도에서는 복잡한 제품의 원가가 과소계상되고, 단순한 제품의 원가가 과다계상되는 현상이 보편적으로 발생한다. 전통적인 원가계산제도가 뱃치수준활동과 제품수준활동의 원가를 마치 제품단위수준활동의 원가처럼 생산량에 비례하는 배부기준을 사용해서 배부하기 때문이다.

이로 인해 전통적 원가계산을 사용할 경우, 주력 상품인 대량생산 제품의 수익성을 실제보다 낮게 평가하고, 소량생산(흔히, 틈새시장 제품)의 수익성은 실제보다 과대평가하는 오류를 범할 우려가 있다. 표에서 제품 단위당 원가를 비교해보면, 소량생산 제품인 복벨은 대량생산 제품인 단벨에 비해 생산량이 적으므로 단위당 원가의 왜곡이 더 크다는 것을 알 수 있다(복벨과 단벨, 각각 ₩43.06, ₩10.765). 이것은 전통적 원가계산에서 복잡한 소량생산 제품의 가격이 잘못 책정될 가능성이 크다는 것을 의미한다.

제품의 원가는 생산량은 물론, **제품의 복잡성(complexity)**에 의해 크게 영향을 받는다. 그러나, 전통적인 원가계산은 제품의 복잡성을 올바로 반영하지 못하는 한계가 있다. ABC는 생산량과 비례하지 않는 다양한 원가동인들을 이용하여 이러한 왜곡을 방지하고자 하는 것이다.

정선㈜은 새로운 ABC 원가정보를 바탕으로, 고객과 협의하여 경쟁이 치열한 단벨의 가격은 인하하고, 복벨은 가격인상을 고려하거나 원가관리를 강화해야 할 것이다.

6. 활동기준원가계산 마무리

지금까지 설명한 ABC와 전통적인 원가계산제도를 간단히 비교하면 표 5-7과 같다.

표 5-7 전통적 원가계산과 ABC 비교

	전통적 원가계산	ABC
원가집합 구성단위	공장 전체, 부문 등	활동
원가집합의 수	적다	많다
원가배부율	금액이 크다	금액이 작다
원가집합의 특성	이질적인 원가항목들 존재	동질적인 원가항목들로 구성
원가배부기준	생산량에 비례하는 기준(생산량, 기계시간, 직접노동시간, 직접노무원가 등)	다양한 원가동인(기계시간, 직접노동시간, 셋업횟수, 셋업시간, 부품수 등)
원가계층	제품단위수준	제품단위수준, 뱃치수준, 제품수준, 설비수준
원가왜곡 가능성	복잡한 소량생산 제품 원가과소(단순 대량생산 제품 원가과다)	낮다

ABC 원가계산제도는 전통적인 원가계산제도에 비해 많은 원가집합과 배부기준을 사용하므로, 시스템을 구축하고 데이터를 수집하는 데 비용이 많이 들 수 있다. 따라서, 관련 비용-효익을 고려하여 도입 여부와 도입수준을 결정해야 한다. 경쟁이 치열하여 제품 원가계산이 중요한 경우나 제품의 크기, 복잡성, 제조공정 등이 매우 다양하여 제품별로 자원소비가 크게 차이가 날 때는 ABC 도입을 적극적으로 고려하는 것이 바람직하다.

본서에서는 제조기업을 중심으로 ABC를 설명했지만 병원, 통신, 은행 등 다양한 산업에서도 ABC가 폭넓게 사용되고 있다. ABC의 핵심 개념인 활동은 원가관리와 경영관리에도 활용된다. **활동기준경영관리**(ABM, Activity-Based Management)와 **활동기준예산수립**(ABB, Activity-Based Budgeting)이 대표적이다.

연습문제

01 전통적 원가계산의 원가왜곡

다음 중 전통적 원가계산시스템이 원가를 과소계산(undercosting)하게 될 가능성이 가장 큰 제품은?

① 생산량이 적고, 복잡한 제품
② 생산량이 적고, 단순한 제품
③ 생산량이 많고, 복잡한 제품
④ 생산량이 많고, 단순한 제품

02 원가계층과 원가동인

다음 중 서로 연결이 잘못된 것은?

① product unit-level cost —— 기계감가상각비
② batch-level cost —— 셋업비용
③ product-level cost —— 디자인비용
④ facility-level cost —— 재료주문비용

03 원가계층과 원가동인

다음 중 인과관계기준을 적용하기 어려워 개별 제품에 대한 적절한 원가동인을 찾기 어려운 원가계층은?

① 제품단위수준 ② 뱃치수준 ③ 제품수준 ④ 설비수준

04 원가계산의 정확성 개선

다음 중 원가계산의 정확성을 높이기 위해 취할 수 있는 방법으로서 가장 부적합한 것은?

① 간접원가로 분류되던 원가 중에서 직접추적이 가능한 원가는 직접추적한다.
② 동질적인 원가집합(cost pool)을 구성한다.
③ 인과관계가 있는 배부기준을 선택한다.
④ 한 부서의 원가는 하나의 원가집합에 포함시킨다.

05 활동기준원가계산 등장 배경 (2010 CPA)

다음 중 활동기준원가계산제도가 생겨나게 된 배경으로 타당하지 않은 것은?

① 수익성 높은 제품의 선별을 통한 기업역량 집중의 필요성
② 산업구조의 고도화 및 직접노동 투입량의 증가
③ 제품 및 생산공정의 다양화
④ 원가정보의 수집 및 처리기술의 발달
⑤ 개별 제품이나 작업에 직접 추적이 어려운 원가의 증가

06 활동기준원가계산 절차 (2001 세무사)

아래에서 올바른 활동기준원가계산(ABC)의 절차를 나타낸 것은?

ⓐ 활동중심점의 설정	ⓑ 원가동인의 선택	ⓒ 활동분석
ⓓ 제조간접비의 배부	ⓔ 활동별 제조간접비 배부율의 계산	

① ⓒ→ⓐ→ⓔ→ⓑ→ⓓ
② ⓒ→ⓐ→ⓓ→ⓑ→ⓔ
③ ⓒ→ⓐ→ⓑ→ⓔ→ⓓ
④ ⓒ→ⓑ→ⓐ→ⓓ→ⓔ
⑤ ⓒ→ⓑ→ⓐ→ⓔ→ⓓ

07 활동기준원가의 배부 (2022 세무사)

㈜세무는 20X1년에 제품 A 1,500단위, 제품 B 2,000단위, 제품 C 800단위를 생산하였다. 제조간접원가는 작업준비 ₩100,000, 절삭작업 ₩600,000, 품질검사 ₩90,000이 발생하였다. 다음 자료를 이용한 활동기준원가계산에 의한 제품 B의 단위당 제조간접원가는?

활 동	원가동인	제품 A	제품 B	제품 C
작업준비	작업준비횟수	30	50	20
절삭작업	절삭작업시간	1,000	1,200	800
품질검사	검사시간	50	60	40

① ₩43 ② ₩120 ③ ₩163 ④ ₩255 ⑤ ₩395

08 활동기준원가의 배부 (2022 감정평가사)

제품 A와 B를 생산, 판매하고 있는 ㈜감평의 20X1년 제조간접원가를 활동별로 추적한 자료는 다음과 같다.

	원가동인	제품 A	제품 B	추적가능원가
자재주문	주문횟수	20회	35회	₩55
품질검사	검사횟수	10회	18회	84
기계수리	기계가동시간	80시간	100시간	180

제조간접원가를 활동기준으로 배부하였을 경우 제품 A와 B에 배부될 원가는?

	제품 A	제품 B
①	₩100	₩219
②	₩130	₩189
③	₩150	₩169
④	₩189	₩130
⑤	₩219	₩100

09 활동기준원가 배부 (2008 CPA수정)

㈜한호기계는 활동기준원가계산(activity-based costing)을 적용하고 있다. 회사는 제품생산을 위해 세 가지 활동을 수행하고 있다. 당기에 발생된 활동별 실제원가는 기계가동활동 ₩84,000, 엔지니어링활동 ₩60,000, 품질검사활동 ₩41,000이었다. 당기에 두 종류의 제품 A와 B를 생산하였으며, 생산 관련 실제자료는 다음과 같았다.

항 목	제품 A	제품 B
생산량	500단위	1,200단위
기계가동(기계시간)	2,000시간	3,000시간
엔지니어링(작업시간)	500시간	700시간
품질검사(품질검사횟수)	10회	15회

※ 괄호 안은 각 활동의 원가동인을 의미함

활동기준원가계산 및 위의 자료와 관련된 ㈜한호기계의 원가계산결과에 대한 설명이다. 제품 A에 배부되는 총활동원가는?

① ₩85,000 ② ₩83,200 ③ ₩75,000 ④ ₩74,000 ⑤ ₩72,000

10 활동기준원가계산 종합 (2013 CPA)

㈜하나는 당기에 제품 A를 1,500단위, 제품 B를 1,000단위, 제품 C를 500단위 생산하였으며, 이와 관련하여 기계절삭작업에 ₩100,000, 조립작업에 ₩80,000, 품질검사에 ₩40,000의 제조간접원가가 소요되었다. 당사는 활동기준원가계산을 시행하고 있으며, 관련 자료는 아래와 같다. 다음 설명 중 옳지 않은 것은?

	원가동인	제품 A	제품 B	제품 C
기계절삭작업	기계시간	2,240	3,380	4,380
조립작업	조립시간	330	660	1,010
품질검사	횟 수	12	13	15

① 제품 B 전체에 배부되는 기계절삭작업 활동원가는 제품 A 전체에 배부되는 기계절삭작업 활동원가의 약 1.5배이다.
② 제품 B 전체에 배부되는 조립작업 활동원가보다 제품 C 전체에 배부되는 조립작업 활동원가가 더 크다.
③ 제품 A 전체에 배부되는 품질검사 활동원가보다 제품 C 전체에 배부되는 품질검사 활동원가가 25% 더 크다.
④ 제품 단위당 총활동원가가 가장 큰 것은 제품 C이다.
⑤ 각 제품의 단위당 활동원가를 계산하면 제품 A는 ₩31.73, 제품 B는 ₩73.20, 제품 C는 ₩138.40이다.

11 활동기준원가계산의 개념 (2022 CPA)

활동기준원가계산에 대한 다음 설명 중 옳지 않은 것은?

① 활동기준원가계산은 발생한 원가를 활동중심점별로 집계하여 발생한 활동원가동인수로 배부하는 일종의 사후원가계산제도이다.
② 활동기준원가계산을 활용한 고객수익성분석에서는 제품원가뿐만 아니라 판매관리비까지도 활동별로 집계하여 경영자의 다양한 의사결정에 이용할 수 있다.
③ 제조간접원가에는 생산량 이외의 다른 원가동인에 의하여 발생하는 원가가 많이 포함되어 있다.
④ 활동이 자원을 소비하고 제품이 활동을 소비한다.
⑤ 원재료구매, 작업준비, 전수조사에 의한 품질검사는 묶음수준활동(batch level activities)으로 분류된다.

12 활동기준원가계산의 원가계층 (2019 세무사 변형)

㈜세무는 단일 제품을 생산하여 단위당 ₩150에 판매한다. 연간 생산가능 수량 2,000단위에 근거한 제품 단위당 원가는 다음과 같다.

직접재료원가	₩10
직접노무원가	15
단위수준 활동원가	25
제품수준 활동원가	14
설비수준 활동원가	6
	₩70

위 원가 항목 중 제품수준 활동원가와 설비수준 활동원가는 고정원가로, 나머지는 변동원가로 가정한다. 600단

위 판매했을 때 영업이익은?

① ₩15,000　② ₩20,000　③ ₩39,600　④ ₩48,000　⑤ ₩60,000

13 활동기준원가 배부 (2018 감정평가사)

다음은 활동기준원가계산을 사용하는 제조기업인 ㈜감평의 20X1년도 연간 활동원가 예산자료이다. 20X1년에 회사는 제품 A를 1,000단위 생산하였는데 제품 A의 생산을 위한 활동원가는 ₩830,000으로 집계되었다. 제품 A의 생산을 위해서 20X1년에 80회의 재료이동과 300시간의 직접노동시간이 소요되었다. ㈜감평이 제품 A를 생산하는 과정에서 발생한 기계작업시간은?

연간 활동원가 예산자료

활 동	활동원가	원가동인	원가동인총수량
재료이동	₩4,000,000	이동횟수	1,000회
성 형	₩3,000,000	제품생산량	15,000단위
도 색	₩1,500,000	직접노동시간	7,500시간
조 립	₩1,000,000	기계작업시간	2,000시간

① 400시간　② 500시간　③ 600시간　④ 700시간　⑤ 800시간

14 전통적원가계산과 활동기준원가계산의 비교 (2013 감정평가사)

감평회계법인은 컨설팅과 회계감사서비스를 제공하고 있다. 지금까지 감평회계법인은 일반관리비 ₩270,000을 용역제공시간을 기준으로 컨설팅과 회계감사서비스에 각각 45%와 55%씩 배부해 왔다. 앞으로 감평회계법인이 활동기준원가계산을 적용하기 위해, 활동별로 일반관리비와 원가동인을 파악한 결과는 다음과 같다.

활 동	일반관리비	원가동인
스태프지원	₩200,000	스태프수
컴퓨터지원	50,000	컴퓨터사용시간
고객지원	20,000	고객수
합 계	₩270,000	

컨설팅은 스태프수 35%, 컴퓨터사용시간 30% 그리고 고객수 20%를 소비하고 있다. 활동기준원가계산을 이용하여 컨설팅에 집계한 일반관리비는 이전 방법을 사용하는 경우보다 얼마만큼 증가 또는 감소하는가?

① ₩32,500 감소　② ₩32,500 증가
③ ₩59,500 감소　④ ₩59,500 증가
⑤ 변화 없음

15 활동기준원가의 배부 (2019 관세사)

세 종류의 스키를 생산, 판매하는 ㈜관세의 제조간접원가를 활동별로 분석하면 다음과 같다.

활 동	제조간접원가	원가동인	원가동인수		
			초급자용 스키	중급자용 스키	상급자용 스키
절 단	₩70,000	절단횟수	150회	250회	300회
성 형	180,000	제품생산량	400대	300대	200대
도 색	225,000	직접노무시간	400시간	600시간	500시간
조 립	88,000	기계작업시간	100시간	?	150시간

㈜관세가 활동기준원가계산에 의해 중급자용 스키에 제조간접원가를 ₩208,000 배부하였다면 중급자용 스키 생산에 소요된 기계작업시간은?

① 100시간 ② 120시간 ③ 150시간 ④ 200시간 ⑤ 300시간

16 전통적 원가계산과 활동기준원가계산의 비교 (2007 CPA)

㈜대한은 휴대전화기를 생산한다. 현재 회사는 제조간접원가를 단일 배부율을 사용하여 공장 전체에 배부하고 있다. 회사의 경영진은 제조간접원가를 좀 더 정교하게 배부할 필요가 있다고 판단하고, 회계담당부서로 하여금 주요 생산활동과 그 활동에 대한 원가동인을 파악하라고 지시하였다. 다음은 활동, 원가동인 그리고 배부율에 대한 자료이다.

활 동	원가동인	배부율
재료취급	부품의 수	부품당 ₩1,000
조 립	직접노무시간	시간당 ₩40,000
검 사	검사부문에서의 검사시간	분당 ₩10,000

현재의 전통적인 원가계산방법은 직접노무시간에 기초하여 1시간당 ₩150,000의 배부율을 사용한다. 휴대전화 제작을 위하여 한 번의 작업(batch)으로 50대의 휴대전화가 제조되었다. 전통적인 원가계산방법과 활동기준원가계산방법을 사용할 경우 휴대전화 한 대당 배부될 제조간접원가는 각각 얼마인가? 한 번의 작업(batch)에는 1,000개의 부품, 직접노무시간 8시간, 그리고 검사시간 15분이 필요하다.

① 전통적방법 : ₩24,000 활동기준방법 : ₩29,400
② 전통적방법 : ₩640 활동기준방법 : ₩29,400
③ 전통적방법 : ₩24,000 활동기준방법 : ₩24,000
④ 전통적방법 : ₩24,000 활동기준방법 : ₩24,900
⑤ 전통적방법 : ₩24,000 활동기준방법 : ₩47,000

17 판매관리비의 활동기준원가계산 (2019 세무사)

㈜세무는 고객별 수익성 분석을 위하여 판매관리비에 대해 활동기준원가계산을 적용한다. 당기 초에 수집한 관련 자료는 다음과 같다.

(1) 연간 판매관리비 예산 ₩3,000,000(급여 ₩2,000,000, 기타 ₩1,000,000)

(2) 자원소비단위(활동)별 판매관리비 배분비율

	고객주문처리	고객관계관리	계
급 여	40%	60%	100%
기 타	20%	80%	100%

(3) 활동별 원가동인과 연간 활동량

활 동	원가동인	활동량
고객주문처리	고객주문횟수	2,000회
고객관계관리	고객수	100명

㈜세무는 당기 중 주요 고객인 홍길동이 30회 주문할 것으로 예상하고 있다. 홍길동의 주문 1회당 예상되는 ㈜세무의 평균 매출액은 ₩25,000이며, 매출원가는 매출액의 60%이다. 활동기준원가계산을 적용하여 판매관리비를 고객별로 배분하는 경우, ㈜세무가 당기에 홍길동으로부터 얻을 것으로 예상되는 영업이익은?

① ₩255,000 ② ₩265,000 ③ ₩275,000 ④ ₩279,500 ⑤ ₩505,000

CHAPTER

6

전부원가계산과 변동원가계산

1 변동원가계산의 개요
2 변동원가계산과 전부원가계산 비교
3 정상원가계산에서 변동원가계산과 전부원가계산
4 기준조업도의 선택과 영업이익에 대한 영향
5 전부원가계산과 변동원가계산 논쟁

본 장에서는 제1장에서 설명한 원가범위에 따른 원가계산시스템의 분류(전부원가계산, 변동원가계산) 중에서 변동원가계산에 대해 자세하게 학습한다. 내부보고용으로 변동원가계산을 사용한 경우, 연도 말 외부 재무보고를 위해 전부원가계산으로 변환하는 방법에 대해서도 학습한다. 아울러, 연도 말 전부원가계산으로의 변환이 실제원가계산과 정상원가계산에서 어떻게 차이가 있는지에 대해서도 자세하게 학습한다.

CHAPTER

6

전부원가계산과 변동원가계산

1. 변동원가계산의 개요

1) 전부원가계산과 변동원가계산

우리는 지금까지 제조활동에서 발생하는 모든 제조원가를 제품의 원가로 인정하여 **제품원가**(product costs)를 계산하였다. 이런 원가계산방식을 **전부원가계산**(absorption costing)이라고 한다. 전부원가계산은 기업의 재고자산 평가와 손익계산 등 외부 재무보고(financial reporting)에 사용되는 원가계산방식이다. 전부원가계산과 비교되는 다른 원가계산방식으로는 **변동원가계산**(variable costing)(또는 **직접원가계산**(direct costing))이 있다.

변동원가계산은 제조원가 중에 **변동제조원가**(variable manufacturing costs)만 제품원가로 인정하고, **고정제조원가**(fixed manufacturing costs)는 제품원가로 인정하지 않는 방식이다. 기본적으로 고정제조원가는 제품의 생산량과 무관하게 고정적으로 발생하기 때문이다. 변동원가계산에서는 직접재료원가, 직접노무원가, 변동제조간접원가가 제품원가에 포함되며[1], 고정제조간접원가는 비제조활동의 원가인 판매비와관리비와 마찬가지로 **기간비용**(period costs)으로 처리한다.

여기서 용어의 의미를 혼동하지 않아야 한다. 변동원가계산이라고 해서 모든 변동원가가 제품원가의 대상이 되는 것이 아니라, 제조원가 중에서 변동원가를 대상으로 한다. 따라서 판매비와관리비는 대상이 아니다. 또한, 직접원가계산이라고 부르기도 하지만 간접원가인 변동제조간접원가는 포함된다.

---

1 직접원가 중에서도 상당 부분(특히, 직접노무원가)이 고정원가 성격을 지니고 있지만, 전통적으로 변동원가로 간주되고 있으므로, 특별한 언급이 없는 한 본서에서는 직접원가는 모두 변동원가로 간주한다.

전부원가계산과 변동원가계산의 핵심적인 차이는 고정제조간접원가를 재고자산(제품과 재공품)의 원가에 포함하는지, 기간비용으로 처리하는지에 있다. 재무보고용 재무제표 작성을 위해서는 전부원가계산방식을 사용해야 하지만, 내부 경영관리 목적으로 변동원가계산을 사용할 수 있다. 내부보고 목적으로 변동원가계산을 사용하는 경우, 회계연도 말에 재무보고를 위해 전부원가계산으로 변환해야 한다.

2) 손익계산서 비교

변동원가계산이 전부원가계산과 비교하여 손익에 어떤 영향을 미치는지 다음 예제를 이용하여 학습해보자[2].

예제 6-1

골린이(주)는 골프공을 제조해서 판매하는 회사이다. 이 회사는 **실제원가계산제도**를 사용하고 있으며, 202X년도 1, 2, 3월의 제조 및 판매와 관련된 활동 내역은 표 6-1과 같다. 골린이(주)의 전부원가계산과 변동원가계산에 의한 손익계산서를 월 단위로 작성해보자.

표 6-1 골린이(주)의 202X년도 1, 2, 3월의 영업활동 자료

	1월	2월	3월
기초재고	0개	0개	30,000개
생산량	50,000	80,000	40,000
판매량	50,000	50,000	70,000
기말재고	0	30,000	0
단위당 변동제조원가	₩20	₩20	₩20
고정제조간접원가	400,000	400,000	400,000
단위당 변동판매비와관리비	5	5	5
고정판매비와관리비	100,000	100,000	100,000
단위당 판매가격	50	50	50

먼저, 전부원가계산에 의한 월별 손익계산서를 작성해보자. 전부원가계산에서 당기제품제조원가

2 본 장에서는 불필요한 복잡성을 피하기 위해 재공품의 기초, 기말재고는 없다고 가정하여 제품 위주로 설명한다.

는 변동과 고정제조원가를 모두 포함하며, 1월에는 ₩1,400,000(=50,000개×₩20+₩400,000), 2월에는 ₩2,000,000(=80,000개×₩20+₩400,000), 3월에는 ₩1,200,000(=40,000개×₩20+₩400,000)이 된다. 월별 단위당 제품원가 및 기말재고는 표 6-2와 같이 계산된다. 생산량이 가장 많은 2월에 단위당 고정제조간접원가가 가장 적어, 단위당 제품원가도 가장 적음을 확인할 수 있다.

표 6-2 골린이(주) 전부원가계산에 의한 월별 단위당 당기제품제조원가와 기말재고

(단위 : 원)

	1월	2월	3월
(1) 단위당 변동제조원가	20	20	20
(2) 단위당 고정제조원가 (=고정제조간접원가÷생산량)	8(=₩400,000÷ 50,000개)	5(=₩400,000÷ 80,000개)	10(=₩400,000÷ 40,000개)
(3) 단위당 제품원가 (=(1)+(2))	28	25	30
(4) 기말재고 (=(3)×기말재고수량)	0	750,000*	0

* 2월에 기초재고가 없으므로 FIFO, WA 등 물량흐름 가정과 무관하게 동일함

전부원가계산에 의한 골린이(주)의 월별 손익계산서는 표 6-3과 같다.

표 6-3 전부원가계산에 의한 월별 손익계산서 | 예제 6-1

(단위 : 원)

	1월	2월	3월	합 계
매 출	2,500,000	2,500,000	3,500,000	
매출원가	1,400,000	1,250,000	1,950,000	
– 기초재고	0	0	750,000	
– 당기제품제조원가	1,400,000	2,000,000	1,200,000	
– 기말재고	0	750,000	0	
매출총이익	1,100,000	1,250,000	1,550,000	
판매비와관리비	350,000	350,000	450,000	
영업이익	750,000	900,000	1,100,000	2,750,000

다음으로, 변동원가계산에 의한 월별 손익계산서를 작성해보자. 이제 당기제품제조원가와 기말재고

에는 변동제조원가(단위당 ₩20)만 포함되며, 고정제조간접원가 ₩400,000은 당기에 전액 비용화된다. 변동원가계산 손익계산서는 전통적인 손익계산서 작성방식과 달리 공헌이익 손익계산서의 형태로 작성한다.

공헌이익 손익계산서는 모든 원가(비용)(제조원가와 판매비와관리비)를 변동원가(비용)와 고정원가(비용)로 구분하며, 전통적인 매출총이익 대신에 **공헌이익(contribution margin)**을 중요시한다. 공헌이익은 매출에서 모든 변동원가(변동제조원가, 변동판매비와관리비)를 차감하여 계산한다. 공헌이익 손익계산서에서 영업이익은 다음과 같이 계산한다.

공헌이익 = 매출 − 변동원가

영업이익 = 공헌이익 − 고정원가

변동원가계산에 의한 골린이(주)의 월별 손익계산서는 표 6-4와 같다.

표 6-4 변동원가계산에 의한 월별 손익계산서 | 예제 6-1

(단위 : 원)

	1월	2월	3월	합 계
매 출	2,500,000	2,500,000	3,500,000	
변동매출원가	1,000,000	1,000,000	1,400,000	
− 기초재고	0	0	600,000	
− 당기제품제조원가	1,000,000	1,600,000	800,000	
− 기말재고	0	600,000	0	
제조공헌이익	1,500,000	1,500,000	2,100,000	
변동판매비와관리비	250,000	250,000	350,000	
공헌이익	1,250,000	1,250,000	1,750,000	
고정제조간접원가	400,000	400,000	400,000	
고정판매비와관리비	100,000	100,000	100,000	
영업이익	750,000	750,000	1,250,000	2,750,000

두 손익계산서를 항목별로 비교해보자. 먼저, 변동제조원가는 매출원가를 통해 같은 금액이 비용화된다. 판매비와관리비의 경우, 변동원가계산에서 변동원가와 고정원가로 구분하여 처리되어 공헌이익에

는 영향을 미치지만, 모두 당기에 비용으로 처리되므로 영업이익에 미치는 영향에는 전부원가계산과 차이가 없다.

고정제조원가의 경우에는 차이가 있다. 변동원가계산에서는 고정제조원가를 모두 당기에 비용으로 처리한다. 그러나, 전부원가계산에서는 먼저 재고자산의 원가(여기에서는 재공품이 없는 것으로 가정하고 있으므로 모두 당기제품제조원가)에 포함된 후, 재고자산이 판매되는 시점에 매출원가에 포함되어 비용으로 처리된다. 즉, 고정제조간접원가 중에서 매출원가화된 금액만 비용으로 처리되는 것이다. 따라서, 두 원가계산방식에서 당기 손익의 차이는 고정제조간접원가가 당기에 비용화된 금액의 차이에서 발생하는 것이다. 이에 대해서는 아래에서 자세하게 설명한다.

2. 변동원가계산과 전부원가계산 비교

1) 전통적 손익계산서와 공헌이익 손익계산서

이제 두 원가계산방식의 차이점에 대해 자세히 살펴보자. 위에서 설명한 바와 같이, 두 원가계산방법에서 손익계산서 작성방법이 다르다. 전부원가계산에서는 전통적인 손익계산서 작성방법에 따라 모든 원가(비용)를 제조원가와 판매비와관리비로 구분하고, **매출총이익**(gross margin)을 중요시한다. 매출총이익은 제품 획득에 필수적으로 소요되는 제조원가를 초과하여 고객으로부터 확보한 금액을 나타내는 이익지표이다. 매출총이익은 제조 외 다른 활동에 소요되는 비용을 회수할 수 있을 정도로 충분해야 한다.

반면에, 변동원가계산에서는 제조원가와 판매비와관리비를 원가행태(cost behavior)에 따라 변동원가와 고정원가로 구분하고, **공헌이익**(contribution margin)을 중요시한다. 공헌이익은 매출액에서 변동원가를 차감한 금액으로서, 고정원가를 어느 정도 회수할 수 있느냐를 나타내는 이익지표이다. 고정원가는 생산량(판매량)과 무관하게 고정되어 있으므로, 고정원가를 회수할 수 있을 정도로 충분한 공헌이익을 확보하는 것이 중요하다.

2) 비용(손익) 비교

다음으로, 두 방식은 고정제조간접원가를 언제 비용으로 처리하느냐 하는 기간귀속에 있어서 차이가 난다. 변동원가계산에서는 고정제조간접원가가 발생한 당기에 모두 비용으로 처리하지만, 전부원가계산에서는 고정제조간접원가가 발생하는 시점에는 재고자산(제품 및 재공품)의 원가에 포함한 후, 제품이 판매되는 시점에 비로소 매출원가로 비용처리한다. 따라서, 전부원가계산에서는 고정제조간접원가의 비용처리를 판매시점까지 단순히 이연시키는 것이라고 할 수 있다. 이로 인해, 두 방식에서 재고자산의 금액에 차이가 발생하며, 비용처리 시점의 차이로 인해 기간별 영업이익도 차이를 보이게 된다.

전부원가계산과 변동원가계산에서 손익차이가 어떻게 발생하는지 좀 더 자세히 살펴보자. 두 방식은 수익에서는 차이가 없고 비용에서만 차이가 있다. 실제원가계산제도를 채택하는 경우에 두 방식 간의 비용차이는 고정제조간접원가 처리방식의 차이에 의해서만 발생하므로, 고정제조간접원가가 당기에 얼마나 비용화되느냐를 분석하면 두 방식의 손익차이를 알 수 있다.

분석의 편의를 위해 먼저 **실제원가계산제도**를 채택하고 있고 재공품은 없다고 가정하자. 이 경우 전부원가계산과 변동원가계산에서 고정제조간접원가 중에 당기에 비용화되는 금액은 다음과 같다.

변동원가계산에서 당기에 비용화되는 고정제조간접원가 = 당기발생 고정제조간접원가

전부원가계산에서 당기에 비용화되는 고정제조간접원가
= 매출원가에 포함된 고정제조간접원가
= 기초재고에 포함된 고정제조간접원가 + 당기발생 고정제조간접원가[3] − 기말재고에 포함된 고정제조간접원가

위 두 식을 비교해보면, 당기발생 고정제조간접원가는 양쪽 식에 모두 포함되어 있으므로 이를 제거하고 나면, 두 방식에서 당기에 비용화되는 고정제조간접원가의 차이는 다음과 같이 정리해서 나타낼 수 있다.

전부원가계산에서 비용 − 변동원가계산에서 비용
= 전부원가계산에서 당기비용화 고정제조간접원가 − 변동원가계산에서 당기비용화 고정제조간접원가
= 매출원가에 포함된 고정제조간접원가 − 당기발생 고정제조간접원가
= 기초재고에 포함된 고정제조간접원가 − 기말재고에 포함된 고정제조간접원가[4]

---

3 이 항목은 정확하게는 "당기제품제조원가에 포함된 고정제조간접원가"이지만, 여기에서는 실제전부원가계산에서 재공품이 없는 경우를 가정하고 있으므로 "당기발생 고정제조간접원가"와 같게 된다.

4 식에서 매출원가, 기초재고 또는 기말재고에 포함된 고정제조간접원가는 전부원가계산 방식에서의 수치를 말한다. 변동원가계산에서는 이들 항목에 고정제조간접원가가 포함되지 않는다.

즉, 두 방식에서 비용 차이는 전부원가계산에서 기초재고와 기말재고에 포함된 고정제조간접원가 금액의 차이가 된다. 이것은 동전의 양면과 같은 원리이다. 제조원가가 발생하면 재고자산이 되든지 아니면 비용이 되므로, 비용의 차이는 재고자산의 차이를 통해서도 계산할 수 있는 것이다. 위 식에서 알 수 있듯이, 기말재고에 포함된 고정제조간접원가가 기초재고에 포함된 고정제조간접원가보다 더 크면 전부원가계산에서의 비용이 변동원가계산에서의 비용보다 더 작게 된다.

지금까지 두 방식의 비용 차이를 살펴보았는데, 이익차이는 이와 반대가 되므로 다음과 같이 나타낼 수 있다.

전부원가계산에서 이익 − 변동원가계산에서 이익[5]
= 당기발생 고정제조간접원가 − 매출원가에 포함된 고정제조간접원가
= 기말재고에 포함된 고정제조간접원가 − 기초재고에 포함된 고정제조간접원가

기말재고에 포함된 고정제조간접원가가 기초재고에 포함된 것보다 더 많으면, 전부원가계산에서의 이익이 변동원가계산에서의 이익보다 더 크다는 것을 기억해두자. 이제 앞에서 설명한 골린이(주) **예제 6-1**을 이용하여 두 방식의 비용차이와 이익차이를 다시 한 번 확인해보자. 예제에 나타난 비용과 이익의 차이는 **표 6-5**와 같이 정리해서 나타낼 수 있다.

표 6-5 골린이(주)의 전부원가계산과 변동원가계산의 고정제조간접원가 비용화 금액 비교(실제원가계산) | 예제 6-1

	비용화 방식	1월	2월	3월	합 계
(a) 기초재고		0개	0개	30,000개	
(b) 기말재고		0개	30,000개	0개	
(c) 단위당 고정제조간접원가		₩8	₩5	₩10	
(1) 전부원가계산	매출원가*	₩400,000 (=0+400,000−0)	₩250,000 (=0+400,000−150,000)	₩550,000 (=150,000+400,000−0)	₩1,200,000
(2) 변동원가계산	기간비용	400,000	400,000	400,000	1,200,000

(표 계속)

5 두 식의 관계는 다음 항등식과 같은 것이다. 기초재고 + 당기발생 = 매출원가 + 기말재고

비용화 방식	1월	2월	3월	합 계
(3) 비용 비교 (=(1)−(2))	0 (전부 = 변동)	−150,000 (전부 < 변동)	+150,000 (전부 > 변동)	0 (전부 = 변동)
(4) 재고 비교** (기초−기말)	0 (=0−0)	−150,000 (=0−150,000)	+150,000 (=150,000−0)	0
(5) 이익 비교	0 (전부 = 변동)	+150,000 (전부 > 변동)	−150,000 (전부 < 변동)	0 (전부 = 변동)

* 매출원가화된 금액 : 기초재고에 포함된 고정제조간접원가 + 당기발생 고정제조간접원가 − 기말재고에 포함된 고정제조간접원가
** 재고 비교 : 기초재고에 포함된 고정제조간접원가 − 기말재고에 포함된 고정제조간접원가

1월에는 기초, 기말재고가 없어서 비용차이가 없으므로 전부원가계산과 변동원가계산의 이익차이도 없다. 2월에는 기초재고에 포함된 고정제조간접원가 금액은 없고 기말재고에 포함된 금액은 ₩150,000이므로, 전부원가계산에서 비용이 더 적고, 이익은 더 많게 된다. 기말재고가 없는 3월에는 이와 반대되는 현상이 나타나게 된다.

여기서 한 가지 주의깊게 볼 사항은 실제원가계산에서 기초재고가 없는 회기에서부터 기말재고가 없는 회기까지의 비용(이익)의 합계는 전부원가계산과 변동원가계산에서 같다는 것이다. 본 예제에서 1월(2월)에는 기초재고가 없고, 3월에는 기말재고가 없다. 전부원가계산에서는 고정제조간접원가의 비용화를 판매되는 시점까지 이연시키게 되므로 2월 말에 남아 있는 재고가 모두 팔리는 3월 말에는 그동안 자산에 포함되어 있던 고정제조간접원가가 모두 비용화된다. 따라서, 두 방식에서 1월(2월)부터 3월까지의 비용(이익)의 합계는 같게 되는 것이다. 판매가격이나 고정제조간접원가 총액이 월별로 다른 경우에도 결과는 마찬가지이다.

3) 전부원가계산에서의 재고 증대 유인

전부원가계산제도에서는 생산량 증대만으로도 이익을 증대시킬 수 있어서, 경영자에게 잘못된 유인을 제공할 우려가 있다. 골린이(주) **예제 6-1**에서 1월과 2월의 자료를 살펴보면, 판매량과 가격 및 원가내역은 모두 동일하지만, 2월에는 1월보다 생산을 더 많이 했다는 점에서만 차이가 난다. 변동원가계산에서 1월과 2월의 영업이익은 동일하다. 그러나, 전부원가계산에서의 영업이익은 1월에 ₩750,000에서 2월에는 ₩900,000으로 증가하였다. 어떻게 이런 일이 발생할 수 있는 것일까?

전부원가계산의 경우, 1월에는 생산한 모든 제품이 팔렸기 때문에 고정제조간접원가 ₩400,000이 모두 매출원가화되어 비용화되지만, 2월에는 고정제조간접원가 ₩400,000이 당기에 생산한 제품 80,000개

의 원가에 모두 포함된 다음, 그중에서 판매된 50,000개에 포함된 ₩250,000(=50,000개×₩5)만 매출원가가 되어 당기에 비용화되고, 나머지 ₩150,000은 제품의 기말재고에 그대로 남아 있게 된다. 이로 인해 1월과 2월의 비용차이가 ₩150,000 발생하게 되고 영업이익도 ₩150,000 차이가 나게 됨을 알 수 있다.

전부원가계산에서 생산량이 증가하면 단위당 고정제조간접원가가 감소하게 되어, 제품 단위당 원가가 감소하는 효과가 발생하게 되고, 따라서 단위당 매출원가도 감소하게 되어 이익이 증가하게 되는 것이다. 이와 반대로, 고정제조간접원가 중에 재고화되는 금액은 증가한다.

전부원가계산에서 1월보다 2월에 영업이익이 더 커진 것은 단순히 생산량 증가로 인해 고정제조간접원가가 적게 비용화되었기 때문이다. 남은 고정제조간접원가도 언젠가 모두 비용화되어야 하므로, 2월의 이익 증가는 경영성과가 더 좋다는 것을 의미하지 않는다. 사실 그 반대일 수도 있다. 재고 증가는 기업가치 측면에서 바람직하지 않다. 재고가 증가하면 창고비용, 보험료, 재고이동 비용 등 현금지출을 수반하는 비용들이 증가한다. 그 외에도 제품의 진부화 위험, 분실 또는 도난 위험이 증가하며, 재고자산 원가의 이자비용에 해당하는 기회비용도 증가한다.

경영자는 당기에 재고 증가로 인해 회계적 비용이 일부 증가하더라도, 고정제조간접원가를 더 많이 재고화함으로써 영업이익이 증가하는 규모가 더 큰 경우에는 생산을 증가시켜 재고를 증가시킬 잘못된 유인을 가질 수 있다. 반대로, 생산량을 줄여 재고를 감소시킴으로써 이익을 감소시킬 수도 있다. 요약하면, 전부원가계산에서는 재고를 통한 **이익조정(earnings management)**이 가능하다는 것이다.

이에 반해 변동원가계산에서는 판매량이 같은 1월과 2월의 순이익은 ₩750,000으로 같다. 이것은 생산량 및 판매량과 관계없이 고정제조간접원가 발생액 ₩400,000이 모두 당기에 기간비용으로 처리되기 때문이다. 이처럼 변동원가계산에서는 단순히 생산량을 증가시켜 재고를 증가시키는 것으로는 이익을 증가시킬 수 없다는 장점이 있다.

4) 물량이 비용(손익)에 미치는 영향 비교(특수한 경우)

우리는 위에서 두 원가계산방식의 비용(손익) 차이에 대해 자세히 학습하였다. 이제 물량(생산량과 판매량)이 두 원가계산방식의 손익에 어떤 영향을 미치는지에 대해 좀 더 자세히 살펴보자. 이를 위해 전기에 생산한 제품과 당기에 생산한 제품의 단위당 고정제조간접원가가 같은 특수한 경우를 가정하자.

전기와 당기에 생산한 제품의 단위당 고정제조간접원가가 같다면, 다음과 같이 표현할 수 있다.

기초재고에 포함된 고정제조간접원가 = 기초재고수량 × 단위당 고정제조간접원가

기말재고에 포함된 고정제조간접원가 = 기말재고수량 × 단위당 고정제조간접원가

따라서, 두 원가계산방식에서 비용과 손익의 차이는 다음과 같이 다시 나타낼 수 있다.

전기분, 당기분 제품 한 단위당 고정제조간접원가가 같은 경우

전부원가계산에서 비용 − 변동원가계산에서 비용
= 기초재고에 포함된 고정제조간접원가 − 기말재고에 포함된 고정제조간접원가
= 단위당 고정제조간접원가 × (기초재고수량 − 기말재고수량)

전부원가계산에서 이익 − 변동원가계산에서 이익
= 단위당 고정제조간접원가 × (기말재고수량 − 기초재고수량)

이제 위 식을 이용하여 재고수량의 변동에 따라 두 원가계산방식에서 비용과 손익의 크기가 어떻게 달라지는지 살펴보자. 수량에 관한 다음 식을 이용하여 설명한다.

수량 항등식 : 기초재고수량 + 당기생산량 = 당기판매량 + 기말재고수량

첫째, 기초재고 수량보다 기말재고 수량이 더 많은 경우(즉, 생산량 > 판매량), 전부원가계산에서 비용이 변동원가계산의 비용보다 더 적게 된다. 이익은 반대로 전부원가계산에서 더 크게 된다.

둘째, 기초재고 수량보다 기말재고 수량이 더 적은 경우(즉, 생산량 < 판매량), 전부원가계산에서 비용이 변동원가계산의 비용보다 더 크게 된다. 이익은 반대로 변동원가계산에서 더 크게 된다.

셋째, 기초재고와 기말재고 수량이 같은 경우(즉, 생산량 = 판매량), 두 방식에서 비용과 이익은 같아진다.

이를 정리하면 **표 6-6**과 같다. 표는 실제원가계산을 사용한다는 것과 전기와 당기의 제품 단위당 고정제조간접원가가 같다는 두 가지 전제가 필요하다는 사실에 유의해야 한다. 이러한 유의점에도 불구하고, 재고(생산) 변화가 손익에 미치는 영향을 이해하는 데 매우 유용하다.

표 6-6 재고수량의 변동과 원가계산방식 손익 비교

	재고수량	생산량/판매량	비용 비교	이익 비교
Case 1	기초재고 < 기말재고	생산량 > 판매량	전부원가계산 < 변동원가계산	전부원가계산 > 변동원가계산
Case 2	기초재고 > 기말재고	생산량 < 판매량	전부원가계산 > 변동원가계산	전부원가계산 < 변동원가계산
Case 3	기초재고 = 기말재고	생산량 = 판매량	전부원가계산 = 변동원가계산	전부원가계산 = 변동원가계산

※ 두 가지 전제 : 실제원가계산 사용, 전기와 당기 제품 단위당 고정제조간접원가 동일

지금까지 학습한 핵심적인 내용은 세 가지로 요약된다. 첫째, 전부원가계산과 변동원가계산의 비용(손익)의 차이는 당기에 비용화되는 고정제조간접원가 금액의 차이이다. 둘째, 전부원가계산제도를 사용하는 경우에는 과다한 생산(재고 증가)만을 통해서도 이익을 증가시킬 수 있다. 셋째, 과다한 생산(재고 증가)은 전부원가계산에서의 이익을 변동원가계산에서의 이익보다 크게 만든다는 것이다.

5) 종합예제(실제원가계산)

이제 지금까지 학습한 내용을 종합예제를 통해 학습해보자.

예제 6-2

똑딱이(주)는 골린이(주)의 경쟁회사로서 202X년 4월 초에 설립되었으며, **실제원가계산제도**를 사용하고 있다. 고정원가와 단위당 변동원가 등 원가구조는 골린이(주)와 동일하다. 똑딱이(주)는 원가흐름 가정으로 선입선출법(FIFO)을 채택한다고 하자. 똑딱이(주)의 202X년 4, 5, 6월의 제조와 판매활동 내역은 **표 6-7**과 같다. 똑딱이(주)의 전부원가계산과 변동원가계산에 의한 202X년도 4, 5, 6월 손익계산서를 작성하고, 두 방식의 영업이익을 비교해보자.

표 6-7 똑딱이(주)의 202X년도 4, 5, 6월의 영업활동 자료

	4월	5월	6월
기초재고	0개	10,000개	15,000개
생산량	50,000	80,000	80,000
판매량	40,000	75,000	90,000

(예제 계속)

	4월	5월	6월
기말재고	10,000	15,000	5,000
단위당 변동제조원가	₩20	₩20	₩20
고정제조간접원가	400,000	400,000	400,000
단위당 변동판매비와관리비	5	5	5
고정판매비와관리비	100,000	100,000	100,000
단위당 판매가격	50	50	50

똑딱이(주)의 월별 단위당 당기제품제조원가와 기말재고는 표 6-8과 같다.

표 6-8 똑딱이(주)의 전부원가계산에 의한 월별 단위당 당기제품제조원가와 기말재고

(단위 : 원)

	4월	5월	6월
(1) 단위당 변동제조원가	20	20	20
(2) 단위당 고정제조원가 (=고정제조간접원가÷생산량)	8 (=₩400,000÷ 50,000개)	5 (=₩400,000÷ 80,000개)	5 (=₩400,000÷ 80,000개)
(3) 단위당 제품원가 (=(1)+(2))	28	25	25
(4) 기말재고 (=(3)×기말재고수량)	280,000 (=10,000개×₩28)	375,000* (=15,000개×₩25)	125,000* (=5,000개×₩25)

* FIFO 적용

똑딱이(주)의 전부원가계산에 의한 4, 5, 6월 손익계산서는 표 6-9와 같다.

표 6-9 똑딱이(주)의 202X년도 전부원가계산에 의한 월별 손익계산서 | 예제 6-2

(단위 : 원)

	4월	5월	6월
매 출	2,000,000	3,750,000	4,500,000
매출원가	1,120,000	1,905,000	2,250,000
– 기초재고	0	280,000	375,000
– 당기제품제조원가	1,400,000	2,000,000	2,000,000
– 기말재고	280,000	375,000	125,000

(표 계속)

	4월	5월	6월
매출총이익	880,000	1,845,000	2,250,000
판매비와관리비	300,000	475,000	550,000
영업이익	580,000	1,370,000	1,700,000

똑딱이(주)의 월별 변동원가계산 손익계산서는 표 6-10과 같다.

표 6-10 똑딱이(주)의 202X년도 변동원가계산에 의한 월별 손익계산서 | 예제 6-2

(단위 : 원)

	4월	5월	6월
매 출	2,000,000	3,750,000	4,500,000
변동매출원가	800,000	1,500,000	1,800,000
– 기초재고	0	200,000	300,000
– 당기제품제조원가	1,000,000	1,600,000	1,600,000
– 기말재고	200,000	300,000	100,000
제조공헌이익	1,200,000	2,250,000	2,700,000
변동판매비와관리비	200,000	375,000	450,000
공헌이익	1,000,000	1,875,000	2,250,000
고정제조간접원가	400,000	400,000	400,000
고정판매비와관리비	100,000	100,000	100,000
영업이익	500,000	1,375,000	1,750,000

이제 변동원가계산과 전부원가계산 간의 비용과 손익차이를 월별로 비교해보자(표 6-11). 먼저 전부원가계산에서 기초와 기말재고에 포함된 고정제조간접원가(표의 (4))를 비교해보자. 4월에는 기초재고가 없고 기말재고에 포함된 고정제조간접원가가 ₩80,000(=₩8×10,000개)이므로 직접원가계산보다 전부원가계산에서 이익이 ₩80,000 더 많음을 확인할 수 있다. 5월에는 기초재고에 포함된 고정제조간접원가는 4월에 발생한 금액인 ₩80,000(=₩8×10,000개)이며, 기말재고에 포함된 고정제조간접원가는 5월에 발생한 금액인 ₩75,000(=₩5×15,000개)으로서, 기초재고에 포함된 고정제조간접원가가 ₩5,000 더 많다. 따라서, 5월에 전부원가계산에서의 비용이 직접원가계산에서보다 더 많다.

5월에 기초재고수량이 10,000개, 기말재고수량이 15,000개로서 재고수량이 증가했지만, 제품 한 단위당 고정제조간접원가는 4월에는 ₩8이지만 5월에는 ₩5으로서 대폭 감소했기 때문에, 재고에 포함한 금액은 기말에 오히려 감소한 것이다. 단순히 재고수량의 변동이 아닌 재고에 포함된 고정제조간접원가 금액을 비교해야 손익의 크기를 올바로 비교할 수 있다는 사실을 확인할 수 있다.

6월의 경우에는 전기(5월)와 당기(6월)의 제품 한 단위당 고정제조간접원가가 ₩5으로 동일하다. 따라서, 재고수량의 변동을 통해 비용(이익)의 상대적 크기를 비교할 수 있다. 6월에 기초재고수량은 15,000개, 기말재고수량은 5,000개로서 재고가 10,000개 감소했으므로, 전부원가계산에서 비용이 변동원가계산의 비용보다 더 많고 이익은 더 적게 된다. 그 차이는 ₩50,000(=₩5×10,000개)이다[6].

표 6-11 똑딱이(주)의 실제원가계산에서 전부원가계산과 직접원가계산의 고정제조간접원가 처리 비교 | 예제 6-2

(단위 : 원)

	비용화 방식	4월	5월	6월
(a) 기초재고		0개	10,000개	15,000개
(b) 기말재고		10,000개	15,000개	5,000개
(c) 단위당 고정제조간접원가		₩8	₩5	₩5
(1) 전부원가계산	매출원가*	320,000 (=0+400,000−80,000)	405,000 (=80,000+400,000−75,000)	450,000 (=75,000+400,000−25,000)
(2) 직접원가계산	기간비용	400,000	400,000	400,000
(3) 비용 비교 (=(1)−(2))		−80,000 (전부 < 변동)	+5,000 (전부 > 변동)	+50,000 (전부 > 변동)
(4) 재고 비교** (기초−기말)		−80,000 (=0−80,000)	+5,000 (=80,000−75,000)	+50,000 (=75,000−25,000)
(5) 이익 비교		+80,000 (전부 > 변동)	−5,000 (전부 < 변동)	−50,000 (전부 < 변동)

* 매출원가화된 금액 : 기초재고에 포함된 고정제조간접원가 + 당기발생 고정제조간접원가 − 기말재고에 포함된 고정제조간접원가

** 재고 비교 : 기초재고에 포함된 고정제조간접원가 − 기말재고에 포함된 고정제조간접원가

6 선입선출법 등 원가흐름에 대한 가정은 두 원가계산방식 간의 비용과 손익의 차이를 계산할 때 재고에 포함된 고정제조간접원가를 비교하는 본문의 설명에 전혀 영향을 미치지 않는다. 단지 재고에 포함된 금액만 달라질 뿐이다. 즉, 비용(손익)을 비교할 때 선입선출법을 가정할 필요가 없다.

3. 정상원가계산에서 변동원가계산과 전부원가계산

1) 고정제조간접원가 배부차이

지금까지 우리는 실제원가계산제도를 사용하는 경우에 대해 전부원가계산과 변동원가계산방식의 비용과 손익을 비교하였다. 이제 **정상원가계산제도**를 채택하는 경우에 두 방식을 비교해보자. 여기서도 재공품은 없다고 가정한다. 정상원가계산제도를 사용하는 경우, 전부원가계산 방식에서는 고정제조간접원가는 예정배부율을 이용하여 먼저 배부한 다음, 회계연도 말에 가서 실제발생액과 배부액의 차이를 조정하게 된다(제3장 참고).

정상원가계산제도에서 전부원가계산방식을 사용할 경우, 고정제조간접원가의 총차이(발생액－배부액)를 **고정제조간접원가 배부차이**라고 한다. 배부차이는 다음과 같이 **예산차이**(**또는 소비차이**)와 **조업도차이**로 나누어진다[7].

고정제조간접원가 총차이(배부차이) = 고정제조간접원가 예산차이 + 고정제조간접원가 조업도차이

예산차이는 발생액과 예산액의 차이를 말하며, 조업도차이는 예산과 배부액의 차이를 말한다. 예산보다 발생액이 더 많을 경우 불리한 예산차이가 발생하며, 배부액보다 예산이 더 많을 경우 불리한 조업도차이가 발생한다.

다음은 정상원가계산제도에서 전부원가계산방식을 사용할 때 고정제조간접원가의 차이분석틀을 나타낸 것이다.

그림 6-1 고정제조간접원가 차이분석

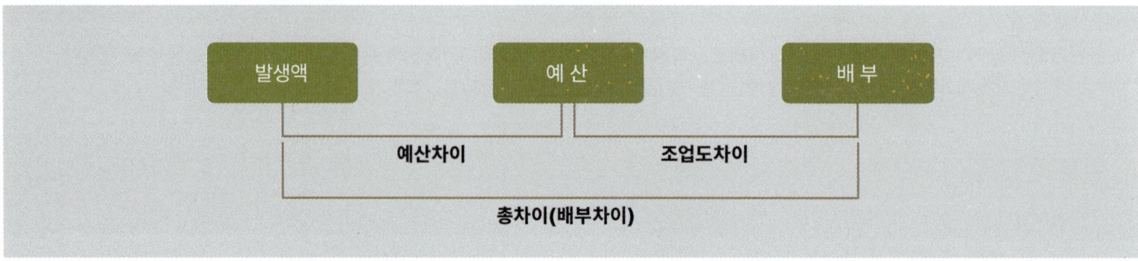

7 고정제조간접원가 차이의 의미와 분석방법에 대해서는 제13장에서 자세히 학습한다.

이미 학습한 바와 같이, 정상원가계산에서는 제조간접원가를 배분할 때 회계연도 초에 설정한 예정(예산)배부율을 사용하여 배분하며, 예정배부율은 예산을 배부기준의 예정조업도로 나누어서 계산한다. 제조간접원가 중에서 고정제조간접원가의 예정배부율을 별도로 계산할 때에는 **기준조업도**를 사용하여 다음과 같이 계산한다[8].

고정제조간접원가 예정배부율 = 고정제조간접원가 예산 ÷ 기준조업도

작업이 진행된 후 예정배부율을 사용하여 고정제조간접원가를 작업으로 배부할 때는 각 작업의 실제조업도 기준으로 배부한다(주의 : 제4장에서 보조부문의 고정제조간접원가를 제조부문으로 배부할 때는 각 부문의 실제조업도가 아닌 실제최대조업도 또는 예산조업도 기준으로 배부하는 것이 바람직함을 설명하였다).

따라서 고정제조간접원가의 예산과 배부액 및 조업도차이는 다음과 같이 나타낼 수 있다.

고정제조간접원가

예산 = 기준조업도 × 예정배부율
배부 = 실제조업도 × 예정배부율
조업도차이 = 예산 − 배부 = (기준조업도 − 실제조업도) × 예정배부율

예제 6-3

202X 회계연도의 고정제조간접원가 총예산은 ₩1,500,000이며, 연간 기준조업도는 100,000개이다. 회계연도 말에 가서 확인한 결과, 고정제조간접원가 발생액은 ₩1,600,000이었으며, 1년 동안의 실제조업도는 120,000개였다. 고정제조간접원가 배부차이, 예산차이, 조업도차이를 계산해보자.

먼저, 예정배부율은 개당 ₩15(= ₩1,500,000 ÷ 100,000개)이며, 배부액은 ₩1,800,000(= ₩15 × 120,000개)이다. 따라서, 배부차이는 −₩200,000(= ₩1,600,000 − ₩1,800,000)으로서 과다배부(유리한 배부차이)가 발생하였다. 배부차이 중에서, 예산차이는 ₩100,000(= ₩1,600,000 − ₩1,500,000)으로서 불리한 차이이며, 조업도

8 **변동제조간접원가**의 예정배부율을 계산할 때에는 당 회계연도에 발생할 것으로 예상되는 배부기준 **예정조업도**를 사용하지만, **고정제조간접원가**는 생산량의 변화에도 변하지 않는 고정원가이므로, 예정배부율을 계산할 때 **기준조업도(denominator-level capacity)**라는 개념을 사용한다. 기준조업도는 예상수요보다는 공급능력을 고려한 생산용량(capacity)을 바탕으로 설정한다('4. 기준조업도의 선택과 영업이익에 대한 영향' 참고).

차이는 −₩300,000(=₩1,500,000−₩1,800,000)으로서 유리한 차이에 해당한다. 조업도차이는 위 식에 나타난 바와 같이, 예정배부율과 조업도를 이용하여 ₩15×(100,000개−120,000개)로 계산할 수도 있다.

2) 정상원가계산에서 손익계산서 비교

정상원가계산에서 전부원가계산과 변동원가계산방식의 차이를 쉽게 이해하기 위해 변동제조간접원가가 없는 경우부터 먼저 학습해보자.

예제 6-4

양재천(주)의 202X년의 제조 및 판매활동과 관련된 정보는 다음과 같다. 이 회사는 **정상원가계산제도**를 채택하고 있으며, 선입선출법을 사용하고 있다. 전년도 및 당년도에 변동제조간접원가는 발생하지 않았다고 가정한다. 고정제조간접원가 예정배부율 계산에 사용되는 202X년도 기준조업도는 100,000개이다. 양재천(주)은 회계연도 말에 매출원가조정법을 이용하여 제조간접원가 배부차이를 조정한다. 구체적인 영업활동 자료는 표 6-12와 같다. 전부원가계산과 변동원가계산에 의한 손익계산서를 작성해보자.

표 6-12 202X년도 양재천(주)의 제조 및 판매활동 내역

기초재고	20,000개	고정제조간접원가 예산	₩1,200,000
생산량	80,000	고정제조간접원가 발생	1,200,000
판매량	90,000	변동제조간접원가 예산 및 발생	0
판매가격	₩150	기준조업도	100,000개
단위당 변동제조원가 발생액	90	기초재고 단위당 변동제조원가(실제)	₩85
단위당 변동판매비와관리비	20	기초재고 단위당 고정제조간접원가(배부)	15
고정판매비와관리비	500,000		

202X년도 고정제조간접원가 예정배부율은 단위당 ₩12(=예산 ₩1,200,000÷기준조업도 100,000개)이다. 따라서, 당년도에 생산한 제품에 대한 고정제조간접원가 배부액은 ₩960,000(=₩12×80,000개)이다. 고정제조간접원가 배부차이는 ₩240,000(=발생액 ₩1,200,000−배부액 ₩960,000)이며, 과소 배부차이(불리한 차이)가 발생하였다. 배부차이 중에서 예산차이는 0이며(예산과 실제 발생액 동일), 조업도차이는 ₩240,000이

다. 이를 이용하여 두 원가계산방식에서의 손익계산서를 작성하면 표 6-13과 같다.

표 6-13 202X년도 양재천(주)의 정상원가계산 손익계산서 | 예제 6-4

(단위 : 원)

전부원가계산 손익계산서		변동원가계산 손익계산서	
(1) 매출	13,500,000	(1) 매출	13,500,000
(2) 매출원가(조정 전) (=(a)+(b)−(c))	9,140,000	(2) 변동매출원가	8,000,000
− 기초재고(a)	2,000,000	− 기초재고	1,700,000
− 당기제품제조원가(b)	8,160,000	− 당기제품제조원가	7,200,000
− 기말재고(c)	1,020,000	− 기말재고	900,000
(3) 고정제조간접원가 배부차이 조정	240,000	(3) 제조공헌이익 (=(1)−(2))	5,500,000
(4) 매출원가(조정 후) (=(2)+(3))	9,380,000	(4) 변동판매비와관리비	1,800,000
(5) 매출총이익(=(1)−(4))	4,120,000	(5) 공헌이익(=(3)−(4))	3,700,000
(6) 판매비와관리비	2,300,000	(6) 고정제조간접원가	1,200,000
(7) 영업이익(=(5)−(6))	1,820,000	(7) 고정판매비와관리비	500,000
		(8) 영업이익 (=(5)−(6)−(7))	2,000,000

두 원가계산방식에서 직접재료원가와 직접노무원가는 모두 실제발생액이 제품원가가 되므로 차이가 없고, 예제에서 변동제조간접원가는 0이므로, 고정제조간접원가에 대해서만 주의를 기울이면 된다. 정상원가계산에서 매출원가(배부차이 조정 전)는 고정제조간접원가 배부액을 기초로 계산한다.

표 6-13의 전부원가계산 손익계산서에서 기초재고액은 ₩2,000,000(=20,000개×(₩85+₩15))이다. 당기제품제조원가는 ₩8,160,000(=80,000개×(₩90+₩12))이다. 기말재고는 선입선출법에서 당기제조분에서 발생하므로 ₩1,020,000(=10,000개×(₩90+₩12))이다. 마지막으로 배부차이 ₩240,000(과소배부)은 모두 조업도차이로서, 매출원가에서 조정하므로 매출원가(조정 후)는 이를 더한 ₩9,380,000이 된다.

변동원가계산서에서는 매출원가 계산 시에 고정제조간접원가만 제외하면 된다. 변동원가계산에서 고정제조간접원가(표에서 (6))는 예산이 아닌 실제원가임에 유의해야 한다. 두 방식에서의 이익은 각각 ₩1,820,000과 ₩2,000,000으로서, 변동원가계산에서 이익이 ₩180,000 더 많다.

3) 정상원가계산에서 비용(손익) 비교

이제 전부원가계산과 변동원가계산방식 간의 비용차이와 손익차이에 대해 구체적으로 살펴보자. 정상원가계산제도에서도 변동원가계산을 사용하는 경우에는 고정제조간접원가는 발생액이 전액 당기에 기간비용으로 처리된다. 각 원가계산제도에서 제조간접원가의 처리는 표 6-14와 같이 정리해서 나타낼 수 있다.

표 6-14 원가계산제도의 조합별 제조간접원가 회계처리

		실제원가계산	정상원가계산
전부원가계산	변동제조간접원가	실제배부율 사용	예정배부율 사용 및 연도 말 차이조정
	고정제조간접원가	실제배부율 사용	예정배부율 사용 및 연도 말 차이조정
변동원가계산	변동제조간접원가	실제배부율 사용	예정배부율 사용 및 연도 말 차이조정
	고정제조간접원가	발생액을 기간비용 처리	발생액을 기간비용 처리

정상원가계산을 사용할 경우, 전부원가계산과 변동원가계산의 비용차이는 다음과 같이 정리할 수 있다.

> **정상원가계산(모든 배부차이를 비용 항목에서 조정할 경우)**
>
> 전부원가계산에서 비용 − 변동원가계산에서 비용
> = 전부원가계산에서 당기비용화 고정제조간접원가 − 변동원가계산에서 당기비용화 고정제조간접원가
> = 기초재고에 포함된 고정제조간접원가(배부액) − 기말재고에 포함된 고정제조간접원가(배부액)

정상원가계산에서 두 원가계산방식의 비용차이를 살펴보면, 앞에서 설명한 실제원가계산제도에서 두 원가계산방식의 비용차이와 매우 유사함을 알 수 있다. 실제원가계산과 정상원가계산에서 차이점은 후자의 경우 예정배부율을 이용한 배부액이라는 사실뿐이다. 다만, 모든 배부차이를 비용항목에서 조정한다는 전제가 필요하다. 안분법을 사용하는 경우에는 배부차이를 재고자산에도 배분하게 되므로 이 결과를 적용할 수 없다. 여기서 배부액은 전부원가계산에서 회계연도 말 배부차이 조정 전 금액이다.

양재천(주)의 예제 6-4를 이용해서 확인해보자. 두 원가계산방식에서 이익차이는 ₩180,000(=변동원가

계산 ₩2,000,000 – 전부원가계산 ₩1,820,000)으로서 변동원가계산에서 더 많다. 양재천㈜은 모든 배부차이를 매출원가에서 조정하므로, 이익차이는 위의 비용차이 식을 이용하여 계산할 수 있다. 비용차이는 다음과 같다.

전부원가계산에서 비용 – 변동원가계산에서 비용
= 기초재고 포함액 20,000개 × ₩15 – 기말재고 포함액 10,000개 × ₩12
= ₩180,000

전부원가계산에서의 비용이 변동원가계산에서의 비용보다 ₩180,000 더 많으므로, 이익은 변동원가계산에서 ₩180,000 더 많다. 즉, 두 방식에서의 비용과 손익차이는 재고에 포함된 고정제조간접원가 배부액의 차이로 계산할 수 있음을 확인할 수 있다.

지금까지 우리는 변동제조간접원가에 대해서는 언급하지 않았다. 정상원가계산에서 변동제조간접원가 배부차이가 존재하더라도, 회계연도 말 차이 조정 후에는 비용화되는 변동제조간접원가 금액이 두 원가계산방식에서 같다. 따라서, 변동제조간접원가는 위에서 설명한 두 방식 간의 비용과 손익 차이 비교에 전혀 영향을 미치지 않는다. 이에 대해서는 다음의 종합예제를 통해 확인해보자.

4) 종합예제(정상원가계산)

예제 6-5

매봉산㈜은 **정상원가계산제도**를 채택하고 있으며, 선입선출법을 사용하고 있다. 변동제조간접원가의 배부기준은 기계시간이다. 매봉산㈜은 회계연도 말에 매출원가조정법을 이용하여 모든 제조간접원가 배부차이를 조정한다. 매봉산㈜의 202X년의 제조 및 판매 활동과 관련된 기타 정보는 **표 6-15**에 나타난 바와 같다. 전부원가계산과 변동원가계산에 의한 손익계산서를 작성해보자.

표 6-15 202X년도 매봉산㈜의 제조 및 판매활동 내역

기초재고	10,000개	고정제조간접원가 예산	₩900,000
생산량	60,000	고정제조간접원가 발생	1,000,000
판매량	55,000	변동제조간접원가 예산	400,000

(예제 계속)

단위당 직접제조원가 발생액	₩40	변동제조간접원가 발생	300,000
단위당 변동판매비와관리비	10	기준조업도	80,000개
고정판매비와관리비	125,000	기초재고 단위당 직접제조원가(실제)	₩38
판매가격	80	기초재고단위당 고정제조간접원가(배부)	12
당기예산생산량	50,000개	기초재고 단위당 변동제조간접원가(배부)	3.5
예산기계시간	500,000시간		
실제기계시간	660,000		

202X년도 고정제조간접원가 예정배부율은 단위당 ₩11.25(=예산 ₩900,000÷기준조업도 80,000개)이다. 따라서, 당년도에 제조한 제품에 대한 고정제조간접원가 배부액은 ₩675,000(=₩11.25×60,000개)이다. 고정제조간접원가 배부차이는 ₩325,000(=발생액 ₩1,000,000 − 배부액 ₩675,000)이며, 과소배부차이(불리한 차이)가 발생하였다. 배부차이 중에서 예산차이는 ₩100,000(=발생액 ₩1,000,000 − 예산 ₩900,000), 조업도차이는 ₩225,000(예산 ₩900,000 − 배부 ₩675,000)이다.

변동제조간접원가의 경우, 예정배부율은 기계시간 1시간당 ₩0.8(=예산 ₩400,000÷예산기계시간 500,000시간)이다. 당기제품에 대한 변동제조간접원가 배부액은 ₩528,000(=₩0.8×660,000시간)이며, 배부차이는 −₩228,000(=발생액 ₩300,000 − 배부 ₩528,000)으로서 과다배부가 발생하였다. 이를 이용하여 두 원가계산방식에서의 손익계산서를 작성하면 **표 6-16**과 같다.

표 6-16 202X년도 매봉산(주)의 정상원가계산 손익계산서 | 예제 6-5

(단위 : 원)

전부원가계산 손익계산서		변동원가계산 손익계산서	
(1) 매출	4,400,000	(1) 매출	4,400,000
(2) 매출원가(조정 전) (=(a)+(b)−(c))	3,237,250	(2) 매출원가(조정 전) (=(a)+(b)−(c))	2,611,000
− 기초재고(a)	535,000	− 기초재고(a)	415,000
− 당기제품제조원가(b)	3,603,000	− 당기제품제조원가(b)	2,928,000
− 기말재고(c)	900,750	− 기말재고(c)	732,000

(표 계속)

전부원가계산 손익계산서		변동원가계산 손익계산서	
(3) 고정제조간접원가 배부차이 매출원가 조정*	+325,000	(3) 변동제조간접원가 배부차이 매출원가 조정**	−228,000
(4) 변동제조간접원가 배부차이 매출원가 조정**	−228,000	(4) 매출원가(조정 후) (=(2)+(3))	2,383,000
(5) 매출원가(조정 후) (=(2)+(3)+(4))	3,334,250	(5) 제조공헌이익(=(1)−(4))	2,017,000
(6) 매출총이익(=(1)−(5))	1,065,750	(6) 변동판매비와관리비	550,000
(7) 판매비와관리비	675,000	(7) 공헌이익(=(5)−(6))	1,467,000
(8) 영업이익(=(6)−(7))	390,750	(8) 고정제조간접원가	1,000,000
		(9) 고정판매비와관리비	125,000
		(10) 영업이익(=(7)−(8)−(9))	342,000

* 과소배부 가산, ** 과다배부 차감

두 방식에 의한 손익계산서에 대해 구체적으로 살펴보자. 전부원가계산 손익계산서에서 당기제품제조원가 ₩3,603,000은 직접제조원가 60,000개×₩40, 고정제조간접원가 배부 60,000개×₩11.25, 변동제조간접원가 배부 660,000시간×₩0.8으로 구성되어 있으며, 단위당 ₩60.05(=₩3,603,000÷60,000개)이다. 기말재고는 선입선출법을 사용하여 당기제조분에서 발생하므로 ₩900,750(=15,000개×₩60.05)이다. 마지막으로 과소배부된 고정제조간접원가 배부차이 ₩325,000을 매출원가에서 가산하고, 과다배부된 변동제조간접원가 ₩228,000은 매출원가에서 차감하면, 매출원가(조정 후)는 ₩3,334,250이 된다.

변동원가계산서에서는 재고자산과 매출원가계산 시에 고정제조간접원가만 제외하면 된다. 과다배부된 변동제조간접원가 배부차이 ₩228,000은 매출원가에서 차감한다. 즉, 변동제조간접원가는 전부원가계산과 변동원가계산에서 비용화되는 금액이 같다. 변동제조간접원가 배부차이를 당기에 모두 비용화하지 않는 안분법을 사용하여 조정하는 경우에도 마찬가지이다. 변동제조간접원가의 회계연도 말 차이조정은 변동원가계산과 전부원가계산에서 동일하게 이루어지기 때문이다.

두 방식에서의 이익은 각각 ₩390,750과 ₩342,000으로서, 전부원가계산에서 이익이 ₩48,750 더 많다. 모든 배부차이가 당기에 비용(매출원가)화되므로, 두 방식에서의 비용과 이익차이는 전부원가계산의 재고자산에 포함된 고정제조간접원가 배부액의 차이로 계산할 수 있다. 기초재고 포함액 ₩120,000(=₩12×10,000개)과 기말재고 포함액 ₩168,750(=₩11.25×15,000개)의 차이가 바로 ₩48,750으로서, 기말재고에 포함된 금액이 더 많으므로 전부원가계산에서의 이익이 더 크다.

4. 기준조업도의 선택과 영업이익에 대한 영향

기업은 제조에 착수하기 훨씬 이전에 중장기적인 조업도(생산량) 예측을 토대로, 고정제조간접원가의 대부분을 차지하는 기계설비 등의 유형자산을 미리 구축한다. 이로 인해 기업의 제품 생산능력인 **제조용량**(capacity)은 사전적으로 결정되며, 기업의 제조용량과 실제 조업도 간에는 차이가 발생한다.

정상원가계산을 사용하는 전부원가계산에서는 고정제조간접원가 예정배부율을 계산하기 위해 **기준조업도**(denominator-level capacity)를 결정해야 한다. 기준조업도는 기업의 최대 생산능력에서부터 예상 생산량에 이르기까지 다양하게 정의될 수 있다.

기준조업도 수준은 예정배부율을 통해 손익에 영향을 미치게 되며, 전부원가계산과 변동원가계산 간의 손익차이에도 영향을 미치게 된다.

1) 기준조업도의 종류

기준조업도의 선택이 손익에 미치는 영향에 대해 살펴보기 전에 기준조업도의 종류에 대해 살펴보자. 다음 네 가지 종류가 있다.

(1) 이론적 조업도

이론적 조업도(theoretical capacity)는 항상 최대의 효율로 설비를 가동하여 생산할 때 달성할 수 있는 조업도 수준을 말한다. 기계 고장이나 유지보수, 작업 중간 휴식시간, 직원 휴가 등으로 인한 설비 가동 중지나 비효율적 가동을 전혀 고려하지 않은 조업도로서, 사실상 달성이 가능하지 않은 "이론적" 조업도이다. 예를 들어, 시간당 최대 10개를 생산할 수 있을 때, 1년 365일 동안 하루 총 16시간(총 2교대)을 생산한다면 이론적 조업도는 58,400개가 된다.

$$365일 \times 16시간 \times 10개 = 58,400개$$

(2) 실제최대조업도

실제최대조업도(practical capacity)는 공휴일, 직원 휴가, 작업 중의 휴식, 계획된 유지보수 등으로 인한 기계 가동 중단을 고려하여 현실적으로 달성 가능한 최대조업도를 말한다. 예를 들어, 공휴일과 직원 휴가, 유지보수 일정을 제외하고, 1년에 330일을 하루에 총 16시간(총 2교대) 생산하고 시간당 8개를 정상적으로 생산할 수 있는 경우에 실제최대조업도는 42,240개다.

330일 × 16시간 × 8개 = 42,240개

이론적 조업도와 실제최대조업도는 설비의 (이론적 또는 현실적) 생산능력에 초점을 둔 조업도로서, 공급 측면에 기초한 조업도이다. 반면에 다음에 설명할 두 가지 조업도는 소비자의 수요를 고려한 기업의 생산량에 초점을 둔 조업도로서, 수요 측면에 기초한 조업도이다. 일반적인 상황에서 공급 측면의 두 조업도는 수요 측면의 두 조업도에 비해 높은 경우가 많다.

(3) 정상조업도

정상조업도(normal capacity)는 향후 2~3년 동안에 걸쳐 예상되는 평균적인 수요를 반영한 조업도를 말하며, 소비자 수요의 계절적 변동, 연간 추세 등을 고려한 조업도이다. 1년간의 수요는 계절적 변동은 반영되지만, 추후 경기변동에 따른 수요 변화와 추세를 반영하는 데는 한계가 있으므로, 이를 고려하여 평준화한 조업도라고 할 수 있다.

(4) 예산조업도

예산조업도(master budget capacity)는 당면한 예산설정 기간(통상, 1년)에 예상되는 수요를 고려하여 설정한 당기예정조업도를 말한다. 경기에 민감하거나 추세의 영향을 많이 받는 산업의 경우에 예산조업도는 정상조업도와 많은 차이를 보일 수 있다. 예를 들어, 경기에 민감한 것으로 알려진 반도체 산업, 장기적인 성장산업으로 간주되는 전기차 핵심부품인 2차전지 산업 등은 당년도와 향후 2~3년의 수요에 큰 차이가 있을 수 있다.

2) 기준조업도가 영업이익에 미치는 영향

예제 6-6

매봉산(주)의 예제 6-5를 이용하자. 매봉산(주)의 202X년 이론적 조업도, 실제최대조업도, 정상조업도, 예산조업도는 각각 100,000개, 80,000개, 60,000개, 75,000개이다. 202X년도 실제 생산량은 60,000개이다. 202X년 기준조업도의 수준이 영업이익에 미치는 영향을 분석해보자.

정상원가계산에서 고정제조간접원가 예정배부율은 고정제조간접원가 예산(₩900,000)을 각 기준조업도로 나누어 계산한다. 기준조업도별 예정배부율과 배부차이는 표 6-17과 같다.

표 6-17 매봉산(주)의 202X년 기준조업도별 고정제조간접원가 예정배부율 및 배부차이

기준조업도	이론적 조업도	실제최대조업도	정상조업도	예산조업도
(1) 조업도	100,000개	80,000개	60,000개	75,000개
(2) 예정배부율 (=₩900,000÷(1))	₩9	₩11.25	₩15	₩12
(3) 배부차이*	460,000	325,000	100,000	280,000
– 예산차이**	100,000	100,000	100,000	100,000
– 조업도차이***	360,000	225,000	0	180,000

* 발생액 ₩1,000,000 – 배부액, 배부액 = (2)×생산량 60,000개
** 발생액 ₩1,000,000 – 예산 ₩900,000, 기준조업도 선택과 무관
*** 예산 ₩900,000 – 배부액, 배부액 = (2)×생산량 60,000개

202X년도 매봉산(주)의 정상원가계산제도에 의한 전부원가계산 손익계산서를 기준조업도별로 나타내면 표 6-18과 같다[9].

표 6-18 매봉산(주)의 202X년도 기준조업도별 손익계산서(전부원가계산&정상원가계산) | 예제 6-6

(단위 : 원)

	이론적 조업도	실제최대조업도	정상조업도	예산조업도
(1) 매 출	4,400,000	4,400,000	4,400,000	4,400,000
(2) 매출원가(조정 전)	3,136,000	3,237,250	3,406,000	3,271,000
– 기초재고	535,000	535,000	535,000	535,000
– 당기제품제조원가	3,468,000	3,603,000	3,828,000	3,648,000
– 기말재고	867,000	900,750	957,000	912,000
(3) 제조간접원가 배부차이 조정	232,000	97,000	–128,000	–52,000
– 고정제조간접원가 배부차이	460,000	325,000	100,000	280,000
– 변동제조간접원가 배부차이	–228,000	–228,000	–228,000	–228,000

(표 계속)

9 고정제조간접원가 예산과 발생액이 같은 경우에는 예산차이가 발생하지 않으므로, 정상원가계산 손익계산서의 차이조정 항목에 배부차이 대신 조업도차이라는 표현을 사용하기도 한다.

	이론적 조업도	실제최대조업도	정상조업도	예산조업도
(4) 매출원가(조정 후)(=(2)+(3))	3,368,000	3,334,250	3,278,000	3,323,000
(5) 매출총이익(=(1)−(4))	1,032,000	1,065,750	1,122,000	1,077,000
(6) 판매비와관리비	675,000	675,000	675,000	675,000
(7) 영업이익(=(5)−(6))	357,000	390,750	447,000	402,000

예제 6-6은 정상원가계산에서 생산량이 동일한 경우에 기준조업도 수준이 낮아질수록 영업이익이 증가한다는 것을 보여준다. 기준조업도가 낮을수록 고정제조간접원가 예정배부율이 증가하여 매출원가(조정 전)는 증가하지만, 조업도차이는 감소하므로 이를 매출원가에서 조정하면 매출원가(조정 후)는 오히려 감소하여, 영업이익이 증가한다.

따라서, 정상전부원가계산에서 경영자는 연도 초에는 기준조업도를 낮게 설정하고, 연도 중에 생산량은 증가시킴으로써 영업이익을 높이고자 하는 유인이 발생할 수 있음을 알 수 있다.

매봉산(주)은 모든 배부차이를 매출원가에서 조정하므로, 표 6-19에 나타난 바와 같이 전부원가계산과 변동원가계산 간의 영업이익 차이는 재고에 포함된 고정제조간접원가의 차이와 동일하다.

표 6-19 매봉산(주)의 202X년도 전부&정상원가계산에서 기준조업도별 영업이익 비교 | 예제 6-6

(단위 : 원)

	이론적 조업도	실제최대조업도	정상조업도	예산조업도
(1) 영업이익	357,000	390,750	447,000	402,000
(2) 고정제조간접원가 예정배부율	9	11.25	15	12
(3) 기초재고에 포함된 고정제조간접원가 (=₩12×10,000개)	120,000	120,000	120,000	120,000
(4) 기말재고에 포함된 고정제조간접원가 (=(2)×15,000개)	135,000	168,750	225,000	180,000
(5) 재고에 포함된 고정제조간접원가 배부액의 차이 (=(4)−(3))	+15,000	+48,750	+105,000	+60,000
(6) 영업이익 차이 (=전부(1)−변동*)	15,000	48,750	105,000	60,000

* 변동원가계산서의 영업이익은 기준조업도와 무관하게 ₩342,000임(표 6-16 참고)

이상에서 학습한 것을 요약하면 다음과 같다. 정상원가계산을 사용하는 전부원가계산에서 연도 말에 배부차이를 비안분법으로 조정하는 경우, 기준조업도의 선택에 따라 손익이 달라지며, 변동원가계산과의 영업이익 차이도 달라진다. 그 차이는 재고에 포함된 고정제조간접원가 금액의 차이와 같다.

3) 기준조업도로서 실제최대조업도의 우수성

이론적 조업도는 현실적으로 달성 가능한 생산용량과는 상당한 차이가 있는 높은 조업도 수준으로서 영업이익에 부정적인 영향을 미칠 수 있다. 반면에 실제최대조업도는 구축된 생산설비에 대해 기업이 합리적으로 기대하는 연간 최대생산용량이라는 점에서 기준조업도로서 타당한 근거가 있다. 따라서, 고정제조간접원가의 배부를 위해서는 실제최대조업도를 기준조업도로 사용하는 것이 바람직하다.

기업에서 생산용량은 대체로 생산이 시작되기 훨씬 이전에 결정된다. 매봉산(주)의 경우, 생산에 착수하기 이전에 연간 실제최대조업도 80,000개를 확보하기 위해 연간 ₩900,000(예산)의 고정제조간접원가에 상응하는 생산용량을 확보한 것이다. 따라서, 실제최대조업도에 의한 예정배부율 ₩11.25은 생산용량 확보 당시에 매봉산(주)이 계획한 제품 단위당 고정제조간접원가로서 실제생산량과는 무관하게 정해진 것이다.

202X년에 매봉산(주)은 총생산능력(실제최대조업도) 80,000개분 중에서 실제생산량에 해당하는 60,000개분은 사용하고, 20,000개분은 사용하지 않았다. 이를 원가로 환산하면, 매봉산(주)이 공급한 총 ₩900,000에 상응하는 생산능력 중에서 ₩675,000(=₩11.25×60,000개)은 사용되었고, 나머지 ₩225,000(=₩11.25×20,000개)은 사용되지 않은 것으로 볼 수 있다. 즉, ₩225,000은 **미사용 생산용량(unused capacity)**의 원가에 해당한다. 실제최대조업도를 기준조업도로 사용하면 미사용 생산용량의 원가를 명시적으로 파악할 수 있어서 원가관리에 도움이 된다.

4) 기준조업도의 선택과 수요의 하방 추락

네 가지 유형의 조업도 중에서 이론적 조업도와 실제최대조업도는 생산용량 공급 측면의 조업도이며, 정상조업도와 예산조업도는 수요 측면의 조업도이다. 공급 측면의 조업도를 기준조업도로 선택하면, 단위당 고정제조간접원가는 제품 수요와 상관없이 일정하게 된다. 반면에 수요 측면의 조업도를 기준조업도로 선택하면, 예상 수요가 변함에 따라 단위당 고정제조간접원가가 변하게 된다. 만약 수요가 감소하면 단위당 원가가 증가하고, 수요가 증가하면 단위당 원가가 감소하게 된다.

기업은 가격결정을 위해 제품원가에 일정한 이윤을 더하는 **원가가산가격책정**(cost plus pricing)의 원리를 채택하는 경우가 많다. 이 경우 수요 측면의 기준조업도는 심각한 문제를 일으킬 수 있다. 예산조업도를 기준조업도로 사용하는 경우를 예로 들어 보자. 당년도에 경쟁의 심화로 인해 전년보다 수요가 적을 것으로 예상하여 예산조업도(기준조업도)를 감소시키면, 제품 단위당 고정제조간접원가가 증가하여 제품 단위당 원가가 증가하게 된다. 기업이 원가회수를 위해 가격을 인상하면 수요는 예산보다 더 적어질 수 있다. 수요감소를 반영하여 차년도 예산조업도를 더 낮게 설정하면 제품 단위당 고정제조간접원가가 더 증가하고, 가격을 더 인상하면 수요가 더 감소하는 악순환이 발생한다. 수요 측면의 기준조업도는 이와 같은 **수요의 나선형 하방 추락**(downward demand spiral)을 발생시킬 우려가 있다.

반면에 공급 측면의 기준조업도는 수요와 무관하게 설비의 생산능력에 의해 정의되므로, 수요가 변동하더라도 단위당 고정제조간접원가가 변하지 않아 수요의 나선형 하방 추락을 방지할 수 있다.

5. 전부원가계산과 변동원가계산 논쟁

우리나라를 비롯한 대부분의 국가에서 외부 재무보고를 위해 원칙적으로 **전부원가계산**제도를 사용하도록 규정하고 있다. 그러나 내부 보고는 물론 외부 보고용으로도 **변동원가계산**을 지지하는 사람들도 있다. 이론적으로 볼 때, 특정 원가를 제품원가에 포함하느냐, 아니면 기간비용으로 처리하느냐 하는 문제는 해당 원가가 용역잠재력을 가지고 있어서 자산화(재고화)가 가능한가의 문제이다. 고정제조원가의 미래용역잠재력에 대해서는 전부원가계산과 변동원가계산의 지지자들 사이에 견해가 다르다.

전부원가계산을 옹호하는 사람들은 변동제조원가뿐만 아니라 고정제조원가도 제품을 제조하는 데 필수적인 원가로서 수익창출능력이 있으므로 재고자산의 원가에 포함해야 한다고 주장한다. 모든 제조원가는 제품 제조에 필요하므로, 수익비용 대응 측면에서 재고자산의 원가에 포함되어야 한다는 것이다.

반면에 변동원가계산을 옹호하는 사람들은 고정제조원가는 특정 제품의 실제생산량보다는 제품을 생산할 수 있는 생산용량(capacity)과 더 밀접하게 관련되어 있으므로, 생산된 제품의 원가에 포함하지 않고 발생한 당기에 모두 비용으로 처리하는 것이 옳다고 주장한다. 예를 들어, 기계감가상각비는 기계 취득원가를 단순히 기간배분한 원가로서, 제품 생산량이나 판매량과 무관하게 매기에 발생하는 고정원가이다. 따라서, 당기에 생산한 제품이 당기에 팔리지 않는다고 해서 당기분 기계감상각비를 제품의 재고에 포함시켜 차기 이후로 이월하는 것은 옳지 않다는 것이다.

내부보고 목적으로도 두 원가계산방식은 장단점이 있다. 전부원가계산제도는 재고 증가를 통한 이익증대라는 잘못된 유인을 부여할 가능성이 있어서 내부 성과평가 목적으로는 적합하지 않을 수 있다. 그러나, 기업이 제품을 제조하기 위해 투입해야 하는 고정원가도 기업이 장기적으로 회수해야 할 원가로서 제품가격 결정과 제품배합 결정에 중요한 제품원가 정보이며, 전부원가계산제도는 이런 중장기 의사결정에 필요한 정보를 제공할 수 있다.

이와 달리, 변동원가계산은 변동제조원가와 고정제조원가의 구분을 핵심적인 출발로 삼고 있어서, 원가-조업도-이익(CVP)분석, 연간 예산(표준) 설정, 각종 차이분석과 같은 단기 의사결정에 필요한 정보를 제공할 수 있다. 그러나, 제품가격과 제품배합 결정과 같은 장기 의사결정에 필요한 정보를 제공하는 데는 한계가 있다.

따라서, 내외부 보고 목적으로 두 원가계산방식을 적절히 혼용하는 것이 바람직하다. 그러나, 대다수의 기업들은 외부 보고는 물론 내부보고 목적으로도 전부원가계산제도를 사용한다. 내외부 보고 목적으로 다른 원가계산제도를 사용할 경우 비용이 많이 들고, 이용자들에게 혼란을 초래할 수 있기 때문이다.

연습문제

01 전부원가계산과 변동원가계산

전부원가계산과 변동원가계산에 관한 다음 사항 중 옳은 것은?

a. 변동원가계산에서는 직접원가만 제품원가로 인정되고, 제조간접원가는 당기비용으로 처리한다.
b. 전부원가계산은 공헌이익손익계산서를 작성한다.
c. 두 원가계산제도의 영업이익 차이는 당기에 비용화되는 고정제조간접원가 금액의 차이와 같다.
d. 전부원가계산에서는 제품생산량 증가만으로는 영업이익을 증가시킬 수는 없다.

① a ② b ③ c ④ d

02 실제전부원가계산과 실제변동원가계산

실제원가계산제도를 사용할 때 전부원가계산과 변동원가계산에 관한 다음 사항 중 틀린 것은?

a. 전부원가계산에서 당기비용화되는 고정제조간접원가는 매출원가화되는 금액이다.
b. 변동원가계산에서의 순이익 = 전부원가계산에서의 순이익 + 기초재고 고정제조간접원가 포함분 − 기말재고 고정제조간접원가 포함분
c. 전부원가계산에서의 순이익 = 변동원가계산에서의 순이익 + 당기생산의 고정제조간접비 포함분(즉, 당기발생액) − 매출원가의 고정제조간접비 포함분
d. 기말재고 수량이 기초재고 수량보다 많으면, 전부원가계산에서의 순이익이 변동원가계산에서의 순이익보다 항상 크다.

① a ② b ③ c ④ d

03 기준조업도

고정제조간접원가 배부에 사용되는 기준조업도와 관련된 다음 사항 중 틀린 것은?

a. 정상조업도를 사용하여 산출한 원가를 토대로 가격을 결정할 경우 원가−가격 간의 악순환이 발생할 우려가 있다.
b. 이론적 조업도와 실제최대조업도는 수요와 무관하게 생산능력을 기초로 설정된다.
c. 기준조업도가 증가하면 고정제조간접원가의 예정배부율이 감소한다.
d. 기준조업도보다 실제조업도가 더 크면 고정제조간접원가가 예산보다 더 많이 발생하게 된다.

① a ② b ③ c ④ d

04 변동원가계산하의 영업이익 2019 세무사

㈜세무의 기초 제품수량은 없고 당기 제품 생산수량은 500단위, 기말 제품수량은 100단위이다. 제품 단위당 판매가격은 ₩1,300이며, 당기에 발생한 원가는 다음과 같다. 변동원가계산에 의한 당기 영업이익은? (단, 기초 및 기말 재공품은 없다.)

• 직접재료원가	₩250,000
• 직접노무원가	₩80,000
• 변동제조간접원가	₩160,000
• 변동판매관리비	₩40,000
• 고정제조간접원가	₩40,000
• 고정판매관리비	₩15,000

① ₩13,000 ② ₩23,000 ③ ₩33,000 ④ ₩43,000 ⑤ ₩53,000

05 전부원가계산과 변동원가계산에서의 손익 차이 2013 감정평가사

㈜감평은 선입선출법에 의해 실제원가계산을 사용하고 있다. ㈜감평은 전부원가계산에 의해 20X1년 영업이익을 ₩65,000으로 보고하였다. ㈜감평의 기초제품수량은 1,000단위이며, 20X1년 제품 20,000단위를 생산하고 18,000단위를 단위당 ₩20에 판매하였다. ㈜감평의 20X1년 고정제조간접원가가 ₩100,000이고, 기초제품의 단위당 고정제조간접원가가 20X1년과 동일하다고 가정할 때, 변동원가계산에 의한 20X1년 영업이익은? (단, 재공품은 고려하지 않는다.)

① ₩35,000 ② ₩40,000 ③ ₩55,000 ④ ₩65,000 ⑤ ₩80,000

06 전부원가계산과 변동원가계산에서의 손익 차이 2015 관세사

단일제품을 생산·판매하고 있는 ㈜관세의 당기순이익은 전부원가계산하에서 ₩12,000이고 변동원가계산하에서 ₩9,500이다. 단위당 제품원가는 전부원가계산하에서는 ₩40이고 변동원가계산하에서는 ₩35이며, 전기와 당기 각각에 대해 동일하다. 당기 기말제품재고 수량이 2,000단위일 경우 기초제품재고 수량은 몇 단위인가? (단, 기초재공품과 기말재공품은 없다.)

① 500단위 ② 800단위 ③ 1,000단위 ④ 1,200단위 ⑤ 1,500단위

07 전부원가계산과 변동원가계산에서의 손익 차이 2014 국가직 9급

㈜한국은 변동원가계산을 사용하여 ₩100,000의 순이익을 보고하였다. 기초 및 기말 재고자산은 각각 15,000단위와 19,000단위이다. 매 기간 고정제조간접비배부율이 단위당 ₩3이었다면 전부 원가계산에 의한

순이익은? (단, 법인세는 무시한다.)

① ₩ 88,000 ② ₩ 145,000 ③ ₩ 43,000 ④ ₩ 112,000

08 변동원가계산하의 영업이익 (2019 국가직 9급)

20X1년 초에 영업을 개시한 ㈜한국의 원가 관련 자료는 다음과 같다.

• 생산량	10,000개
• 판매량	8,000개
• 단위당 변동제조원가	₩110
• 단위당 변동판매관리비	₩40
• 고정제조간접원가	₩180,000
• 고정판매관리비	₩85,000

제품의 단위당 판매가격이 ₩200인 경우에 ㈜한국의 20X1년 말 변동원가계산에 의한 영업이익과 기말제품 재고액은?

	영업이익	기말제품 재고액
①	₩135,000	₩220,000
②	₩135,000	₩256,000
③	₩171,000	₩220,000
④	₩171,000	₩256,000

09 변동원가계산의 유용성 (2013 CPA)

변동원가계산의 유용성에 대한 다음 설명 중 옳지 않은 것은?

① 변동원가계산 손익계산서에는 이익계획 및 의사결정 목적에 유용하도록 변동비와 고정비가 분리되고 공헌이익이 보고된다.
② 변동원가계산에서는 일반적으로 고정제조간접원가를 기간비용으로 처리한다.
③ 변동원가계산에서는 판매량과 생산량의 관계에 신경을 쓸 필요 없이 판매량에 기초해서 공헌이익을 계산한다.
④ 변동원가계산에 의해 가격을 결정하더라도 장기적으로 고정비를 회수하지 못할 위험은 없다.
⑤ 제품의 재고수준을 높이거나 낮춤으로써 이익을 조작할 수 있는 가능성은 없다.

10 전부원가계산과 변동원가계산에서의 재고 차이 (2020 감정평가사)

㈜감평의 전부원가계산에 의한 영업이익은 ₩374,000이고, 변동원가계산에 의한 영업이익은 ₩352,000이

며, 전부원가계산에 의한 기말제품재고액은 ₩78,000이다. 전부원가계산에 의한 기초제품재고액이 변동원가계산에 의한 기초제품재고액보다 ₩20,000이 많은 경우, 변동원가계산에 의한 기말제품재고액은? (단, 기초 및 기말 재공품은 없으며, 물량 및 원가흐름은 선입선출법을 가정한다.)

① ₩36,000 ② ₩42,000 ③ ₩56,000 ④ ₩58,000 ⑤ ₩100,000

11 전부원가계산과 변동원가계산에서의 재고 차이 (2023 감정평가사)

변동원가계산제도를 채택하고 있는 ㈜감평의 당기 기초재고자산과 영업이익은 각각 ₩64,000과 ₩60,000이다. 전부원가계산에 의한 ㈜감평의 당기 영업이익은 ₩72,000이고, 기말재고자산이 변동원가계산에 의한 기말재고자산에 비하여 ₩25,000이 많은 경우, 당기 전부원가계산에 의한 기초재고자산은?

① ₩58,000 ② ₩62,000 ③ ₩68,000 ④ ₩77,000 ⑤ ₩89,000

12 전부원가계산과 변동원가계산에서의 손익 차이 (2022 국가직 7급)

㈜한국은 20X1년 초 영업을 개시하였으며, 제품 4,000단위를 생산하여 3,400단위를 판매하였다. 20X1년 원가 관련 자료가 다음과 같을 때 옳지 않은 것은?

항목	금액
• 단위당 판매가격	₩150
• 단위당 직접재료원가	₩30
• 단위당 직접노무원가	₩18
• 단위당 변동제조간접원가	₩14
• 단위당 변동판매비와관리비	₩5
• 총고정제조간접원가	₩240,000
• 총고정판매비와관리비	₩80,000

① 전부원가계산과 변동원가계산에 의한 영업이익(또는 영업손실)의 차이는 ₩36,000이다.
② 전부원가계산과 초변동원가계산에 의한 영업이익(또는 영업손실)의 차이는 ₩55,200이다.
③ 변동원가계산에 의한 기말재고액은 ₩37,200이다.
④ 초변동원가계산에 의한 기말재고액은 ₩28,800이다.

13 전부원가계산과 변동원가계산에서의 손익 차이 (2008 CPA)

2006년 말 차기 예산을 준비하던 ㈜대한은 2007년도 전부원가계산방법과 변동원가계산방법에 의한 예상이익을 각각 계산한 결과, 그 차이가 전부원가계산방법에 의할 경우 ₩30,000이 더 많을 것으로 예상되었다. 그러나 2007년 말 실제이익의 차이는 전부원가계산방법에 의할 경우 ₩50,000이 더 많았다. 실제이익의 차이가 예상이익의 차이와 다르게 나타난 이유로 타당한 것은? (단, ㈜대한의 2007년 초 기초재고는 없었고, 재공품은 고려하지 않으며, 아래 각 항목의 평가 시 항목에 주어진 차이의 영향 이외에는 예산과 실제가 일치하는 것으로 가정한다.)

① 완제품 단위당 변동제조원가의 실제발생액이 예상발생액보다 적었다.
② 총고정제조원가의 실제발생액이 예상발생액보다 적었다.
③ 실제매출수량이 예상매출수량보다 많았다.
④ 완제품 실제생산수량이 예상생산수량보다 많았다.
⑤ 원재료의 실제구매수량이 예상구매수량보다 많았다.

14 원가계산방법 선택이 미치는 영향 (2010 CPA)

다음은 생산량 및 판매량과 관련된 전부원가계산과 변동원가계산 및 초변동원가계산의 특징을 설명한 것이다. 타당하지 않은 것은?

① 전부원가계산에서는 기초재고가 없을 때 판매량이 일정하다면 생산량이 증가할수록 매출총이익이 항상 커진다.
② 생산량이 판매량보다 많으면 전부원가계산의 영업이익이 변동원가계산의 영업이익보다 항상 크다.
③ 변동원가계산하의 영업이익은 판매량에 비례하지만, 전부원가계산하의 영업이익은 생산량과 판매량의 함수관계로 결정된다.
④ 전부원가계산에서는 원가를 제조원가와 판매관리비로 분류하므로 판매량 변화에 따른 원가와 이익의 변화를 파악하기 어려운 반면, 변동원가계산에서는 원가를 변동원가와 고정원가로 분류하여 공헌이익을 계산하므로 판매량 변화에 의한 이익의 변화를 알 수 있다.
⑤ 초변동원가계산에서는 기초재고가 없고 판매량이 일정할 때 생산량이 증가하더라도 재료처리량 공헌이익(throughput contribution)은 변하지 않는다.

15 전부원가계산과 변동원가계산에서의 손익차이 (2018 CPA)

㈜대한은 20X1년 1월 1일에 처음으로 생산을 시작하였고, 20X1년과 20X2년의 영업활동 결과는 다음과 같다.

항 목	20X1년	20X2년
생산량	1,000단위	1,400단위
판매량	800단위	1,500단위
고정제조간접원가	?	?
전부원가계산에 의한 영업이익	₩8,000	₩8,500
변동원가계산에 의한 영업이익	₩4,000	₩10,000

㈜대한은 재공품 재고를 보유하지 않으며, 재고자산평가방법은 선입선출법이다. 20X1년과 20X2년에 발생한

고정제조간접원가는 각각 얼마인가? (단, 두 기간의 단위당 판매가격, 단위당 변동제조원가와 판매관리비는 동일하였다.)

	20X1년	20X2년
①	₩20,000	₩35,000
②	₩20,000	₩37,500
③	₩20,000	₩38,000
④	₩27,600	₩35,000
⑤	₩27,600	₩42,000

16 전부원가계산과 변동원가계산에서의 손익차이 (2019 CPA)

㈜대한은 20X1년 초에 설립되었으며 단일제품을 생산한다. 20X1년과 20X2년에 전부원가계산에 의한 영업활동 결과는 다음과 같다.

항 목	20X1년	20X2년
생산량	100단위	120단위
판매량	80단위	110단위
매출액	₩24,000	₩33,000
매출원가	17,600	22,400
매출총이익	₩6,400	₩10,600
판매관리비	5,600	6,200
영업이익	800	4,400

㈜대한은 재공품 재고를 보유하지 않으며, 원가흐름 가정은 선입선출법이다. 20X2년도 변동원가계산에 의한 영업이익은 얼마인가? (단, 두 기간의 단위당 판매가격, 단위당 변동제조원가, 고정제조간접원가, 단위당 변동판매관리비, 고정판매관리비는 동일하다.)

① ₩3,200　② ₩3,400　③ ₩3,600　④ ₩3,800　⑤ ₩4,200

CHAPTER

7

종합원가계산

1 종합원가계산의 개요
2 종합원가계산의 원리
3 종합원가계산에서 선입선출법과 가중평균법
4 복수공정의 종합원가계산(제2공정)
5 다양한 형태의 종합원가계산
6 공손 및 재작업

본 장에서는 제1장에서 설명한 원가집계방법에 따른 원가계산시스템의 분류(개별원가계산, 종합원가계산) 중에서 종합원가계산에 대해 학습한다. 종합원가계산은 공정별로 원가를 집계하여 공정 재공품과 공정 완성품으로 배부하는 원가계산방법이다. 한 개의 공정이 있는 경우와 복수의 공정이 있는 경우에 대해 각각 원가계산방법을 학습하고, 원가흐름 가정(선입선출법, 가중평균법)에 따라 원가계산이 어떻게 달라지는지에 대해 학습한다.

CHAPTER

7

종합원가계산

1. 종합원가계산의 개요

1) 개별원가계산과 종합원가계산 비교

원가계산은 제품(서비스)이 생산(제공)되는 방식에 의해 영향을 받는다. 제3장에서 다룬 **개별원가계산(job costing)**은 작업(job)별로 원가를 계산하는 데 적합한 방식임을 학습하였다. 개별원가계산에서 각 작업은 다른 작업들과 명확히 구분되며, 일정한 기간이 경과하면 제품(서비스)의 생산이 종료되어 해당 작업이 종료된다는 특징을 지닌다. 선박 제조나 광고 제작 등 주문형 제품(서비스)의 생산이 대표적이다. 개별원가계산에서는 각 작업이 시작되는 시점부터 완료되는 시점까지 발생하는 모든 원가를 각 작업의 작업원가표에 기록하고 집계한다. 여기서 핵심적인 과정은 제조간접원가를 집계하여, 관련된 작업별로 배분하는 과정이다.

그러나, 이런 주문형 제품(서비스)의 생산과는 달리, 유사한 제품을 연속적으로 대량생산하여 불특정 다수의 고객을 대상으로 판매하는 경우도 많이 있다. 예를 들어, 사무용 가구 제조회사에서 특정 고객으로부터 주문을 받지 않고도 특정 모델의 책상을 연속적으로 대량생산하여 일반 고객들에게 판매할 수도 있다. 이 경우에는 해당 책상의 생산 종료 시점이 미리 정해져 있지 않으며, 개별 단위의 제품이 생산되면서 판매도 함께 실시한다.

이런 상황에서는 개별원가계산에서와 같이 책상 한 단위의 원가를 알기 위해 해당 책상의 생산이 중단될 때까지 막연하게 모든 제조원가를 계속 집계할 수는 없을 것이다. 매일 판매되는 완성된 책상의 단위당 원가를 알기 위해서는 일정 주기별로 원가를 집계하여 책상의 원가를 계산해야 한다. 이 과정에서 핵심은 아직 완성되지 않고 제조공정에 남아 있는 재공품의 원가와 완성된 제품의 원가를 구분하는 것이다. 이때 사용하는 원가계산방법이 **종합원가계산**(process costing)이다.

즉, 종합원가계산은 유사한 제품을 연속적으로 대량생산하는 경우에, 일정한 기간(보통 1개월) 동안 투입된 각종 원가들을 집계하여, 그 기간 동안에 완성된 완성품과 기간 말까지 아직 완성되지 않은 재공품으로 원가를 배분하는 데 사용되는 방법이다[1]. 종합원가계산은 한 가지 제품만 있는 경우에 사용할 수 있지만, 제조원가가 유사한 다수의 제품들을 생산하는 경우에도 사용할 수 있다. 종합원가계산과 개별원가계산을 비교하면 표 7-1과 같이 나타낼 수 있다.

표 7-1 개별원가계산과 종합원가계산 비교

	개별원가계산	종합원가계산
적용대상	작업별(고객별)로 원가를 구분하는 것이 바람직한 경우	개별 제품의 완성품과 재공품의 원가를 구분하여, 완성품 단위당 원가를 계산할 필요가 있는 경우
원가대상	개별 작업	완성품과 재공품
원가집계	직접원가는 개별 작업별로 집계하고, 간접원가는 별도로 집계하여 관련 작업에 배부	공정별로 집계
적용상황	주문생산(선박, 항공기, 광고 등)	연속 대량생산(석유화학, 철강 등)

2) 공정별 원가흐름과 집계

종합원가계산을 적용하는 연속 대량생산 과정은 그림 7-1과 같이 여러 개의 **공정**(process)을 차례로 통과하는 형태이다. 여기서 각 공정이 서로 다른 부서에 속할 필요는 없다. 하나의 부서 내에서도 여러 종류의 공정이나 활동(activity)들이 있을 수 있으며, 원가계산 목적으로 필요하면 활동별로 공정을 정의하는 것을 고려할 수도 있다.

복수의 공정이 있는 경우, 각 공정의 **완성품**은 후속 공정에 재공품으로 투입된다. 원가집계는 일정 기간(예 1개월 단위) 동안 발생한 원가를 공정별로 먼저 집계한다. 특정 공정에 귀속하기 어려운 원가는 여러 공정과 관련된 (공정)공통원가이므로 관련된 공정들로 배분한다. 제조원가가 모두 공정별로 집계되면, 각 공정의 원가를 그 공정의 완성품과 재공품으로 배분한다.

---

1 순수한 형태의 개별원가계산에서 각 작업은 작업 전체가 완전히 종료되는 시점에 주문자에게 인도되므로, 작업이 전체적으로 완료되기 전까지는 작업에 포함된 개별적인 제품 단위의 원가를 파악하지 않아도 된다. 따라서 특정 작업이 일부만 완성되는 경우에는 해당 작업 전체가 재공품계정에 남아 있게 된다. 종합원가계산에서는 같은 종류의 제품에 대해서 기간별로 재공품과 제품(완성품)으로 구분하여 원가를 계산한다.

그림 7-1 종합원가계산의 물량과 원가의 흐름도

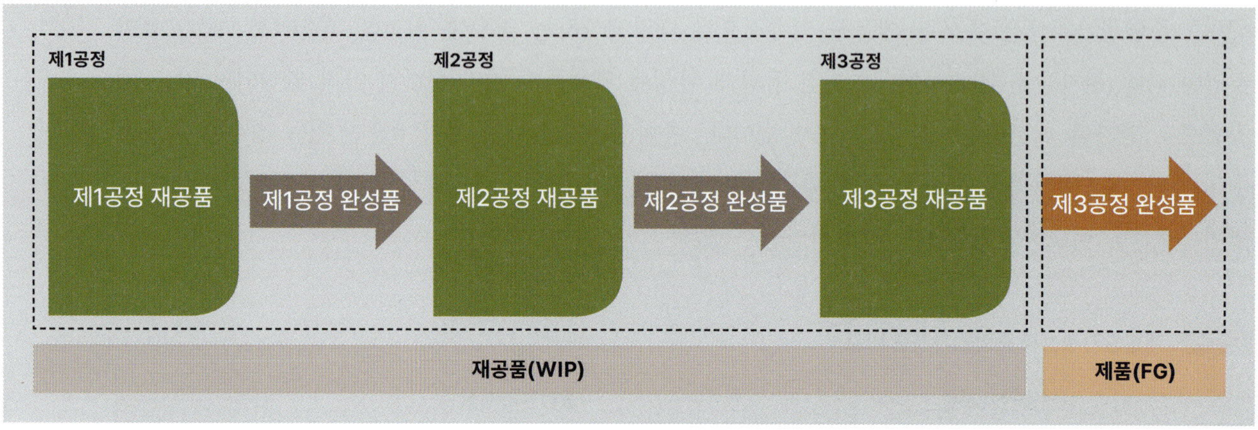

최종단계의 공정에 대해서도 같은 방법으로 원가계산을 실시하며, 최종단계 공정의 완성품은 **제품**(FG, finished goods)이 된다. 따라서 각 공정의 재공품은 물론, 최종단계의 완성품(제품)을 제외한 그 전 단계 공정의 완성품은 모두 **재공품**(WIP, work-in-process)에 해당한다.

2. 종합원가계산의 원리

1) 핵심 개념

(1) 완성품환산량 및 완성품환산량 단위당 원가

종합원가계산에서 각 공정의 원가를 재공품과 완성품으로 배분하는 과정에서 핵심적인 요소는 공정의 재공품이 공정의 완성품 기준으로 몇 단위에 해당하는가를 계산하는 것이다. 간단한 예를 들어 설명해 보자.

예제 7-1

어떤 회사에서 책상이 3개의 공정을 거쳐 생산된다고 하자. 제1공정은 각종 재료를 모두 투입하여 절단하고, 제2공정은 조립하며, 제3공정은 도료를 칠하는 공정이다. 여기서 우리는 제2공정의 원가계산을 하고자 한다. 9월 한 달 동안 제1공정에서 책상 300개분의 절단작업이 종료되어 제2공정으로 대체되었다.

(예제 계속)

제2공정에 9월 초 재공품은 없었으며, 9월 중에 책상 100개분이 조립이 완료되어 제3공정으로 대체되었고, 200개분은 여전히 조립 작업 중에 있다. 9월 중에 제2공정에서 투입된 가공원가 총계는 1,600만원이다. 이 가공원가를 재공품과 완성품으로 배분하는 원가계산을 해보자.

원가계산을 위해서는 재공품의 작업 진척도를 알아야 한다. 9월 말에 제2공정의 재공품 200개를 분석해보니, 재공품들의 조립 진척도가 평균적으로 30%였다고 하자. 이를 **완성도**(degree of completion)라고 한다. 이를 달리 표현하면, 재공품에는 완성품 기준으로 총 60개(200개×30%)를 완성할 수 있는 정도의 가공원가가 투입되어 있다는 것이다. 이 60개(단위)를 재공품의 가공원가 **완성품환산량**(equivalent units)이라고 한다. 따라서, 표 7-2와 같이, 9월 한 달 동안 제2공정에 투입된 가공원가는 완성품을 기준으로(즉, 완성품환산량으로) 총 160단위(완성품 100단위+재공품 60단위)를 완성할 수 있는 금액이 투입되었다고 할 수 있다.

표 7-2 가공원가의 완성품환산량 계산 | 예제 7-1

	재공품	완성품	합 계
(1) 물 량	200개	100개	300개
(2) 가공원가 완성도	30%	100%	–
(3) 완성품환산량(=(1)×(2))	60개	100개	160개

가공원가가 공정의 진척도에 비례하여 투입되었다고 하면, 제2공정의 가공원가 1,600만원은 완성품환산량 한 단위당 10만원(=1,600만원÷160단위)씩 투입되었다고 할 수 있다. 이를 **완성품환산량 단위당 원가**라고 한다. 따라서, 9월에 투입한 제2공정의 가공원가 1,600만원은 제2공정 재공품에 600만원(=60단위×10만원), 제2공정의 완성품에 1,000만원(=100단위×10만원)씩 배분하면 된다. 이처럼 완성품환산량의 개념이 중요한 역할을 하는 것을 알 수 있다.

(2) 원가그룹

우리는 위 예제에서 편의상 가공원가만 설명했지만 실제로는 모든 제조원가를 재공품과 제품에 배분해야 한다. 그러나 모든 원가요소들을 각각 개별적으로 배분할 필요 없이, 투입되는 패턴이 같은 원가요소들은 같은 원가그룹으로 묶어서 함께 배분하면 된다.

일반적으로 직접재료는 공정 시작 시점에 전량 투입되고, 노무원가와 경비 등 나머지 원가(즉, 가공원가)는 공정이 진행됨에 따라 일정한 비율로 함께 투입된다. 그런 경우에는 직접재료원가와 가공원가의 투입 형태가 다르므로, 두 개의 **원가그룹**(직접재료원가, 가공원가)으로 나누어서 원가계산을 실시하면 된다.

만약 공정이 진행됨에 따라 모든 제조원가가 일정한 비율로 함께 투입된다면, 원가요소별로 구분할 필요 없이 하나의 원가그룹으로 묶어도 된다. 만약 두 종류의 직접재료가 있고 각기 투입되는 형태가 다르다면(예를 들어, 한 종류는 공정 시작 시점에 전량 투입, 다른 종류는 공정 60% 진행 후 전량 투입), 두 재료의 원가는 별도의 원가그룹으로 집계해야 한다. 이처럼 투입패턴이 같은 원가들을 같은 원가그룹으로 묶으면 된다.

앞에서 설명한 원가계산시스템 용어로 설명하자면, 종합원가계산에서 원가대상은 완성품과 재공품이 되며, 원가는 공정별로 집계되고, 원가집합(cost pool)은 각 공정 내에서 유사한 원가발생 패턴을 띠는 원가그룹이 된다.

2) 종합원가계산 절차

여러 공정이 있을 때 종합원가계산은 공정별로 실시하며, 공정별 원가계산은 다음과 같은 절차로 진행한다.

- **제1단계** : 물리적 단위(physical units), 즉 물량의 흐름을 정리한다. (예제 7-1 제2공정의 재공품과 완성품의 물량은 각각 200단위와 100단위이다.)
- **제2단계** : 원가그룹별로 완성도를 이용하여 완성품환산량을 계산한다. (예제 7-1 제2공정에서 가공원가 그룹의 재공품과 완성품의 완성품환산량은 각각 60단위와 100단위이다.)
- **제3단계** : 발생한 원가를 원가그룹별로 집계한다. (예제 7-1 9월 중 제2공정 가공원가는 1,600만원이다.)
- **제4단계** : 원가그룹별로 완성품환산량 단위당 원가를 계산한다. (예제 7-1 제2공정에서 가공원가의 완성품환산량 단위당 원가는 10만원이다.)
- **제5단계** : 원가그룹별로 원가를 재공품과 완성품으로 배분한다. (예제 7-1 제2공정 가공원가는 재공품에 600만원, 완성품에는 1,000만원을 배부한다.)

3) 재공품 재고와 종합원가계산

종합원가계산은 각 공정의 원가를 재공품과 완성품으로 배분하는 방법이므로, 재공품 재고가 원가계산에 어떻게 영향을 미치는지 살펴보자.

- **첫째, 기말재공품이 없는 경우**

  기말재공품이 없는 경우에는 모든 원가(기초재공품의 원가, 당기에 투입한 제조원가)는 완성품의 원가가 된다.

- **둘째, 기초재공품 재고가 없고, 기말재공품과 완성품이 있는 경우**

  이 경우에는 당기에 투입한 제조원가를 완성품과 기말재공품으로 배분해야 한다.

- **셋째, 기초재공품 재고가 있고, 기말재공품과 완성품이 있는 경우**

  가장 보편적인 경우로서, 기초재공품의 원가와 당기에 투입한 제조원가를 완성품과 기말재공품에 배분해야 한다. 이 경우에는 기초재공품부터 먼저 가공하여 완성하느냐(선입선출법) 또는 기초재공품과 당기에 착수한 물량을 골고루 가공하느냐(가중평균법)에 따라 계산방법이 다르다.

여기서 위의 둘째 경우에 대한 간단한 예제부터 학습해보자.

예제 7-2

커피잔을 제조하는 (주)아다지오는 제1공정과 제2공정을 거쳐 제품을 생산한다. 다음은 제1공정에 관한 자료이다. 이 회사의 10월 기초재고는 없었으며, 10월 중에 제조에 착수한 물량은 500개이고, 완성된 완성품은 400개, 기말재공품은 100개이다. 직접재료원가는 공정 시작 시점에서 전량 투입되고, 가공원가는 공정이 진행됨에 따라 균등하게 투입된다. 당기에 투입한 원가는 직접재료원가가 ₩20,000, 가공원가가 ₩39,100이다. 기말재공품의 가공원가 완성도는 평균적으로 60%로 추정되었다. 10월 말 완성품과 기말재공품의 원가를 계산해보자.

직접재료와 가공원가는 투입 형태가 달라 각기 다른 원가그룹에 집계하고, 완성품환산량과 완성품환산량 단위당 원가도 별도로 계산한다. 기말재공품의 완성도는 직접재료는 100%(공정시작 시점에 전량 투입되었기 때문임)이다. 완성품의 완성도는 직접재료원가와 노무원가 모두 투입이 완료된 상태이므로 모두 100%가 된다. 물량과 원가흐름을 정리하면 **표 7-3**과 같다.

표 7-3 물량과 원가흐름 정리 | 예제 7-2

	물 량	직접재료원가	가공원가	총원가
기초재고	0개	–	–	–
당기착수	500	–	–	–
완성품	400	–	–	–
기말재공품	100			
(완성도)		1	0.6	
당기투입원가		₩20,000	₩39,100	₩59,100

이제 제1공정의 완성품환산량을 원가그룹별로 계산해보자. 표 7-4에 나타난 바와 같이, 직접재료원가는 완성품 400개와 기말재공품 100개에 직접재료가 모두 100%씩 투입되었으므로 완성품과 기말재공품의 완성품환산량은 각각 400개, 100개로서 총 500개가 된다. 가공원가는 완성품 400개에 대해서는 100% 투입되었지만, 기말재공품은 완성도가 60%이므로 완성품환산량이 60개(=100개×60%)가 되어, 완성품환산량 총계는 460개(=400개+60개)가 된다. 이제 제1단계와 제2단계가 표 7-4와 같이 종료된다.

표 7-4 원가그룹별 완성품환산량 계산 | 예제 7-2

	(제1단계) 물 량	(제2단계) 완성품환산량	
		직접재료원가	가공원가
(1) 기초재공품	0	–	–
(2) 당기착수	500	–	–
(3) 합계(=(1)+(2))	500	–	–
(4) 완성품	400	400	400
(5) 기말재공품	100	100	60
(6) 합 계(=(4)+(5))	500	500	460

다음으로, 제3단계부터 제5단계는 표 7-5와 같이 실시한다. 먼저, 완성품환산량 단위당 원가를 직접재료원가부터 구해보자. 당기 중 직접재료원가 발생액이 ₩20,000이므로, 완성품환산량 단위당 원가는 ₩40(=₩20,000÷500개)이다. 이 단위당 원가를 완성품과 기말재공품의 직접재료원가 완성품환산량인 400개와 100개에 각각 곱해주면, 배부액이 각각 ₩16,000과 ₩4,000이 된다.

가공원가도 같은 방식으로 계산하면, 가공원가 완성품환산량 단위당 원가는 ₩85(=₩39,100 ÷ 460개)이며, 완성품과 기말재공품의 완성품환산량인 400개와 60개를 각각 곱하면 배부액이 각각 ₩34,000과 ₩5,100이 된다.

이제 직접재료원가 배부액과 가공원가 배부액을 더하면, 10월 중 완성품의 원가는 ₩50,000(=₩16,000+₩34,000)이며, 기말재공품의 원가는 ₩9,100(=₩4,000+₩5,100)이 된다. 본 예제는 기초재공품이 없는 경우로서, 모든 원가가 당기에 투입된 원가이므로 원가계산이 비교적 쉽다.

표 7-5 당기 발생원가의 재공품과 완성품으로의 배분 | 예제 7-2

	직접재료원가	가공원가	합 계
(제2단계) 완성품환산량			
– 완성품(1)	400개	400개	
– 기말재공품(2)	100	60	
– 합 계(3) (=(1)+(2))	500	460	
(제3단계) 당기투입원가(4)	₩20,000	₩39,100	₩59,100
(제4단계) 환산량 단위당 원가(5) (=(4)÷(3))	40	85	
(제5단계) 원가배분			
– 완성품(6) (=(1)×(5))	16,000	34,000	50,000
– 기말재공품(7) (=(2)×(5))	4,000	5,100	9,100
– 합 계(8) (=(6)+(7))	₩20,000	₩39,100	₩59,100

위 사항들을 분개로 나타내보자. (주)아다지오의 생산공정은 제1공정과 제2공정이 있으며, 위 자료는 제1공정에 관한 것이므로 10월 중의 분개는 다음과 같다.

직접재료원가 투입

(차) 재공품(제1공정) 20,000 (대) 직접재료 20,000

가공원가의 투입

(차) 재공품(제1공정) 39,100 (대) 미지급임금, 미지급비용 등 39,100

제1공정 완성

(차) 반제품(제1공정) 50,000 (대) 재공품(제1공정) 50,000

제1공정의 완성품은 일종의 반제품에 해당하므로 **반제품**(제1공정)으로 기록한다. 다만, 완성된 후 별도로 저장하지 않고 제2공정으로 즉시 투입되는 경우에는 반제품 대신에 **재공품(제2공정)**으로 기록한다.

3. 종합원가계산에서 선입선출법과 가중평균법

이제 기초재공품 재고가 있고, 기말재공품과 완성품이 있는 일반적인 상황(셋째 경우)에서의 원가계산에 대해 학습해보자. 이 경우 물량(원가) 흐름에 대한 가정에 따라 원가계산이 달라진다. 원가흐름 가정은 일반적으로 **선입선출법(FIFO, first-in first-out method)**과 **가중평균법(WA, weighted average method)**을 사용하며, 한국채택국제회계기준(K-IFRS)에서 후입선출법은 허용하지 않는다.

1) 가중평균법과 선입선출법

먼저, **가중평균법**(또는 평균법)에 대해 알아보자. 가중평균법에서는 기초재공품과 당기착수 물량이 함께 가공된다는 것을 가정하고 있다. 그림 7-2에 나타난 바와 같이, 완성품과 기말재공품이 차지하는 물량의 비율이 각각 75%, 25%라고 한다면, 기초재공품의 75%가 완성되고, 25%가 기말재공품으로 남게 된다. 당기착수 물량에 대해서도 같은 비율이 적용된다. 이에 반해, 선입선출법에서는 기초재공품을 모두 완성한 다음 당기착수 물량을 완성한다고 가정한다. 이로 인해 가중평균법과 선입선출법의 원가를 배분하는 방식도 달라진다.

가중평균법에서는 전기분 물량(기초재공품)과 당기분 물량(당기착수 물량)을 구분하지 않고 같은 비율로 가공하는 것을 가정하고 있으므로, 그림 7-3에 나타난 바와 같이 원가도 전기분 원가(기초재공품 원가)와 당기분 원가(당기투입 제조원가)를 구분하지 않고 합해서 완성품과 기말재공품에 배분한다.

선입선출법의 경우, 기초재공품을 먼저 가공하여 완성하므로, 기초재공품의 원가는 모두 완성품의 원가에만 포함된다[2]. 따라서 원가계산을 할 때 전기분 원가(기초재공품 원가)와 당기분 원가(당기투입 제조원가)를 구분해야 한다. 당기분 원가는 그림 7-3과 같이 세 가지 유형의 물량에 투입된다. 첫째는 기초재

2 완성품의 물량이 기초재공품의 물량보다 적은 경우도 예외적으로 발생할 수 있는데, 이때는 기초재공품 원가의 일부는 기말재공품으로 배분한다.

그림 7-2 가중평균법과 선입선출법 원가흐름 개념도

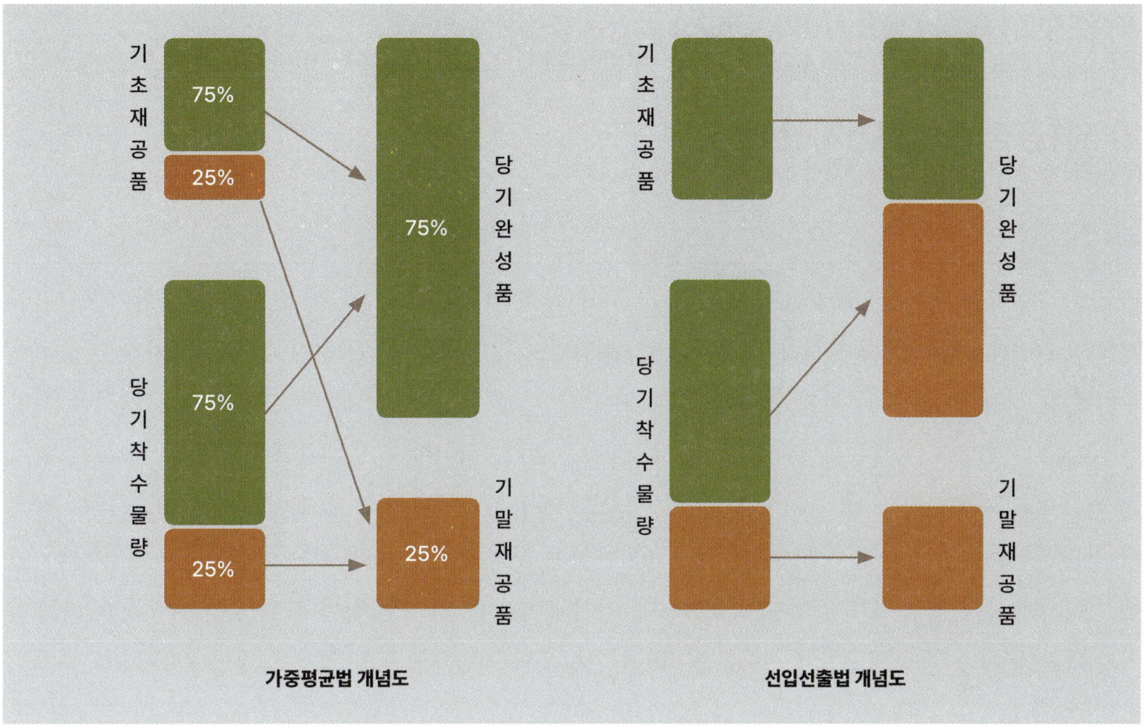

그림 7-3 원가흐름 가정에 따른 원가배분 개념도

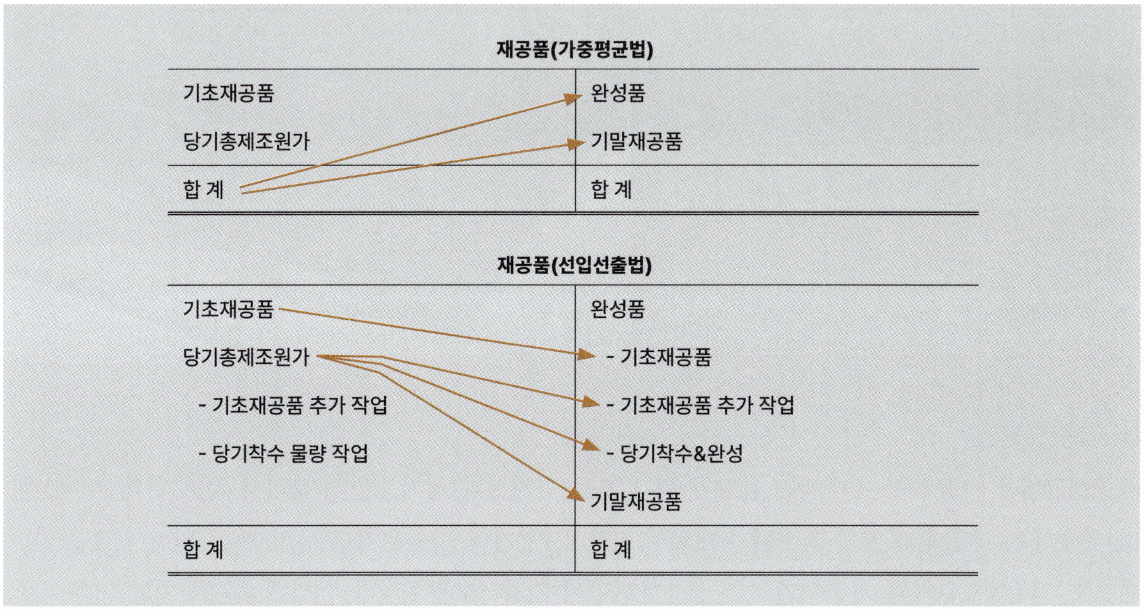

공품을 완성하는 데 투입되고, 둘째는 당기에 착수해서 당기에 완성한 물량에 투입되며, 셋째는 당기에 착수했지만 완성되지 않고 기말에 재공품으로 남는 물량에 투입된다.

2) 제1공정 종합원가계산 예제

예제 7-3

㈜모데라토에서 제품은 제1공정과 제2공정을 거쳐 완성된다. 다음은 제1공정에 관한 사항이다. 제1공정에서 직접재료원가는 공정시작 시점에 전량 투입되고, 가공원가는 공정이 진행됨에 따라 균등하게 투입된다. 직접재료와 가공원가는 투입 형태가 달라 각기 다른 원가그룹에 집계한다. 구체적인 사항은 표 7-6에 정리되어 있다. 11월에 기초재공품 물량은 200단위이며, 기초재공품에 포함된 직접재료원가는 ₩11,000, 가공원가는 ₩1,040이다. 기초재공품의 가공원가 완성도는 20%이다. 당기에 제조에 착수한 물량은 400단위이다. 총 600단위 중에서 500단위는 완성되었고, 100단위는 기말재공품으로 남아 있다. 기말재공품의 가공원가 완성도는 60%이다. 당기에 투입한 원가는 직접재료원가가 ₩16,000, 가공원가가 ₩6,240이다. 가중평균법과 선입선출법에서 완성품과 기말재공품의 원가를 계산해보자.

표 7-6 ㈜모데라토의 11월 물량과 원가투입(제1공정)

	물 량	직접재료원가	가공원가	합 계
기초재공품	200단위	₩11,000	₩1,040	₩12,040
(완성도)		1	0.2	
당기착수	400			
완성품	500			
기말재공품	100			
(완성도)		1	0.6	
당기투입원가		₩16,000	₩6,240	₩22,240

(1) 가중평균법

가중평균법을 사용하는 경우에는 물량과 원가 모두 전기분과 당기분을 구분하지 않고 합해서 계산한다. 완성품은 기말 현재 모두 완성된 상태로서 직접재료원가와 가공원가 모두 100% 투입이 완료된 상태이므로 직접재료원가와 가공원가의 완성품환산량이 각각 500단위이다. 기말재공품은 기말 현재 직접재료는 100%, 가공원가는 60% 투입이 완료되었으므로 완성품환산량이 각각 100단위(=100단위×100%), 60단위(=100단위×60%)가 된다. 이를 정리하면, 제1단계와 제2단계는 표 7-7과 같다.

표 7-7 가중평균법에 의한 완성품환산량(제1공정) | 예제 7-3

	(제1단계) 물 량	(제2단계) 완성품환산량	
		직접재료원가	가공원가
(1) 기초재공품	200		
(2) 당기착수	400		
(3) 합 계(=(1)+(2))	600		
(4) 완성품	500	500	500
(5) 기말재공품	100	100	60
(6) 합 계(=(4)+(5))	600	600	560

완성품환산량 단위당 원가를 계산하는 단계부터 구체적인 계산절차는 표 7-8에 나타나 있다. 직접재료원가의 경우 기초재공품에 있는 직접재료원가와 당기투입 직접재료원가를 더하면 합계가 ₩27,000(=₩11,000+₩16,000)이므로, 직접재료의 완성품환산량 단위당 원가는 ₩45(=₩27,000÷600단위)이 된다. 가공원가에 대해서도 마찬가지 방식으로 계산하면 ₩13(=₩7,280÷560단위)이 된다. 이를 이용하여 원가를 배분하면, 완성품 원가는 ₩29,000, 기말재공품 원가는 ₩5,280이 된다.

표 7-8 가중평균법에 의한 원가배부(제1공정) | 예제 7-3

	직접재료원가	가공원가	합 계
(제2단계) 완성품환산량			
– 완성품(1)	500	500	
– 기말재공품(2)	100	60	
– 합계(3) (=(1)+(2))	600	560	
(제3단계) 원가집계			
– 기초재공품원가(4)	₩11,000	₩1,040	₩12,040
– 당기투입원가(5)	16,000	6,240	22,240
– 합 계(6) (=(4)+(5))	₩27,000	₩7,280	₩34,280

(표 계속)

	직접재료원가	가공원가	합 계
(제4단계) 환산량 단위당 원가(7) (=(6)÷(3))	45	13	
(제5단계) 원가배분			
– 완성품(8) (=(1)×(7))	22,500	6,500	29,000
– 기말재공품(9) (=(2)×(7))	4,500	780	5,280
– 합 계(10) (=(8)+(9))	₩27,000	₩7,280	₩34,280

가중평균법을 이용한 원가배분 결과를 T계정으로 나타내면 표 7-9와 같다.

표 7-9 가중평균법 재공품 T계정 표시

재공품(가중평균법)			
기초재공품	₩12,040	완성품	₩29,000
당기총제조원가	₩22,240	기말재공품	₩5,280
합 계	₩34,280	합 계	₩34,280

(2) 선입선출법

선입선출법의 경우, 전기분 원가(기초재공품 원가)는 모두 완성품의 원가로 할당하므로, 당기분 원가를 완성품과 기말재공품으로 배분하는 것이 핵심이다. 따라서, 완성품환산량과 완성품환산량 단위당 원가를 계산할 때 반드시 당기분만을 대상으로 해야 한다.

완성품 500단위 중에서 200단위는 전기분(기초재공품)을 완성한 것이며, 나머지 300단위는 당기분(당기에 착수한 물량)이다. 기초재공품 완성분인 200단위에 대한 완성품환산량을 직접재료원가와 가공원가에 대해 각각 계산해보자. 직접재료원가는 기초에 이미 완성도가 100%로서 당기에 추가로 투입한 직접재료는 없다. 따라서, (당기분) 완성품환산량이 0이 된다. 가공원가의 경우 기초재공품의 완성도가 20%로서 전기에 이미 20% 완료된 상태에 있었으며 당기에 80%가 추가로 투입되어 완성된 것이다. 따라서 기초재공품 완성분에 대한 (당기분) 가공원가 완성품환산량은 160단위(=200단위×80%)가 된다.

당기에 착수해서 완성한 300단위는 투입된 모든 원가가 모두 당기분이다. 따라서 직접재료와 가공원가의 (당기분) 완성품환산량은 각각 300단위(=300단위×100%)가 된다.

기말재공품 100단위는 모두 당기착수 물량이므로 직접재료는 당기에 공정 시작 시점에 전량 투입되었으므로 완성품환산량이 100단위(=100단위×100%)이며, 가공원가는 당기에 투입되기 시작하여 60%만큼 투입되었으므로 완성품환산량이 60단위(=100단위×60%)가 된다. 완성품환산량은 표 7-10에 정리되어 있다.

표 7-10 선입선출법에 의한 물량과 완성품환산량(제1공정) | 예제 7-3

	(제1단계) 물 량	(제2단계) 완성품환산량	
		직접재료원가	가공원가
기초재공품	200		
당기착수	400		
합 계	600		
완성품			
– 기초재공품완성(1)	200	0	160
– 당기착수완성(2)	300	300	300
– 합 계(3) (=(1)+(2))	500	300	460
기말재공품(4)	100	100	60
합 계(5) (=(3)+(4))	600	400	520

완성품환산량 단위당 원가를 구하는 단계부터 구체적인 내역은 표 7-11과 같다. 선입선출법에서 완성품환산량 단위당 원가는 당기에 완성된 완성품환산량 한 단위당 당기에 투입된 원가를 의미한다. 따라서 완성품환산량을 당기분에 대해서만 계산한 것처럼 원가도 당기분만을 대상으로 해야 한다. 즉, 기초재공품에 포함된 원가는 제외한다. 직접재료원가의 완성품환산량 단위당 원가는 ₩40(=₩16,000÷400단위)이며, 가공원가의 완성품환산량 단위당 원가는 ₩12(=₩6,240÷520단위)으로 계산된다.

표 7-11 선입선출법에 의한 원가배분(제1공정) | 예제 7-3

	직접재료원가	가공원가	합 계
(제2단계) 완성품환산량			
– 기초재공품완성(1)	0	160	
– 당기착수완성(2)	300	300	
– 기말재공품(3)	100	60	
– 합 계(4) (=(1)+(2)+(3))	400	520	

(표 계속)

	직접재료원가	가공원가	합 계
(제3단계) 원가 집계			
– 기초재공품원가(5)	₩11,000	₩1,040	₩12,040
– 당기투입원가(6)	16,000	6,240	22,240
– 합 계(7) (=(5)+(6))	₩27,000	₩7,280	₩34,280
(제4단계) 환산량 단위당 원가(8) (=(6)/(4))	40	12	
(제5단계) 원가배분			
완성품			
– 기초재공품원가(9) (=(5))	11,000	1,040	12,040
– 기초재공품완성(10) (=(1)×(8))	0	1,920	1,920
– 당기착수완성(11) (=(2)×(8))	12,000	3,600	15,600
– 완성품합계(12) (=(9)+(10)+(11))	23,000	6,560	29,560
기말재공품(13) (=(3)×(8))	4,000	720	4,720
합계(14) (=(12)+(13))	₩27,000	₩7,280	₩34,280

완성품환산량 단위당 원가(**표 7-11**에서 (8))를 기초재공품완성(표에서 (1)), 당기착수완성(표에서 (2)), 기말재공품(표에서 (3))의 완성품환산량에 각각 곱해 주면, 당기투입원가 총 ₩22,240(표에서 (6))은 완성품에 ₩17,520(=₩1,920+₩15,600)(표에서 (10), (11)), 기말재공품에 ₩4,720(표에서 (13))씩 각각 배분된다. 이제 남은 원가는 전기분인 기초재공품의 원가 ₩12,040으로서, 이 금액은 모두 완성품 중 기초재공품원가(표에서 (9))에 할당된다.

최종적으로, 완성품의 원가는 기초재공품원가, 기초재공품완성, 당기착수완성을 모두 합하면 ₩29,560(=₩12,040+₩1,920+₩15,600)(표에서 (12))이 된다. 재공품 T계정을 사용하여 선입선출법의 원가 흐름을 나타내면 **표 7-12**와 같다.

표 7-12 선입선출법 재공품 T계정 표시

재공품(선입선출법)			
기초재공품	₩12,040	완성품	₩29,560
당기총제조원가	₩22,240	− 기초재공품	₩12,040
− 기초재공품 추가 작업		− 기초재공품 추가 작업	₩1,920
− 당기착수 물량 작업		− 당기착수&완성	₩15,600
		기말재공품	₩4,720
합 계	₩34,280	합 계	₩34,280

(3) 가중평균법과 선입선출법 결과 비교

가중평균법과 선입선출법을 적용한 원가계산 결과의 차이를 비교해보자. 표 7-13에 나타난 바와 같이, 완성품의 원가는 가중평균법보다 선입선출법에서 ₩560 더 높게 나타났다. 그 원인은 완성품환산량 단위당 원가가 전기분이 당기분보다 높기 때문이다. 예제에서 가중평균법에서 직접재료와 가공원가의 완성품환산량 단위당 원가는 각각 ₩45, ₩13인 데 비해, 선입선출법에서는 각각 ₩40, ₩12으로서 선입선출법에서 완성품환산량 단위당 원가가 더 낮은 것을 알 수 있다.

표 7-13 가중평균법과 선입선출법 원가배부 차이 비교 | 예제 7-3

(단위 : 원)

	가중평균법	선입선출법	차 이
완성품	29,000	29,560	−560
기말재공품	5,280	4,720	+560
합 계	34,280	34,280	0

가중평균법에서 완성품환산량 단위당 원가는 전기분과 당기분 원가를 구분하지 않고 평균적으로 계산하지만, 선입선출법에서는 당기분만을 대상으로 하므로, 당기분 완성품환산량 단위당 직접재료원가와 가공원가가 하락했음을 알 수 있다. 이로 인해 완성품의 원가는 선입선출법에서 가중평균법보다 높게 나타나게 된 것이다. 당기분 완성품환산량 단위당 원가의 하락은 직접재료원가와 가공원가의 가격 하락으로 인한 것일 수도 있고, 제조공정의 효율성 개선으로 직접재료원가와 가공원가의 물량 투입이 감소한 것일 수도 있다.

선입선출법의 경우 기간별로 단위당 원가정보를 획득할 수 있어서 기간별 비교가 용이하여 원가통제에 유용한 정보를 제공한다. 반면에 가중평균법은 간편하다는 장점이 있지만, 기간별 원가정보를 획득할 수 없고 평균적인 원가정보만 획득할 수 있어서 원가통제 측면에서의 유용성이 떨어진다. 그러나, 투입요소들의 가격 변동이 심할 때는 가중평균법이 비교적 안정적인 제품원가 정보를 제공한다는 점에서 바람직하다.

정보시스템의 발달과 함께 적시생산(Just-In-Time manufacturing) 시스템의 도입이 활발해지고 있는데, 이 시스템에서는 재료와 제품 재고를 최소한으로 유지하는 정책을 취하므로 원가흐름에 대한 가정(가중평균법, 선입선출법)이 재고자산 원가계산에 미치는 영향이 작아진다.

현실적으로 선입선출법과 가중평균법 중에 어느 것을 선택하게 되는지는 투입요소의 가격 변화 방향과 경영층의 이익관리 유인에 따라 달라질 것이다.

4. 복수공정의 종합원가계산(제2공정)

지금까지는 우리는 제1공정의 원가계산에 대해 학습하였다. 이제 복수의 공정이 있을 때 제1공정의 후속 공정인 제2공정의 원가계산에 대해 학습해보자. 후속 공정의 특징은 그림 7-4와 같이 바로 직전 공정의 완성품이 투입된다는 것이다.

제2공정의 원가는 제1공정에서 완성되어 투입된 제1공정 완성품의 원가와 제2공정에서 새롭게 투입되는 제조원가로 구분된다. 제2공정에서 새로 투입되는 제조원가는 제1공정 완성품에다 재료를 추가로

그림 7-4 복수공정의 원가계산 개념도

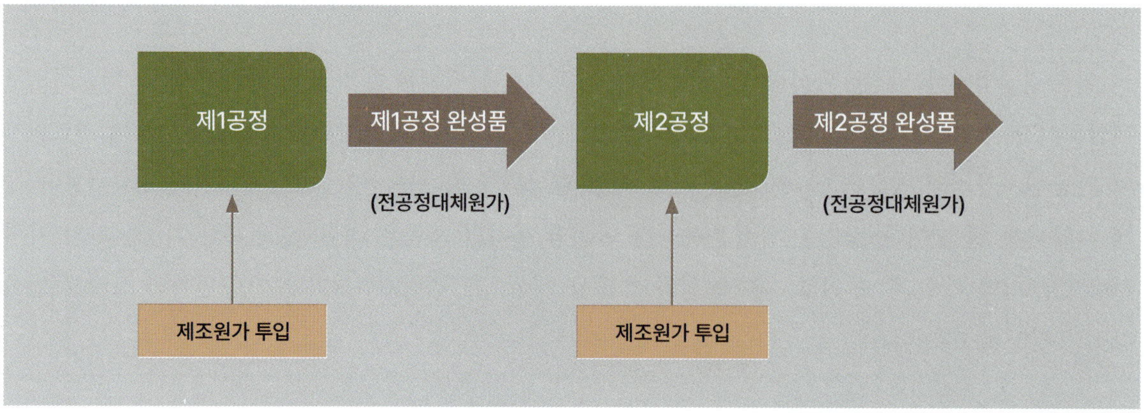

투입하여 가공하거나, 재료 투입 없이 추가로 가공하는 데 발생하는 원가이다. 여기서 제1공정 완성품의 원가를 **전공정대체원가**(transferred-in cost)라고 한다. 제1공정의 입장에서는 **차공정대체**(transferred-out)가 일어나고, 제2공정의 입장에서는 **전공정대체**(transferred-in)가 일어난다. 따라서 제2공정과 그 이후 공정의 원가계산은 전공정대체원가를 포함해야 한다. 이 사항을 제외하고는 지금까지 학습한 제1공정의 원가계산 방식과 차이가 없다.

예제 7-4

앞에서 학습한 ㈜모데라토의 예제 7-3을 이용하자. 앞에서 제1공정의 원가계산 기간은 11월이었으며, 여기서 제2공정의 원가계산 기간도 11월이다. 제1공정의 완성품이 제2공정으로 즉시 대체된다고 가정하면, 제1공정의 11월 완성품은 모두 11월 중에 제2공정에 재공품으로 투입된다. 제2공정에서 직접재료원가는 공정 종료 시점에 전량 투입되고, 가공원가는 공정이 진행됨에 따라 균등하게 투입된다고 하자. 따라서, 제2공정에서도 직접재료원가와 가공원가는 분리하여 집계한다. ㈜모데라토의 11월 제2공정과 관련된 자료는 표 7-14와 같다.

표 7-14 ㈜모데라토의 11월 물량과 원가투입(제2공정) | 예제 7-4

	물 량	전공정대체원가	직접재료원가	가공원가	총원가
기초재공품	250	₩16,190	₩0	₩15,960	₩32,150
(완성도)		1	0	0.6	
전공정대체	500*				
완성품	600				
기말재공품	150				
(완성도)		1	0	0.8	
당기투입원가		₩29,560**	₩21,000	₩52,440	₩103,000

* 11월, 제1공정의 완성품 수량
** 제1공정에서 선입선출법 사용을 가정했을 때 11월 제1공정 완성품의 원가(표 7-11에서 (12) 참고)

표 7-14를 정확하게 이해하는 것이 매우 중요하다. 제2공정에서는 원가를 전공정대체원가, 직접재료원가, 가공원가의 세 개의 원가그룹에 집계하는데, 제1공정에 없던 전공정대체원가라는 새로운 원가그룹이 추가되었다. 전공정대체원가는 직전 공정(제1공정)에서 발생한 원가이므로, 해당 공정(제2공정)에서 발생하는 원가요소들을 포함하는 원가그룹들(직접재료원가, 가공원가)과 구분하여 집계한다.

전공정대체원가는 제2공정 시작 시점에 전량 투입되는 재료의 원가와 같다고 생각하면 이해하기 쉽다. 제2공정은 시작 시점부터 제1공정의 완성품을 이용해서 작업하기 때문이다. 따라서 제2공정의 11월 당기착수 물량은 제1공정 완성품 중에서 당기(11월)에 제2공정에 투입된 전공정대체 물량 500단위가 된다. 제2공정에서 당기에 작업하는 총물량은 기초재공품 250단위와 당기에 착수한 500단위를 합쳐 총 750단위이다. 이 중에서 11월 중에 600단위가 완성되었고, 150단위는 기말재공품으로 남았다.

기초재공품에 대해 살펴보자. 기초재공품 250단위는 11월 초 제2공정의 기초재공품으로서, 전기(10월)에 제1공정의 완성품을 가지고 작업한 것이므로, 기초재공품 원가 ₩32,150 속에는 전공정대체원가 ₩16,190(10월 발생)이 포함되어 있다. 또한, 기초재공품의 직접재료원가는 0인데, 제2공정에서 직접재료원가는 공정 종료 시점에 전량 투입되기 때문이다. 따라서, 직접재료원가의 완성도는 0이다. 기말재공품의 경우에도 직접재료원가가 전혀 투입되지 않았으므로 완성도가 0임을 알 수 있다.

이제 당기투입원가에 대해 살펴보자. 당기에 제2공정에 투입된 원가에는 제1공정 완성품 500개의 원가(즉, 전공정대체원가) ₩29,560도 포함된다. 제1공정의 원가계산을 선입선출법이라고 가정한 금액이다.

제2공정 원가계산의 핵심은 전공정대체원가를 정확하게 이해하고 처리하는 데 있다. 위에서 설명한 바와 같이, 전공정대체원가는 공정 초기에 전량 투입되는 재료의 원가와 같은 방식으로 처리하면 된다.

1) 가중평균법(제2공정)

이제 제2공정에서 **가중평균법**을 적용하는 경우에 대해 학습해보자[3]. 물량과 완성품환산량에 대한 자료는 표 7-15와 같다. 가중평균법에서 원가와 완성품환산량은 전기분과 당기분을 구분하지 않는다. 완성품은 모두 100% 완성된 것이므로 환산량과 물량이 일치한다. 전공정대체원가는 공정 시작 시점에 전량 투입되어 기말 현재 완성품과 기말재공품에 모두 100% 투입이 완료되었으므로, 완성품환산량이 각각 600단위와 150단위가 된다.

3 제1공정은 선입선출법을 가정하고 제2공정은 가중평균법을 가정하였다. 복수의 공정에 대해 각각 다른 원가흐름 가정을 채택할 수 있다.

표 7-15 가중평균법에 의한 완성품환산량(제2공정) | 예제 7-4

	(제1단계) 물 량	(제2단계) 완성품환산량		
		전공정대체원가	직접재료원가	가공원가
기초재공품	250			
당기착수	500			
합 계	750			
완성품(1)	600	600	600	600
기말재공품(2)	150	150	0	120
합 계(3) (=(1)+(2))	750	750	600	720

원가그룹별 원가집계와 완성품환산량 단위당 원가를 계산하는 단계부터 구체적인 내역은 표 7-16와 같다. 제1공정의 가중평균법과 같은 방식으로 계산한다. 전공정대체원가의 완성품환산량 단위당 원가의 계산도 다른 원가그룹과 마찬가지로 전기분(기초재공품에 포함) ₩16,190과 당기분 ₩29,560을 합한 금액인 ₩45,750(표에서 (6))을 완성품환산량 합계 750단위(표에서 (3))로 나누어 계산한다. 최종적으로, 가중평균법에 의한 11월 제2공정의 완성품의 원가는 ₩114,600, 기말재공품의 원가는 ₩20,550으로 계산된다.

표 7-16 가중평균법에 의한 원가배부(제2공정) | 예제 7-4

	전공정 대체원가	직접재료 원가	가공원가	합 계
(제2단계) 완성품환산량				
– 완성품(1)	600단위	600	600	
– 기말재공품(2)	150	0	120	
– 합 계(3) (=(1)+(2))	750	600	720	
(제3단계) 원가 집계				
– 기초재공품원가(4)	₩16,190	₩0	₩15,960	₩32,150
– 당기투입원가(5)	29,560	21,000	52,440	103,000
– 합 계(6) (=(4)+(5))	₩45,750	₩21,000	₩68,400	₩135,150

(표 계속)

	전공정 대체원가	직접재료 원가	가공원가	합 계
(제4단계) 환산량 단위당 원가(7) (=(6)/(3))	61	35	95	
(제5단계) 원가배분				
– 완성품(8) (=(1)×(7))	36,600	21,000	57,000	114,600
– 기말재공품(9) (=(2)×(7))	9,150	0	11,400	20,550
– 합 계(10) (=(8)+(9))	₩45,750	₩21,000	₩68,400	₩135,150

2) 선입선출법(제2공정)

이제 제2공정 **선입선출법**에 대해 학습해보자. 여기서도 전공정대체원가의 처리가 핵심이다. 이제 완성품 600단위는 전기분과 당기분으로 분리하고, 완성품환산량은 당기분에 대해서만 계산해야 한다. 구체적인 내역은 표 7-17에 정리되어 있다.

기초재공품 완성 물량 250단위의 경우, 전공정대체원가는 전기에 투입이 모두 완료되었으므로 (당기분) 완성품환산량은 0이다. 직접재료원가는 기초에 전혀 투입되지 않은 상태에서 기말에 모두 투입되어 완성되었으므로, (당기분) 완성품환산량은 250단위 전부가 된다.

당기착수완성 350단위는 전공정대체원가를 포함하여 모두 당기에 투입되어 완성되었므로, 모든 원가그룹의 (당기분) 완성품환산량이 350단위가 된다.

기말재공품 150단위의 경우에는 모두 당기착수 물량으로서, 전공정대체원가가 모두 당기에 공정시작 시점에서 전량 투입되었으므로 전공정대체원가의 완성품환산량은 100%에 해당하는 150단위가 된다. 직접재료원가는 전혀 투입되지 않았으므로 환산량은 0이다.

표 7-17 선입선출법에 의한 물량과 완성품환산량(제2공정) | 예제 7-4

	(제1단계) 물 량	(제2단계) 완성품환산량		
		전공정대체원가	직접재료원가	가공원가
기초재공품	250			
당기착수	500			
합 계	750			

(표 계속)

	(제1단계) 물 량	(제2단계) 완성품환산량		
		전공정대체원가	직접재료원가	가공원가
완성품				
– 기초재공품완성(1)	250	0	250	100
– 당기착수완성(2)	350	350	350	350
– 합 계(3) (=(1)+(2))	600	350	600	450
기말재공품(4)	150	150	0	120
합 계(5) (=(3)+(4))	750	500	600	570

다음 절차들은 표 7-18과 같이 제1공정의 선입선출법과 같은 방식으로 실시한다. 먼저, 완성품환산량 단위당 원가를 계산한다. 선입선출법이므로 완성품환산량과 원가 모두 당기투입분만 대상이 된다. 최종적으로, 선입선출법을 사용할 경우 11월 제2공정 완성품의 원가는 ₩115,242, 기말재공품의 원가는 ₩19,908으로 계산된다.

표 7-18 선입선출법에 의한 원가배분(제2공정) | 예제 7-4

	전공정 대체원가	직접재료 원가	가공원가	합 계
(제2단계) 완성품환산량				
– 기초재공품완성(1)	0	250	100	
– 당기착수완성(2)	350	350	350	
– 기말재공품(3)	150	0	120	
– 합 계(4) (=(1)+(2)+(3))	500	600	570	
(제3단계) 원가 집계				
– 기초재공품원가(5)	₩16,190	₩0	₩15,960	₩32,150
– 당기투입원가(6)	29,560	21,000	52,440	103,000
– 합 계(7) (=(5)+(6))	₩45,750	₩21,000	₩68,400	₩135,150
(제4단계) 환산량 단위당 원가(8) (=(6)/(4))	59.12	35	92	
(제5단계) 원가배분				

(표 계속)

	전공정 대체원가	직접재료 원가	가공원가	합 계
완성품				
– 기초재공품원가(9) (=(5))	16,190	0	15,960	32,150
– 기초재공품완성(10) (=(1)×(8))	0	8,750	9,200	17,950
– 당기착수완성(11) (=(2)×(8))	20,692	12,250	32,200	65,142
– 합계(12) (=(9)+(10)+(11))	36,882	21,000	57,360	115,242
기말재공품(13) (=(3)×(8))	8,868	0	11,040	19,908
합 계(14) (=(12)+(13))	₩45,750	₩21,000	₩68,400	₩135,150

11월 중 최종공정인 제2공정의 원가흐름에 관한 분개를 실시하면 다음과 같다.

제1공정 완성품의 제2공정 투입(제1공정 선입선출법 가정)

(차) 재공품(제2공정) 29,560 (대) 재공품(제1공정) 29,560

직접재료원가 투입

(차) 재공품(제2공정) 21,000 (대) 직접재료 21,000

가공원가 투입

(차) 재공품(제2공정) 52,440 (대) 미지급임금, 미지급비용 등 52,440

제2공정 완성(제2공정 선입선출법 가정)

(차) 제품 115,242 (대) 재공품(제2공정) 115,242

㈜모데라토에서 제2공정이 최종 공정이므로 제2공정 완성품은 제품이 된다.

5. 다양한 형태의 종합원가계산

우리는 이 장에서 제1공정과 제2공정이 있는 공정별 종합원가계산에 대해 학습했다. 현실적으로는 제품의 종류와 생산방식에 따라 종합원가계산에도 여러 가지 유형이 있을 수 있다. 예를 들어, 책상 제품과 의자 제품을 연속적으로 대량생산하는 경우, 책상과 의자는 유사한 제품이 아니므로 별도로 원가계산을 해야 한다. 책상과 의자 제품 둘 다 연속적으로 대량생산되는 상황에서는 종합원가계산을 실시하되,

책상과 의자를 분리해서 실시해야 한다. 이때의 종합원가계산을 **조별원가계산**이라고 부른다. 책상과 의자가 각각 하나의 조가 된다. 조별원가계산에서는 책상과 의자에 공통으로 발생하는 조간접원가를 각 조의 관련 공정에 먼저 배분한 뒤, 조별로 종합원가계산을 실시한다.

다른 경우로서, 크기만 다른 참치 통조림 두 종류(대, 소)를 생산하는 경우를 생각해보자, 이 경우 처음부터 두 종류에 대해 따로 원가계산을 할 필요가 없다. 참치 통조림에 투입되는 재료가 캔과 내용물인 참치라고 하자. 이때 캔과 참치가 대, 소 제품에 투입되는 비율이 일정할 것이다(예를 들어, 캔은 2 : 1, 참치는 4 : 1). 또한, 가공원가도 일정한 비율로 투입될 것이다. 이런 일정한 원가투입 비율을 반영하여, 두 종류의 제품을 마치 한 종류의 제품처럼 원가계산을 하면, 나머지 제품에 대해서는 비율을 적용하여 원가를 계산할 수 있다. 이런 방식을 **등급별 원가계산**이라고 한다.

또한, 개별원가계산과 종합원가계산의 요소가 혼합된 **혼합원가계산(hybrid costing)** 형태도 많이 존재한다. 제품이 연속 대량생산되지만 각 제품은 고객 요구에 따라 사양이 다양할 수도 있다. 이때 재료원가는 제품별로 다르게 투입되고, 가공원가의 투입은 차이가 없을 수도 있다. 그런 경우에는 재료원가는 개별원가계산방식을 이용하고, 가공원가는 종합원가계산을 이용하여 배분하면 된다.

참고로, 제6장에서 학습한 활동기준원가계산(ABC)은 개별원가계산에 사용되는 기법으로서, 종합원가계산과는 관련이 없다.

6. 공손 및 재작업

1) 품질관리, 공손, 재작업

우리는 지금까지 제조 과정에서 **불량(defect)**이나 **작업폐물(scrap)**이 발생할 수 있다는 사실을 고려하지 않았다. 그러나, 현실적으로 일정한 수량의 불량이 발생하는 것은 정상적이라고 할 수 있다. 제조 과정에서 발생하는 불량품은 정상적인 가격보다 낮은 가격에 판매하거나 폐기 처분되는 경우가 많이 있다. 예를 들어, 신발, 의류 등은 제조 과정에 문제가 발생하면 일부 작업을 다시 하더라도 흠집이 남는 경우가 많아 정상적인 제품과 같은 가격에 판매하는 것이 어려울 가능성이 크다. 이러한 불량품을 **공손** 또는 **공손품(spoilage)**이라고 한다.

이와 달리, 많은 전자제품은 제조 과정에서 불량이 발생하더라도 부품을 바꾸거나 일부 필요한 작업을 다시 실시하여 정상적인 제품과 같은 가격으로 판매할 수도 있다. 불량품을 정상적인 제품으로 만들기 위해 투입하는 활동을 **재작업**(rework)이라고 한다.

관련해서, **작업폐물**(scrap)은 제조 과정에서 여분으로 남는 재료나 그 부산물로서, 정상적인 재료의 역할을 할 수 없어서 처분가치가 낮은 것을 말한다. 예를 들어, 천 조각, 나무토막, 톱밥 등이 이에 해당한다. 공손과 유사한 성격을 가진 것으로 **감손**(shrinkage)이 있다. 공손은 불량품이지만 수량은 그대로 남아서 유지되나, 액체나 기체 제품의 경우에는 제조과정에서 증발하거나 유실되어 수량이 일부 감소할 수 있는데, 이를 감손이라고 한다.

2) 정상공손과 비정상공손

공손은 물량의 감소를 유발하지 않으므로, 공손이 발생할 때 물량 등식은 다음과 같이 나타낼 수 있다.

기초재공품 수량 + 당기착수 수량 = 완성품 수량 + 기말재공품 수량 + 공손 수량

공손은 다시 **정상공손**(normal spoilage)과 **비정상공손**(abnormal spoilage)으로 구분된다. 정상공손은 현재 제조설비와 종업원의 숙련도 등을 고려했을 때 일정한 비율로 불가피하게 발생하는 공손이다. 따라서, 정상공손의 원가는 정상적인 제품의 제조원가에 포함하는 것이 옳다. 비정상공손은 허용된 비율 이상으로 발생한 공손을 말하는 것으로서, 기계 정비 불량이나 종업원의 부주의 등으로 발생한다. 따라서, 비정상공손의 원가는 정상적인 제품의 제조원가에 포함하지 않고 당기에 기간비용으로 처리하는 것이 옳다. 제조원가에 포함할 경우 제품의 원가가 그 자산가치를 넘어서 비정상적으로 과다하게 계산될 수 있기 때문이다.

일반적으로 회사의 경영진이 사전적으로 설정한 비율 이내에서 발생한 공손은 정상공손으로 처리하고, 그 비율을 초과하여 발생한 공손은 비정상공손으로 처리한다. 정상공손과 비정상공손의 구분은 단지 미리 설정한 정상공손의 비율에 따라 계산되는 것이며, 불량의 물리적 형태나 투입된 원가에는 차이가 없다. 따라서 처분가치가 있는 경우에도 처분가치에 차이가 있는 것은 아니다.

연습문제

01 평균법과 선입선출법 (2016 국가직 9급)

㈜한국은 종합원가계산방법을 적용하고 있으며, 원가 관련 자료는 다음과 같다. ㈜한국의 완성품환산량에 대한 설명으로 옳은 것은?

- 직접재료는 공정의 초기에 전량 투입되고, 전환원가는 공정의 진행에 따라 균일하게 발생된다.
- 기초재공품의 완성도는 50%, 기말재공품의 완성도는 10%이다.
- 기초재공품은 2,000개, 당기착수 13,000개, 기말재공품 3,000개이다.

① 평균법의 직접재료원가 완성품환산량은 13,000개이다.
② 평균법의 전환원가 완성품환산량은 10,300개이다.
③ 선입선출법의 직접재료원가 완성품환산량은 15,000개이다.
④ 선입선출법의 전환원가 완성품환산량은 11,300개이다.

02 선입선출법에 의한 종합원가계산 (2020 국가직 7급)

㈜한국은 선입선출법을 이용하여 종합원가계산을 한다. 원재료는 공정 시작 시점에서 전량 투입되며, 가공원가는 공정 전반에 걸쳐 균등하게 발생한다고 가정할 때, 다음의 자료를 이용한 가공원가의 완성품환산량은? (단, 공손과 감손은 없다.)

	수량(개)	가공원가 완성도
기초재공품	300	50%
완성품	1,000	100%
기말재공품	500	40%

① 800개 ② 950개 ③ 1,050개 ④ 1,150개

03 선입선출법에 의한 종합원가계산 (2018 국가직 9급)

㈜한국은 종합원가계산을 사용하며 선입선출법을 적용한다. 제품은 제1공정을 거쳐 제2공정에서 최종 완성되며, 제2공정 관련 자료는 다음과 같다.

	수량(개)	가공비 완성도
기초재공품	500	30%
전공정대체량	5,500	
당기완성량	?	
기말재공품	200	30%

제2공정에서 직접재료가 가공비완성도 50% 시점에서 투입된다면, 직접재료비와 가공비 당기작업량 완성품환산량은? (단, 가공비는 공정 전반에 걸쳐서 균일하게 발생하며, 제조공정의 공손·감손은 없다.)

	직접재료비 완성품환산량(개)	가공비 완성품환산량(개)
①	5,300	5,300
②	5,800	5,650
③	5,800	5,710
④	5,800	5,800

04 평균법에 의한 종합원가계산 2023 국가직 9급

㈜한국은 평균법을 적용한 종합원가계산으로 제품원가를 계산하고 있다. 다음 자료를 이용한 ㈜한국의 기말재공품 수량은?

- 기말재공품의 완성품환산량 단위당 원가 : ₩200
- 기말재공품의 생산 완성도 : 60%
- 기말재공품의 가공원가 : ₩60,000
- 가공원가는 생산 완성도에 따라 균등하게 투입되고 있음
- 기초재공품과 공손 및 감손은 없음

① 300개 ② 400개 ③ 500개 ④ 600개

05 선입선출법에 의한 종합원가계산 2022 국가직 9급

㈜한국은 종합원가계산을 적용하고 있으며, 물량 흐름과 원가 관련 정보는 다음과 같다.

- 직접재료는 공정 초기에 전량 투입되며, 가공원가는 공정 전반에 걸쳐 균등하게 발생한다.
- 기초재공품 : 1,000단위(가공원가 완성도 50%)
  당기착수량 : 4,000단위, 당기완성품 : 3,000단위
- 기말재공품 가공원가 완성도 50%
- 제조원가 내역

	직접재료원가	가공원가
기초재공품원가	₩4,000	₩14,000
당기발생원가	₩20,000	₩21,000

㈜한국의 선입선출법에 의한 완성품 원가는? (단, 공손 및 감손은 없다.)

① ₩16,000 ② ₩18,350 ③ ₩40,650 ④ ₩43,000

06 선입선출법에 의한 종합원가계산 (2020 감정평가사)

㈜감평은 단일공정을 통해 단일제품을 생산하고 있으며, 선입선출법에 의한 종합원가계산을 적용하고 있다. 직접재료는 공정 초에 전량 투입되고, 가공원가는 공정 전반에 걸쳐 균등하게 발생한다. ㈜감평의 20X1년 기초재공품은 10,000단위(가공원가 완성도 40%), 당기착수량은 30,000단위, 기말재공품은 8,000단위(가공원가 완성도 50%)이다. 기초재공품의 직접재료원가는 ₩170,000이고, 가공원가는 ₩72,000이며, 당기 투입된 직접재료원가와 가공원가는 각각 ₩450,000과 ₩576,000이다. 다음 설명 중 옳은 것은? (단, 공손 및 감손은 발생하지 않는다.)

① 기말재공품원가는 ₩192,000이다.
② 가공원가의 완성품환산량은 28,000단위이다.
③ 완성품원가는 ₩834,000이다.
④ 직접재료원가의 완성품환산량은 22,000단위이다.
⑤ 직접재료원가와 가공원가에 대한 완성품환산량 단위당 원가는 각각 ₩20.7과 ₩20.3이다.

07 평균법과 선입선출법 (2022 세무사)

㈜세무는 종합원가계산제도를 채택하고 있다. 직접재료는 공정의 초기에 전량 투입되며, 전환원가(conversion costs)는 공정 전반에 걸쳐 균등하게 발생한다. 당기 제조활동과 관련하여 가중평균법과 선입선출법에 의해 각각 계산한 직접재료원가와 전환원가의 완성품환산량은 다음과 같다.

	직접재료원가 완성품환산량	전환원가 완성품환산량
가중평균법	3,000단위	2,400단위
선입선출법	2,000단위	1,800단위

기초재공품의 전환원가 완성도는?

① 20% ② 30% ③ 40% ④ 50% ⑤ 60%

08 가중평균법에 의한 종합원가계산 (2018 세무사)

㈜세무는 가중평균법에 의한 종합원가계산제도를 채택하고 있다. 직접재료는 공정 초기에 전량 투입되고, 전환원가(conversion costs)는 공정 전반에 걸쳐 균등하게 발생한다. 20X1년 직접재료원가에 대한 총완성품환산량은 20,000단위, 전환원가에 대한 총완성품환산량은 18,000단위, 완성품 수량은 15,000단위이다. 20X1년 기말재공품의 전환원가 완성도는?

① 50% ② 60% ③ 75% ④ 80% ⑤ 90%

09 평균법과 선입선출법 (2017 관세사)

다음은 종합원가계산을 적용하고 있는 ㈜관세의 가공원가와 관련된 자료이다. 기말재공품에 포함된 가공원가를 평균법과 선입선출법에 의해 각각 계산한 금액은? (단, 가공원가는 공정 전체를 통해 균등하게 발생하며 공손 및 감손은 발생하지 않았다.)

	물량	가공원가
기초 재공품(완성도 40%)	5,000단위	₩1,050,000
당기 투입량 및 발생원가	20,000단위	₩17,000,000
기말 재공품(완성도 20%)	7,500단위	?

	평균법	선입선출법
①	₩1,425,000	₩1,500,000
②	₩1,412,500	₩1,425,000
③	₩1,425,000	₩1,593,750
④	₩1,500,000	₩1,425,000
⑤	₩1,500,000	₩1,593,750

10 평균법과 선입선출법 (2022 관세사)

㈜관세는 단일공정을 통해 제품을 생산하고 있으며, 가중평균법에 의한 종합원가계산을 채택하고 있다. 모든 원가는 공정 전반에 걸쳐 균등하게 발생한다. ㈜관세의 당기 완성품 단위당 원가는 ₩900이며, 생산 및 원가자료는 다음과 같다.

	수 량	완성도	직접재료원가	전환원가
기초재공품	400단위	?	₩160,000	₩210,000
당기투입	1,100	–	340,000	460,000
완 성 품	1,000	100%	?	?
기말재공품	500	?	?	?

당기 완성품환산량이 선입선출법에 의한 완성품환산량에 비해 300단위가 더 많은 경우, 선입선출법에 의한 기말재공품원가는?

① ₩240,000 ② ₩270,000 ③ ₩320,000 ④ ₩340,000 ⑤ ₩370,000

11 선입선출법에 의한 종합원가계산 (2016 관세사)

㈜관세는 종합원가계산을 적용하고 있으며, 제품 생산을 위해 재료 A와 재료 B를 사용하고 있다. 재료 A는 공정 초기에 전량 투입되고, 재료 B는 공정의 60% 시점에 전량 투입되며, 가공원가는 공정 전반에 걸쳐서 균등하게 발생한다. 당기 제조활동과 관련된 자료가 다음과 같을 때, 선입선출법을 적용하여 계산한 당기 완성품원가는? (단, 공손과 감손은 발생하지 않았다.)

	물량자료	재료 A	재료 B	가공원가
기초재공품	400단위(완성도 20%)	₩120,000	₩0	₩42,300
당기착수	1,600단위	₩512,000	₩259,000	₩340,200
당기완성	1,400단위			
기말재공품	600단위(완성도 50%)			

① ₩856,200 ② ₩877,300 ③ ₩1,010,700 ④ ₩1,016,400 ⑤ ₩1,018,500

12 직접재료가 존재하는 경우의 종합원가계산 (2015 관세사)

종합원가계산제도를 채택하고 있는 ㈜관세는 두 가지 직접재료를 이용해서 단일제품을 생산하고 있다. 직접재료 A는 공정 초기에 전량 투입되고, 직접재료 B는 가공원가 완성도 50% 시점에서 한꺼번에 전량 투입된다. 가공원가는 공정 전반을 통해 균등하게 발생한다. 20X1년 4월의 생산 관련 자료가 다음과 같을 때, 선입선출법하에서 직접재료원가 A, 직접재료원가 B, 가공원가 각각에 대한 당월 완성품환산량은 얼마인가?

	물량단위
월초 재공품	1,000단위(가공원가 완성도 80%)
완성품	6,000단위
월말 재공품	2,000단위(가공원가 완성도 40%)

	직접재료원가 A	직접재료원가 B	가공원가
①	7,000단위	5,000단위	6,000단위
②	8,000단위	5,200단위	5,800단위
③	7,000단위	6,000단위	5,800단위
④	8,000단위	6,000단위	6,000단위
⑤	8,000단위	7,000단위	5,800단위

13 선입선출법에 의한 종합원가계산 (2016 세무사)

㈜세무는 단일 제품 A를 대량생산하고 있으며, 종합원가계산방법(선입선출법 적용)을 사용한다. 직접재료는 공정 초에 전량 투입되고, 가공원가는 공정 전반에 걸쳐 균등하게 발생된다. 제품 A의 관련 자료가 다음과 같을 때, ㈜세무의 제품 A 완성품에 대한 단위당 원가는? (단, 생산 과정 중 감손이나 공손 등 물량 손실은 없다.)

	물량(완성도)		직접 재료원가	가공원가
기초재공품	100개(30%)	기초재공품	₩28,000	₩25,000
당기착수품	2,100개	당기발생원가	630,000	205,000
당기완성품	(　　)개	계	₩658,000	₩230,000
기말재공품	200개(40%)			

① ₩384 ② ₩390 ③ ₩404 ④ ₩410 ⑤ ₩420

14 선입선출법에 의한 종합원가계산 (2016 CPA)

㈜한국은 단일공정에서 단일의 제품 X를 생산·판매하고 있다. 회사는 실제원가에 의한 종합원가계산을 적용하고 있으며, 재공품 평가방법은 선입선출법이다. 제품 생산을 위해 직접재료는 공정 초에 전량 투입되며, 전환원가(가공원가, conversion costs)는 공정 전반에 걸쳐 균등하게 발생한다. 20X1년 2월 중 ㈜한국의 완성품 수량은 7,000단위이며, 생산 및 원가 자료는 다음과 같다. (단, 괄호 안의 숫자는 전환원가의 완성도를 의미하고, 공손품은 발생하지 않는다.)

	물량단위	직접재료원가	전환원가
월초 재공품	2,000단위(30%)	₩42,500	₩22,900
당월 착수 및 투입	?	₩216,000	₩276,000
월말 재공품	4,000단위(70%)	?	?

㈜한국이 20X1년 2월 중 완성한 제품을 제품계정으로 대체하는 월말 분개로 옳은 것은?

① (차) 재공품 377,800 (대) 제품 377,800
② (차) 재공품 378,000 (대) 제품 378,000
③ (차) 제품 377,400 (대) 재공품 377,400
④ (차) 제품 377,800 (대) 재공품 377,800
⑤ (차) 제품 378,000 (대) 재공품 378,000

15 선입선출법에 의한 종합원가계산 (2020 CPA)

㈜대한은 단일상품을 제조하는 기업으로 종합원가계산제도를 채택하고 있으며, 재고자산 평가방법은 선입선출법(FIFO)을 사용한다. 제품 제조 시 직접재료는 공정 초에 전량 투입되며 전환원가(가공원가)는 공정에 걸쳐 균등하게 발생한다. 다음은 ㈜대한의 당기 생산 및 제조에 관한 자료이다.

항 목	물 량
기초재공품(가공완성도%)	1,800개(90%)
당기착수물량	15,000개
기말재공품(가공완성도%)	3,000개(30%)

당기에 발생한 직접재료원가는 ₩420,000이며, 전환원가는 ₩588,600이다. 당기 매출원가는 ₩1,070,000, 기초제품재고는 ₩84,600, 기말제품재고는 ₩38,700이다. 당기 기초재공품은 얼마인가?

① ₩140,000 ② ₩142,000 ③ ₩144,000 ④ ₩145,000 ⑤ ₩146,000

CHAPTER

8

결합원가계산과 부산품 회계

1 결합원가계산의 기초
2 결합원가 배분방법
3 결합원가 배분과 추가가공 의사결정
4 부산품 회계

본 장에서는 결합공정을 거쳐 복수의 제품이 동시에 생산되는 특수한 형태의 간접원가 배분에 대해 학습한다. 원가특성으로 인해, 결합원가의 배분은 인과관계기준을 적용하기 어려워 결합제품의 물량이나 시장가치를 이용하여 배부한다. 각 배부방법의 특징과 정확한 사용방법 및 장단점을 자세히 설명한다. 결합공정에서 부산품이 발생할 경우의 회계처리방법에 대해서도 구체적으로 설명한다.

CHAPTER

8

결합원가계산과 부산품 회계

1. 결합원가계산의 기초

1) 결합제조공정의 특징

소를 도축하여 가공하면, 최종적으로 안심, 등심, 갈비살 등의 제품을 얻을 수 있다. 이 생산공정의 특징은 안심이나 등심 등의 제품을 생산하기 위해 소의 일정 부분만 가공할 수 없으며, 소 한 마리 전체를 가공해야 한다는 것이다. 이와 같이 하나의 공정에서 복수의 제품들이 동시에 생산되는 제조공정을 **결합제조공정**(joint production process)이라고 한다.

결합제조공정에 재료를 투입하여 가공하면, 그림 8-1 과 같이 **분리점**(splitoff point)에서 두 개 이상의 제품이 동시에 생산된다. 이때 분리점 이전까지 발생한 원가를 **결합원가**(joint costs)라고 한다[1]. **결합원가계산**(joint costing)은 결합원가를 제품들 간에 배분하는 원가계산을 말한다. 소, 돼지, 고래(고기와 기름) 등의 농수산물 가공, 탄광 개발(은, 구리, 아연 등), 석유 채굴(원유, 천연가스) 등 결합원가계산이 요구되는 상황을 우리는 매우 흔하게 관찰할 수 있다.

분리점을 지나 생산되는 제품 중에 안심, 등심, 갈비살, 안창살 등과 같이 시장가치가 비교적 높은 제품들은 **주산품**(main products)이라고 하며, 소뼈, 소꼬리와 같이 시장가치가 상대적으로 낮은 제품들은 **부산품**(by-products)이라고 한다. 주산품과 부산품의 구분은 상대적 시장가치에 달려 있으므로 회계담당자의 주관적 판단에 따라 달라질 수 있다. 또한, 시장가치가 변동함에 따라 주산품과 부산품의 구분이

1 결합원가는 성격상 활동기준원가계산에서 여러 종류의 제품 생산에 공통적으로 소비되는 활동인 설비수준활동(facility level activity)의 원가(예 공장 감가상각비, 공장보험료 등)와 유사하다.

그림 8-1 결합원가 발생 기본구조

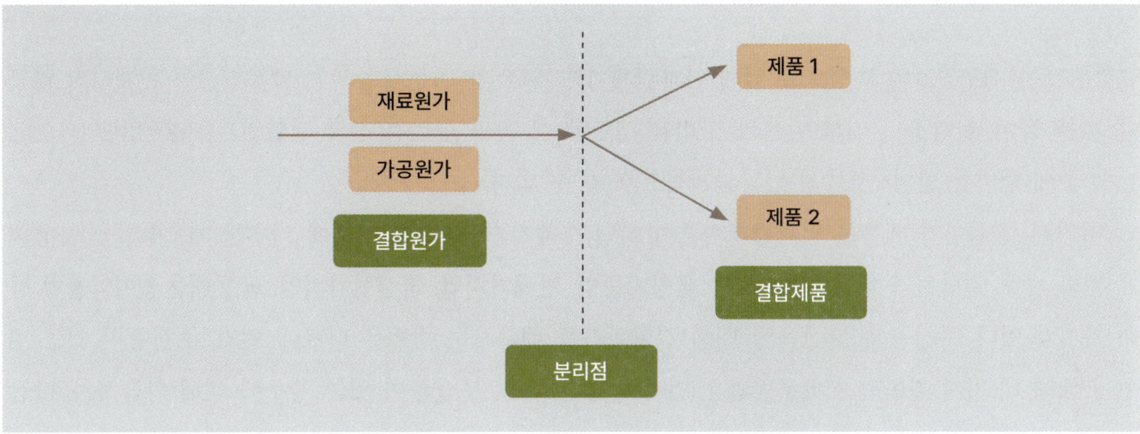

바뀔 수도 있다. 예를 들어, 소꼬리의 가치가 낮을 때에는 부산품으로 분류하지만, 가치가 높아지면 주산품으로 분류할 수도 있다.

분리점에서 둘 이상의 주산품이 나올 때 이들을 **결합제품**(joint products) 또는 **연산품**이라고 한다. 소를 가공하는 결합제조공정에서 소(재료)의 원가와 소 가공원가가 결합원가이며, 안심과 등심 등은 결합제품이 된다.

2) 결합원가와 분리가능원가

최초 분리점(1차 분리점)에서 생산된 제품은 바로 판매될 수도 있고, 추가가공을 한 후에 판매될 수도 있다. 또한, 추가가공을 한 후 그대로 판매될 수도 있지만, 2차 분리점에서 여러 종류의 제품으로 다시 분리될 수도 있다.

분리점을 지난 후 각 제품을 추가가공하는 과정에서 발생하는 원가를 **추가가공원가**라고 한다. 추가가공원가는 특정 제품을 가공하는 과정에서 발생하는 원가로서, 그 제품에 전적으로 귀속되는 원가이므로 **분리가능원가**(separable costs)라고도 한다(그림 8-2).

기업은 외부 재무보고 목적으로 각 결합제품에 대해 재고자산의 가치와 매출원가를 보고해야 한다. 또한, 각종 정부조달 계약에서 결합제품을 공급하는 기업은 제품의 가격 산정을 위해 발주처와 합의한 방법으로 결합원가를 배분해야 한다. 통신산업과 같은 규제산업에서는 여러 규제, 비규제 서비스들이 공동으로 사용하는 통신선로나 장비의 원가(결합원가)를 관련 규제, 비규제 서비스에 배분하여 요금규제를 받는 서비스의 원가를 보고해야 한다.

2. 결합원가 배분방법

결합원가는 제조공정의 특성으로 인해 **인과관계기준**(제4장 참고)에 부합하는 배부기준이 존재하지 않는다. 예를 들어, 탄광을 구입하여 은과 구리를 생산할 때 은과 구리가 각각 결합원가(탄광구입원가와 채굴원가) 중에 얼마를 발생시켰는지 인과관계적으로 알 수 없다.

따라서, 결합원가 배분은 인과관계기준이 아닌 수혜기준 등 다른 기준에 기초한 배부방법을 사용하게 된다. 주요 결합원가 배분방법으로는 **물량기준법**, **판매가치법**, **순실현가치법**, **균등매출총이익률법** 등 네 가지가 있다. 주산품과 부산품에 대해 결합원가를 배분하는 방법은 다르다. 먼저, 주산품만 있는 경우에 대해 네 가지 결합원가 배분방법을 먼저 학습한 다음, 부산품이 있는 경우에 대해 학습하자. 다음 예제를 사용하자.

예제 8-1

농수산물 가공회사인 고기사랑(주)은 소를 구입하여 도축, 가공한 후 판매하는 회사이다. 소 한 마리의 가격은 ₩1,500,000이며, 한 마리를 가공하는 데 ₩660,000이 든다. 이 회사는 소를 가공하여 분리점에서 쇠고기 덩어리와 기타 덩어리를 생산한다. 쇠고기 덩어리와 기타 덩어리는 추가가공 없이 쇠고기 유통회사에 판매할 수도 있고, 추가가공을 거친 후 각각 쇠고기 부위와 기타 부위로 정육점에 판매할 수도 있다. 판매비용은 없다. 고기사랑(주)은 쇠고기 덩어리와 기타 덩어리를 모두 주산품으로 취급한다고 하자. 결합원가 배부와 관련된 전체 개념도는 그림 8-2에 나타나 있으며, 분리점을 지난 후 제품별 정보는 표 8-1과 같다. 네 가지 결합원가 배분방법을 학습해보자.

표 8-1 고기사랑(주)의 소 한 마리 가공 시 제품내역

	쇠고기(덩어리, 부위)	기타(덩어리, 부위)
(1) 분리점에서의 무게(kg)	100	400
(2) kg당 덩어리제품 판매가격(원)	24,500	125
(3) 덩어리 총판매가치(원)(=(1)×(2))	2,450,000	50,000
(4) 추가가공원가(원)	500,000	100,000
(5) 추가가공 후 부위제품 판매가치(원)	4,000,000	600,000
(6) 덩어리 순실현가치(원)(=(5)−(4))	3,500,000	500,000

그림 8-2 고기사랑(주)의 쇠고기 관련 제품 원가 발생 구조와 제품의 판매가치 (단위 : 원)

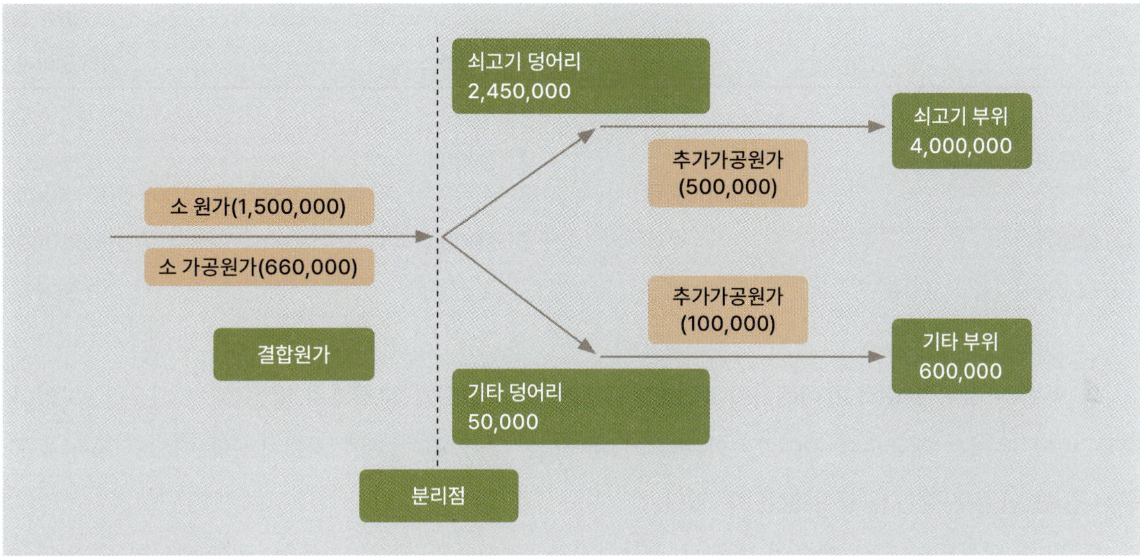

1) 물량기준법(physical measure method)

이 방법은 결합원가를 결합제품의 물량(무게, 부피, 수량 등)에 비례해서 배분하는 방법이다. 여기서 물량은 분리점에서의 물량으로서 추가가공 전의 물량이다. 추가가공으로 인해 물량이 변할 수 있는데, 결합원가는 추가가공 전에 발생한 원가이므로 추가가공 전의 물량 기준으로 배부해야 한다.

예제에서 물량기준으로 쇠고기 덩어리와 기타 덩어리의 무게(kg)를 사용하여 배분하면, 100kg과 400kg의 비율로 배분된다. 따라서, 결합원가 총액 ₩2,160,000(=₩1,500,000+₩660,000)은 쇠고기 덩어리와 기타 덩어리에 각각 ₩432,000, ₩1,728,000씩 배부된다.

물량기준법에 의한 가상의 손익계산서는 표 8-2와 같다(모든 생산량이 판매된 것으로 가정). 쇠고기 덩어리에 비해 기타 덩어리는 분리점 직후의 판매가치가 상대적으로 매우 낮으나 무게는 오히려 더 무거워, 물량기준법을 사용하면 큰 폭의 적자를 나타내게 된다.

표 8-2 물량기준법에서 제품별 손익계산서 | 예제 8-1

(단위 : 원)

	쇠고기 덩어리	기타 덩어리
(1) 매출액	2,450,000	50,000
(2) 매출원가 (결합원가배분액)	432,000 (=₩2,160,000×100÷(100+400))	1,728,000 (=₩2,160,000×400÷(100+400))
(3) 매출총이익	2,018,000	−1,678,000
(4) 매출총이익률(=(3)/(1))	82.4%	−3,356%

이 방법은 매우 단순하고 이해하기 쉽지만, 공통된 물량 단위가 존재하지 않을 때는 적용할 수 없다. 예를 들어, 유정을 채굴하여 천연가스와 원유가 추출되는 경우에, 기체인 천연가스와 액체인 원유에 공통된 물량 단위를 찾기가 쉽지 않을 수 있다.

또 다른 단점으로는 각 제품에 배분된 결합원가가 그 제품의 시장가치에서 크게 괴리될 수 있다는 것이다. 예를 들어, 탄광을 채굴하여 금과 납이 생산된다고 하자. 이때 탄광과 관련된 결합원가를 금과 납의 무게에 비례하여 배분한다고 하면, 대부분의 결합원가가 무거운 납에 배분되어 납의 원가가 매우 높게 나타남으로써, 납 제품은 항상 대규모 적자를 기록하게 되고, 금에는 결합원가가 매우 적게 배부되어 수익성이 과다하게 높은 것으로 나타나게 될 것이다.

이러한 현상은 광산개발의 목적이 납보다는 수익성이 높은 금을 채굴하는 것인데도, 광산개발 비용의 대부분이 납에 배분된다는 점에서 비합리적이다. 또한, 수익 창출능력이 더 높은 금에 더 적은 원가가 배분되므로 수혜기준에 입각해서 볼 때도 설득력이 떨어지는 배분방법이라 할 수 있다. 그럼에도 불구하고 다음에 설명하게 될 다른 배분방법들을 사용할 수 없는 경우에는 불가피하게 이 방법을 사용하게 된다.

2) 판매가치법(sales value at splitoff method)

이 방법은 "분리점에서의 판매가치"에 비례하여 결합원가를 배분하는 방법이다. 제품을 추가가공하여 판매하는 경우에 최종판매가치가 있겠지만, 그 경우에도 최종판매가치가 아니라 분리점에서의 판매가치를 이용하여 결합원가를 배부한다는 점에 주의해야 한다. 따라서, 결합제품 중에서 분리점에서 판매가치가 존재하지 않는 제품이 하나라도 있으면 이 방법을 사용할 수 없다. 예제에서 분리점에서 쇠고기 덩어리와 기타 덩어리의 시장가치가 각각 ₩2,450,000과 ₩50,000이므로, 결합원가 총액 ₩2,160,000은 각각 ₩2,116,800, ₩43,200씩 배분된다[2].

판매가치법에 의한 가상의 손익계산서는 표 8-3과 같다(모든 생산량이 판매된 것으로 가정). 이 방법의 특징은 분리점에서 모든 결합제품의 **매출총이익률**(gross margin percentage)이 같게 된다는 것이다. 예제에서 쇠고기 덩어리와 기타 덩어리의 매출총이익률은 13.6%로 같다. 매출총이익률이 같다는 것은 매출원가 ₩1당 창출하는 이익이 같다는 것을 의미하기도 한다. 예제에서 매출원가(결합원가 배분액) ₩1당 각 제품이 이익창출에 기여하는 금액은 약 ₩0.16(=₩333,200÷₩2,116,800=₩6,800÷₩43,200)임을 알 수 있다.

표 8-3 판매가치법에서 제품별 손익계산서 | 예제 8-1

(단위 : 원)

	쇠고기 덩어리	기타 덩어리
(1) 매출액	2,450,000	50,000
(2) 매출원가 (결합원가배분액)	2,116,800 (=2,160,000×2,450,000÷ (2,450,000+50,000))	43,200 (=2,160,000×50,000÷ (2,450,000+50,000))
(3) 매출총이익	333,200	6,800
(4) 매출총이익률(=(3)/(1))	13.6%	13.6%

3) 순실현가치법(net realizable value method)

이 방법은 하나 이상의 결합제품에서 추가가공이 있을 때, 분리점에서 결합제품의 **순실현가치**(NRV, Net Realizable Value)에 비례하여 결합원가를 배분하는 방법이다. 여기서 순실현가치는 다음과 같이 계산한다.

순실현가치 = 추가가공 후의 판매가치 − 추가가공원가 − 판매비용

추가가공이 없는 제품의 순실현가치는 분리점에서의 판매가치에서 판매비용을 차감한 금액이 된다. 예제에서 쇠고기 덩어리와 기타 덩어리를 추가가공한다고 하자. 쇠고기 덩어리의 순실현가치는 추가가공 후 쇠고기 부위의 판매가치 ₩4,000,000에서 추가가공원가 ₩500,000을 차감한 ₩3,500,000이다. 같은 방식으로 계산하면, 기타 덩어리의 순실현가치는 ₩500,000이 된다(표 8-1). 순실현가치법은 쇠고기

2 실제 매출액이 아닌 생산량의 시장가치에 비례하여 배분한다. 이는 판매가 되지 않더라도 원가는 이미 발생했기 때문이다.

덩어리와 기타 덩어리에 각각 ₩1,890,000, ₩270,000씩 배부하게 된다. 순실현가치법을 사용하는 경우, 쇠고기 부위와 기타 부위 판매에 대한 손익계산서는 표 8-4와 같다(모든 생산량이 판매된 것으로 가정). 여기서 매출원가는 결합원가배분액과 추가가공원가를 합한 금액이다.

표 8-4 순실현가치법에서 제품별 손익계산서 | 예제 8-1

(단위 : 원)

	쇠고기 부위	기타 부위
(1) 매출액	4,000,000	600,000
(2) 매출원가		
– 결합원가배분액	1,890,000 (=2,160,000×3,500,000÷ (3,500,000+500,000))	270,000 (=2,160,000×500,000÷ (3,500,000+500,000))
– 추가가공원가	500,000	100,000
– 합 계	2,390,000	370,000
(3) 매출총이익	1,610,000	230,000
(4) 매출총이익률(=(3)/(1))	40.25%	38.33%

이 방법을 사용하면 두 제품의 **매출총이익률**이 40.25%와 38.33%로 같지 않게 된다. 이것은 두 제품의 매출원가 ₩1당 이익창출능력이 다르다는 것을 의미한다. 그 이유는 결합원가를 배분할 때 추가가공원가를 제외한 순실현가치를 기준으로 배분하므로, 매출원가(결합원가배분액+추가가공원가) 중에서 추가가공원가는 이익창출능력이 없다고 가정하고 있기 때문이다[3]. 그런데 추가가공원가를 투입하는 이유가 추가적인 이익을 창출하기 위한 것이라는 점에서, 이 방법에는 이론적인 모순이 있다고 볼 수 있다.

따라서, 만약 분리점에서 모든 결합제품의 판매가치가 존재한다면 비록 추가가공을 하더라도 위에서 설명한 분리점에서의 판매가치법을 적용하는 것이 바람직하다. 즉, 순실현가치법은 결합제품 중에 분리점에서 판매가치가 존재하지 않는 제품이 하나 이상 있어서, 판매가치법을 사용할 수 없는 경우에 적합한 방법이다.

3 이 방법에서 매출총이익률이 제품별로 같지 않은 이유는 결합원가 ₩1당 이익창출능력은 동일하지만, 추가가공원가는 이익창출능력이 없는 것으로 간주하여 최종판매가치에서 추가가공원가를 차감한 순실현가치를 기준으로 결합원가를 배분하기 때문이다. 결합원가 배분액 ₩1당 이익창출액을 α라고 하면, 다음 식에서 확인해볼 수 있다. 쇠고기 부위 : (1+α)189만원+50만원=400만원. 기타 부위 : (1+α)27만원+10만원=60원. 두 식에서 α≒0.852로서, 결합원가 ₩1당 이익창출액이 같음을 알 수 있다.

4) 균등매출총이익률법(constant gross margin percentage NRV method)

순실현가치법은 결합제품 중에 분리점에서의 판매가치가 존재하지 않아 추가가공을 해야 하는 제품이 있는 상황에서 사용하는 방법으로, 매출총이익률이 제품별로 달라진다는 단점이 있음을 살펴보았다. 이 문제를 해결하기 위해 사용하는 방법이 **균등매출총이익률법**(또는 **수정순실현가치법**)으로서, 판매되는 최종제품의 매출총이익률이 같아지도록 결합원가를 배분하는 방법이다. 결합원가 배부순서는 다음과 같다.

첫째, 전체 제품의 매출총이익률을 계산한다. 예제에서 전체 제품의 매출총이익은 쇠고기 부위와 기타 부위의 판매가치의 합계(₩4,600,000)에서 결합원가(₩2,160,000)와 쇠고기 덩어리와 기타 덩어리의 추가가공원가(총 ₩600,000)를 차감한 금액인 ₩1,840,000이다. 이를 총매출액(판매가치의 합계)으로 나누면 매출총이익률은 40%가 된다.

$$\text{전체 매출총이익률} = \frac{\text{매출총이익}}{\text{전체 제품의 판매가치}}$$

$$= \frac{4{,}000{,}000 + 600{,}000 - 2{,}160{,}000 - 500{,}000 - 100{,}000}{4{,}000{,}000 + 600{,}000}$$

$$= \frac{₩1{,}840{,}000}{₩4{,}600{,}000} = 40\%$$

둘째, 각 제품의 매출총이익률이 전체 매출총이익률과 같게 되는 매출총이익 수준을 각 제품에 대해 계산한다. 쇠고기 부위의 매출총이익은 매출액 ₩4,000,000의 40%인 ₩1,600,000이 되며, 기타 부위의 매출총이익은 매출액 ₩600,000의 40%인 ₩240,000이 된다.

셋째, 각 제품에 대해 계산한 매출총이익을 이용해서 매출원가와 결합원가 배분액을 계산한다. 쇠고기 부위의 경우, 매출총이익 ₩1,600,000이 되기 위해 매출원가는 ₩2,400,000이 되어야 하며, 추가가공원가 ₩500,000이 있으므로, 배분되어야 할 결합원가는 ₩1,900,000이 된다. 기타 부위의 경우에는 매출총이익 ₩240,000이 되기 위해 매출원가는 ₩360,000이 되어야 하며, 추가가공원가 ₩100,000이 있으므로, 배분되어야 할 결합원가는 ₩260,000이 된다.

각 단계를 순서별로 정리하면 표 8-5와 같다.

표 8-5 균등매출총이익률법에서 제품별 결합원가 배분 | 예제 8-1

(단위 : 원)

	쇠고기 부위	기타 부위
(1) 매출액	4,000,000	600,000
(2) 필요 매출총이익(=(1)×0.4)	1,600,000	240,000
(3) 매출원가(=(1)−(2))	2,400,000	360,000
(4) 추가가공원가	500,000	100,000
(5) 결합원가배부액(=(3)−(4))	1,900,000	260,000

균등매출액법을 사용할 때 쇠고기 부위와 기타 부위의 손익계산서는 표 8-6과 같다. 두 제품 전체와 개별 제품의 매출총이익률은 40%로서 모두 같음을 알 수 있다(모든 생산량이 판매된 것으로 가정).

표 8-6 균등매출총이익률법에서 제품별 손익계산서 | 예제 8-1

(단위 : 원)

	쇠고기 부위	기타 부위	합 계
(1) 매출액	4,000,000	600,000	4,600,000
(2) 매출원가			
− 결합원가배분액	1,900,000	260,000	2,160,000
− 추가가공원가	500,000	100,000	600,000
− 합 계	2,400,000	360,000	2,760,000
(3) 매출총이익	1,600,000	240,000	1,840,000
(4) 매출총이익률(=(3)/(1))	40%	40%	40%

균등매출총이익률법은 판매가치가 매우 낮은 제품에 대해서도 다른 제품들과 동일한 매출총이익률을 달성할 수 있도록 결합원가를 배분하는 방법이므로, 결합원가를 배분하는 대신에 오히려 차감해주는 "−" 배부가 발생할 수도 있다. 또한, 각 제품의 개별적인 수익성에 무관하게 동일한 이익률을 달성할 수 있도록 결합원가를 배분하는 방식이므로, 사실상 "이익"을 배분하는 방식이라고도 볼 수 있다.

5) 네 가지 방법의 비교와 유의사항

우리는 지금까지 네 가지 결합원가 배분방법을 학습하였다. 이들 방법 중에서 물량기준법을 제외한 나머지 세 방법은 결합제품의 시장가치를 이용하여 배분하는 방법으로서 **시장가치 접근법**(market-based approaches)이다. 제품의 원가와 시장가치가 연계된다는 면에서 **수혜기준**(Benefits Received criterion)에 근거한 배분방법으로서 의미가 있다. 그러나, 시장가치가 존재하지 않을 때는 불가피하게 물량기준법을 사용할 수밖에 없다[4]. 또한, 시장가치의 변동성이 너무 큰 경우에도 물량기준법 사용을 고려해볼 수 있다.

시장가치 접근법 중에서는 분리점에서의 판매가치법이 가장 선호된다. 판매가치법은 사용이 간편하고, 분리점에서 각 결합제품의 수익성을 그대로 반영하므로 수혜기준에 가장 부합한다. 순실현가치법도 분리점에서의 순실현가치를 이용하여 배분하는 방법이므로 수혜기준에 어느 정도 부합한다고 볼 수 있다. 그러나, 순실현가치법은 분리점 이후 여러 가공단계를 거칠 경우 사용이 복잡할 수 있고, 추가가공원가의 이익창출 여지를 무시하므로 이론적인 모순을 안고 있으며, 추가가공 방식에 따라 결합원가 배분이 달라질 수 있다는 단점이 있다. 따라서, 판매가치법을 사용할 수 없을 때 그 다음으로 순실현가치법이 선호된다.

균등매출총이익률법은 순실현가치법과는 달리 추가가공원가도 이익을 창출할 수 있다는 점을 반영한다는 점에서 장점이 있다. 그러나, 각 제품의 개별적인 수익성을 무시하고 모든 제품을 마치 하나의 제품처럼 같은 이익률을 가정하여 분리점에서 각 제품이 받는 다른 수준의 혜택을 반영하지 않아, 수혜기준과는 다소 거리가 있고, 사용하기에도 복잡하다.

네 가지 방법 모두 결합원가 배분이라는 특수한 상황에서 사용하는 방법으로서, **인과관계기준**과는 거리가 있다는 점도 이해할 필요가 있다[5].

마지막으로, 네 가지 방법을 이용한 결합원가 배분결과를 제품별 가격결정이나 수익성 평가에 사용하기에는 한계가 있다. 네 방법은 인과관계기준에 의한 배부방법이라 하기 어려우므로, 제품별로 배부된 원가가 각 제품이 실제로 발생시킨 원가라고 보기 어렵다. 또한, 물량기준법을 제외한 방법들은 시장가

4 과거에 전화국에서 각 가정으로 연결되어 있던 전화선을 이용해서 전화만 할 수 있었으나, 기술발전으로 인터넷서비스도 제공할 수 있게 되자, 전화선의 원가(결합원가)를 전화서비스와 인터넷서비스로 어떻게 배분할 것인지에 대한 논의가 대두되었다. 인터넷서비스가 처음 도입되던 시기여서 시장가치를 이용한 결합원가 배분방법을 적용할 수 없었기 때문에, 당시 전화와 인터넷의 트래픽 기준으로 대략 5:5의 비율로 원가를 배분했던 적이 있다.

5 결합원가를 증가시키면(예 좋은 재료나 좋은 장비의 사용), 결합제품 중에서 판매가치가 높은 제품을 더 많이 생산할 수 있거나 제품의 시장가치가 증가할 수도 있다. 그 경우에는 결합원가와 판매가치 사이에 연계성이 있을 수 있다.

치를 이용하여 역으로 원가를 계산하는 방식이다. 따라서 시장가치를 이용해서 계산한 원가를 다시 제품 가격결정에 사용하는 것은 논리에 맞지 않는다.

3. 결합원가 배분과 추가가공 의사결정

분리점에서 결합제품이 생산되면, 추가가공을 할지, 그대로 판매할지를 결정해야 한다. 여기서 결합원가의 배부가 **추가가공 여부**에 어떤 영향을 미치는지 살펴보자. 추가가공은 분리점에서 판매가치가 없어서 판매 가능한 형태로 만들기 위해서 할 수도 있고, 분리점에서 판매가치가 있더라도 추가가공을 통해 더 많은 이익을 얻기 위해 할 수도 있다. 어느 경우이든 추가가공 전보다 추가가공 후에 이익이 더 많을 때 하게 된다.

추가가공을 통해 추가적으로 얻는 이익을 **증분이익**(incremental profit)이라고 하며, 증분이익이 "0"보다 큰 경우에 추가가공을 하게 된다. 증분이익은 추가가공을 통해 추가로 획득하는 수익인 **증분수익**(incremental revenue)에서 추가가공으로 인해 추가로 발생하는 비용인 **증분비용**(incremental cost)을 차감한 것이다.

증분이익 = 증분수익 – 증분비용

따라서, 추가가공에 따른 증분수익이 증분비용보다 더 크면, 증분이익이 "0"보다 크므로 추가가공을 하게 되는 것이다. 그런데 결합원가 배분은 추가가공을 하기 전에 이미 발생한 원가를 단순히 배분하는 것으로서 추가가공에 따른 증분수익과 증분원가에 전혀 영향을 미치지 않으므로, 추가가공 여부를 결정하는 데 아무런 영향을 미치지 않는다. 다음 예제를 통해 확인해보자.

예제 8-2

고기사랑(주)에 대한 예제 8-1을 이용하자. 분리점에서 생산된 쇠고기 덩어리(판매가치 ₩2,450,000)를 그대로 판매할 것인지, 아니면 추가가공을 해서 쇠고기 부위(판매가치 ₩4,000,000) 형태로 판매할 것인지에 대해 분석해보자.

먼저, 증분이 아닌 총액을 이용해서 분석해보자(표 8-7에서 (1)열과 (2)열 비교). 먼저, 분리점 이전에 발생한 결합원가(₩2,160,000원) 중에 쇠고기 덩어리에 배부되는 금액을 M이라고 하자. 추가가공 없이 덩어리 형태로 판매하는 경우, 매출액은 ₩2,450,000, 매출원가는 M, 매출총이익은 ₩(2,450,000−M)이다. 추가가공하는 경우에는 쇠고기 부위의 매출액은 ₩4,000,000, 매출원가는 ₩(M+500,000), 매출총이익은 ₩(3,500,000−M)이다. 따라서, 쇠고기 부위와 쇠고기 덩어리의 매출총이익의 차이는 ₩1,050,000(=(3,500,000−M)−(2,450,000−M))으로서 추가가공이 유리하며, 쇠고기 덩어리에 대한 결합원가 배분액인 M는 두 제품의 매출총이익 차이에 전혀 영향을 미치지 않는다는 것을 알 수 있다. 즉, 결합원가 배분액이나 배분방법은 추가가공 여부에 영향을 미치지 않는다는 것이다[6].

표 8-7 고기사랑(주)의 쇠고기 덩어리 추가가공 여부 | 예제 8-2

(단위 : 원)

구 분	쇠고기 덩어리(1)	쇠고기 부위(2)	차 이(3)(=(2)−(1))
매 출	2,450,000	4,000,000	1,550,000(증분수익)
매출원가	M*	M*+500,000	500,000(증분비용)
매출총이익	2,450,000−M*	3,500,000−M*	1,050,000(증분이익)

* M은 분리점 이전에 발생한 결합원가(₩2,160,000) 중 쇠고기 덩어리에 대한 배분액

총액 비교 대신 증분 개념을 사용하면 더 간단하게 분석할 수 있다(표에서 차이(3) 열). 추가가공에 따른 증분수익은 ₩1,550,000(=₩4,000,000−₩2,450,000)이며, 추가가공으로 인한 증분비용은 추가가공원가인 ₩500,000으로, 증분이익이 ₩1,050,000이므로 추가가공을 하는 것이 유리하다. 여기에서도 추가가공 이전에 발생한 결합원가의 배분액 M은 차이 값(증분수익, 증분비용, 증분이익) 어디에도 영향을 미치지 않는다는 것을 알 수 있다.

요약하면, 특정 시점에서 추가가공을 할 것인지에 대한 의사결정은 그 시점 전까지 발생한 모든 결합원가 배분액의 영향을 전혀 받지 않는다. 결합원가는 과거에 이미 발생한 비용(매몰원가)으로, 미래 추가가공 여부 의사결정에 전혀 영향을 미치지 않는다는 것이다.

추가가공에 따른 증분비용을 계산할 때 주의할 점은 추가가공으로 인해 실제로 증가하는 비용만 고려해야 한다는 것이다. 이미 구축되어 있는 설비의 감가상각비나 공장장 급여 등 추가로 발생하지 않는 비

6 여기서 우리는 추가가공 후에 판매할 제품의 시장가격이 이미 존재하여 가격이 제품의 원가에 영향을 받지 않는 상황에 대해 분석하였다. 그러나, 원가에 일정한 이윤을 더해 가격을 설정하는 원가가산 가격설정(cost-plus pricing)을 사용하는 상황에서는 결합원가 배분액이 추가가공 후의 제품 가격에 영향을 미칠 수 있으므로, 결합원가 배분액(방법)이 추가가공 의사결정에 영향을 미칠 수도 있다.

용을 추가로 배분받는다고 하더라도 그 배분액은 추가가공의 증분비용에 해당하지 않는다. 고기사랑(주) 예제에서도 추가가공원가에는 실제로 증가하는 비용만 포함한 것이다.

4. 부산품 회계

지금까지 **주산품**만 있는 경우의 결합원가 배분방법을 학습하였다. 이제 **부산품**이 있는 경우를 살펴보자. 부산품이 존재하는 경우 회계처리방법은 크게 두 가지가 있다. 부산품의 가치 인식 시점에 따라 **생산기준법**과 **판매기준법**으로 구분하기도 하고, 회계처리방법에 따라 **원가차감법**과 **잡수익법**으로 구분하기도 한다. 보통 생산기준법은 원가차감법을 사용하고, 판매기준법은 잡수익법을 사용하므로, 이를 함께 설명하기로 한다.

간단한 다음 예제를 통해 두 방법을 학습해보자.

예제 8-3

(주)양갈비는 결합공정을 통해 주산품 M과 부산품 Y를 생산하고 있다. 202X년 주산품과 부산품의 기초재고는 없으며, 당기에 발생한 결합원가는 ₩12,000(=재료원가 ₩9,000+가공원가 ₩3,000)이다. 주산품과 부산품의 추가가공원가와 판매비용은 발생하지 않는다. 당기 생산량과 판매량 및 판매가격은 표 8-8과 같다. 생산기준법과 판매기준법에서 단계별로 분개하고 주산품의 가치를 계산해보자.

표 8-8 (주)양갈비의 주산품과 부산품 내역

	생산량(개)	판매량(개)	판매가격(원)	기말재고량(개)
주산품 M	500	300	60	200
부산품 Y	200	50	10	150

1) 생산기준법(원가차감법)

이 방법은 부산품의 가치를 생산완료 시점에서 인식하는 방법으로서, 부산품의 가치는 부산품의 순실현가치(판매가치 – 추가가공원가 – 판매비용)로 인식한다. 주산품의 가치는 결합원가에서 부산품의 순실현가치를 차감한 나머지 금액으로 인식한다. 단계별 분개는 다음과 같다.

생산완료

(차) 제품 10,000 (대) 재공품 12,000
부산품 2,000

여기서 부산품 Y의 순실현가치는 총판매가치와 같은 ₩2,000(=200개×₩10)이며, 별도의 자산으로 인식한다. 주산품인 제품 M의 원가는 결합원가 ₩12,000에서 부산품의 순실현가치 ₩2,000을 차감한 ₩10,000이 되며, 생산량이 500개이므로 제품 M의 단위당 원가는 ₩20이 된다.

주산품 판매

(차) 매출채권 18,000 (대) 매출 18,000
(차) 매출원가 6,000 (대) 제품 6,000

부산품 판매

(차) 현금 500 (대) 부산품 500

부산품 판매는 손익거래로 인식하지 않는다. 부산품 Y는 ₩500(=50개×₩10)이 감소하고 현금(또는 미수금)이 증가하는 자산교환 거래로 인식한다. 생산기준법에서 부산품 판매에 따른 손익은 항상 "0"이다. 그러나, 생산시점에서 인식한 부산품의 순실현가치가 실제 판매액과 다른 경우에는 부산품 판매에 따른 이익이 발생할 수 있다.

2) 판매기준법(잡수익법)

이 방법은 부산품의 가치를 생산완료 시점에서 전혀 인식하지 않고, 별도의 비망록에 기록해두었다가 부산품이 판매되는 시점에 판매비용을 차감한 판매금액을 잡수익으로 인식하는 방법이다. 생산시점에서는 부산품의 가치가 전혀 인식되지 않으므로, 주산품의 가치는 결합원가 전체 금액으로 인식한다. 단계별 분개는 다음과 같다.

생산완료

(차) 제품 12,000 (대) 재공품 12,000

부산품은 가치를 인식하지 않으므로 자산으로 기록되지 않는다. 결합원가 ₩12,000 전액을 주산품의 가치로 인식하게 되므로 주산품 단위당 원가는 ₩24이 된다.

주산품 판매

(차) 매출채권 18,000 (대) 매출 18,000
(차) 매출원가 7,200 (대) 제품 7,200

부산품 판매

(차) 현금 500 (대) 잡수익 500

부산품 Y는 자산으로 인식되어 있지 않고 별도의 메모장에 기록되어 있을 뿐이므로, 부산품 판매 시에는 자산과 관련된 회계처리가 발생하지 않으며, 현금유입은 잡수익으로 기록된다. 또는 수익 항목 대신 주산품 매출원가의 차감 항목으로 보고하기도 한다.

위 예제에서 생산기준법과 판매기준법을 적용한 경우의 기말 재무상태표 표시는 표 8-9와 같다.

표 8-9 재무상태표의 기말 재고자산 | 예제 8-3

(단위 : 원)

	생산기준법	판매기준법
주산품 M	4,000	4,800
부산품 Y	1,500	–

생산기준법은 생산이 완료되는 회계기간에 부산품의 가치를 별도로 인식하여, 주산품의 원가를 그만큼 감소시키는 방법이므로, 주산품 판매 시 수익과 비용이 적절하게 대응된다는 점에서 이론적으로 판매기준법보다 우수하다. 그러나, 부산품의 가치가 매우 낮거나 변동성이 클 때는 판매기준법 사용을 고려할 수 있다.

3) 복수의 주산품이 있을 경우의 부산품 회계

이제 부산품과 함께 두 개 이상의 주산품이 있는 복잡한 경우에 대해 살펴보자.

예제 8-4

(주)사슴농장은 결합공정의 분리점에서 주산품인 제품 A, 제품 B 및 부산품인 제품 Y를 생산한다. 2024년 결합원가는 ₩700,000이며, 주산품과 부산품의 기초재고는 없다. 주산품과 부산품은 모두 판매 가능한 형태로 추가가공을 하게 되며, 부산품은 판매비용이 발생한다. 당기에 발생한 구체적인 내역은 표 8-10과 같다. 결합원가 배분은 순실현가치법을 사용한다. 부산품 회계처리방법인 생산기준법(원가차감법)과 판매기준법(잡수익법)을 각각 사용하여 당기의 영업이익을 계산해보자. 표에서 단위당 NRV는 최종판매가격에서 단위당 추가가공원가와 단위당 판매비를 뺀 금액이다.

표 8-10 (주)사슴농장의 2024년 주산품과 부산품 자료

제 품	종 류	생산량 (1)	단위당 추가가공 원가(2)	판매량 (3)	단위당 판매비 (4)	최종판매 가격 (5)	단위당 NRV(6) (=(5)−(2)−(4))	NRV(7) (=(1)×(6))
A	주산품	20,000개	₩5	14,000개	₩0	₩50	₩45	₩900,000
B	주산품	10,000	4	8,000	0	64	60	600,000
Y	부산품	5,000	4	3,000	1	25	20	100,000

(1) 생산기준법(원가차감법)

분리점(생산시점)에서 부산품 Y의 총순실현가치가 ₩100,000이므로, 이 방법에서 부산품의 가치는 ₩100,000으로 인식되며, 주산품에 배부해야 할 결합원가는 ₩600,000(=₩700,000 − ₩100,000)이다. 순실현가치법에서는 ₩600,000을 분리점에서 주산품 A와 B의 순실현가치에 비례해서 배분한다. 결합원가 배부내역은 표 8-11과 같다.

표 8-11 생산기준법에서 결합원가의 배분과 주산품의 단위당 원가 | 예제 8-4

	NRV	NRV비율	결합원가 배부액	생산량 단위당 배부액(1)	단위당 추가가공원가(2)	완성품 단위당 원가 (3)(=(1)+(2))
주산품 A	₩900,000	0.6	₩360,000	₩18 (=₩360,000÷20,000개)	₩5	₩23
주산품 B	600,000	0.4	240,000	24 (=₩240,000÷10,000개)	4	28
합 계	1,500,000	1	600,000	−	−	−

완성품 단위당 원가(표 8-11에서 (3))는 분리점에서의 결합원가의 단위당 배부액과 분리점 이후 투입되는 단위당 추가가공원가를 합한 금액이다. 당기 손익계산서는 표 8-12와 같다[7].

표 8-12 (주)사슴농장 2024년 생산기준법에서 제품별 손익계산서 | 예제 8-4

(단위 : 원)

	주산품 A	주산품 B	부산품 Y	합 계
매 출	700,000	512,000	75,000	1,287,000
매출원가	322,000	224,000	72,000	618,000
– 기초재품재고액	0	0	0	0
– 당기제품제조원가	460,000 (=20,000개×₩23)	280,000 (=10,000개×₩28)	120,000 (=5,000개×₩24)	860,000
– (기말제품재고액)	(138,000) (=6,000개×₩23)	(56,000) (=2,000개×₩28)	(48,000) (=2,000개×₩24)	(242,000)
매출총이익	378,000	288,000	3,000	669,000
판매비	0	0	3,000	3,000
영업이익	378,000	288,000	0	666,000

부산품의 단위당 원가(가치)가 생산부터 판매까지 단계별로 달라짐에 유의해야 한다. 그림 8-3에 나타난 바와 같이, 분리점 직후에는 단위당 순실현가치인 ₩20으로 인식되며, 추가가공을 마친 후에는 추가가공원가 ₩4이 더해진 ₩24으로 가치가 증가한다. 손익계산서에서 당기제품제조원가와 기말재고 금액에 반영되는 부산품 Y의 단위당 원가는 부산품이 추가가공을 마친 완성품 형태로서 판매되기 전 단계

그림 8-3 생산기준법에서 부산품의 단계별 가치 변화

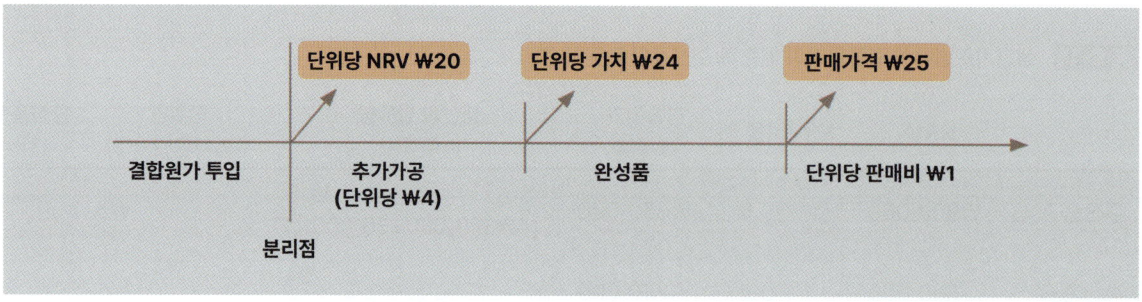

7 앞에서 설명한 바와 같이 부산품 판매는 매출로 인식하지 않을 수 있으나 부산품 판매에 따른 손익이 항상 "0"이 됨을 보여주기 위해 매출로 표시하였다.

의 원가이므로, 단위당 순실현가치(₩20)와 단위당 추가가공원가(₩4)의 합인 ₩24이 된다.

부산품 판매시점에서는 단위당 판매비 ₩1이 발생하므로, 단위당 총비용은 매출원가 ₩24과 판매비 ₩1을 더한 ₩25으로서, 항상 판매가격(₩25)과 같게 된다. 따라서 생산기준법에서 부산품의 판매에 따른 손익은 "0"이다.

(2) 판매기준법(잡수익법)

이 방법에서는 생산시점에서 결합원가 ₩700,000은 모두 주산품에 배분하고 부산품 Y의 가치는 인식하지 않는다. 순실현가치법에 따른 결합원가의 구체적인 배분 내역은 표 8-13과 같다.

표 8-13 판매기준법에서 결합원가의 배분과 주산품의 단위당 원가 | 예제 8-4

	NRV	NRV비율	결합원가 배부액	생산량 단위당 배부액(1)	단위당 추가가공원가(2)	완성품 단위당 원가 (3)(=(1)+(2))
주산품 A	₩900,000	0.6	₩420,000	₩21 (=₩420,000÷20,000개)	₩5	₩26
주산품 B	600,000	0.4	280,000	28 (=₩280,000÷10,000개)	4	32
합 계	1,500,000	1	700,000	–	–	–

완성품 단위당 원가는 결합원가의 단위당 배부액과 단위당 추가가공원가를 합한 금액이다. 당기 손익계산서는 표 8-14와 같다.

표 8-14 (주)사슴농장의 2024년 판매기준법에서 제품별 손익계산서 | 예제 8-4

(단위 : 원)

	주산품 A	주산품 B	합 계
매출	700,000	512,000	1,212,000
매출원가	364,000	256,000	620,000
– 기초재품재고액	0	0	0
– 당기제품제조원가	520,000 (=20,000개×₩26)	320,000 (=10,000개×₩32)	840,000
– (기말재품재고액)	(156,000) (=6,000개×₩26)	(64,000) (=2,000개×₩32)	(220,000)

(표 계속)

	주산품 A	주산품 B	합 계
매출총이익	336,000	256,000	592,000
판매비	0	0	0
부산품 판매이익	–	–	60,000
영업이익	336,000	256,000	652,000

판매기준법을 사용하면, 부산품은 생산시점에서 별도의 자산으로 인식되지 않는다. 따라서, 판매시점에 부산품 판매에 따른 이익은 판매된 부산품의 순실현가치가 된다. 즉, ₩60,000(=3,000개×단위당 순실현가치 ₩20)이 인식된다[8].

생산기준법의 경우, 부산품의 가치는 생산시점에서 NRV만큼 인식되지만, 판매기준법의 경우에는 생산시점에서는 "0"의 가치를 가지는 것으로 출발하여 판매시점에서 NRV만큼의 가치를 지니게 되는 것이다.

8 달리 설명하면, 분리점에서 부산품의 원가는 "0"이지만(따라서, 자산으로 인식하지 않음), 추가가공원가와 판매비를 합쳐 단위당 총 ₩5을 투입하면 최종 판매가격이 단위당 ₩25이 되므로, 판매 시 단위당 이익은 ₩20이 된다.

연습문제

01 결합원가 배분방법

결합원가계산에 관한 다음 사항 중 옳지 않은 것은?

① 순실현가치법은 원가가산 가격결정을 위한 원가를 산정하는 데 사용하기에 부적합하다.
② 결합원가의 네 가지 배분방법은 인과관계기준에 의한 원가배분방법들이라 할 수 있다.
③ 결합원가 배분방법은 추가가공 의사결정에 영향을 미치지 않는다.
④ 물량기준법에서는 제품 단위당 원가가 판매가격보다 큰 경우도 발생할 수 있다.

02 결합원가 배분방법

결합원가계산에 관한 다음 사항 중에서 옳지 않은 것은?

① 판매가치법의 경우 분리점에서의 각 제품의 매출총이익률은 동일하다.
② 분리점에서 결합제품의 판매가치가 있는 경우에도 최종판매가치를 고려하는 순실현가치(NRV)법을 사용하는 것이 좋다.
③ 수정NRV법에서 결합원가와 분리원가의 ₩1당 이익창출기여도는 동일하다.
④ 순실현가치법에서 최종제품의 매출총이익률은 동일하지 않다.

03 상대적 판매가치법에 의한 결합원가 배분 (2022 국가직 9급)

㈜한국은 화학재료 4,000kg을 투입해서 정제공정을 거쳐 3:2의 비율로 연산품 A와 B를 생산하며, 분리점 이전에 발생한 결합원가는 다음과 같다.

	금 액
직접재료원가	₩250,000
직접노무원가	₩120,000
제조간접원가	₩130,000
합 계	₩500,000

결합제품의 kg당 판매가격은 연산품 A가 ₩40/kg이고, 연산품 B가 ₩60/kg이다. 분리점에서의 판매가치법에 따라 결합원가를 배분할 경우, 연산품 B에 배부되는 결합원가는?

① ₩250,000 ② ₩350,000 ③ ₩450,000 ④ ₩550,000

04 균등매출총이익률법에 의한 결합원가 배분 (2022 CPA)

㈜대한은 결합생산공정을 통해 결합제품 X와 Y를 생산 및 판매하고 있으며, 균등매출총이익률법을 적용하여 결합원가를 배부한다. ㈜대한은 20X1년에 결합제품 X와 Y를 모두 추가가공하여 전량 판매하였으며, 추가가공원가는 각 제품별로 추적가능하고 모두 변동원가이다. ㈜대한의 20X1년 생산 및 판매 관련 자료는 다음과 같다.

제 품	생산량	추가가공원가	최종판매단가
X	6,000단위	₩30,000	₩50
Y	10,000	20,000	20

20X1년 중 발생한 결합원가가 ₩350,000일 경우, ㈜대한이 제품 X와 Y에 배부할 결합원가는 각각 얼마인가? (단, 공손 및 감손은 없으며, 기초 및 기말재공품은 없다.)

	제품 X	제품 Y
①	₩200,000	₩150,000
②	₩210,000	₩140,000
③	₩220,000	₩130,000
④	₩230,000	₩120,000
⑤	₩240,000	₩110,000

05 결합원가 배분방법 (2016 세무사)

결합원가계산에 관한 설명으로 옳지 않은 것은?

① 물량기준법은 모든 연산품의 물량 단위당 결합원가 배부액이 같아진다.
② 분리점판매가치법(상대적 판매가치법)은 분리점에서 모든 연산품의 매출총이익률을 같게 만든다.
③ 균등이익률법은 추가가공 후 모든 연산품의 매출총이익률을 같게 만든다.
④ 순실현가치법은 추가가공 후 모든 연산품의 매출총이익률을 같게 만든다.
⑤ 균등이익률법과 순실현가치법은 추가가공을 고려한 방법이다.

06 순실현가치법에 의한 결합원가 배분 (2022 관세사)

㈜관세는 결합공정을 통해 제품 A와 B를 생산하고 있으며, 결합원가를 순실현가치법에 의해 배분한다. 제품 A는 분리점에서 즉시 판매되고 있으나, 제품 B는 추가가공을 거쳐서 판매된다. ㈜관세의 당기 영업활동 관련 자료는 다음과 같다.

제 품	생산량	판매량	단위당 추가가공원가	단위당 판매가격
A	4,000단위	3,000단위	−	₩250
B	6,000	4,000	?	350

당기 결합원가 발생액이 ₩800,000이고, 제품 B에 배분된 결합원가가 ₩480,000일 경우, 제품 B의 단위당 추가가공원가는? (단, 기초 및 기말재공품은 없다.)

① ₩32　② ₩48　③ ₩69　④ ₩80　⑤ ₩100

07 순실현가치법에 의한 결합원가 배분 (2021 관세사)

20X1년 초 설립된 ㈜관세는 결합된 화학처리 공정을 통해 두 가지 연산품 제품 A와 제품 B를 생산한다. 제품 A는 분리점에서 판매되고, 제품 B는 추가가공을 거쳐 판매된다. 연산품에 관한 생산 및 판매 관련 자료는 다음과 같다.

제 품	생산량	기말재고량	kg당 판매가격
A	1,200kg	200kg	₩100
B	800kg	100kg	₩120

결합원가는 ₩40,000이고, 제품 B에 대한 추가가공원가가 ₩16,000이다. ㈜관세가 결합원가를 순실현가치법으로 배부할 경우, 20X1년 매출원가는? (단, 기말재공품은 없다.)

① ₩45,000　② ₩46,500　③ ₩48,000　④ ₩49,500　⑤ ₩50,500

08 순실현가치법에 의한 결합원가 배분 (2017 세무사)

㈜세무는 결합원가가 ₩15,000으로 제품 A와 제품 B를 생산한다. 제품 A와 제품 B는 각각 ₩7,000과 ₩3,000의 추가가공원가(전환원가)를 투입하여 판매된다. 순실현가치법을 사용하여 결합원가를 배분하면 제품 B의 총제조원가는 ₩6,000이며 매출총이익률은 20%이다. 제품 A의 매출총이익률은?

① 23%　② 24%　③ 25%　④ 26%　⑤ 27%

09 균등매출총이익률법에 의한 결합원가 배분 (2020 CPA)

㈜대한은 동일 공정에서 세 가지 결합제품 A, B, C를 생산한다. 제품 A, 제품 B는 추가가공을 거치지 않고 판매되며, 제품 C는 추가가공원가 ₩80,000을 투입하여 추가가공 후 제품 C+로 판매된다. ㈜대한이 생산 및 판매한 모든 제품은 주산품이다. ㈜대한은 제품 A, 제품 B, 제품 C+를 각각 판매하였을 때 각 제품의 매출총이익률이 연산품 전체매출총이익률과 동일하게 만드는 원가배부법을 사용한다. 다음은 ㈜대한의 결합원가 배부에 관한 자료이다. 제품 C+에 배부된 결합원가는 얼마인가?

제 품	배부된 결합원가	판매(가능)액
A	?	₩96,000
B	₩138,000	?
C+	?	?
합 계	₩220,000	₩400,000

① ₩10,000 ② ₩12,000 ③ ₩15,000
④ ₩20,000 ⑤ ₩30,000

10 순실현가치법에 의한 결합원가 배분 2005 CPA

㈜백두산화학은 동일한 원재료를 가공하여 두 개의 결합제품 A와 B를 생산한다. 7월 중 A와 B의 생산 과정에서 발생한 직접재료원가는 ₩140,000, 가공원가는 ₩180,000이었다. 분리점에서 A의 판매가치는 ₩280,000인 반면, B는 추가가공을 거쳐 C라는 제품으로 전환되어 ₩500,000에 판매된다. 추가공정에서는 ₩80,000의 가공원가가 발생한다. 최종판매시점에서 A제품과 B제품의 매출총이익률은 각각 얼마인가?

① 25.71%와 38.40% ② 25.71%와 61.60% ③ 45.71%와 61.60%
④ 45.71%와 38.40% ⑤ 54.29%와 45.60%

11 부산품이 있을 경우의 순실현가치법에 의한 결합원가 배분 2015 CPA

㈜한국은 결합생산공정으로부터 두 종류의 주산품 A, B와 부산품 C를 생산하며, 부산품 C의 회계처리에는 생산기준법하에서의 원가차감법을 사용한다. 당기의 결합원가 발생액은 ₩54,000이며, 각 제품에 관한 자료는 다음과 같다. (단, 기초재고와 기말재공품은 없다.)

제 품	분리점 이후 추가가공원가	생산량	최종판매가치
A	₩10,000	1,000단위	₩70,000
B	₩15,000	1,500단위	₩55,000
C	₩2,000	500단위	₩6,000

㈜한국이 순실현가능가치(net realizable value)를 기준으로 결합원가를 배부한다면, 주산품 A에 배부되는 결합원가는 얼마인가?

① ₩20,000 ② ₩25,000 ③ ₩30,000
④ ₩35,000 ⑤ ₩40,000

12 부산품이 있을 경우의 순실현가치법에 의한 결합원가 배분 (2009 CPA)

㈜영남은 동일한 원료를 결합공정에 투입하여 주산품 X, Y와 부산품 B를 생산한다. 결합원가는 순실현가치(net realizable value)를 기준으로 제품에 배부한다. 당기에 결합공정에 투입된 총원가는 ₩150,000이고, 주산품 X, Y 및 부산품 B의 분리점에서 순실현가치의 상대적 비율은 6 : 3 : 1이었다. 주산품 X에 배부된 결합원가가 ₩80,000이었다면, 부산품 B의 순실현가치는 얼마인가? (단, 부산품은 생산된 시점에서 순실현가치로 평가하여 재고자산으로 계상한다.)

① ₩15,000 ② ₩30,000 ③ ₩35,000
④ ₩43,333 ⑤ ₩45,000

13 균등매출총이익률법에 의한 결합원가 배부 (2022 세무사)

㈜세무는 원유를 투입하여 결합제품 A를 1,000단위, B를 1,500단위 생산하였다. 분리점 이전에 발생한 직접재료원가는 ₩1,690,000, 직접노무원가는 ₩390,000, 제조간접원가는 ₩520,000이다. 제품 A와 B는 분리점에 시장이 형성되어 있지 않아서 추가가공한 후에 판매하였는데, 제품 A는 추가가공원가 ₩850,000과 판매비 ₩125,000이 발생하며, 제품 B는 추가가공원가 ₩1,100,000과 판매비 ₩200,000이 발생하였다. 추가가공 후 최종판매가치는 제품 A가 단위당 ₩2,000이며, 제품 B는 단위당 ₩3,000이다. 균등매출총이익률법에 따라 결합원가를 각 제품에 배부할 때, 제품 A에 배부되는 결합원가는?

① ₩525,000 ② ₩550,000 ③ ₩554,000
④ ₩600,000 ⑤ ₩604,000

14 상대적 판매가치법에 의한 결합원가 배분 (2019 세무사)

㈜세무는 결합공정에서 제품 A, B, C를 생산한다. 당기에 발생된 결합원가 총액은 ₩80,000이며, 결합원가는 분리점에서 상대적 판매가치를 기준으로 제품에 배분되고, 관련 자료는 다음과 같다. 추가가공이 유리한 제품만을 모두 고른 것은? (단, 결합공정 및 추가가공 과정에서 공손과 감손은 발생하지 않고, 생산량은 모두 판매되며 기초 및 기말 재공품은 없다.)

제 품	분리점에서의 단위당 판매가격	생산량	추가가공원가	추가가공 후 단위당 판매가격
A	₩20	3,000단위	₩10,000	₩23
B	30	2,000단위	15,000	40
C	40	2,000단위	15,000	50

① A ② A, B ③ A, C
④ B, C ⑤ A, B, C

15 부산품이 있을 경우의 순실현가치법에 의한 결합원가 배분 (2018 세무사)

㈜세무는 주산품 A, B와 부산품 S를 생산한다. 당기 중 발생한 결합원가는 ₩9,500이다. 결합원가는 분리점에서 순실현가능가치(NRV)를 기준으로 각 제품에 배부하며, 당기의 생산 및 원가자료는 다음과 같다.

제 품	분리점 이후 추가가공원가(총액)	추가가공 후 단위당 판매가격	생산량	판매량
A	₩2,000	₩40	200단위	180단위
B	1,000	20	250	200
S	500	15	100	90

주산품 B의 매출총이익은? (단, 기초재고자산은 없으며, 부산품 S는 생산시점에서 순실현가능가치로 인식한다.)

① ₩480 ② ₩560 ③ ₩580 ④ ₩750 ⑤ ₩810

PART III

이익계획, 전략적 원가관리, 책임회계

CHAPTER

9

원가-조업도-이익 분석

본 장에서는 기업의 이익계획 수립 시에 사용되는 원가-조업도-이익(CVP) 분석을 학습한다. CVP 분석은 판매량, 판매가격, 단위당 변동원가, 고정원가 등의 상호관계와 이들이 이익에 미치는 영향을 분석하는 기법으로서, 제품의 디자인 변경과 자본투자 의사결정이 원가구조를 통해 기업 이익에 미치는 영향을 분석하거나, 불확실성하에서 여러 투자 대안의 위험과 보상 구조를 평가하는 데도 사용된다. CVP 분석에 등장하는 공헌이익, 손익분기점, 안전한계, 영업레버리지 등의 용어는 다양한 의사결정 상황에서 폭넓게 사용된다.

CHAPTER

9

원가-조업도-이익 분석

1. 원가-조업도-이익 분석과 이익계획

기업 경영에서 가장 중요시하는 이익을 결정하는 요소는 판매량, 판매가격, 원가이다. 이 요소들은 복합적으로 이익에 영향을 미친다. 회사의 경영진이 이익과 관련해서 할 수 있는 기본적인 질문들은 다음과 같다. 손해를 보지 않기 위해서는 제품(서비스)을 얼마나 팔아야 하는가? 세금을 내고 나서 원하는 수준의 이익을 내기 위해서는 얼마나 팔아야 하는가? 판매가격을 낮추거나 높이면 이익에 어떤 영향이 있을 것인가? 사람의 손으로 작업을 하는 대신 언제 대규모 기계설비를 도입하는 것이 이익에 도움이 되는가? 판매량이 증가하면 이익은 얼마나 증가하는가? 등이다.

원가-조업도-이익 분석(CVP(Cost-Volume-Profit) analysis)은 판매량, 판매가격, 단위당 변동원가, 고정원가 등의 상호관계와 이들이 이익에 미치는 영향을 분석하여 위 질문들에 대한 대답을 제공하는 기법이다. 그 밖에도 기업에서 **이익계획**(profit plan)과 관련된 다양한 의사결정에 폭넓게 사용할 수 있다.

2. CVP 분석의 기초

1) 기본 모형

다음 예제를 이용해서 다양한 CVP 분석에 사용되는 기본 모형을 학습해보자.

예제 9-1

와인숍을 운영하고 있는 민혜는 국내 유명 와인 수입회사로부터 와인 M을 공급받아 자신의 와인숍에서 판매하고자 한다. 민혜는 202X년 1년 동안에 와인 M을 2,000병 정도 판매할 수 있을 것으로 예측하고 있다. 민혜가 와인 수입회사에 지불하는 와인 가격은 병당 ₩15,000이며(다른 변동원가는 없다고 가정), 연말에 판매되지 않고 남은 와인은 전량 와인 수입회사에 반품할 수 있다. 와인숍 1년 임대료는 ₩20,000,000이며, 그 외 비용은 없다. 민혜는 와인 M의 판매가격을 ₩40,000으로 책정하고자 한다. 민혜가 1년 동안 몇 병의 와인을 판매해야 하는지 분석해보자.

판매량과 이익의 관계를 분석하기 위해서는 판매량과 원가의 관계를 알아야 한다. 모든 원가를 판매량에 비례해서 변하는 변동원가와 판매량과 무관하게 고정된 고정원가로 구분할 수 있다고 하자. 그러면 수익, 원가, 이익의 기본적인 관계는 다음과 같이 나타낼 수 있다.

수익 − 총원가 = 영업이익
수익 − 변동원가 − 고정원가 = 영업이익

공헌이익 − 고정원가 = 영업이익
(여기서, 공헌이익 = 수익 − 변동원가)

공헌이익(contribution margin)은 수익에서 모든 변동원가(변동판매비와관리비 포함)를 차감한 것으로서, 공헌이익이 고정원가를 초과할 때부터 영업이익이 발생한다. 공헌이익으로 고정원가를 회수해야 하므로, 공헌이익은 고정원가를 회수하는 데 '공헌하는' 이익이다. 예제에서 와인 M 판매량이 2,000병일 때 수익은 ₩80,000,000(=₩40,000×2,000병)이며, 변동원가는 ₩30,000,000(=₩15,000×2,000병)이다. 따라서 공헌이익은 ₩50,000,000(=₩80,000,000−₩30,000,000)이며, 여기서 고정원가인 임대료를 차감하면 영업이익은 ₩30,000,000(=₩50,000,000−₩20,000,000)이 된다.

공헌이익은 위 식처럼 수익에서 변동원가를 차감해서 구할 수 있지만, 다음과 같이 **단위당 공헌이익**을 이용해서 계산할 수도 있다.

단위당 공헌이익 = 판매가격 − 단위당 변동원가
공헌이익 = 단위당 공헌이익 × 판매량

예제에서 단위당 공헌이익은 ₩25,000(=₩40,000－₩15,000)이며, 판매량이 2,000병일 때 공헌이익은 ₩50,000,000(=₩25,000×2,000병)으로 계산된다. 와인 한 병을 팔 때마다 공헌이익이 ₩25,000씩 발생하며, 2,000병을 팔면 공헌이익이 총 ₩50,000,000이 되어 고정원가 ₩20,000,000을 회수하고도 영업이익이 ₩30,000,000 발생하게 된다고 이해할 수 있다.

이제 민혜가 세우게 될 여러 이익목표를 달성하기 위해 와인을 몇 병 판매해야 하는지 분석해보자. 분석을 위해 다음과 같이 약어를 사용하기로 한다.

- Rev(Revenue) : 수익
- SP(Selling Price) : 판매가격
- Q(Quantity) : 판매량
- VC(Variable Costs) : 변동원가
- VCU(Variable Cost per Unit) : 단위당 변동원가
- FC(Fixed Costs) : 고정원가
- CM(Contribution Margin) : 공헌이익
- CMU(Contribution Margin per Unit) : 단위당 공헌이익
- OI(Operating Income) : 영업이익

위의 약자를 이용하여 앞에서 설명한 주요 수익, 비용, 이익의 관계를 다시 나타내면 다음과 같다.

$$Rev - VC - FC = OI$$
$$CM - FC = OI$$
(여기서, $CM = Rev - VC$)

$$CMU = SP - VCU$$
$$CM = CMU \times Q$$

이제 목표판매량에 대해 분석해보자. 위에서 $Rev - VC - FC = OI$는 세부항목을 이용해서 다음과 같이 나타낼 수 있다.

$$(SP \times Q) - (VCU \times Q) - FC = OI$$
$$\text{즉, } (SP - VCU) \times Q - FC = OI$$

이 식을 다시 정리하여 Q에 대해 나타내면 다음과 같다.

$$Q = \frac{(FC + OI)}{(SP - VCU)} = \frac{(FC + OI)}{CMU} \quad \cdots\cdots (\text{식 } Q)$$

2) 손익분기점

민혜가 와인 M을 판매하여 손해를 보지 않기를 원할 때(즉, 영업이익 OI=0) 판매해야 할 수량과 판매수익을 **손익분기점(BEP, Breakeven Point)**이라고 한다. 따라서 손익분기점에서 수익은 총원가와 같아진다. 위의 (식 Q)를 이용하면, **손익분기점 판매량(Q_{BEP})**은 다음과 같이 계산할 수 있다.

$$Q_{BEP} = \frac{FC}{CMU} = \frac{₩20{,}000{,}000}{₩25{,}000} = 800\text{병}$$

손익분기점 판매량은 다음과 같이 이해할 수 있다. 와인 M 한 병을 팔 때마다 단위당 공헌이익 ₩25,000씩이 누적되며, 800병을 팔게 되면 공헌이익이 고정원가와 같은 ₩20,000,000이 되어 영업이익이 '0'이 된다.

손익분기점 수익(Rev_{BEP})은 다음과 같이 손익분기점 판매량(Q_{BEP})에 가격을 곱하면 구할 수 있다.

$$Rev_{BEP} = Q_{BEP} \times SP = 800\text{병} \times ₩40{,}000 = ₩32{,}000{,}000$$

손익분기점 수익은 **공헌이익률(CMP, Contribution Margin Percentage)**을 이용하여 계산할 수도 있다. 공헌이익률은 판매가격 대비 단위당 공헌이익의 비율을 나타내며, 예제의 경우 다음과 같이 계산한다.

$$CMP = \frac{\text{단위당 공헌이익}}{\text{판매가격}} = \frac{CMU}{SP} = \frac{₩25{,}000}{₩40{,}000} = 0.625(62.5\%)$$

이처럼 공헌이익률은 수익(매출) 1원당 공헌이익이 얼마인가를 나타낸다. 이 개념을 이용하여 손익분기점 수익을 다음과 같이 나타낼 수 있다[1].

$$Rev_{BEP} = \frac{\text{고정원가}}{\text{공헌이익률}} = \frac{FC}{CMP} = \frac{₩20,000,000}{0.625} = ₩32,000,000$$

위 식의 의미는 수익이 ₩1씩 증가할 때마다 공헌이익이 ₩0.625씩 누적되어, 수익이 ₩32,000,000이 되면 공헌이익이 총 ₩20,000,000이 되어 영업이익이 '0'이 된다는 것이다. 즉, 앞에서 단위당 공헌이익(CMU)을 이용하여 손익분기점 판매량을 계산했듯이, 공헌이익률(CMP)을 이용하여 손익분기점 수익을 계산할 수도 있다.

그림 9-1은 **CVP 그래프**로서, 판매량(Q)의 변화에 따라 비용과 수익이 변하는 모습을 나타낸 것이다.

그림 9-1 원가-조업도-이익(CVP) 그래프

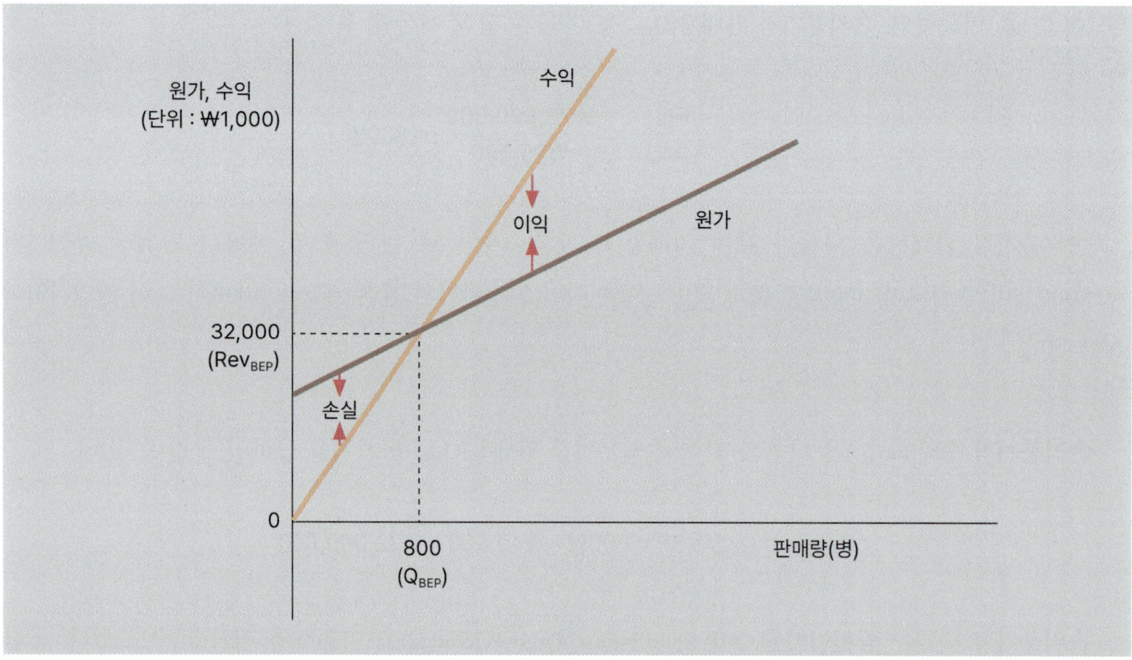

1 손익분기점 수익은 손익분기점 판매량을 이용하여 다음과 같이 유도할 수 있다.

$$Rev_{BEP} = Q_{BEP} \times SP = \frac{FC}{CMU} \times SP = \frac{FC}{\frac{CMU}{SP}} = \frac{FC}{CMP}$$

그림에서 비용과 수익이 같아지는 800병이 손익분기점 판매량이 된다.

3) 목표 영업이익

손익분기점에서 영업이익은 '0'이지만, 민혜는 와인숍 운영을 통해 일정 수준 이상의 이익을 달성하기를 희망한다. 이때 **목표 영업이익**(TarOI, Target Operating Income)을 달성하는 데 필요한 판매량 및 수익도 위의 (식 Q)를 이용하여 계산할 수 있다. 또한 납부해야 할 세금을 공제한 세후 순이익 목표를 달성하는 데 필요한 판매량과 수익도 (식 Q)를 이용하여 계산할 수 있다.

예제 9-2

민혜는 와인을 판매하여 ₩42,500,000의 영업이익을 달성하고자 한다. 필요한 판매량과 수익을 계산해보자. 또한 민혜가 ₩35,000,000의 세후 순이익을 달성하고자 할 때 필요한 판매량과 수익을 계산해보자(세율은 영업이익의 20%).

먼저, ₩42,500,000의 영업이익을 달성하고자 할 경우, 필요한 판매량은 (식 Q)를 이용하여 다음과 같이 계산할 수 있다.

$$Q_{TarOI} = \frac{FC + TarOI}{CMU} = \frac{₩20,000,000 + ₩42,500,000}{₩25,000} = 2,500\text{병}$$

다음으로, 필요한 수익은 목표판매량(Q_{TarOI})을 이용하거나 공헌이익률을 이용해서 다음과 같이 계산할 수 있다.

$$Rev_{TarOI} = Q_{TarOI} \times SP = 2,500\text{병} \times ₩40,000 = ₩100,000,000$$

또는

$$= \frac{FC + TarOI}{CMP} = \frac{₩20,000,000 + ₩42,500,000}{0.625} = ₩100,000,000$$

그림 9-2 이익-조업도(profit-volume) 그래프

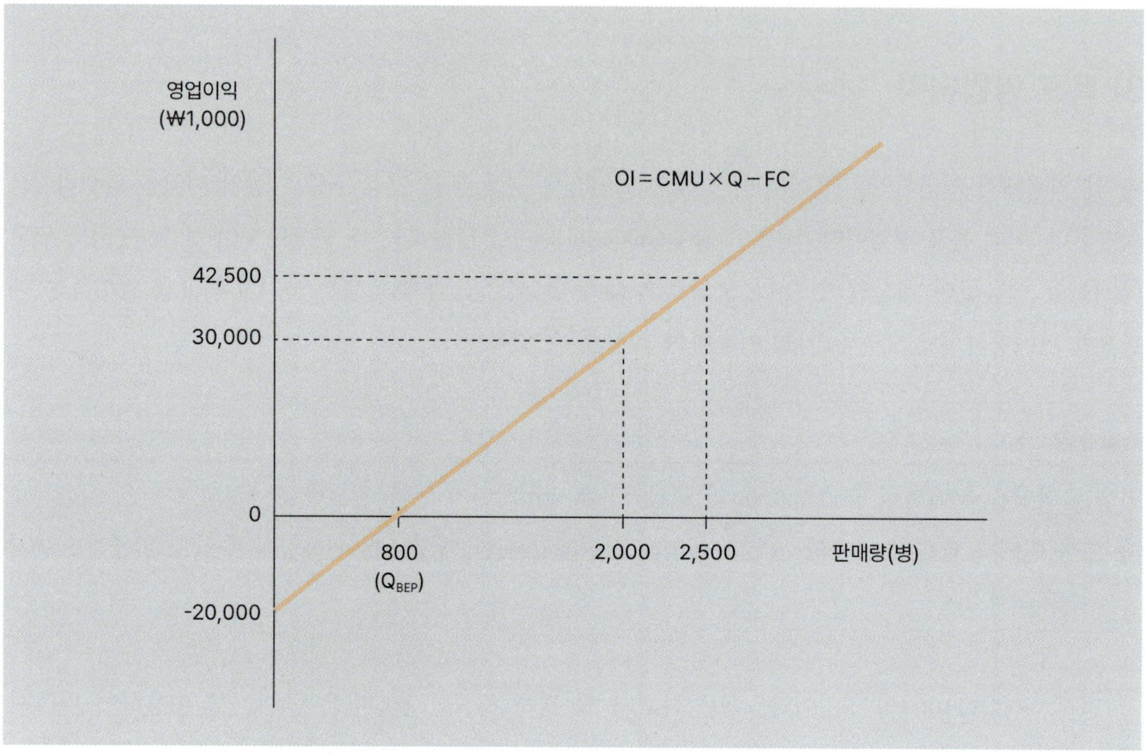

그림 9-2는 와인 M의 판매량과 영업이익의 관계를 나타낸 **이익-조업도(profit-volume) 그래프**이다. 영업이익을 나타내는 직선의 기울기인 CMU(단위당 공헌이익)는 ₩25,000으로서 와인 판매량이 한 병 증가할 때마다 영업이익이 ₩25,000씩 증가함을 나타낸다.

이제 ₩35,000,000의 **세후 목표 순이익(TarNI, Target Net Income)**을 달성하기 위해 필요한 판매량과 수익을 계산해보자. 세후 목표 순이익에 해당하는 목표 영업이익을 먼저 계산한 후 이를 달성하기 위한 판매량과 수익을 계산하면 된다.

세율이 20%일 때, 세후 목표 순이익(TarNI) ₩35,000,000을 달성하는 데 필요한 목표 영업이익(TarOI)은 다음과 같이 계산된다[2].

2 TarNI = TarOI − 세금 = TarOI − (TarOI × 세율) = TarOI(1 − 세율)

$$TarOI = \frac{TarNI}{(1-세율)} = \frac{35,000,000}{(1-0.2)} = 43,750,000$$

이를 이용하여 필요한 판매량과 수익은 다음과 같이 계산할 수 있다.

$$Q_{TarNI} = \frac{FC+TarOI}{CMU} = \frac{FC+\frac{TarNI}{(1-세율)}}{CMU}$$

$$= \frac{₩20,000,000+\frac{₩35,000,000}{(1-0.2)}}{₩25,000}$$

$$= \frac{₩20,000,000+₩43,750,000}{₩25,000} = 2,550병$$

$$Rev_{TarOI} = Q_{TarOI} \times SP = 2,550병 \times ₩40,000 = ₩102,000,000$$

또는

$$= \frac{FC+TarOI}{CMP} = \frac{FC+\frac{TarNI}{(1-세율)}}{CMP}$$

$$= \frac{₩20,000,000+₩43,750,000}{0.625} = ₩102,000,000$$

4) 원가계획

고정원가와 변동원가는 상충관계(trade-off)에 있다. 새로운 제조설비를 도입하면 고정원가는 증가하지만 단위당 변동제조원가는 감소할 수 있다. CVP 분석을 사용하면, 제조설비 도입으로 고정원가가 증가할 경우, 기존 영업이익 수준을 유지하기 위해 단위당 변동원가를 얼마나 줄여야 하는지 분석할 수 있다. CVP 분석의 (식 Q)를 이용하면, 단위당 변동원가를 계산하는 식을 다음과 같이 나타낼 수 있다.

$$Q = \frac{(FC+OI)}{(SP-VCU)}$$

$$SP-VCU = \frac{FC+OI}{Q}$$

$$VCU = SP - \frac{FC+OI}{Q}$$

이처럼 고정원가(FC)와 단위당 변동원가(VCU)에 관한 **원가계획(cost planning)**을 수립하는 데 CVP 분석을 사용할 수 있다.

다음 예제를 이용해서 학습해보자.

예제 9-3

제조업체인 ㈜민식은 작년도에 개당 ₩40,000에 제품 2,500개를 판매하여, ₩42,500,000의 영업이익을 기록하였다. 작년도 ㈜민식의 고정원가는 ₩20,000,000이었으며, 단위당 변동원가는 ₩15,000이었다(예제 9-2의 민혜와 같은 수치를 사용함). ㈜민식의 경영진은 판매량 증가 추세에 따라 제품 제조를 위해 새 기계를 추가로 도입하는 것을 검토하고 있다. 새 기계를 도입하면 단위당 변동원가는 감소할 수 있지만, 고정원가는 연간 ₩7,500,000 증가한다. ㈜민식은 금년도 판매량을 2,700개로 예상하고 있다. 새 기계를 도입한 후, 금년도부터 당장 작년도와 같은 수준의 영업이익을 내기를 원하다면, 단위당 변동원가를 얼마나 줄여야 하는가(가격은 작년과 같다고 가정한다.)?

새 기계를 도입하면, 고정원가(FC)는 ₩27,500,000(=₩20,000,000+₩7,500,000)이 되며, 단위당 변동원가(VCU)는 다음과 같이 계산한다.

$$VCU = SP - \frac{FC + OI}{Q} = 40,000 - \frac{27,500,000 + 42,500,000}{2,700} = 14,074(\text{소수점 이하 삭제})$$

㈜민식이 작년과 같은 수준의 영업이익을 내기 위해서는 단위당 변동원가가 ₩14,074 이하가 되도록 해야 한다. 따라서 ㈜민식은 원가관리를 통해 단위당 변동원가를 ₩926(=₩15,000－₩14,074) 이상 줄여야 한다.

5) CVP 분석의 기본 가정

우리는 지금까지 CVP 분석을 통해 제품의 조업도(판매량), 고정원가, 단위당 변동원가, 가격 등이 변함에 따라 수익, 총원가, 이익이 변하는 행태 및 이들의 상호관계에 관해 분석하였다. 이 CVP 분석은 다음과 같은 몇 가지 가정에 기반을 두고 있다.

첫째, 제품의 판매량이 제품의 수익과 원가(비용)를 변화시키는 유일한 동인(요소)이다.

둘째, 총원가는 제품의 판매량에 따라 변하는 변동원가와 판매량에 무관하게 일정한 고정원가로 구분된다[3].

셋째, 수익과 변동원가는 **관련범위**(relevant range) 내에서 판매량과 선형(직선) 관계에 있다.

넷째, 가격, 단위당 변동원가, 고정원가는 알려져 있고 일정하다.

다섯째, 단일 제품을 판매하거나, 복수의 제품을 판매할 경우에는 제품의 **매출배합**(sales mix)이 일정하다.

3. CVP 모형을 이용한 의사결정과 민감도 분석

1) 의사결정에서 CVP 모형 활용

의사결정의 핵심은 여러 대안의 영업이익을 비교하여 영업이익이 가장 큰 대안을 선택하는 것이다. 여러 대안의 영업이익을 비교하는 것은 수익과 원가의 차이를 비교하는 것과 동일하다. 이처럼 대안의 차이를 분석하는 방법을 **증분분석**(incremental analysis) 또는 **차액분석**(differential analysis)이라고 한다(자세한 사항은 제10장 참고).

일반적인 CVP 분석처럼 모든 원가를 변동원가와 고정원가로 분리할 수 있는 경우, 대안들의 영업이익 비교는 공헌이익 개념을 사용해서 할 수 있다. 다음 예제를 통해 학습해보자.

예제 9-4

예제 9-1에서 민혜가 단골고객들을 대상으로 와인 시음회를 열 경우, 202X년에 와인 판매량이 2,000병에서 2,200병으로 증가할 것으로 예상된다. 와인 시음회에 드는 비용은 고정원가로서 ₩3,000,000이다. 와인 시음회를 여는 것이 바람직한지 분석해보자.

두 대안(시음회를 열지 않는 대안과 시음회를 여는 대안)의 비교는 두 대안의 영업이익 차이(△OI)를 비

3 조업도가 증가함에 따라 고정원가가 계단식으로 증가하는 계단원가(step costs) 형태를 띠는 경우가 있다. 계단원가가 있는 경우에는 고정원가가 일정하게 유지되는 각 구간에 대해 각각 CVP 분석을 해야 한다.

교하면 된다. 영업이익의 차이는 두 대안의 공헌이익 차이(△CM)에서 고정원가 차이(△FC)를 뺀 값과 동일하다[4].

$$\triangle OI = \triangle CM - \triangle FC$$

따라서 어떤 대안을 다른 대안과 비교할 때, 공헌이익의 차이가 고정원가의 차이보다 큰 경우에는 그 대안의 영업이익이 더 크다. 즉, $\triangle OI > 0 \Leftrightarrow \triangle CM > \triangle FC$.

예제에서 시음회 비개최 대안과 개최 대안의 영업이익을 공헌이익 손익계산서(contribution income statement)를 이용하여 비교하면 표 9-1과 같다.

표 9-1 와인 시음회 비개최와 개최 대안의 영업이익 비교

	시음회 비개최 (a)	시음회 개최 (b)	차이 (c) = (b)−(a)	비 고
(1) 수익	₩80,000,000 (=2,000병×₩40,000)	₩88,000,000 (=2,200병×₩40,000)	₩8,000,000	
(2) 변동원가	₩30,000,000 (=2,000병×₩15,000)	₩33,000,000 (=2,200병×₩15,000)	₩3,000,000	
(3) 공헌이익(=(1)−(2))	₩50,000,000	₩55,000,000	₩5,000,000	△CM
(4) 고정원가	₩20,000,000	₩23,000,000	₩3,000,000	△FC
(5) 영업이익(=(3)−(4))	₩30,000,000	₩32,000,000	₩2,000,000	△OI

4 영업이익은 수익에서 총원가를 뺀 값이다. 따라서 두 대안의 영업이익 차이(△OI)는 두 대안의 수익 차이(△Rev)에서 총원가 차이(△TC)를 뺀 값과 같다.

$$\triangle OI = \triangle Rev - \triangle TC$$

위에서 총원가(TC)를 변동원가(VC)와 고정원가(FC)로 분리할 수 있는 경우, 공헌이익(CM)을 이용하여 다음과 같이 나타낼 수 있다.

$$\begin{aligned}\triangle OI &= \triangle Rev - \triangle TC \\ &= \triangle Rev - (\triangle VC + \triangle FC) \\ &= \triangle CM - \triangle FC\end{aligned}$$

즉, 두 대안의 영업이익 차이(△OI)는 두 대안의 공헌이익 차이(△CM)에서 고정원가 차이(△FC)를 뺀 값과 같다.

표에 나타난 바와 같이, 시음회 개최와 비개최의 영업이익 차이(△OI)는 ₩2,000,000이며, 이 차이는 공헌이익의 차이(△CM) ₩5,000,000에서 고정원가의 차이(△FC) ₩3,000,000을 뺀 값과 같다. 즉, 시음회 개최와 비개최의 영업이익을 각각 계산하여 그 차이를 비교할 필요 없이, 두 대안의 공헌이익 차이와 고정원가 차이를 비교하면 된다.

시음회 개최 대안과 비개최 대안의 공헌이익 차이는 ₩5,000,000(=판매량 증가 200병×단위당 공헌이익 ₩25,000)이며, 고정원가 차이는 시음회 비용 ₩3,000,000이므로, 영업이익의 차이는 ₩2,000,000이다. 이 차이는 손익계산서를 통해 계산한 영업이익의 차이와 같다.

다음 예제를 통해 이 점을 다시 학습해보자.

예제 9-5

예제 9-1에서 민혜는 와인 판매가격을 ₩35,000으로 인하하는 방안을 고려하고 있다. 가격을 인하할 경우 판매량이 2,000병에서 2,400병으로 증가할 것으로 기대한다. 와인 가격 인하가 바람직한지 분석해보자.

가격 인하 여부에 관한 의사결정도 앞에서 설명한 증분분석을 이용해서 할 수 있다. 본 예제에서는 두 대안에서 고정원가의 차이가 없으므로(△FC=0), 영업이익의 차이는 공헌이익의 차이와 같다. 즉, △OI=△CM−△FC=△CM. 가격이 ₩40,000일 때와 ₩35,000일 때의 공헌이익은 각각 다음과 같다.

(₩40,000 − ₩15,000) × 2,000병 = ₩50,000,000

(₩35,000 − ₩15,000) × 2,400병 = ₩48,000,000

두 대안의 공헌이익 차이는 ₩2,000,000으로서, 가격이 ₩40,000일 때의 공헌이익이 더 크다. 따라서 가격을 ₩35,000으로 인하하지 않는 것이 더 바람직하다. 이처럼 공헌이익 개념을 이용한 증분분석을 통해 비교적 간단하게 대안 간의 영업이익을 비교할 수 있다.

2) 민감도 분석과 안전한계

민혜의 와인 판매에 관한 예측은 실제 상황에서 그대로 실현되지 않을 수 있다. 연도 중간에 와인 수입회사가 와인 공급가격을 인상할 수도 있고(단위당 변동원가 증가), 고정원가도 예상과 다를 수 있다. 또한

표 9-2 민혜의 원가 시나리오별 필요 판매량

원가 시나리오		목표이익 수준별 필요 판매량*(단위 : 병)	
고정원가 (단위 : 원)	단위당 변동원가 (단위 : 원)	BEP	₩42,500,000
15,000,000	13,000	556	2,130
15,000,000	15,000	600	2,300
15,000,000	17,000	652	2,500
고정원가 (단위 : 원)	단위당 변동원가 (단위 : 원)	BEP	₩42,500,000
20,000,000	13,000	741	2,315
20,000,000	15,000	800	2,500
20,000,000	17,000	870	2,717
고정원가 (단위 : 원)	단위당 변동원가 (단위 : 원)	BEP	₩42,500,000
25,000,000	13,000	926	2,500
25,000,000	15,000	1,000	2,700
25,000,000	17,000	1,087	2,935

* 반올림 처리

판매량이 예상보다 적거나 많을 수도 있다. 따라서 민혜는 와인숍을 운영하기 전에 환경의 불확실성으로 인한 영향을 미리 분석하여 파악할 필요가 있다. 이때 유용하게 사용할 수 있는 기법이 **민감도 분석**(sensitivity analysis)이다. 민감도 분석은 스프레드시트를 이용하여 표 9-2와 같이 실시하면 편리하다.

표에 나타난 바와 같이, 고정원가와 단위당 변동원가가 각각 ₩25,000,000, ₩17,000으로 증가하는 가장 비관적인 시나리오에서 민혜가 손해를 보지 않기 위해서는 1,087병의 와인을 판매해야 함을 알 수 있다.

다음으로 불확실성의 영향을 분석하는 데 사용되는 개념으로 **안전한계**(M/S, Margin of Safety)가 있다. 안전한계는 현재 예상되는 판매량과 판매수익이 손익분기점과 비교해서 어느 정도 여유가 있는지를 나타내는 지표이다. 예제 9-1 와인 판매의 경우, **안전한계 물량**($Q_{안전한계}$)과 **안전한계 수익**($Rev_{안전한계}$)은 다음과 같이 계산한다.

$$Q_{안전한계} = 예상판매량 - 손익분기점\ 판매량 = 2{,}000병 - 800병 = 1{,}200병$$
$$Rev_{안전한계} = 예상수익 - 손익분기점\ 수익 = ₩80{,}000{,}000 - ₩32{,}000{,}000 = ₩48{,}000{,}000$$

그림 9-3은 x축과 y축에 안전한계 물량과 수익을 각각 나타낸 것이다. **안전한계율**(**margin of safety percentage**)은 예상수익(물량) 대비 안전한계 수익(물량)의 비율로서 다음과 같이 계산한다.

$$안전한계율 = \frac{안전한계\ 수익}{예상수익} = \frac{₩48{,}000{,}000}{₩80{,}000{,}000} = 60.0\%$$

민혜의 와인숍 운영은 안전한계율이 비교적 높은 편으로서, 현재의 가격과 원가구조에서 손해를 볼 가능성이 크지 않다. 그러나 안전한계율이 낮을 경우(즉, 예상판매량이 손익분기점 판매량과 크게 차이가 나지 않을 때)에는 손해가 발생할 가능성이 높아지므로, 손해 발생 위험(risk)을 감수하기 힘든 경우에는 사업을 시작하지 않는 것이 바람직할 수 있다. 예상 판매량이 손익분기점보다 높더라도 수요의 불확실성으로 손실이 발생할 위험이 있기 때문이다.

그림 9-3 와인 판매사업의 안전한계

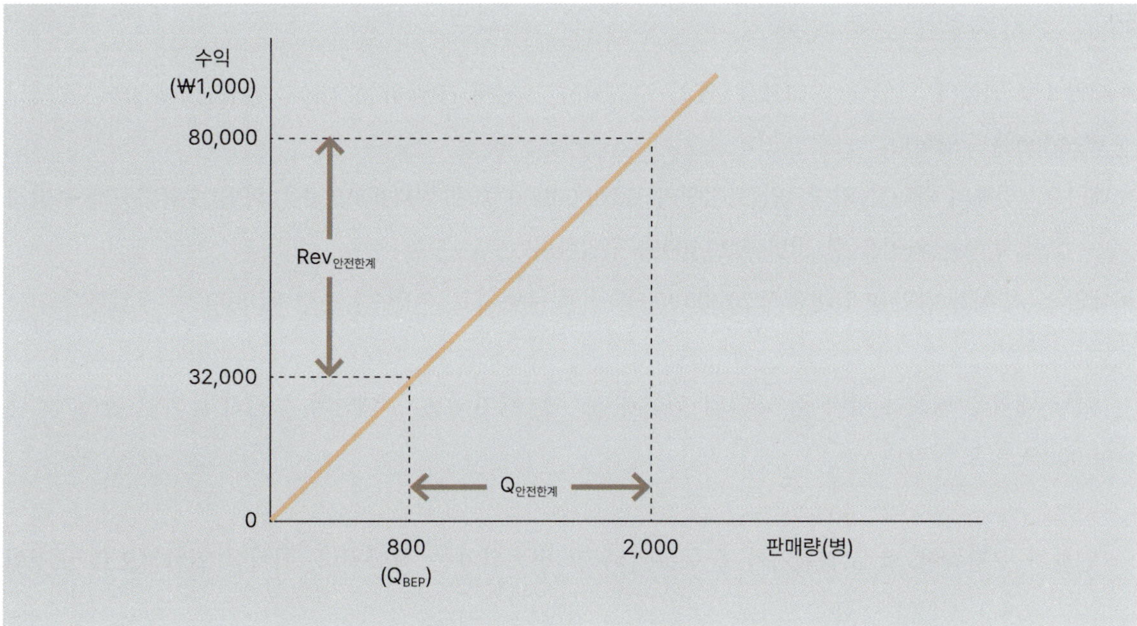

4. 불확실성하에서 대안의 위험-보상 평가

1) 원가구조와 영업레버리지도

일반적으로 경제활동을 수행하는 데 필요한 고정원가와 변동원가에는 다양한 조합이 있을 수 있다. 예를 들어, 공장에서 제품 생산을 위해 인력에 주로 의존할 수도 있고, 기계와 로봇 등 생산설비에 주로 의존할 수도 있다. 전자의 경우에는 고정원가는 낮고 변동원가가 높지만, 후자의 경우에는 고정원가는 높고 변동원가는 낮은 구조를 취하게 될 것이다. 이처럼 경제활동을 위해 채택하는 고정원가와 변동원가의 구조를 **원가구조**(cost structure)라고 한다. 원가구조는 한번 결정되고 나면 쉽게 바꾸기 어려우므로, 원가구조의 선택은 경영진의 중요한 전략적 의사결정에 속하는 영역이다.

우리는 지금까지 민혜가 선택할 수 있는 원가구조는 고정원가 ₩20,000,000과 단위당 변동원가 ₩15,000이라고 가정했다. 그러나 민혜가 선택할 수 있는 다른 대안이 존재하는 경우, 민혜는 각 대안이 안고 있는 위험(risk)과 그에 따른 보상(return)을 분석해서 적합한 대안을 선택해야 한다. 다음 예제를 통해 학습해보자.

예제 9-6

민혜는 와인숍 운영과 관련해서 다음 세 가지 대안 중 하나를 택할 수 있다.

- **대안 1** : 민혜의 와인숍 임대료를 와인 수입회사가 전액 부담하는 대신, 민혜는 와인을 한 병당 ₩25,000에 구입한다.
- **대안 2** : 민혜의 와인숍 임대료인 고정원가 ₩20,000,000 중에 ₩11,000,000을 와인 수입회사가 부담하는 대신, 민혜는 와인을 한 병당 ₩20,500에 구입한다.
- **대안 3** : 민혜가 와인숍 임대료 ₩20,000,000을 전액 부담하고, 와인 한 병당 ₩15,000에 구입한다.

어느 대안을 택해야 할지 각 대안의 위험과 보상을 평가해보자. 대안과 무관하게 와인 판매가격은 ₩40,000으로 모두 같다.

민혜가 부담해야 할 고정원가가 클수록 단위당 변동원가는 작아진다. 이처럼 일반적으로 고정원가와 단위당 변동원가는 상충관계에 있다. 각 대안의 단위당 공헌이익과 손익분기점 물량을 계산하면 **표 9-3**과 같다.

표 9-3 민혜의 와인 M 판매를 위한 원가구조 대안

	대안 1	대안 2	대안 3
고정원가	₩0	₩9,000,000	₩20,000,000
단위당 변동원가	₩25,000	₩20,500	₩15,000
단위당 공헌이익	₩15,000	₩19,500	₩25,000
손익분기점	0병	462병	800병

그림 9-4 민혜의 세 가지 대안에 대한 이익-조업도 그래프

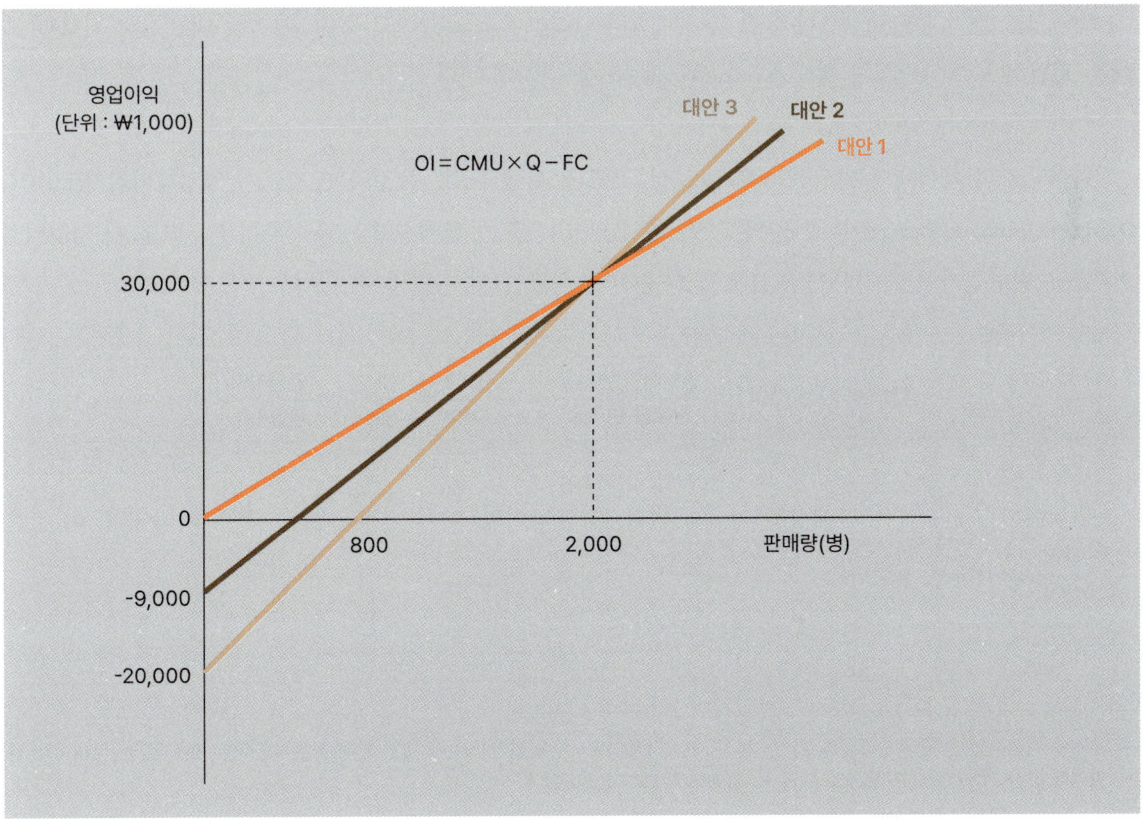

와인 M의 예상판매량인 2,000병에서는 세 대안의 영업이익이 모두 ₩30,000,000으로 같으므로, 세 대안 모두 무차별하다[5]. 그러나 실제판매량은 예상판매량과 달라질 수 있으므로 세 대안의 위험과 보상 구조는 서로 다르다고 할 수 있다. 이제 세 대안의 위험과 보상 구조를 분석해보자.

대안 1은 고정원가가 없어서 손익분기점이 '0'이므로 손해를 볼 가능성은 없지만, 단위당 변동원가가 가장 크다. 따라서 판매량 한 단위 증가에 따른 영업이익의 증가분(즉, 단위당 공헌이익)이 가장 적어, 영업이익의 기울기가 가장 작다(그림 9-4에서 그래프의 기울기는 단위당 공헌이익(CMU)이다). 이로 인해 판매량이 2,000병을 넘어서면 세 대안 중에 영업이익이 가장 적어진다.

반대로, 대안 3은 고정원가가 가장 많아 손익분기점이 800병으로 세 대안 중에서 손해를 볼 위험이 가장 높다. 그 대신 단위당 변동원가가 가장 적어서 판매량 한 단위 증가에 따른 영업이익의 증가분(즉, 단위당 공헌이익)이 가장 크며, 이로 인해 판매량이 2,000병을 넘어서면 세 대안 중에 영업이익이 가장 크게 된다.

대안 2는 대안 1과 대안 3의 중간 형태의 위험-보상 구조를 가지고 있다. 이처럼 대안들의 위험과 보상은 일반적으로 상반되는 형태(**risk-return trade-off**)를 취하게 된다.

원가구조의 차이에서 발생하는 위험-보상 구조를 계량적으로 측정하는 지표가 **영업레버리지도(DOL, Degree of Operating Leverage)**이다. 구체적으로, 영업레버리지도는 판매량(또는 매출액)이 1% 변할 때 영업이익이 몇 % 변하는가를 측정하는 지표로서 다음의 수식과 같이 나타낼 수 있다[6].

$$\text{영업레버리지도(DOL)} = \frac{\text{영업이익 변화율}}{\text{판매량 변화율}} = \frac{\Delta OI/OI}{\Delta Q/Q} = \frac{CM}{OI} = \frac{\text{공헌이익}}{\text{영업이익}}$$

수식에서 $\frac{\Delta OI/OI}{\Delta Q/Q}$은 판매량(Q)이 1% 변할 때 영업이익(OI)이 몇 % 변하는지를 나타내며, 이 값은 $\frac{\text{공헌이익}}{\text{영업이익}}$과 같다는 것이다[7].

5 우리의 관심 대상 영역은 판매량이 2,000병 근처인 영역으로서, 이 영역에서 세 대안 중에 절대적으로 우위에 있거나(superior), 열위에 있는(inferior) 대안은 없으므로 세 대안 모두 고려대상이 된다.

6 $DOL = \frac{\Delta OI/OI}{\Delta Q/Q} = \frac{\Delta OI}{\Delta Q} \times \frac{Q}{OI} = CMU \times \frac{Q}{OI} = \frac{CM}{OI}$

7 영업레버리지도는 경제학에서 자주 사용되는 **탄력성(elasticity)**과 유사한 개념이다. 예를 들어, 수요의 가격탄력성은 가격이 1% 변할 때 수요가 몇 % 변하는지를 측정하는 지표로서, 수요와 가격의 측정단위와 무관하게 측정되는 장점이 있다.

영업레버리지도가 크면, 판매량이 감소할 때 영업이익의 감소율이 크지만(높은 위험), 판매량이 증가할 때 영업이익의 증가율도 크다(높은 보상). 반대로, 영업레버리지도가 작으면, 판매량이 감소할 때 영업이익의 감소율이 작지만(낮은 위험), 판매량이 증가할 때 영업이익의 증가율도 작다(낮은 보상). 따라서 영업레버리지도는 위험-보상의 상충관계를 반영하는 지표이다.

민혜가 고려하고 있는 각 대안의 영업레버리지도를 계산해보자. 먼저 영업레버리지도는 판매량(Q)에 따라 다르다는 점에 유의해야 한다. 즉, 하나의 대안에서도 판매량이 다르면 영업레버리지도가 달라진다. 먼저 판매량 2,000병에서 각 대안의 영업레버리지도는 표 9-4와 같이 계산된다.

표에 나타난 바와 같이, 판매량 2,000병에서 고정원가가 큰 대안일수록 영업레버리지도가 더 크다는 것을 알 수 있다. 즉, 고정원가가 클수록 판매량 변화(증가, 감소)에 따른 영업이익의 변화(증가, 감소) 비율이 더 크다는 것이다. 지렛대(레버리지)의 작동원리와 동일하다.

대안 1의 경우에는 판매량에 상관없이 영업레버리지도가 '1'이다. 고정원가가 없어서 공헌이익과 영업이익이 항상 같기 때문이다.

영업레버리지도의 의미를 구체적인 숫자를 이용해서 확인해보자. 대안 2를 택할 경우, 판매량이 2,000병에서 3,000병으로 증가하면(즉, 판매량이 50% 증가), 영업이익은 ₩30,000,000에서 65%(=50%×1.3) 증가하여, ₩49,500,000(=₩30,000,000×165%)이 된다는 것이다[8](표 9-5에서 확인 가능).

표 9-4 판매량이 2,000병일 때 대안별 영업레버리지도 비교

	대안 1	대안 2	대안 3
(1) 단위당 공헌이익	₩15,000	₩19,500	₩25,000
(2) 공헌이익(=(1)x2,000병)	₩30,000,000	₩39,000,000	₩50,000,000
(3) 고정원가	₩0	₩9,000,000	₩20,000,000
(4) 영업이익(=(2)−(3))	₩30,000,000	₩30,000,000	₩30,000,000
(5) 영업레버리지도(=(2)÷(4))	1	1.3	1.67

8 영업레버리지도의 정의에서 각 기호의 의미는 다음과 같다.

$$DOL = \frac{\Delta OI/OI}{\Delta Q/Q} = \frac{(49{,}500{,}000-30{,}000{,}000)/30{,}000{,}000}{(3{,}000-2{,}000)/2{,}000} = 1.3$$

표 9-5 판매량이 3,000병일 때 대안별 영업레버리지도 비교

	대안 1	대안 2	대안 3
(1) 단위당 공헌이익	₩15,000	₩19,500	₩25,000
(2) 공헌이익(=(1)x3,000병)	₩45,000,000	₩58,500,000	₩75,000,000
(3) 고정원가	₩0	₩9,000,000	₩20,000,000
(4) 영업이익(=(2)−(3))	₩45,000,000	₩49,500,000	₩55,000,000
(5) 영업레버리지도(=(2)÷(4))	1	1.18	1.36

판매량이 3,000병인 경우에도 고정원가가 많은 대안일수록 영업레버리지도가 더 크다는 것을 확인할 수 있다. 판매량 증가가 영업레버리지도에 미치는 영향을 살펴보자. 대안 2의 경우, 판매량이 2,000병에서 3,000병으로 증가하면 영업레버리지도가 1.3에서 1.18로 감소하는 것을 확인할 수 있다.

대안 3의 경우에도 판매량이 증가함에 따라 영업레버리지도가 감소함을 확인할 수 있다. 이처럼 고정원가가 있을 때 판매량이 증가하면 영업레버리지도는 감소한다[9]. 위에서 설명한 대안 중에서 대안 3이 영업레버리지도가 가장 크다고 할 수 있는데, 이는 같은 판매량에서 비교한 것이다.

표 9-4와 표 9-5에서 확인할 수 있듯이, 영업레버리지도는 항상 1보다 크거나 같다. 공헌이익이 영업이익보다 항상 크거나 같기 때문이다.

요약하면, 고정원가가 있을 때 영업이익의 변동성을 나타내는 영업레버리지도는 판매량(매출액)에 따라 달라지므로, 대안 간의 비교는 동일한 판매량에 대해 실시해야 한다. 동일한 판매량에서 고정원가가 큰 대안일수록 영업레버리지도가 더 크다. 동일한 대안에서는 판매량이 증가하면 영업레버리지도가 감소한다.

2) 불확실성하에서 대안 평가지표 종합

지금까지 학습한 불확실성하에서 대안 평가에 사용되는 지표들을 이용하여 각 대안을 평가하면 표 9-6과 같다.

민혜는 현재 판매량을 2,000병으로 예상하고 있으며, 이 판매량에서 세 대안의 예상 영업이익은 모두

9 영업레버리지도는 손익분기점에서 무한대(∞)가 되고, 그 이상으로 판매량이 증가할수록 영업레버리지도는 계속 감소하며, 판매량이 무한대로 증가하면 1의 값에 근접하게 된다.

표 9-6 불확실성하에서 복수 대안의 평가 종합

	대안 1	대안 2	대안 3
고정원가	적음	중간	많음
단위당 변동원가	많음	중간	적음
손익분기점	낮음	중간	높음
안전한계	높음	중간	낮음
영업레버리지도	낮음	중간	높음

같으므로, 대안의 선택은 세 대안이 안고 있는 위험과 보상에 대한 민혜의 태도에 달려 있다. 위험을 적극적으로 받아들이는 경우 대안 3을 선호하게 되며, 위험회피적인 성향이 강할 때에는 대안 1을 선호하게 될 것이다[10].

5. 복수의 제품이 있을 때 CVP 분석

CVP 분석은 기본적으로 하나의 제품에 대해 수익, 원가, 이익 등의 관계를 분석하는 방법으로, 복수의 제품이 있을 때는 제품의 **매출배합**(sales mix)이 일정한 경우에만 CVP 분석이 가능하다. 매출배합은 복수의 제품을 판매할 때 제품들의 판매량 비율을 말한다. 다음 예제를 통해 복수의 제품에 대한 CVP 분석에 대해 학습해보자.

예제 9-7

예제 9-1에서 민혜는 와인숍에서 와인 M과 함께 와인 N을 함께 판매하는 것을 고려하고 있다. 와인 N을 추가로 판매할 때 더 넓은 매장 공간이 필요하여 연간 임대료는 총 ₩36,000,000이 발생한다. 와인 M과 와인 N에 대한 구체적인 자료는 표 9-7과 같다. 손익분기점을 계산해보자.

(예제 계속)

10 예상판매량 수준에서 영업이익이 높은 대안이 있더라도 반드시 그 대안을 택하는 것이 바람직하다고 할 수는 없다. 수요의 불확실성으로 인해 발생하는 위험에 대한 수용성(risk tolerance)에 따라 선호하는 대안이 달라질 수 있다(제5장 참고).

표 9-7 민혜가 와인 M과 와인 N을 함께 판매하는 경우 예상판매량과 이익(연간)

	와인 M	와인 N	합 계
예상판매량	2,000병	1,000병	
판매가격	₩40,000	₩60,000	
단위당 변동원가	₩15,000	₩20,000	
단위당 공헌이익	₩25,000	₩40,000	
공헌이익	₩50,000,000	₩40,000,000	₩90,000,000
고정원가			₩36,000,000
영업이익			₩54,000,000

두 종류의 제품을 판매하는 경우, 손익분기점을 달성할 수 있는 판매량의 조합은 이론적으로 무수히 많다[11]. 따라서 의미 있는 손익분기점을 계산하기 위해 매출배합이 일정하다고 가정하자. 본 예제에서 와인 M과 와인 N의 예상판매량은 각각 2,000병과 1,000병으로, 비율이 2 : 1이다. 이 비율이 와인 판매량과 상관없이 일정하게 유지된다고 가정하면, 와인 M 2병과 와인 N 1병을 하나의 **묶음**(bundle)처럼 간주할 수 있다. 이제 모든 CVP 분석은 묶음 단위로 실시할 수 있다. 한 **묶음당 공헌이익**은 표 9-8에 나타난 바와 같이 ₩90,000으로 계산된다.

표 9-8 와인 M과 와인 N 한 묶음의 공헌이익

	한 묶음당 와인 병수	한 병당 공헌이익	한 묶음당 공헌이익
와인 M	2	₩25,000	₩50,000
와인 N	1	₩40,000	₩40,000
합 계			₩90,000

손익분기점 묶음의 수는 다음과 같이 계산된다.

묶음의 수(손익분기점) = 고정원가 ÷ 한 묶음당 공헌이익 = ₩36,000,000 ÷ ₩90,000 = 400묶음

11 와인 M의 판매량을 Q(M), 와인 N의 판매량을 Q(N)이라고 하자. 손익분기점은 공헌이익 총계가 고정원가와 같아지는 매출배합, 즉 직선 '25,000Q(M) + 40,000Q(N) = 36,000,000' 위에 있는 모든 Q(M), Q(N)의 조합이 손익분기점 매출배합이 된다. 예를 들어, (Q(M), Q(N)) = (400병, 650병), (1,000병, 275병) 등이 손익분기점이 된다.

손익분기점에서 각 제품의 판매량과 수익은 다음과 같이 계산된다.

- 와인 M : 400묶음×묶음당 2병 = 800병(와인 M 수익 : 800병×₩40,000 = ₩32,000,000)
- 와인 N : 400묶음×묶음당 1병 = 400병(와인 N 수익 : 400병×₩60,000 = ₩24,000,000)
- 수익(손익분기점) = ₩56,000,000

이제 묶음 단위의 공헌이익률을 이용해서 위의 분석을 다시 해보자.

공헌이익률(묶음당) = 한 묶음의 공헌이익 ÷ 한 묶음의 수익

= ₩90,000 ÷ (₩40,000×2병 + ₩60,000×1병) = 0.643

수익(손익분기점) = 고정원가 ÷ 공헌이익률(묶음당) = ₩36,000,000 ÷ 0.643 = ₩56,000,000

묶음의 수(손익분기점) = 수익(손익분기점) ÷ 한 묶음당 수익 = ₩56,000,000 ÷ ₩140,000 = 400묶음

이처럼 복수의 제품이 있을 때도 매출배합이 일정할 경우에는 단일 제품과 마찬가지로 손익분기점, 목표이익 등과 관련된 다양한 CVP 분석을 할 수 있다.

6. 마무리

CVP 분석은 원가구조 대안의 선택과 이익계획 수립에 사용되는 핵심적인 수단으로서, 제11장에서 설명하는 제품수명주기원가계산(life-cycle costing)과 목표원가계산(target costing) 등 **전략적 원가관리(strategic cost management)**에도 유용하게 사용될 수 있다. 제품수명주기원가계산에서는 제품개발 초기 단계에서 전체 수명주기의 각 단계에서 발생할 것으로 예측되는 고정원가와 변동원가에 대해 해당 제품이 원하는 수준의 수익성을 달성할 수 있을지를 분석할 수 있고, 목표원가계산에서는 제품의 기능과 디자인 대안들이 예상판매량 수준에서 목표이익을 달성하는 데 필요한 고정원가와 변동원가 목표 수준을 도출하는 데 사용할 수 있다.

마케팅 분야에서도 판매직 사원들에 대한 보상인 기본급(고정원가)과 수당(변동원가)의 크기가 제품

의 수익성에 미치는 영향을 분석할 수 있고, 고객에 대한 가격할인 프로그램이 이익에 미치는 영향을 분석하는 데도 사용할 수 있다.

CVP 분석에서 사용되는 모든 원가와 수익은 대안 간에 차이가 있는 **관련원가**(relevant cost)와 **관련수익**(relevant revenue)을 사용해야 한다는 점에 유의해야 한다. 예를 들어, 신제품 도입 여부를 검토하는 과정에서, 신제품의 손익분기점을 예측하고자 한다면, 분석대상인 고정원가와 변동원가는 모두 신제품 도입으로 인해 증가하게 될 증분원가(관련원가)를 사용해야 한다. 기존 여유설비와 여유공간을 사용하는 경우, 이들의 감가상각비 등은 단기적으로 증분원가(관련원가)에 포함되지 않는다(관련원가와 관련수익에 대한 자세한 설명은 제10장 참고).

연습문제

01 CVP 분석 (2016 세무사)

원가-조업도-이익 분석과 관련된 설명으로 옳지 않은 것은? (단, 답지항에서 변동되는 조건 외의 다른 조건은 일정하다고 가정한다.)

① 계단원가(준고정비)가 존재하면 손익분기점은 반드시 계단 수(구간 수)만큼 존재한다.
② 법인세율이 증가하면 같은 세후 목표이익을 달성하기 위한 판매량이 많아진다.
③ 단위당 변동원가가 작아지면 손익분기점이 낮아진다.
④ 공헌이익률이 증가하면 목표이익을 달성하기 위한 매출액이 작아진다.
⑤ 법인세율이 증가해도 손익분기점은 바뀌지 않는다.

02 CVP 분석 (2021 CPA)

원가·조업도·이익(CVP) 분석에 대한 다음 설명 중 옳지 않은 것은? (단, 아래의 보기에서 변동되는 조건 외의 다른 조건은 일정하다고 가정한다.)

① 생산량과 판매량이 다른 경우에도 변동원가계산의 손익분기점은 변화가 없다.
② 영업레버리지도가 3이라는 의미는 매출액이 1% 변화할 때 영업이익이 3% 변화한다는 것이다.
③ 법인세율이 인상되면 손익분기 매출액은 증가한다.
④ 안전한계는 매출액이 손익분기 매출액을 초과하는 금액이다.
⑤ 단위당 공헌이익이 커지면 손익분기점은 낮아진다.

03 손익분기점 분석 (2015 감정평가사)

다음 자료를 이용하여 계산한 ㈜감평의 20X5년 손익분기점 매출액은?

항목	금액
• 단위당 판매가격	₩2,000
• 단위당 변동제조원가	700
• 단위당 변동 판매비와관리비	300
• 연간 고정제조간접원가	1,350,000
• 연간 고정 판매비와관리비	1,250,000

① ₩2,500,000 ② ₩2,700,000 ③ ₩4,000,000 ④ ₩5,200,000 ⑤ ₩5,400,000

04 손익분기점 분석 (2018 세무사)

㈜세무는 20X1년 초에 설립되어 인공지능을 이용한 스피커를 생산하고 있다. 스피커의 단위당 변동원가는 ₩6,000이며 연간 고정원가 총액은 ₩1,500,000이다. ㈜세무는 당기에 국내시장에서 스피커 300단위를 판매하고, 국내시장에서 판매하고 남는 스피커는 해외시장에 판매할 계획이다. 스피커의 국내 판매가격은 단위당 ₩10,000이며, 해외 판매가격은 단위당 ₩9,000이다. 해외시장에 판매하더라도 원가구조에는 변함이 없으며, 국내시장에 미치는 영향은 없다. 법인세율이 20%일 경우 손익분기점 판매량은?

① 350단위 ② 375단위 ③ 400단위 ④ 450단위 ⑤ 500단위

05 손익분기점 분석 (2023 세무사)

㈜세무는 단일 제품을 생산·판매한다. 제품 단위당 판매가격은 ₩100, 단위당 변동원가는 ₩60으로 일정하나, 고정원가는 제품 생산범위에 따라 상이하다. 제품 생산범위가 첫 번째 구간(1~1,000단위)에서 두 번째 구간(1,001~2,000단위)으로 넘어가면 고정원가가 ₩17,600 증가한다. 첫 번째 구간의 손익분기점이 860단위인 경우, 두 번째 구간의 손익분기점은 몇 단위인가?

① 1,150단위 ② 1,200단위 ③ 1,250단위 ④ 1,300단위 ⑤ 1,440단위

06 목표이익 분석 (2017 관세사)

㈜관세는 제품 A를 제조·판매하는 회사이다. 제품 A의 고정원가는 ₩200,000이고 단위당 예산자료는 다음과 같다.

항목	금액
• 판매가격	₩200
• 직접재료원가	₩30
• 직접노무원가	₩20
• 변동제조간접원가	₩40
• 변동판매비	₩10

㈜관세가 세후목표이익 ₩30,000을 달성하기 위한 판매 수량은? (단, 법인세율은 20%이고 생산량과 판매량은 동일하다.)

① 2,075단위 ② 2,175단위 ③ 2,275단위 ④ 2,375단위 ⑤ 2,475단위

07 목표이익 분석 (2020 국가직 9급)

단일제품 A를 제조하는 ㈜한국의 제품생산 및 판매와 관련된 자료는 다음과 같다.

	200개
• 총공헌이익	₩200,000
• 총고정원가	₩150,000

법인세율이 20%일 경우, 세후 순이익 ₩120,000을 달성하기 위한 제품 A의 판매수량은? (단, 제품 A의 단위당 공헌이익은 동일하다.)

① 120개 ② 150개 ③ 270개 ④ 300개

08 안전한계 (2016 감정평가사)

㈜감평의 20X6년도 제품에 관한 자료가 다음과 같을 때 안전한계율은?

• 단위당 판매가격	₩5,000
• 공헌이익률	35%
• 총고정원가	₩140,000
• 법인세율	30%
• 세후이익	₩208,250

① 68% ② 70% ③ 72% ④ 74% ⑤ 76%

09 안전한계 (2020 감정평가사)

㈜감평은 단일 제품 A를 생산·판매하고 있다. 제품 A의 단위당 판매가격은 ₩2,000, 단위당 변동비는 ₩1,400, 총고정비는 ₩90,000이다. ㈜감평이 세후목표이익 ₩42,000을 달성하기 위한 매출액과 이 경우의 안전한계는? (단, 법인세율은 30%이다.)

	매출액	안전한계
①	₩300,000	₩100,000
②	₩440,000	₩140,000
③	₩440,000	₩200,000
④	₩500,000	₩140,000
⑤	₩500,000	₩200,000

10 안전한계 (2012 세무사)

다음은 ㈜국세의 조업도 변화에 따른 총수익, 총변동비 및 총고정비를 그래프로 나타낸 것이다.

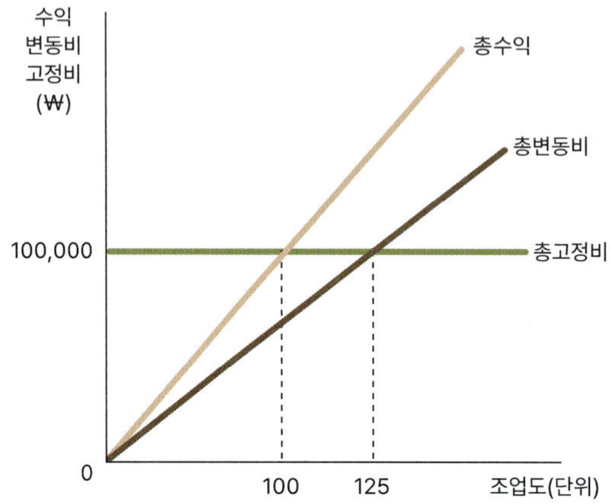

위 그래프를 이용할 경우, ㈜국세가 안전한계율 37.5%를 달성하는 데 필요한 목표 판매수량은 몇 단위인가?

① 600단위 ② 700단위 ③ 800단위 ④ 900단위 ⑤ 1,000단위

11 영업레버리지도 (2021 감정평가사)

㈜감평의 20X1년 매출 및 원가자료는 다음과 같다.

매출액	?
변동원가	₩700,000
공헌이익	500,000
고정원가	300,000
영업이익	₩200,000

20X2년에는 판매량이 20% 증가할 것으로 예상된다. ㈜감평의 20X2년 예상영업이익은? (단, 판매량 이외의 다른 조건은 20X1년과 동일하다.)

① ₩260,000 ② ₩280,000 ③ ₩300,000 ④ ₩340,000 ⑤ ₩380,000

12 영업레버리지도 (2011 CPA)

㈜동진은 단일 제품을 생산 및 판매하고 있으며, 매 연도 기초와 기말의 재고자산은 없다. 20X1년도의 매출 및 원가자료는 다음과 같다.

• 매출액 : ₩4,000,000	• 변동원가 : ₩2,000,000
• 공헌이익 : ₩2,000,000	• 고정원가 : ₩1,000,000
• 영업이익 : ₩1,000,000	

20X2년도에도 고정원가와 제품 단위당 판매가격은 20X1년도와 같을 것으로 예상된다. 또한 20X2년도의 제품 판매량은 20X1년도보다 20% 증가하고 20X2년도의 손익분기점 매출액은 20X1년도보다 25% 증가할 것으로 예상된다. 20X2년도 ㈜동진의 영업레버리지도(degree of operating leverage)는 얼마로 예상되는가? (단, 영업레버리지도는 소수점 이하 셋째 자리에서 반올림하여 계산하라.)

① 1.99 ② 2.09 ③ 2.19 ④ 2.29 ⑤ 2.39

13 영업레버리지도 2024 CPA

원가조업도이익(CVP) 분석과 영업레버리지도(DOL)에 대한 다음 설명 중 옳지 않은 것은? (단, 아래의 보기에서 변동되는 조건 외의 다른 조건은 일정하다고 가정한다.)

① 단위당 공헌이익이 커지면 손익분기점은 낮아진다.
② 공헌이익이 총고정원가보다 클 경우에는 이익이 발생한다.
③ 생산량과 판매량이 다른 경우에도 변동원가계산의 손익분기점은 변화가 없다.
④ 영업이익이 0보다 클 때, 고정원가가 감소하면 영업레버리지도는 낮아진다.
⑤ 영업이익이 0보다 클 때, 안전한계율이 높아지면 영업레버리지도는 높아진다.

14 CVP 분석 종합 2019 감정평가사

㈜감평의 총변동원가가 ₩240,000, 총고정원가가 ₩60,000, 공헌이익률이 40%이며, 법인세율은 20%이다. 이에 관한 설명으로 옳지 않은 것은? (단, 기초재고와 기말재고는 동일하다.)

① 매출액은 ₩400,000이다.
② 안전한계율은 62.5%이다.
③ 영업레버리지도는 1.2이다.
④ 세후 영업이익은 ₩80,000이다.
⑤ 손익분기점 매출액은 ₩150,000이다.

15 복수 제품의 CVP 분석 (2016 감정평가사)

다음은 ㈜감평의 20X6년도 예산자료이다. 손익분기점을 달성하기 위한 A제품의 예산판매수량은? (단, 매출배합은 변하지 않는다고 가정한다.)

구 분	A제품	B제품
총매출액	₩2,100,000	₩2,900,000
총변동원가	1,470,000	1,740,000
총고정원가	1,074,000	
판매량	600개	400개

① 240개 ② 300개 ③ 360개 ④ 420개 ⑤ 480개

16 복수 제품의 CVP 분석 (2024 세무사)

㈜세무는 제품 X와 Y를 생산 및 판매하고 있으며, 제품에 관한 자료는 다음과 같다.

	제품 X	제품 Y
판매량 배합비율	20%	80%
단위당 공헌이익	₩300	₩200
손익분기점 판매량	600단위	2,400단위

㈜세무는 신제품 Z를 개발하여 생산 및 판매할 계획을 수립하고 있다. 제품 Z의 단위당 공헌이익은 ₩220이며 제품 X, Y, Z의 판매량 배합비율은 각각 30%, 20%, 50%일 것으로 예상된다. 제품 Z를 추가 생산할 경우 제품 Y의 손익분기점 판매량은? (단, 제품 Z를 생산하더라도 제품 X와 제품 Y의 단위당 공헌이익, 고정원가 총액은 변하지 않는다.)

① 550단위 ② 825단위 ③ 1,375단위 ④ 2,400단위 ⑤ 2,750단위

17 서비스 산업의 CVP 분석 (2014 세무사)

㈜세무항공은 항공기 1대를 이용하여 김포와 제주 간 노선을 주 5회 왕복운항하고 있으며, 이 항공기의 좌석수는 총 110석이다. 이 노선의 항공권은 1매당 편도요금이 ₩30,000이고, 항공권을 대행판매하는 여행사에 판매된 요금의 3%가 수수료로 지급되며, 항공권 1매당 예상되는 기내식사비용은 ₩1,100이다. 편도운항당 연료비로는 ₩700,000이 소요되고, 비행설비 임차료와 공항사용료는 매주 ₩4,800,000이며, 승무원 급여와 복리후생비는 매주 ₩7,800,000이 발생한다. ㈜세무항공이 손익분기점에 도달하기 위해 매주 최소 판매해야 할 항공권 수량은? (단, 항공권은 편도기준으로 여행사를 통해서만 판매된다.)

① 475매 ② 575매 ③ 600매 ④ 700매 ⑤ 775매

CHAPTER

10

의사결정과 관련정보

1 의사결정의 유형
2 의사결정 대안의 분석방법
3 1회성 특별주문
4 인소싱 vs. 아웃소싱
5 의사결정에서 기회비용의 반영
6 설비교체
7 의사결정, 전략적 원가관리, 장기적 관점

본 장에서는 복수의 대안 중에서 하나를 선택하는 의사결정에 관해 학습한다. 의사결정은 단기적 관점의 의사결정과 장기적 관점의 자본투자(자본예산) 의사결정으로 구분할 수 있다. 본 장에서는 단기 의사결정에 관해 학습한다. 일반적인 의사결정에서 고려해야 하는 관련정보(관련수입과 관련원가)의 개념에 대해 자세하게 학습하며, 특히 회계적 비용인 현금지출 비용과 매몰원가 및 비회계적 비용인 기회비용을 의사결정에서 고려하는 방법에 대해 자세하게 살펴본다.

CHAPTER

10

의사결정과 관련정보

1. 의사결정의 유형

기업 경영활동은 의사결정의 연속이다. 제품의 디자인(기능)을 변경해야 할지, 외부 주문을 수락해야 할지, 부품을 자체 제작해야 할지 아니면 외부로부터 아웃소싱을 해야 할지 등이다. 일반적으로 모든 의사결정에는 두 개 이상의 대안이 있다. 예를 들어, 고객의 주문을 수락할지를 결정하는 의사결정에서 대안은 주문수락과 주문거부 두 가지이다. 투자안 A와 B 중에서 하나를 채택할지를 검토할 때 대안은 세 가지이다. 투자안 A를 선택하거나, 투자안 B를 선택하거나, 투자안 A와 B를 모두 기각하는 것이다. 올바른 의사결정을 위해서는 대안들의 비용과 효익을 비교해야 한다.

대안들의 비용과 효익에는 수치로 나타낼 수 있는 **정량적(quantitative) 요소**는 물론, 수치로 나타내기 어려운 **정성적(qualitative) 요소**(예 종업원의 사기, 품질, 핵심 기술에 대한 접근)도 있다. 또한 정량적으로 나타낼 수 있다고 하더라도 재무적으로 나타낼 수 있는 요소들(예 원가, 수익)도 있고 재무적으로 나타내기 어려운 요소들(예 부품 납기 예상준수율, 신제품 개발시간)도 있다. 의사결정을 위해서는 이 요소들을 모두 고려해야 한다. 예를 들어, 특정 부품을 외부에 아웃소싱할 경우 원가를 절감할 수도 있으나, 종업원의 사기가 저하되고 부품의 품질이 하락할 수 있다.

본 장에서는 정량적으로 나타낼 수 있는 재무적 요소들(수익과 원가)을 중심으로, 의사결정 대안을 분석하고 선택하는 방법에 대해 학습한다.

대표적인 의사결정의 유형은 다음과 같다.

- 1회성 특별주문(one-time-only special orders)
- 인소싱 vs. 아웃소싱(insourcing vs. outsourcing), 제조 vs. 구매(make or buy)
- 설비교체(equipment replacement)
- 제품배합(product mix)
- 자본예산 편성(capital budgeting)

위 의사결정 유형 중에서 제품배합에 관한 의사결정은 제12장의 제약이론에서 설명하며, 세금과 화폐의 시간적 가치를 고려해야 하는 자본예산 편성은 본 교재에서 다루지 않는다. 이를 제외한 나머지 의사결정 유형들의 특징에 대해서는 아래 본문에서 자세하게 설명한다.

2. 의사결정 대안의 분석방법

1) 증분분석법(차액분석법)

대안 간의 비교는 두 가지 방법으로 실시할 수 있다. 첫 번째 방법은 대안별로 총수익에서 총비용을 차감하여 대안별 손익을 비교하는 방법이다. 두 번째 방법은 대안 간에 차이가 나는 수익과 비용만 비교하는 방법이다. 다음 예제를 통해 두 방법을 비교하면서 기본적인 개념을 학습해보자.

예제 10-1

어떤 회사가 3년 전에 1,000억원을 지불하고 기계 한 대를 구입했다. 기계의 내용연수는 5년이다. 이 회사는 정액상각법을 사용하고 있으며, 현재 기계 구입 후 3년이 경과한 시점으로서 감가상각누계액이 600억원이다. 기계를 지금 처분하더라도 처분가치는 없다. 이 회사가 영업을 계속할 경우, 향후 2년간 발생할 원가는 감가상각비를 제외하고는 전부 재료원가로서 연간 500억원이며, 연간 매출액은 600억원으로 예상된다. 기초, 기말 재고는 없다. 이 회사가 영업활동을 계속할지를 분석해보자.

이 경우 대안은 향후 2년 동안 영업활동을 계속하는 것과 지금 중단하는 것 두 가지이다. 첫 번째 방법인 **손익계산서 접근법(또는 총액접근법)**을 이용해서 비교해보자. 표 10-1에 나타난 바와 같이, 영업을 계속할 경우, 비용은 매년 재료원가 500억원과 감가상각비 200억원이 발생하여, 2년 동안 총 200억원의 손실이 발생한다. 지금 영업을 중단할 경우에는 비용은 기계처분손실 400억원(장부가액 400억원－처분가치 0원)이 첫해에 발생하여 2년 동안 총 400억원의 손실이 발생한다. 따라서 영업을 계속하는 것이 200억원 더 이익이다.

표 10-1 영업중단과 영업계속의 손익비교

(단위 : 억원)

손익계산서(2년 합계)				
		영업계속(1)	영업중단(2)	차이(3) (=(1)−(2))
매출		600×2	0	600×2
비용	재료원가	500×2	0	500×2
	감가상각비/처분손실	200×2	400	0
영업이익		−200	−400	200

두 번째 방법은 두 대안 간에 차이가 있는 항목만(표에서 (3)) 비교하는 방법이다. 먼저, 매출은 대안 간에 차이가 있다. 대안 간의 수익 차이를 **차액수익(differential revenue)** 또는 **증분수익(incremental revenue)**이라고 하며, 본 예제에서 1,200억원이다. 두 대안 간의 원가(비용) 차이는 **차액원가(differential cost)** 또는 **증분원가(incremental cost)**라고 하며[1], 본 예제에서 차액원가(증분원가)는 재료원가 1,000억원이다. 증분수익에서 증분원가를 차감한 금액을 **증분이익(incremental profit)**이라고 하며, 특정 대안이 다른 대안과 비교해서 증분이익이 '0'보다 크면 그 대안을 선택한다.

예제에서 영업을 계속하는 경우 증분수익 1,200억원이 발생하고, 증분원가 1,000억원이 발생하므로, 영업을 계속하는 대안의 증분이익(즉, 이익의 차이)은 200억원(=증분수익 1,200억원－증분원가 1,000억원)으로서, 향후 2년 동안 영업을 계속하는 것이 더 이익이다.

결론적으로 볼 때, 대안을 비교하는 두 가지 방법의 결과가 같다는 것을 알 수 있다. 그러나 두 가지 방법은 같은 결과를 도출하지만, 과정상에는 큰 차이가 있다. 첫 번째 방법인 손익계산서를 사용하는 방법은 각 대안의 모든 수익과 비용에 관한 정보를 알아야 한다는 단점이 있다. 예제에서 우리는 비용으

1 차액수익과 차액원가는 두 대안 간의 차이를 나타내는 포괄적인 용어이다. 특정 대안을 지칭하여 그 대안을 다른 대안과 비교할 때는 수익의 증가분을 증분수익(incremental revenue), 비용의 증가분을 증분원가(incremental cost)라고 한다. 실무적으로는 두 용어가 혼용되는 경우가 많다.

로 재료원가와 감가상각비/처분손실만 있는 것으로 가정했지만, 실제로는 훨씬 많은 비용 항목들이 있을 수 있다. 그러나 우리는 각 대안의 모든 비용을 파악하기 어려울 수 있고, 파악할 수 있더라도 매우 번거로울 수 있다. 그리고 무엇보다 대안 간에 차이가 없는 비용은 파악할 필요가 없다.

따라서 의사결정에서는 첫 번째 방법인 총액접근법이 아니라, 대안 간의 차이가 있는 항목만 비교하는 두 번째 방법을 사용한다. 대안 간의 차이를 이용하여 의사결정을 하는 두 번째 방법을 **증분분석(incremental analysis)법** 또는 **차액분석(differential analysis)법**이라고 부른다. 대안이 셋 이상인 경우에도 증분분석법을 사용할 수 있다.

2) 관련정보, 관련수익, 관련원가

의사결정에서 **관련정보(relevant information)**는 대안 간에 차이가 있는 정보로서, 차이가 있는 수익을 **관련수익(relevant revenue)**, 차이가 있는 비용을 **관련원가(relevant cost)**라고 한다.

관련정보의 핵심적인 특징은 과거에 발생한 수익이나 비용은 대안 간에 차이가 없으므로 관련정보가 될 수 없다는 점이다. 위 예제에서 비용항목에서 기계 관련 비용항목은 대안 간에 차이가 없으므로 관련원가가 아니다. 영업을 계속할 경우 2년 동안 총 400억원의 기계감가상각비가 발생하며, 영업을 중단할 경우에는 400억원의 유형자산 처분손실이 발생하므로, 두 대안 간에 비용 차이가 없다. 과거 기계 취득과 관련된 취득원가(1,000억원), 감가상각누계액(600억원), 장부가치(400억원)는 영업중단 여부 의사결정에서 대안 간의 차이에 전혀 영향을 미치지 않는다(단, 기계처분가치가 있는 경우, 그 금액은 미래에 발생할 금액으로서, 대안 간의 차이 요소가 된다. 아래에서 자세히 설명). 이처럼 과거에 발생한 원가로서 향후 어떤 조치를 하더라도 변경할 수 없는 원가를 **매몰원가(비용)(sunk cost)**라고 한다[2]. 손익계산서를 비교하는 방법은 과거에 발생한 매몰원가와 관련된 정보(예 감가상각비)를 포함하지만, 증분분석법은 과거에 발생한 매몰원가를 처음부터 배제한다.

미래에 발생할 수익이나 비용 중에서도 대안 간에 차이가 없는 것은 관련정보가 아니다. 관련정보의 유일한 기준은 대안 간에 차이가 있느냐이다. 현실적으로 관련정보 여부를 판단할 때는 다음과 같은 단계로 판단하면 편리하다.

2 고정원가든 변동원가든 발생한 후에는 그 원가 자체는 모두 매몰원가가 되어 관련원가가 아님에 주의해야 한다.

관련정보 : 대안 간에 차이가 있는 정보(수익, 비용)
제1단계 : 미래에 발생한다. 제2단계 : 대안 간에 차이가 있다.

이제 의사결정 유형별로 구체적인 예제를 이용하여 의사결정을 내리는 방법에 대해 학습해보자.

3. 1회성 특별주문

1) 1회성 특별주문의 관련수익과 관련원가

다음 예제를 통해 1회성 특별주문 상황에서의 의사결정에 대해 학습해보자.

예제 10-2

[1회성 특별주문] ㈜돈마마는 한 가지 종류의 카드지갑을 제조하여 시중에 개당 ₩600에 판매하고 있다. ㈜돈마마는 최근 어떤 회사로부터 회사의 창립기념품으로 카드지갑 2,000개를 개당 ₩420에 공급해 달라는 주문을 받았다. 이 회사는 매년 다른 창립기념품을 종업원들에게 지급하고 있어서 이번 주문이 다음 주문으로 연결될 가능성은 없다. 그리고 이 회사에 대한 카드지갑의 공급가격이 시중 판매량과 판매가격에 영향을 미치지는 않는다.

㈜돈마마의 원가 관련범위(relevant range)는 월 10,000~15,000개이다. ㈜돈마마가 특별주문을 수락하지 않을 경우, 카드지갑의 월 판매량은 평소처럼 12,000개 정도로 예상된다. 모든 원가는 제품 생산량의 변화에 대해 고정원가와 변동원가로 구분되며, 과거 자료를 이용하여 추정하였다. 직접재료원가는 모두 변동원가이며, 나머지 원가는 모두 변동원가와 고정원가로 구성되어 있다. 고정직접노무원가는 월 ₩1,320,000이며, 고정 판매비와관리비는 월 ₩60,000이다. 고정제조간접원가는 공장과 설비의 감가상각비로서 월 ₩1,080,000이다. 제품 단위당 변동원가는 직접재료원가 ₩180, 변동직접노무원가 ₩50, 변동제조간접원가 ₩70, 변동 판매비와관리비 ₩15이다. ㈜돈마마가 카드지갑 주문을 수락해야 하는지 분석해보자.

(예제 계속)

표 10-2 **(주)돈마마 원가자료**

(단위 : 원)

[관련범위 : 월 10,000~15,000개]

	단위당	총 액
직접재료원가(변동)	180	
직접노무원가(변동)	50	
직접노무원가(고정)	–	월 1,320,000
제조간접원가(변동)	70	
제조간접원가(고정)	–	월 1,080,000
판매비와관리비(변동)	15	
판매비와관리비(고정)	–	월 60,000

본 예제는 **1회성 특별주문**(one-time-only special orders)에 해당한다. 1회성 특별주문은 주문이 1회로 종료되며, 다른 주문으로 연결될 가능성이 없다. 따라서 추가주문을 유도하기 위해 작은 손해를 보더라도 이번 주문을 수락할지를 검토할 필요가 없다. 그리고 1회성 특별주문에서는 특별주문 공급가격(₩420)이 제품의 기존 시중 판매량과 판매가격(₩600)에 영향을 미치지 않는다. 특별주문 공급으로 인해 다른 판매 채널에 대한 제품 판매가격이 영향을 받을 경우 그 효과를 고려해야 하지만, 1회성 특별주문은 그런 영향이 없는 상황이다.

표 10-3은 ㈜돈마마가 특별주문을 수락하지 않을 경우와 수락할 경우에 대한 손익계산서 접근법(총액접근법)과 증분분석법(차이분석법)을 나타내고 있다. 손익계산서 접근법을 보면, 모든 수익과 비용을 비교한 결과, 특별주문을 수락하지 않을 경우 영업이익은 ₩960,000이며, 수락할 경우 영업이익은 ₩1,200,000으로서, 특별주문을 수락할 경우 영업이익이 ₩240,000 증가한다는 것을 보여준다.

증분분석법에서는 차이가 있는 항목(관련정보)만 비교한다. 특별주문을 수락할 경우, 매출이 ₩840,000(=420원×2,000개) 증가하고, 직접재료원가 ₩360,000(=180원×2,000개), 변동직접노무원가 ₩100,000(=50원×2,000개), 변동제조간접원가 ₩140,000(=70원×2,000개)이 증가한다.

특별주문을 수락하더라도 총생산량이 관련범위(월 10,000~15,000개) 이내에 있으므로, 고정직접노무원가와 고정제조간접원가는 변하지 않는다. 특별주문 수량은 유휴생산능력(idle production capacity)을 이용하여 생산하기 때문이다.

판매비와관리비에는 고정원가와 변동원가가 있으나, 특별주문을 수락하더라도 비용이 추가로 발생하지 않아 차이가 없다. 차이가 있는 관련정보만 비교한 결과, 특별주문을 수락할 경우 영업이익이

₩240,000 증가한다는 것을 보여준다[3].

표 10-3 1회성 특별주문 수락 여부 의사결정 : 손익계산서와 증분분석법 비교

(단위 : 원)

	I. 손익계산서 비교법			II. 증분분석법		
	특별주문 미수락 (판매 12,000개)		특별주문 수락 (판매 14,000개)	차 이	차이내역 (2,000개)	관련 정보
	단위당	총 액	총 액			
매출	600	7,200,000	8,040,000	840,000	₩420×2,000개	v
매출원가						
직접재료원가(변동)	180	2,160,000	2,520,000	360,000	₩180×2,000개	v
직접노무원가(변동)	50	600,000	700,000	100,000	₩50×2,000개	v
직접노무원가(고정)	110	1,320,000	1,320,000	0		
제조간접원가(변동)	70	840,000	980,000	140,000	₩70×2,000개	v
제조간접원가(고정)	90	1,080,000	1,080,000	0		
매출총이익	100	1,200,000	1,440,000	240,000		
판매비와관리비(변동)	15	180,000	180,000	0		
판매비와관리비(고정)	5	60,000	60,000	0		
영업이익	80	960,000	1,200,000	240,000		

예제에서 특별주문 요청가격 ₩420은 카드지갑의 단위당 원가 총 ₩520(매출원가 ₩500+판매비와관리비 ₩20)보다 적다. 그러나 단위당 원가 ₩520에는 두 대안 간에 차이가 없는 원가들이 포함되어 있다. 본 예제에서 관련원가는 직접재료원가, 변동직접노무원가, 변동제조간접원가 세 항목으로, 합계가 단위당 ₩300으로서 요청가격 ₩420보다 적다. 증분분석법으로 대안을 비교할 때 단위당 원가보다는 총원가를 사용해서 비교하는 것이 좋다. 단위당 원가를 사용할 경우, 고정원가를 마치 변동원가인 것처럼 잘못된 판단을 내릴 수 있기 때문이다.

---

3 예제에서 고정제조원가의 성격에 차이가 있다. 고정직접노무원가는 과거에 발생한 원가가 아니라 미래에 발생할 원가이지만 대안 간에 차이가 없는 원가이기 때문에 관련원가가 아니다. 이에 반해, 고정제조간접원가는 감가상각비로서 과거에 발생한 매몰원가의 회계적 기간 배분으로 발생하는 원가일 뿐으로, 대안 간에 차이가 없으므로 관련원가가 아니다.

2) 고정원가의 의사결정 관련성 여부

모든 유형의 의사결정에서 관련원가(relevant cost) 여부를 판단할 때 주의할 사항은 고정원가(fixed cost)도 관련원가가 될 수 있으며, 변동원가(variable cost)도 관련원가가 아닐 수 있다는 것이다. 예제 10-2에서 판매비와관리비는 변동원가/고정원가 모두 관련원가가 아니다. 판매비와관리비는 특별주문 수락 여부에 따라 차이가 있는 원가가 아니기 때문이다. 고정원가도 대안 간에 차이가 발생하면 관련원가가 된다.

예를 들어, ㈜돈마마는 카드지갑을 생산하기 위해 평소 2교대로 제조인력을 투입하고 있으며(1교대에 월 6,500개 생산), 현재 직접노무원가의 관련범위(relevant range)가 월 6,500~13,000개라고 하자. 기존의 2교대로는 특별주문 수량을 모두 생산할 수 없으므로, 부분적으로 3교대 인력을 투입해야 한다(제조설비의 생산용량(production capacity)은 월 15,000개로서 동일). 3교대 인력을 투입할 경우 고정직접노무원가 ₩300,000이 추가로 발생한다고 하자. 이 경우에는 추가로 발생하는 고정직접노무원가 ₩300,000은 관련원가가 되며, 특별주문을 수락할 경우, 표 10-4와 같이 차액손실이 ₩60,000 발생하므로 주문을 수락하지 않아야 한다. 이처럼, 대안을 비교하는 의사결정에서는 고정원가와 변동원가의 구분이 아니라, 대안 간에 차이가 있는 원가인지, 아닌지에 집중해야 한다.

표 10-4 1회성 특별주문 수락 여부 의사결정 : 고정원가와 관련정보

(단위 : 원)

	관련정보에 대한 차이 비교				
	특별주문 미수락 (판매 12,000개)		특별주문 수락 (판매 14,000개)	차 이	차이내역 (2,000개)
	단위당	총 액	총 액		
매출	600	7,200,000	8,040,000	840,000	₩420×2,000개
직접재료원가(변동)	180	2,160,000	2,520,000	360,000	₩180×2,000개
직접노무원가(변동)	50	600,000	700,000	100,000	₩50×2,000개
직접노무원가(고정)	110	1,320,000	1,620,000	300,000	부분적 3교대
제조간접원가(변동)	70	840,000	980,000	140,000	₩70×2,000개
영업이익				−60,000	

3) 1회성 특별주문이 아닌 경우의 관련원가

마지막으로, 1회성 특별주문이 아닌 다른 상황을 생각해보자. 만약 특별주문이 ㈜돈마마의 기존 판매가격이나 판매량에 부정적인 영향을 미치는 경우에는 두 가지 경우로 구분해서 판단해야 한다.

만약 외부에서 주문한 카드지갑이 ㈜돈마마만이 제조할 수 있는 매우 차별화된 제품인 경우에는 특별주문 수락으로 인해 잃어버리게 될 **공헌이익**(contribution margin)이 있다면, 그 금액은 관련원가에 포함된다. 따라서 특별주문 수락으로 인해 시중 판매량이나 판매가격의 감소가 예상된다면 해당 공헌이익은 관련원가에 포함된다. 예를 들어, 시중 판매량이 500개 감소할 것으로 예상된다면, 500개의 공헌이익 ₩142,500이 관련원가에 포함된다[4].

- **단위당 공헌이익 = 판매가격 − 단위당 변동원가 = ₩600 − ₩(180 + 50 + 70 + 15) = ₩285**
- **500개의 공헌이익 = 500개 × 단위당 공헌이익 = 500개 × ₩285 = ₩142,500**

이 경우, 500개의 판매량 감소가 예상되더라도 특별주문을 수락하면 여전히 ₩97,500(= ₩240,000 − ₩142,500)(표 10-3)의 증분이익이 발생할 것으로 예상되므로, 주문을 수락하는 것이 좋다.

다른 경우를 생각해보자. 만약 외부에서 주문한 카드지갑이 ㈜돈마마만이 제조할 수 있는 차별화된 제품이 아니어서, ㈜돈마마가 특별주문을 거절할 경우 카드지갑을 주문한 회사가 다른 카드지갑 제조회사에 주문할 수 있다고 해보자. 그 경우에는 특별주문 수락으로 인해 잃어버리게 될 **공헌이익**(contribution margin)이 있더라도 그 금액은 관련원가에 포함되지 않는다. ㈜돈마마가 주문을 수락하든 하지 않든, 기존 판매가격이나 판매량에 영향을 받게 되어 어차피 해당 공헌이익을 잃게 되기 때문이다. 즉, 잃어버리는 공헌이익은 대안 간에 차이가 없다. 이 경우, 위의 예처럼 시중 판매량이 500개 감소할 것으로 예상되는 경우에도 주문수락의 증분이익은 ₩240,000이 된다.

4. 인소싱 vs. 아웃소싱

인소싱 vs. 아웃소싱(insourcing vs. outsourcing) 의사결정은 조직이 필요로 하는 제품(부품)이나 서비스(활동)를 자체적으로 수행할지 외부에 의뢰할지에 관한 것이다. 제조 분야에서는 제품에 필요한 여러 부품 중

4 시중 판매량이 500개 감소하더라도 총생산량이 여전히 고정원가의 관련범위 내에 있으므로 고정원가에 미치는 영향은 고려하지 않아도 된다.

에서 일부 부품을 자체적으로 제조할지 외부에서 구매할지에 관한 **제조 vs. 구매**(make or buy) 의사결정이 이에 속한다.

1) 아웃소싱과 관련원가

인소싱 vs. 아웃소싱 의사결정에는 여러 요인이 고려될 수 있다. 조직의 핵심역량(core competency)에 집중하기 위해, 외부의 핵심 기술이나 능력에 접근하기 위해, 또는 원가절감을 위해 아웃소싱을 할 수 있다. 그러나 아웃소싱은 품질과 공급 일정 등에서 공급업체에 대한 의존성을 심화시키고, 기술적인 통제력을 상실할 우려가 있다는 단점이 있다. 이런 문제를 해결하기 위해 기업은 종종 공급업체와 가격, 품질, 공급 일정 등에 대해 장기계약을 체결한다. 다음 예제를 통해 아웃소싱의 재무적인 타당성을 분석해보자.

예제 10-3

[인소싱 vs. 아웃소싱] 가정용 진공청소기 제조업체인 ㈜나청소는 현재 청소기 구동모터를 자체 제작하여 다른 부품들과 조립하여 청소기를 생산하고 있다. ㈜나청소는 내년에 200,000개의 제품을 생산할 계획이며, 모터를 내부생산할 경우 발생할 것으로 예상되는 회계적 원가는 **표 10-5**와 같다.

㈜나청소는 제조간접원가의 분석과 예측을 위해 활동기준원가계산(ABC)을 사용하고 있다. 제조간접원가에는 모터 생산량에 따라 변하는 변동원가(기계작업활동의 원가), 변하지 않는 고정원가(공장 및 설비 감가상각비, 보험료, 공장관리비), 변동원가와 고정원가 요소가 모두 포함된 혼합원가(기계셋업활동의 원가) 세 가지 유형이 있다. 기계셋업활동의 원가는 고정원가 ₩1,480,000과 셋업횟수에 비례하는 변동원가(셋업 1회당 ₩40)로 구성되어 있다. 배치규모(batch size)는 400개로서, 기계셋업횟수는 총 500회(=200,000개÷400개)이다.

㈜나청소는 최근 외부 모터 제작업체로부터 내년에 200,000개의 모터를 개당 ₩580에 공급해주겠다는 제의를 받았다. 이 제의를 수락해야 할지 분석해보자. 분석을 위해 다음을 가정하자. 현재 모터를 제조하는 데 사용하는 설비는 모터를 외부에서 구입할 경우 모두 유휴설비가 된다. 그리고 모터 외부구입 시, 고정제조간접원가 중에서 모터 제작과 관련된 기계설비의 연간 보험료 ₩900,000은 발생하지 않으며, 이를 제외한 고정제조간접원가는 계속해서 발생한다. 마지막으로, 기계셋업활동의 원가 중에서 고정원가 요소는 기계셋업활동 엔지니어들의 급여로서 모터를 외부에서 구입할 경우 추가적인 비용 없이 해고할 수 있다.

(예제 계속)

표 10-5 내부에서 모터 200,000개 생산 시 내년도 예상원가

(단위 : 원)

	단위당	총 액
직접재료원가(변동)	330	66,000,000
직접노무원가(변동)	180	36,000,000
제조간접원가		
변동원가	50	10,000,000
혼합원가	7.5	1,500,000 (=₩40×500회+₩1,480,000)
고정원가	42.5	8,500,000
총제조원가	610	122,000,000

본 예제는 전형적인 제조 vs. 구매(make or buy) 상황을 보여준다. 표에 나타난 바와 같이, 내부에서 제조할 경우 예상되는 단위당 원가는 ₩610이며, 외부의 제안가격이 ₩580이므로 외부의 제안을 수락하는 것이 유리해 보일 수 있으나, 추가적인 분석이 필요하다.

분석의 핵심은 대안(내부제조, 외부구입) 간에 차이가 있는 관련원가를 찾는 것이다. 직접재료원가와 직접노무원가 및 변동제조간접원가는 외부에서 구입할 경우에는 발생하지 않는 원가이므로 관련원가이다. 혼합제조간접원가는 변동원가는 물론 고정원가 요소도 외부 구입 시에는 발생하지 않을 원가이므로 모두 관련원가에 속한다. 고정제조간접원가의 경우, 공장감가상각비 등은 모터 외부구입 시에도 계속해서 발생하는 원가이므로 관련원가가 아니며, 외부구입 시 줄어드는 보험료 ₩900,000은 관련원가이다. 관련원가에 대한 비교는 표 10-6과 같다. 외부구입 시 관련원가가 ₩1,600,000 더 많으므로, 재무적인 측면으로만 볼 때는 외부구입을 하지 않는 것이 좋다.

표 10-6 인소싱 vs. 아웃소싱 의사결정과 내년도 관련원가

(단위 : 원)

	관련원가 및 차이		
	내부제조(총액)	외부구매(총액)	차 이
직접재료원가	66,000,000		
직접노무원가	36,000,000		

(표 계속)

	관련원가 및 차이		
	내부제조(총액)	외부구매(총액)	차 이
제조간접원가			
변동원가	10,000,000		
혼합원가	1,500,000		
고정원가	900,000		
외부구입원가		116,000,000 (=200,000개×₩580)	
총관련원가	114,400,000	116,000,000	1,600,000

예제에서 직접재료원가, 직접노무원가, 변동 및 혼합제조간접원가 전액과 보험료 중 ₩900,000은 모터의 내부제조를 중단할 경우 발생하지 않을(현금이 절약되는) 원가로서, **회피가능원가**(avoidable cost)라고 한다. 반대로, 보험료 ₩900,000을 제외한 고정제조간접원가는 내부제조를 중단해도 계속 발생하는 회피할 수 없는 원가이므로 **회피불능원가**(unavoidable cost)라고 한다. 회피가능원가는 관련원가에 해당하지만, 회피불능원가는 대안 간에 차이가 없으므로 관련원가가 아니다.

아웃소싱 여부는 부품의 제조에만 국한되지 않는다. 일반관리활동 중에 유지보수, 데이터처리, 경비와 보안 등의 기능을 아웃소싱하는 경우가 많으며, 기업 가치사슬활동(제조활동 전체, 제품의 일부 제조, 배송, 고객지원 등) 전체 기능이 아웃소싱 대상이 될 수 있다.

2) 내부생산 중단 여부 의사결정에서 고정원가의 세 가지 유형

영업중단(예제 10-1), 아웃소싱(예제 10-3) 등의 사유로 내부생산을 중단하는 대안과 내부생산을 계속하는 대안을 비교할 때, 고정원가가 관련원가인지 아닌지에 대해 좀 더 살펴보자. 기본적으로, 고정원가는 회피불능원가나 매몰원가와 상관이 없는 다른 개념이다. 단지, 관련범위 내에서 생산량 변화에 따라 변하지 않는 원가일 뿐이다.

일반적으로 변동원가는 내부생산 중단 시에는 회피가 가능한 원가이므로 내부생산 중단 여부 의사결정에서 관련원가이다. 그러나 고정원가는 종류별로 다르다. 고정원가라고 해서 모두 매몰원가는 아니다.

내부생산 중단 여부 의사결정에서 고정원가는 세 가지 유형으로 구분할 수 있다(표 10-7). 유형 1은 매몰원가로서 관련원가가 아니다. 모든 매몰원가는 모든 의사결정에서 관련원가가 될 수 없다. 어떤 의사결정을 내려도 변하지 않는 원가이기 때문이다. 예제 10-3에서 공장 및 설비 감각상각비가 이에 속한다.

비매몰원가(미래에 발생할 원가)는 관련원가가 될 수도 있고, 비관련원가가 될 수도 있다. 유형 2는 비매몰원가로서 관련원가인 경우이며, 유형 3은 비매몰원가이지만 비관련원가인 경우이다. 유형 2에 속하는 고정원가의 예로는 내부생산을 중단하면 해고할 수 있는 감독관의 급여가 있으며, 예제 10-3에서 기계셋업 엔지니어들의 급여 및 고정제조간접원가 중에 모터제조 설비와 관련된 보험료 ₩900,000이 이에 해당한다. 유형 3에 속하는 고정원가의 예로는 내부생산을 중단해도 해고되지 않는 공장장의 급여가 있으며, 예제 10-3에서는 공장관리비가 이에 해당한다.

표 10-7 내부생산 중단 여부 의사결정에서 고정원가의 세 가지 유형 [예제 10-3의 고정원가]

	매몰원가	비매몰원가
관련원가	–	유형 2(회피가능원가) [기계셋업 엔지니어들의 급여, 모터 제조설비 보험료 ₩900,000]
비관련원가	유형 1(회피불능원가) [공장 및 설비 감각상각비]	유형 3(회피불능원가) [공장관리비]

3) 공장 건설 전의 아웃소싱 여부 결정

인소싱 vs. 아웃소싱 의사결정은 공장 건설 전에 내려야 하는 경우도 있고, 이미 공장을 건설하고 생산하는 과정에서 내려야 하는 경우도 있다. 우리는 위 예제에서 후자의 경우를 살펴보았다. 만약, ㈜나청소가 진공청소기 생산 공장을 건설하기 전에 모터를 내부제작해야 할지 외부구입해야 할지를 결정해야 하는 상황이라면, 관련원가의 범위가 달라진다.

㈜나청소의 고정제조간접원가 ₩8,500,000에는 공장 및 설비 감가상각비, 보험료, 공장관리비가 포함되어 있다. 공장을 건설하기 전 단계에 있다면, 모터를 아웃소싱할 경우 공장의 규모가 작아질 수 있고, 모터제조 설비를 구입하지 않을 것이다. 따라서 공장 건설비용 절감액과 모터제조 설비 취득원가 및 공장관리비 절감액이 관련원가에 포함된다. 다만, 공장 건설과 모터제조 설비 취득은 1년이 아닌 장기간 영향을 미치므로, 지금까지와는 좀 다른 분석이 필요하다. 이에 대해서는 보론의 자본예산 편성에서 설명한다.

5. 의사결정에서 기회비용의 반영

희소한 자원(limited resource)을 특정 용도에 사용하면, 그것을 다른 용도에 사용하여 이익을 벌 기회를 잃어버리게 된다. 이때 잃어버린 이익을 **기회비용(opportunity cost)**이라고 한다. 즉, 기회비용은 희소자원을 다른 (차선의) 대안에 사용하지 못함으로써 잃어버린 이익(profit)이다[5].

예를 들어, 고등학교를 졸업하고 대학에 진학하는 경우, 대학 진학의 기회비용은 대학에 진학하는 대신 다른 일을 해서 벌 수 있는 이익이다. 만약 차선의 대안이 창업이라면 대학재학 기간에 창업을 통해 벌 수 있는 이익이 기회비용이다. 만약 돈을 벌 수 있는 다른 대안이 없다면 대학 진학의 기회비용은 '0'이다. 여기서 희소자원은 시간이다[6].

지금까지 우리는 내부 제조설비를 사용하는 데 대한 기회비용이 없는 것으로 가정하였다. 예제 10-1 영업중단 여부 의사결정에서는 현재 사용하고 있는 기계의 처분가치를 '0'이라고 가정하였다(기계의 다른 용도가 없음). 예제 10-2 1회성 특별주문 의사결정에서는 특별주문 수량을 생산하기 위해 기존 유휴설비를 사용하게 되며(유휴설비의 다른 용도가 없음), 예제 10-3 아웃소싱 여부에 관한 의사결정에서는 모터를 외부에서 구입하는 경우, 현재 모터제조에 사용하고 있는 설비는 유휴설비가 된다고 가정하였다(모터 제조설비는 현 청소기 제품의 모터제조 외에 다른 용도가 없음). 그러나 기회비용이 있는 경우에는 의사결정에 이를 반영해야 한다. 다음 예제를 통해 학습해보자.

예제 10-4

[기회비용이 있을 때 아웃소싱 여부] 예제 10-3에서 ㈜나청소가 모터를 외부에서 구입할 경우, 현재 진공청소기 모터의 제조에 사용하고 있는 설비를 활용해서 매년 선풍기 모터 80,000개를 제조해서 개당 ₩380에 판매할 수 있다고 하자(원가자료는 표 10-8에 제시하였다.). 어떤 의사결정을 해야 할지 분석해보자.

모터 제조설비를 청소기 모터제조에 사용하지 않으면 선풍기 모터를 제조하여 판매할 수 있으므로, 현재 청소기 모터제조에 따른 기회비용이 발생한다. 이 기회비용은 모터제조 시설이 유휴설비로 남아 있는 경우에 비해 선풍기 모터를 제작해서 판매하는 경우에 벌게 될 증분이익과 같다.

5 기회비용은 금전적 가치에 국한되지 않는다. 즐거움, 효용 등 비금전적인 모든 효익(benefit)도 포함된다.

6 재고자산에도 그 금액을 차선의 대안에 투자할 경우 벌 수 있는 기회비용(예 은행이자)이 있다.

표 10-8은 선풍기 모터 제작과 판매에 대한 증분분석 결과를 나타낸 것이다. 증분이익은 증분수익에서 증분원가를 차감하여 계산한다.

표 10-8 기회비용 : 선풍기 모터 제작판매의 연간 관련 손익

(수량 80,000개, 가격 ₩380)

	총액(원)	내 역
매출(증분)	30,400,000	80,000개×₩380
매출원가(증분)		
직접재료원가	16,000,000	80,000개×₩200
직접노무원가	8,000,000	80,000개×₩100
제조간접원가		
변동원가	2,400,000	80,000개×₩30
혼합원가	400,000	₩30×셋업 250회+₩392,500
고정원가	900,000	모터제조 설비 보험료
매출총이익(증분)	2,700,000	

표에서 제조간접원가의 내역을 자세히 살펴보자. 제조간접원가도 모터제조 시설을 유휴로 남겨두는 경우와 선풍기 모터를 제작하는 경우를 비교해서 추가로 발생하는 증분원가이다. 변동제조간접원가는 기계작업활동의 원가이며, 고정제조간접원가는 선풍기 모터 제조로 인해 발생하는 모터제조 설비의 보험료이다. 설비를 선풍기 모터제조에 사용할 경우 청소기 모터제조에 발생하는 설비 보험료만큼 보험료가 발생하는 것으로 이해하면 된다. 나머지 고정제조간접원가(공장 및 설비 감가상각비, 공장관리비)는 선풍기 모터제조의 증분원가가 아니다. 혼합제조간접원가는 기계셋업활동의 원가로서, 고정원가 ₩392,500과 셋업횟수에 비례하는 변동원가(셋업 1회당 ₩30)로 구성되어 있으며, 기계셋업횟수는 총 250회로 가정하였다.

분석결과, 기존 모터 제조설비를 유휴설비로 두는 경우와 비교하여 선풍기 모터를 제조할 경우 증분이익(incremental profit)이 ₩2,700,000 발생한다. 이 금액은 모터제조 설비를 진공청소기 모터가 아닌 선풍기 모터를 제조할 경우 벌 수 있는 이익이므로, 진공청소기 모터를 내부에서 생산하는 데 따른 기회비용이다.

이제 ㈜나청소의 두 대안의 관련원가를 정리하면 표 10-9 와 같다. 진공청소기 모터를 내부에서 제조하는 대안의 총관련원가가 외부구입 대안의 총관련원가보다 ₩1,100,000 더 많다. 따라서 진공청소기 모터를 외부에서 구입하고 대신에 선풍기 모터를 생산해서 판매하는 것이 바람직하다(손익계산서 총액기준법으로도 비교해 볼 것).

표 10-9 기회비용이 있을 때 인소싱 vs. 아웃소싱 의사결정과 내년도 관련원가

(단위 : 원)

대 안	관련원가 및 차이		
	진공청소기 모터 내부제조	진공청소기 모터 외부구매	차 이
관련원가	114,400,000	116,000,000	
기회비용	2,700,000	0	
총관련원가	117,100,000	116,000,000	1,100,000

만약 ㈜나청소가 진공청소기 모터를 내부에서 제조하고도 여유설비가 존재하여 선풍기 모터까지도 만들 수 있다면, 진공청소기 모터 내부제조의 기회비용은 '0'이 된다. 진공청소기 모터를 제조한다고 해서 선풍기 모터를 제조해서 벌 수 있는 이익을 포기한 것이 아니기 때문이다. 따라서 진공청소기를 내부에서 제조하고 선풍기 모터도 제조하는 것이 바람직하다.

위에서 선풍기 모터를 제조할 경우 얻게 될 이익(기회비용)은 아직 실제로 발생한 것이 아니므로, 회계적 비용이 아니며 회계장부에도 기록되지 않는다. 따라서 의사결정 시에는 기회비용을 빠뜨리지 않도록 유의해야 한다. 기회비용은 여러 가지 형태로 발생할 수 있다. 예를 들어, 기존의 잉여 설비를 이용하여 신제품 생산을 고려할 때, 신제품 생산에 따른 비용에는 각종 현금지출 비용뿐만 아니라, 신제품 생산으로 인해 기존 제품 생산이 영향을 받게 된다면(예 공정계획의 복잡성 증가로 인한 비용 증가, 생산 일정 지체 등) 그로 인한 공헌이익 손실도 기회비용으로 반영해야 한다(제11장 시간관리 참고).

또한 경영자는 현재 운영하는 사업에 대해서도 회계적 비용 외에 숨겨진 기회비용이 있다는 점을 항상 인식해야 한다. 기회비용을 고려하여 현재 사업 대신 새로운 사업기회를 탐색해야 할 수도 있다.

6. 설비교체

1) 설비교체와 과거원가의 비관련성

설비교체(equipment replacement) 의사결정은 기존 설비를 새로운 설비로 대체할지에 관한 의사결정이다. 다른 의사결정과 마찬가지로 과거에 발생한 원가(매몰원가)는 의사결정에 관련성이 없다. 이를 설비교체 의사결정에 관한 다음 예제를 통해 학습해보자.

예제 10-5

[설비교체] 강남에서 대형 카페를 운영 중인 성환이는 2년 전에 구입한 빙수 제조기를 교체해야 할지 고민하고 있다. 지금 보유하고 있는 빙수 제조기는 새로 나온 제품보다 빙수를 제조하는 데 시간이 더 많이 걸려, 담당 직원 인건비와 전기요금 등 운영비가 더 많이 든다. 빙수 제품의 매출과 빙수 제품의 재료원가, 기타 인건비 등은 기계 교체의 영향을 받지 않는다. 두 기계에 관한 자세한 사항은 표 10-10과 같다. 성환이가 빙수 제조기를 신기계로 교체해야 하는지 분석해보자(화폐의 시간가치와 세금은 고려하지 않는다).

표 10-10 기계교체 : 구기계와 신기계 자료

	구기계	신기계
취득원가(원)	1,800,000	600,000
내용연수(년)	4	2
사용연수(년)	2	0
잔존내용연수(년)	2	2
감가상각누계액(원)(정액상각법)	900,000	
장부가액(원)	900,000	
빙수제조 연간운영비(현금비용)(원)	650,000	250,000
현 처분가치(원)	100,000	
최종 처분가치(2년 뒤)(원)	0	0

표 10-11은 빙수 제조기 교체에 대한 관련원가를 향후 2년간에 대해 **순현금흐름**(net cash flow) 기준으로 비교한 것이다. 앞에서 설명한 바와 같이, 구기계의 취득원가, 감가상각누계액, 장부가액은 과거에 발생한 것(매몰원가와 관련된 항목들임)으로서 두 대안 간에 차이가 없으므로, 증분분석법에서 관련원가에 해당하지 않는다. 연간 운영비(현금)와 신기계 구입가격, 구기계 처분가치만 관련원가이다. 기계 교체 시에는 구기계 처분으로 현금이 유입되므로 이를 차감하여 순현금흐름을 계산하였다. 분석결과, 신기계로 교체하는 것이 ₩300,000 더 유리하다.

표 10-11 순현금흐름 비교법 : 기계교체 관련원가(2년 합계)

(단위 : 원)

	구기계 사용(1)	기계 교체(2)	차 이(3)(=(1)−(2))
빙수제조 운영비(현금비용)	1,300,000	500,000	800,000
신기계 구입		600,000	(600,000)
구기계 처분		(100,000)	100,000
합계	1,300,000	1,000,000	300,000

위의 분석을 **기회비용**(opportunity cost) 개념을 사용하여 표 10-12와 같이 나타낼 수도 있다.

표 10-12 기회비용 접근법 : 기계교체 관련원가(2년 합계)

(단위 : 원)

	구기계 사용(1)	기계 교체(2)	차 이(3)(=(1)−(2))
빙수제조 운영비(현금비용)	1,300,000	500,000	800,000
신기계 구입		600,000	(600,000)
기회비용	100,000	0	100,000
합계	1,400,000	1,100,000	300,000

이제 **손익계산서 접근법(또는 총액접근법)**을 사용하여 빙수제조활동의 영업비용(유형자산처분손익 포함)을 비교해보자. 표 10-13에 나타난 바와 같이, 신기계로 교체할 경우 영업비용이 ₩300,000 더 적다. 앞에서 설명한 바와 같이, 회계 손익을 비교하는 손익계산서 비교법과 관련정보를 비교하는 방법의 결과는 항상 같다.

영업비용을 좀 더 자세히 분석해보자. 신기계로 교체할 경우, 구기계 처분손실 ₩800,000이 추가로 발생한다. 여기서 구기계 처분손실 ₩800,000은 구기계 장부가액 ₩900,000에서 처분가치 ₩100,000을 뺀 금액이다. 두 대안을 비교해보면, 구기계 장부가액 ₩900,000은 구기계를 계속 사용할 경우에는 2년에 걸쳐 감가상각비 형태로 소멸하고, 신기계로 교체할 경우 처분 시점(1차 연도)에 즉시 소멸한다. 구기계의 처분가치 ₩100,000은 미래에 발생할 항목으로서 두 대안 간에 차이가 있는 관련정보이다. 반면에, 과거에 발생한 구기계의 취득원가, 감가상각누계액, 장부가액 등은 회계 손익 비교에서도 의사결정에서 관련성이 없다는 것을 확인할 수 있다.

표 10-13 손익계산서 비용 비교(2년 합계)

(단위 : 원)

	구기계 사용	기계 교체	비 고	
빙수제조 영업비용				
빙수제조 운영비(현금비용)	1,300,000	500,000		
감가상각비(구기계)	900,000			
유형자산처분손실		800,000	900,000	구기계 장부가액
			(100,000)	구기계 처분가치
감가상각비(신기계)		600,000		
합계	2,200,000	1,900,000		

위의 예제에서 만약 성환이가 4년 전에 내용연수 6년인 기계를 ₩6,000,000에 취득했으며, 구기계의 현 처분가치와 연간운영비(현금비용)는 같다고 하자. 구기계 취득원가가 ₩1,800,000에서 ₩6,000,000으로 3배 이상 많은 것이 대안 선택에 영향을 미치는지 확인해보자. 구기계에 관한 구체적인 사항은 표 10-14와 같다고 하자. 이제 구기계를 처분할 경우 처분손실은 ₩1,900,000(=장부가액 ₩2,000,000－처분가치 ₩100,000)으로 증가한다.

표 10-14 기계교체 : 구기계 자료

[구기계 취득원가 ₩6,000,000]

	구기계
취득원가(원)	6,000,000
내용연수(년)	6
사용연수(년)	4
잔존내용연수(년)	2
감가상각누계액(원)(정액상각법)	4,000,000
장부가액(원)	2,000,000

(표 계속)

	구기계
빙수제조 연간운영비(현금비용)(원)	650,000
현 처분가치(원)	100,000
최종 처분가치(2년 뒤)(원)	0

표 10-15는 구기계 취득원가가 ₩6,000,000일 때 손익계산서의 비용을 비교한 것이다. 구기계 취득원가가 ₩1,800,000에서 ₩6,000,000으로 증가함에 따라 구기계 처분손실이 ₩800,000에서 ₩1,900,000으로 증가하지만, 두 대안의 영업비용 차이는 여전히 ₩300,000으로 변함이 없다. 의사결정에 관련이 있는 구기계의 연간 운영비(현금비용)와 처분가치가 변함없기 때문이다.

표 10-15 손익계산서 비용 비교(2년 합계)

[구기계 취득원가 ₩6,000,000]

(단위 : 원)

	구기계 사용	기계 교체	비 고	
빙수제조 영업비용				
빙수제조 운영비(현금비용)	1,300,000	500,000		
감가상각비(구기계)	2,000,000			
유형자산처분손실		1,900,000	2,000,000 (100,000)	구기계 장부가액 구기계 처분가치
감가상각비(신기계)		600,000		
합계	3,300,000	3,000,000		

2) 설비교체 의사결정에서 부문 경영자의 유인

설비교체 의사결정에서 설비를 교체하는 것이 회사에 유리한 경우에도 부문 경영자는 설비교체를 망설일 수 있다. 잔여 내용연수 2년 전체를 기준으로 보면, 설비를 교체하는 것이 하지 않는 경우보다 영업이익이 더 많지만, 표 10-16에 나타난 바와 같이 1차 연도에는 설비를 교체하지 않는 것이 **영업이익**이 더 많다. 설비교체로 인한 유형자산 처분손실이 1차 연도에 발생하기 때문이다.

부문 경영자가 기간 단위(예 연도별)로 영업이익 기준으로 성과평가를 받을 경우, 1차 연도에는 구기계를 사용하는 것보다 기계를 교체할 경우 영업이익이 더 작으므로 설비교체를 망설일 가능성이 있다.

부문 경영자의 보직이 조만간 다른 부문으로 변경될 가능성이 있거나, 구기계의 취득원가(장부가액)가 매우 높아 처분손실이 매우 크거나, 구기계를 취득한 후 시간이 얼마 지나지 않아 기계 교체에 대한 책임론이 대두될 가능성이 있는 경우에는 기계를 교체할 가능성은 더욱 낮아진다. 관리자의 성과평가와 보상에 관해서는 제14장에서 자세히 설명한다.

표 10-16 기계교체 연도별 영업비용

(단위 : 원)

	영업비용(1차 연도)		영업비용(2차 연도)	
	구기계 사용	기계 교체	구기계 사용	기계 교체
빙수제조 영업비용				
빙수제조 운영비(현금비용)	650,000	250,000	650,000	250,000
감가상각비(구기계)	450,000		450,000	
유형자산처분손실		800,000		
감가상각비(신기계)		300,000		300,000
합계	1,100,000	1,350,000	1,100,000	550,000

7. 의사결정, 전략적 원가관리, 장기적 관점

우리는 위에서 단기적 맥락에서 관련원가와 관련수익 기준으로 의사결정을 내리는 방법에 대해 학습했다. 그러나 의사결정에서 단기적 관점의 **관련원가(relevant cost)**에 과다하게 집중하여, 장기적으로 기업 경쟁력에 중요한 영향을 미치는 요소들을 간과하는 위험에 빠지지 않도록 주의해야 한다.

예를 들어, 공정 구축에 관한 의사결정 시에 원가절감을 위해 대량생산에 적합한 제조공정을 구축하는 경우, 다양한 형태의 제품을 소량으로 주문하는 고객의 요구에 효과적으로 대응하기 어려워질 수도 있다.

원가절감을 위해 부품을 아웃소싱할 경우에도 제품의 품질과 신뢰성이 저하되어 기업의 장기적인 경쟁력이 저하될 수도 있다[7]. 이런 문제점을 보완하기 위해서는 **균형성과표(BSC)**를 이용하여 경영관리자

7 2023~2024년에 자주 발생한 보잉사 제조 항공기의 사고와 관련된 결함이 부품의 과도한 아웃소싱에 따른 품질문제에서 비롯되었다는 지적이 있다. https://biz.chosun.com/international/international_general/2024/01/14/PSUDSJLUDJEE5KTLOGWSP74RNM/.

의 성과지표에 장기적·전략적 요소를 적절히 반영할 필요가 있다(제11장 참고).

특별주문에 대한 의사결정 시에도 장기적인 영향에 주의해야 한다. 일반적으로 특별주문은 해당 주문이 1회성인지 아닌지 판단하기 어려운 경우가 많다. 이때 단기적 관점에서 잉여설비를 활용하기 위해 고객이 제안한 가격(잉여설비의 고정원가를 회수하기에 충분하지 않은 수준)을 습관적으로 수용할 경우 기업의 장기적 수익성은 크게 훼손될 수 있다.

관련원가의 정의는 **의사결정의 시계(time horizon)**와 관련되어 있다. 단기적으로 회피불가능한 고정원가도 시간이 경과함에 따라 회피가능성이 증가할 수 있다. 공장과 설비의 임대료와 감가상각비는 장기적으로 공장규모의 축소, 설비의 처분 등을 통해 상당 부분 회피할 수 있으며, 단기적으로 해고가 불가능한 인력의 인건비도 장기적으로는 계약기간 종료나 구조조정으로 회피할 수 있다. 따라서 장기적 관점의 의사결정에서는 대부분의 고정원가도 관련원가에 포함되어야 한다.

관련하여, **활동기준원가계산(ABC)**에서는 고정원가를 배부할 때 단기적인 회피가능성 여부를 고려하지 않는다. 활동기준원가계산은 고정원가에도 원가동인(cost driver)이 있으며, 원가동인의 사용량이 증가(감소)함에 따라 고정원가도 장기적으로 증가(감소)한다는 관점을 가지고 있다. 따라서 활동기준원가계산(ABC)이 제공하는 제품원가 정보는 장기적 관점의 의사결정에 적합한 원가정보이다.

연습문제

01 특별주문과 최소가격 (2000 세무사)

북한강전자㈜는 계산기를 제조하여 개당 ₩2,000에 판매하고 있다. 북한강전자㈜의 생산능력은 매기 12,000개이며, 이때 개당 생산원가는 직접재료비 ₩750, 직접노무비 ₩550, 제조간접비(변동비 75%, 회피불능고정비 25%) ₩480이다. 해외바이어가 방문하여 2,500개의 계산기를 특별 주문하였다. 이 특별주문에 따른 유일한 판매비용은 운송료로 개당 ₩100이 소요된다. 현재 북한강전자㈜는 7,200개를 생산·판매하여 정상적인 판매경로를 통하여 판매하고 있다. 북한강전자㈜가 이 특별주문과 관련하여 받아야 하는 최소금액은 얼마인가?

① ₩1,760 ② ₩2,000 ③ ₩1,660
④ ₩1,780 ⑤ ₩1,820

02 특별주문이 영업이익에 미치는 영향 (2005 세무사)

우진회사는 월간 30,000개까지의 단일제품을 생산할 수 있는 설비를 가지고 있다. 거래처와의 계약체결 내용에 따라 우진회사는 다음 달에 25,000개의 제품을 제조하여 판매할 예정이며, 이 경우 제품 1개당 총원가는 ₩2,500으로 예상된다. 그런데 다음 달에 5,000개의 제품을 1개당 ₩1,600에 납품해 달라는 거래처의 추가주문이 접수되었다. 이 추가주문을 접수하여 생산량을 증가시킬 경우 제품 1개당 총원가는 ₩2,300으로 감소할 것으로 예상되며, 이 주문을 수락하더라도 기존의 예상판매량을 달성하는 데는 아무런 문제가 없을 것으로 예상된다. 우진회사가 이 추가 주문을 수락한다면 영업이익에 어떤 영향을 줄 것인가? (단, 재고는 없는 것으로 가정한다.)

① ₩2,000,000 감소 ② ₩4,000,000 증가 ③ ₩1,000,000 증가
④ ₩1,000,000 감소 ⑤ ₩1,500,000 증가

03 증분수익과 증분비용 (2008 세무사)

대한회사는 단위당 ₩250에 판매되는 램프를 생산·판매하고 있다. 이 제품과 관련된 변동비는 단위당 ₩150이고, 고정비는 매월 ₩35,000이 발생한다. 회사는 현재 단일제품으로 매월 평균 400단위를 생산·판매하고 있다. 대한회사의 판매담당 관리자는 매월 광고비를 ₩10,000만큼 증가시키면 매출액이 매월 ₩30,000만큼 증가할 것으로 기대하고 있다. 매월 광고비를 ₩10,000만큼 증가시킬 때 회사의 영업이익이 매월 얼마만큼 증감하게 될 것으로 예상되는가?

① 영업이익 ₩1,000 증가 ② 영업이익 ₩2,000 증가 ③ 영업이익 ₩3,000 증가
④ 영업이익 ₩2,000 감소 ⑤ 영업이익 ₩3,000 감소

04 자가제조 및 외부구입 여부 결정 (2012 세무사)

㈜국세는 현재 제품 생산에 필요한 부품 10,000단위를 자가제조하여 사용하고 있는데, 최근에 외부의 제조업자가 이 부품을 전량 납품하겠다고 제의하였다. ㈜국세가 이러한 제의에 대한 수락 여부를 검토하기 위하여 원가자료를 수집한 결과 10,000단위의 부품을 제조하는 데 발생하는 총제조원가는 다음과 같으며, 최대로 허용 가능한 부품의 단위당 구입가격은 ₩330으로 분석되었다.

항목	금액
직접재료원가	₩1,800,000
직접노무원가	700,000
변동제조간접원가	500,000
고정제조간접원가	500,000
총제조원가	₩3,500,000

이 경우, ㈜국세가 회피가능한 고정제조간접원가로 추정한 최대 금액은 얼마인가?

① ₩150,000　② ₩200,000　③ ₩250,000　④ ₩300,000　⑤ ₩500,000

05 특별주문과 최저판매가격 (2012 세무사)

㈜국세는 야구공을 생산·판매하고 있으며, 월간 최대생산능력은 30,000단위이다. ㈜국세가 생산하는 야구공의 단위당 원가자료는 다음과 같다.

항목	금액
직접재료원가	₩200
직접노무원가	100
변동제조간접원가	50
고정제조간접원가	100
변동 판매비와관리비	25
고정 판매비와관리비	30

㈜국세는 현재 정상주문에 대해 단위당 ₩500의 가격으로 판매를 하고 있는데, 최근 해외사업자로부터 할인된 가격으로 3,000단위를 구입하겠다는 특별주문을 받았다. ㈜국세가 이 주문을 수락할 경우에는 생산능력의 제한으로 인하여 기존 정상주문 중 1,200단위의 판매를 포기해야 한다. 그러나 특별주문 수량에 대한 단위당 변동판매비와관리비는 ₩5만큼 감소할 것으로 예상하고 있다. ㈜국세가 해외사업자의 특별주문에 대하여 제시할 수 있는 단위당 최저 판매가격은 얼마인가?

① ₩370　② ₩375　③ ₩420　④ ₩425　⑤ ₩500

06 특별주문과 예산이익 (2018 세무사)

㈜세무는 20X1년에 제품 A를 5,000단위 생산하여 전량 국내시장에 판매할 계획이다. 제품 A의 단위당 판매가격은 ₩10,000, 단위당 변동제조원가는 ₩7,000, 단위당 변동판매관리비는 ₩1,000이다. ㈜세무는 20X1년 초에 해외 거래처로부터 제품 A 3,000단위를 단위당 ₩8,000에 구입하겠다는 특별주문을 받았다. 해외 거래처의 주문을 수락하기 위해서는 제품 A 1단위당 부품 B(단위당 외부구입가격 : ₩500) 1단위를 추가로 투입해야 하고, 20X1년도 국내시장 판매량을 350단위 감소시켜야 한다. 특별주문과 관련된 판매관리비는 주문수량에 관계없이 ₩300,000 발생한다. ㈜세무가 특별주문을 수락할 경우, 20X1년도 예산이익의 증가(또는 감소)금액은? (단, 특별주문은 전량 수락하든지 기각해야 한다.)

① ₩300,000 증가 ② ₩420,000 증가 ③ ₩500,000 증가
④ ₩550,000 감소 ⑤ ₩800,000 감소

07 인소싱·아웃소싱 결정 (2014 감정평가사)

㈜대한은 완제품 생산에 필요한 A부품을 매월 500단위씩 자가제조하고 있다. 그런데 타 회사에서 매월 A부품 500단위를 단위당 ₩100에 납품하겠다고 제의하였다. A부품을 자가제조할 경우 변동제조원가는 단위당 ₩70이고, 월간 고정제조간접원가 총액은 ₩50,000이다. 만약 A부품을 외부구입하면 변동제조원가는 발생하지 않으며, 월간 고정제조간접원가의 40%를 절감할 수 있다. 또한 A부품 생산에 사용되었던 설비는 여유설비가 되며 다른 회사에 임대할 수 있다. A부품을 외부구입함으로써 매월 ₩10,000의 이익을 얻고자 한다면, 여유설비의 월 임대료를 얼마로 책정해야 하는가?

① ₩5,000 ② ₩6,000 ③ ₩7,000 ④ ₩8,000 ⑤ ₩10,000

08 제안별 영업이익 비교 (2013 세무사)

㈜세무는 부품 A를 매년 1,000단위씩 자가생산하여 제품 생산에 사용하고 있는데, 부품 A 생산과 관련된 원가자료는 다음과 같다.

	단위당 원가
직접재료원가	₩150
직접노무원가	30
변동제조간접원가	20
고정제조간접원가	40
계	₩240

㈜하청이 부품 A를 단위당 ₩215에 전량 공급해주겠다는 제안을 하였다. ㈜하청의 제안을 수락하면 부품 A의 생산 공간을 부품 B 생산에 이용할 수 있어 부품 B의 총제조원가를 매년 ₩7,000 절감할 수 있고, 부품 A의 고

정 기술사용료가 매년 ₩9,000 절감된다.
한편, ㈜간청은 ㈜세무에게 다른 제안을 하였다. ㈜간청의 제안을 수락하면 부품 A의 총고정제조간접원가가 매년 10% 절감되나, 부품 A의 생산 공간을 부품 B 생산에 이용할 수 없어 부품 B의 총제조원가는 절감되지 않는다. ㈜간청의 기술지도로 인하여 부품 A의 고정 기술사용료는 매년 ₩7,000 절감된다. 각 제안별 수락에 따른 영업이익 증감액이 동일하게 되는 ㈜간청의 제안가격은?

① ₩180 ② ₩198 ③ ₩202 ④ ₩210 ⑤ ₩212

09 인소싱·아웃소싱 결정 (2015 세무사)
㈜국세는 부품 A를 자가제조하며, 관련된 연간 생산 및 원가자료는 다음과 같다.

직접재료원가	₩10,000
직접노무원가	20,000
변동제조간접원가	10,000
고정제조간접원가	20,000
생산량	250단위

최근에 외부업체로부터 부품 A 250단위를 단위당 ₩200에 공급하겠다는 제안을 받았다. 부품 A를 전량 외부에서 구입하면 고정제조간접원가 중 ₩10,000이 절감되며, 기존 설비를 임대하여 연간 ₩15,000의 수익을 창출할 수 있다. 외부업체의 제안을 수용하면, 자가제조보다 연간 얼마나 유리(또는 불리)한가?

① ₩15,000 유리 ② ₩15,000 불리 ③ ₩25,000 유리
④ ₩25,000 불리 ⑤ ₩35,000 유리

10 생산 중단 여부 결정 (2010 세무사)
㈜울산은 A,B,C 세 종류의 제품을 생산·판매하고 있다. 20X1년 ㈜울산의 제품별 손익을 살펴본 결과 다음과 같이 나타났다.

항 목	A제품	B제품	C제품	합 계
매출액	₩1,000,000	₩2,000,000	₩1,000,000	₩4,000,000
변동원가	500,000	1,800,000	700,000	3,000,000
공헌이익	₩500,000	₩200,000	₩300,000	₩1,000,000
고정원가	200,000	400,000	200,000	800,000
이익	₩300,000	(₩200,000)	₩100,000	₩200,000

경영자는 손실을 보이고 있는 B제품의 생산 중단을 고려하고 있으며, 이에 대한 자료를 다음과 같이 수집하였다. 총고정원가 ₩800,000은 각 제품의 매출액에 비례하여 배부한 것이며, B제품 생산 중단 시 총고정원가의 10%

는 회피가능하고, 또한 C제품의 매출액이 20% 감소할 것으로 예상된다. ㈜울산이 B제품의 생산을 중단할 경우 회사 전체 이익은 얼마나 감소하는가?

① ₩120,000 ② ₩150,000 ③ ₩170,000
④ ₩180,000 ⑤ ₩200,000

11 배치생산과 특별주문 수락 여부 (2019 세무사)

㈜세무의 최대생산능력은 5,000개이다. 정규시장에 1개당 ₩200에 4,000개 판매할 것으로 예상된다. 한 번에 50개씩 묶음(batch) 생산하며, 4,000개를 생산하는 경우 원가는 다음과 같다.

생산량에 따라 변하는 변동원가	₩240,000
묶음수에 따라 변하는 변동원가	80,000
고정원가	400,000
	₩720,000

1개당 ₩130에 1,500개를 구입하겠다는 특별주문을 받았다. 특별주문에 대해서는 100개씩 묶음 생산하며, 특별주문은 전량 수락하거나 거절해야 한다. 이 특별주문을 수락하는 경우 ㈜세무의 이익은 얼마나 증가 또는 감소하는가?

① ₩75,000 증가 ② ₩30,000 증가 ③ ₩20,000 증가
④ ₩20,000 감소 ⑤ ₩75,000 감소

12 특별주문과 최대생산능력 (2016 세무사)

㈜세무는 단일 제품 A를 생산·판매하며, 관련범위 내 연간 최대생산능력은 10,000단위이다. ㈜세무는 현재 제품 A 7,500단위를 생산하여 단위당 판매가격 ₩400으로 정규시장에 모두 판매한다. 최근 ㈜세무는 ㈜한국으로부터 단위당 가격 ₩350에 제품 A 3,000단위를 구입하겠다는 특별주문을 받았다. ㈜한국의 특별주문은 전량 수락하든지 기각하여야 하며, 특별주문 수락 시 정규시장 판매를 일부 포기하여야 한다. 제품 A의 단위당 직접재료원가는 ₩80, 단위당 직접노무원가는 ₩120, 단위당 변동판매관리비는 ₩0이며, 조업도 수준에 따른 총제조간접원가는 다음과 같다.

조업도 수준	총제조간접원가
최대생산능력의 55%	₩1,755,000
최대생산능력의 65%	1,865,000
최대생산능력의 75%	1,975,000
최대생산능력의 80%	2,030,000

㈜세무가 ㈜한국의 특별주문을 수락한다면, 증가 또는 감소할 영업이익은? (단, 변동제조간접원가의 추정은 고저점법을 이용한다.)

① ₩30,000 감소 ② ₩45,000 감소 ③ ₩75,000 증가
④ ₩90,000 증가 ⑤ ₩120,000 증가

13 특별주문 수락과 기회비용 (2020 세무사)
㈜세무는 20X1년에 오토바이를 생산·판매하고 있다. 오토바이 1대당 판매가격은 ₩200이며, 단위당 제조원가 내역은 다음과 같다.

직접재료원가	₩86
직접노무원가	45
변동제조간접원가	9
고정제조간접원가	42
단위당 제조원가	₩182

㈜세무는 경찰청으로부터 순찰용 오토바이 100대를 1대당 ₩180에 공급해달라는 특별주문을 받았다. 특별주문에 대해서는 오토바이를 순찰용으로 변경하기 위해 내비게이션을 장착하는 데 1대당 ₩10의 원가가 추가적으로 발생한다. 또한 경찰청 로고 제작을 위해 디자인 스튜디오에 ₩1,200을 지급해야 한다. 현재 ㈜세무의 생산능력은 최대생산능력에 근접해 있으므로 특별주문을 수락하면 기존 오토바이 10대의 생산을 포기해야 한다. ㈜세무가 경찰청의 특별주문을 수락할 때 증분이익은?

① ₩0 ② 증분이익 ₩800 ③ 증분이익 ₩1,000
④ 증분이익 ₩1,200 ⑤ 증분이익 ₩1,400

14 특별주문 수락과 기회비용 (2013 세무사)
㈜세무의 정상판매량에 기초한 20X1년 예상손익계산서는 다음과 같다.

매출액(5,000단위 ₩60)	₩300,000
변동매출원가	150,000
변동판매비	60,000
공헌이익	₩90,000
고정제조간접원가	50,000
고정판매비	20,000
영업이익	₩20,000

㈜세무의 연간 최대생산능력은 6,000단위이다. 새로운 고객이 20X1년 초 1,500단위를 단위당 ₩50에 구입하겠다고 제의하였으며, 이 제의는 부분 수락할 수 없다. 이 제의를 수락하고, 정상가격에 의한 기존의 거래를 감소시켜 영업이익을 극대화한다면, 20X1년에 증가되는 영업이익은?

① ₩1,000 ② ₩3,000 ③ ₩9,000 ④ ₩14,000 ⑤ ₩17,000

15 외부구입과 순이익 (2008 CPA)

㈜한국완구는 매년 완구생산에 필요한 부품인 모터 3,000개 중 일부를 자체생산하고, 나머지 부족한 부분은 외주로 충당하고 있다. 자체생산은 모터부서에서 담당하며 연간 총 2,000개의 모터를 생산한다. 모터 1개당 변동제조원가는 ₩55이며, 모터부서의 총고정원가는 연간 ₩150,000이다. 자체생산 시 발생하는 모터부서의 총고정원가 중 80%만이 모터부서 폐지 시 회피가능한 원가이다. 외주로 조달하는 모터는 연간 총 1,000개이다. 당기초 외주업체는 전격적으로 모터의 판매가격을 모터 1개당 ₩120에서 ₩100으로 인하하였다. 이에 따라 ㈜한국완구는 기업 내 모터부서를 폐지하고, 모터 3,000개를 전량 외주업체에서 구매할 것을 검토하기 시작하였다. 이에 모터부서는 부서 폐지를 막기 위한 자구방안으로 단위당 변동제조원가 ₩10과 회피가능 고정원가 ₩10,000을 동시에 절감하였다. 만약 ㈜한국완구가 외주업체로부터 모터 3,000개 전량을 구입할 경우 ㈜한국완구의 순이익에 미치는 영향은 얼마인가? (단, 모터부서의 최대 생산능력은 자구방안과 관계없이 항상 2,000개이다.)

① ₩0 ② ₩10,000 증가 ③ ₩30,000 증가
④ ₩40,000 증가 ⑤ ₩40,000 감소

CHAPTER

11 균형성과표, 시간관리, 수명주기원가관리

본 장에서는 균형성과표(BSC)와 시간 관리 및 원가관리에 대해 학습한다. 균형성과표는 기업이 재무적 성과와 비재무적 성과를 균형 있게 추구하여 기업가치를 제고하는 데 유용한 성과관리 수단으로, 기업전략 달성을 위한 효과적인 도구로 사용될 수 있다. 아울러, 핵심성공요인 중의 하나인 시간(time)과 관련된 요소에 대해 깊이 있게 학습하고, 제품의 수명주기 단계별 다양한 원가관리기법에 대해 학습한다.

CHAPTER

11

균형성과표, 시간관리, 수명주기원가관리

1. 전략과 균형성과표

1) 전략달성 수단으로서의 균형성과표

성공적인 기업들은 훌륭한 전략(strategy)을 개발하고 그 전략을 성공적으로 실행에 옮긴다. 대표적인 전략유형으로는 제품차별화(product differentiation), 원가우위(cost leadership), 고객친화(customer intimacy), 운영탁월성(operational excellence) 등을 들 수 있다.

전략을 성공적으로 실행하기 위해서는 구체적인 행동계획(action plan)을 수립하고, 전략달성 정도를 측정하여 체계적으로 관리해야 한다. 과거에는 기업들이 매출액과 이익성장률 등 재무적(financial) 정보에 주로 관심을 가졌으나, 현대 경영에서는 전략의 진척도와 달성 정도를 파악할 수 있는 비재무적(nonfinancial) 정보를 더 필요로 한다. 전략의 달성 정도를 측정하는 지표의 상당수는 시장점유율, 고객만족도, 품질, 고객대응시간 등 비재무적 정보이다.

균형성과표(BSC, Balanced Scorecard)는 전략의 달성 정도를 나타내는 중요한 재무적·비재무적 요소들을 **핵심성과지표(KPI, Key Performance Indicators)**로 변환함으로써 전략의 성공적인 추진을 돕는 역할을 하며, 기업의 재무적 성과와 비재무적 성과를 균형 있게 추구하도록 해주는 성과관리 도구이다.

1990년대 이후로 AT&T, KPMG와 같은 세계적인 대기업들이 성과관리를 위해 균형성과표(BSC)를 채택해왔으며, 우리나라에도 KT를 비롯한 많은 기업들이 균형성과표 개념을 활용하고 있고, 정부 부처, 지방자치단체, 공공기관 등 공공부문에서도 균형성과표를 도입하여 활용하고 있다.

2) 원가우위전략과 제품차별화전략

경쟁우위 확보를 위한 대표적인 전략인 원가우위전략과 제품차별화전략에 대해 살펴보자.

원가우위전략(cost leadership strategy)은 기업이 경쟁자보다 낮은 원가로 제품(서비스)을 생산하여, 경쟁자보다 낮은 가격에 판매함으로써 지속적으로 이윤을 확보하는 전략이다. 원가우위전략은 대규모 제품 공급을 위한 상당한 자본 동원 능력과 저원가 제조를 위한 공정 혁신 능력을 요구한다. 중저가 제품 제조업체들의 상당수가 이 전략을 추구하며, 상기업 중에는 이케아, 이마트와 같은 대형 유통기업들이 이 전략을 추구하고 있다.

원가우위전략을 추진할 때도 원가를 절감하기 위해 경쟁자가 제공하는 중요한 고객혜택을 제거할 경우 고객이 외면할 수 있다는 점에 주의해야 한다.

제품차별화전략(product differentiation strategy)은 기업이 제공하는 제품(서비스)의 혜택(제품의 기능과 특성, 품질, 평판, 브랜드명, 지원서비스 등)을 경쟁자와 차별화하고, 고객이 차별화된 혜택을 인지하도록 함으로써 경쟁우위를 확보하는 전략이다. 삼성전자, LG전자 등 우리나라의 대규모 제조업체들은 초기 원가우위 전략을 통해 국제시장에 기반을 마련했지만, 이제는 많은 종류의 제품에 대해 고품질 제품을 생산하는 제품차별화전략을 추구하고 있다.

제품차별화전략은 강력한 마케팅 능력, 제품 엔지니어링 능력, 품질과 기술에 대한 기업 명성, 오랜 전통 등을 요구하며, 품질과 이미지가 중요한 화장품, 보석, 패션, 자동차 등의 산업에 큰 효과를 발휘한다. 에르메스, 루이비통, 티파니, 다이슨, 밴틀리, 롤렉스 등 제품차별화전략을 구사하는 기업들은 경쟁자들보다 더 높은 가격을 부과함으로써 상당한 원가절감 없이도 더 많은 이익을 확보한다.

제품차별화전략을 구사할 때 유의할 점은 원가절감을 실시하는 과정에서 제품의 차별화된 가치가 훼손될 수 있고, 잘못된 마케팅 활동은 차별화된 가치에 대한 고객의 인지에 부정적인 영향을 미칠 수 있다는 점이다.

3) 장단기 성과의 균형 달성수단으로서의 균형성과표

균형성과표의 또 다른 역할은 기업의 장단기 성과를 균형 있게 추구하도록 유도한다는 것이다. 이익을 추구하는 조직의 궁극적인 목적은 조직 소유주의 가치를 창출하는 것이다. 기업은 단기적으로뿐만 아니라 장기적으로 성과를 창출함으로써 주주가치를 증가시킬 수 있다. 순이익, 투자수익률 등 재무적인 성과들이 대표적인 단기성과 측정치이다. 경영자들이 이런 단기성과를 높이기 위해 장기적으로 주주가치를 증가시키는 종업원 교육훈련, 연구개발, 공정개선 등에 필요한 비용을 삭감할 우려가 있다. 균형성과표는 중요한 비재무적 성과를 핵심성과지표로 설정하여 측정하고 관리함으로써, 기업이 단기적 성과를 추구하여 장기적 성과를 희생하는 것을 방지하는 데 도움을 준다.

균형성과표라는 명칭은 기업이 **단기성과**(short-run performance)와 **장기성과**(long-run performance)를 균형 있게 추구할 수 있도록 핵심성과지표를 구성한다는 데서 비롯된 것이다. **재무적 성과지표**(financial performance indicator)는 주로 단기 성과지표이며, 정시배달률, 불량률 등 **비재무적 성과지표**(nonfinancial performance indicator)는 장기 성과지표에 해당한다. 비재무적 성과지표는 조직의 장기적인 이익 창출력을 나타내는 지표라는 점에서 **선행지표**(leading indicator)라 할 수 있으며, 재무 성과지표는 비재무적 성과들이 축적되어 결과적으로 나타난 것이라는 점에서 **후행지표**(lagging indicator)라 할 수 있다.

균형성과표는 재무적·비재무적 성과지표들을 재무적 관점, 고객 관점, 내부 비즈니스 프로세스 관점, 학습과 성장 관점 등 네 가지 **관점**(perspective)으로 체계화한다. 이 중에서 재무적 관점을 제외한 나머지 세 관점은 주로 비재무적 성과지표에 해당한다. 표 11-1은 균형성과표가 추구하는 균형을 나타낸 것이다.

표 11-1 균형성과표에서 재무적 · 비재무적 성과의 균형

재무적 성과지표	비재무적 성과지표
단기 성과지표	장기 성과지표
후행지표	선행지표
재무 관점	고객 관점, 내부 비즈니스 프로세스 관점, 학습과 성장 관점

2. 균형성과표의 구성

1) 균형성과표의 관점

기업 균형성과표의 성과지표는 일반적으로 다음 네 가지 관점에 따라 설정된다.

- **재무 관점(financial perspective)** : 이 관점은 전략의 재무적 성과를 측정한다. 주주가치, 당기순이익, 매출액, 투자수익률, 제품 단위당 원가 등의 성과지표가 이에 해당한다. 기업이 채택한 전략에 따라 지표의 구체적인 모습은 달라질 수 있다. 예를 들어, 신규사업의 수익성을 강화하고자 하는 경우 신규사업의 영업이익이나 영업이익률(=영업이익÷매출액)을 지표로 사용할 수 있다.
- **고객 관점(customer perspective)** : 이 관점은 전략이 추구하는 목표고객과 목표시장에 대한 성과를 측정한다. 고객만족도, 시장점유율, 고객불만 건수, 반품비율, 재구매비율, 고객 재방문 의사 비율, 신규고객 건수 등이 이에 속한다. 다른 관점과 마찬가지로 이 관점도 전략과 연계하여 성과지표를 구체화할 수 있다.
- **내부 비즈니스 프로세스 관점(internal business process perspective)** : 이 관점은 전략의 성공적 실행을 위한 내부 프로세스 운영과 관련된 성과를 측정한다. 신제품 개발 건수, 특허 출원 건수, 불량률, 제품 수율, 재고율, 제조사이클타임, 정시배달률, 평균 배송시간 등이 이에 속한다[1].
- **학습과 성장 관점(learning and growth perspective)** : 이 관점은 전략 실행을 뒷받침하기 위한 조직

그림 11-1 균형성과표의 구성 체계

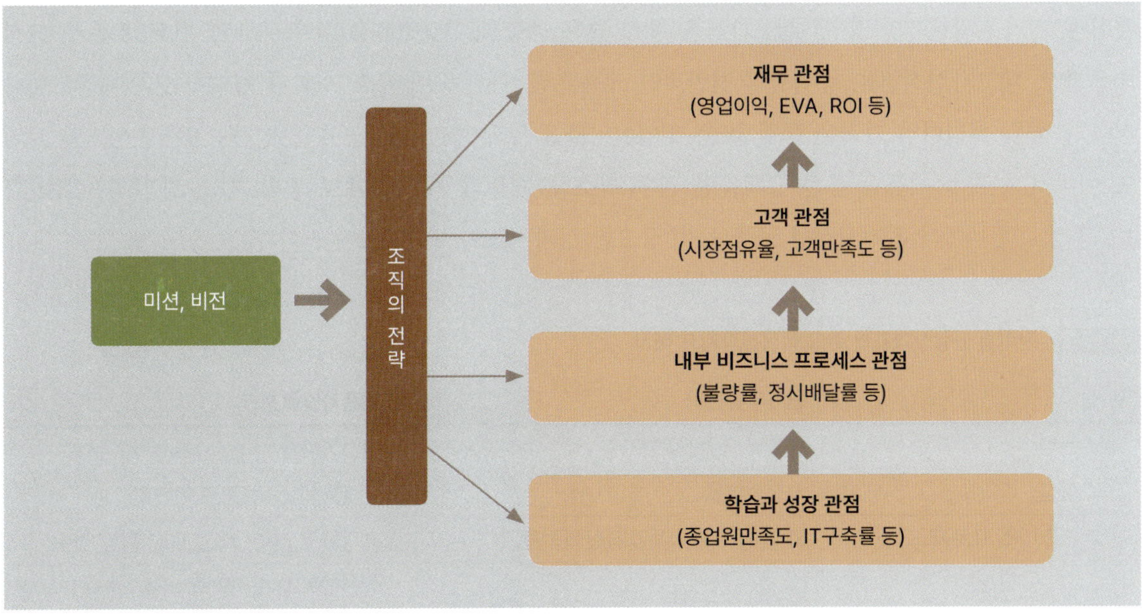

1 이 중에서 고객과 직접 관련된 정시배달률, 평균 배송시간 등은 고객 관점의 지표로 분류하기도 한다.

의 인적·물적 인프라 시스템과 관련된 성과를 측정한다. 첨단 정보시스템 구축, 종업원 교육훈련 시간, 종업원 만족도, 종업원 이직률, 종업원 제안 건수 등이 이에 해당한다.

네 가지 관점 중에서 **학습과 성장 관점**은 주주가치 창출을 위한 가장 기본적인 토대로서, 내부 비즈니스 프로세스 관점의 성공적 달성을 견인하는 역할을 한다. **내부 비즈니스 프로세스 관점**은 고객 관점의 성과 달성을 견인하며, **고객 관점**은 최종적으로 조직의 **재무 관점**의 성과 달성으로 이어진다. 이처럼, 네 가지 관점은 학습과 성장 관점으로부터 시작해서 재무 관점까지 **인과관계**(cause and effect)적으로 연결된다. 그림 11-1은 균형성과표의 전체적인 체계를 나타낸 것이다. 균형성과표의 관점 내에 있는 성과지표 간의 인과관계를 보다 구체적으로 나타내는 도식을 **전략지도**(strategy map)라 부른다.

2) 전략과 균형성과표 성과지표

기업은 구사하는 전략에 따라 균형성과표의 **핵심성과지표**(KPI)를 다르게 구성할 필요가 있다. 표 11-2는 원가우위전략과 제품차별화전략에 대해 네 가지 관점별로 고려할 수 있는 핵심성과지표의 예를 나타낸 것이다. 원가우위전략의 경우, 낮은 가격을 통해 높은 매출과 시장점유율을 추구하고, 단위당 원가, 고객대응시간, 재고자산회전율, 종업원의 전반적인 교육훈련 수준 등이 주요 성과가 될 수 있다. 제품차별화전략의 경우, 프리미엄 가격을 통한 높은 영업이익률을 추구하고, 시장점유율보다는 고객충성도와 브랜드 이미지, 무결점 제품을 통한 고객불만 건수 최소화, 제품의 기능과 재료 등의 혁신, 장인(숙련인력) 확보, 충성고객 데이터 관리시스템 구축 등이 중요한 성과지표가 될 수 있다.

표 11-2 전략별 균형성과표의 주요 핵심성과지표 예시

관 점	원가우위전략	제품차별화전략
재무 관점	매출액, 단위당 원가	영업이익률
고객 관점	시장점유율	고객충성도, 브랜드 이미지
내부 비즈니스 프로세스 관점	고객대응시간, 재고자산회전율	고객불만 건수, 제품 관련 혁신 건수
학습과 성장 관점	종업원 교육훈련 수준, 공장자동화 정도	혁신인력과 숙련인력 비율, 충성고객 데이터 통합관리시스템 구축 정도

3) 지속가능성과 균형성과표

최근 기후변화가 극심해짐에 따라 지구환경의 **지속가능성**(sustainability)에 대한 관심이 증가하고 있다. 아울러, 기업을 둘러싼 **이해관계자**(stakeholder)들은 기업에게 환경, 종업원, 지역사회, 소비자에 대한 더 큰 사회적 책임을 요구하고 있다.

지속가능성 규제는 ESG라고 불리는 **환경**(environmental), **사회**(social), **지배구조**(governance)를 대상으로 한다. 환경 분야에서는 **기후변화**(climate change) 등 다양한 주제를 포함하고 있으며, 기후변화에서는 기업의 온실가스 배출 규제가 핵심이다[2].

지속가능성 규제는 장기적으로 기업에 기회(opportunity)가 될 수도 있지만, 단기적으로 큰 비용을 초래하는 위험(risk) 요소가 될 수 있다. 기업은 지속가능성과 관련된 기회와 위험을 기존 사업전략과 분리하여 관리할 수도 있지만, 이해관계자들의 압력이 증가함에 따라 전략개발 단계에서부터 적극적으로 통합하여 관리할 수도 있다.

따라서 지속가능성과 관련된 성과를 별도의 균형성과표를 사용하여 관리할 수도 있고, 하나의 균형성과표에 통합하여 다른 성과들과 함께 통합적으로 관리할 수도 있다[3]. 지속가능성과 관련된 대표적인 핵심성과지표들을 균형성과표의 관점별로 나타내면 다음과 같다.

지속가능성 분야의 관점별 핵심성과지표 예시

- **재무 관점** : 친환경 제품으로부터의 수익, 탄소세, 환경정화 비용, 폐기물 절감을 통한 원가절감액, 산업재해 감소로 인한 비용 절감액, 에너지비용 절감액
- **고객 관점** : 친환경 기업 이미지 점수, 친환경 제품의 시장점유율, 세계적 평가기관 ESG 점수(등급)
- **내부 비즈니스 프로세스 관점** : 전기 사용량, 물 사용량, 온실가스 배출량, 산업재해 건수, 친환경 부품(재료)의 비율, 친환경 기술개발(특허 출원) 건수, 친환경 공정 대체율, 기업 윤리규정 위반 건수
- **학습과 성장 관점** : 종업원 만족도, 졸업생 취업 희망순위, 환경 및 사회 분야 종업원 교육훈련 실적

---

2 유럽이 제정한 지속가능성 공시기준의 주요 주제는 다음과 같다. 환경(E) 분야에서는 기후변화, 오염, 수자원 및 해양자원, 생물다양성과 생태계, 자원사용과 순환경제가 있으며, 사회(S) 분야에서는 내부 근로자, 가치사슬 기업의 근로자, 커뮤니티, 소비자 및 최종이용자, 지배구조(G) 분야에서는 기업의 행동강령이 있다.

3 Datar and Rajan(2024), Horngren's Cost Accounting-A Managerial Emphasis. Pearson.

3. 균형성과표 예시

표 11-3은 반도체 부품 제조회사 ㈜양재반도체의 균형성과표를 예시로 나타낸 것이다. 이 회사는 반도체 부품 제조를 주요 분야로 하고 있으나, 최근 성장하고 있는 2차 전지(배터리) 부품 시장에 신규 진출하는

표 11-3 ㈜양재반도체의 균형성과표

관점 (perspectives)	전략 목표 (strategic objectives)	성과지표 (KPI)	주요 수단 (initiatives)	목표치 (target performance)	실적 (actual performance)
재무 관점	영업이익의 지속적 증대	영업이익	기존사업 원가절감	250억원	280억원
	신규사업 성장률 제고	신규사업 매출액	신규사업 고객관계 강화	1,600억원	1,400억원
			↑ ↑ ↑		
고객 관점	고객만족 증대	고객만족도	고객니즈 조사 강화	만족 이상 등급 비율 90%	만족 이상 등급 비율 85%
	신규사업 시장 지위 강화	신규사업 시장점유율	신규사업 고객 추가 발굴	30%	25%
			↑ ↑ ↑		
내부 비즈니스 프로세스 관점	신규사업 고객대응성 강화	신규사업 고객대응 시간	공정개선을 통한 제조시간 단축	25일	23일
	신규사업 제품 생산성과 품질 향상	신규사업 제품 불량률	불량원인 파악 및 개선방안 수립	8%	10%
	고객 욕구 발굴	신규사업 아이디어 발굴 건수	종업원 대상 제안 제도 및 보상 마일리지 도입, AI를 이용한 고객 욕구 발굴	3건	4건
			↑ ↑ ↑		
학습과 성장 관점	종업원 만족도 제고	종업원 만족도	종업원 고충 조사 및 다면평가제도 도입	만족 이상 등급 비율 80%	만족 이상 등급 비율 75%
	품질관리 능력 향상	품질관리 자격증 보유율	종업원 품질관리 교육 실시	30%	33%
	첨단분야 인력 확보	첨단분야 교육 이수률	첨단분야 교육 실시	30%	35%
	IT 시스템 고도화	IT 시스템 교체율	최신 IT 시스템으로 교체	20%	22%

등 관련 첨단분야로 사업영역을 확대하고 있다.

이 회사의 균형성과표에는 **관점**(perspective)별로 **전략목표**(strategic objectives), 각 전략목표의 달성 정도를 측정하는 **핵심성과지표**(KPI), 각 전략목표를 달성하기 위한 **주요 수단**(initiatives) 및 각 핵심성과지표에 대한 **목표치**(target performance)와 **실적**(actual performance) 등이 나타나 있다.

전략과 관련해서, 이 회사는 신규사업 추진을 강화하기 위해 균형성과표의 학습과 성장 관점에는 첨단분야 종업원 교육이수율, 내부 비즈니스 프로세스 관점에는 신규사업 제품 불량률, 고객 관점에는 신규사업 시장점유율, 재무 관점에는 신규사업 매출액 등을 핵심성과지표로 두고 있다. 이처럼 균형성과표는 종업원들이 회사의 전략과 주요 추진수단을 명확하게 이해할 수 있도록 구성해야 한다.

4. 균형성과표의 설계 및 실행과 활용

1) 균형성과표 설계 시 유의사항

균형성과표를 구체적으로 설계할 때 다음 사항에 유의해야 한다.

- 핵심성과지표(KPI)는 조직의 구성원들이 조직의 전략과 목표를 명확히 이해할 수 있도록 구성해야 한다.
- 지표의 숫자는 너무 많거나 적지 않도록 해야 한다(관점별로 3~5개 정도). 지표의 숫자가 너무 많으면 전략의 초점이 흐려진다.
- 지표는 측정가능한 계량적(quantitative) 지표로 정의하고 구체적인 달성 목표를 제시한다. 측정이 불가능한 비계량적 지표(예 추진 노력)는 성과를 관리하고 개선하기 어렵게 한다[4].
- 영리조직에서 비재무적 성과지표들은 재무적 성과를 달성하기 위한 수단이지 그 자체가 최종 목적은 아니다. 따라서 재무적 영향을 무시한 채, 혁신, 고객만족, 품질개선 등을 과도하게 강조하지 않아야 한다. 담당자들은 지표 간의 실질적인 인과관계를 분석해야 한다.
- **객관적**(objective) **지표**(예 영업이익, 시장점유율)는 물론, **주관적**(subjective) **지표**(예 고객만족도)도 사용하는

4 균형성과표는 측정을 중요시한다. "측정할 수 없는 것은 통제할 수 없고, 통제할 수 없는 것은 관리할 수 없다."("it is not possible to manage what you cannot control and you cannot control what you cannot measure.")는 논리에 기반을 두고 있다.

것이 바람직하다. 주관적 지표는 조작가능성과 부정확성의 위험이 높지만, 중요한 정보를 담고 있는 경우가 많으므로 활용 가치가 높다.

2) 균형성과표의 실행과 활용

조직의 균형성과표는 구성원들의 의견을 반영하여 수립하고, 결과를 구성원들에게 커뮤니케이션하여 기업전략을 함께 공유하는 것이 바람직하다. 또한 조직 전체 수준에서 수립한 균형성과표를 **하위전개**(cascading)하여 각 하부 단위조직별로도 균형성과표를 수립함으로써, 조직의 전략 실행력을 강화할 필요가 있다.

균형성과표를 단위조직의 성과평가에 적절히 사용하면 구성원의 동기부여를 위한 유용한 수단이 될 수 있다. 일반적으로 균형성과표를 이용한 성과평가는 주로 관리자 평가에 사용되며, 재무적 관점의 성과가 비재무적 관점의 성과보다 금전적 보상에 미치는 영향이 여전히 큰 것으로 알려져 있다. 그 이유는 균형성과표에 포함된 많은 비재무적 성과지표들의 상대적 중요성을 정하기가 쉽지 않고, 질적인 요소들을 계량화하여 측정하는 데 어려움이 있으며, 단위조직별로 비재무적 성과지표가 서로 달라 단위조직들 상호 간에 비교하는 것이 어렵다는 점이 원인으로 지목되고 있다.

그러나 고객만족도와 불량률 등 비재무적 성과는 고위 경영층이 갖추어야 할 자질을 더 잘 반영하는 것으로 인식되고 있으며, 이에 따라 승진이나 인사고과에서는 비재무적 지표가 재무적 지표보다 높은 비중을 차지하는 것으로 알려져 있다.

균형성과표의 재무적 지표와 비재무적 지표의 상대적 가중치를 결정하는 것은 매우 어려운 일이다. 비재무적인 성과를 달성하기 위해 재무적인 성과를 일부 희생해야 할 수 있으므로, 경영진은 적절한 균형을 찾아야 한다. 그러나 재무적 성과가 낮은 이유를 비재무적인 성과 탓으로 돌리는 방식으로 균형성과표가 악용되지 않도록 주의해야 한다.

5. 시간의 측정과 관리

제1장에서 설명한 기업의 **핵심성공요인**(KSF)은 균형성과표의 **핵심성과지표**(KPI)를 구성하는 기본 요소이다. 본 장에서는 핵심성공요인 중에서 시간(time)의 측정과 관리에 대해 학습한다.

시간(time)은 품질(quality)과 함께 기업의 경쟁력을 좌우하는 중요한 요소이다. "시간은 돈이다"라는 말은 기업에 가장 잘 적용된다. 고정원가의 상당 부분은 생산량과 무관하게 시간이 흘러가면서 발생한다. 근로자와 관리자의 급여, 보험료와 임대료, 전기와 가스 기본요금 등등이 대표적인 예이다. 제품제조에 많은 시간이 들어가면 제품 단위당 변동원가도 증가한다. 고객들도 시간에 매우 민감하게 반응한다.

시간과 관련된 주요 성과지표로는 **고객대응시간**(customer response time)과 **정시납품률**(on-time performance)을 들 수 있다. 전자는 고객이 주문한 제품을 빨리 생산하여 신속하게 배달하는 것과 관련된 지표이며, 후자는 고객과 약속한 시점 내에 제품을 인도하는 것과 관련된 지표이다. 기업은 시간 성과지표들을 계량적으로 측정하고, 균형성과표를 활용하여 성과를 관리할 필요가 있다.

1) 시간 성과지표

첫 번째 시간 성과지표는 **고객대응시간**(customer response time)으로, 고객이 제품을 주문한 시점부터 제품이 고객에게 인도되기까지 걸리는 총시간을 말한다. 그림 11-2는 고객대응시간의 세부 구성요소들을 나타낸 것이다.

- **주문수령시간(receipt time)** : 마케팅부서가 고객으로부터 주문을 받은 후 고객의 구체적인 요구사항을 명시하여 제조부서에 주문서를 전달하는 데 소요되는 시간이다.
- **제조사이클타임(manufacturing cycle time)** : 제조부서가 주문서를 수령한 시점부터 생산이 완료되는 시점까지 걸리는 시간으로, **제조리드타임**(manufacturing lead time), **제조쓰루풋타임**(manufacturing

그림 11-2 고객대응시간 구성요소

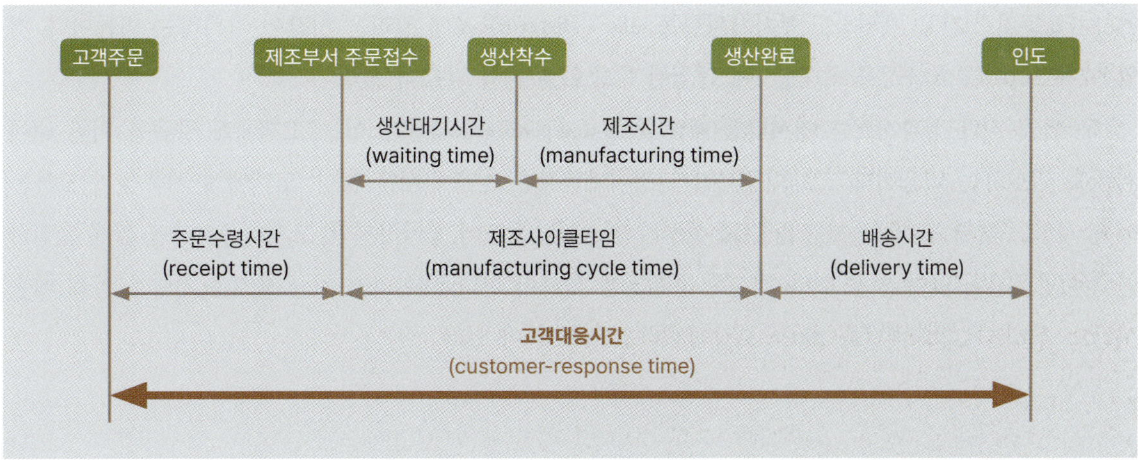

throughput time)이라고도 한다. 제조사이클타임은 두 가지 요소로 구성된다. 하나는 제조부서에 주문서가 도착하면 생산에 착수하기까지 걸리는 대기시간(waiting time)이고, 다른 하나는 생산에 착수한 후 실제 생산이 완료되기까지 걸리는 제조시간(manufacturing time)이다.

- **배송시간(delivery time)** : 제조부서에서 제품생산이 완료된 후 고객에게 인도되기까지 걸리는 시간이다.

기업이 속한 업종별로 고객대응시간의 여러 구성요소 중에서 핵심적인 성과지표는 다를 수 있다. 제조기업으로부터 상품을 매입해서 판매하는 상기업에서는 배송시간(delivery time)이 핵심적인 성과요소가 될 수 있다. 식품 배송업체들의 익일배송, 당일배송, 새벽배송 등은 배송시간 단축 전략이다.

서비스기업에서는 고객이 도착한 후 서비스를 받기까지 걸리는 시간(예 병원에서 진료대기시간, 그림 11-2에서 대기시간)이 중요한 성과지표이다. 제조기업에서는 고객대응시간 중에서 일반적으로 가장 긴 시간을 차지하는 제조사이클타임이 핵심적인 성과지표가 될 수 있다.

제조부서의 시간 효율성과 관련된 성과지표로 **제조사이클 효율성(MCE, Manufacturing Cycle Efficiency)**(서비스기업에서는 서비스사이클 효율성)을 사용하기도 한다.

$$\text{제조사이클 효율성(MCE)} = \frac{\text{제조사이클타임 중 부가가치활동 시간}}{\text{제조사이클타임(manufacturing cycle time)}}$$

제조부서에서는 실제 제조활동이 아닌, 대기, 이동, 검사와 같은 **비부가가치활동(nonvalue-added activities)**도 발생한다. 제조사이클 효율성(MCE)은 제조부서에서 걸리는 시간(즉, 제조사이클타임) 중에서 이들 비부가가치활동의 시간을 제외하고 **부가가치활동(value-added activities)**에 걸리는 시간이 차지하는 비율이다. 기업은 제조사이클 효율성을 최대한 1에 근접한 수준으로 올릴 필요가 있다.

두 번째 시간 성과지표는 **정시납품(배달)률(on-time performance)**이다. 이는 고객에게 약속한 기한 내에 제품을 인도하는 비율이다. 고객대응시간과 정시납품률은 상충관계에 있다. 고객에게 제품을 인도하는 약속 시점을 늦춰 고객대응시간을 길게 설정하면 정시납품률이 증가하지만, 고객대응시간을 짧게 설정하면 정시납품률이 낮아질 수 있다. 적절한 균형점을 찾아야 한다. 네이버는 최근 새로운 전략을 통해 배송시간도 줄이면서 정시배달을 100% 보장하겠다고 발표한 바 있다.

2) 제조사이클타임의 분석과 관리

제조기업에서 **제조사이클타임**은 고객대응시간 중에서 비중이 매우 높은 편이다. 그림 11-2에 나타난 바와 같이, 제조사이클타임은 **생산대기시간(waiting time)**과 **제조시간(manufacturing time)**으로 구성되어 있다.

먼저, 생산대기시간(waiting time)은 재료와 부품이 부족하여 공급업체로부터 이들이 도착하기를 기다리거나, 생산시설이 이미 사용 중이어서 제조에 착수하지 못하고 대기하기 때문에 발생한다. 재료와 부품의 재고가 부족한 경우에는 재고관리가 잘못된 것이므로 재고관리 방식을 재검토해야 한다. 생산대기는 전체적으로 설비용량이 부족해서 발생할 수도 있으며, 주문생산 방식에서는 불규칙한 주문 패턴(수요 불확실성)으로 인해 발생할 수도 있으므로 설비확대를 검토해야 한다[5].

다음으로, 제조시간(manufacturing time)을 줄이기 위해서는 각 공정단계에서의 불필요한 대기시간이 발생하지 않도록 공정계획을 올바로 수립하고, 비부가가치활동에 소요되는 시간은 최소한으로 줄이거나 없애야 한다. 이를 위해서는 재고관리, 카이젠, 활동기준경영관리, 제약이론(TOC), 품질관리, 적시생산(JIT manufacturing) 등 다양한 원가관리 방법을 사용해야 한다. 재고, 품질, 시간 관리는 각각 별개의 독립적인 주제가 아니라, 서로 밀접하게 관련되어 있다. 본 장과 제12장은 이런 원가관리 방법들에 대해 학습한다.

다음 예제를 이용하여 고객대응시간의 관리에 대해 종합적으로 학습해보자.

예제 11-1

㈜민지는 고객으로부터 주문을 받은 후 재료를 주문하여 제조에 착수한다. ㈜민지는 최근 경쟁이 심화됨에 따라 고객대응시간을 줄여 경쟁력을 높이고자 노력하고 있다. 20X6년과 20X7년에 제품 생산량과 주문당 고객대응시간의 평균은 표 11-4와 같으며, 고객대응시간 중 제조부서에서 수행한 활동에 대한 고객 주문당 활동별 평균소요시간은 표 11-5와 같다. 표에 나타난 활동은 모두 제조부서에서 발생한 것으로, 모든 시간이 제조사이클타임(manufacturing cycle time)과 관련되어 있다. 경영층에서 제조부서활동을 분석해보니, 제조부서에서는 주문 수령 후 대기하는 시간 동안에, 주문을 확인하고, 재료를 주문하고 수령

(예제 계속)

5 주문 패턴이 매우 불규칙한 경우(수요 불확실성이 높은 경우)에는 미사용설비(unused capacity)가 적으면, 수요증가 시 대기시간(waiting time)이 급격하게 증가할 수 있다. 따라서 수요가 불확실한 상황에서 미사용설비는 불필요한 잉여설비가 아니라, 대기시간을 크게 줄이는 긍정적인 기능을 한다.

해서 저장하며, 재료검사를 실시한다. 따라서 이 세 가지 활동에 소요되는 시간은 제조대기시간에 이미 포함된다. ㈜민지의 시간관리 성과를 분석해보자.

표 11-4 ㈜민지의 20X6년, 20X7년 제품 생산량 및 주문당 평균 고객대응시간

	20X6년	20X7년
생산량(개)	25,000	33,000
평균 고객대응시간(주문당)(시간)	120	118

표 11-5 ㈜민지의 20X6년, 20X7년 주문당 제조부서의 활동별 평균소요시간

제조부서활동	20X6 평균시간	20X7 평균시간	변 화
주문 수령 후 제조대기	42	48	증가
주문 확인	1	1	
재료 주문 후 수령 및 저장	12	12	
재료검사	3	2	감소
제조현장으로 재료이동	2	2	
주문처리셋업	2	3	증가
제조활동	32	30	감소
반제품의 공정 간 이동 및 대기	3	5	증가
기계유지관리	1	2	증가
완성품 검사	3	3	
완성품 이동 및 포장	4	4	
합계	105	112	

주요 분석결과는 표 11-6과 같다. 제조부서에서 발생하는 활동 중 주문을 확인하고, 재료를 주문하고 수령해서 저장하며, 재료검사를 하는 활동의 시간은 20X6년에는 총 16시간(=1시간+12시간+3시간)이며, 20X7년에는 총 15시간(=1시간+12시간+2시간)이다. 따라서 20X6년과 20X7년 제조사이클타임은 각각 89시간(=105시간−16시간)과 97시간(=112시간−15시간)이다. 이 중에서 부가가치활동의 시간은 제조활동 시간뿐이다. 따라서 제조사이클 효율성(MCE)은 제조사이클타임 중에서 제조활동에 걸리는 시간이 차지하는 비중으로, 20X6년과 20X7년에 각각 36%, 31%이다.

표 11-6 (주)민지의 20X6년, 20X7년 제조부서활동의 주요 시간 성과

	20X6년	20X7년
(1) 제조사이클타임	89시간 (=105시간−16시간)	97시간 (=112시간−15시간)
(2) 부가가치활동(제조활동)시간	32시간	30시간
(3) MCE(=(2)÷(1))	0.36	0.31
(4) 평균 고객대응시간	120시간	118시간
(5) 제조사이클타임의 비중(=(1)÷(4))	0.74	0.82

이상의 분석결과를 요약해보자. ㈜민지의 고객대응시간은 20X6년 120시간에서 20X7년 118시간으로 감소하여 **고객대응성**(customer responsiveness)이 증가하였다. 그러나 제조사이클타임은 20X6년 89시간에서 20X7년 97시간으로 오히려 증가하였다. 이로 인해 고객대응시간 중에 제조사이클타임이 차지하는 비중은 74%에서 82%로 증가하였다. 주문처리와 고객배송시간 등을 줄여 고객대응시간이 감소했지만, 제조사이클타임은 오히려 증가했으므로, 제조사이클타임을 줄이는 방안을 찾아야 한다.

제조사이클타임을 구체적으로 분석해보면, 제조에 착수하기 전 대기시간이 20X7년에 증가하였다. 그 원인으로는 수요 불확실성 속에서 주문 증가(생산량 증가)에도 불구하고 생산용량(production capacity)이 증가하지 않았기 때문일 수도 있다.

제조에 착수한 후의 제조시간을 분석해보면, 부가가치활동인 제조활동에 투입된 평균시간은 32시간에서 30시간으로 2시간 감소하였다. 그러나 주문처리셋업, 반제품의 공정 간 이동 및 대기, 기계유지관리 활동에는 더 많은 시간이 소요되었다. 따라서 **제조사이클 효율성**(MCE)은 20X6년보다 떨어졌다. 그 이유로는 주문 증가(생산량 증가)로 인해 공정의 복잡성(complexity)이 증가했기 때문일 수 있다. 따라서 ㈜민지는 공정계획을 재검토하고, 제조과정에서 발생하는 각종 비부가가치활동의 시간을 줄이는 방안을 찾아야 한다.

3) 가치사슬 단계별 시간관리

가치사슬활동의 단계별로 시간 관리와 관련된 세부적인 성과지표를 구분하여 나타내면, **표 11-7**과 같이 나타낼 수 있다. 제조기업에서 제조단계의 시간관리와 관련된 요소에는 품질관리, 적시(JIT, Just-in-Time) 조달·생산 체제, 제약이론 등이 있다.

표 11-7 가치사슬활동별 대표적인 시간관리 지표

R&D & 디자인	제 조	마케팅 & 배송	고객지원
• 신제품개발 시간 • 제품엔지니어링 시간	• 제조사이클(리드)타임 • 제조사이클효율성(MCE)	• 배송시간 • 정시배달률	• 고객질의 대응시간 • 고객 서비스요청 대응시간

6. 수명주기원가관리

제품수명주기(product life cycle)에는 두 가지 종류가 있다. 하나는 기업의 가치사슬(value chain)활동의 흐름을 시간 순서대로 나타낸 **기업활동**(business activity) 관점의 제품수명주기로서, 연구개발과 디자인활동에서 시작하여 고객지원활동까지를 말한다(그림 11-3). 다른 하나는 시장에서 제품의 도입부터 철수에 이르는 **시장단계**(market phase) 관점의 수명주기로서, 제품(서비스)의 도입기(introduction), 성장기(growth), 성숙기(maturity), 쇠퇴기(decline)를 말한다(그림 11-4).

두 종류의 제품수명주기는 관점의 차이로 인해 다르게 정의되지만, 상당 부분 중복되어 있다(특히, 제조 이후의 단계). 여기에서는 특별한 언급이 없는 한 구분하지 않고 사용한다.

기업은 제품개발 단계에서 제품수명주기 전체에 걸쳐 발생할 원가를 미리 계획하고, 시장단계(도입, 성장, 성숙, 쇠퇴)별로 고객으로부터 회수하기 위한 가격전략을 수립해야 한다. 원가관리는 제품의 개발단계부터 사용 후 폐기단계까지 수명주기 전체에 걸쳐 **수명주기원가관리**(life-cycle cost management)를 실시해야 한다. 수명주기 원가관리는 수명주기 전체에 걸쳐 **고객가치**(customer value) 창출과 **기업가치** 제고를 위해 조직의 자원을 사용하는 모든 활동과 방법을 말한다.

원가관리는 단순히 원가를 줄이는 것이 아니다. 고객가치를 창출하기 위해 전략적으로 자원을 더 많이 투입하거나, 기업의 가치사슬활동의 총원가를 낮추기 위해 특정 단계에서 원가를 더 많이 투입하는 것도 중요한 원가관리활동으로서, 기업전략이 원가관리의 구체적인 방향을 결정한다.

그림 11-3 기업활동 관점의 제품수명주기(가치사슬)

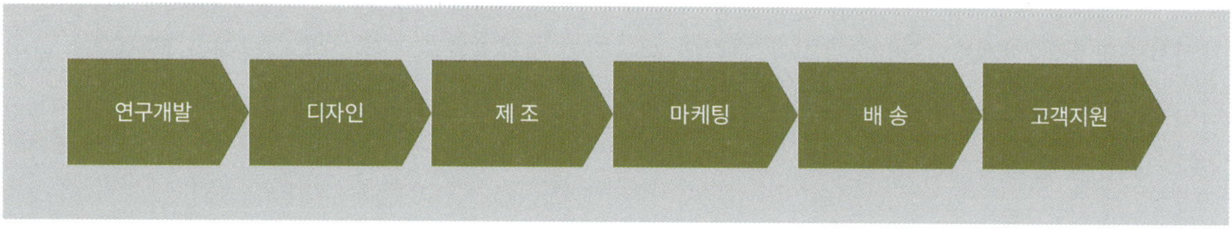

그림 11-4 시장단계 관점의 제품수명주기

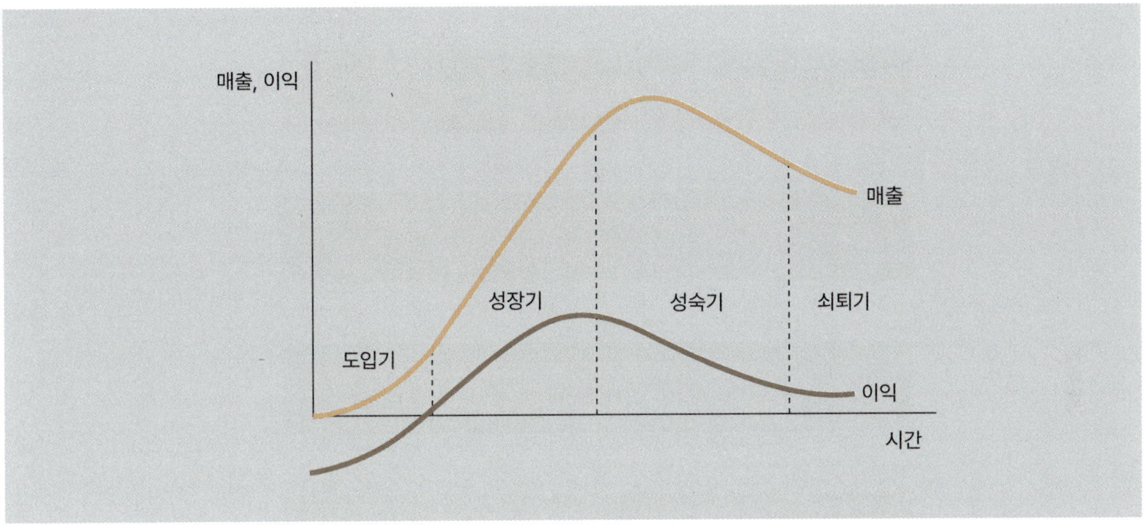

수명주기 원가관리에서 제조 전 단계(연구개발, 디자인)가 차지하는 비중이 매우 크다. 전통적으로 기업들은 제조 전 단계보다는 제조단계의 원가절감에 집중하는 경향이 있었다. 이는 외부 재무보고에서 제조원가(manufacturing costs)만 제품원가(product cost)에 포함되고 연구개발과 디자인원가는 대부분 판매비와관리비로서 기간비용(period)으로 처리되어, 제품수익성(product profitability) 분석에서 종종 제외된 것과 관련이 있다. 그러나 제조 전 단계에서 $1를 투입할 경우 제조원가 $8~$10를 절감하는 효과가 있다는 초기 연구도 있듯이, 수명주기 원가관리는 제조 전 단계를 포함한 수명주기 전체에 걸쳐 종합적으로 실시해야 한다.

제품수명주기 각 단계에서 사용되는 주요 원가관리 기법에 대해 자세하게 학습해보자.

7. 목표원가계산

1) 목표원가계산의 개념과 실행단계

목표원가계산(target costing)은 1960년대 도요타를 비롯한 일본 기업들이 치열한 경쟁 속에서도 고품질의 제품을 경쟁력 있는 가격에 판매하기 위해 사용한 원가관리 방법 중 하나이다. 제품의 기능과 원가는 대체로 상충관계(functionality-cost trade-offs)에 있으나, 제품의 기능(product functionality)을 무시한 원가우위전

그림 11-5 **목표원가계산의 일반적 단계**

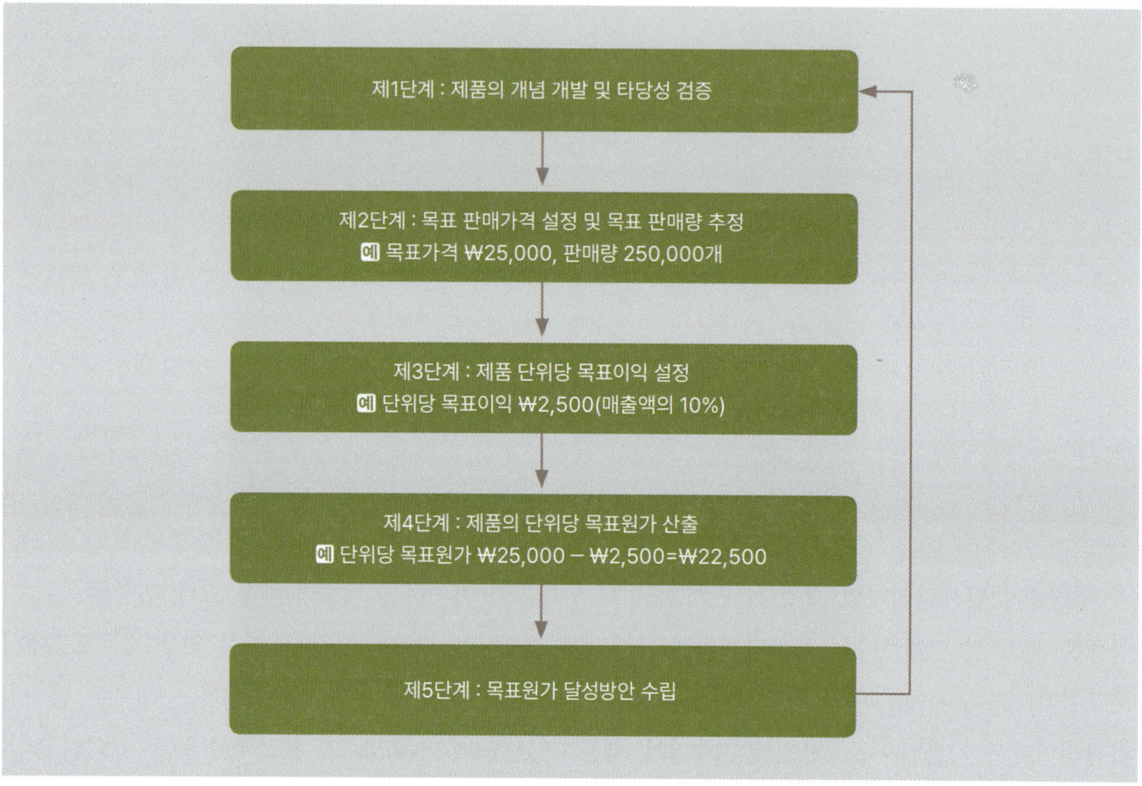

략(cost leadership strategy)은 성공할 수 없다. 목표원가계산은 기업이 제품의 기능과 품질에 대한 고객의 기대를 충족시키면서 기업이 원하는 수준의 이익을 달성할 수 있도록 목표원가를 설정하여 관리하는 원가관리 방법이다.

목표원가계산에서는 제조 전 단계인 연구개발과 디자인 단계에서 제품수명주기 전체에 걸쳐 원가감축과 이익계획을 수립한다. 목표원가계산의 일반적인 실행단계는 **그림 11-5** 와 같다.

제1단계는 **시장조사(고객니즈 조사)**를 통해 개발하고자 하는 제품의 특성(기능)을 포함한 제품 개념(product concept)을 개발하고, 타당성 검증(feasibility test)을 실시하는 단계이다. 이 단계에서 고객의 니즈가 가장 중요시된다(**고객주도(customer-driven) 접근법**).

제2단계는 해당 제품의 **목표 판매가격(target price)**을 설정하고 목표 판매량을 추정하는 단계이다. 제품의 목표 판매가격은 회사가 인지하는 제품의 고객가치와 시장경쟁을 고려하여 설정한다.

제3단계는 **제품 단위당 목표이익(target profit per unit)**을 설정하는 단계이다. 단위당 목표이익은 장기적인 이익계획을 통해 매출액이익률(ROS, Return on Sales)이나 투자수익률(ROI, Return on Investment)을 이용하여 산출한다(제14장 참고). 장기적인 이익계획 속에 제품의 도입기, 성숙기, 성장기, 쇠퇴기 각 단계에서 전략적으로 다른 가격과 단위당 목표이익을 설정할 수 있다.

제4단계는 **제품 단위당 목표원가**(target cost per unit)를 산출하는 단계로서, 목표가격에서 단위당 목표이익을 차감하여 계산한다.

그림에 나타난 바와 같이, 목표가격이 ₩25,000이며, 목표이익이 매출액의 10%(단위당 ₩2,500)인 경우, 목표원가(단위당)는 ₩22,500이다.

목표원가(단위당) = 목표가격 − 목표이익(단위당) ₩22,500 = ₩25,000 − ₩2,500

제품개발 단계에서 단위당 목표원가는 제품수명주기 전체에 걸쳐 달성하고자 하는 단위당 장기적 원가이다. 연구개발부터 고객지원까지 모든 활동의 원가가 포함되며, 변동원가는 물론 고정원가도 포함된다. 고정원가도 기업이 생존하기 위해 장기적으로 회수해야 할 원가이기 때문이다.

제5단계에서는 구체적인 목표원가 달성방안을 수립한다. 이 단계에서 많이 사용되는 기법으로는 **역공학**(**리버스 엔지니어링**, reverse engineering), **가치공학**(VE, Value Engineering), **프로세스 개선**(process improvement)이 있다. 역공학은 경쟁기업의 제품을 분석하여 제품의 기본적인 설계 개념과 적용 기술, 부품 등을 파악하고 재현하는 것으로 통상적인 제품화 과정을 거꾸로 수행하는 기법을 말한다.

가치공학은 제품의 각 부품에 대해 기능(functionality), 성능(performance), 품질(quality), 안전(safety), 재활용가능성(recyclability)을 유지하면서도 원가를 줄이는 방법을 검토하는 기법으로, 목표원가계산의 핵심기법이다. 가치공학을 위해 **원가분석**(cost analysis)을 통해, 부품별로 수행하는 기능과 부품원가를 정리한 뒤, 주요 원가감축 영역을 탐색하고, 각 부품이 수행하는 기능이 고객의 관점에서 어느 정도 중요한 가치가 있는지를 평가한다(예 자동차의 ABS 브레이크 기능을 수행하는 데 필요한 부품들과 이들의 원가를 나열하고, ABS에 대해 고객이 부여하는 가치를 평가).

프로세스 개선은 제품의 제조와 유통 프로세스를 효율화하기 위해 프로세스를 재설계하는 것을 말한다. 최종적으로 원하는 목표원가에 도달하기 위해 제품 디자인, 제품의 사양과 재료, 제조공정 등을 바꾸기도 한다.

이처럼 목표원가계산은 제조 및 사후지원, 폐기단계까지의 품질, 원가, 고객요구사항 등을 제품설계 단계에서 통합적으로 고려하는 **동시공학**(CE, Concurrent Engineering) 기법을 사용한다. 예를 들어, 제품 디자인과 제조공정 디자인을 독립적으로 진행하는 것이 아니라, 디자인 변경이 제조공정과 제조원가에 미치는 영향을 동시에 고려한다.

가치공학(VE)의 성공적인 실행을 위해 가치사슬 전 단계에서 활동하는 종업원들이 참여하는 **다기능 팀**(cross-functional team)을 구성하고, 여기에 외부 공급업체들이 참여하기도 한다. 마지막 단계에서 목표원가 달성방안을 찾지 못하면 제1단계인 제품개발 단계로 다시 돌아가야 한다. 목표원가계산에서 목표원가에 도달하기 위해 주로 사용하는 방법은 표 11-8과 같다.

표 11-8 목표원가계산에서 사용하는 주요 방법들

- 실제 데이터를 사용하여 공급업체와 협상
- 공급업체의 공급능력을 공동으로 향상
- 디자인 변경
- 원재료 변경
- 제품 사양 변경
- 원가절감 가능성 탐색을 위해 제품의 특성 간 상충관계 고려
- 원가절감 확약하에 초기 고비용 허용
- 목표 미달성 프로젝트 철회
- 미래 원가절감을 보증받기 위해 공급업체와 장기적 약정
- 공급자와 장기전략 공유

전통적인 접근법에서도 제품개발은 고객의 니즈를 반영하지만, 엔지니어 중심으로 제품의 디자인과 엔지니어링을 먼저 실시한 후 원가를 사후적으로 추정한다. 그 후 제품가격은 단위당 원가에다 원하는 수준의 이윤을 더해 결정한다. 즉, 원가가 결정된 다음, 가격이 결정되는 **원가가산 가격설정**(cost-plus pricing) 방식을 사용하며, 외부시장과 경쟁자에 대한 고려가 부족하다. 반면에, 목표원가계산은 목표가격이 먼저 설정된 후 목표원가를 설정한다(**가격주도 원가설정**(price-led costing) **접근법**).

목표원가계산은 경쟁이 치열한 시장에서 이익을 확보하기 위한 중요한 수단이지만, 제품개발과정이 지나치게 길어질 수도 있고, 그 과정에서 종업원들과 공급업체들의 피로가 누적될 수 있다는 점에 주의해야 한다.

2) 원가관리에서 디자인 단계의 중요성

제품의 연구개발과 디자인 단계에서는 제품의 기능과 구체적인 사양이 대부분 결정된다. 따라서 이 단계에서 가치사슬활동의 나머지 단계(제조, 마케팅, 배송, 고객지원)에서 발생하는 원가의 규모가 대부분 결정되는 경우가 많다. 건물 건축비용의 대부분이 건물 설계단계에서 결정되는 것과 유사하다.

그림 11-6에서 **원가발생곡선(cost incurrence curve)**은 제조기업에서 가치사슬활동의 단계별로 실제 발생하는 원가의 비중을 누적으로 나타낸 것이다. 일반적으로, 제조활동에서 발생하는 제조원가(재료원가, 노무원가, 제조경비)의 비중이 가장 크고(그림에서 60% 정도를 차지함), 나머지 각 활동에서 발생하는 원가의 비중은 제조활동에 비해 작다.

이와 달리, 그림에서 **원가고착곡선(locked-in cost curve)**은 전체 가치사슬활동에서 발생하는 총원가가 어느 단계에서 주로 결정되는지를 보여준다. 그림에 의하면, 연구개발과 디자인 단계에서 총원가의 20%가 발생하지만 총원가의 60% 이상이 이 단계에서 미리 결정된다. 반대로, 제조활동에서는 총원가의 60%가 발생하지만, 전체 원가의 20~30%만 제조단계의 영향을 받는다. 예를 들어, 제조단계에서의 불량 발생 원인의 상당수는 잘못된 디자인으로 인한 것으로, 디자인 단계에서 이미 고착된 것이라 할 수 있다.

마케팅, 배송, 고객지원 활동의 경우에도 발생하는 원가의 상당 부분은 연구개발과 디자인 단계에서

그림 11-6 가치사슬 단계별 원가발생과 원가고착 형태

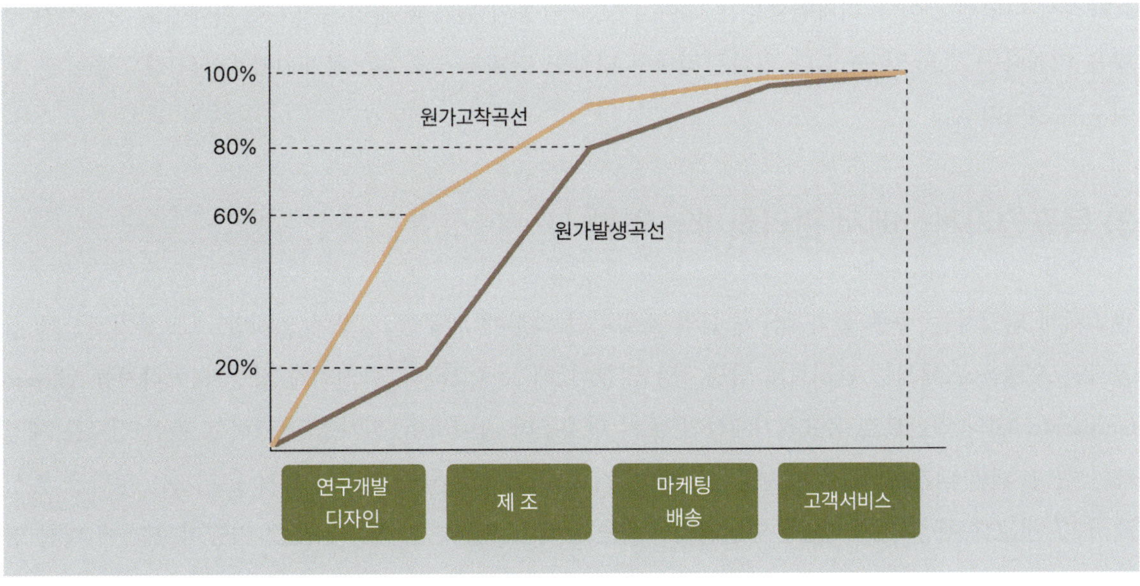

그림 11-7 디자인활동이 나머지 활동의 원가에 미치는 영향

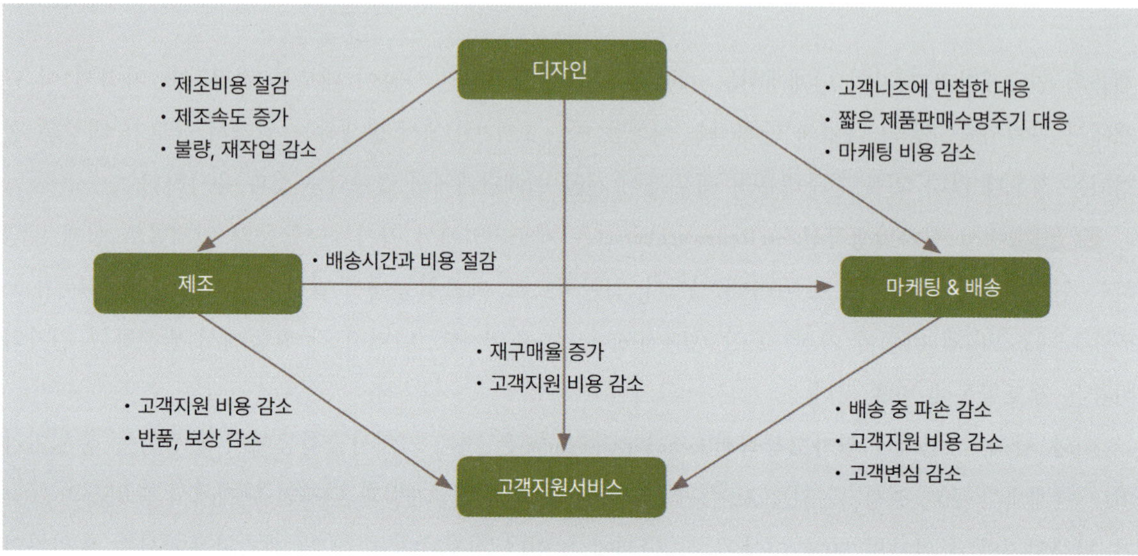

결정(고착)된다. 따라서 기업이 원가관리를 위해 모든 활동의 원가를 동시에 줄이려고 하거나, 제조활동에서 발생하는 원가의 비중이 높다고 해서 제조활동의 원가관리에 더 집중하는 것은 잘못된 접근이다. 연구개발과 디자인 단계에서는 자원(원가)을 더 투입하는 것이 결과적으로 전체 가치사슬의 원가를 줄이는 방법이 될 수 있다.

그림 11-7은 디자인 단계가 제조를 포함한 나머지 단계의 원가에 구체적으로 어떤 영향을 미치는지를 요약해서 나타낸 것이다. 디자인활동은 나머지 모든 활동의 원가를 줄일 수 있고, 판매에도 긍정적인 영향을 미친다는 것을 알 수 있다. 원가관리에서 디자인 단계의 중요성은 목표원가계산의 중요성을 잘 보여주는 것이다.

3) 목표원가계산에서 관리회계의 역할

관리회계 담당자는 종종 원가계산 중심의 소극적인 역할에 머무는 경향이 있지만, 목표원가계산의 성공적인 수행을 위해서는 관리회계 담당자의 역할이 매우 중요하다. 관리회계 담당자는 **다기능 팀**(cross-functional team)의 일원으로 목표원가계산의 초기 단계부터 참여하여, 원가를 추정하고 관련 정보를 제공해야 한다. 제품 디자이너들에게 제품 디자인의 각 요소가 가치사슬 전체의 원가에 미치는 영향을 분석해서 그 정보를 제공하고, 마케팅 담당자들에게는 고객이 요구하는 제품의 특정 기능이 원가에 미칠 영

향에 대한 정보를 제공하여 고객의 지불의사와 원가를 비교할 수 있도록 해야 한다.

목표원가계산을 위해 관리회계 담당자는 여러 종류의 원가계산 정보를 수집하고 분석해야 한다. 전통적인 부문별 원가계산(departmental costing) 대신, 제품 도입기부터 제품 폐기단계까지 발생하는 원가에 대한 수명주기 원가계산(life cycle costing)과 기업의 가치사슬활동의 원가계산(value chain costing), 제품의 특성(기능)별 원가계산(product feature/function costing), 각 디자인이 가치사슬활동의 전체 원가에 미치는 영향에 대한 원가계산(design-driven costing), 가치사슬활동의 원가에 대한 추정의 정확도를 높이는 활동기준원가계산(activity-based costing) 등을 실시해야 한다.

8. 카이젠 원가계산

1) 카이젠 원가계산의 개요

연구개발과 디자인 단계를 지나면 제조단계에 들어간다. 제조단계에서는 제품원가와 제품 디자인에 영향을 미칠 수 있는 공학적인 유연성이 상당히 사라진다. 그 전 단계에서 대부분 결정되었기 때문이다.

제조단계에서는 제조 효율성을 높이기 위해 품질관리, 제약관리, 재고관리, 설비배치관리 등 각종 **운영관리(operation management) 기법**들이 사용된다. 관리회계 분야에서는 표준원가를 설정하여 차이분석(variance analysis)을 실시하고, 활동기준경영관리(ABM)를 이용하여 부가가치원가(value-added cost)와 비부가가치원가(non-value added cost)를 판별하여 관리한다(활동기준경영관리는 아래에서 설명하고, 나머지 기법들은 제12장과 제13장에서 학습한다.).

제조단계에서 원가의 점진적 개선을 추구하는 방법론을 **카이젠(改善) 원가계산(Kaizen costing)**이라고 한다. 카이젠은 특정한 원가관리 기법이라기보다는 원가관리 철학이라고 할 수 있다. 제조과정에서 근로자들이 제시하는 각종 원가절감 아이디어를 이용하여 대규모 혁신보다는 소규모 점진적인 개선을 추구한다. 장기 이익계획 달성을 위해 보통 일정한 기간 단위로 원가절감 목표가 설정된다.

2) 목표원가계산과 카이젠 원가계산의 사용방식

제품도입 단계에서부터 철수 단계까지 목표원가계산(target costing)과 카이젠이 사용되는 방식은 **그림 11-8**과 같다. 먼저 제품의 개념을 개발하고 타당성 검증을 완료하면, 디자인 단계에서 목표원가계산을 통해 제

그림 11-8 단계별 목표원가계산과 카이젠 원가계산 사용방식

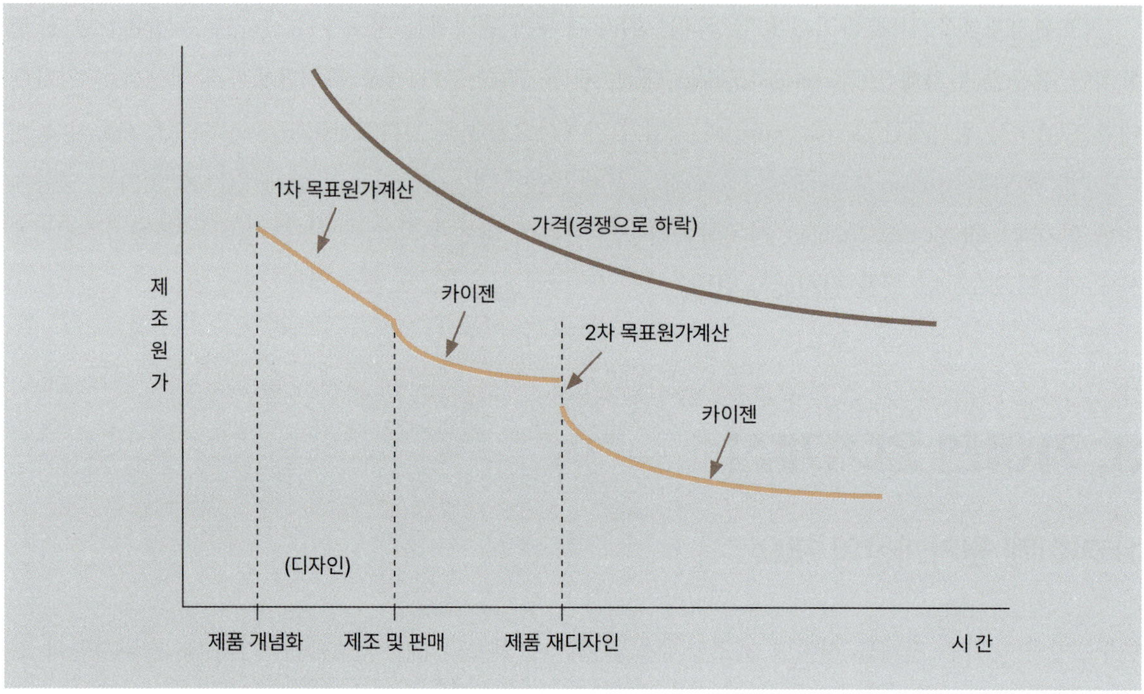

품원가를 희망하는 수준으로 낮추는 방안을 찾게 된다. 원하는 수준의 1차 목표원가에 도달하는 방안이 수립되면 제조에 착수하여 제품을 출시하고, 제조과정에서 카이젠 원가계산을 사용하여 원가를 계속 줄인다. 일정 기간이 경과하면, 소비자의 반응과 시장경쟁을 반영하여, 새로운 기능을 추가하는 등 소규모의 디자인 변경을 실시한다. 이 단계에서 다시 목표원가계산을 사용하여 원가절감 방안을 수립하고, 새로운 디자인을 적용한 제품을 제조하는 과정에서 다시 카이젠 원가계산을 사용하여 원가를 지속적으로 줄인다. 이런 과정을 통해 경쟁이 치열한 제품의 수익성을 확보하게 된다.

9. 활동기준경영관리

활동기준경영관리(ABM, Activity-Based Management)는 활동기준원가계산(ABC)이 산출하는 **활동**(activity)과 **원가동인**(cost driver)에 관한 정보를 이용하여 **고객가치**(=고객효익－고객희생)와 기업가치 제고를 추구하는 통합적인 접근법이다. 활동기준경영관리가 사용되는 대표적인 분야는 다음과 같다.

첫째, 모든 활동을 고객에 대한 가치를 부여하는 **부가가치활동**(value-added activities)과 고객에게 가치를 부여하지 않는 **비부가가치활동**(nonvalue-added activities)으로 구분하여 관리한다. **부가가치원가**는 고객이 지불할 용의가 있는 활동의 원가로서, 제거할 경우 고객이 인지하는 제품의 가치가 하락할 수 있는 원가이다. 예를 들어, 자동차의 조수석 에어백을 제조하기 위해 투입되는 각종 재료원가와 노무원가가 이에 해당할 수 있다.

반면에, **비부가가치원가**는 고객이 지불할 용의가 없는 원가로서, 제거하더라도 고객이 인지하는 제품의 가치에 영향을 미치지 않는 원가이므로 제거하거나 점진적으로 줄여야 한다. 예를 들어, 에어백 생산과정에서 발생한 불량품의 원가가 이에 해당한다. 낭비와 불량품의 원가 및 재료, 재공품, 제품을 검사하고, 이동하고, 저장하고, 다음 작업을 위해 대기하는 활동들의 원가는 대표적인 비부가가치원가에 속한다. 검사활동의 경우에도 처음부터 정상적인 제품이 생산되면 필요하지 않은 활동이므로 고객가치를 증가시키지 않는다.

조직에서 감독비용, 회의비용 등 많은 비용이 부가가치원가와 비부가가치원가의 중간지대에 속할 수 있어 구분이 쉽지 않을 수 있다. 그러나 원가를 부가가치원가와 비부가가치원가로 구분하려는 시도는 원가관리 방향 설정의 시발점이 될 수 있다[6].

부가가치활동도 효율화해야 한다[7]. 활동 한 단위당 원가를 줄이거나(예 재료 취급을 위해 인력 대신 로봇을 사용), 소비하는 활동의 양(원가동인 소비량)을 줄임으로써 원가를 줄일 수 있다. 원가동인 소비량을 줄이기 위해서는 종종 원가를 유발시키는 **근본 원인**(root cause)을 찾아 개선해야 한다.

예를 들어, 셋업시간이 원가동인인 셋업활동의 경우, 셋업활동의 원가를 줄이기 위해서는 셋업시간을 줄여야 한다. 셋업시간을 줄이기 위해서는 셋업시간에 영향을 미치는 근본 원인인 제품의 크기를 줄이거나 디자인 요소를 개선하여 제품의 복잡성을 낮춰야 한다.

배송활동의 경우, 원가동인인 배송부피를 줄이기 위해서는 제품 디자인을 개선하거나 제품의 크기 또는 제품 포장의 부피를 감소시키는 방안을 찾아야 한다. 원가를 관리하기 위해 원가(자원) 자체를 관리하는 것이 아니라, 원가를 발생시키는 요인을 관리하는 것이다.

비부가가치활동의 원가도 근본 원인을 찾아 줄일 수 있다. 재료 검사활동의 경우, 원가동인은 재료

---

6 기업활동의 유형은 매우 다양해서 고객가치 창출 여부에 대한 판단이 쉽지 않은 경우가 많다. 넓은 의미에서, 기업이 장기적으로 존속하는 데 필요한 활동은 부가가치활동으로 볼 수 있다. 예를 들어, 연구개발은 현재의 고객에게는 가치를 제공하지 않을 수 있으나, 미래의 고객에게 가치를 제공하는 활동으로서 기업 생존을 위해 필요한 활동이다.

7 엄격히 표현하면, 부가가치활동과 부가가치원가는 다르다. 부가가치활동 수행과정에서 비효율적으로 발생하는 원가는 부가가치원가라고 할 수 없다.

그림 11-9 활동기준경영관리에서 원가관리

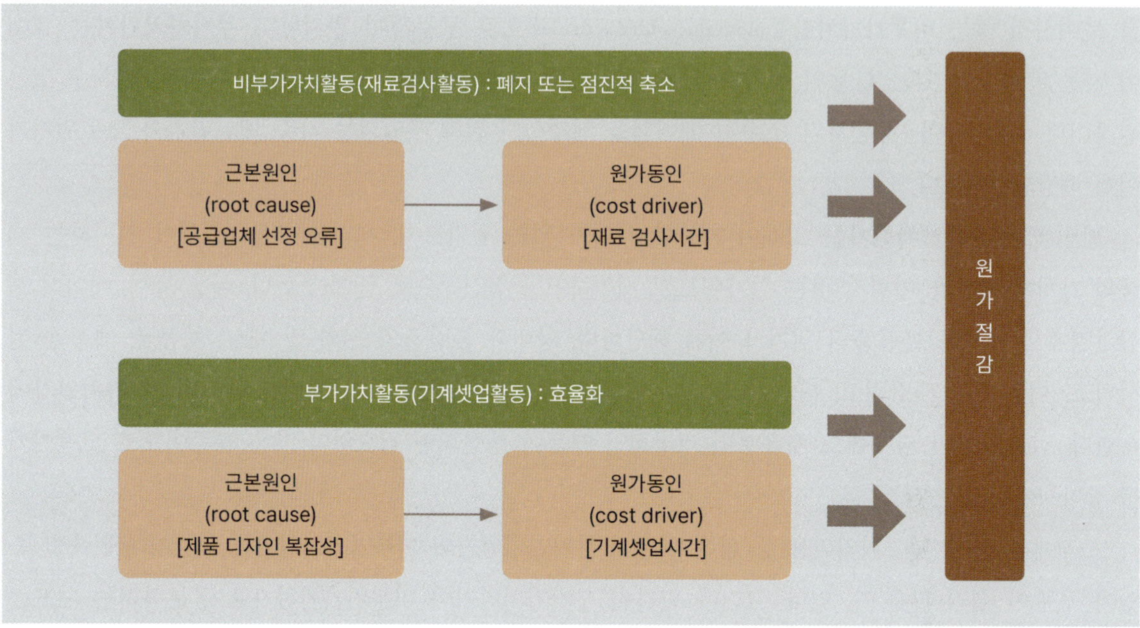

검사시간이지만, 재료 검사시간이 소요되는 근본 원인을 찾아야 한다. 재료공급업체 선정이 잘못된 경우라면, 공급업체를 변경하는 등 필요한 조치를 해야 재료 검사시간을 줄일 수 있다.

원가 발생 원인(원가동인과 근본 원인)을 통해 원가를 관리하는 이 방식은 종종 자원(resources)을 직접 줄이고자 하는(예 인력을 단순히 해고) 전통적인 방식과 차이가 있는 것이다.

둘째, 제품의 가격과 **제품배합(product mix)**의 적정성을 검토한다. 활동기준원가계산을 통해 획득한 정확한 제품(서비스)의 원가(제조원가 및 판매비와관리비)를 이용하여 제품의 가격이 적절한지, 제품배합이 올바른지에 대해 검토할 수 있다. 제품의 원가계산이 잘못되는 경우, 제품가격 결정이 잘못되어 경쟁력에 심각한 타격을 입을 수 있고, 제품의 수익성에 대한 잘못된 판단으로 제품배합이 잘못될 수 있다.

셋째, 디자인(기능) 변경 여부를 검토한다. 제품의 디자인은 제품의 제조, 마케팅, 배송, 고객지원 등 많은 가치사슬활동의 원가에 영향을 미칠 수 있다. 활동기준경영관리를 통해, 현재의 디자인을 변경하거나 여러 디자인 중 하나를 선택할 때, 각 디자인이 원가에 미치는 영향과 고객이 부여하는 가치(효익)를 종합적으로 비교하여, 바람직한 디자인 대안을 선택할 수 있다. 여기에서도 기업 전략과 고객가치가 중요한 역할을 한다. 활동기준경영관리는 제조단계는 물론, 디자인 단계에서 가치공학(VE) 기법과 함께 사용할 수도 있다.

넷째, 활동기준원가계산 정보를 이용하여 기타 각종 경영관리활동을 수행할 수 있다. 예산을 수립하거나(제13장), 품질관리활동의 원가를 예측하거나(제12장), 제품수명주기 원가를 예측하거나, 고객 수익성을 분석하는 등 많은 분야에 활동기준원가계산 정보를 이용할 수 있다.

10. 판매 후 고객지원 및 폐기단계 원가관리

제품이 생산되어 판매되면, 제품의 반품, 보증수리, 리콜 등 각종 판매 후 비용이 발생한다. 또한 제품 사용단계에서 발생하는 인체의 손상과 질병에 대한 보상비용이 발생할 수 있다. 미국의 담배 관련 폐암 소송, 우리나라 가습기 살균제 관련 소송, 이케아 서랍장으로 인한 아동 사망 사례 등이 대표적인 예에 속한다.

제품 사용 후 폐기(disposal)단계에서도 각종 처리비용이 발생할 수 있다. 프린터 카트리지, 노트북 배터리 등은 사용 후 환경오염의 위험이 있어 제조사가 회수하는 프로그램을 운영하는 경우가 많다. 전기차의 보급이 확대됨에 따라 유럽을 중심으로 자동차 폐배터리 강제회수 의무도 도입되고 있다.

제품의 사용단계와 사용 후 폐기단계에서 발생하는 비용 중에서 회사가 부담해야 하는 각종 비용의 상당 부분도 연구개발과 디자인 단계에서 고착되는 경향이 있으므로, 제품개발 단계에서 이를 고려해야 한다.

11. 지속가능성과 환경원가계산

최근 기후변화에 대한 우려와 함께 전 세계적으로 인류와 환경의 **지속가능성**(sustainability)에 관한 관심이 증가하고 있다. 이런 추세에 맞춰 각국은 온실가스 배출을 중심으로 한 환경(environment) 규제를 강화하고 있다. 우리나라에서는 기업이 배출할 수 있는 **온실가스**(greenhouse gas) 배출량을 매년 할당하고 있으며, 기업이 이를 초과한 경우에는 초과 배출량에 대해 배출권 거래시장에서 배출권을 구입하거나 과징금을 납부해야 한다.

기업의 모든 가치사슬활동은 환경 이슈들과 관련되어 있다. 따라서 기업은 지속가능성과 관련된 이슈들을 **수명주기원가관리**(life-cycle cost management)의 한 분야로 관리해야 한다. 연구개발과 디자인 단계에서부터 가치사슬활동 전체에 걸쳐 환경 이슈와 관련된 활동을 예측하고, 환경 관련 원가의 발생을 줄이는 방안을 찾고, 환경 원가를 추정하고, 그 원가를 제품별로 할당하여, 제품의 수명주기에 걸쳐 회수하는 **환경원가계산**(environmental costing)을 해야 한다.

연습문제

01 균형성과표의 균형

균형성과표는 성과지표들 간의 균형을 추구한다. 균형성과표에서 추구하는 균형이 아닌 것은?

① 재무성과, 비재무성과
② 단기성과, 장기성과
③ 선행지표, 후행지표
④ 정성적 지표, 정량적 지표
⑤ 객관적 지표, 주관적 지표

02 균형성과표의 관점과 지표

균형성과표의 관점과 지표에 관한 다음 설명 중에서 적절하지 않은 것은?

① 국제기구나 공공기관 등 비영리조직에서 재무관점은 최종적으로 추구하는 관점이 되기에 적합하지 않다.
② 기업의 균형성과표 지표들은 최종적으로 재무 관점의 성과로 나타나지 않더라도 균형을 추구하여 다양한 지표들로 구성해야 한다.
③ 각 관점의 지표들 간에 인과관계가 있도록 성과지표를 구성해야 한다.
④ 균형성과표 지표는 구성원들이 조직의 전략을 이해할 수 있도록 구성해야 한다.
⑤ 균형성과표에 너무 많은 성과지표를 담는 것은 바람직하지 않다.

03 균형성과표와 전략

다음 성과지표 중에서 원가우위전략을 구사하는 기업보다 제품차별화 전략을 구사하는 기업에 더 적합한 지표는?

① 매출액
② 숙련인력 비율
③ 시장점유율
④ 공장 자동화율
⑤ 단위당 원가

04 균형성과표와 지속가능성

지속가능성과 관련된 다음 설명 중에서 가장 적절하지 않은 것은?

① 지속가능성이 기업의 핵심성공요인 중의 하나로 등장함에 따라 균형성과표를 활용하여 관리할 필요가 있다.
② 기업의 지속가능성을 높이기 위해서는 이해관계자들보다 주주의 이익에 더욱 집중해야 한다.
③ 지속가능성은 환경, 사회, 지배구조에 대한 사회적 관심과 관련되어 있다.
④ 에너지비용 절감액, 친환경 제품 매출액 등이 중요한 성과지표가 될 수 있다.
⑤ 위 네 가지 모두 옳다.

05 균형성과표 성과지표 이해 (2017 관세사)

균형성과표(Balanced Scorecard)에 관한 설명으로 옳지 않은 것은?

① 영리기업의 경우, 균형성과표에서 내부 프로세스 관점의 성과지표는 학습과 성장 관점의 성과지표에 대해 후행지표인 것이 일반적이다.
② 균형성과표의 여러 관점은 서로 연계되어 인과관계를 가지고 있으며, 영리기업의 경우에 최종적으로 재무적 관점과 연계되어야 한다.
③ 균형성과표는 일반적으로 재무 관점, 고객 관점, 내부 프로세스 관점, 학습과 성장 관점의 다양한 성과지표에 의하여 조직의 성과를 측정한다.
④ 조직구성원들이 조직의 전략적 목표를 달성할 수 있도록 균형성과표에서 핵심성과지표(KPI)는 조직의 전략과 연계하여 설정된다.
⑤ 균형성과표의 내부 프로세스 관점은 기업 내부의 업무가 효율적으로 수행되는 정도를 의미하며 종업원 만족도, 이직률, 종업원 생산성 등의 지표를 사용한다.

06 균형성과표 전략적 연계 (2011 세무사)

균형성과표(BSC)에 관한 설명으로 옳지 않은 것은?

① 조직구성원들이 조직의 전략을 이해하여 달성하도록 만들기 위해, 균형성과표에서는 전략과 정렬된 핵심성과지표(Key Performance Indicators)를 설정한다.
② 전략 달성에 초점을 맞춘 조직을 구성하여, 조직구성원들이 전략을 달성하는 데 동참할 수 있도록 유도한다.
③ 조직의 사명과 비전에 근거하여 다양한 관점에서 전략을 도출한 후 도출된 전략의 인과관계를 도식화한다.
④ 균형성과표에서 전략에 근거하여 도출한 재무적 성과측정치는 비재무적 성과측정치의 선행지표가 된다.
⑤ 조직구성원들은 전략 달성을 위한 의사소통 수단으로 핵심성과지표를 사용한다.

07 균형성과표 성과지표 분석 (2014 CPA)

균형성과표에 관한 다음의 설명 중 옳지 않은 것은?

① 균형성과표에서 전략에 근거하여 도출한 비재무적 성과측정치는 재무적 성과측정치의 후행지표가 된다.
② 균형성과표의 다양한 성과지표 간의 인과관계를 통하여 조직의 전략목표 달성과정을 제시하는 성과지표의 체계를 전략지도(strategy map)라고 한다.
③ 균형성과표의 고객 관점은 고객만족에 대한 성과를 측정하는데 고객만족도, 고객유지율, 반복구매정도, 시장점유율 등의 지표가 사용된다.
④ 균형성과표의 내부 프로세스 관점은 기업 내부의 업무가 효율적으로 수행되는 정도를 의미하는데 불량률, 작업폐물, 재작업률, 수율, 납기, 생산처리시간 등의 지표가 사용된다.
⑤ 균형성과표의 학습과 성장 관점은 기존의 프로세스와 제품에 만족하지 않고 기술 및 제품의 혁신적인 발전을 추구하는 정도를 의미하는데 종업원 만족도, 종업원 이직률, 종업원 1인당 사내훈련시간 등의 지표가 이용된다.

08 **제조부서에서 주문을 접수한 시점부터 생산이 완료되는 시점까지 소요되는 시간은?**

① 제조시간 ② 제조리드타임 ③ 고객대응시간 ④ 부가가치시간

09 고객가치와 원가

기업이 지출한 원가로서 고객에 대한 가치를 증가시키지 못하는 원가를 무엇이라고 하는가?

① 판매비와관리비 ② 비부가가치원가 ③ 부문유지원가
④ 유통채널원가 ⑤ 고정원가

10 부가가치활동

다음 중에서 부가가치활동에 속하는 것은?

① 완성품 검사 ② 재료 이동 ③ 불량품 재작업
④ 재료 가공 ⑤ 재료 저장

11 원가고착

다음 중에서 제조기업에서 상당히 많은 원가가 고착되는 가치사슬활동의 단계는?

① 디자인 단계 ② 제조단계 ③ 마케팅 단계
④ 배송단계 ⑤ 고객지원 단계

12 목표원가설정

목표원가설정(target costing)에서 주로 사용하는 기법은?

① 가치공학
② 카이젠 원가계산
③ 활동기준경영관리
④ 원가가산 가격설정
⑤ 예산과의 차이분석

13 목표원가설정의 순서

다음 중 목표원가설정(target costing)의 순서로 올바른 것은?

① 목표원가 – 목표가격 – 목표이익
② 목표이익 – 목표가격 – 목표원가
③ 목표가격 – 목표이익 – 목표원가
④ 목표원가 – 목표이익 – 목표가격
⑤ 목표가격 – 목표원가 – 목표이익

14 활동기준경영관리

활동기준경영관리와 전통적인 원가관리의 차이점에 관한 다음 설명 중에서 잘못된 것은?

① 활동기준원가계산(ABC)의 원가동인에 관한 정보를 사용한다.
② 부문별로 원가발생 원인을 분석하여 부가가치원가와 비부가가치원가를 구분한다.
③ 비부가가치활동의 원가는 즉시 제거하거나 점진적으로 줄인다.
④ 부가가치활동의 원가 중에도 비효율적인 원가를 줄인다.
⑤ 원가동인에 영향을 미치는 근본원인을 찾아서 개선해야 하는 경우도 있다.

15 목표원가 (2007 세무사)

목표원가계산(target costing)에 대한 설명으로 옳지 않은 것은?

① 목표원가는 기업이 내부적으로 기술진이나 생산담당자들의 분석평가에 의하여 설정하는 부가가치표준과는 상이할 수 있다.
② 목표원가는 외부시장환경과 경쟁업체의 대응 정도 등을 고려하여 기업이 목표로 설정한 시장점유율의 유지 또는 목표로 하는 이익을 달성하기 위하여 전략적인 차원에서 책정하는 원가이다.
③ 목표원가는 목표가격에서 목표이익을 차감하여 결정한다.
④ 목표원가계산 기법은 원가우위(cost leadership) 전략과 연계하여 실시할 수 있다.
⑤ 목표원가계산은 표준원가계산과 마찬가지로 제조단계에서의 원가절감을 강조한다.

16 목표원가 (2001 CPA)

목표가격(target price)에 대한 설명 중 가장 적절한 것은?

① 생산요소의 시장가격과 목표이익률을 고려해 결정되는 가격이다.
② 변동원가의 회수에 초점을 둔, 기업의 생존을 도모하기 위한 가격이다.
③ 목표원가에 목표영업이익을 가산하여 책정되는 가격이다.
④ 제품디자인에서부터, 공급자가격, 제조공정 등에 이르는 모든 단계에서 원가절감요인을 도출해 최소의 원가를 달성하여 목표가격을 설정한다.
⑤ 설정된 목표가격을 달성할 수 있는 원가를 가치공학 등의 수행을 통해 달성하는 것이 중요한 절차이다.

17 목표원가 (2012 CPA)

㈜갑의 신제품 개발팀은 신제품을 위한 다양한 제품 사양을 개발하였다. ㈜갑은 개발한 제품 사양이 모두 포함된 신제품 A를 제조할 것인지 아니면 제품 사양들 중 일부가 제외된 신제품 B를 제조할 것인지를 결정하고자 한다. 어느 신제품을 생산하여 출시하더라도 생산 및 판매와 관련된 예상고정원가 총액은 ₩2,000,000이며, 신제품의 목표이익률은 판매가격의 30%이다.

신제품 A와 신제품 B의 생산 및 판매와 관련된 추가 자료는 다음과 같다.

	신제품 A	신제품 B
단위당 예상판매가격	₩5,000	₩4,000
단위당 예상변동원가	₩2,500	₩1,900
예상생산·판매량	?	2,500단위

다음 설명 중 옳지 않은 것은?

① 신제품 A의 단위당 목표원가는 ₩3,500이다.
② ㈜갑은 신제품 A의 단위당 목표원가를 달성하기 위해 최소한 2,000단위 이상을 생산·판매하여야 한다.
③ 신제품 B의 단위당 목표원가는 ₩2,800이다.
④ 신제품 B를 생산·판매하면 목표이익률을 달성할 수 있다.
⑤ 만약 신제품 A의 예상생산·판매량이 2,000단위 이상이면, ㈜갑은 신제품 B 대신 신제품 A를 생산·판매하는 것이 유리하다.

Quality
%

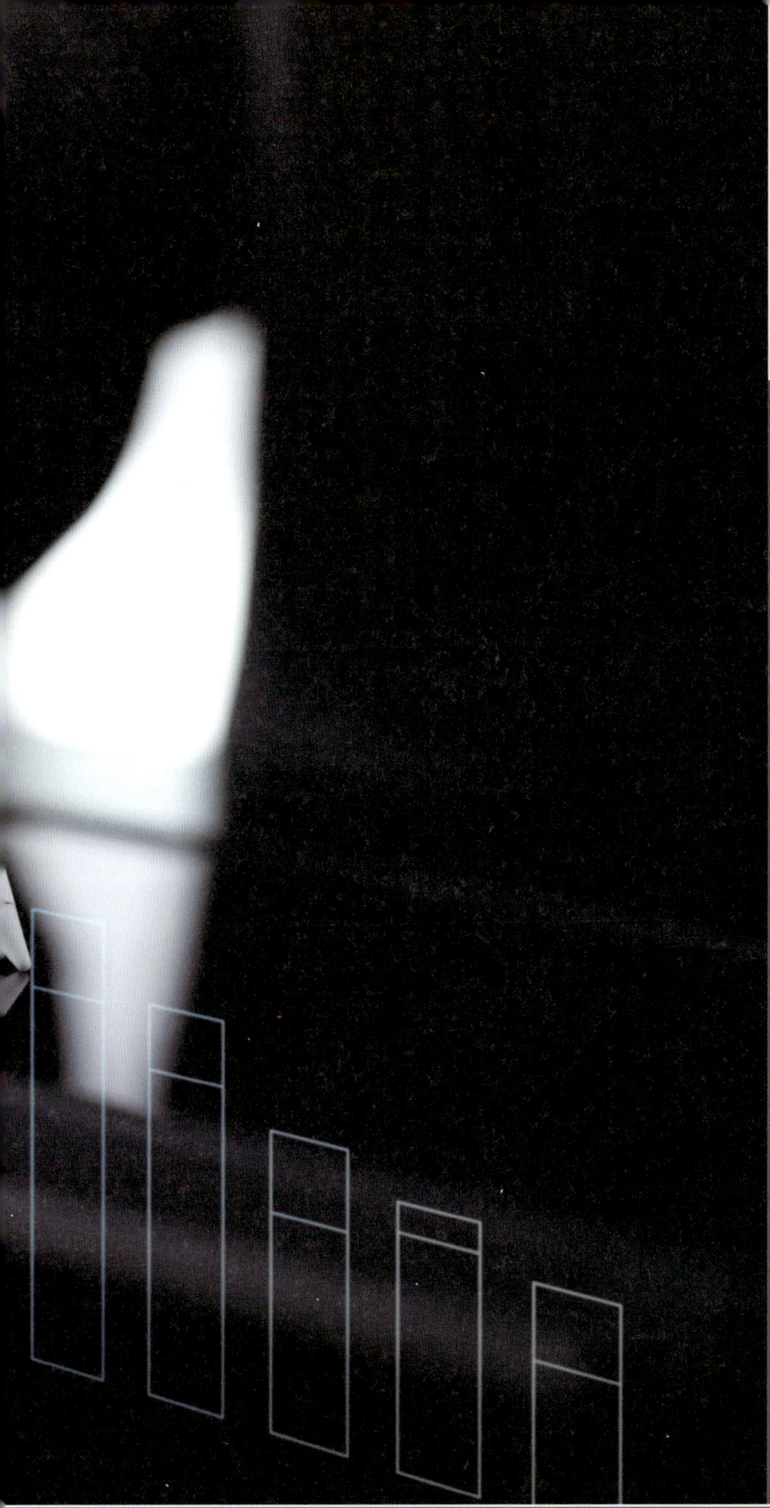

CHAPTER 12

품질관리, 재고관리, 제약이론

본 장에서는 품질관리, 재고관리, 제약이론에 대해 학습한다. 품질은 기업의 수익과 비용 모두에 큰 영향을 미친다. 본 장에서는 품질의 정확한 의미와 품질과 관련된 원가의 범주, 품질관리 활동이 원가에 미치는 영향 등에 대해 자세하게 학습한다. 재고관리분야에서는 전통적인 경제적 주문량(EOQ) 모델과 적시(JIT, Just-in-time) 조달·생산 체제의 의의와 차이점 및 JIT 방식에서 원가계산의 특징과 성과관리 방법에 관해 자세하게 학습한다. 또한 제약공정이 있을 때 이에 대한 대응 방안을 다루는 제약이론에 관해 학습한다.

CHAPTER

12

품질관리, 재고관리, 제약이론

1. 경쟁력의 원천으로서 품질

오늘날 전 산업에 글로벌 경쟁이 심화됨에 따라 제품과 서비스의 **품질**(quality)은 선택사항이 아닌 필수 사항이 되었다. 1970년대에 들어 도요타를 비롯한 일본 유수의 기업들은 저가의 고품질 제품을 통해 세계 시장을 공략하는 데 성공했으나, 다수의 미국 제조기업들은 경쟁위기에 직면하게 되었다. 가장 중요한 원인으로 지목된 것이 바로 제품의 품질 차이였다. 이로 인해 1980년대 들어 미국 기업들은 제품과 서비스의 품질개선을 본격화하였으며, 정부 차원에서도 1987년 의회에서 Malcolm Baldrige National Quality Award를 제정하여 기업들의 품질혁신을 유도하였다. AT&T, IBM, Merrill Lynch, Lockheed Martin, Xerox, Ritz-Carlton Hotel, 3M 등이 이 상을 받은 대표적인 기업들이다.

국제적으로도 품질의 중요성에 대한 인식이 증가하여, **국제표준화기구**(ISO, International Organization for Standardization)가 1987년에 제정한 **ISO 9000시리즈**는 제품과 서비스에서 품질경영과 고품질에 대한 국제적 인증기준으로 자리 잡고 있다[1]. 이제 저원가(low cost), 고품질(high quality)은 글로벌 경쟁에서 기업이 생존하기 위한 기본 요건이 되었다.

---

1 국제표준화기구(ISO)가 제시한 일곱 가지 **품질경영원칙(QMP, Quality Management Principles)**은 다음과 같다.
QMP 1 – 고객 중심(Customer focus)
QMP 2 – 모든 계층 관리자의 리더십(Leadership)
QMP 3 – 전 구성원의 적극적 참여(Engagement of people)
QMP 4 – 통합적인 프로세스 관리(Process approach)
QMP 5 – 지속적인 개선(Improvement)
QMP 6 – 데이터(증거) 기반 의사결정(Evidence-based decision making)
QMP 7 – 공급업체 등 이해관계자 관계경영(Relationship management)

품질이 고객의 선택에 미치는 영향은 대체로 잘 알려져 있지만, 품질 향상 노력이 기업의 비용에 미치는 영향에 대해서는 체계적인 이해가 여전히 부족한 편이다. 기업이 품질을 개선하기 위해 투입해야 하는 비용만 생각해서는 안 된다. 품질이 저하되면 제조원가가 상승하고 소비자의 선택을 받지 못해 더 큰 비용이 발생할 수 있다는 점을 고려해야 한다.

관리회계는 **전략적 원가관리**를 통해 기업의 **핵심성공요인**(KSF) 중의 하나인 품질이 기업 수익성에 미치는 영향을 종합적으로 분석하고 관리할 수 있는 수단을 제공한다. 대표적으로, 기업의 가치사슬활동에서 발생하는 품질과 관련된 원가를 수집하고, 다양한 유형별로 체계적으로 분류하고, 품질 관련 활동의 재무적 효과를 분석하며, **균형성과표**(BSC)를 통해 품질관리활동을 종합적으로 평가하고 관리할 수 있게 한다.

이러한 활동을 올바로 수행하기 위해 관리회계 담당자는 품질의 의미와 품질과 관련된 원가의 범주, 품질관리활동이 원가에 미치는 영향, 기업의 품질관리활동의 동향 및 다양한 품질관리 도구의 의미에 대해 구체적으로 이해할 필요가 있다.

2. 품질과 기업 수익성

품질은 기업의 수익과 비용 모두에 큰 영향을 미친다. 수익 측면에서 먼저 살펴보자. 품질은 제품차별화 전략(production differentiation strategy)을 구사는 기업의 전유물이 아니다. 가격경쟁력을 기반으로 하는 원가우위 전략(cost leadership strategy)을 구사하는 기업도 품질을 무시하고서는 소비자의 선택을 기대하기 어렵다. 경쟁 증가와 함께, 소비자들의 기대(customer expectation) 수준이 높아짐에 따라 저렴한 가격의 제품이라고 해서 낮은 품질의 제품으로 소비자들의 기대를 충족시키기는 어렵다.

비용 측면에서 볼 때, 품질은 기업 전체적으로 비용을 감소시켜 기업의 수익성을 증가시키는 것으로 알려져 있다. 품질을 높이기 위해서는 비용이 많이 드는 것으로 생각할 수도 있으나, 품질을 높일수록 오히려 품질과 관련된 비용은 감소한다는 것이다(아래에서 자세히 설명). 종합적으로, 품질이 좋아질수록 소비자 만족도가 증가하여 매출이 증가하고, 비용은 감소하여 이익이 증가하게 되는 것이다.

그림 12-1 품질 향상이 이익과 투자수익률에 미치는 영향[2]

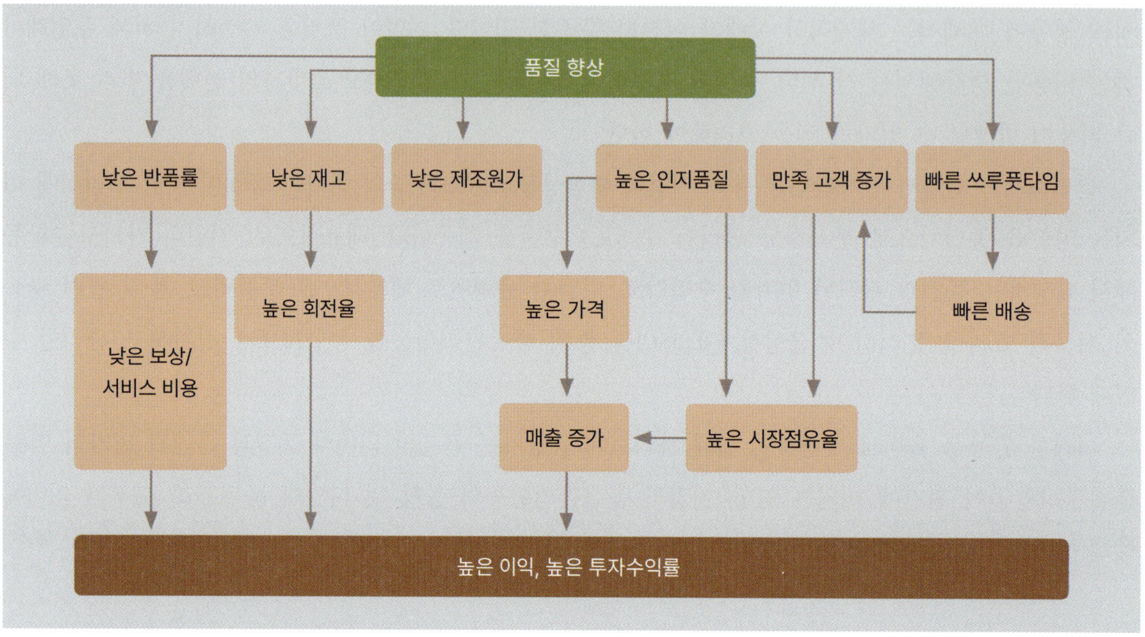

그림 12-1은 품질 향상이 이익과 투자수익률에 미치는 영향을 구체적으로 나타낸 것이다. 품질이 향상되면, 불량이 적어지고 제조공정의 신뢰성이 높아짐에 따라 높은 재고(재료, 재공품, 제품)를 유지할 필요가 없어진다. 또한 불량품에 대한 재작업이나 잔폐물(scrap)이 감소하고 생산성이 높아져 제조원가가 감소한다. 아울러, 고객들의 품질 인지도와 제품 만족도가 증가하여 반품이 줄어들고, 높은 가격과 판매량 증가로 매출은 증가한다. 또한 불량 감소로 쓰루풋타임(제조시간)이 감소하여 고객 주문 시점부터 배송까지 걸리는 고객대응시간(customer response time)이 줄어듦에 따라 고객만족도가 증가한다. 따라서 기업 전체적으로 이익과 투자수익률이 증가한다.

다수의 연구결과에 의하면, 품질이 뛰어난 기업들이 실제로 매출, 이익, 주가, 자산성장률 등에 있어서 그렇지 않은 기업들과 비교해서 상대적으로 성과가 우수한 것으로 나타났다.

2 Blocher, Chen, and Lin, Cost Management 2e.

3. 품질경영과 품질원가

1) 전사적 품질경영

전사적 품질경영(TQM, Total Quality Management)은 고객의 기대를 만족시킴으로써 장기적인 성공을 추구하는 경영관리접근법이다. 모든 종업원은 공정, 제품, 서비스, 문화를 지속적으로 개선하는 데 참여하여 고객가치를 창출한다. 전사적 품질경영은 조직의 특성에 따라 다양한 형태로 추진되지만, 기본적인 원칙과 철학은 국제표준화기구(ISO)가 제시한 일곱 가지 품질경영원칙과 유사하다(각주 1 참고).

전사적 품질경영에서 모든 종업원은 고객의 기대를 이해하고, 이를 충족시키기 위해 지속적으로 노력해야 한다. 고객의 기대는 계속 높아지므로, 기업은 이상적인 품질수준에 결코 도달할 수 없으며, 고객의 기대를 충족시키기 위해 끊임없이 노력해야 한다. 고품질의 제품은 원재료에서부터 출발하므로, 품질경영은 내부 종업원은 물론 공급업체(suppliers)를 포함해서 추진해야 한다.

품질경영에서 추구하는 품질(quality)의 개념에 대해 구체적으로 살펴보자. 품질은 제품이나 서비스가 고객이 지불하고자 하는 가격에서 고객의 기대(customer expectations)를 충족시키는 정도를 나타내는 상대적 측정치로서, 고객의 기대는 제품의 특성, 성능, 심미성, 내구성 등 여러 가지 **품질 차원(dimensions of quality)**으로 구성된다[3].

즉, 품질은 제품(서비스)의 실제 성능(성과)이 고객의 기대에 어느 정도 부합하는지, 그 정도를 나타내며, 개념적으로 다음의 두 가지 구성요소로 구분할 수 있다.

- **디자인품질(design quality)** : 디자인에서 제품이나 서비스의 형질(形質, characteristics)과 특성(features)이 고객의 기대를 어느 정도 충족하는지를 나타내는 품질이다.
- **적합품질(conformance quality)** : 제품이나 서비스가 디자인 사양(design specifications)대로 성능(성과)을 발휘하는지를 나타내는 품질이다.

자동차를 예로 들면, 고객이 지불하고자 하는 가격의 자동차에 자율운전 기능이 갖춰져 있어야 하

---

3 고객의 기대(customer expectations)를 구성하는 구체적인 **품질 차원(dimensions of quality)**에는 제품(서비스)의 성능(performance), 심미성(aesthetics), 서비스 가능성(serviceability), 특성(features), 신뢰성(reliability), 내구성(durability), 적합성(conformance), 사용적합도(fitness of use) 등 여덟 가지가 있다.

그림 12-2 품질을 구성하는 두 가지 요소

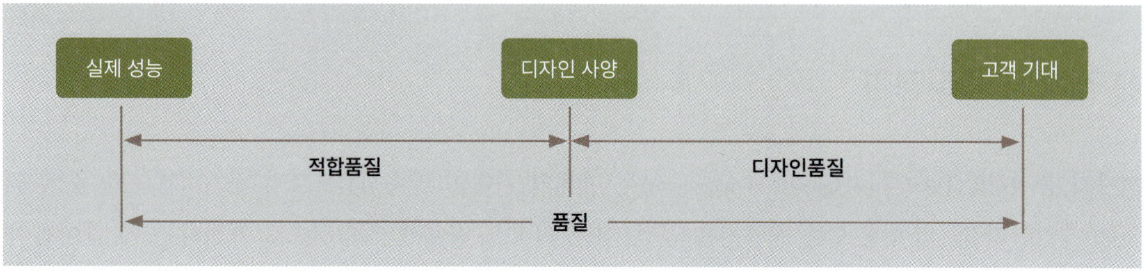

고, 운전 중에 올바로 작동하기를 기대한다고 하자. 디자인품질은 자동차에 자율운전 기능이 장착되어 있는지에 관한 것이며, 적합품질은 운전 중에 자율운전 기능이 얼마나 올바로 작동하는지에 관한 것이다.

즉, 품질은 제품의 실제 성능(actual performance)이 고객의 기대(customer expectations)에 부합할 때 달성되는 것으로서, 디자인품질과 적합품질이 모두 충족되어야 한다. 이를 도식으로 나타내면 그림 12-2와 같다.

이 중에서 **적합품질**을 달성하는 것은 제품이 **사양**(specifications)에 맞게 생산되는 것을 전제로 한다. 사양에 맞게 생산되지 않은 제품이 디자인 단계에서 기대했던 성능을 실제로 발휘하기 어렵기 때문이다. 이로 인해, 제조공정에서 품질관리의 초점은 제품이 사양에 맞게 생산되도록 하는 것에 있으며, 적합품질이라는 용어도 종종 좁은 의미에서 제품(서비스)이 얼마나 사양에 충실한지를 나타내는 의미로 사용된다.

2) 품질원가

품질원가(cost of quality)는 품질과 관련하여 기업이 지출하거나 부담하는 모든 비용으로서, 저품질의 제품이나 서비스를 미리 방지하고, 판별하고, 저품질을 바로잡는 활동의 원가와 저품질로 인한 생산 손실, 매출기회의 상실로 인한 기회비용 등이 모두 포함된다. 품질원가는 다음과 같이 크게 네 가지로 범주로 구분할 수 있다[4].

- **예방원가(prevention cost)** : 저품질의 제품이나 서비스가 생산되지 않도록 미리 방지하기(preclude) 위해 지출하는 비용

4 Joseph Juran의 품질원가 분류이다.

- **평가원가(appraisal cost)** : 저품질의 제품이나 서비스가 생산되는 것을 발견하기(detect) 위해 지출하는 비용
- **내부실패원가(internal failure cost)** : 저품질의 제품이나 서비스가 생산되어, 고객에게 전달되기 전에 이와 관련해서 내부적으로 발생하는 제반 비용
- **외부실패원가(external failure cost)** : 저품질의 제품이나 서비스가 생산되어, 고객에게 전달된 후에 발생하는 제반 비용

범주별 품질원가의 구체적인 예는 **표 12-1**에 나타난 바와 같다. 품질원가는 기업의 가치사슬(value chain)활동 전체에 걸쳐 발생한다. **예방원가**는 종업원의 품질관리 교육훈련과 공급업체 선정 등으로 발생하는 원가로서, 연구개발과 디자인 단계에서 주로 발생한다. **평가원가**는 원재료와 재공품 및 제품의 검사, 제조공정 감시 등으로 인해 발생하는 원가로서 제조단계에서 발생한다. **내부실패원가**는 불량품 발생에 따른 재작업과 공손의 원가 및 작업중단 손실 등으로서 제조단계에서 발생한다. **외부실패원가**는 반품, 보증수리, 평판 악화로 인한 매출손실 등으로서, 주로 마케팅, 배송, 고객서비스 단계에서 발생한다. 이처럼 품질원가의 분류는 품질원가가 발생하는 시간 흐름과 관련되어 있다.

표 12-1 품질원가의 범주별 주요 원가요소

예방원가 (Prevention Cost)	평가원가 (Appraisal Cost)	내부실패원가 (Internal Failure Cost)	외부실패원가 (External Failure Cost)
• 품질관리 계획 수립, 회의 • 교육훈련 강사료 • 종업원 훈련기간 급여 • 훈련장비 도입과 유지관리 • 예방적 장비 유지보수 • 제품 및 공정 평가 • 제조공정 개선 • 품질관리 동아리(Quality Circle) 활동 • 공급업체 평가, 선정 및 관리 • 품질관리 IT시스템	• 원재료 검사 및 테스트 • 재공품 검사 및 테스트 • 완성품 검사 및 테스트 • 검사장비 및 소프트웨어 도입과 유지관리 • 검사인력 급여 • 온라인 공정 감시 • 품질 데이터 수집 및 보고 • 외부 승인 • 고객설문조사	• 공손(spoilage) • 재작업(rework) • 잔폐물(scrap) • 재작업 제품의 재검사(reinspection) 및 재테스트(retesting) • 불량 원인분석 및 대책 수립 • 재작업, 불량 발생 등으로 인한 작업중단(downtime) 손실 • 불량해결을 위한 제품, 공정 재설계(design change)	• 반품 및 제품교환 • 보상(증) 수리 • 제품 사용으로 인해 발생한 신체적 피해(liability) 보상 및 보험 • 고객서비스 부서의 인건비와 관리비 • 제품 회수(recall), 수리, 부품교체, 법적 소송 및 보상 비용 • 주문취소, 매출손실 등으로 인한 기회손실 • 이미지와 평판 회복을 위한 지출

예방원가는 저품질이 발생하는 것을 미리 방지하기 위해 지출하는 원가이므로, 예방원가를 적극적으로 투입하면 나머지 다른 세 범주의 품질원가도 감소할 수 있다. 따라서 예방원가는 대표적인 부가가치활동(value-added activity)의 원가라고 할 수 있다. 그러나 예방활동 중에서도 비효율적인 부분의 원가는 부가가치원가가 아니므로 효율화해야 한다.

평가원가는 제품이나 서비스가 규격에 맞는지를 측정하고 분석하는 데 지출되는 비용으로서, 근본적으로 불량이나 오류의 발생을 줄이거나 제거하는 데는 한계가 있다. 따라서 예방원가와 달리, 평가원가를 많이 지출한다고 해서 불량이나 오류가 획기적으로 감소하지는 않는다. 이런 점에서 평가원가 또한 비부가가치 활동의 원가에 해당한다.

내부실패원가는 품질평가활동의 결과로서 발견된 불량품이 고객에게 전달되기 전에 바로잡는 데 지출되는 비용으로, 비부가가치(non-value added)활동의 원가이다.

외부실패원가는 저품질의 제품이나 서비스가 고객에게 전달된 후에 이를 처리하기 위해 발생하는 현금지출비용과 매출손실 등 기회비용으로서, 비부가가치(non-value added)활동의 원가이다. 외부실패원가는 네 가지 범주의 품질원가 중에서 가장 규모가 큰 원가로서, 그중에서도 매출 손실로 인한 기회비용은 재무회계시스템에 기록되지 않지만, 규모가 가장 클 수도 있다.

품질원가를 불량 발생 전후를 기준으로도 분류할 수 있다. 예방원가와 평가원가는 저품질이 발견되기 전 단계에서 지출하는 원가로서, 저품질을 예방하고 발견하는 데 투입되는 **통제원가**(control cost)이다. 반면에, 내부실패원가와 외부실패원가는 저품질이 발견된 후에 지출하는 원가로서, **실패원가**(failure cost)라고 한다. 품질원가의 범주별 원가 특성을 요약하면 표 12-2와 같다.

표 12-2 품질원가 범주별 원가 특성

범 주	예방원가	평가원가	내부실패원가	외부실패원가
품질통제/품질실패	통제원가	통제원가	실패원가	실패원가
가치사슬활동 단계	연구개발/디자인	제조	제조	마케팅, 배송, 고객서비스
부가/비부가가치	부가가치활동 원가	비부가가치활동 원가	비부가가치활동 원가	비부가가치활동 원가

3) 적정 품질수준 : 허용품질수준과 무결점

제조공정에서 개별 제품을 모두 검사하는 것은 비용 면에서 사실상 불가능하다. 따라서 일반적으로 샘플링을 통해 일부 제품에 대해 품질검사를 하며, 검사한 제품 중에서 **불량품**(defective unit)이 몇 % 발생

그림 12-3 **전통적인 품질원가와 허용품질수준**

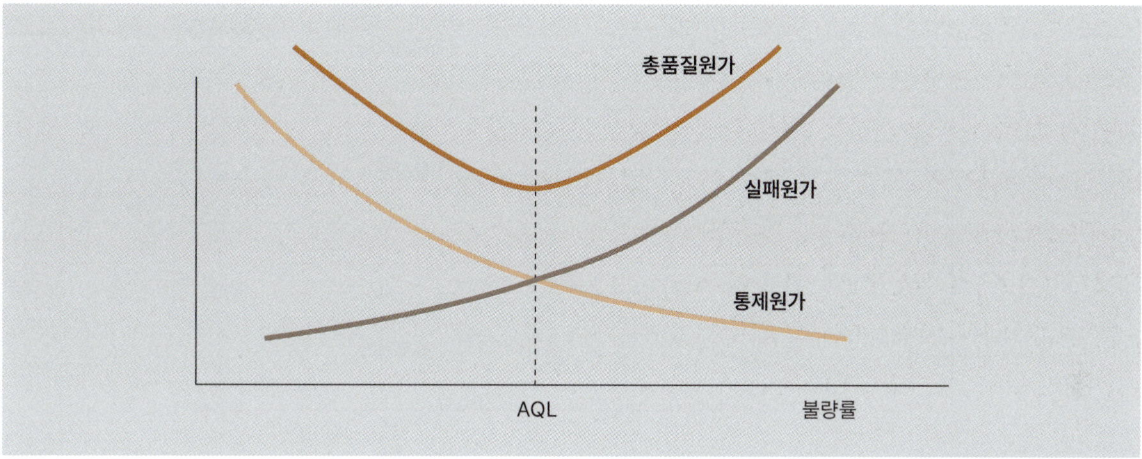

하는 것을 용인할 것인가를 결정해야 한다. 이를 **허용품질수준(AQL, Acceptable Quality Level)**이라 한다. 허용품질수준은 산업, 제품 또는 고객 요구에 따라 달라진다. 공업용 기기의 허용품질수준(불량률)은 장난감에 비해 훨씬 엄격하다.

산업계가 요구하는 품질표준이나 대량구매 고객의 요구가 없는 경우에는 기업 자체적으로 허용품질수준(AQL)을 설정할 수 있다. 이때 허용품질수준은 **총품질원가**(네 가지 품질원가의 합계)가 최소화되는 불량률 수준에서 결정한다.

전통적인 관점에서 볼 때, 품질원가 중에 통제원가와 실패원가는 상충관계에 있다. 통제원가를 많이 지출하면 불량을 줄일 수 있으므로, 실패원가를 낮출 수 있다. 반대로, 통제원가를 적게 지출하면 불량이 증가하여 실패원가가 높아진다. 그림 12-3은 통제원가와 실패원가의 합계가 최소화되는 수준에서 허용품질수준이 결정되는 것을 나타낸 것이다.

그림에서 허용품질수준은 불량률을 획기적으로 감소시키기 위해서는 통제원가, 특히, 예방원가가 급격히 증가한다는 인식에 바탕을 둔 것이다. 그러나 실제로 예방원가는 일정한 수준까지 증가하다가 다시 감소할 수 있다. 종업원 교육훈련, 공급업체 평가와 선정 등에 지출되는 비용은 일정한 시간 단계를 지나면 더 이상 발생하지 않거나 감소할 수 있다. 또한 불량률이 감소하면 원재료 검사활동을 축소하는 등 평가원가도 함께 줄일 수 있게 된다. 따라서 그림 12-4와 같이 불량률이 일정한 단계를 지나 큰 폭으로 감소하면, 통제원가는 다시 감소할 수 있다. 이런 관점은 통제원가와 실패원가가 상충관계에 있다는 전통적인 관점과 대비되는 것으로 실제 기업(예 Westinghouse Electric) 사례에서도 증명된 바 있다. 이 경우 총품질원가는 불량이 거의 발생하지 않는 **무결점(ZD, Zero Defect)** 수준에서 최소가 된다. 경쟁이 심화되어

그림 12-4 무결점 철학에 기반을 둔 현대적 품질원가

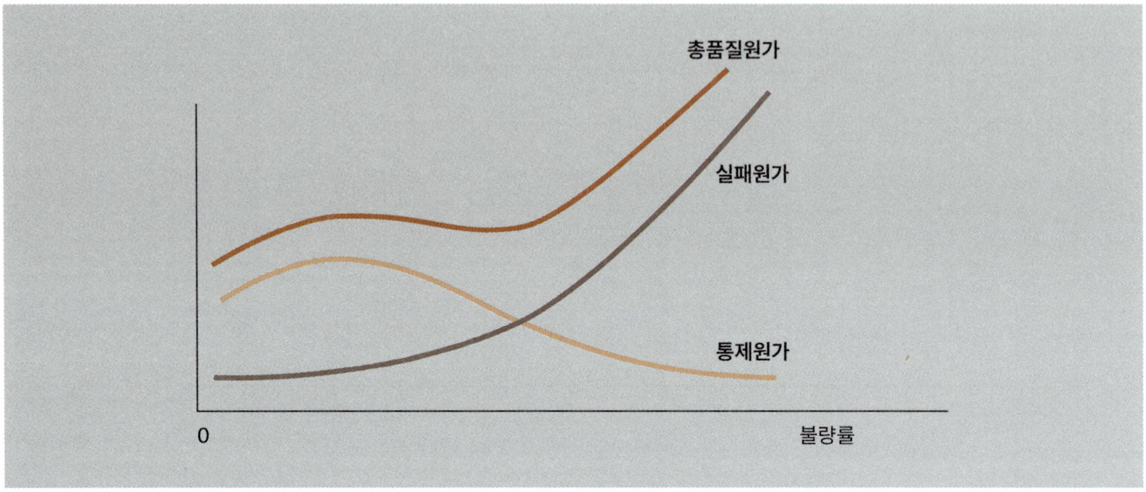

고객들의 품질에 대한 인식이 높아지면서 외부실패원가가 예전보다 훨씬 더 커진 것도 무결점을 추구하게 만든 또 다른 배경이다[5].

4) 품질원가 보고서

품질원가 보고서(cost of quality report)를 작성하는 목적은 경영층이 품질과 관련된 원가의 발생 내역과 발생 규모를 이해하고, 각종 품질개선활동의 재무적 영향(효과)을 파악할 수 있도록 하는 것이다. 품질원가 보고서를 작성하기 위해서는 먼저 품질원가의 범주를 설정하고, 품질원가의 항목들을 범주별로 구분한다. 다음 단계는 품질원가 항목별로 원가를 수집하는 단계로서 이 단계에서 많은 어려움이 발생한다.

품질과 관련된 원가 항목들이 전통적인 내부(재무)회계시스템의 여러 계정 속에 흩어져 있으며, 품질원가가 특정 부서에서만 발생하는 것이 아니라, 조직 전체적으로 발생할 수 있기 때문이다. 관리회계담당자는 이런 사실을 고려하여 품질원가 보고시스템을 구축해야 한다.

품질원가 보고서는 제품별, 부서별, 공장별, 사업부문별, 보고기간별 등 다양한 계층(stratification) 구조로 보고할 수 있다. 표 12-3은 품질원가를 주요 활동별로 2개년도에 대해 비교하는 형식으로 나타낸

5 통계학에 바탕을 둔 6시그마(6σ)가 무결점(3.4 defects per million opportunities(DPMO))을 추진하는 대표적인 품질관리 철학이다.

표 12-3 20X4, 20X5년도의 품질원가 비교 보고서

	주요 활동	20X5년 금액(천원)	20X5년 매출대비 비율(%)	20X4년 금액(천원)	20X4년 매출대비 비율(%)	변화율(%)
예방원가						
	품질계획	37,000		26,000		42.31
	교육훈련	40,000		22,000		81.82
	공정개선	50,000		25,000		100
	공급업체평가	20,000		15,000		33.33
	소계	147,000	1.79	88,000	1.35	67.05
평가원가						
	검사와 테스트	120,000		90,000		33.33
	품질데이터 측정	60,000		40,000		50
	품질감사	35,000		20,000		75
	소계	215,000	2.62	150,000	2.31	43.33
내부실패원가						
	재작업	70,000		170,000		−58.82
	기계고장	30,000		50,000		−40
	작업손실	25,000		70,000		−64.29
	소계	125,000	1.52	290,000	4.46	−56.90
외부실패원가						
	반품 및 교환	60,000		210,000		−71.43
	보증수리	55,000		105,000		−47.62
	고객이탈손실(추정)	250,000		350,000		−28.57
	소계	365,000	4.45	665,000	10.23	−45.12
품질원가총계		852,000	10.39	1,193,000	18.35	−28.58
매출		8,200,000	100	6,500,000	100	26.15

보고서이다. 품질 관련 활동별 원가를 보고하기 위해서는 여러 계층(제품, 부서 등)별로 분산되어 있는 품질원가를 체계적으로 수집해야 한다.

표에는 일부 추정치(고객이탈 손실)를 제외하고는 실제발생액을 보고하고 있으며, 예산(목표)과 실적

그림 12-5 **품질원가 범주별 원가의 연도별 비교**

(단위 : 천원)

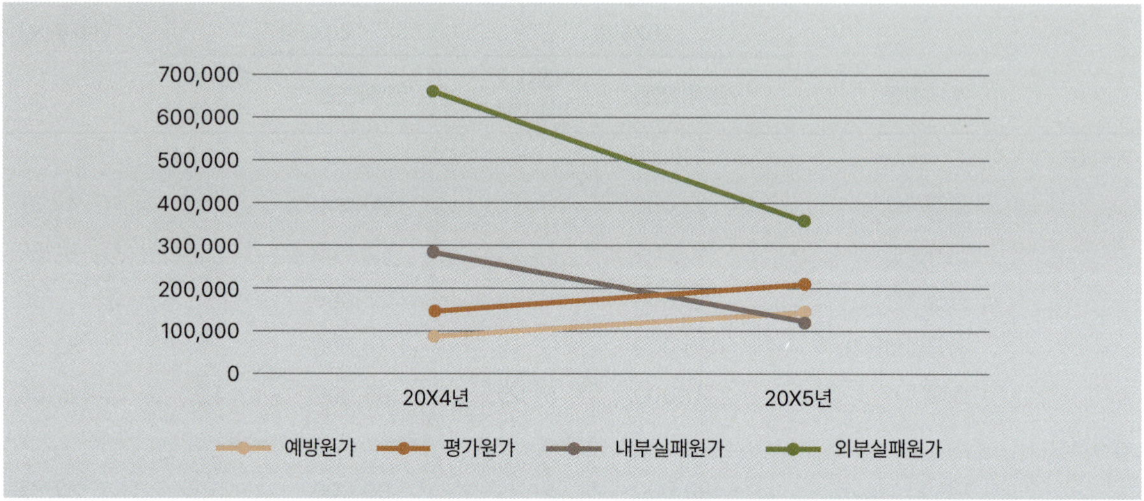

을 비교하여 함께 보고할 수도 있다. 특히, 내부실패원가와 외부실패원가의 예산과 실적을 예방원가와 평가원가의 지출 규모와 비교해서 분석하면, 예방과 평가활동의 효과를 분석하는 데 도움이 될 수 있다.

품질원가 보고서에 나타난 2개 연도의 품질원가를 비교해보면, 이 회사는 20X5년에 예방원가와 평가원가 지출의 절대 규모와 매출액 대비 비중을 그 전년도보다 확대하였다. 이에 따라, 내부실패원가와 외부실패원가의 규모와 매출액 대비 비중이 전년보다 감소하였다. 그림 12-5는 이를 그래프로 나타낸 것이다.

표에 나타난 바와 같이, 매출액은 전년보다 26.15% 증가했지만, 총품질원가(네 가지 품질원가의 합계)는 28.58% 감소하였다(예방과 평가활동의 결과로서 총품질원가가 감소하기까지 실제로는 더 많은 시간이 걸릴 수도 있다). 이는 내부실패원가와 외부실패원가의 발생 규모가 각각 125,000천원, 365,000천원으로 전년보다 감소했기 때문이다. 그림 12-6은 매출액과 총품질원가의 변화를 나타낸 것이다. 이와 같은 분석을 통해 품질 관련 활동의 효과를 체계적으로 파악하여 향후 품질개선 활동의 방향을 수립하는 데 도움을 얻을 수 있다. 예를 들어, 이 회사는 통제활동에 더 많은 자원을 투입하여 궁극적으로 무결점을 추구함으로써 모든 실패원가를 제거하고자 할 수 있다.

그림 12-6 매출액과 총품질원가의 변화

(단위 : 천원)

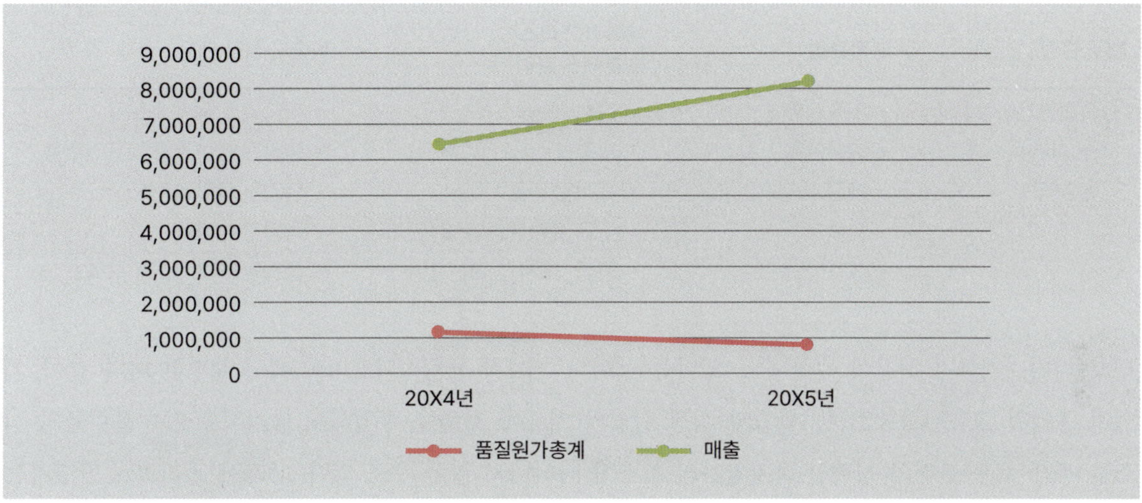

4. 품질관리에서 관리회계의 역할

품질원가는 조직 내의 여러 부서, 제품, 활동에 걸쳐 광범위하게 발생한다. 그러나 전통적인 재무회계 시스템에서는 품질과 관련된 각종 자료가 수많은 계정(account)과 부서(department)에 분산되어 있어, 품질원가를 체계적으로 수집하고 파악하기 어렵다. 품질원가를 체계적으로 파악하지 못하면, 회사는 각종 품질관리활동의 효과와 효율성을 올바로 판단하기 어렵게 된다.

품질관리에서 관리회계 담당자의 기본 업무는 기업 내 각종 품질과 관련된 활동들의 원가에 관한 자료를 체계적으로 수집하고, 분석하여, 보고하는 것이다. 활동기준원가계산(ABC)을 이용하면, 품질과 관련된 원가를 활동별로 파악하고, 부서별, 제품별, 기능별로 품질원가를 다양하게 분석할 수 있다.

또한 관리회계 담당자는 균형성과표(BSC)를 이용하여, 품질관리활동의 재무적·비재무적 성과를 종합적으로 측정할 수 있다. 이를 위해 비재무적 성과지표를 포함하여 다양한 핵심성과지표(KPI)를 개발해야 한다. 균형성과표의 주요 관점(perspective)별로 고려할 수 있는 품질관리와 관련된 핵심성과지표는 표 12-4와 같다.

한 가지 유의할 점은 기업이 각종 예방활동과 평가활동에 지출한 원가(즉, 통제원가)가 실패원가의 감

표 12-4 균형성과표의 관점별 품질관리 핵심성과지표 예시

재무 관점	고객 관점	내부 비즈니스 프로세스 관점	학습과 성장 관점
• 품질원가(cost of quality) • 매출액	• 시장점유율 • 고객만족도 • 제품 특성(기능)별 만족도 • 고객불만 건수	• 정시배달률 • 불량률 • 재작업 비율 • 주요 불량유형의 발생빈도 • 공정, 디자인 개선 건수	• 디자인 전문가 확보율 • 종업원 품질관리 교육이수율 • 종업원 업무 숙련도 • 종업원 이직률 • 품질관리 IT시스템 구축도

소로 나타나기까지 시간이 걸릴 수도 있다는 것이다. 제11장 균형성과표(BSC)에서 설명한 바와 같이, 기업이 종업원 교육(예방활동) 등 학습과 성장 관점의 지표에 자원을 투입해도 단기적으로는 불량률의 감소를 통해 재무 관점의 성과인 품질원가의 감소가 나타나지 않을 수도 있다. 따라서 관리회계 담당자는 품질원가를 비롯한 관점별 성과지표의 추이를 계속 추적해서 분석해야 한다.

5. 재고관리의 의의와 중요성

재고관리(inventory management)는 재고와 관련된 모든 활동을 계획하고, 통합·조정하고, 통제하는 활동으로, 기업의 이익과 경쟁력에 큰 영향을 미친다. 기업이 보유하는 재고의 수준은 원재료 공급업체의 공급능력, 제품의 품질, 가격정책, 기업의 생산용량, 고객의 주문에 대한 대응성 등 많은 요소들과 복잡하게 연계되어 있다. 원활한 기업활동을 위해서는 재고를 적절하게 유지할 필요가 있지만, 재고가 과다하게 많은 경우에는 기업의 장기적인 경쟁력이 심각하게 훼손될 수 있다.

재고관리는 단순히 최종 제품의 재고수준을 결정하는 일이 아니다. 우수한 공급업체를 선정하는 일부터 각 제조공정에서 적정한 공정 재고를 유지하는 일까지 매우 복잡한 과정에 대한 관리를 요구한다. 아울러 재고관리는 품질관리와 시간관리를 동시에 요구한다. 불량이 많이 발생하거나 잘못된 공정관리로 작업이 지체되면, 재작업이나 작업대기 등으로 생산계획에 차질이 발생하게 되어 재고관리가 매우 어렵게 된다. 제11장에서 설명한 고객대응시간(customer response time)과 정시납품률(on-time performance) 등의 시간관리 지표는 기업의 재고관리 정책과도 밀접하게 관련되어 있다.

그동안 재고관리의 철학은 적정 재고 수준을 유지한다는 개념에서 필요한 시점에 필요한 수량을 조달하고 생산하는 적시(JIT, Just-in-Time) 조달·생산 체제로 발전해왔다. 그러나 전 세계적인 COVID-19의 대유행으로 공급망 위기를 겪으면서 재고관리 철학에 또 다른 변화가 발생하고 있다.

6. 상기업 재고관리와 경제적 주문량 모델

1) 재고관리 관련원가

상기업은 제조기업으로부터 상품을 구매하여 판매하는 기업으로, 재고관리가 영업이익에 미치는 영향이 매우 크다. 표 12-5는 상기업인 이마트의 2022년도 요약 손익계산서로서, 당년도 매출액 영업이익률은 1.67%이다. 상기업의 낮은 매출액 영업이익률은 기업의 통제가능성이 비교적 높은 판매비와관리비 관리의 중요성을 나타내는 것으로서, 2022년도에 이마트의 판매비와관리비가 10%만 감소하더라도 영업이익이 두 배 이상으로 증가한다는 것을 알 수 있다. 상기업의 판매비와관리비에서 상품의 보관과 이동, 폐기 등 재고와 관련된 비용이 차지하는 비중이 매우 높다는 사실은 상기업에서 재고관리의 중요성을 잘 보여주는 것이다[6].

표 12-5 이마트 손익계산서(2022.1.1. ~ 2022.12.31.)

(단위 : 억원)

구 분	금 액	매출액 대비 비율
매출액	154,868	100%
매출원가	113,569	73.33%
매출총이익	41,299	26.67%
판매비와관리비	38,711	25.00%
영업이익	2,588	1.67%

* 2023년도 매출액 영업이익률은 1.24%임

상기업에서 **재고관리의 관련원가**(relevant costs)는 다음과 같이 분류할 수 있다.

- **구매비용**(purchasing cost) : 상품 매입 비용으로, 운송비 등 부대비용을 포함한다.

6 판매비와관리비의 비중과 매출액 영업이익률은 산업별로 큰 차이를 보일 수 있으며, 특정 산업의 수익성을 나타내는 지표는 아니다(제14장 참고).

- **주문비용(ordering cost)** : 상품 주문과 관련해서 발생하는 비용으로, 상품 주문을 준비하고(근거자료 작성과 상사의 결재 등), 상품을 주문하고, 상품을 수령하고, 도착한 상품을 검사하고 수량을 확인하고, 공급자에게 대금을 지급하는 활동 등으로 인해 발생하는 비용이다.
- **유지비용(carrying cost)** : 상품 재고를 보유하는 데서 발생하는 비용으로, 창고비용, 상품 관련 보험료, 물리적 변화와 진부화에 따른 비용, 재고 보유액(투자)에 해당하는 금액에 대한 투자수익(기회비용)이 포함된다.
- **재고고갈비용(stockout cost)** : 고객이 요구하는 상품의 재고가 없을 때 발생하는 비용으로, 재고를 신속히 보충하는 데 발생하는 비용, (현재, 미래) 판매기회를 상실한 데 따른 상실한 공헌이익(기회비용)이 포함된다.

재고관리와 관련된 원가 중에서 구매비용은 매출원가를 구성하며, 나머지 비용은 판매비와관리비와 관련되어 있거나 재무회계시스템에 기록되지 않은 기회비용(opportunity cost)이다[7].

2) 경제적 주문량 모델

상기업의 전통적인 재고관리 모델은 **경제적 주문량(EOQ, Economic Order Quantity)** 모델이다. 경제적 주문량은 재고관리와 관련된 비용 중에서 **주문비용(ordering cost)**과 **유지비용(carrying cost)**의 합계가 최소가 되는 1회 주문량을 말한다. 경제적 주문량 결정 모델에서는 대량구매에 따른 할인이 없는 것으로 가정하므로, EOQ 계산 시에 구매비용(purchasing cost)은 고려할 필요가 없다. 또한 수요가 일정하게 발생하고 수요량을 미리 알고 있으며, 주문 후 상품 도착까지 걸리는 시간도 확정적이고 미리 알고 있으므로 재고고갈이 발생하지 않는다고 가정한다. 따라서 재고고갈비용(stockout cost)도 EOQ 계산에서 고려하지 않는다. 또한 EOQ 모델에서는 1회 주문비용과 1단위 재고유지비용도 확정된 값으로 알려져 있다고 가정한다.

경제적 주문량(EOQ)을 계산할 때 고려하는 재고관리 관련 총원가(relevant total costs)는 다음과 같다.

7 재고관리 관련원가는 재무제표에 등장하는 회계적 비용이 아니다. 재고관리와 관련된 의사결정에서 모든 비용은 관련원가(relevant cost)를 사용한다(제10장). 예를 들어, 재고가 없더라도 재고를 보관하는 창고를 단기적으로 처분할 수 없다면, 기존에 보유하고 있는 창고의 비용(회피불가능원가)은 유지비용에 포함되지 않는다. 반면에 기회비용은 관련원가에 포함된다.

EOQ 계산에서 고려하는 재고관리 관련 총원가

= 주문비용 + 유지비용

$$= \left(\frac{D}{Q} \times P\right) + \left(\frac{Q}{2} \times C\right)$$

여기서, D : (일정 기간) 총수요량

Q : 1회 주문량

C : (일정 기간) 상품 한 단위의 재고 유지비용

P : 주문 1회당 주문비용

첫 번째 항목에서 $\frac{D}{Q}$는 일정기간 동안의 주문횟수를 나타낸다. 두 번째 항목에서 $\frac{Q}{2}$는 평균 재고수준이다. 재고의 최고수준(주문량이 도착한 시점)이 Q이며 최저수준(주문량이 도착하기 직전)이 0으로서, 수요가 일정하게 발생하기 때문에 평균 재고수준은 $\frac{Q}{2}$이다.

그림 12-7과 같이 EOQ(1회 주문량)가 많아지면 주문비용이 감소하지만 유지비용은 증가한다. 따라서 EOQ 모델에서 재고관리 관련 총원가가 최소가 되는 주문량은 주문비용과 유지비용이 같아지는 점에서 결정된다.

EOQ 모델

주문비용 = 유지비용. 즉, $\left(\frac{D}{Q} \times P\right) = \left(\frac{Q}{2} \times C\right)$

위 식을 Q에 대해 풀면[8], EOQ는 다음과 같다.

$$EOQ = \sqrt{\frac{2DP}{C}}$$

EOQ는 수식에 나타난 바와 같이 총수요량(D)이 많고, 1회 주문비용(P)이 클수록 증가하며, 상품 1단위의 유지비용(C)이 클수록 작아진다. 예제를 통해 EOQ와 재고관리 관련 총원가를 계산해보자.

8 양변에 Q를 곱하면, $DP = \frac{Q^2C}{2}$. $Q^2 = \frac{2DP}{C}$. 따라서, $Q = \sqrt{\frac{2DP}{C}}$.

그림 12-7 경제적 주문량(EOQ) 모델에서 관련 원가

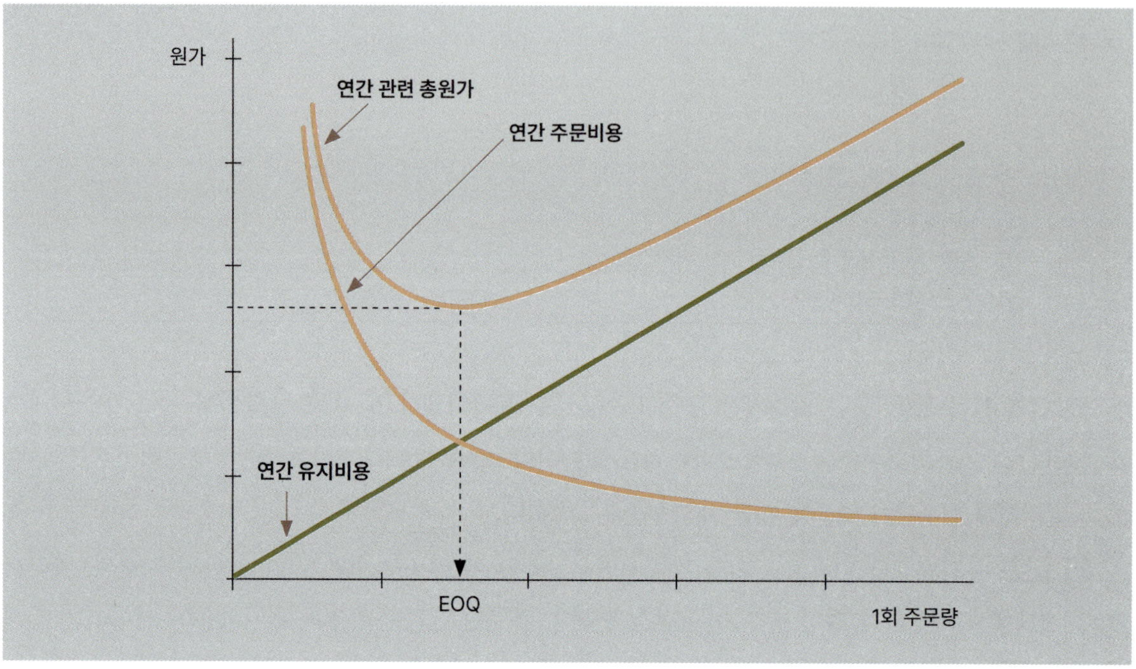

예제 12-1

대형 와인 전문판매점을 운영하고 있는 길동이는 칠레산 인기 와인 알마비바를 판매하고 있다. 알마비바와 관련된 구체적인 자료는 다음과 같다.

향후 1년간 알마비바의 수요량(D)은 2,600병이며, 병당 가격(구입부대비용 포함)은 ₩150,000, 1회 주문비용(P)은 ₩260,000이며, 한 병당 연간 유지비용(C)은 재고투자에 대한 투자수익을 포함하여 다음과 같다.

한 병당 연간 유지비용

=(연간 7% 투자수익(기회비용)×병당 가격)+연간 병당 파손 및 관리비용

=(0.07×₩150,000)+₩2,300=₩12,800

이제 EOQ를 계산해보자.

$$EOQ = \sqrt{\frac{2DP}{C}} = \sqrt{\frac{2 \times 2{,}600 \times 260{,}000}{12{,}800}} = 325\text{병}$$

이때 주문비용과 유지비용은 같은 금액으로서 각각 다음과 같이 계산된다.

$$\text{주문비용} : \left(\frac{D}{Q} \times P\right) = \frac{2{,}600}{325} \times 260{,}000 = ₩2{,}080{,}000$$

$$\text{유지비용} : \left(\frac{Q}{2} \times C\right) = \frac{325}{2} \times 12{,}800 = ₩2{,}080{,}000$$

매 주문 시 EOQ만큼 주문할 때, 연간 재고관리 관련 총원가(주문비용과 유지비용의 합계)는 ₩4,160,000이다.

$$\text{주문횟수} : \frac{D}{Q} = \frac{2{,}600}{325} = 8\text{회}$$

즉, 길동이는 1년 동안에 총 8회에 걸쳐, 1회 주문할 때마다 EOQ(325병)씩 주문하는 것이 재고관리 관련 총원가를 최소화하는 방법이다.

7. JIT 구매와 제조

전통적인 상기업의 재고관리 모델은 구매단계에서 경제적 주문량과 안전재고 수준을 결정하는 것이 핵심이다. 그러나 기업의 경제활동 환경이 변함에 따라 구매단계에서의 재고관리도 변화를 맞게 되었다. 대표적인 방식이 **적시(適時)(JIT, Just-in-Time) 조달·생산 방식**이다. JIT는 구매단계와 제조단계 모두에 관련되어 있는 재고관리 방식으로, 상품이나 재료(부품)가 판매와 제조에 필요한 시점에 도착하도록 하는 방식이다. JIT는 불필요한 재고를 줄임으로써 유지비용(carrying cost)을 대폭 줄일 수 있게 해준다.

1) JIT 구매

전통적인 EOQ 구매는 미래 수요에 대한 예측을 토대로 주문량을 결정하는 방식으로서, **밀어내기(push)**

방식의 재고관리 시스템이다. 이에 반해, **JIT 구매**(JIT Purchasing)는 외부 공급업체로부터 상품이나 재료(부품)를 구입할 때 실제로 필요한 수량이 필요한 시점에 도착하도록 하는 **수요견인**(demand pull) **방식**이다.

JIT 구매 정책을 사용하면, 재고가 대폭 감소하므로 품질기준을 만족하는 상품과 재료(부품)가 정시에(on-time) 도착하는 것이 무엇보다 중요하다. 불필요한 재고를 보유하지 않으므로 불량품이 발견되는 경우에는 판매나 제조활동에 심각한 지장을 초래할 수 있기 때문이다.

전통적인 EOQ 모델에서 JIT 구매로 이행하게 된 배경은 재고 유지비용(carrying cost)은 점차 증가하고 있지만, 1회 주문비용(ordering cost)은 감소했기 때문이다. 물가상승과 제품수명주기의 단축으로 인해, 창고비용, 파손비용, 진부화 비용, 취급 비용, 재고금액 기회비용 등 유지비용은 점점 증가하고 있다. 반면에, 신뢰할 수 있는 공급업체와 장기공급계약을 맺게 됨에 따라 공급업체 탐색과 가격협상이 불필요하게 되고, 기업 내부에서도 권한 하부이양으로 인한 내부결제단계가 축소되는 등 1회 주문비용은 대폭 감소하게 되었다. 이로 인해 1회 주문량을 줄이고 주문횟수를 늘리는 것이 재고관리 관련 총원가를 줄이는 길이 된 것이다. 다음 예제를 통해 학습해보자.

예제 12-2

예제 12-1에서 길동이가 국내 대형 와인 수입회사와 장기 공급계약을 맺게 되어 가격동향 파악과 공급처 탐색에 따른 비용이 감소하여 알마비바 와인 1회 주문비용(P)이 ₩260,000에서 ₩15,600으로 대폭 감소하고, 1단위 유지비용(C)은 임대료, 인건비, 이자율의 상승으로 ₩12,800에서 ₩30,000으로 증가했다고 할 때, EOQ 주문량과 주문횟수를 계산해보자.

새로운 EOQ 주문량과 주문횟수는 다음과 같다.

$$\text{EOQ} = \sqrt{\frac{2DP}{C}} = \sqrt{\frac{2 \times 2{,}600 \times 15{,}600}{30{,}000}} = 52\text{병}$$

$$\text{주문횟수} = \frac{2{,}600}{52} = 50\text{회}$$

1단위 유지비용이 증가하고, 1회 주문비용이 감소함에 따라 EOQ 주문량은 325병에서 52병으로 대폭 감소하고, 주문횟수는 8회에서 50회로 대폭 증가한다.

JIT 방식에서는 소량주문으로 인해 상품의 구매비용이 증가할 수 있고, 재고고갈의 가능성이 있으므로, EOQ 모델이 기반을 둔 주문비용과 유지비용 외에도 구매비용(purchasing cost)과 고갈비용(stockout cost)도 함께 고려해야 한다. 다음 예제를 통해 JIT 방식의 총비용 절감효과를 학습해보자.

예제 12-3

길동이의 알마비바 와인의 병당 구매비용은 1회 주문량이 100병 이상일 때 ₩150,000, 50병 이상~100병 미만일 때 ₩150,500, 50병 미만일 때 ₩151,000이다. 기존에 EOQ 모델을 통해 계산한 1회 주문량 325병을 계속 유지하는 경우에는 재고고갈이 발생하지 않는다. 그러나 길동이는 최근 주문비용과 유지비용의 변화를 고려하여(예제 12-2), 1회 주문량을 65병으로 결정하였다. 이 경우 연간 40병의 고갈이 발생할 것으로 예상되며, 재고고갈비용은 병당 ₩45,000으로 추정하였다. 재고관리 관련 총원가를 계산하고 기존의 325병씩 주문할 때의 총원가와 비교해보자.

길동이가 65병씩 소량주문을 할 경우, 구매비용, 주문비용, 고갈비용이 증가하지만, 유지비용이 감소하여 재고관리 관련 총원가는 연간 ₩300,800 감소한다. 유지비용의 감소 폭이 다른 비용의 증가 폭보다 크기 때문이다(표 12-6).

이처럼 EOQ 모델에서 1회 주문량은 주문비용과 유지비용만 고려하지만, JIT 방식은 구매비용과 고갈비용도 함께 고려한다. 또한 EOQ 모델에서는 동일한 1회 주문량을 주기적으로 주문하지만, JIT는 필요한 시점에 필요한 수량이 도착할 수 있도록 주문하는 방식이다[9].

JIT 방식에서는 공급업체가 고품질의 상품이나 재료(부품)를 소량으로, 빈번하게, 적시에 공급할 수 있는 종합적인 공급능력이 매우 중요하다. 따라서 공급업체를 선정할 때 공급가격만 고려해서 단기적으로 선정하지 않고, 종합적인 공급능력을 평가하여 장기적인 계약(long-term contract)을 맺는 것이 바람직하다.

공급가격이 저렴하더라도 불량품이 포함될 가능성이 크면, 상품이나 재료(부품)가 도착할 때마다 검사를 더 많이 해야 하므로 검사비용이 증가하고, 검사결과 불량이 발생하면 판매나 제조에 차질이 발생할 수 있어서 고갈비용이 더 많이 발생할 수 있으며, 최종적으로 불량 제품이 고객에게 배송되면 외부실패원가(external failure cost)가 발생한다.

9 JIT 방식에서는 표 12-6에 나타난 것처럼 65병씩 반드시 일정한 단위로 주문해야 하는 것은 아니다.

표 12-6 1회 주문량과 재고관리 관련 원가

	수량단위	325병씩 주문 단위당 비용(원)	325병씩 주문 연간 수량	325병씩 주문 총원가(원)	65병씩 주문 단위당 비용(원)	65병씩 주문 연간 수량	65병씩 주문 총원가(원)	소량구매의 비용 영향
구매비용	병(총수요)	150,000	2,600	390,000,000	150,500	2,600	391,300,000	비용 증가
주문비용	회	15,600	8	124,800	15,600	40	624,000	비용 증가
유지비용	병(평균재고)	30,000	162.5	4,875,000	30,000	32.5	975,000	비용 감소
고갈비용	병	45,000	0	0	45,000	40	1,800,000	비용 증가
합계				394,999,800			394,699,000	비용 감소
차이								₩300,800

기업의 공급망(supply chain)은 여러 단계(1차, 2차, 3차 공급업체 등)에 걸쳐 매우 복잡하게 연결되어 있다. 공급망 전체적으로 재료와 부품들이 안정적으로 공급되지 않으면 JIT 방식이 작동하기 어렵다. 기업은 정보시스템을 이용하여 공급업체들과 재고 및 판매에 관한 정보를 서로 교환함으로써, 공급업체들이 적시 공급을 위해 과다하게 재고를 보유하게 되는 부담을 줄여주고, 공급망 전체적으로 비용을 낮춤으로써 경쟁력을 강화할 수 있다.

2) COVID-19가 JIT 구매 방식에 미친 영향

2019년에 발생한 COVID-19는 전 세계적으로 **공급망 위기(supply chain crisis)**를 불러일으켰다. 자동차 제조기업은 반도체 부족으로 생산에 차질을 빚게 되었으며, 원재료를 해외에서 조달하는 기업들은 운송수단 확보에 어려움을 겪으면서 운송비용도 급증하게 되었다. 유럽의 전기차 제조회사들은 우리나라 기업들이 제조한 2차 전지(배터리)를 운송하는 데 필요한 선박을 구하지 못해, 철도를 이용한 값비싼 육상운송을 택하기도 했다.

이처럼 COVID-19는 물류병목 현상을 일으켜, 매우 복잡한 대기업의 공급망에 심각한 타격을 입혔다. 이에 대처하여 일부 기업들은 **공급망 관리(SCM, Supply Chain Management)**를 강화하고, 재고를 최소로 유지하는 JIT 방식 대신에 중요한 재고를 더 많이 보유하는 방식으로 재고관리 철학을 바꾸게 되었다. 그러나 이것은 JIT 방식에서 완전히 탈피했다라기보다는 공급망 불안정에 대비해 안전재고(safety stock)를 증가시키는 것으로도 이해할 수도 있다.

3) JIT 생산

이제 JIT 방식이 생산활동에서 어떻게 이용되는지 학습해보자. 20세기 후반 이후 글로벌 경쟁이 일반화되어, 제품의 수명주기는 짧아지고, 고품질, 저원가의 다양한 제품들이 주류를 이루게 되었다. 이에 따라 전통적인 소품종 대량생산 체제는 다품종 소량생산으로 점차 이행하게 되었다. 이러한 경쟁압력에 대응하여 기업들은 미래 수요예측에 기반을 둔 EOQ 모델 대신, JIT 구매와 생산으로 점차 전환하게 되었다.

JIT 생산(JIT Production)은 생산공정(워크스테이션)의 모든 단계에서 발생하는 반제품과 최종 제품의 재고를 최소화하는 제조방식이다. 각 공정은 다음 단계 공정이 필요한 시점에 필요한 수량만큼 공정 산출물을 공급함으로써 재고를 최소화한다. 다음 단계 공정에서 필요하지 않는데도 산출물을 공급하면 생산현장에 재고로 쌓이기만 할 뿐이다.

따라서 제일 먼저 최종 제품에 대한 고객의 수요가 최종단계 공정의 산출물(완성품) 수량과 제조시점을 결정하게 되며, 이 과정은 최종공정에서 시작해서 최초공정까지 계속 역으로 진행된다. JIT 생산을 하는 기업은 재료나 부품의 재고를 최소화하기 위해 대체로 JIT 구매(JIT Purchasing)도 함께 실시한다.

JIT 생산에서는 다음 단계 공정에서의 수요가 그 공정의 생산활동을 견인하므로, **수요견인**(demand-pull) **방식**이라고 한다. 각 공정이 다른 공정과 무관하게 최대의 효율로 산출물을 생산하는 전통적인 **밀어내기**(push) **방식**과 대비되는 방식이다. 또한 제조활동에서 재고를 최소로 유지하여 군살이 없도록 하는 방식이라는 점에서 **린 생산**(lean production)이라고도 하며, 도요타의 생산방식으로 잘 알려져 있다.

맥도널드에서는 과거 다량의 햄버거를 미리 만들어 발열 램프 밑에 쌓아 두고 있다가 고객들이 주문하면 판매하는 방식을 사용했으나, 이 방식은 햄버거의 품질을 떨어뜨리고 일정 시간이 지나면 많은 햄버거를 폐기해야 하는 문제가 있었다. 따라서 새로운 햄버거 제조기술과 JIT 방식을 도입하여 고객이 주문할 때 햄버거를 요리하여 제공하는 방식으로 전환함으로써, 고객만족도를 높이고 재고 유지비용과 폐기비용을 절감한 것으로 알려져 있다.

4) JIT 생산의 특징

JIT 생산(제조)에서는 전통적인 방식과 다른 **설비배치**(plant layout)와 제조방식을 채택하는 경우가 많다. 전통적인 방식에서의 설비배치는 그림 12-8 [패널 A]와 같이 공정별로 특화된 분업 생산방식을 사용한다. 예를 들어, 절단공정에서는 절단작업에 필요한 각종 장비들을 배치하고, 모든 제품의 재료를 절단하는 작업을 실시하며, 작업자들은 절단작업에 전문화되어 있다. 각 제품은 필요한 작업순서에 따라 공정별로 이동하게 되며, 제품별로 작업순서가 다를 수도 있으므로 제품의 이동거리가 길어질 수 있다.

이에 반해 JIT 생산에서는 그림 12-8 [패널 B]와 같이 각 제품은 각자 독립된 **생산 셀**(manufacturing cell)이라는 구역 내에서 생산된다. 각 셀 내에는 해당 제품을 생산하는 데 필요한 모든 설비를 작업순서에 따라 반원형으로 배치하여 재료의 이동이 최소화되도록 한다. 셀 내에서는 1~2명의 작업자가 모든 생산작업을 담당하며, 설비의 유지보수와 간단한 수리 및 제품의 품질검사까지 수행한다. 따라서 셀은 "**공장 내의 공장**(a factory within a factory)"이라고 불리기도 한다. 삼성전자에서도 TV를 제조하는 일부 공장에 컨베이어 방식 대신 셀 방식을 도입하여 생산성을 높였다(조선비즈, 2006. 9. 5.).

셀 방식에서는 특정 공정에 전문화된 작업자가 아니라, 개별 제품의 제조에 필요한 모든 공정에 관한 기술을 습득한 **다기능**(multi-skilled) **작업자**가 요구된다. 셀 방식에서는 소수의 작업자가 모든 작업을 수행하므로, 작업자들 간의 협조문제가 발생하지 않으며, 불량이 발생하는 경우 즉시 이전 단계까지 추적해서 불량의 원인을 신속히 찾아 해결할 수 있다. 셀 방식이 잘 작동하기 위해서는 작업자들에게 현장활동에 대한 대폭적인 권한이양(empowerment)도 필요하다.

그림 12-8 전통적인 설비배치와 JIT 셀 방식의 설비배치

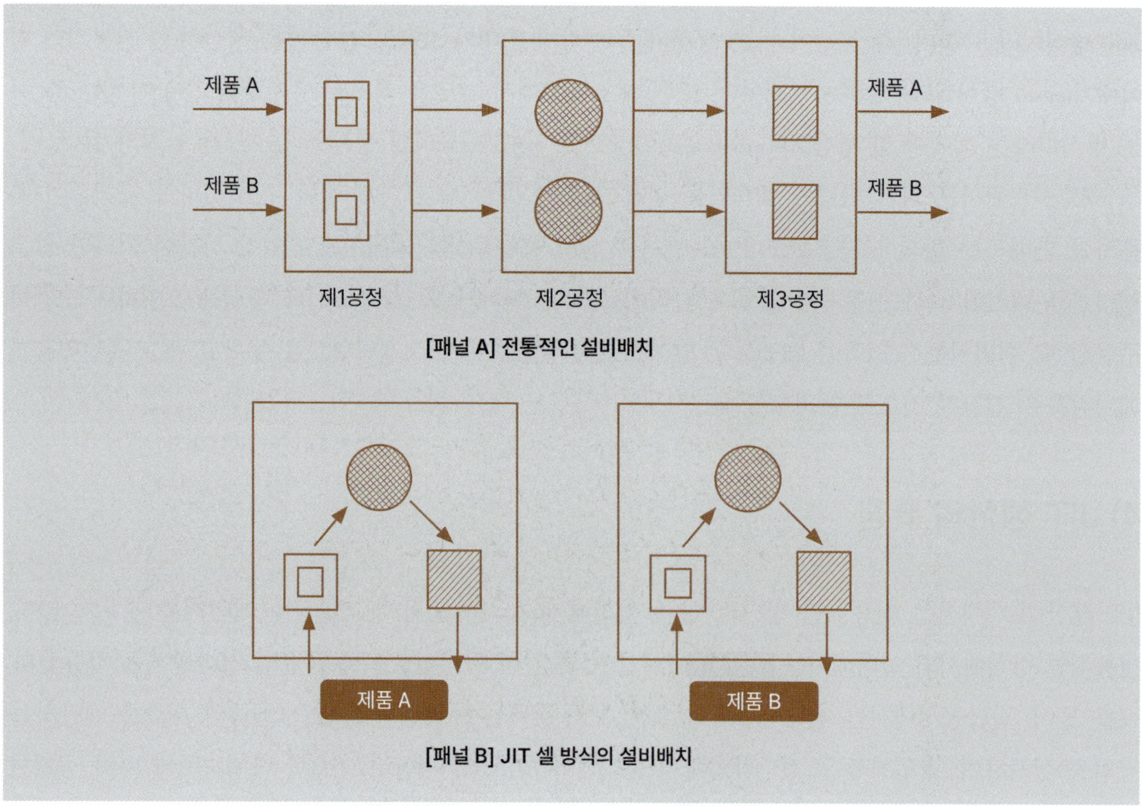

JIT 제조에서 각 공정에서는 필요한 부품을 소량의 묶음(lot)으로 생산하므로, 재고 유지비용은 감소하지만, 설비와 장비의 셋업비용(setup cost)은 증가할 수 있다[10]. 따라서 JIT 제조를 위해 셋업 1회당 셋업비용을 대폭 낮추는 노력을 병행하게 된다. 셋업비용은 셋업시간(setup time)에 비례하여 증가하는 경향이 있으므로, JIT에서는 셋업시간을 대폭 감소시켜 전제 **제조사이클타임(manufacturing cycle time)**을 줄임으로써 **고객대응시간**도 줄인다(제11장 시간관리 참고).

공정 재고의 최소화를 추구하는 JIT 생산이 잘 작동하기 위해서는 각 공정(또는 워크스테이션) 간의 긴밀한 협조와 품질관리가 매우 중요하다. 공정 간의 긴밀한 협조를 위해 **칸반(看板, Kanban)** 시스템을 사용하여 각 공정의 상태를 확인한 후 불필요한 재고를 방지할 수 있게 한다[11]. 공정 불량품은 작업의 흐름을 방해하고 반제품 재고를 더 많이 요구하므로 품질관리를 위해 제조활동에서 **종합적 품질관리(TQC, Total Quality Control)**를 함께 실시한다.

JIT는 단순한 재고관리 시스템이 아니다. 재고는 생산현장의 복잡성을 증가시키고 제조공정의 비효율성을 초래하여, 현금, 공간, 인력, 시간 등 자원들을 소비한다. 이런 이유로 JIT 방식에서 재고관리가 강조되지만, JIT 효과를 기대하기 위해서는 재료와 제품의 품질관리, 생산방식의 개선, 셋업시간(따라서, 제조시간)의 단축 등이 수반되어야 한다. 따라서 JIT를 실행하면, 결과적으로 여러 가지 복합적인 효과를 기대할 수 있다.

전통적인 방식과 JIT 방식의 차이점을 간단히 정리하면 **표 12-7**과 같다.

표 12-7 전통적인 제조 방식과 JIT 제조 방식의 비교

전통적인 방식	JIT 방식
수요예측과 생산계획을 토대로 한 밀어내기(push) 방식	실제 수요를 바탕으로 한 수요견인(demand pull) 방식
상당수준의 재고	소량의 재고
다수의 공급업체와 단기적인 계약	소수의 공급업체와 장기적인 계약
허용가능한 품질수준 설정	무결점 추구
공정(부서)별 설비 배치	생산 셀 방식의 설비 배치
소수의 기능에 전문화된 작업자	다기능 숙련공
원가계산에서 제조간접원가 비중이 높고, 원가흐름 가정 필요(아래에서 설명)	원가계산에서 제조간접원가 비중이 낮고, 원가흐름 가정 필요성 감소(아래에서 설명)

10 제조단계에서 셋업비용은 구매단계에서 주문비용과 같은 의미를 지닌다.

11 칸반은 플라스틱이나 카드보드 등을 이용하여 만든 소형 카드로서, 취소칸반(withdrawal Kanban), 제조칸반(production Kanban), 공급업체칸반(vendor Kanban) 등 세 가지 유형의 칸반이 사용된다.

5) JIT 생산과 성과관리

JIT 생산 방식을 도입하여 운영하는 경우, 균형성과표(BSC)의 네 가지 관점별로 다음과 같은 핵심성과지표(KPI)를 설정하여 성과를 관리할 수 있다.

JIT 생산 방식의 핵심성과지표 예시

- **재무 관점** : 영업이익, 재고자산 회전율$\left(= \frac{\text{매출원가}}{\text{평균 재고자산}}\right)$
- **고객 관점** : 고객만족도
- **내부 비즈니스 프로세스 관점** : 셋업시간, 평균 재고보유기간, 불량률, 재작업비율
- **학습과 성장 관점** : 종업원 다기능 교육 비율, 공정 재고관리 IT 시스템 구축 정도

각 공정의 성과를 측정하기 위해 시간당 생산량과 같은 전통적인 효율성 지표를 사용하면 불필요한 재고를 양산할 수 있으므로, JIT 방식에서는 효율성 지표들을 사용할 때 주의해야 한다.

6) JIT 방식이 제품원가계산에 미치는 영향

JIT 방식은 원가계산에도 다음과 같은 영향을 미친다.

첫째, JIT 방식(구매와 생산)에서는 재고자산(재료, 재공품, 제품)의 재고가 최소화되므로 **원가흐름(cost flow) 가정**(예 선입선출법, 가중평균법)이 원가계산에 미치는 영향이 대폭 감소한다. 기초와 기말에 재료 재고가 거의 없어 직접재료원가는 대부분 당기에 구입한 재료의 원가로 구성된다. 또한 재공품과 제품의 재고가 매우 적어, 당기제품제조원가와 매출원가도 모두 당기에 투입한 원가가 대상이 되기 때문이다.

둘째, 제품 재고가 최소화됨으로써 **전부원가계산(absorption costing)**과 **변동원가계산(variable costing)**의 손익 차이가 미미해진다. 변동원가계산에서는 고정제조원가(예 고정제조간접원가)를 제품원가에 포함하지 않고 당기에 기간비용으로 처리한다. 그러나 전부원가계산에서는 고정제조원가도 제품원가에 포함하여 재고화한 후 제품이 판매되는 시점에 매출원가로 처리하여 비용화한다. 즉, 전부원가계산에서는 고정제조원가의 비용화를 판매 시점까지 이연시킨다고 볼 수 있다. JIT 방식에서는 대부분의 제품이 제조되는

연도에 판매되므로, 전부원가계산에서도 당기에 발생한 고정제조원가가 매출원가로 대부분 비용화된다. 따라서 전부원가계산과 변동원가계산에서 제품원가에는 차이가 발생하지만, 연간 손익에는 차이가 거의 없어진다.

셋째, JIT 방식에서는 제조간접원가 규모가 작아진다. 고품질의 재료가 생산현장으로 바로 배달되므로, 재료의 보관, 이동, 검사 등에 발생하는 비용이 감소하여 간접원가가 줄어들게 되는 것이다.

넷째, JIT 방식에서는 기존에 간접원가로 분류하던 많은 원가를 제품별로 직접 추적(cost tracing)하는 것이 가능해진다. 각 제품을 독립적인 셀에서 제조하는 경우, 기계감가상각비와 기계작업원가 등이 제품별로 추적이 가능해져 직접원가가 된다. 또한 셋업, 기계유지보수, 검사활동의 원가 등 전통적인 제조방식에서 간접원가로 분류되던 많은 원가들을 직접 추적할 수 있게 된다.

이처럼 JIT 방식에서는 제품원가계산이 단순해질 수 있다[12].

7) JIT 방식의 한계와 도입상 주의점

JIT 방식은 재고를 최소한으로 유지하는 방식으로서 재고고갈에 따른 기회비용이 매우 높은 분야에서는 사용하기 어렵다. 예를 들어, 병원에서 의약품과 주요 의료용품들에 대한 재고를 JIT 구매 방식으로 관리할 수 없다. 재고가 적정 시간에 도착하지 않을 때 고갈비용이 너무 크기 때문이다. 중요한 의약품을 필요할 때 주문하여 적시에 도착하기를 기대하는 방식은 비현실적이다. 이런 분야에서는 안전재고를 고려한 EOQ 모델을 사용하는 것이 바람직하다.

JIT 방식은 한순간에 도입할 수 있는 시스템이 아니다. 위에서 설명한 바와 같이, 품질기준과 배달일정을 준수할 수 있는 공급업체의 선정과 다기능 숙련공의 양성, 공정(또는 워크스테이션) 간에 재고 정보를 교환할 수 있는 정보시스템 및 셋업시간을 대폭 줄일 수 있는 새로운 제조기술이 필요하다.

이런 요건을 일시에 충족시키는 것은 매우 어려운 일이다. 공급업체들은 소량의 재료나 부품을 더 자주, 필요한 시기에 공급해야 하며, 품질에도 문제가 없어야 한다. 그러나 이를 일시에 요구하는 것은 공급업체와의 관계를 위태롭게 할 수 있다. JIT는 신뢰할 수 있는 공급업체와의 장기적인 계약과 파트너십하에서 추진되어야 한다.

또한 재고를 급격히 감소시킬 경우, 생산 중단이 빈번히 발생할 수 있고, 재고 부족으로 판매에 차질을 빚을 수도 있고, 작업자들은 많은 스트레스를 받을 수도 있다.

12 역류원가계산(Backflush costing)이 대표적이다.

따라서 공급업체의 준비, 내부 공정개선, 품질관리 등 기본적인 요건이 충족되는 수준에 맞추어 JIT 방식을 점진적으로 확대해야 한다.

8. 제약이론과 병목공정 관리

모든 기업은 생산설비와 인력 등의 자원을 제한적으로 보유하고 있다. 과거에 많은 기업들은 생산과정 전체적으로 효율성을 높여 제조시간을 단축하기 위해 노력하는 경향이 있었다. 그러나 Goldratt과 Cox가 개발한 **제약이론(TOC, Theory of Constraints)**은 생산활동에 제약(constraints)이 되는 활동(공정)에 집중해야 함을 지적한다. **제약(constraints)**은 제품의 생산량이나 생산속도를 좌우하는 활동으로 병목(bottleneck)이다.

예를 들어, 낙오자가 발생하지 않아야 하는 군대 행군에서는 체력이 약해 행군속도가 가장 늦은 군인이 제약(constraints)이다. 군대의 전체 행군속도는 행군속도가 가장 늦은 군인의 행군속도에 의해 전적으로 결정된다. 제약이 아닌 다른 군인들이 행군속도를 높이는 것은 전체 행군속도를 높이지 못하고 혼란만 초래하게 된다.

TOC에서 조직의 성과(performance)는 다음 세 가지 요소를 이용하여 정의한다.

- **쓰루풋(throughput)** : 조직이 일정 기간에 판매를 통해 돈을 버는 업무처리 능력(rate)을 표현하는 용어로서, 일반적으로 쓰루풋마진(throughput margin)으로 측정한다. 쓰루풋마진은 매출에서 생산량에 따라 변하는 변동원가를 차감한 이익 개념으로, 공헌이익(contribution margin)과 유사한 개념이다[13]. TOC에서 생산량(판매량)에 따라 변하는 변동원가에는 주로 직접재료원가(direct materials)가 포함되며, 노무원가와 제조경비 등 나머지 원가는 대체로 생산량에 따라 단기적으로 변하지 않는 고정원가로 간주한다[14].

---

13 쓰루풋마진은 변동원가와 고정원가의 정의에서 공헌이익과 차이가 있다. 공헌이익 계산에서는 대체로 직접재료원가와 함께 직접노무원가와 변동제조간접원가를 변동원가로 간주하지만, 쓰루풋마진에서는 직접재료원가를 제외하고는 대부분 단기적으로 고정된 원가로 간주한다.

14 TOC에서 변동원가는 상황에 따라 다르게 정의할 수도 있다. 예를 들어, 재료원가 외에도 재료취급 원가, 전기료 등이 포함될 수도 있다.

- **투자(investment)** : 조직에 묶여 있는 돈으로서, 재고(재료, 재공품, 제품)에 포함된 직접재료, R&D 비용, 건물과 장비 등의 원가를 말한다.
- **운영비용(operating expenses)** : 조직이 이익을 내기 위해 소비하는 돈으로서, 변동원가(직접재료원가)를 제외한 나머지 모든 비용으로서, 임금, 유지보수, 세금 등을 말한다.

TOC의 목적은 투자(investment)와 운영비용(operating expenses)은 줄이면서, 쓰루풋마진(throughput margin)을 증가시키는 것이다. TOC는 단기적인 관점의 이론으로서, 쓰루풋마진의 크기는 조직 내외부의 제약(constraints)에 의해 결정된다고 보며, 이익증대를 위해 원가절감보다 쓰루풋 증대에 더 초점을 둔다. 따라서 쓰루풋마진을 증가시키기 위해서는 조직활동에서 제약을 찾아내어, 단기적으로는 주어진 제약에 효과적으로 대처하여 제약자원을 최대한 활용하고, 장기적으로는 제약을 극복(완화)할 방법을 찾아야 한다.

단기적으로 제약공정(병목공정)에 대처하기 위해서는 제약공정이 비효율적으로 운영되지 않도록 하는 것이 우선이다. 이를 위해서는 제약공정 기준으로 모든 작업 흐름 계획을 수립해야 하며, 제약공정이 가공할 반제품이 없어 기다리지 않도록 일정 규모의 버퍼 재고를 유지해야 한다. 또한 복수의 제품이 있는 경우에는 제약공정을 고려하여 쓰루풋이 높은 제품을 우선적으로 생산해야 한다.

조직 전체의 쓰루풋을 결정하는 제약(constraints)에 집중하는 대신에 생산과정 전체적으로 효율을 높이려는 전통적인 시도는 쓰루풋을 증가시키지 못하고 불필요한 공정 재공품 재고만 양산하여 투자(investment)를 증가시키는 문제가 있다. 최종 제품에 대한 수요를 초과하여 생산량을 늘리는 것도 마찬가지다.

TOC가 추구하는 재무적 성과로는 순이익(net profit)(=쓰루풋마진－운영비용)과 투자수익률(ROI, Return on Investment)(=순이익/투자) 및 쓰루풋생산성(=쓰루풋/운영비용)과 투자회전율(쓰루풋/투자)이 있다.

9. 제약이론과 장단기 의사결정

1) 제약이론과 제품배합 결정 예제

제약공정이 있는 경우, 단기 의사결정 사항 중에는 복수의 제품 중에서 어떤 제품을 생산해야 하는지, **제품배합**(product mix)을 결정하는 일이 있다. 다음 예제를 통해 학습해보자.

예제 12-4

공작기계 전문 제조회사인 ㈜HCK정밀기계는 HCK1과 HCK2 두 제품을 제조하여 판매하고 있다. 표 12-8은 두 제품에 대한 기본적인 정보를 나타내고 있다. [패널 A]는 두 제품의 가격과 재료원가 및 월간 수요량을 나타내고 있으며, [패널 B]는 각 공정의 월간 처리용량(capacity)과 운영비용(고정원가) 및 각 제품의 개당 공정소요시간을 나타내고 있다. 각 공정의 처리용량은 각 공정의 기계와 장비의 용량으로서 실제최대조업도(practical capacity)를 의미한다. 운영비용은 재료원가를 제외한 모든 제조원가로서 단기적으로 고정원가에 속한다. 각 제품의 제조는 제1공정, 제2공정, 제3공정의 순서대로 진행된다. 이상의 자료를 이용하여 ㈜HCK정밀기계가 이익을 최대화하기 위해 HCK1과 HCK2를 월간 몇 개씩 생산해야 하는지 계산해보자.

표 12-8 ㈜HCK정밀기계 제품배합 예제

[패널 A] 제품별 가격, 개당 재료원가, 월간 수요

제 품	가 격	재료원가	판매가능량(개)
HCK1	1억원	0.6억원	500
HCK2	0.8억원	0.5억원	600

[패널 B] 제품 개당 공정별 소요시간, 공정별 월 처리용량, 월 운영비용

공 정	HCK1 (시간)	HCK2 (시간)	월 처리용량 (시간)	월 운영비용 (고정원가)
제1공정 : 절단	1.6	1.5	1,800	50억원
제2공정 : 조립	2.5	1.5	1,900	100억원
제3공정 : 검사	0.3	0.2	300	10억원

[패널 C] 월간 공정 소요시간 및 공정별 여유용량

공 정	HCK1 (시간)	HCK2 (시간)	합 계 (시간)	처리용량 (시간)	여유용량 (시간)	제약공정 여부
절단 500×1.6; 600×1.5	800	900	1,700	1,800	100	x
조립 500×2.5; 600×1.5	1,250	900	2,150	1,900	−250	o
검사 500×0.3; 600×0.2	150	120	270	300	30	x

(표 계속)

[패널 D] 제품별 개당 쓰루풋마진

	HCK1	HCK2	
(1) 가격	1억원	0.8억원	
(2) 재료원가	0.6억원	0.5억원	
(3) 개당 쓰루풋마진(=(1)−(2))	0.4억원	0.3억원	
(4) 개당 제약공정 자원사용량	2.5시간	1.5시간	(패널 B 조립공정)
(5) 제약자원당 개당 쓰루풋마진(=(3)÷(4))	0.16억원	0.2억원	

[패널 E] 총쓰루풋마진

	HCK1	HCK2	합 계	비 고
제약공정 처리용량			1,900시간	조립공정
HCK2 생산량		600개		HCK2 우선 생산
HCK2 제약공정 자원사용량		900시간		600개×1.5시간
HCK2 생산 후 잔여용량			1,000시간	1,900시간−900시간
HCK1 생산가능량	400개			1,000시간÷개당 2.5시간
HCK1 제약공정 자원사용량	1,000시간			400개×2.5시간
개당 쓰루풋마진	0.4억원	0.3억원		패널 D의 (3)
총쓰루풋마진	160억원	180억원	340억원	400개×0.4억원+600개×0.3억원

풀이과정은 [패널 C] 이하에 나타나 있다. [패널 C]는 병목공정을 판별하기 위해 두 제품의 월간 판매가능량을 생산하는 데 필요한 공정별 총소요시간을 나타내고 있다. 조립공정의 경우, 처리용량은 1,900시간이지만 필요시간이 2,150시간으로서 250시간의 처리용량이 부족하므로, 조립공정이 병목공정이다.

[패널 D]에 나타난 바와 같이, HCK1과 HCK2 두 제품의 개당 **쓰루풋마진**은 각각 0.4억원과 0.3억원으로 HCK1이 더 크다. 그러나 두 제품의 개당 병목공정(조립공정) 소요시간은 각각 2.5시간, 1.5시간으로 HCK1이 더 오래 걸린다. 이로 인해 병목공정의 시간당 쓰루풋마진은 HCK1은 0.16억원이며, HCK2는 0.2억원으로, HCK2가 더 크다. 따라서 제약자원을 잘 활용하기 위해서는 HCK2를 우선적으로 생산해야 한다.

어느 제품을 우선 생산해야 할지를 결정할 때, 제품 한 개를 생산하는 데 소요되는 총시간([패널 B]에서 HCK1의 경우, 4.4시간(=1.6+2.5+0.3))은 전혀 고려사항이 아니다. 병목공정이 아닌 공정에서는 모든 수요량을 처리할 수 있기 때문이다.

[패널 E]에 나타난 바와 같이, 최적의 방안은 HCK2 월간 수요 600개를 우선적으로 생산하는 것으로, HCK2 생산에 병목공정(조립공정) 900시간이 소요되고 처리용량이 1,000시간 남는다. 이 1,000시간은 HCK1 400개 생산에 투입한다. 이때 총쓰루풋마진은 340억원이 된다.

2) 병목공정의 처리용량 증대와 아웃소싱 여부

제약공정이 있을 때 단기적으로는 제약에 대처하여 제약공정을 최대한 효율적으로 활용해야 하며, 장기적으로는 제약을 극복(완화)하는 방법을 찾아야 한다. 장기적인 대처 방안으로서 병목공정의 처리용량 확대와 아웃소싱을 고려할 수 있다. 구체적인 방안을 검토해보자.

첫째, 제품의 디자인을 개선하거나 병목공정의 효율성을 높여 병목공정에서 소요되는 시간을 줄임으로써 병목공정의 용량이 확대되는 효과를 거둘 수 있는 방안을 검토한다. 병목공정의 셋업시간 축소, 공정 단순화, 유지보수를 통한 기계고장 방지 등이 이에 속한다. 이런 활동이 비용을 발생시키는 경우에는 관련원가(relevant cost)와 **쓰루풋마진** 증가액을 비교하여 수행 여부를 결정한다.

둘째, 장기적으로 병목공정의 설비를 추가로 도입하거나 필요한 인력을 충원하여 병목공정의 처리용량을 증가시키는 방안을 검토할 수 있다. 예제를 이용하여 학습해보자.

예제 12-5

예제 12-4에서 월 임대료가 32억원인 월 225시간의 처리용량을 가진 조립공정설비 A와 월 임대료가 42억원인 월 300시간의 처리용량을 가진 조립공정설비 B에 대해 어느 설비를 임대해야 할지 분석해보자.

분석결과는 표 12-9와 같다. 처리용량이 월 300시간인 설비 B를 임대하는 경우에는 제약공정이 없어지고 현재 수요량을 모두 생산하지 못하고 있는 HCK1을 최대 120개까지 추가로 생산할 수 있으나, HCK1의 월간 총수요가 500개이고, 기존 설비를 이용하여 400개를 생산할 수 있으므로, 새로 임대한 설비 B를 이용하여 월 100개를 생산하게 된다. 반면에 설비 A를 임대하는 경우에는 조립공정은 여전히 제약공정으로 남게 되지만, HCK1 90개를 추가로 처리할 수 있게 된다.

설비 A와 설비 B를 통해 증가하는 쓰루풋마진(설비임대료 고려전)은 각각 36억원과 40억원이며, 증분원가는 각각 월 임대료인 32억원과 42억원이다. 따라서 설비 A는 임대하는 것이 바람직하지만, 설비 B는 임대하지 않는 것이 바람직하다.

표 12-9 ㈜HCK정밀기계의 조립공정 설비임대 증분이익 분석

	설비 A(월 처리용량 225시간)	설비 B(월 처리용량 300시간)
(1) 월 임대료	32억원	42억원
(2) HCK1 추가 생산가능량	90개(=225시간÷개당 2.5시간)	100개(50시간은 잉여시간)
(3) 쓰루풋마진 증가액	36억원(=90개×0.4억원)	40억원(=100개×0.4억원)
(4) 설비임대 최종 증분이익 (=(3)−(1))	4억원	−2억원

셋째, 병목공정인 조립공정에서 하는 작업의 일부를 **아웃소싱**(outsourcing)하는 방안을 검토할 수 있다.

병목공정은 항상 고정되어 있는 것이 아니다. 제품의 디자인과 공정 개선을 통해 병목공정의 처리용량이 증가하면 기존의 비병목공정이 병목공정이 될 수도 있다. 고품질의 부품 공급이 원활하지 않을 경우, 기업의 내부 공정이 아닌 외부 공급업체가 기업의 제약자원이 될 수도 있다.

3) 병목공정 관리방안 요약

지금까지 설명한 병목공정 관리방안을 요약하면 **표 12-10**과 같다.

표 12-10 병목공정 관리방안

- 모든 공정을 병목공정 기준으로 작업 흐름 계획을 수립한다.
- 병목공정에서 앞 공정의 완성품이 부족하여 기다리지 않도록 버퍼 재고를 보유한다.
- 병목공정 작업과정에 불량이 발생하지 않도록 품질개선활동을 한다.
- 병목공정 시작 전에 앞 공정 완성품의 품질검사를 실시하여 병목공정에서 불량품을 가공하지 않도록 한다.
- 병목공정에서 기계고장 등으로 작업이 중단되지 않도록 한다.
- 제품 디자인 변경 및 병목공정의 공정 개선을 통해, 병목공정 작업시간을 단축한다.
- 복수의 제품이 있을 경우, 병목공정 처리용량 한 단위당 쓰루풋마진이 가장 큰 제품을 우선적으로 생산한다.
- 병목공정 작업의 외주를 검토한다.
- 병목공정의 설비 도입과 인력 충원을 고려한다.

연습문제

01 품질과 기업 수익성

다음 중에서 품질이 기업 수익성에 미치는 영향에 대한 설명으로 옳지 못한 것은?

① 품질이 좋아지면 고객만족도가 높아져서 높은 가격을 받을 수도 있다.
② 품질이 좋아지면 생산과정에서 비효율이 적어 생산속도(쓰루풋타임)가 빨라질 수 있다.
③ 품질 향상에는 많은 비용이 들기 때문에 일정한 수준 이상으로 품질을 개선하려고 하는 것은 바람직하지 않다.
④ 품질이 좋아지면 불량과 재작업이 감소하여 제조원가가 감소할 수 있다.
⑤ 품질이 좋아지면 불필요한 재고를 줄일 수 있다.

02 품질원가 개념

다음 중에서 품질원가(cost of quality)에 대한 설명으로 옳은 것은?

① 불량이 발생하지 않고 좋은 품질의 제품이 생산되도록 하는 데 투입되는 모든 원가이다.
② 불량이 발생하지 않도록 종업원 교육훈련에 투입하는 원가이다.
③ 불량과 관련된 모든 사전적·사후적 원가이다.
④ 비부가가치활동을 제거하는 데 발생하는 원가이다.
⑤ 제품 품질문제로 인해 고객들이 제품을 외면함으로써 발생하는 기회비용이다.

03 품질원가의 분류 (2013 감정평가사)

㈜감평은 품질 관련 활동원가를 예방원가, 평가원가, 내부실패원가 및 외부실패원가로 구분하고 있다. 다음에 제시한 자료 중 외부실패원가로 집계할 금액은?

항목	금액
• 제품보증수리활동	₩21,000
• 원재료 검사활동	11,000
• 직원 품질교육활동	50,000
• 고객서비스센터활동	6,000
• 불량품 재작업활동	8,000
• 설비보수 및 유지활동	5,000
• 판매기회 상실로 인한 기회비용	18,000
• 공정검사활동	7,000
• 설계개선활동	10,000

① ₩35,000 ② ₩43,000 ③ ₩45,000 ④ ₩53,000 ⑤ ₩57,000

04 품질원가의 분류 (2021 관세사)

㈜관세는 품질원가를 계산하고자 한다. 다음 자료를 바탕으로 계산한 외부실패원가는?

• 품질교육	₩100	• 완성품검사	₩400
• 불량재공품 재작업	₩600	• 보증수리	₩200
• 반품 재작업	₩500	• 설계개선 작업	₩300
• 품질에 따른 판매기회상실 기회비용	₩700		

① ₩700 ② ₩900 ③ ₩1,200 ④ ₩1,400 ⑤ ₩1,800

05 품질원가의 분류 (2001 세무사)

농업용 양수기를 제조하여 판매하는 ㈜대풍의 2001년도 품질과 관련된 재무적 자료가 아래와 같다.

과 목	금 액	과 목	금 액
설계엔지니어링	₩240	재작업품	₩300
품질훈련교육	₩100	운송비	₩110
검사	₩200	손해배상	₩220
제품시험	₩150	재수리보장비용	₩120
공손품	₩80	품질엔지니어링	₩130

위의 자료에 의하여 품질예방원가를 계산하면 얼마인가?

① ₩470 ② ₩350 ③ ₩430 ④ ₩440 ⑤ ₩550

06 실패원가 및 시스템 도입 의사결정 (2006 세무사)

대한익스프레스는 이사전문업체로서 이사서비스의 품질을 (1) 이삿짐운송시간, (2) 정시운송(약속한 시간까지 이사 완료), (3) 분실 또는 파손된 이삿짐 수로 측정한다. 대한익스프레스는 연간 ₩160,000,000이 소요되는 통합물류시스템을 도입하여 성과를 개선하려고 한다. 새로운 시스템의 도입으로 이사서비스품질이 향상된다면 이에 비례하여 매출수익도 증가될 것으로 예상된다. 대한익스프레스의 공헌이익률이 40%라면, 최소한 얼마 이상의 매출수익 증가가 실현되어야 새로운 통합물류시스템의 도입을 정당화할 수 있는가?

연간 성과의 비교	현재의 성과	새로운 시스템 도입 시 예상성과
정시운송성과	85%	95%
분실 또는 파손 이삿짐* 수	3,000개	1,000개

* 분실 또는 파손된 이삿짐 1개당 실패원가(배상해주어야 할 비용)는 ₩60,000이다.

① ₩80,000,000 ② ₩95,000,000 ③ ₩10,000,000
④ ₩85,000,000 ⑤ ₩100,000,000

07 품질원가 및 공정 개선의사결정 (2010 세무사)

㈜대전은 20X1년 품질과 관련된 원가를 분류한 결과 다음과 같은 항목을 파악하였다.

• 반품재작업	₩100억	• 설계개선작업	₩200억
• 사후수리(A/S)	₩150억	• 완성품검사	₩50억
• 불량재공품재작업	₩100억	• 고객불량품 피해 손해배상	₩150억
• 품질교육	₩100억		

㈜대전의 원가담당자는 위의 항목들을 예방원가, 평가원가, 내부실패원가, 외부실패원가로 재분류한 후 구체적으로 분석한 결과, 현재 예방원가에 사용된 자원의 50%만큼을 추가로 투입하는 경우 내부실패원가를 50%, 외부실패원가를 40%씩 절감할 수 있다고 주장하였다. 원가담당자의 주장을 수용하는 경우 이익은 얼마나 증가하는가?

① ₩30억 ② ₩40억 ③ ₩50억 ④ ₩60억 ⑤ ₩70억

08 품질원가 개념 (2012 세무사)

품질원가에 관한 설명으로 옳지 않은 것은?

① 일반적으로 원재료 검사비용은 예방원가로 분류한다.
② 일반적으로 보증기간 내 수리와 교환은 외부실패원가로 분류한다.
③ 품질원가는 제품의 품질에 문제가 발생한 경우 이를 해결하기 위하여 발생하는 원가를 포함한다.
④ 허용품질수준관점(acceptable quality level view)에서는 통제원가와 실패원가 사이에 부(−)의 관계가 있는 것으로 본다.
⑤ 무결점수준관점(zero defects view)에서는 불량률이 0(zero)이 될 때 품질원가가 최소가 되므로, 불량률이 0이 되도록 품질원가를 관리해야 한다고 본다.

09 품질원가의 분류 (2021 세무사)

㈜세무는 에어컨을 제조하는데, 에어컨의 품질원가를 파악하기 위해 다음의 자료를 수집하였다. 품질원가에 관한 설명으로 옳지 않은 것은?

• 생산판매단위	6,000개
• 판매단가	₩1,500
• 단위당 변동원가	₩800
• 제품설계시간	1,000시간

• 제품설계 노무임률	₩80
• 단위당 시험검사시간	0.5시간
• 시험검사 노무임률	₩60
• 재작업률	10%
• 단위당 재작업원가	₩400
• 보증수리비율	5%
• 단위당 수리원가	₩500
• 품질로 인해 상실된 추정판매	400개

① 예방원가는 ₩80,000이다.
② 평가원가는 ₩180,000이다.
③ 내부실패원가는 ₩240,000이다.
④ 외부실패원가는 ₩150,000이다.
⑤ 총품질원가는 ₩930,000이다.

10 실패원가 (2019 CPA)

㈜대한은 연속된 공정 A와 B를 거쳐서 완제품을 생산한다. 완제품의 단위당 판매가격은 ₩50이다. 직접재료원가 이외의 운영원가는 모두 고정원가로 간주한다. 20X1년에 공정별 생산 및 원가자료는 다음과 같다.

항 목	공정 A	공정 B
시간당 생산능력	15단위	10단위
연간 이용가능시간	2,000시간	2,000시간
연간 생산량	20,000단위	20,000단위
단위당 직접재료원가	₩10	₩10
연간 고정운영원가	₩120,000	₩140,000

㈜대한은 공정 B의 종료단계에서 품질검사를 실시한다. 당기 중에 공정 B에서 불량품 100단위가 생산되었다면, 불량품 100단위로 인해 영업이익은 얼마나 감소하는가? (단, ㈜대한의 기초 및 기말 재고자산은 없으며, 불량품은 전량 폐기된다.)

① ₩2,000 ② ₩2,500 ③ ₩3,000 ④ ₩4,000 ⑤ ₩5,000

11 품질원가 및 공정 개선 의사결정 (2020 CPA)

㈜대한은 자동차를 생산하여 판매한다. ㈜대한의 원가관리 담당자는 효율적으로 원가를 관리하기 위해 다음과 같이 제품의 품질원가(예방원가, 평가원가, 내부실패원가, 외부실패원가로 구성)를 측정하였다.

내 용	품질원가
불량률을 낮추기 위한 생산직원들의 교육훈련비	₩5,400
제조단계에서 발생한 불량품을 폐기하기 위해 지불한 비용	₩6,100
공정별 품질검사를 진행하는 직원들의 관리비	₩3,200
완성품을 검사하는 기계의 수선유지비	₩10,200
고객 제품보증수리센터에서 근무하는 직원의 인건비	₩24,700
높은 품질의 부품조달을 위한 우수협력 업체 조달 비용	₩2,300
품질검사 과정에서 발견한 불량품 재작업으로 인해 발생한 생산직원의 특근수당	₩7,400
제품 리콜로 인해 발생한 미래매출감소의 기회원가	₩9,300
총합계	₩68,600

㈜대한이 지금보다 예방원가를 50% 확대하면 내부실패원가와 외부실패원가를 각각 20%와 10% 절감할 수 있다고 한다. ㈜대한이 지금보다 예방원가를 50% 확대할 때 품질원가의 총합계는 얼마인가?

① ₩65,200　② ₩66,350　③ ₩67,280　④ ₩72,000　⑤ ₩73,050

12 EOQ (2007 CPA 경영학)

기본적인 경제적 주문량(EOQ, Economic Order Quantity) 모형에 대한 다음 설명 중에서 가장 적절하지 않은 것은?

① 다른 조건이 일정할 때 주문비용이 감소하면 EOQ는 감소한다.
② 다른 조건이 일정할 때 연간 수요가 증가하면 EOQ는 감소한다.
③ EOQ는 연간 재고유지비용과 연간 주문비용이 같아지는 1회 주문량이다.
④ 다른 조건이 일정할 때 연간 단위당 재고유지비용이 증가하면 EOQ는 감소한다.
⑤ EOQ는 연간 재고유지비용과 연간 주문비용의 합인 연간 총재고비용을 Q(1회 주문량)에 대해 미분한 뒤 0으로 놓고 Q에 대해 풀면 구할 수 있다.

13 JIT (2003 세무사)

대규모 가구제조업을 영위하는 종로회사는 적시(JIT)구매/생산시스템을 채택하고자 한다. 높은 재고수준을 요하는 업종의 특성으로 이 회사의 평균재고액은 ₩75,000,000이다. 종로회사가 JIT시스템을 채택하면 현재 사용 중인 가구보관창고 2개가 더 이상 필요없게 되며, 이 가구보관창고를 다른 회사에 임대할 경우 한 개당 연간 ₩4,000,000의 임대료를 받을 것으로 예상한다. 추가적인 원가절감요인으로 창고운영비와 재고자산손해보험료 등 연간 ₩500,000을 절감할 수 있으며, 재고 수준 감소에 따라 재고자산파손비와 기업의 자금비용으로 각각 평균재고액의 1%, 5%를 원가절감할 수 있다. 그러나 JIT시스템은 가구의 주문횟수를 증가시켜 주문원가가 ₩5,000,000이 추가적으로 발생한다. 또한 수요가 일시적으로 증가할 경우 수요에 감당하지 못하여 연간 200

단위의 재고 부족 원가가 예상된다. 재고자산의 단위당 공헌이익은 ₩20,000이다. 종로회사가 JIT시스템을 채택할 경우 절감할 수 있는 원가를 구하시오.

① ₩4,000,000
② ₩5,000,000
③ ₩6,000,000
④ ₩7,000,000
⑤ ₩8,000,000

14 JIT (2006 세무사)

다음의 내용 중 가장 옳지 않은 것은?

① 소비자의 다양한 기호에 맞는 다품종 소량의 제품을 생산함으로써 종합원가계산보다는 개별원가계산의 적용이 늘어나는 추세이다.
② 적시생산방식의 도입에 따라 종합원가계산을 적용하는 기업에서 당기완성품환산량을 이용한 재무회계 목적상 당기제품제조원가 결정의 중요성이 점점 낮아지고 있다.
③ 표준원가계산제도하에서 생산성 향상을 통한 회사 전체의 수익성 제고를 위해 조업도 차이의 중요성이 점점 더 부각되는 추세이다.
④ 유연생산제도하에서는 순수한 의미의 개별원가계산제도의 도입이 어렵다.
⑤ 원가관리 목적상 종래의 간접원가를 직접원가로 관리하려는 시도가 늘고 있는 추세이다.

15 제약이론 (2009 CPA)

제약이론(theory of constraints)에 대한 다음의 설명 중 가장 타당하지 않은 것은?

① 제약이론에서는 기업의 생산활동과 관련된 내부적 제약요인을 집중적으로 관리하고 개선하여 생산활동을 최적화하고자 한다.
② 제약이론의 생산최적화 과정은 제약요인을 찾아 개선한 후에 또 다른 제약요인을 찾아 지속적으로 개선하는 과정을 밟는다.
③ 제약이론을 원가관리에 적용한 재료처리량공헌이익(throughput contribution)은 매출액에서 직접재료비와 직접노무비를 차감하여 계산한다.
④ 제약이론은 재료처리량공헌이익을 증가시키고, 투자 및 운영원가를 감소시키는 것을 목적으로 한다.
⑤ 제약이론에서는 운영원가를 단기적으로 변화시킬 수 없는 고정비로 본다.

16 제약이론 (2011 세무사)

㈜국세는 세 종류의 제품 A, B, C를 독점하여 생산·판매하고 있다. 제품생산을 위해 사용되는 공용설비의 연간 사용시간은 총 80,000시간으로 제한되어 있다. 20X1년도 예상 자료는 다음과 같다.

구 분	제품 A	제품 B	제품 C
단위당 판매가격	₩1,000	₩1,500	₩2,000
단위당 변동원가	₩300	₩600	₩1,200
단위당 공용설비사용시간	10시간	20시간	16시간
연간 최대시장수요량	2,000단위	3,000단위	2,000단위

위 자료에 근거한 설명으로 옳은 것은?

① 제품단위당 공헌이익이 가장 큰 제품은 A이다.
② 공용설비사용시간 단위당 공헌이익이 가장 큰 제품은 C이다.
③ ㈜국세가 20X1년에 획득할 수 있는 최대공헌이익은 ₩4,260,000이다.
④ ㈜국세가 20X1년 공헌이익을 최대화하는 경우, 생산된 총제품수량은 5,500개이다.
⑤ ㈜국세가 20X1년 공헌이익을 최대화하기 위해서는 제품 C, 제품 B, 제품 A의 순서로 생산한 후 판매해야 한다.

17 제약이론 (2006 CPA)

㈜스피드는 사무용복합기 A모델과 B모델을 생산하여 판매하고 있으며 두 모델의 단위당 자료는 다음과 같다.

	A모델	B모델
직접재료원가	₩240,000	₩320,000
직접노무원가	100,000	160,000
변동제조간접원가	40,000	80,000
(기계시간당 ₩10,000)		
고정제조간접원가	40,000	40,000
단위당제조원가	₩420,000	₩600,000
판매가격	₩520,000	₩800,000

㈜스피드의 최대 조업도는 월 6,000기계시간이며, 현재 시장의 월간수요량은 A모델 800개, B모델 500개이다. 이상의 자료에 근거할 때 ㈜스피드가 영업이익을 극대화할 수 있는 제품배합은 무엇인가?

	A모델	B모델
①	800개	350개
②	0개	750개
③	400개	550개
④	1,000개	250개
⑤	500개	500개

18 제약이론 (2021 세무사)

㈜세무는 CCTV 장비를 제조하여 고객에게 설치판매하는 사업을 하고 있다. 장비제조는 제조부서에서 장비설치는 설치부서에서 수행하는데, 장비설치에 대한 수요는 연간처리능력을 초과하고 있다. 따라서 ㈜세무는 제약자원 개념하에서 운영개선을 검토하기로 하고, 다음의 자료를 수집했다.

구 분	장비제조	장비설치
연간처리능력	400개	300개
연간제조설치량	300개	300개

장비의 단위당 설치판매 가격은 ₩40,000이고, 단위당 직접재료원가는 ₩30,000이다. 직접재료원가 이외의 모든 원가는 고정되어 있고 장비설치 오류 시 해당 장비는 폐기된다. 이와 같은 상황하에서 ㈜세무가 영업이익 증가를 위해 취하는 행동으로 옳은 것은?

① 장비설치 부서에 두 명의 작업자를 고정배치하여 연간 설치수량을 20개 증가시키고, 이로 인해 두 명의 작업자에 대해서 연간 ₩300,000의 추가적 원가가 발생한다.

② 직접재료는 ㈜세무가 제공하는 조건으로 개당 ₩10,000에 30개의 장비를 제조해주겠다는 외주업체의 제안을 받아들인다.

③ 연간 ₩550,000의 추가원가를 투입하여 설치시간을 단축함으로써 설치부서의 연간 설치수량을 50개 더 증가시킨다.

④ 장비는 ㈜세무가 제공하는 조건으로 개당 ₩12,000에 30개의 장비설치를 해주겠다는 외주업체의 제안을 받아들인다.

⑤ 연간 ₩700,000의 추가원가를 투입하여 오류 설치수량을 연간 20개 줄인다.

19 전략적 원가관리 (2008 CPA)

다음의 전략적 원가관리기법에 관한 설명 중 타당한 것은?

① 적시생산시스템(JIT)은 짧아진 제품수명 및 제품의 다양성에 따라 증가하는 재고관리비용 등을 감소시키는 방안으로 유용하며, 초변동원가계산법(throughput costing)을 사용하여 제품원가를 계산하여야 한다.

② 전사적 품질관리(TQM)의 도입 후 내부실패원가와 외부실패원가의 상충관계(trade-off)에 입각하여 품질원가를 분석하고, 적정한 불량률은 허용해야 하는 것으로 인식이 변화하였다.

③ 제약이론(theory of constraint)은 병목공정(bottleneck)에 의하여 전체 공정의 처리량이 제한되는 현상에 주목한 이론으로, 비효율적 재고 및 대기시간의 절감을 위하여 모든 공정을 병목공정의 처리량에 맞추어 진행할 것을 장기적인 개선책으로 제안한다.

④ 제품수명주기원가(product life-cycle cost)는 제품의 기획 및 개발·설계에서 고객서비스와 제품폐기까지의 모든 단계에서 발생하는 원가를 의미하며, 제품수명주기원가의 상당 부분은 제품의 기획에서 설계까지 이르는 과정에서 확정된다.

⑤ 목표원가(target cost)는 시장 상황의 검토를 통하여 예상되는 제품의 목표가격을 확인한 후 기업이 필요로 하는 목표이익을 차감하여 결정되며, 기존 생산공정을 유지하며 발생하는 제조원가를 고려하여 생산 개시 후 결정된다.

20 전략적 원가관리 (2017 CPA)

전략적 원가관리 및 성과평가에 관한 옳지 않은 설명은?

① 제약이론을 원가관리에 적용한 재료처리량공헌이익(throughput contribution)은 매출액에서 직접재료원가를 차감하여 계산한다.
② 목표원가계산은 제품개발 및 설계단계에서의 원가절감에 초점을 맞추는 반면, 카이젠원가계산은 제조단계에서 원가절감을 강조한다.
③ 적시생산시스템하의 제조작업은 제조 셀(manufacturing cell)을 중심으로 이루어지며, 역류원가계산을 사용하여 제품원가를 계산한다.
④ 수명주기원가계산은 활동분석과 원가동인분석을 통하여 파악된 정보를 토대로 활동과 프로세스를 개선하여 기업 전체의 성과를 개선하는 데 초점을 두고 있다.
⑤ 균형성과표는 조직의 비전과 전략을 성과평가지표로 구체화함으로써 조직의 전략수행을 지원한다.

21 전략적 원가관리 (2021 CPA)

다음 중 원가관리회계의 이론 및 개념들에 대한 설명으로 옳지 않은 것은?

① 안전재고는 재고 부족으로 인해 판매기회를 놓쳐서 기업이 입는 손실을 줄여준다.
② 제품의 품질 수준이 높아지면, 실패원가가 낮아진다. 따라서 품질과 실패원가는 음(−)의 관계를 가진다.
③ 제약이론은 주로 병목공정의 처리능력 제약을 해결하는 것에 집중해서 기업의 성과를 높이는 방법이다.
④ 제품수명주기원가계산은 특정 제품이 고안된 시점부터 폐기되는 시점까지의 모든 원가를 식별하여 측정한다.
⑤ 적시생산시스템(JIT)은 재고관리를 중요하게 생각하며, 다른 생산시스템보다 안전재고의 수준을 높게 설정한다.

22 제약이론과 제품배합

제약이론에서 기업의 영업이익을 최대화하기 위한 어떤 제품을 우선적으로 생산해야 하는가?

① 제품 단위당 영업이익이 가장 많은 제품
② 제품 단위당 공헌이익(쓰루풋마진)이 가장 많은 제품
③ 제품 단위당 제품 생산시간이 가장 짧은 제품
④ 제약자원 단위당 제품 개당 공헌이익(쓰루풋마진)이 가장 많은 제품
⑤ 제품의 가격이 가장 비싼 제품

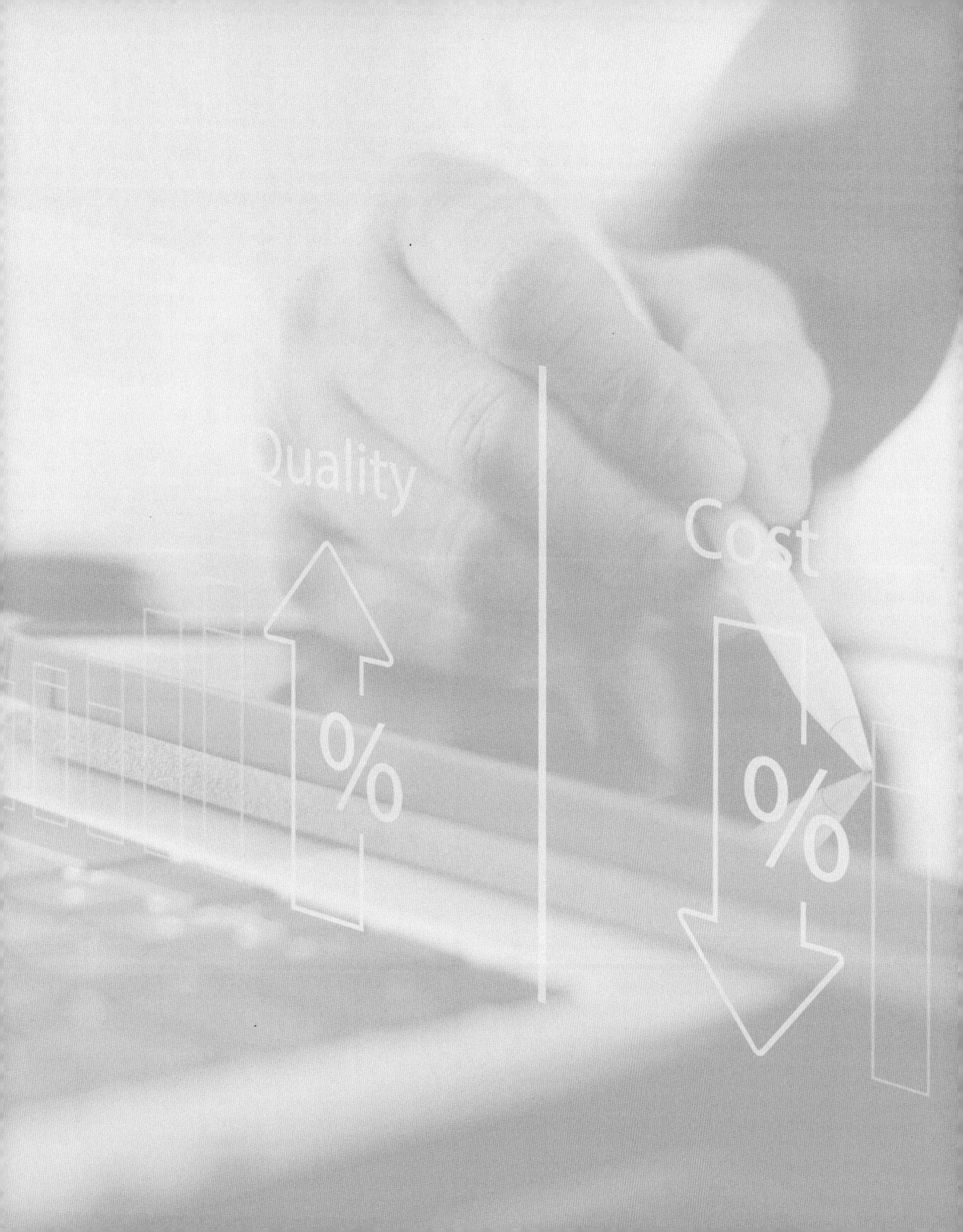
Quality
%
Cost
%

16%
44%
76%
Jan
Feb
Mar

CHAPTER

13

예산과 차이분석 및 표준원가계산

본 장에서는 예산과 차이분석 및 표준원가계산제도에 관해 학습한다. 예산은 기업이 다가올 기간에 달성하고자 하는 목표를 구체적인 수치로 나타낸 것으로서, 경영의 계획과 통제기능에 핵심적인 역할을 한다. 고정예산과 변동예산에 대해 학습하고, 실제 발생액과의 차이를 분석하는 방법에 대해 학습한다. 구체적으로, 원가요소(직접재료원가, 직접노무원가, 변동제조간접원가, 고정제조간접원가)별로 표준(예산)과 실제 발생액의 차이에 대한 분석방법과 차이의 의미에 대해서도 학습한다. 아울러 제품원가계산의 일종인 표준원가계산제도에 대해 학습한다.

CHAPTER

13

예산과 차이분석 및 표준원가계산

1. 예산과 전략

기업은 다가올 기간에 대해 달성하고자 하는 목표(target)로서 **예산(budget)**을 수립한다. 예산은 기업의 구체적인 활동계획(action plan)을 수치로 표현한 것으로, 매출, 이익, 현금수입과 지출, 투자 등 재무적인(financial) 요소와 이런 재무적 수치를 산출하는 데 필요한 판매량, 생산량, 재료구매량, 종업원 수 등 비재무적인(nonfinancial) 요소를 포함한다.

예산은 일정 기간에 기업이 달성하고자 하는 목표로서, 경영활동의 계획(planning) 기능에 핵심적인 역할을 한다. 아울러, 실적과 비교하여 문제가 발견되면 필요한 조치를 하고 성과를 평가하는 데 기준점이 되므로, 경영활동의 통제(control) 기능에도 중요한 역할을 한다.

예산과 기업 전략은 서로 영향을 미친다. 그림 13-1에 나타난 바와 같이 기업은 중장기 및 단기 전략을 토대로 중장기 예산과 단기 예산을 각각 수립한다. 기업의 전략이 없다면 예산은 방향성을 잃을 우

그림 13-1 예산과 전략의 상호관계

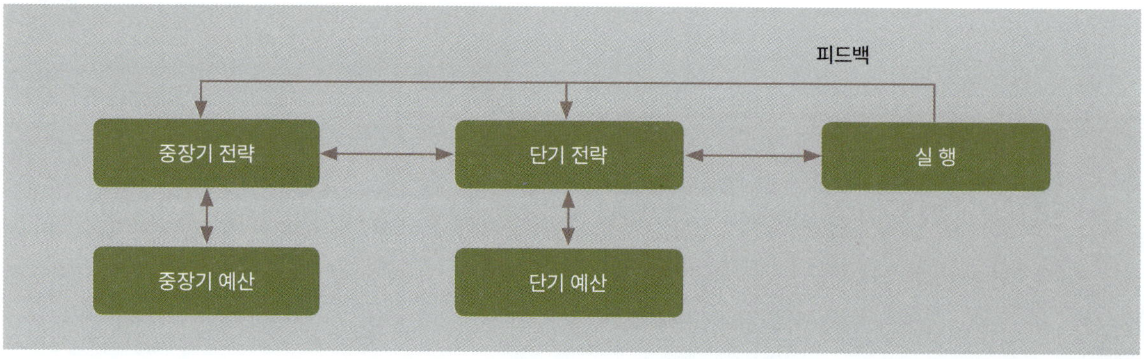

려가 있다. 반대로, 예산은 기업의 전략에 영향을 미치기도 한다. 조직 전체와 하부단위의 구체적인 활동계획을 수립하고 이를 수치로 변환하는 과정에서 기업 전략의 문제점이 드러나면 전략을 수정해야 할 수도 있다. 이처럼 예산은 전략실행을 위한 구체적인 행동계획으로서, 전략을 수정하거나 강화하는 역할을 한다.

2. 예산의 기능과 종류

1) 예산의 기능과 의의

예산은 단순한 숫자가 아니다. 전략의 구체적인 달성 계획과 목표를 종합적으로 수치화한 것으로, 전체 구성원들을 통합조정하고 구성원들에게 달성 동기를 부여하는 긍정적인 기능을 한다. 예산의 세부적인 기능은 다음과 같다.

- **통합조정(coordination)과 의사소통(communication)** : 예산편성은 단위조직들이 수행해야 할 목표와 행동계획을 통합적으로 조정하고, 모든 종업원이 이를 이해하고 공유하도록 하는 기능이 있다.
- **성과평가 기준점** : 조직의 성과는 다양한 요소들을 고려하여 평가한다(제14장에서 자세히 설명). 그중에서 예산은 최종적으로 달성한 성과를 평가하는 기준점 역할을 하는 경우가 많다.
- **차이분석과 문제점 발견의 기준점** : 예산은 실적과 비교하여 차이를 분석할 수 있는 기준점의 역할을 한다. 실행과정에서나 최종 단계에서 실적과 목표 간에 차이가 발생하는 경우, 그 원인을 분석하여 대책을 수립하고 신속하게 조치를 해야 한다. 만약 예산(목표)이 없다면 문제가 있는지를 판단하기 어렵게 된다.
- **동기부여** : 예산은 성과평가의 기준이 되는 목표로서, 종업원들에게 달성하고자 하는 동기를 부여하여 성과 개선을 유도하는 기능을 한다. 따라서 예산편성 시, 달성하기 어려운 과도한 목표 설정은 좌절감을 줄 수 있으므로 바람직하지 않으며, 열심히 노력하면 달성할 수 있는 도전적인(challenging) 목표를 예산으로 제시하는 것이 바람직하다.

그림 13-2 기업의 활동유형별 종합예산의 구성과 예산재무제표

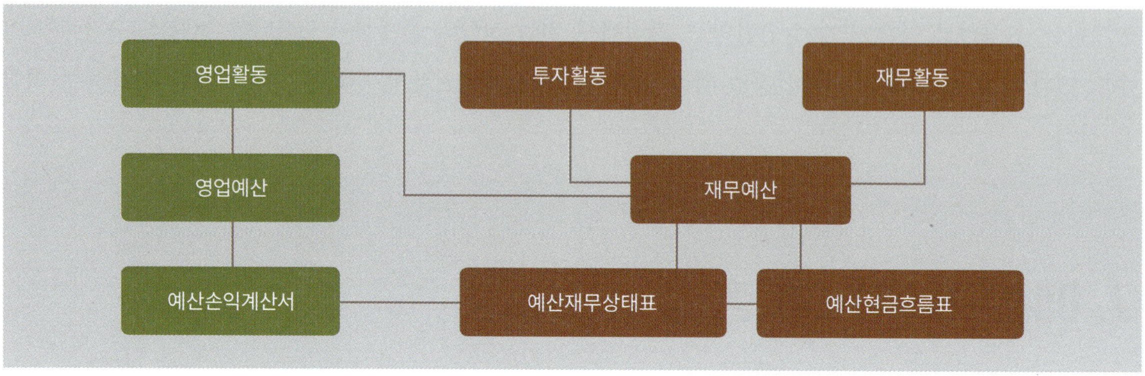

2) 종합예산

기업활동은 크게 **영업활동**(예 연구개발, 구매, 제조, 마케팅, 배송, 고객지원), **투자활동**(예 유형자산의 획득과 처분), **재무활동**(예 자금의 차입과 상환, 유상증자)으로 분류할 수 있다. **종합예산**(master budget)은 조직 전체에 대한 종합적 예산으로, 보통 1년 이내의 기간을 대상으로 수립하는 단기 예산이다. 종합예산은 단위조직별로 수립한 예산을 조직 전체에 대해 종합적인 재무계획으로 요약하여 나타낸다.

종합예산은 기업활동의 유형에 따라 **영업예산**(operating budget)과 **재무예산**(financial budget)으로 구분한다. 영업예산은 영업활동 계획을 수치로 표현한 것으로서, 기업 전체의 **예산손익계산서**(Budgeted Income Statement)가 최종적인 형태이다.

재무예산에는 현금유출입 예산인 **현금예산**(cash budget)과 투자활동 예산인 **자본지출예산**(capital expenditure budget)이 있다. 재무예산은 최종적으로 **예산재무상태표**(Budgeted Statement of Financial Position)와 **예산현금흐름표**(Budgeted Statement of Cash Flows)에 반영된다.

예산을 나타내는 **예산재무제표**(budgeted financial statements)를 **추정재무제표**(pro forma financial statements)라고도 한다.

3) 영업예산

종합예산 중에서 **영업예산**(operating budget)은 그림 13-3과 같은 체계로 편성한다. 매출예산부터 시작하여 제조예산과 매출원가예산, 판매비와관리비예산(연구개발예산, 마케팅예산, 배송예산, 고객지원예산 등)을 거쳐 최종적으로 **예산손익계산서**(Budgeted Income Statement)를 작성한다.

그림 13-3 영업예산 편성의 흐름 및 재무예산과의 관계

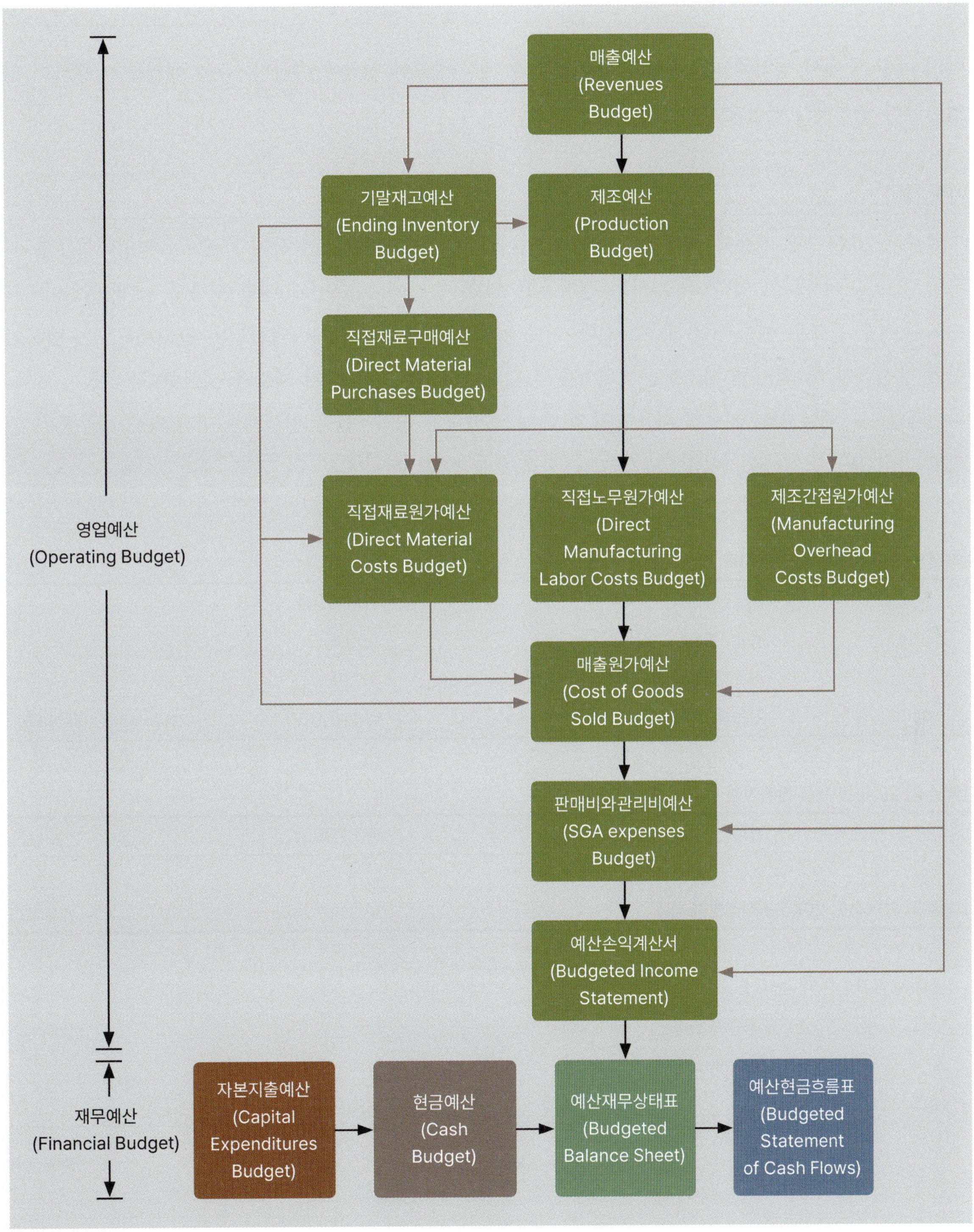

3. 영업예산의 편성절차와 편성방법

여러 예산 중에서 영업예산의 편성은 관리회계의 가장 중요한 영역에 속한다. 다음 예제를 이용하여 영업예산의 구체적인 편성방법에 대해 학습해보자.

예제 13-1

㈜한림은 20X4년에 매출액 ₩21,000,000과 영업이익 ₩2,750,000을 달성하여 13.1%의 영업이익률을 기록할 것으로 예상하고 있다. 이 회사의 경영층은 20X4년 말에 20X5년에 매출 성장과 함께, 영업이익률 13% 유지를 목표로 예산을 편성하고 있다. 이를 위해 제조원가와 판매비와관리비 관리계획도 수립하여 함께 추진한다. 이 회사는 제조부문 X와 Y에서 재료 A와 B를 사용하여 제품을 생산한다.

[패널 1]~[패널 6]의 자료를 이용하여 20X5년 ㈜한림의 영업예산을 편성해보자. 편의상 재공품은 없다고 가정한다(제조간접원가예산에 관한 자료는 아래 제5단계에서 추가 제공).

[패널 1] 20X5년 제품 관련 자료

목표판매량	20,000개	
목표기말재고수량	500개	
기초재고수량	450개	
기초재고금액	₩396,000	개당 ₩880 [패널 6]

[패널 2] 20X5년 제품 판매가격

가격	₩1,200

[패널 3] 20X4년, 20X5년 직접원가 자료

(단위 : 원)

		20X4년	20X5년
직접재료원가			
	재료 A(g당)	50	55
	재료 B(ml당)	15	18
직접노무원가(시간당)		800	900

(예제 계속)

[패널 4] 20X5년 직접재료 재고수량 자료

기초재고량		
	재료 A	6,000g
	재료 B	4,200ml
목표기말재고량		
	재료 A	6,500g
	재료 B	4,500ml

[패널 5] 20X4년, 20X5년 제품 개당 투입물량

	제조부문 X	제조부문 Y	합 계
재료 A	10g	–	10g
재료 B	–	6ml	6ml
기계시간	0.16시간	0.09시간	0.25시간
직접노동시간	0.06시간	0.14시간	0.2시간

[패널 6] 20X5년 기초 제품재고 개당 원가(선입선출법) (단위 : 원)

직접재료원가		
	재료 A	500(=10g×₩50)
	재료 B	90(=6ml×₩15)
직접노무원가		160(=0.2시간×₩800)
제조간접원가		130(계산방법은 아래 제5단계 참고)
합계		880

제1단계 : [매출예산]

매출예산(sales budget)은 영업예산의 출발점으로서, 후속 예산인 재료구매예산, 제조예산, 판매비와관리비 예산 등을 결정하는 가장 기본적인 예산이다. 매출예산이 잘못되면 예산이 수행하는 계획(planning)기능이 올바로 작동하기 어렵다.

㈜한림은 20X5년에 판매가격 ₩1,200([패널 2])에 제품 20,000개([패널 1])를 판매하여, 전년 대비 ₩3,000,000의 매출 증가를 목표로 하고 있다. 매출예산은 [패널 7]과 같다.

[패널 7] 매출예산

목표판매량	가 격	매 출
20,000개	₩1,200	₩24,000,000

제2단계 : [생산량 예산]

목표판매량이 결정되면, 제조예산(manufacturing budget)을 수립한다. 먼저, 제품의 기초재고수량과 목표기말재고수량을 이용하여 [패널 8]과 같이 생산량 목표를 계산한다.

[패널 8] 생산량 예산

(단위 : 개)

(1) 목표판매량	20,000	패널 1
(2) 목표기말재고수량	500	패널 1
(3) 총필요량(=(1)+(2))	20,500	
(4) 기초재고수량	450	패널 1
(5) 제조필요량(=(3)−(4))	20,050	

제3단계 : [직접재료 구매예산과 직접재료 사용예산]

생산량 목표가 결정되면, 재료 구매예산과 사용예산을 수립한다. 직접재료 구매예산부터 살펴보자([패널 9]). 구매예산은 손익에 영향을 미치지 않는다.

[패널 9] 직접재료 구매예산

재료 A	(1) 제조투입 필요량	200,500g	20,050개×10g	패널 8, 5
	(2) 목표기말재고수량	6,500g		패널 4
	(3) 총필요량(=(1)+(2))	207,000g		
	(4) 기초재고수량	6,000g		패널 4
	(5) 구매필요량(=(3)−(4))	201,000g		
	(6) 구매원가	₩11,055,000	(5)×₩55	패널 3
재료 B	(1) 제조투입 필요량	120,300ml	20,050개×6ml	패널 8, 5
	(2) 목표기말재고수량	4,500ml		패널 4
	(3) 총필요량(=(1)+(2))	124,800ml		

(표 계속)

	(4) 기초재고수량	4,200ml		패널 4
	(5) 구매필요량(=(3)−(4))	120,600ml		
	(6) 구매원가	₩2,170,800	(5)×₩18	패널 3
총직접재료 구매예산		₩13,225,800	재료 A, B 합계	

직접재료 사용예산(직접재료원가예산)은 [패널 10]과 같다. 직접재료 A와 B는 제조부문 X와 Y에서 제품을 제조하기 위해 사용하는 재료이다. 이 회사는 재료를 포함한 모든 재고자산의 원가흐름으로 선입선출법(FIFO)을 사용한다고 가정하자. 선입선출법을 사용하므로, 재료 A와 재료 B 모두 기초재료 재고를 먼저 사용한 다음 당기에 매입한 재료를 사용한다. 20X5년 직접재료원가예산은 총 ₩13,150,300이다.

[패널 10] 직접재료원가예산(FIFO)

			단 가	원가(원)	
재료 A	(1) 당기사용량	200,500g			패널 9
	(2) 기초재고분 사용	6,000g	₩50/g	300,000	패널 4
	(3) 당기매입분 사용 (=(1)−(2))	194,500g	₩55/g	10,697,500	패널 3
재료 B	(1) 당기사용량	120,300ml			패널 9
	(2) 기초재고분 사용	4,200ml	₩15/ml	63,000	패널 4
	(3) 당기매입분 사용 (=(1)−(2))	116,100ml	₩18/ml	2,089,800	패널 3
합계				13,150,300	

제4단계 : [직접노무원가예산]

직접노무원가예산은 제조부문 X와 Y에서 제품을 제조하는 데 투입되는 직접노무원가의 예산이다. [패널 11]에 나타난 바와 같이, 20X5년 직접노무원가예산은 총 ₩3,609,000이다.

[패널 11] 직접노무원가예산

생산량	개당 시간	총시간	시간당 임률	총 계	
20,050개	0.2시간	4,010시간	₩900	₩3,609,000	패널 3, 5, 8

제5단계 : [제조간접원가예산]

제조간접원가예산은 회사의 제조간접원가 배부방식과 유사한 방식으로 편성한다. ㈜한림은 **부문별 원가계산제도**(departmental costing system)를 사용하고 있으며, 제조간접원가예산을 부문별로 편성한다고 하자. 이에 따라 [패널 12]에 나타난 바와 같이 제조부문별로 제조간접원가예산이 편성되었으며, 제조부문 X의 제조간접원가 예정(산)배부율은 기계시간당 ₩583.55, 제조부문 Y의 제조간접원가 예정(산)배부율은 직접노동시간당 ₩297.37로 계산되었다[1].

[패널 12] 제조부문별 제조간접원가예산 총액과 예정배부율

	제조간접원가예산 총액(원)		배부기준 예정조업도	예정배부율
제조부문 X (배부기준 : 기계시간)	변동원가	705,760	3,208시간 (=0.16시간×20,050개) 패널 5, 8	₩583.55 (=₩1,872,035÷ 3,208시간)
	고정원가	1,166,275		
	합계	1,872,035		
제조부문 Y (배부기준 : 직접노동시간)	변동원가	266,665	2,807시간 (=0.14시간×20,050개) 패널 5, 8	₩297.37 (=₩834,715÷ 2,807시간)
	고정원가	568,050		
	합계	834,715		
총 계		2,706,750		

제6단계 : [기말재고예산]

목표생산량에 따라 직접재료원가예산, 직접노무원가예산, 제조간접원가예산이 수립되고 나면, 기말재고예산을 편성한다. 재고자산 원가흐름은 선입선출법을 사용하므로, 제품 기말재고는 당기에 매입한 재료를 이용하여 당기에 제조한 제품이다. 따라서 [패널 13-1]과 같이 당기에 매입한 재료를 사용하여 당기에 제조한 제품의 단위당 원가를 먼저 계산한다. 계산한 개당 원가는 ₩973이다. 제품과 재료의 기말재고예산은 [패널 13-2]와 같다.

1 본 예제에서는 제품이 한 종류이므로 배부율을 계산할 필요 없이 총액을 사용해도 되지만, 제품이 두 종류 이상일 때는 배부율을 사용해서 제품별로 계산해야 한다.

[패널 13-1] 20X5년 당기에 매입한 재료를 사용하여 제조한 제품의 개당 원가

원가 항목	개당 원가(원)	비 고	
직접재료원가	658	재료 A : 10g×₩55, 재료 B : 6ml×₩18	패널 3, 5
직접노무원가	180	0.2시간×₩900	패널 3, 5
제조간접원가			
부문 X	93.37	0.16기계시간×₩583.55	패널 5, 12
부문 Y	41.63	0.14직접노동시간×₩297.37	패널 5, 12
합 계	973		

[패널 13-2] 기말재고예산

		단위당 원가	수 량	원 가	
제 품		₩973	500개	₩486,500	패널 1, 13-1
재 료	재료 X	₩55	6,500g	₩357,500	패널 3, 4
	재료 Y	₩18	4,500ml	₩81,000	패널 3, 4

제7단계 : [매출원가예산]

목표판매량 20,000개에 대한 매출원가예산은 [패널 14]와 같다.

[패널 14] 매출원가예산

(단위 : 원)

제품 기초재고		396,000	패널 1
당기제품제조원가			
직접재료원가	13,150,300		패널 10
직접노무원가	3,609,000		패널 11
제조간접원가	2,706,750	19,466,050	패널 12
판매가능액		19,862,050	
제품 기말재고		486,500	패널 13-2
매출원가		19,375,550	

제8단계 : [판매비와관리비예산]

이제 비제조활동의 비용예산인 판매비와관리비예산(SGA(Selling, General, and Administrative) expenses budget)

을 편성해보자. 판매비와관리비도 원가절감 목표를 수립하고, [패널 15]와 같이 고정원가와 변동원가로 구분하여 예산을 편성한다[2].

[패널 15] 판매비와관리비예산

(단위 : 원)

	변동원가	고정원가	합 계
일반관리비	0	200,000	200,000
마케팅비	400,000 (=20,000개×₩20)	180,000	580,000
배송비	160,000 (=20,000개×₩8)	80,000	240,000
고객지원비	300,000 (=20,000개×₩15)	85,000	385,000
합 계			1,405,000

제9단계 : [예산손익계산서]

영업예산 편성의 마지막 단계에서는 표 13-1과 같이 예산손익계산서를 작성한다. 최종적으로 계산된 영업이익예산은 ₩3,219,450이며, 영업이익률이 13.4%로 경영층이 목표로 하는 13%를 초과하는 수치이다.

표 13-1 ㈜한림의 20X5년 예산손익계산서

(단위 : 원)

매출		24,000,000	패널 7
매출원가		19,375,550	패널 14
매출총이익		4,624,450	
판매비와관리비			패널 15
일반관리비	200,000		
마케팅비	580,000		
배송비	240,000		
고객지원비	385,000	1,405,000	
영업이익		3,219,450	영업이익률 13.4%

2 본 예제에서 판매비와관리비예산 중 변동원가를 제품 개당 원가를 기준으로 편성하였으나 활동기준예산편성(아래에서 설명)을 사용하면 예산을 더 정확하게 편성할 수 있다.

이상의 과정을 거쳐 ㈜한림의 20X5년 영업예산 편성을 완료한다. 그러나 설정한 판매가격에서 목표 판매량을 달성하기 어려울 수도 있고, 직접재료의 구매원가가 예상보다 높을 수도 있다. 이런 불확실한 요소를 반영하여 민감도 분석(sensitivity analysis)을 통해 여러 시나리오를 미리 검토할 필요가 있다.

4. 기타 예산편성 방법

1) 활동기준예산편성

활동기준예산편성(ABB)에서는 제품(서비스)의 생산에 필요한 여러 활동(activity)을 중심으로 예산을 수립하며, 제품단위수준, 배치수준, 제품수준, 설비수준 등 다양한 원가계층(cost hierarchy)을 고려하여 예산을 편성한다(표 13-2). 따라서 자원(resource) 필요량을 비교적 정확하게 파악할 수 있어서 예산편성의 정확성이 높아질 수 있다. 또한 활동 중심으로 예산을 편성하면, 활동의 필요성과 활동의 효율성을 고려할 수 있게 되므로, 낭비적인 활동을 없애고 필요한 활동은 효율적으로 실행할 수 있도록 유도할 수 있다. 즉, 활동기준예산편성(ABB)은 **활동기준경영관리(ABM)**를 효과적으로 실행할 수 있는 도구의 역할을 한다.

표 13-2 정선㈜의 202X년 제조간접원가 활동별 원가동인 단위당 예산원가(예제 5-1 참고)

활 동	원가동인	활동별 총예산(원) (1)	제품별 원가동인 예상필요량			원가동인 단위당 예산원가(원) (3) (=(1)÷(2))
			단 밸	복 밸	합계 (2)	
제품엔지니어링활동	부품수(개)	300,000	10	20	30	10,000
셋업활동	셋업시간(시간)	608,000	160	600	760	800
기계작업활동	기계작업시간(시간)	8,470,000	16,000	6,000	22,000	385
품질검사활동	셋업시간(시간)	159,600	160	600	760	210
공장관리활동	기계작업시간(시간)*	2,112,000	16,000	6,000	22,000	96

* 설비수준원가인 공장관리활동 원가는 원가동인이 없으나, 정선㈜이 제품별 배부를 위해 임의의 배부기준으로 기계작업시간을 사용한다고 가정함

2) 카이젠 예산편성

예산편성 시에 일정한 기간 단위로 계속해서 개선을 추구하는 방식을 카이젠(Kaizen, 改善)이라고 한다.

카이젠 예산편성(Kaizen budgeting)은 현재의 관행을 분석하여 개선이 필요한 곳을 찾아서, 원하는 수준의 향상 목표를 제시한다. 카이젠 예산편성은 일시에 대규모 원가절감을 추구하기보다 작은 개선을 통한 지속적인 원가절감을 유도하는 방식이다.

카이젠 예산편성은 활동(activity) 단위로도 실시할 수 있다. 예를 들어, 셋업활동의 원가를 점진적으로 줄이기 위해 셋업시간이나 셋업시간당 예산원가를 줄이는 방식으로 예산을 편성할 수 있다. 예제를 통해 학습해보자.

예제 13-2

가스관 특수 밸브 제품인 단밸과 복밸을 생산하는 정선㈜은 202X년 말에 차년도 예산을 편성하면서, 제조간접원가예산을 활동별로 카이젠 방식을 사용하여 편성하기로 하였다. 카이젠 예산은 202X년도 활동의 단위당 예산원가(표 13-2)를 기준으로 매 분기에 전 분기 대비 0.5%씩 감축하는 방식으로 편성하기로 하였다(활동별 원가동인 소비량에 대한 절감목표는 미부여). 분기별로 각 활동의 단위당 예산원가를 나타내보자.

카이젠 방식에 의한 분기별 제조간접원가예산은 표 13-3과 같이 설정된다.

표 13-3 정선(주)의 분기별 제조간접원가예산(카이젠 방식)

(단위 : 원)

활 동	원가계층	원가동인	202X년 원가동인 단위당 예산원가 (1) (표 13-2)	차년도 분기별 원가동인 단위당 예산원가			
				1분기 (2)(=(1)×(1−0.005))	2분기 (3)(=(2)×(1−0.005))	3분기 (4)(=(3)×(1−0.005))	4분기 (5)(=(4)×(1−0.005))
제품엔지니어링 활동	제품수준	부품수(개)	10,000	9,950	9,900.25	9,850.75	9,801.50
셋업활동	배치수준	셋업시간(시간)	800	796	792.02	788.06	784.12
기계작업활동	제품단위 수준	기계작업시간(시간)	385	383.08	381.16	379.25	377.36
품질검사활동	배치수준	셋업시간(시간)	210	208.95	207.91	206.87	205.83
공장관리활동*	설비수준	기계작업시간(시간)	96	96	96	96	96

* 공장관리활동은 설비수준활동(고정원가)으로 예산절감 목표를 수립하기에 적합하지 않아 절감 목표를 제시하지 않음

분기별로 각 활동의 원가동인 단위당 예산원가를 설정하고 나면, 분기별 제조간접원가 예산은 분기별 각 활동의 예산조업도(원가동인)에 단위당 예산원가를 곱하여 계산하면 된다. 카이젠 예산편성은 조직의 내부 활동에도 사용하지만, 원재료나 부품의 공급가격을 지속적으로 낮추도록 유도하는 방식으로 외부의 공급업체들에게 적용하기도 한다.

5. 고정예산과 변동예산의 수립

앞에서 설명한 바와 같이 예산에는 기초에 설정된 하나의 예산판매량(생산량)에 대해 확정된 금액으로 설정되는 **고정예산**(static budget)과 실제판매량(생산량)에 따라 조정하는 **변동예산**(flexible budget)이 있다. 기업은 목표 판매량과 매출액을 바탕으로 고정예산을 수립한다. 고정예산은 해당 기간에 대한 초기 목표이다. 변동예산은 실제판매량에 따라 사후적으로 조정한 예산으로서, 재료원가 등 판매량에 따라 변하는 금액의 발생 규모의 적정성을 판단하는 차이분석에 유용하게 사용될 수 있다. 다음 예제를 통해 학습해보자.

예제 13-3

㈜예림의 2024년 5월의 제품 단위당 변동제조원가 예산은 ₩85이며, 고정제조원가 예산은 ₩550,000이다. 5월의 예산판매량(생산량)은 20,000단위, 실제판매량(생산량)은 18,000단위이며, 실제 발생원가는 총 ₩2,090,000이다(관련범위 : 15,000~28,000개). 고정예산과 변동예산을 계산해보자.

5월 예산판매량 20,000단위에 대한 총원가 **고정예산**은 ₩2,250,000(=₩550,000+₩85×20,000단위)이다. 총원가 변동예산은 그림 13-4와 같이 **변동예산선**을 통해 나타낼 수 있다[3]. 또한 총원가 변동예산은 다음과 같이 계산한다.

변동예산(총원가) = 고정원가예산 + 단위당 변동원가예산 × 실제판매량(생산량)

㈜예림의 5월 실제생산량 18,000단위에 대한 **변동예산**은 다음과 같이 나타낼 수 있다.

3 변동예산선은 관련범위 내에서 추정하며, 여기서 고정원가는 단순히 변동예산선을 조업도 "0" 수준으로 연장했을 때 y축(그림에서 총원가)과 만나는 절편값이다.

그림 13-4 조업도별 총원가 예산(변동예산선)

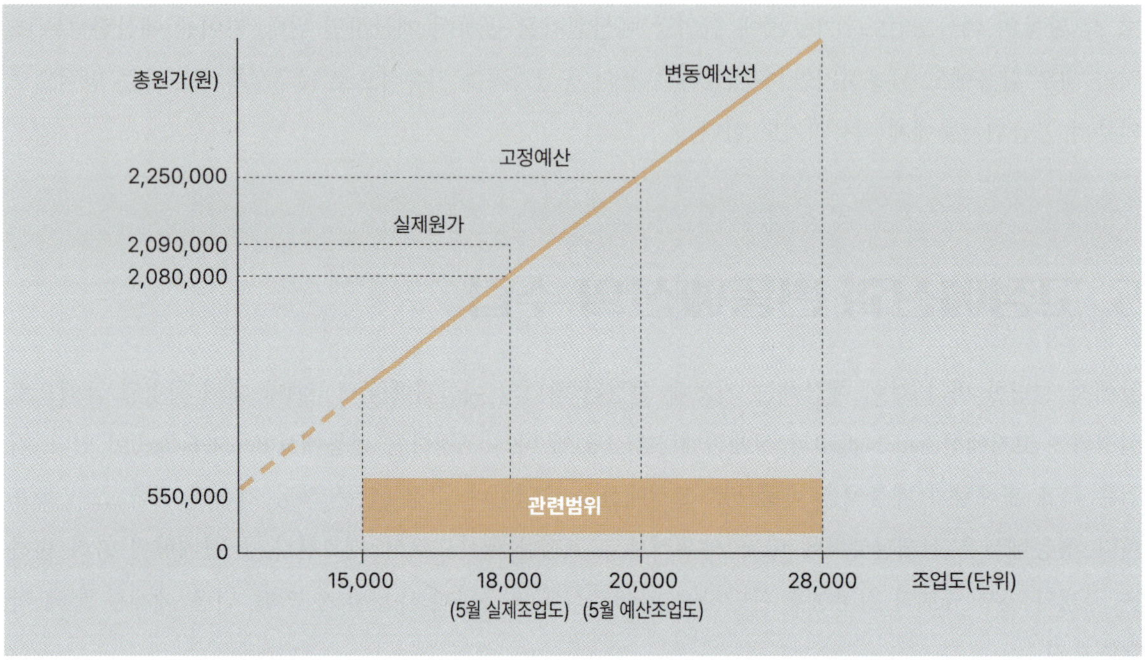

5월 변동예산(총원가) = ₩550,000 + ₩85 × 18,000단위 = ₩2,080,000

고정예산은 기초에 수립한 예산을 그대로 집행하는 것이 바람직한 경우(특히, 정부, 공공기관의 경우)에 주로 사용되며, 기초에 예정된 조업도(생산량)가 기말에도 그대로 실현되는 경우에 적합하다고 볼 수 있다. 그러나 대부분의 조직에서는 실제조업도가 기초에 예상했던 조업도 수준과 다를 가능성이 크기 때문에, 조업도 변동에 따른 경영활동의 효율성 판단을 위해서는 변동예산을 함께 사용하는 것이 바람직하다.

6. 차이분석

예산을 설정하고 영업활동을 수행한 후에는 결과에 대해 차이분석을 실시한다. **차이분석**(analysis of variance)은 실제결과와 예산의 **차이**(variance)를 분석하는 것으로, 차이가 발생한 원인을 파악하여 문제를 해결하는 데 도움을 준다. 차이분석은 분석의 깊이에 따라 여러 가지 단계(수준)로 구분하여 실시할 수 있다.

예제 13-4

위 ㈜예림의 구체적인 영업활동 자료는 다음과 같다. ㈜예림은 2023년 말에 2024년도 월별 예산을 수립하였다. 편의상 판매비와관리비는 발생하지 않으며, 매월 기초재고와 기말재고는 없는 것으로 가정한다. 2024년 5월의 제품 단위당 변동원가 및 고정원가 예산은 다음과 같다(관련범위는 15,000~28,000단위).

- 직접재료원가 제품 단위당 ₩36
- 직접노무원가 제품 단위당 ₩24
- 변동제조간접원가 제품 단위당 ₩25
- 고정제조간접원가 총 ₩550,000

㈜예림의 2024년 5월의 제조원가의 원가요소별 실제 발생액은 표 13-4의 (1)열과 같으며, 5월 판매(생산) 관련 예산과 실제 발생 자료는 다음과 같다.

• 예산판매가격	₩150
• 예산판매량(생산량)	20,000단위
• 실제판매량(생산량)	18,000단위
• 실제매출액	₩2,880,000

단계별로 차이분석을 실시해보자.

1) 제1단계 : 고정예산차이

차이분석의 제1단계는 **고정예산차이**(static-budget variance)를 계산하는 단계로서, 다음과 같이 계산한다.

고정예산차이 = 실제결과 − 고정예산

㈜예림의 2024년도 5월 고정예산은 예산판매량 20,000단위에 대해 설정된 예산으로서, 주요 항목별 5월 고정예산차이 계산 결과는 표 13-4와 같다. 표에서 U는 예산과 비교하여, 실제결과가 영업이익에 불리한(unfavorable) 영향을 미치는 차이로서, 수익은 더 적을 경우에, 비용은 더 많을 경우에 불리한 차이가

발생한다. 반대로, F는 예산과 비교하여, 실제결과가 영업이익에 유리한(favorable) 영향을 미치는 차이로서, 수익은 더 많을 경우에, 비용은 더 적을 경우에 유리한 차이가 발생한다.

표 13-4 제1단계 : 고정예산차이

	실제결과 (1)	고정예산차이 (2)(=(1)−(3))	고정예산 (3)
판매량(단위)	18,000	−2,000 U	20,000
매출액(원)	2,880,000	−120,000 U	3,000,000(=20,000단위×₩150)
변동원가(원)			
직접재료원가	630,000	−90,000 F	720,000(=20,000단위×₩36)
직접노무원가	486,000	+6,000 U	480,000(=20,000단위×₩24)
변동제조간접원가	414,000	−86,000 F	500,000(=20,000단위×₩25)
변동원가 총계	1,530,000	−170,000 F	1,700,000
고정제조간접원가(원)	560,000	+10,000 U	550,000
영업이익(원)	790,000	+40,000 F	750,000

표에서 고정예산차이(영업이익)는 ₩40,000(F)으로, 실제판매량이 예산판매량보다 적음에도 불구하고 유리한 차이가 발생했다. 원가요소별로 고정예산차이를 살펴보면 유리한 차이가 발생한 원인을 조금 이해할 수 있다. 직접노무원가와 고정제조간접원가는 (고정)예산보다 오히려 더 많이 발생했지만, 직접재료원가와 변동제조간접원가가 (고정)예산보다 적게 발생하여, 실제 영업이익이 예산보다 더 크다는 것을 알 수 있다.

2) 제2단계 : 변동예산차이와 매출조업도차이

고정예산차이는 판매량, 수익, 각 원가요소, 영업이익에 대해 실제결과와 (고정)예산의 차이를 알 수 있게 해준다. 그러나 실제판매량과 예산판매량의 차이를 고려하지 않았기 때문에 고정예산차이만으로는 경영통제에 활용하기 어렵다.

고정예산차이를 **매출조업도차이**(sales-volume variance)와 **변동예산차이**(flexible budget variance)로 세분화하면, 고정예산차이의 발생원인을 더 구체적으로 파악할 수 있다. 자세한 계산 결과는 표 13-5에 정리되어 있다. 각 차이에 대해 구체적으로 살펴보자.

표 13-5 제2단계 : 변동예산차이와 매출조업도차이

	실제결과 (1)	변동예산차이 (2)(=(1)−(3))	변동예산 (3)	매출조업도차이 (4)(=(3)−(5))	고정예산 (5)
판매량(단위)	18,000	0	18,000	−2,000 U	20,000
매출액(원)	2,880,000	180,000 F	2,700,000	−300,000 U	3,000,000
변동원가(원)					
직접재료원가	630,000	−18,000 F	648,000	−72,000 F	720,000
직접노무원가	486,000	+54,000 U	432,000	−48,000 F	480,000
변동제조간접원가	414,000	−36,000 F	450,000	−50,000 F	500,000
변동원가 총계	1,530,000	0	1,530,000	−170,000 F	1,700,000
고정제조간접원가(원)	560,000	+10,000 U	550,000	0	550,000
영업이익(원)	790,000	+170,000 F	620,000	−130,000 U	750,000

(1) 매출조업도차이

매출조업도차이(표 13-5의 (4)열)는 변동예산과 고정예산의 차이로서, 다음과 같이 계산한다.

매출조업도차이 = 변동예산 − 고정예산

변동예산(flexible budget)은 ㈜예림이 2023년 말 예산 수립 시점에서 2024년 5월의 예산판매량을 실제판매량인 18,000단위로 정확하게 예측했을 경우에 설정되었을 예산이다. 즉, 실제판매량에 기초한 예산이다. 따라서 예산이라는 표현과 달리, 변동예산은 실제판매량이 알려지는 기말(여기서는 2024년 5월 말)에 가서야 금액이 확정된다. 총원가 변동예산은 그림 13-4의 변동예산선으로 나타낼 수 있다.

변동예산에서 실제판매량(생산량)이 관련범위 내에 있을 때는 판매가격과 단위당 변동제조원가 및 고정제조간접원가 총액은 모두 예산 수치 그대로 사용한다. 따라서 본 예제처럼 실제판매량이 예산판매량보다 적을 경우, 매출조업도차이는 매출액은 불리한 차이를, 모든 변동원가는 유리한 차이를, 고정제조간접원가는 '0'의 차이를 항상 나타내게 된다. 따라서, **매출조업도차이(영업이익)**는 다음과 같이 나타낼 수 있다.

매출조업도차이(영업이익) = 단위당 예산공헌이익 × (실제판매량 − 고정예산판매량)

= ₩65 × (18,000단위 − 20,000단위)

= − ₩130,000(U)

위에서, 단위당 예산공헌이익 = 예산판매가격 − 단위당 예산변동원가

= ₩150 − (₩36 + ₩24 + ₩25)

= ₩65

이처럼 매출조업도차이(sales-volume variance)라는 용어는 차이의 원인이 실제판매량과 예산판매량의 차이, 즉 판매량(sales volume)의 차이로 인해 발생한 것이기 때문에 붙여진 표현이다.

(2) 변동예산차이

다음으로, **변동예산차이**(표 13-5의 (2)열)에 대해 살펴보자. 이 차이는 실제결과와 변동예산의 차이로서, 다음과 같이 계산한다.

변동예산차이 = 실제결과 − 변동예산

변동예산차이는 5월의 실제판매량(생산량)인 18,000단위에 대한 예산과 실제발생액의 차이로서, 동일한 판매량에 기초하고 있으므로, 판매가격, 단위당 변동원가, 고정원가 총액의 실제결과와 예산 간의 차이로 인해 발생한다. 이들의 실제결과와 예산은 표 13-6에 정리하여 다시 나타내었다. 표에서 단위당 실제결과는 표 13-5의 (1)열 실제결과를 실제판매량으로 나눈 값이다.

매출에 대한 변동예산차이는 제품 판매가격의 차이로 인해 발생하는 것으로서 **판매가격차이(selling-price variance)**라고 부르며, 다음과 같이 계산한다.

판매가격차이 = (실제판매가격 − 예산판매가격) × 실제판매량

= (₩160 − ₩150) × 18,000단위

= ₩180,000(F)

표 13-6 (주)예림의 2024년도 5월 가격과 원가의 실제결과 및 예산

	실제결과	예 산
판매가격	₩160(=₩2,880,000÷18,000개)	₩150
직접재료원가	단위당 ₩35(=₩630,000÷18,000개)	단위당 ₩36
직접노무원가	단위당 ₩27(=₩486,000÷18,000개)	단위당 ₩24
변동제조간접원가	단위당 ₩23(=₩414,000÷18,000개)	단위당 ₩25
고정제조간접원가	총 ₩560,000	총 ₩550,000

변동예산차이는 원가요소별로도 발생한다. 예를 들어, 직접재료원가의 경우, 변동예산차이는 (₩35 − ₩36) × 18,000단위 = − ₩18,000(F), 즉 유리한 차이 ₩18,000이 발생하였다. 고정제조간접원가의 경우에는 실제발생액이 ₩560,000으로서 예산보다 ₩10,000이 많아 불리한 차이 ₩10,000이 발생했음을 알 수 있다.

원가요소 중에서 직접재료원가와 직접노무원가의 변동예산차이는 제품 한 단위당 실제원가와 예산원가의 차이로 인해 발생한 것으로서, 실제 투입한 재료(노무)의 수량이 예산 투입 수량과 차이가 있거나, 재료(노무)의 단위당 실제가격이 예산가격과 차이가 있을 때 발생한다. 이를 파악하기 위해 아래의 제3단계 분석이 필요하다.

3) 제3단계 : 변동예산차이의 원가요소별 차이분석

차이분석의 세 번째 단계는 제2단계에서 계산한 **변동예산차이**(flexible budget variance)를 원가요소별로 분석하는 단계이다.

(1) 원가요소별 표준

표준(standard)은 숙련된 근로자가 작업을 효율적으로 수행하는 경우를 전제로 하는 경우가 많으며, 원가요소별로 제품 한 단위당 투입요소의 물량과 투입요소의 가격에 대해 설정된다. 이렇게 설정된 표준은 종종 실제성과를 평가하는 기준점(benchmark)의 역할을 한다.

이제 제3단계 변동예산차이의 원가요소별 분석을 위해, **표 13-6**에 있는 제품 단위당 예산인 **표준원가**(standard costs)의 구성에 대해 자세히 살펴보자. **표 13-7**은 위 예제 ㈜예림의 2024년 5월 제품 단위당 변동 표준원가의 구성 내역을 나타낸 것이다. 고정원가인 고정제조간접원가는 단위당 표준원가가 따로 없

으며, ㈜예림의 2024년 5월 고정제조간접원가 총예산은 ₩550,000이다(표 13-6).

표준원가는 제품 한 단위를 생산하기 위해 투입되는 **표준투입량**(standard input)에 투입량 한 단위당 **표준가격**(standard price)을 곱하여 계산한다. 직접재료원가는 여러 가지 재료에 대해 종류별로 각각 표준원가를 설정할 수 있고, 직접노무원가의 경우에도 근로자의 유형별로 표준원가를 설정할 수 있다.

변동제조간접원가의 표준투입량에 대해서는 주의를 요한다. 변동제조간접원가는 여러 가지 유형의 자원들의 원가를 포함하므로, 투입수량을 측정할 수 있는 단일의 물량 단위가 존재하지 않는다. 따라서 변동제조간접원가의 표준투입량은 원가계산에서 사용하는 원가배부기준을 물량단위로 사용하며, 표준가격은 배부기준 한 단위당 배부율이 된다. 원가변동을 인과관계(cause-effect relationship) 기준으로 가장 잘 설명하는 변수를 원가배부기준으로 사용하기 때문이다.

표 13-7에서 변동제조간접원가(전기료, 수도료 등 포함)의 표준투입량은 5기계시간으로서, 변동제조간접원가의 배부기준인 기계시간을 투입량 측정단위로 사용하고 있음을 알 수 있다. ㈜예림은 편의상 변동제조간접원가를 하나의 그룹으로 나타내었지만, 여러 원가집합(cost pool)을 사용할 경우에는 원가집합별로 해당 배부기준의 표준투입량과 표준가격을 설정한다.

표 13-7 ㈜예림의 제품 한 단위당 변동 표준원가 구성내역

원가요소	단위당 표준투입량 (1)	표준가격 (2)	표준원가 (3)(=(1)×(2))
직접재료원가	4g	₩9/g	₩36
직접노무원가	3직접노동시간	₩8/직접노동시간	₩24
변동제조간접원가	5기계시간	₩5/기계시간	₩25
합계 : 단위당 변동 표준원가			₩85

원가요소별로 제품 단위당 표준원가가 설정되면 생산량 수준을 고려한 **변동예산**(flexible budget)을 설정할 수 있다(표준은 보통 제품 한 단위에 대해 설정하고, 생산량 전체에 대해서는 예산이라는 표현을 사용하는 경우가 많다). 우리는 위에서 ㈜예림의 변동예산에 대해 이미 학습하였다. 이제 원가요소별로 변동예산차이 분석에 대해 자세히 학습해보자. 먼저 직접재료원가와 직접노무원가의 차이분석에 대해 살펴보자.

(2) 직접재료원가와 직접노무원가의 차이분석

변동예산차이 분석의 기본모형은 변동예산차이를 **가격차이**(price variance)와 **능률차이**(efficiency variance)로

분리하는 것이다. 일반적으로 차이분석의 핵심이 제3단계인 변동예산차이 분석에 있으므로 변동예산차이를 **총차이**(total variance)라 부르기도 한다. 변동예산차이는 다음과 같이 나타낼 수 있다.

변동예산차이(총차이) = 실제발생액 – 변동예산
= 실제가격(AP) × 실제투입량(AQ) – 표준가격(SP) × 표준투입량(SQ)

여기서, AP(Actual Price) : 실제가격
AQ(Actual Quantity) : 실제투입량(사용량)
SP(Standard Price) : 표준가격
SQ(Standard Quantity) : 실제생산량에 허용된 표준물량(투입량)[4]

이제 직접재료원가와 직접노무원가의 변동예산차이(총차이)를 가격차이(price variance)와 능률차이(efficiency variance)로 분리하는 방법에 대해 살펴보자. 차이분석은 그림 13-5의 차이분석 틀을 이용하면 편리하다.

가격차이와 능률차이는 다음과 같이 계산한다.

가격차이 = 실제발생액《1》 – 실제투입량에 기초한 예산《2》
= 실제가격(AP) × 실제투입량(AQ) – 표준가격(SP) × 실제투입량(AQ)
= (실제가격 – 표준가격) × 실제투입량

능률차이 = 실제투입량에 기초한 예산《2》 – 변동예산《3》
= 표준가격(SP) × 실제투입량(AQ) – 표준가격(SP) × 표준투입량(SQ)
= (실제투입량 – 표준투입량) × 표준가격

식에서 '실제투입량에 기초한 예산'은 표준가격(SP)에 실제투입량(AQ)을 곱해서 구하게 된다. 이와 비교하여, 변동예산은 표준가격(SP)에 표준투입량(SQ)을 곱해서 계산하므로, '실제생산량에 기초한 예산'이라고 말할 수 있다.

가격차이를 구할 때 표준투입량(SQ)이 아닌 실제투입량(AQ)을 곱한다는 점에 유의해야 한다. 능률

4 변동예산을 계산하는 데 사용되는 표준투입량(SQ)은 제품 한 단위당 표준투입량이 아닌 실제생산량에 기초한 표준투입량임에 유의해야 한다. 표준은 한 단위에 대해 설정되므로, 변동예산투입량이라는 표현이 더 적절할 수도 있다.

그림 13-5 직접원가의 변동예산 차이분석 틀

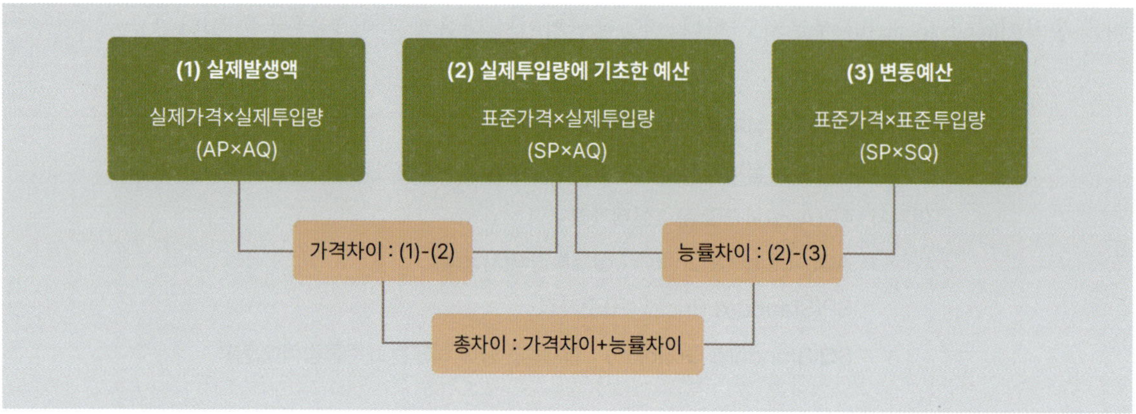

차이(efficiency variance)는 사용차이(usage variance)라고도 하며, 직접노무원가의 가격차이(price variance)를 임률차이(rate variance)라고도 한다.

위 분석틀에서 (1) > (2), (2) > (3), (1) > (3)인 경우 각 차이를 불리한 차이(U)라 하고, (1) < (2), (2) < (3), (1) < (3)인 경우 각 차이를 유리한 차이(F)라고 한다. 유리와 불리의 기준은 영업이익에 미치는 영향으로서, 실제가격(AP)이 표준가격(SP)보다 크면 불리한 가격차이가 발생하며, 실제투입량(AQ)이 표준투입량(SQ)보다 많으면 불리한 능률차이가 발생한다.

예제 13-5

위 ㈜예림의 2024년 5월 직접재료원가의 실제투입량(AQ)은 75,000g, 실제가격(AP)은 g당 ₩8.4이었으며, 직접노무원가의 실제투입량(AQ)은 60,000시간, 실제가격(AP)은 시간당 ₩8.1이었다고 하자. **표 13-7**의 표준원가 자료를 이용하여 직접재료원가와 직접노무원가의 차이분석을 해보자.

먼저 5월 직접재료원가와 직접노무원가의 실제발생액과 변동예산은 **표 13-8**과 같이 정리할 수 있다.

표 13-8 ㈜예림의 2024년 5월 직접재료원가와 직접노무원가의 구체적인 내역

직접재료원가	실제발생액(AP×AQ) ₩630,000		변동예산(SP×SQ) ₩648,000	
	실제가격(AP) ₩8.4	실제투입량(AQ) 75,000g	표준가격(SP) ₩9/g	표준투입량(SQ) 72,000g*

(표 계속)

직접노무원가	실제발생액(AP×AQ) ₩486,000		변동예산(SP×SQ) ₩432,000	
	실제가격(AP) ₩8.1	실제투입량(AQ) 60,000시간	표준가격(SP) ₩8/시간	표준투입량(SQ) 54,000시간**

* 18,000단위×4g/단위 = 72,000g
** 18,000단위×3시간/단위 = 54,000시간(표 13-7 참고)

이제 차이분석 틀을 이용하여 ㈜예림의 2024년도 5월의 직접재료원가의 변동예산차이를 분리하면 그림 13-6과 같다.

그림 13-6 ㈜예림의 2024년 5월 직접재료원가의 변동예산차이 분석

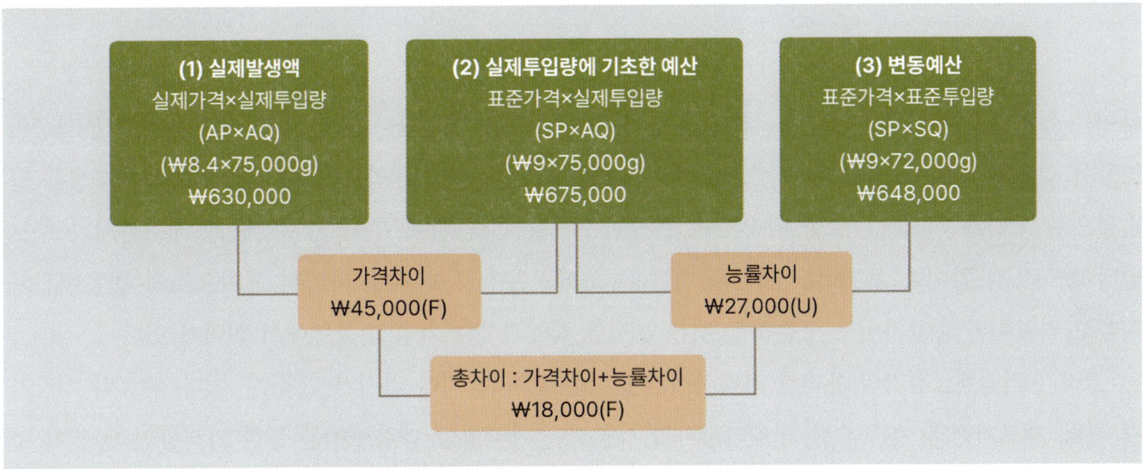

㈜예림의 2024년 5월의 직접재료원가 총차이(변동예산차이) ₩18,000(유리)은 유리한 가격차이 ₩45,000과 불리한 능률차이 ₩27,000으로 분리됨을 알 수 있다. 직접재료원가의 가격차이는 재료 구매시점에서 분리할 수도 있고, 사용시점에서 분리할 수도 있다. 이에 대해서는 아래에서 구체적으로 설명한다.

다음으로 직접노무원가 차이분석은 그림 13-7과 같다. 직접노무원가 총차이(변동예산차이) ₩54,000(불리)은 불리한 가격차이 ₩6,000과 불리한 능률차이 ₩48,000으로 분리된다. 직접재료원가와 직접노무원가의 능률차이가 불리한 차이라는 것은 실제생산량(18,000단위)에 대해 허용된 투입량보다 실제투입량이 더 많았다는 것을 의미한다.

요약하면, 가격차이는 투입요소(재료, 노무) 가격의 표준과 실제발생액의 차이로 인해 발생하며, 능률

그림 13-7 (주)예림의 2024년 5월 직접노무원가의 변동예산차이 분석

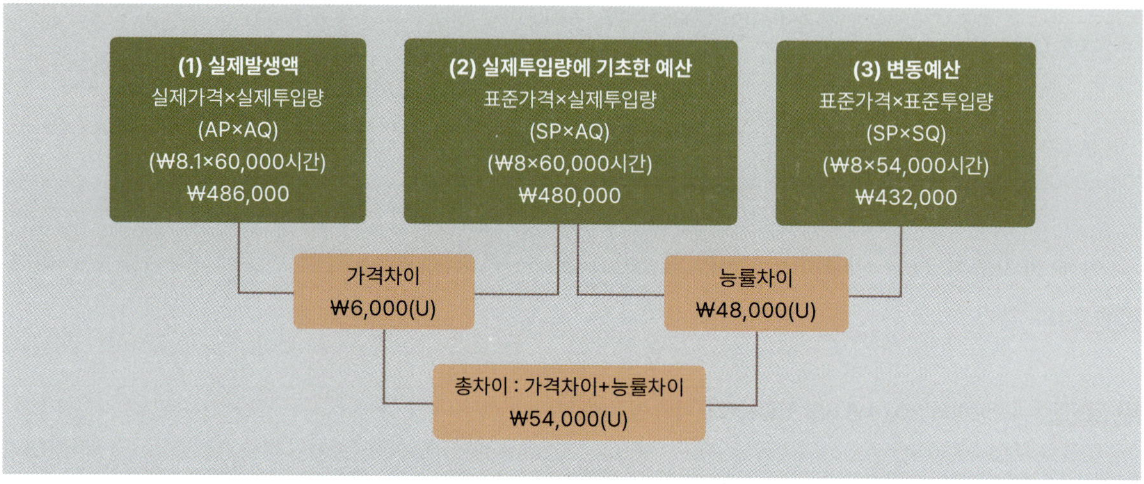

차이는 투입요소 투입량의 표준과 실제투입량의 차이로 인해 발생한다. 따라서 전자는 주로 외부시장의 영향을 받으며, 후자는 기업 내부 생산공정의 효율성에 의해 영향을 받으므로, 기업의 통제가능성은 일반적으로 후자가 더 높다. 또한 가격(임률)은 구매부서와 인력 관련 부서가, 투입량은 제조부서가 주로 담당하므로 각 차이를 보고하고 책임을 지는(responsible) 부서도 다르다. 따라서 원가요소의 변동예산차이를 가격차이와 능률차이로 구분하는 것은 부서별 책임과 통제가능성 측면에서 의미가 있다.

그러나 직접재료원가의 유리한 가격차이가 발생한 이유는 여러 가지가 있을 수 있다. 재료의 시장가격 하락, 재료가격의 예측 오류, 구매담당자의 성공적인 가격협상, 대량구매를 통한 가격할인, 품질이 낮은 재료 구매, 가격이 낮은 판매업체로의 전환 등 다양하다. 따라서 유리한 가격차이가 구매담당부서의 좋은 성과를 반드시 의미하는 것이 아니며, 마찬가지로 불리한 가격차이도 구매담당부서의 나쁜 성과를 반드시 의미하는 것이 아니다. 회사 전체 차원에서도 유리한 가격차이가 항상 바람직한 것이 아닐 수도 있다. 대량구매 할인의 경우 재고비용 증가로 이어질 수 있고, 낮은 품질의 재료를 저렴하게 산 경우에는 재료 사용량을 증가시키고 작업시간이 증가하여 재료와 노무의 불리한 능률차이를 발생시킬 수도 있다.

능률차이의 발생원인도 여러 가지가 있을 수 있다. 작업자의 작업속도 부진이나 불량품 생산으로 인한 재작업시간 증가, 미숙련 근로자 고용, 근로자 숙련도에 대한 잘못된 평가, 작업 일정계획의 부실로 인한 유휴시간 발생, 정비 불량으로 인한 기계고장 등 다양한 이유가 있을 수 있다. 따라서 올바른 대응을 위해서는 차이 발생원인을 규명할 필요가 있다.

(3) 변동제조간접원가 차이분석

변동제조간접원가와 고정제조간접원가에는 감가상각비, 전기요금, 수도요금, 간접재료원가, 간접노무원가 등 많은 항목들이 포함될 수 있다. 이런 항목들의 소비량(투입량)을 간접적으로 측정하는 단위가 바로 **원가배부기준**이며, 제조간접원가의 표준은 배부기준에 대해 설정한다. 변동제조간접원가 차이분석에 사용되는 가격과 물량은 다음과 같이 정의된다.

- **실제가격(AP)** : 변동제조간접원가 배부기준 한 단위당 실제가격(= **실제배부율**)
- **표준가격(SP)** : 변동제조간접원가 배부기준 한 단위당 표준가격(= **표준배부율**)
- **실제투입량(AQ)** : 변동제조간접원가 배부기준의 실제투입량
- **표준투입량(SQ)** : 실제생산량에 대해 허용된 변동제조간접원가 배부기준의 표준투입량

여기서 **표준배부율**은 정상원가계산에서 배운 예산(정)배부율과 사실상 동일한 것으로서, 계절적인 요인 등으로 인한 변동을 줄이기 위해 연간 단위로 설정되는 것이 일반적이다(제3장 참고). 따라서 변동제조간접원가의 표준배부율[5]은 변동제조간접원가의 연간 예산을 배부기준의 연간 예산조업도로 나누어서 계산한다. ㈜예림의 예제를 이용하여 변동제조간접원가 표준배부율(SP) 계산과 차이분석방법을 학습해보자.

예제 13-6

위 ㈜예림의 2024년도 1년 동안의 변동제조간접원가 총예산이 ₩3,750,000이며, 예산생산량은 150,000단위라고 하자. 변동제조간접원가 배부기준은 기계시간이며, 제품 한 단위당 표준기계시간은 5시간이다(표 13-7). ㈜예림의 2024년 5월 실제 총기계시간은 92,000시간이었다고 하자. 변동제조간접원가 표준배부율(SP)을 계산하고, 차이분석을 해보자.

먼저 연간 표준배부율을 계산해보자. 예산 총기계시간은 750,000시간(=150,000단위×5시간)이며, 기계시간당 변동제조간접원가 표준배부율은 ₩5(=₩3,750,000÷750,000시간)이다. 즉, 표준배부율은 다음과 같이 계산된다.

5 위에서 설명했던 예산과 표준이라는 용어와 마찬가지로, 배부율의 경우에도 예정(산)배부율이 보다 포괄적인 용어이나, 표준원가계산에서는 '예정배부율' 대신 '표준배부율'을 사용하는 경우가 많아 본서에서도 '표준배부율'이라는 용어를 사용한다.

변동제조간접원가 표준배부율(SP) = 변동제조간접원가 연간 총예산 ÷ 변동제조간접원가 배부기준의 연간 총예산사용량
= ₩3,750,000 ÷ 750,000시간
= ₩5/기계시간

표 13-7에 나타나 있는 변동제조간접원가의 표준원가는 위와 같은 계산절차를 통해 수립된 것이다. 이상의 숫자를 정리하면 표 13-9와 같다.

표 13-9 ㈜예림의 2024년 5월 변동제조간접원가 관련 실제결과와 변동예산

	실제결과	변동예산
(1) 판매량(생산량)	18,000단위	18,000단위
(2) 제품 단위당 기계시간	5.111시간	5시간
(3) 총기계시간(=(1)×(2))	92,000시간	90,000시간
(4) 총변동제조간접원가	₩414,000 (표 13-4)	₩450,000 (=₩5×90,000시간)
(5) 변동제조간접원가 배부율	₩4.5/기계시간 (=₩414,000÷92,000시간)	₩5/기계시간

이제 변동제조간접원가 차이분석을 해보자. 변동제조간접원가의 변동예산차이(총차이)는 **소비차이**(spending variance)와 **능률차이**(efficiency variance)로 분리된다.

변동제조간접원가 소비차이 = 실제발생액 − 실제투입량에 기초한 예산원가
= 실제배부율(AP) × 실제투입량(AQ) − 표준배부율(SP) × 실제투입량(AQ)
= (실제배부율 − 표준배부율) × 실제투입량

변동제조간접원가 능률차이 = 실제투입량에 기초한 예산원가 − 변동예산
= 표준배부율(SP) × 실제투입량(AQ) − 표준배부율(SP) × 표준투입량(SQ)
= (실제투입량 − 표준투입량) × 표준배부율

차이분석 틀을 이용하여, ㈜예림의 2024년 5월의 변동제조간접원가 총차이를 분석하면, 그림 13-8과 같다. 변동제조간접원가 총차이 ₩36,000(F)은 소비차이 ₩46,000(F)과 능률차이 ₩10,000(U)으로 분리된다.

그림 13-8 ㈜예림의 2024년 5월 변동제조간접원가 차이분석

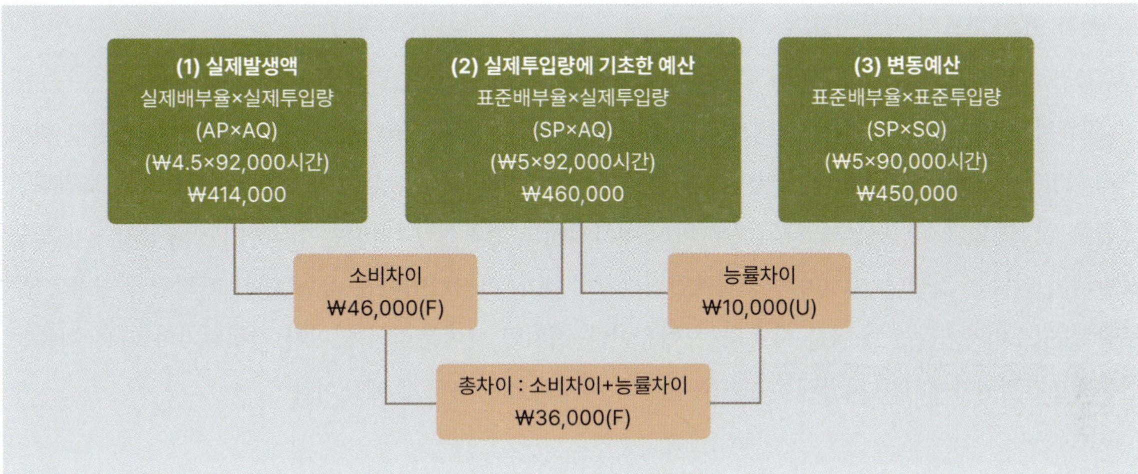

이제 변동제조간접원가 소비차이와 능률차이의 의미에 대해 알아보자. 변동제조간접원가는 간접원가이므로 차이분석의 의미가 직접원가와 다르므로 유의해야 한다.

먼저 **소비차이**(spending variance)에 대해 살펴보자. 변동제조간접원가에는 여러 가지 원가항목이 있지만, 여기서는 전기요금 하나만 있고, 배부기준이 기계시간이라고 가정해보자. 이때 배부율은 다음과 같이 나타낼 수 있다.

배부율 = 변동제조간접원가 금액 ÷ 배부기준 조업도(사용량)
= 전기요금 ÷ 기계시간
= [kWh당 전기요금 × 전기사용량(kWh)] ÷ 기계시간
= kWh당 전기요금 × [전기사용량(kWh) ÷ 기계시간]

변동제조간접원가의 소비차이 발생원인은 실제배부율(AP)과 표준배부율(SP)의 차이로 인한 것이므로, 위 배부율의 실제와 표준의 차이로 인해 발생하는 것이다. 변동제조간접원가에 전기요금만 있는 경우, 위의 식에서 차이발생 원인을 다음과 같이 설명할 수 있다.

- 첫째, kWh당 전기요금이 표준과 실제가 다르기 때문이다. 예를 들어, 연도 중에 kWh당 전기요금이 인상되거나 인하된 경우이다.

- 둘째, [전기사용량(kWh) ÷ 기계시간], 즉 기계시간(배부기준) 한 시간당 전기사용량(kWh)의 표준과 실제가 서로 다르기 때문이다.

첫째와 둘째 원인을 자세히 살펴보면, 변동제조간접원가 소비차이에는 관련된 개별적인 항목들(전기, 수도, 간접재료, 간접노무 등)의 가격차이(첫째 원인)와 이들 항목들의 능률차이(둘째 원인)가 모두 포함되어 있음을 알 수 있다. 즉, 변동제조간접원가의 소비차이에는 일반적인 의미의 가격차이와 능률차이가 모두 포함되어 있다는 것이다. 이것이 변동제조간접원가의 경우 가격차이라는 용어 대신 가격과 물량을 모두 포괄하는 소비차이라는 용어를 사용하는 이유이다. 이처럼 차이분석의 의미가 직접원가와 다른 이유는 변동제조간접원가에서는 원가배부기준을 물량의 측정치로 사용하기 때문이다.

다음으로, 변동제조간접원가 **능률차이**(efficiency variance)에 대해 살펴보자. 배부기준이 기계시간인 경우 능률차이는 실제 투입된 기계시간(AQ)과 실제생산량에 대해 허용된 표준기계시간(SQ)의 차이로 인해 발생하는 것이다. 즉, 배부기준인 기계시간 투입의 능률을 나타내는 것이다. 따라서, 변동제조간접원가 능률차이는 변동제조간접원가 항목들(예를 들어, 전기)의 투입의 능률과는 관련이 없다는 점에 유의해야 한다. 위에서 설명한 바와 같이 변동제조간접원가 항목들의 투입의 능률은 소비차이에 모두 반영되어 있다.

변동제조간접원가 능률차이의 발생원인도 여러 가지일 수 있다. 예를 들어, 예측했던 것보다 근로자들이 기계사용에 덜 숙련되어 있을 수도 있고, 기계의 유지보수가 적절히 이루어져 있지 않아 기계고장이 발생했을 수도 있으며, 기계작업 일정계획이 부실했을 수도 있다.

(4) 고정제조간접원가 차이분석

고정제조간접원가는 간접원가인 동시에 고정원가이므로 다른 원가요소들과는 다른 접근이 필요하다. 먼저, 간접원가이므로 차이분석에서 사용되는 물량은 배부기준 물량이 된다. 이로 인해 고정제조간접원가 차이분석에 사용되는 표준가격과 표준투입량은 다음과 같이 정의된다.

- **표준가격(SP)** : 고정제조간접원가 배부기준 한 단위당 표준가격(=표준배부율)
- **표준투입량(SQ)** : 실제생산량에 대해 허용된 고정제조간접원가 배부기준의 표준투입량

우리는 앞의 제2단계 분석에서 ㈜예림의 2024년 5월 고정제조간접원가의 매출조업도차이가 '0'이었음을 알고 있다(표 13-5). 5월의 고정제조간접원가 예산은 예산생산량 20,000단위와 실제생산량 18,000

단위에 대해 ₩550,000으로 같기 때문이다. ㈜예림의 2024년 5월 **고정제조간접원가의 변동예산차이**는 ₩10,000(U)으로서, 다음과 같이 계산되었다.

고정제조간접원가 변동예산차이 = 실제발생액 − 변동예산
= ₩560,000 − ₩550,000
= ₩10,000(U)

고정제조간접원가의 변동예산차이가 발생하는 이유로는 예산 대비 설비감가상각비 증가, 기계설비 임대료 증가, 공장 고정관리비용의 증가, 공장관리자 급여 상승, 감독관 급여 상승 등이 있을 수 있다.

고정제조간접원가는 변동제조간접원가와 달리 **능률차이**(efficiency variance)가 발생하지 않는다. 고정제조간접원가의 배부기준(여기서 생산량)이 증가하거나 감소해도 고정제조간접원가 총액은 변하지 않기 때문이다. 따라서 위의 고정제조간접원가 변동예산차이는 전액 **소비차이**(spending variance)(또는 예산차이)에 해당한다.

고정제조간접원가 변동예산차이 = 고정제조간접원가 소비차이

이처럼 고정제조간접원가는 제2단계 차이분석 결과인 변동예산차이를 더 이상 가격차이와 능률차이로 추가적으로 분리할 수 없다는 특징이 있다. 또 하나의 특징은 **표준원가계산제도**(아래에서 설명)에서 제품의 표준원가를 계산할 때 고정제조간접원가를 제품에 배부하는 과정에서 **조업도차이**(production volume variance)가 발생한다는 점이다. 고정제조간접원가는 제품으로 배부할 때 변동예산(=고정예산)을 전액 배부하는 것이 아니라, 전체 생산용량(capacity)의 원가 중에서 실제생산량에 대해 허용된 표준 생산용량에 해당하는 원가만 제품으로 배부한다. 즉, 고정원가를 변동원가처럼 배부하는 것이다. 이로 인해 전체 생산용량과 허용된 표준 생산용량의 차이에 해당하는 원가만큼 조업도차이가 발생한다. 따라서, 고정제조간접원가의 총차이는 변동예산차이(소비차이)와 조업도차이로 구성된다.

고정제조간접원가 조업도차이에 대해 자세히 학습해보자. ㈜예림의 2024년 5월의 고정제조간접원가(고정, 변동)예산은 ₩550,000인데, 배부기준 단위당 표준배부율은 다음과 같이 계산한다.

고정제조간접원가 표준배부율(SP) = 고정제조간접원가 예산 ÷ 배부기준 기준조업도

고정제조간접원가 표준배부율 계산에 사용되는 배부기준의 **기준조업도**는 변동제조간접원가 표준배부율 계산과 달리, 당기 예산생산량이 아닌 **실제최대조업도**(practical capacity)를 사용하여 제품에 대한 수요보다는 생산용량(capacity)을 반영하는 것이 일반적이다(제6장 참고).

예제 13-7

위 ㈜예림의 2024년 5월의 기준조업도가 27,500단위(연간 기준으로는 27,500단위×12개월)일 경우, 고정제조간접원가 표준배부율을 계산하고, 차이분석을 해보자.

기준조업도가 27,500단위일 때 표준배부율(SP)은 제품 단위당 ₩20(=₩550,000÷27,500단위)이며, 5월에 생산된 제품 18,000단위에 배부되는 고정제조간접원가 총액은 다음과 같이 계산된다.

고정제조간접원가 배부액 = 표준배부율(SP) × 실제생산량에 허용된 배부기준 표준투입량(SQ)
= ₩20 × 18,000단위 = ₩360,000

이 배부액과 변동예산의 차이를 **조업도차이**라고 하며, 다음과 같이 계산한다.

고정제조간접원가 조업도차이 = 고정제조간접원가 예산 − 고정제조간접원가 배부액
= ₩550,000 − ₩360,000
= ₩190,000(U)

고정제조간접원가 조업도차이를 표준배부율을 이용하여 다시 나타내면 다음과 같다[6].

고정제조간접원가 조업도차이 = 고정제조간접원가 예산 − 고정제조간접원가 배부액
= 표준배부율(SP) × 기준조업도 − 표준배부율(SP) × 표준투입량(SQ)
= 표준배부율 × (기준조업도 − 표준투입량)
= ₩20 × (27,500단위 − 18,000단위)

6 본 예제에서 고정제조간접원가 표준배부율은 제품 단위당으로 나타내었으며, 이로 인해 표준투입량(SQ)은 제품의 실제생산량 자체가 된다. 만약 고정제조간접원가의 배부기준으로 기계시간을 사용하는 경우, 배부기준의 기준조업도는 137,500시간(=27,500단위×5시간)이 되며, 표준배부율은 기계시간당 ₩4(=₩550,000÷137,500시간)이 된다. 이 경우에도 생산된 제품에 대한 배부액은 ₩360,000(=₩4×5시간×18,000단위)으로 동일하며, 조업도차이도 ₩190,000으로 동일하게 계산된다. 따라서, 단일제품의 경우 고정제조간접원가 조업도차이는 제품 생산량을 기준으로 계산하면 쉽다. 그러나, 복수의 제품을 생산하는 상황에서는 배부기준을 사용하여 조업도차이를 계산해야 한다.

고정제조간접원가의 차이분석 틀은 그림 13-9 와 같이 나타낼 수 있다.

그림 13-9 ㈜예림의 2024년 5월 고정제조간접원가 차이분석

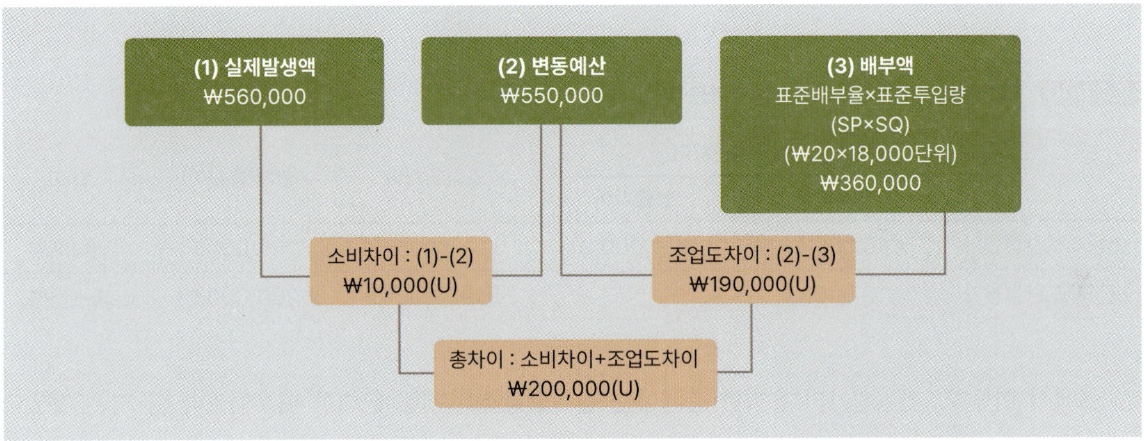

㈜예림의 2024년 5월 고정제조간접원가의 소비차이와 조업도차이는 그림 13-10 과 같이 나타낼 수 있다. 배부를 나타내는 선을 보면, 고정제조간접원가가 마치 변동원가처럼 생산량에 비례해서 배부되는 것을 볼 수 있다.

그림 13-10 고정제조간접원가의 소비차이와 조업도차이

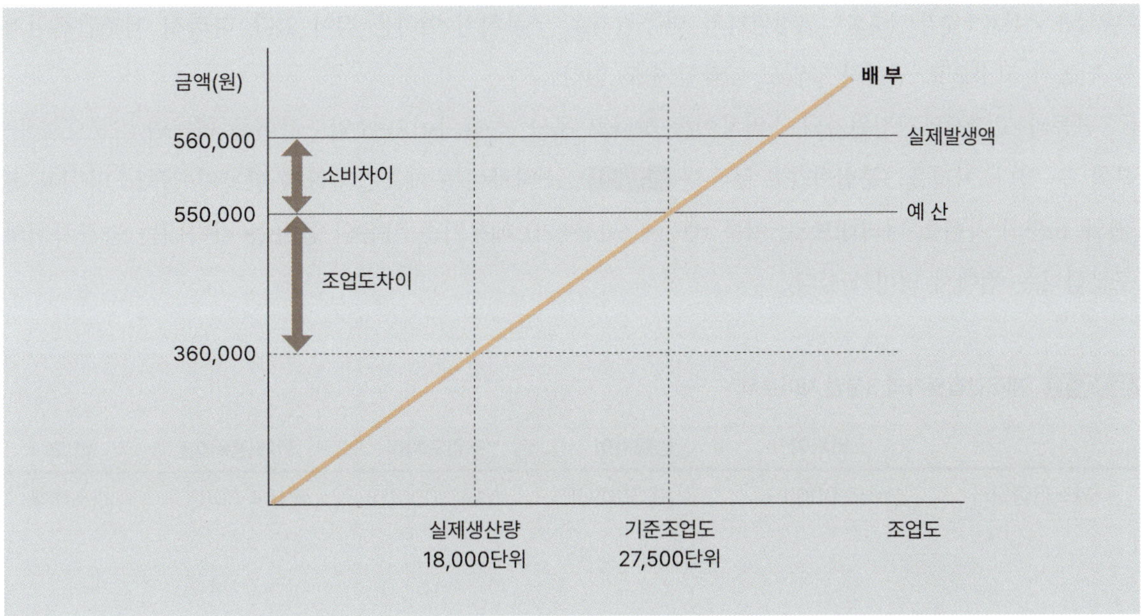

(5) 제조간접원가 차이분석의 통합

우리는 지금까지 (변동, 고정)제조간접원가의 차이분석에서 세 가지 형태의 차이(소비차이, 능률차이, 조업도차이)를 살펴보았다. 이를 정리하면 표 13-10과 같다.

표 13-10 제조간접원가 총차이의 4분법 차이분석

	변동예산차이		조업도차이	합계(총차이)	비 고
	소비차이	능률차이			
변동제조간접원가	₩46,000(F)	₩10,000(U)	×	₩36,000(F)	과다배부
고정제조간접원가	₩10,000(U)	×	₩190,000(U)	₩200,000(U)	과소배부

표에서 변동제조간접원가의 유리한 총차이는 실제발생액이 제품에 대한 배부액보다 더 적은 경우로서, 5월 중에 과다배부가 발생했음을 의미하며, 반대로 고정제조간접원가의 불리한 총차이는 실제발생액이 배부액보다 더 많은 경우로서, 5월 중에 과소배부가 발생했음을 의미한다.

앞에서 설명한 바와 같이, 변동제조간접원가의 총차이는 소비차이와 능률차이로 분리되며, 조업도차이가 없다. 반면에 고정제조간접원가의 변동예산차이는 모두 소비차이에 해당하고, 조업도차이가 발생한다. 이것이 제조간접원가의 **4분법**에 기초한 차이분석이다.

그러나 제조간접원가의 대다수 항목이 고정원가 요소와 변동원가 요소를 모두 지니고 있어서(예 전기요금은 기본료+추가 사용료), 고정원가와 변동원가로 구분하기 어려운 점이 있다. 따라서 제조간접원가를 변동과 고정으로 구분하지 않고 통합할 수도 있다.

변동과 고정제조간접원가의 소비차이를 하나로 묶고, 능률차이와 조업도차이를 별도의 그룹으로 구분할 수 있다. 이것을 **3분법**이라고 부른다(표 13-11). 소비차이는 제조간접원가 항목의 실제소비(가격, 물량)와 표준의 차이를 나타내므로, 이를 (변동제조간접원가) 배부기준 사용의 능률을 나타내는 능률차이와 구분한다는 점에서 의미가 있다.

표 13-11 제조간접원가의 3분법 차이분석

	소비차이	능률차이	조업도차이	합계(총차이)	비 고
제조간접원가	₩36,000(F)	₩10,000(U)	₩190,000(U)	₩164,000(U)	과소배부

원가차이를 한 단계 더 통합할 수도 있다. 제조간접원가의 소비차이와 능률차이는 **변동예산차이**에 해당한다. 변동예산차이는 통제가능한 차이에 관한 정보를 담고 있어서 **통제가능차이**라고도 부르며, 차이가 과다한 경우 차이의 원인(가격, 물량 측면에서)을 조사하여 필요한 경우 조치를 취해야 한다. 반면에, 조업도차이는 기준조업도와 실제조업도의 차이에서 발생한 통제가능성이 낮은 차이이다. 이런 분류를 **2분법**이라고 부른다. 이를 정리하면 표 13-12와 같다.

표 13-12 제조간접원가 차이분석 : 4분법, 3분법, 2분법

	4분법	3분법	2분법
변동제조간접원가	변동제조간접원가 소비차이	제조간접원가 소비차이	제조간접원가 변동예산차이
	변동제조간접원가 능률차이	제조간접원가 능률차이	제조간접원가 변동예산차이
고정제조간접원가	고정제조간접원가 소비차이	제조간접원가 소비차이	제조간접원가 변동예산차이
	조업도차이	조업도차이	조업도차이

7. 차이분석 종합정리

㈜예림의 2024년 5월의 차이분석 제1, 2, 3단계를 종합적으로 정리하면 그림 13-11과 같다. 고정제조간접원가 조업도차이 ₩190,000(U)은 변동예산차이에 속하지 않고, 매출조업도차이에 포함된다.

그림 13-11 차이분석 종합정리

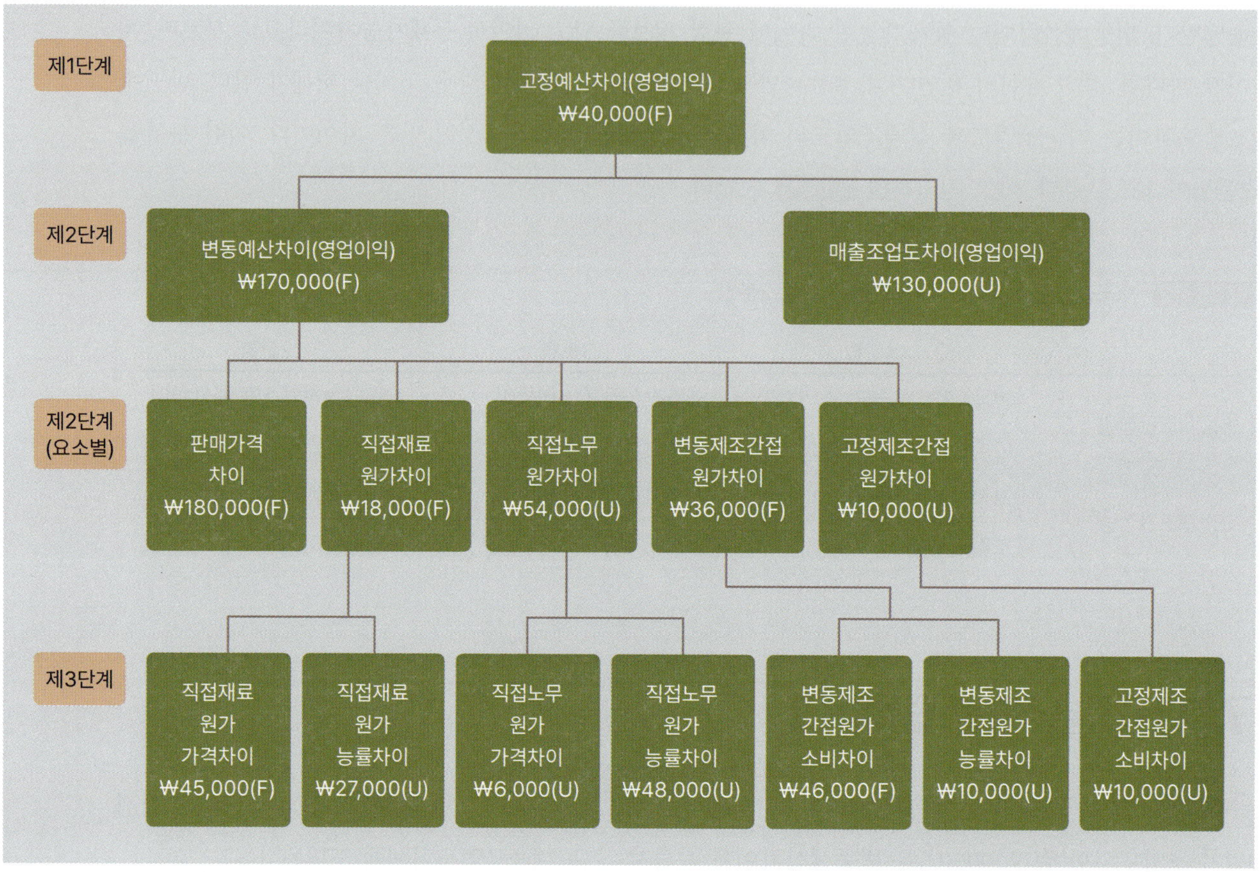

8. 직접재료원가 가격차이 분리시점별 차이분석

우리는 앞의 ㈜예림의 예제에서 직접재료 구매시점과 **가격차이 분리시점**에 대해 별도로 언급하지 않았다. 직접재료원가 가격차이는 재료의 구매시점에서 분리할 수도 있고, 재료의 사용시점에서 분리할 수도 있다. 각 경우에 대해 살펴보자. 직접재료원가 능률차이는 가격차이의 분리시점과 무관하게, 실제사용량(AQu)과 표준투입량(SQ)의 차이에 표준가격(SP)을 곱하여 계산한다(첨자 p는 purchased(구매), u는 used(사용)를 각각 나타낸다). 앞에서 설명한 ㈜예림의 2024년 5월 자료를 사용하여 설명해보자.

예제 13-8

예제 13-5를 이용하자. ㈜예림의 2024년 5월 재료구입량은 90,000g이며, 실제구입가격(AP)은 ₩8.4/g, 사용량이 75,000g이라고 하자. 직접재료원가 가격차이 분리시점별로 차이분석을 해보자.

1) 가격차이를 구매시점에서 분리하는 경우

가격차이를 구매시점에서 분리하는 경우에는 모든 가격차이가 구매물량 전체(AQp)에 대해 분리된다. 이 경우 가격차이와 능률차이는 다음과 같이 계산된다.

가격차이 = 실제발생액 − 실제물량에 기초한 예산
= 실제가격(AP) × 실제구입량(AQp) − 표준가격(SP) × 실제구입량(AQp)
= (실제가격 − 표준가격) × 실제구입량

그림 13-12 직접재료원가 가격차이를 구매시점에서 분리하는 경우의 차이분석

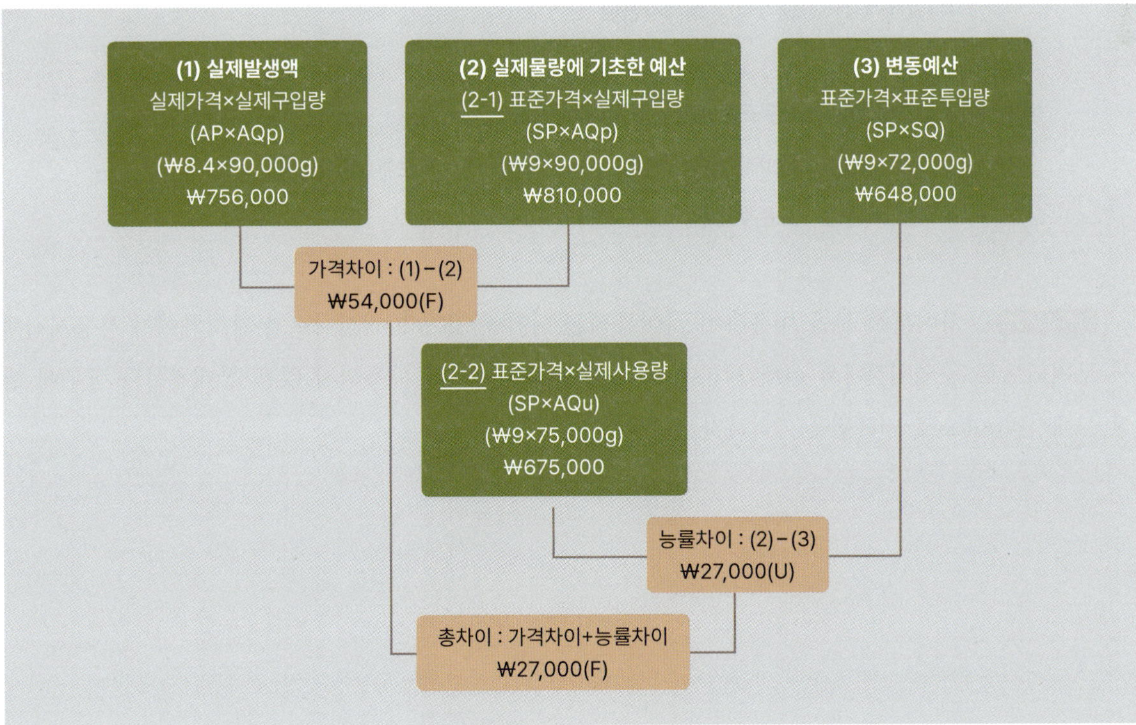

능률차이 = 실제물량에 기초한 예산 − 변동예산
= 표준가격(SP) × 실제사용량(AQu) − 표준가격(SP) × 표준투입량(SQ)
= (실제사용량 − 표준투입량) × 표준가격

그림 13-12는 차이분석 틀을 이용하여 차이분석을 나타낸 것이다. 가격차이를 구입시점에서 분리하는 경우에는 직접재료는 구입시점부터 장부에 표준가격(SP)에 기록된다는 점을 기억하자.

2) 가격차이를 사용시점에서 분리하는 경우

가격차이를 사용시점에서 분리하는 경우에는 재료의 구입시점에는 가격차이를 인식하지 않고, 사용시점에 가서 사용한 물량(AQu)에 대해 가격차이와 함께 능률차이도 분리된다. 이 경우 가격차이와 능률차이는 다음과 같이 계산된다.

가격차이 = 실제발생액 − 실제물량에 기초한 표준원가
= 실제가격(AP) × 실제사용량(AQu) − 표준가격(SP) × 실제사용량(AQu)
= (실제가격 − 표준가격) × 실제사용량

능률차이 = 실제물량에 기초한 표준원가 − 표준금액
= 표준가격(SP) × 실제사용량(AQu) − 표준가격(SP) × 표준투입량(SQ)
= (실제사용량 − 표준투입량) × 표준가격

그림 13-13은 차이분석 틀을 이용하여 차이분석을 나타낸 것이다. 직접재료의 가격차이가 사용시점에서 분리되므로, 구입시점에서 실제가격(AP)으로 장부에 기록되어 사용되지 않은 상태에서는 장부에 항상 실제가격(AP)으로 기록됨을 기억하자.

그림 13-13 직접재료원가 가격차이를 사용시점에서 분리하는 경우의 차이분석

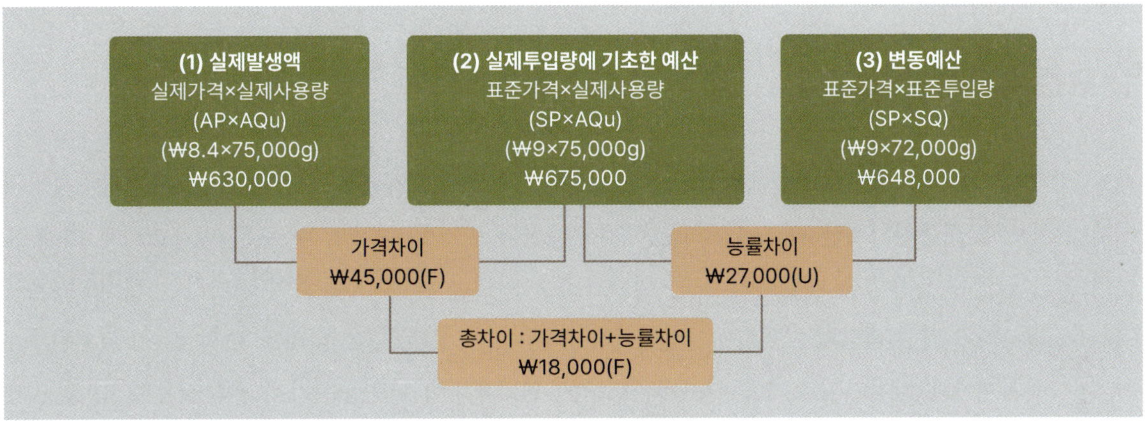

직접재료원가 가격차이는 가능한 한 가장 빠른 시점인 구매시점에서 분리하는 것이 좋다. 불리한 가격차이가 발견되는 즉시, 필요하면 새로운 가격협상을 요구할 수도 있으며, 새로운 공급업체를 찾을 수도 있기 때문이다.

9. 차이분석의 이해와 활용

원가요소의 차이는 여러 가지 원인으로 인해 발생하므로, 각 원가요소의 차이를 다른 차이와 분리하여 독립적으로 해석해서는 안 된다. 예를 들어, 직접재료원가의 유리한 가격차이는 낮은 재료품질과 관련되어 있을 수도 있으며, 낮은 품질의 재료를 사용하면 직접노무원가의 불리한 능률차이가 발생할 수도 있다. 직접노무원가의 불리한 능률차이는 미숙련 근로자 고용(직접노무원가 유리한 가격차이), 비효율적인 공정 계획 등과도 관련되어 있을 수 있다.

차이분석 결과는 종종 종업원과 부서의 성과평가에 사용되기도 한다. 그러나 개별적으로 유리한 원가차이 자체를 긍정적인 성과로, 불리한 원가차이를 부정적인 성과로 기계적으로 판단해서는 안 되며, 회사의 매출, 총원가, 전체적인 수익성 등 회사 전체에 미치는 영향을 종합적으로 고려해야 한다.

10. 표준원가계산제도

1) 표준원가계산의 의의

제3장의 개별원가계산제도에서 실제원가계산과 정상원가계산에 대해 학습하였다. 이제 표준원가계산에 대해 알아보자. **표준원가계산**(standard costing)은 재고자산의 원가를 평가할 때 모든 원가요소에 대해 표준이 되는 금액을 사용하는 제도로서, 모든 원가요소를 실제발생액을 사용하여 평가하는 **실제원가계산**(actual costing)과 완전히 대비되는 원가계산방식이라 할 수 있다. 표 13-13에 나타난 바와 같이, 실제원가계산, 정상원가계산과 마찬가지로, 표준원가계산도 전부원가계산이나 변동원가계산에 적용할 수 있으며, 개별원가계산과 종합원가계산에도 사용할 수 있다.

표준원가계산제도에서는 원가가 발생하는(배분되는) 시점에 허용된 표준금액이 기록되어 원가차이를 바로 인식하므로, 원가가 효율적으로 발생하고 있는지를 조기에 판단할 수 있다. 따라서, 표준금액과 실제원가의 차이가 큰 경우에는 원인을 조사하여 신속히 조치를 취할 수도 있다.

제품원가계산 측면에서는 제품이 생산될 때마다 표준원가가 제품원가로 할당되므로 제품 원가계산이 매우 간단해지는 장점이 있다. 그러나, 실제원가와의 괴리가 큰 경우에는 외부 재무보고를 위해 회계연도말에 차이조정을 실시해야 한다.

표 13-13 원가계산제도별 원가요소 비교[7]

	실제원가계산	정상원가계산	표준원가계산
전부원가계산			
직접재료원가	실제발생액	실제발생액	표준금액
직접노무원가	실제발생액	실제발생액	표준금액
변동제조간접원가	실제배부율× (배부기준)실제조업도	예정배부율× (배부기준)실제조업도	표준배부율× (배부기준)표준조업도
고정제조간접원가	실제배부율× (배부기준)실제조업도	예정배부율× (배부기준)실제조업도	표준배부율× (배부기준)표준조업도

(표 계속)

7 **조업도**는 제품 생산량, 기계시간 등을 의미한다. 예정(산)배부율과 표준배부율은 실질적으로 대체로 동일하다. 표준원가계산에서 제조간접원가의 재고자산 배부액은 "표준배부율×(배부기준)표준조업도"로서 표준조업도는 실제생산량에 대해 허용된 배부기준 표준투입량이지만, 정상원가계산에서 제조간접원가의 재고자산 배부액을 계산하는 데 사용되는 조업도는 배부기준의 실제투입량(예 실제 기계시간)임에 주의해야 한다. 따라서, 정상원가계산에서 배부액은 표준원가계산 용어로 "실제투입량에 기초한 예산"이라고 할 수 있다.

	실제원가계산	정상원가계산	표준원가계산
변동원가계산			
직접재료원가	실제발생액	실제발생액	표준금액
직접노무원가	실제발생액	실제발생액	표준금액
변동제조간접원가	실제배부율× (배부기준)실제조업도	예정배부율× (배부기준)실제조업도	표준배부율× (배부기준)표준조업도
고정제조간접원가	–	–	–

2) 표준원가계산에서 원가흐름

표준원가계산제도는 재공품, 제품, 매출원가의 모든 원가요소를 표준금액으로 기록하는 회계시스템이다. 직접재료원가, 직접노무원가, 변동제조간접원가의 표준금액은 실제산출량(생산량)에 대해 허용된 표준금액으로서, 변동예산에 해당한다. 고정제조간접원가의 경우에는 표준금액은 변동예산이 아닌 실제생산량에 기초한 배부액이다.

표준원가계산제도에서 재고자산 원가의 흐름은 그림 13-14 와 같다. 모든 제조원가(직접재료원가, 직접노무원가, 제조간접원가)는 발생(배부) 시에 재공품계정에 표준금액으로 기록하며, 제품으로 완성될 때도 표준금액으로 제품계정에 대체되고, 판매될 때 매출원가도 표준금액으로 기록된다. 즉, 재공품, 제품, 매출원가 계정은 모두 표준금액으로 기록된다. 앞에서 설명한 바와 같이, 직접재료는 가격차이 분리시점에 따라 다르게 기록된다.

그림 13-14 표준원가계산에서 재고자산 원가흐름

3) 원가흐름 분개

다음 예제를 이용하여 표준원가계산제도에서 원가흐름과 원가차이의 인식에 관해 구체적으로 학습해 보자.

예제 13-9

(주)아란의 2024년 6월의 영업활동과 관련된 자료는 다음과 같다. 직접재료 구입량은 30,000kg, 직접재료 구입원가는 ₩750,000, 직접재료 사용량은 22,000kg, 제품 단위당 표준은 직접재료 5kg(₩28/kg)이며, 6월 제품 생산량은 4,000단위이다. (주)아란의 직접재료원가의 흐름에 대해 분개해보자.

예제에서 (주)아란의 6월 직접재료원가와 관련된 주요 자료는 다음과 같이 정리할 수 있다.

직접재료원가

AQp = 30,000kg, AP = ₩750,000 ÷ AQp = ₩25, AQu = 22,000kg
SQ = 4,000단위 × 5kg = 20,000kg, SP = ₩28

먼저, 원가차이를 계산해보자. (주)아란의 2024년 6월 직접재료원가 가격차이는 구매시점에서 분리하는 경우, −₩90,000(F)(= ₩750,000 − ₩28/kg × 30,000kg)이며, 사용시점에서 분리하는 경우에는 −₩66,000(F)(= (₩25 − ₩28) × 22,000kg)이다. 직접재료원가 능률차이는 ₩56,000(U)(= (22,000kg − 20,000kg) × ₩28/kg)이다.

직접재료원가 가격차이를 구매시점에서 분리하는 경우에 (주)아란의 2024년 6월의 관련 분개는 다음과 같다. 직접재료가 구입시점부터 표준가격으로 기록되므로 사용 시에도 표준가격으로 감소하게 된다.

구입 시

(차) 직접재료	840,000	(대) 외상매입금	750,000
		직접재료원가 가격차이	90,000

사용 시

(차) 재공품	560,000	(대) 직접재료	616,000
직접재료원가 능률차이	56,000		

6월의 직접재료원가 가격차이를 사용시점에서 분리하는 경우 관련 분개는 다음과 같다. 직접재료가 구입시점에 실제가격으로 기록되므로 사용 시에도 실제가격으로 감소하게 된다.

구입 시

(차) 직접재료	750,000	(대) 외상매입금	750,000

사용 시

(차) 재공품	560,000	(대) 직접재료	550,000
직접재료원가 능률차이	56,000	직접재료원가 가격차이	66,000

위 두 가지 경우에 직접재료의 능률차이는 같지만, 가격차이는 다르다. 사용시점에서 가격차이를 분리하는 경우 재료가 사용될 때까지는 가격차이가 분리되지 않기 때문이다. 다른 원가요소의 원가흐름 분개도 앞에서 설명한 각종 차이분석 결과를 이용하여 실시하면 된다.

4) 실제원가와 표준원가의 차이조정

표준원가계산에서 재공품, 제품, 매출원가 계정은 항상 표준금액으로 기록되며, 재료계정도 가격차이를 구입시점에서 분리하면 표준금액으로 기록되므로, 회계연도 말에 외부보고를 위해 실제원가로 조정해야 한다. 각종 원가차이는 연도 중에 인식한다. 직접재료원가와 직접노무원가는 구입시점이나 사용(발생)시점에 차이를 인식하며, 변동 및 고정제조간접원가는 매 원가계산 기말(예 월말)에 각종 차이를 인식한다. 회계연도 말에 차이계정별로 나타나는 잔액은 차이계정별로 해당 회계연도 동안 발생한 원가차이가 누적된 금액이므로, 이를 이용하여 실제원가로 조정을 한다.

연습문제

01 예산에 관한 다음 설명 중에서 옳지 않은 것은?

① 예산은 동기부여를 위해 달성하기 어려울 정도로 최대한 높게 설정하는 것이 좋다.
② 예산은 경영계획 기능은 물론, 경영통제 기능에서도 중요한 역할을 한다.
③ 예산은 조직의 전략과 연계해서 수립해야 한다.
④ 예산은 차이분석의 기준점으로서의 역할을 한다.

02 회사의 영업활동에 관한 총괄적인 예산으로서, 기업 전체 예산손익계산서가 최종적인 형태인 예산을 무엇이라고 하는가?

① 손익예산 ② 재무예산 ③ 영업예산 ④ 종합예산

03 다음 중에서 영업예산과 관련된 예산의 편성 순서로서 올바른 것은?

① 제조예산–매출예산–판매비와관리비예산–매출원가예산
② 매출예산–제조예산–매출원가예산–판매비와관리비예산
③ 제조예산–매출예산–매출원가예산–판매비와관리비예산
④ 매출예산–매출원가예산–제조예산–판매비와관리비예산

04 매출 예산 (2004 세무사)
인천㈜의 2/4분기 매출수량과 생산수량에 대한 예산자료가 다음과 같다.

	4월	5월	6월
매출수량	100,000단위	120,000단위	?
생산수량	104,000단위	128,000단위	156,000단위

인천㈜의 4월 1일 현재 제품의 재고량은 20,000단위이다. 회사의 정책에 따르면 매월 말 제품의 재고로 다음 달 판매수량의 20%를 반드시 보유하여야 한다. 7월의 매출은 140,000단위가 될 것으로 예상하고 있다. 6월의 예상 판매수량은 얼마인가?

① 188,000단위 ② 160,000단위 ③ 128,000단위 ④ 184,000단위 ⑤ 180,000단위

05 직접재료구매 예산 (2005 세무사)

태양회사는 제품 단위당 4g의 재료를 사용한다. 재료 1g당 가격은 ₩0.8이며, 다음 분기 재료 목표사용량의 25%를 분기말 재고로 유지한다. 분기별 생산량은 다음과 같다. 1분기의 재료 구입액은 얼마인가?

	1분기	2분기
실제생산량(=목표생산량)	24,000	35,000

① ₩84,500 ② ₩85,600 ③ ₩86,400 ④ ₩87,200 ⑤ ₩88,800

06 직접재료구매 예산 (2007 세무사)

대한회사는 주요 원재료 A를 사용하여 제품 P를 생산하고 있다. 제품 P 한 단위를 생산하기 위해서는 원재료 A가 3kg 소요된다. 2006년 말의 재고자산 종류별 실제재고수량과 2007년도의 분기별 예상판매량은 다음과 같다.

2006년 12월 31일 현재 재고수량		2007년 분기별 예상판매량	
재고자산	수량	분기	판매량
원재료 A	4,000kg	1/4	8,000단위
재공품	없음	2/4	9,000단위
제품 P	2,500단위	3/4	7,000단위
		4/4	9,000단위
			33,000단위

대한회사의 재고정책에 의하면, 각 분기말 제품 재고수량은 다음 분기 예상판매량의 30% 수준으로 유지한다. 또한 각 분기말 원재료 재고수량은 일정하게 4,000kg씩 유지하며 재공품 재고는 없다. 2007년 2/4분기 중에 구입하여야 할 원재료 A의 물량은 얼마인가?

① 22,800kg ② 24,600kg ③ 25,200kg
④ 26,800kg ⑤ 28,600kg

07 직접재료원가 차이분석

원가차이분석에 관한 다음 사항 중 틀린 것은?

a. 직접재료원가 능률차이는 가격차이 분리 시점에 따라 다르게 계산된다.

b. 직접재료원가 능률차이분석에서 만약 SP×AQ < SP×SQ이면, 유리한 차이이다. c. 직접재료원가 가격차이가 유리한 것이 구매부서의 성과가 좋다는 것을 항상 의미하지는 않는다. d. SP×SQ는 생산량에 따라 조정되는 금액이므로 변동예산이라고 볼 수 있다.

① a ② b ③ c ④ d

08 제조간접원가 차이분석

다음 설명 중 틀린 것은?

a. 변동제조간접원가의 차이분석에서 가격(P)은 변동제조간접원가 개별 항목의 가격을 의미한다. b. 변동제조간접원가의 차이분석에서 물량(Q)은 배부기준의 조업도이다. c. 고정제조간접원가 조업도차이는 표준배부율×(기준조업도−실제조업도)로 계산한다. d. 고정제조간접원가의 차이분석에서 변동예산과 고정예산은 모두 표준배부율×기준조업도로서 같은 금액이다.

① a ② b ③ c ④ d

09 제조간접원가 차이분석

제조간접원가의 원가차이에 관한 다음 사항 중 옳지 않은 것은?

a. 변동제조간접원가 소비차이는 배부기준조업도의 실제배부율과 표준배부율의 차이로 인해 발생한다. b. 변동제조간접원가 능률차이는 변동제조간접원가 항목들을 얼마나 효율적으로 투입했는지를 나타낸다. c. 고정제조간접원가는 투입/산출관계가 분명하지 않으므로 일반적으로 능률차이를 인식하지 않는다. d. 고정제조간접원가 예산차이는 전부 소비차이이다.

① a ② b ③ c ④ d

10 매출조업도차이 (2003 CPA)

㈜세광의 3월 예산 대비 실적자료는 다음과 같다. 동 자료를 토대로 당초 예상보다 영업이익이 ₩200만큼 줄어든 원인을 (i) 판매가격차이, (ii) 변동원가차이, (iii) 고정원가차이 이외에 중요한 차이항목인 매출조업도차이 (net sales volume variance: 일명, 순판매수량차이)를 추가하여 경영진에게 의미 있게 요약·보고하고자 한다. 매출조업도차이의 금액은 얼마인가? (단, 유리한 차이는 (F)로, 불리한 차이는 (U)로 표시한다.)

	3월 실적(actual)	3월 예산(budget)
판매수량	400개	300개
매 출 액	₩7,200	₩6,000
변동원가	4,800	3,000
고정원가	1,400	1,800
영업이익	1,000	1,200

① ₩1,800(F) ② ₩600(F) ③ ₩1,000(U) ④ ₩1,800(U) ⑤ ₩1,000(F)

11 고정제조간접원가 소비차이 (2017 관세사)

㈜관세의 고정제조간접원가는 기계시간을 기준으로 배부한다. 기준조업도는 9,000시간이며 표준기계시간은 제품 단위당 3시간이다. 제품의 실제생산량은 3,200단위이고 고정제조간접원가의 실제발생액은 ₩1,100,000이다. 고정제조간접원가의 조업도차이가 ₩60,000(유리)일 경우 소비차이는?

① ₩200,000 불리 ② ₩100,000 불리 ③ ₩140,000 유리
④ ₩100,000 유리 ⑤ ₩200,000 유리

12 직접재료원가 차이분석 (2021 관세사)

㈜관세는 표준원가계산을 적용하고 있다. 20X1년 단위당 표준직접재료원가는 다음과 같다.

제품 단위당 직접재료 표준원가 : 6kg × ₩10/kg = ₩60

20X1년 ㈜관세의 실제생산량은 1,000단위, 직접재료구입량은 7,500kg, kg당 실제 구입가격은 ₩12이다. ㈜관세는 직접재료 6,500kg을 생산에 투입하였다. ㈜관세의 직접재료 가격차이와 수량차이는? (단, 직접재료 가격차이는 구입시점에서 분리한다.)

	구입가격차이	수량차이
①	₩13,000(불리)	₩5,000(불리)
②	₩15,000(불리)	₩5,000(불리)
③	₩13,000(유리)	₩5,000(불리)
④	₩15,000(유리)	₩10,000(유리)
⑤	₩15,000(불리)	₩10,000(유리)

13 직접노무원가 차이분석 (2019 국가직 7급)

㈜한국의 당기 실제 제품 생산량은 400개, 직접노무비 실제발생액은 ₩31,450, 제품 단위당 표준 직접노동시간은 5시간이다. 표준원가계산하에서 계산된 직접노무비 임률차이는 ₩3,700 불리한 차이, 직접노무비 능

률차이는 ₩2,250 유리한 차이이다. 직접노무비의 시간당 표준임률은?

① ₩14 ② ₩15 ③ ₩16 ④ ₩17

14 제조간접원가 차이분석 (2010 CPA)

㈜한강의 당기 초 생산활동과 관련된 예산자료는 다음과 같다.

	예 산
생산량(기준조업도)	1,000단위
고정제조간접원가 총액	₩200,000
단위당 변동제조간접원가	₩125

당기의 실제생산량은 1,100단위였고 실제제조간접원가 총액은 ₩355,000이었다. 제조간접원가 총차이를 통제가능차이와 조업도차이로 나누어 분석할 때 다음 중 옳은 것은?

	통제가능차이	조업도차이
①	₩0	₩1,500 유리
②	₩2,500 유리	₩0
③	₩17,500 불리	₩20,000 유리
④	₩24,500 유리	₩22,500 불리
⑤	₩30,000 불리	₩32,000 불리

15 고정제조간접원가 차이분석 (2021 CPA)

㈜대한은 표준원가계산을 적용하고 있다. 20X1년 1월과 2월에 실제로 생산된 제품 수량과 차이분석 자료는 다음과 같다.

월	실제 생산된 제품 수량	고정제조간접원가 소비차이(예산차이)	고정제조간접원가 조업도차이
1월	1,500단위	₩500 불리	₩1,000 불리
2월	2,000단위	₩500 유리	₩500 유리

㈜대한이 20X1년 1월과 2월에 동일한 표준배부율을 적용하고 있다면, 제품 1단위당 고정제조간접원가 표준배부율은 얼마인가? (단, 고정제조간접원가의 배부기준은 제품 생산량이다.)

① ₩3 ② ₩4 ③ ₩5 ④ ₩6 ⑤ ₩7

16 제조간접원가 차이분석 (2018 세무사)

㈜세무는 표준원가계산제도를 도입하고 있다. 20X1년의 변동제조간접원가 예산은 ₩300,000이고, 고정제조간접원가 예산은 ₩800,000이다. ㈜세무는 제조간접원가 배부기준으로 직접노무시간을 사용하고 있다. 기준조업도는 직접노무시간 1,000시간이고, 20X1년에 실제로 투입된 직접노무시간은 850시간이다. 20X1년의 고정제조간접원가 조업도차이가 ₩80,000(불리)할 경우 변동 제조간접원가 능률차이는?

① ₩15,000 유리 ② ₩45,000 유리 ③ ₩10,000 불리
④ ₩15,000 불리 ⑤ ₩45,000 불리

17 고정제조간접원가 차이분석 (2019 세무사)

㈜세무는 표준원가계산제도를 채택하고 있으며 기계작업시간을 기준으로 고정제조간접원가를 배부한다. 다음 자료에 의할 경우 기준조업도 기계작업시간은? (단, 기초 및 기말 재공품은 없다.)

항목	금액
• 실제 제품 생산량	700단위
• 제품 단위당 표준기계작업시간	2시간
• 실제발생 고정제조간접원가	₩12,000
• 고정제조간접원가 예산차이	₩2,000(불리)
• 고정제조간접원가 조업도차이	₩4,000(유리)

① 600 ② 800 ③ 1,000 ④ 1,200 ⑤ 1,400

18 변동제조간접원가 소비차이 (2020 세무사)

㈜세무는 표준원가계산제도를 채택하고 있으며, 직접노무시간을 기준으로 제조간접원가를 배부한다. 20X1년의 생산 및 원가 자료가 다음과 같을 때, 변동제조간접원가 소비차이는?

항목	금액
• 변동제조간접원가 실제발생액	₩130,000
• 실제총직접노무시간	8,000시간
• 당기제품생산량	3,600단위
• 제품당 표준직접노무시간	2시간
• 변동제조간접원가 능률차이	₩8,000(불리)

① ₩25,000(유리) ② ₩25,000(불리) ③ ₩50,000(유리)
④ ₩50,000(불리) ⑤ ₩75,000(불리)

19 직접노무원가 차이분석 (2021 세무사)

㈜세무는 표준원가계산제도를 채택하고 있으며, 당기 직접노무원가와 관련된 자료는 다음과 같다.

항목	금액
• 제품 실제생산량	1,000단위
• 직접노무원가 실제 발생액	₩1,378,000
• 단위당 표준직접노무시간	5.5시간
• 직접노무원가 능률차이	₩50,000(유리)
• 직접노무원가 임률차이	₩53,000(불리)

㈜세무의 당기 직접노무시간당 실제임률은?

① ₩230 ② ₩240 ③ ₩250 ④ ₩260 ⑤ ₩270

20 직접노무원가 차이분석 (2017 감정평가사)

표준원가계산제도를 채택하고 있는 ㈜대한의 20X1년 직접노무원가와 관련된 자료는 다음과 같다. 20X1년의 실제생산량은?

항목	금액
• 실제직접노무시간	101,500시간
• 직접노무원가 실제발생액	₩385,700
• 직접노무원가 능률차이	₩14,000(유리)
• 직접노무원가 임률차이	₩20,300(유리)
• 단위당 표준직접노무시간	2시간

① 51,000단위 ② 51,500단위 ③ 52,000단위
④ 52,500단위 ⑤ 53,000단위

21 판매가격차이 & 매출조업도차이의 분리 (2022 CPA)

㈜대한은 20X1년 실제결과와 고정예산을 비교하기 위해 다음과 같은 자료를 작성하였다.

	실제결과	고정예산
판매량	30,000단위	25,000단위
매출액	₩1,560,000	₩1,250,000
변동원가		
− 제조원가	900,000	625,000
− 판매관리비	210,000	125,000
공헌이익	₩450,000	₩500,000

	실제결과	고정예산
고정원가		
− 제조원가	47,500	37,500
− 판매관리비	62,500	62,500
영업이익	₩340,000	₩400,000

㈜대한은 20X1년 시장규모를 250,000단위로 예측했으나, 실제 시장규모는 400,000단위로 집계되었다. ㈜대한은 20X1년도 실제판매량이 고정예산 판매량보다 증가하였으나, 영업이익은 오히려 감소한 원인을 파악하고자 한다. 이를 위해 매출가격차이(sales price variance), 시장점유율차이, 시장규모차이를 계산하면 각각 얼마인가? (단, U는 불리한 차이, F는 유리한 차이를 의미한다.)

	매출가격차이	시장점유율차이	시장규모차이
①	₩60,000 F	₩200,000 U	₩300,000 F
②	₩60,000 U	₩200,000 F	₩300,000 U
③	₩60,000 F	₩300,000 U	₩400,000 F
④	₩80,000 F	₩200,000 U	₩300,000 F
⑤	₩80,000 U	₩300,000 F	₩400,000 U

22 다음 중 표준원가계산제도 하에서 표준금액으로 기록되지 않는 것은?

① 재공품 ② 제품 ③ 매출원가 ④ 매출액

23 **직접재료원가 가격차이 분리시점**

표준원가계산과 실제원가계산에서 직접재료계정의 기말재고액이 다를 경우, 그 차이는 어떤 계정에 기록되는가? 그 차이의 분리시점은 언제인가? 다음 중 답변이 올바르게 묶인 것은?

a. 직접재료원가 가격차이 − 구입시점에서 분리
b. 직접재료원가 가격차이 − 사용시점에서 분리
c. 직접재료원가 가격차이와 능률차이 − 각각 구입, 사용시점에서 분리
d. 직접재료능률차이 − 사용시점에서 분리

① a ② b ③ c ④ d

3K Parts
2S Performance
4X Parts
84
93

CHAPTER

14

분권화와 사내대체가격, 책임회계와 성과평가

1 경영통제시스템과 동기부여
2 분권화와 중앙집권화 : 조직 의사결정 권한의 할당
3 사내대체가격의 의의, 설정 원리, 가격 기준
4 책임회계의 의의와 구성요소
5 책임중심점의 유형
6 책임중심점에 대한 통제와 평가
7 투자중심점의 재무적 성과평가 지표
8 조직평가와 개인평가의 구분

본 장에서는 분권화와 사내대체가격 및 책임회계와 성과평가에 대해 학습한다. 조직의 권한 할당 방식인 분권화와 중앙집권화의 장단점에 대해 학습하고, 대규모 조직에서 분권화로 인해 발생할 수 있는 목표불일치 문제에 대해 살펴보고, 사내대체가격이 갖추어야 할 요건과 대표적인 사내대체가격의 유형에 대해 학습한다. 아울러, 책임회계제도의 의의와 책임중심점에 대한 통제와 평가 방법에 대해 자세하게 학습한다. 투자중심점의 평가지표인 투자수익률, 잔여이익, 경제적 부가가치에 대해 구체적으로 살펴본다.

CHAPTER

14

분권화와 사내대체가격, 책임회계와 성과평가

1. 경영통제시스템과 동기부여

경영층은 조직 목표를 달성하기 위해 다양한 정보를 수집하여 의사결정에 활용하는 **경영통제시스템**(MCS, Management Control System)을 구축하여 운영한다. 기본적으로 경영통제시스템은 관리자와 종업원들이 조직의 목표 달성을 위해 노력하도록 **동기부여**(motivation)를 할 수 있도록 설계되어야 한다. 동기부여를 위해서는 개인이 자신의 이익을 위해 하는 행동이 조직 전체의 목표에 부합하는 행동이 되도록 **목표일치성**(goal congruence)을 유도할 수 있어야 하며, 목표를 달성하기 위해 **노력**(effort)을 투입하도록 유도할 수 있어야 한다. 이러한 동기부여 기능은 성과평가와 보상(금전적, 비금전적) 제도를 통해 구현되며, 성과평가와 보상은 책임과 권한의 할당 방식과 올바로 연계되어야 한다.

그림 14-1 경영통제시스템의 동기부여 기능

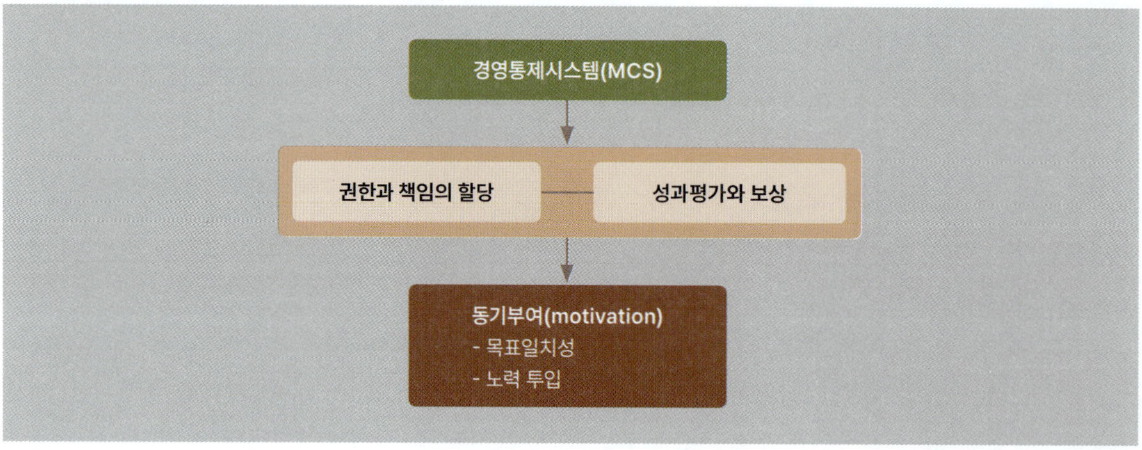

본 장에서는 권한의 할당 방식으로서 분권화와 중앙집권화에 대해 학습하고, 분권화와 관련된 이슈인 사내대체거래에 대해 살펴본 뒤, 책임의 할당 방식과 평가 및 보상에 대해 자세하게 학습한다.

2. 분권화와 중앙집권화 : 조직 의사결정 권한의 할당

기업의 규모가 커지고 사업의 복잡성이 증가함에 따라, 조직은 하부 단위조직(subunit)으로 세분화되고, 단위조직의 관리자들이 **의사결정 권한**(decision right)을 부여받게 된다. 하위 관리자에게 의사결정 권한, 즉 자율성(autonomy)을 부여하는 정도에는 조직별로 차이가 있다. **분권화**(decentralization)는 하부 단위조직의 관리자에게 상당 수준의 의사결정 권한을 부여하는 조직 운영방식이다. 분권화에 대비되는 조직 운영방식이 **중앙집권화**(centralization)이다. 어떤 조직도 100% 분권화로 운영하거나 100% 중앙집권적으로 운영하지는 않는다.

현대차그룹 회장은 그룹에 관한 모든 의사결정을 내리지 않는다. 의사결정을 내리는 데 필요한 정보(information)와 지식(knowledge)을 획득할 시간이 부족하기 때문이다. 어떤 개인도 모든 정보를 획득하고, 저장하고, 가공하는 것이 가능하지 않으므로, 개인 단독적인 의사결정 역량은 제한적일 수밖에 없다.

의사결정에 필요한 정보와 지식을 획득하고, 조직 내에 전파하는 일은 권한의 하부 이양을 촉진한다. 하부 단위 조직에서 수집한 정보와 지식을 상위 조직으로 이전하는 데도 한계가 있다. 이로 인해 복잡하고 전문적인 정보와 지식이 요구되는 조직일수록 정보와 지식을 보유한 사람이 의사결정권을 보유하게 되는 경향이 강하다.

분권화는 의사결정 권한을 하부에 이양하는 시스템으로 다음과 같은 장단점이 있다.

분권화의 장점

- 각 부문은 해당 부문의 공급업체, 종업원, 고객, 경쟁기업 등 사업환경을 (본부에 비해) 더 잘 이해하므로, 더 좋은 정보를 수집하여 더 나은 의사결정을 내릴 수 있다.
- 고객의 욕구와 사업환경에 더 신속히 대응할 수 있다.
- 하위조직 경영자가 더 큰 책임감을 느끼게 되며, 자신들의 목표달성 능력과 의지를 보여주고 인정을 받을 기회로 생각하게 되어, 동기부여 효과가 발생한다.
- 하위조직 경영자는 자기 책임하에 자율적인 의사결정을 하게 되므로, 학습을 통해 더 높은 직

위에 요구되는 경영능력을 키울 수 있고, 회사는 평가를 통해 고위 경영층 후보군을 확보할 수 있다.

- 하위조직 경영자는 자신이 맡은 단위조직의 성과관리에 집중할 수 있고, 본부 경영층은 전사적 전략계획 수립에 집중할 수 있다.

분권화의 단점

- 하위조직 경영자가 회사 전체적으로 최적인 의사결정을 내릴 능력이 부족하거나, 능력이 충분하더라도 회사 전체의 이익보다 자신이 책임지는 부문의 이익을 우선적으로 고려하여 의사결정을 내릴 가능성 있어, 회사 전체적으로 바람직하지 않은 결과가 발생할 수 있다. 후자의 경우를 준최적화(suboptimal), **목표불일치(goal incongruent)** 또는 역기능적(dysfunctional) 의사결정이라고 한다. 대표적인 현상으로는 관리자가 자신이 관리하는 조직의 인력과 시설 규모를 확대하고자 하는 **제국건설(empire building)** 유인을 들 수 있다.
- 분권화된 하위 단위조직들이 서로 경쟁자로 인식하여 중요한 정보를 교환하지 않거나 다른 단위들과의 협조를 회피하는 경향이 발생할 수 있다. 이로 인해 조직의 통합조정 기능이 약화되고 관리자들 간에 갈등이 발생할 수 있다.
- 단위조직들에서 제품(서비스)의 중복이 발생할 수 있고, 각 단위조직이 부품이나 원재료 구매, IT, 인력관리 등의 지원기능을 독자적으로 수행하는 경우 자원의 낭비를 초래할 수도 있다.

따라서 기업은 기업전략, 사업의 성격, 경영환경 등을 종합적으로 고려하여 분권화 수준과 분권화 대상 기능을 결정해야 한다.

중앙집권화는 기업의 최고경영층이 회사의 핵심적인 기능에 대한 통제권을 지니고서 대부분의 의사결정에 개입하므로, 최고경영층이 보유한 전문성이 효과적으로 구현될 수 있다. 또한 중앙집권화는 회사 내의 여러 단위조직들의 활동이 효과적으로 통합조정될 수 있게 해준다.

그러나 경영환경에 불확실성이 높고, 사업이 매우 복잡하여 구체적인 정보와 지식이 많이 요구되며, 여러 단위조직 간에 상호의존성이 낮아 독자적인 의사결정이 가능한 경우, 높은 수준의 **분권화**가 바람직하다.

오늘날 여러 사업부를 거느리고 있는 대규모 기업에서는 상당한 수준의 분권화를 실시하는 것이 일반적이다. 예를 들어, LG화학은 석유화학, 첨단소재, 생명과학 사업부문으로 구성되어 있으며, 각 부문은 별도의 사업본부장을 중심으로 분권화된 형태로 운영되고 있다. 그러나 상당히 분권화된 조직에서도 기업전략, R&D, 자금조달, IT, 법률 등의 분야는 본부(headquarters)에서 주도적으로 관리하는 경우가 많다.

3. 사내대체가격의 의의, 설정 원리, 가격 기준

1) 분권화된 조직에서 사내대체가격의 의의

이상적인 분권화 시스템에서 각 부문은 다른 부문의 성과와는 별개로 평가를 받는 독립적인 단위가 된다. 분권화된 조직에서 각 단위조직은 자기 부문의 이익을 위해 내부에서 생산한 재화나 서비스를 내부 다른 단위조직으로 이전할 수도 있고, 외부시장이 있는 경우 외부에 직접 판매할 수도 있다. 이때 부문 간에 이전되는 재화나 서비스를 **중간재**(intermediate product)라고 한다. 중간재의 수요부문도 중간재를 외부에서 구입할 수도 있고, 내부 공급부문으로부터 제공받을 수도 있다. 대표적인 사내거래 형태로는 제조부문이 제조한 제품을 마케팅부문으로 이전하거나, 부품 제조부문이 제조한 부품을 완성품 제조부문으로 이전하는 것이다.

이때 중간재의 공급부문과 수요부문 간 사내거래를 통합조정하는 기능이 필요하다. **사내대체가격**(transfer price)은 분권화된 조직에서 조직 내부의 부문 간에 재화나 서비스가 거래될 때 사용하는 거래가격으로서, 각 부문을 통합조정하고 부문의 성과를 평가하는 데 유용하게 사용될 수 있다. 그림 14-2는 사내대체거래의 대표적인 형태를 나타낸 것이다. 부문 A는 공급부문, 부문 B는 수요부문으로서, 부문 B는 부문 A로부터 중간재를 구입하고, 그 대가로 사내대체가격을 지불한다. 사내대체가격은 판매부문(공급부문)에는 수익이지만, 구매부문(수요부문)에는 비용이므로, 두 부문의 영업이익에 큰 영향을 미친다.

사내대체가격이 필요한 이유가 무엇인가? 분권화된 조직에서는 각 부문의 관리자들이 자기 부문의 이해관계에 따라 의사결정을 내리는 **목표불일치**(goal incongruence) 현상이 발생할 수 있다. 기업에서 원가절감과 수익증대는 궁극적으로 이익증대와 연계되어야 한다. 그러나 제조부문이 제조비용에만 책임을 지도록 하는 경우, 마케팅부문의 긴급 제조요청을 제조원가 상승을 우려하여 거절할 수도 있다. 또한 마케팅부문이 매출에만 책임을 지도록 하는 경우, 이익을 고려하지 않고 가격할인을 실시하여 매출을 올리는 데 집중할 수도 있다. 이런 부작용을 방지하기 위해, 비용이나 수익 중 한 가지를 주로 발생시키는 단위조직에도 수익과 비용을 모두 의식하도록 이익에 대한 책임을 지도록 하면 **목표일치성**(goal

그림 14-2 분권화된 조직에서 사내대체가격 개념도

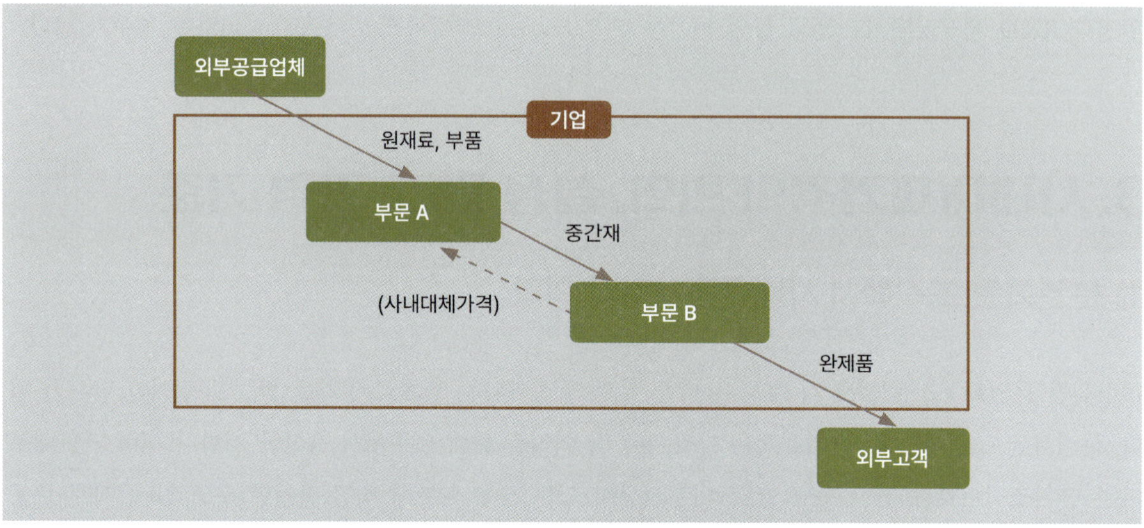

congruence)을 강화할 수 있다. 이때 사내대체가격이 핵심적인 역할을 할 수 있다. 예를 들어, 제조부문은 제조원가 상승에도 불구하고 원가상승분을 초과하는 사내대체가격을 받을 수 있다면 마케팅부서의 긴급 제조요청을 받아들이게 되고, 이것은 회사 전체의 이익을 증가시키게 된다.

또한 사내거래제도를 도입하여 기업 내부의 타 부서에 제품이나 부품을 공급하는 제조부서에 이익에 대한 책임을 부과하면, 제조부서가 기업 외부에 있는 잠재고객을 직접 발굴하여 미사용 설비나 유휴인력으로 제품이나 부품을 제조해서 판매하는 효과를 기대할 수 있다.

제조부문은 물론, 일반관리부문이 제공하는 관리서비스(예 건물관리)도 사내거래의 대상이 될 수 있다. 또한 여러 부문이 협업함으로써 대규모 시너지효과를 기대할 수 있는 서비스기업에서도 사내대체거래가 필요할 수 있다. 고객들에게 카지노, 호텔, 고급 식당과 쇼를 함께 제공하는 대규모 리조트호텔의 경우, 카지노부문은 카지노 큰손들에게 무료에 가까운 저렴한 가격으로 숙박서비스를 제공하여 카지노 수입을 많이 올리는 전략을 구사한다. 이때 카지노부문과 호텔부문의 성과를 올바로 평가하기 위해서는 큰손들의 숙박(중간재)에 대해 적절한 사내대체가격을 설정해야 한다.

사내대체가격은 분권화된 단위조직들의 성과평가에 중요한 역할을 한다. 사내대체가격이 없다면, 단위조직들의 성과를 올바로 평가하기 어려울 수도 있다. 마케팅부문이 경쟁기업에 비해 낮은 가격으로 제품을 판매하여 상당한 수준의 매출과 이익을 기록했다고 하더라도, 이것을 모두 마케팅부문의 성과라고 보기 어려울 수 있다. 제조부문이 경쟁기업보다 낮은 원가로 제품을 제조해서 공급했기 때문에 그것이 가능했을 수 있기 때문이다. 사내대체가격을 적절히 설정하면 사내 공급부문과 수요부문의 성과를 합리적으로 분리할 수 있게 된다.

사내대체가격은 각 부문의 경영자들이 의사결정을 내릴 때 회사 전체의 이익에 대해 고민할 필요 없이 자기 부문의 이해관계에 따라 의사결정을 하면 회사 전체의 이익이 최대화될 수 있도록 해주므로, 부문 경영자의 정보처리와 의사결정 업무 부담을 줄여주는 역할도 기대할 수 있다.

사내대체가격을 회사 전체의 이익을 단순히 부문 간에 배분하는 방법으로서 회사의 전체 이익에는 영향을 미치지 않는다고 잘못 생각할 수 있다. 그러나 사내대체가격은 파이(pie)의 배분 방법은 물론 파이의 크기에도 영향을 미칠 수 있다는 점에 유의해야 한다.

사내대체가격의 다른 목적은 회사 내의 한 부문이 제공하는 재화나 서비스를 다른 국가에 있는 해외 자회사 등('foreign related party')으로 이전할 경우, 국제 간 거래에 따른 손익을 명확히 하여 국가별로 세금이 결정될 수 있도록 하기 위한 것이다. 다국적 기업에서 기업의 한 부문이 제공하는 재화나 서비스를 다른 국가에 있는 부문으로 이전할 경우, 국제 간 거래에 대한 사내대체가격은 **국제조세**에 영향을 미친다. 이때 사내대체가격은 공급부문이 속한 국가에서는 세금 수입원이 되며, 수요부문이 속한 국가에서는 세금 차감 대상 비용이 된다. 따라서 기업은 두 국가에 지불하는 세금의 합계를 최소화하는 방향으로 사내대체가격을 설정하고자 하게 된다.

2) 이상적인 사내대체가격의 요건

이상적인 **사내대체가격 설정(transfer pricing)**의 핵심은 부문의 자율성을 최대한 보장하면서 부문의 자율성이 회사 전체의 이익에 어긋나지 않도록 하는 것이다. 사내대체가격이 갖춰야 할 중요한 요건은 다음과 같다.

첫째, 각 부문의 부문 성과 최대화 노력이 회사 전체의 성과를 최대화할 수 있도록 **목표일치성(goal congruence)**을 달성할 수 있어야 한다.

둘째, 부문의 **자율성(autonomy)**을 최대한 보장해야 한다. 중간재를 공급하는 부서(공급부문)와 사용하는 부서(수요부문)는 자기 부문의 영업이익 최대화를 추구하므로, 공급부서는 높은 사내대체가격을 원하고 수요부서는 낮은 가격을 원한다. 중간재의 내부구입(판매)과 외부구입(판매)에 대해 각 부문이 자율적으로 결정할 수 있도록 하고, 본부는 사내대체가격 결정에 개입하지 않고 두 부문이 자율적으로 결정하도록 허용하는 것이 바람직하다.

셋째, 각 부문은 부문 자체에서 발생하는 원가(비용)를 최소화하기 위해 노력하고, 수요부문은 중간

그림 14-3 최소 및 최대사내대체가격과 협상가능 영역

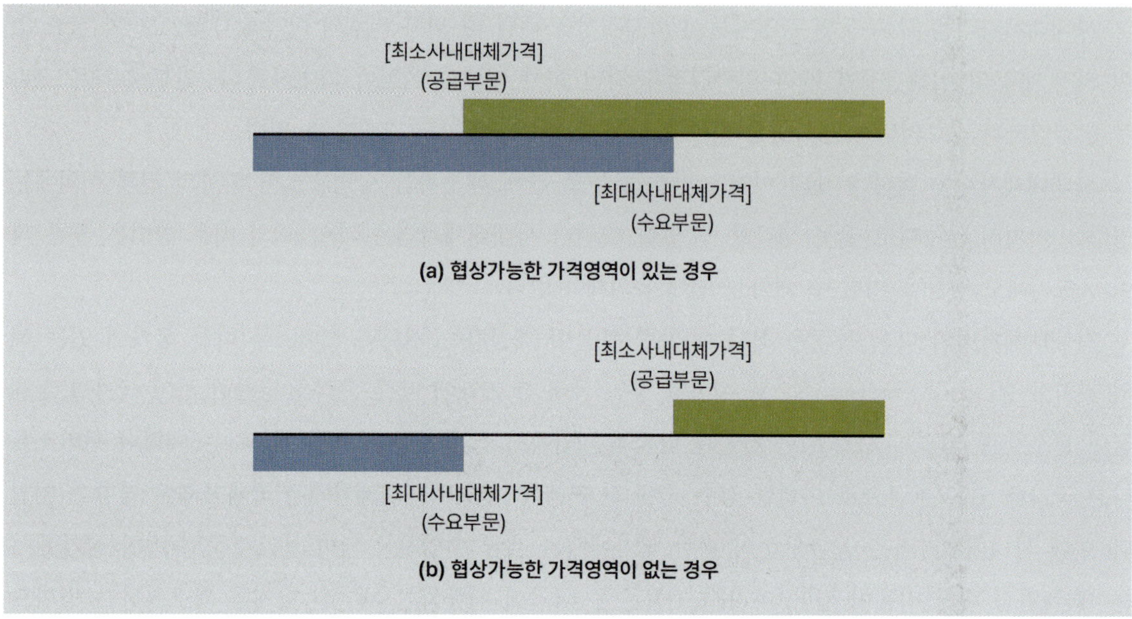

재를 효율적으로 사용하는 한편, 외부로부터 낮은 가격의 중간재를 찾는 데도 노력해야 한다.

넷째, 사내거래제도의 결과로 나타나는 각 부문의 영업이익은 각 부문의 성과를 올바로 반영하여 부문 경영자의 성과평가에 사용할 수 있어야 한다.

그림 14-3에서 (a)는 공급부문이 수용할 수 있는 최소사내대체가격이 수요부문이 수용할 수 있는 최대사내대체가격을 초과하지 않는 경우를 나타낸 것으로서, 두 부문 간에 협상할 수 있는 가격영역이 존재한다. 두 부문 간에 협상가능한 가격영역이 존재할 때는 사내거래를 실시하는 것이 하지 않는 것보다 기업 전체적으로 유리하다. 그러나 (b)와 같이 협상할 수 있는 가격영역이 존재하지 않는다면, 사내거래를 실시하지 않는 것이 기업 전체적으로 유리하다.

이처럼 이상적인 사내대체가격 제도는 각 부문의 경영자가 회사 전체의 성과를 최대화하기 위해 시간과 노력을 투입할 필요 없이 자신의 부문의 성과를 최대화하는 데 집중할 수 있도록 한다. 그러나 모든 상황에서 위의 네 가지 조건을 모두 만족시키는 이상적인 사내대체가격을 찾기는 어렵다. 일반적으로 사용할 수 있는 사내대체가격 기준의 유형을 살펴보자.

3) 대표적인 사내대체가격 기준

사내대체가격은 크게 다음과 같은 유형으로 분류할 수 있다.

- **시장기초가격(market-based transfer prices)** : 기업 외부에서 중간재와 유사한 제품이나 서비스의 시장가격을 찾아 사내대체가격으로 사용하는 방식이다. 중간재와 유사한 제품이나 서비스가 존재하지 않는 경우에는 시장가격이 존재하지 않으므로 아래의 원가기초기준을 비롯한 다른 기준을 사용해야 한다. 일반적으로, 중간재 시장이 완전경쟁적이며[1], 공급부문과 수요부문 간에 상호의존성(interdependency)이 없는 경우 적합한 방법이다. 부문 간의 상호의존성은 공급부문에 미사용설비(unused capacity)가 있거나, 부문 간에 시너지가 있을 때(예 고급 리조트호텔) 존재할 수 있다.
- **원가기초가격(cost-based transfer prices)** : 중간재를 공급하는 데 소요되는 원가를 기초로 사내대체가격을 계산하는 방식으로, 변동원가 또는 전부원가(고정원가+변동원가)를 사용할 수 있고, 원가에 일정한 이윤(markup)을 더하기도 한다. 기업에서 생산하는 중간재와 용도와 품질, 고객서비스 등에 있어서 유사한 제품이나 서비스가 외부시장에 존재하지 않는 경우가 많으므로, 원가기초가격을 사용하는 경우가 많다. 고정원가를 사내대체가격에 포함하는 경우에는 단위당 고정원가 계산을 위해, 실제최대조업도(practical capacity)를 기준조업도로 사용하는 것이 바람직하다[2].
- **협상가격(negotiated transfer prices)** : 중간재의 공급부문과 수요부문이 자율적인 협상을 통해 정하는 가격이다. 부문의 자율성을 최대한 확보할 수 있으나, 두 부문의 협상력에 따라 가격이 달라지므로 협상에 많은 시간과 노력이 소요될 우려가 있다. 관련된 부문의 원가와 중간재의 외부구입 가격 정보가 협상가격에 영향을 미칠 수 있지만, 최종적인 협상가격은 협상력에 의해 좌우된다. 협상의 결과로서 시장기초가격과 원가기초가격이 협상가격이 될 수도 있다. 그러나 협상을 통하지 않고 본부에서 임의로 기준을 설정하면 부문의 자율성이 훼손될 수 있다. 협상가격은 대체로 각 부문의 원가절감 유인을 약화시키지 않으며, 두 부문이 자율적으로 가격을 결정하므로 부문 경영자의 성과평가에 사용하기에도 적합하다.
- **이중가격(dual pricing)** : 중간재의 사내거래가 바람직한 경우에도, 공급부문과 수요부문이 최대한 자기 부문에 유리한 가격으로 사내대체가격을 주장하면 협상에 도달하기 어려울 수도 있다. 이때 부

---

1 완전경쟁시장에서는 공급부문과 수요부문이 중간재를 시장에서 사거나 팔더라도, 공급량과 수요량이 시장가격에 영향을 미치지 않는다.

2 실제최대조업도는 제품이나 서비스의 실질적인 생산능력으로서, 실제 생산량과 무관하게 일정하므로 단위당 고정원가를 일정하게 해준다.

문의 자율성을 유지하면서 고려할 수 있는 가격기준 중 하나가 이중가격이다. 공급부문과 수요부문에 각기 다른 사내대체가격을 설정하는 방식으로 공급부문에는 최대한 높은 가격을 적용하고, 수요부문에는 최대한 낮은 가격을 적용하는 것이다. 이중가격에서는 수치상으로 부문 영업이익의 합계와 기업 전체의 영업이익은 일치하지 않게 된다. 또한 공급부문과 수요부문이 다른 나라에 속해 있을 때 국제조세와 관련된 복잡한 이슈가 발생할 수도 있다.

4) 사내대체가격 예제

다음 예제를 통해 사내대체가격 설정 방법에 대해 학습해보자[3].

예제 14-1

선풍기 제조회사 ㈜신바람은 모터를 제조하는 모터부문과 모터를 공급받아 다른 부품과 결합하여 완제품 선풍기를 만들어 시장에 판매하는 조립부문을 독립적인 이익중심점(profit center)으로 운영하고 있다[4]. 선풍기 한 개에 모터 한 개가 필요하며, 공급부문과 수요부문의 월 실제최대조업도(practical capacity)는 500단위이다. 모터 공급부문과 수요부문의 제조원가는 표 14-1과 같다.

표 14-1 ㈜신바람의 모터 공급부문과 수요부문의 원가구조

	공급부문	수요부문
단위당 변동원가	₩2,000	₩4,400
단위당 고정원가* (고정원가 총액)	₩800 (₩400,000)	₩500 (₩250,000)

* 단위당 고정원가는 현재 공급부문과 수요부문의 월 실제최대조업도 500단위를 기준으로 계산한 원가이다.

중간재인 모터의 외부시장가격은 ₩3,500이며, 선풍기의 시장가격은 개당 ₩10,000이다. 모터 시장은 완전경쟁시장으로, 모터 공급부문과 수요부문은 외부시장에서 ₩3,500의 가격에서 얼마든지 팔고 살 수 있으며, 두 부문의 모터 공급량과 수요량은 시장가격에 영향을 미치지 않는다. 사내대체가격으로서 시장가격과 원가기준에 대해 평가해보자.

3 다양한 상황별 사내대체가격 기준의 적용과 평가에 대한 자세한 예제들은 『최신 관리회계』(홍철규, 2024) 참고.

4 이익중심점은 이익에 대해 책임을 지는(평가를 받는) 단위이다. 아래에서 자세하게 학습한다.

(1) 공급부문과 수요부문이 수용할 수 있는 최소사내대체가격과 최대사내대체가격을 계산하고, 시장가격 기준에 대해 평가해보자.

■ 공급부문과 수요부문이 수용할 수 있는 최소사내대체가격과 최대사내대체가격

모터시장이 완전경쟁일 경우 일반적으로 모터부문에 미사용설비가 존재하지 않는다. 시장가격에 얼마든지 추가로 팔 수 있기 때문이다. 이 경우 공급부문의 최소사내대체가격(증분원가 + 기회비용)은 모터의 시장가격과 정확하게 일치한다. 여기서 증분원가는 ₩2,000이며, 기회비용은 모터를 외부에 판매할 경우 얻게 될 이익으로서 ₩1,500(= ₩3,500 − ₩2,000)이다.

최소사내대체가격
= 단위당 증분원가 + 단위당 기회비용
= 부문 단위당 변동원가 + (모터 시장가격 − 부문 단위당 변동원가)
= ₩2,000 + (₩3,500 − ₩2,000)
= ₩3,500

수요부문의 선풍기 한 단위당 공헌이익(사내대체가격 포함 전)은 ₩5,600(= 선풍기 판매가격 ₩10,000 − 부문 단위당 변동원가 ₩4,400)으로서, 모터의 시장가격 ₩3,500보다 크다. 따라서 수요부문이 지불할 용의가 있는 최대사내대체가격은 둘 중에 작은 금액인 모터의 시장가격 ₩3,500이다.

최대사내대체가격
= min{선풍기 단위당 공헌이익(사내대체가격 포함 전), 모터의 시장가격}
= min{₩5,600, ₩3,500}
= ₩3,500

시장가격 이상에서는 수요부문이 모터를 외부에서 구입하는 것이 더 유리하고, 시장가격 이하에서는 공급부문이 외부시장에 판매하는 것이 더 유리하므로, 시장가격이 부문의 자율성을 보장하는(협상가능한) 유일한 사내대체가격이다.

■ **시장가격 기준의 목표일치성 등 평가**

본 예제에서는 중간재와 최종제품의 시장가격이 있으므로, 두 부문이 사내거래를 하지 않고 외부시장에 의존하더라도 부문별 영업이익과 회사 전체적인 영업이익은 사내거래를 하는 경우와 같다. 이 경우 시장가격 기준은 목표일치성을 달성할 수 있다. 그리고 시장가격은 두 부문이 합의할 수 있는 유일한 사내대체가격이므로 시장가격 기준을 본부에서 제시하더라도 부문의 자율성에 미치는 영향이 적고, 각 부문의 영업이익은 부문의 성과를 올바로 반영하므로 부문 성과평가에도 사용할 수 있다. 또한 시장가격 기준에서 각 부문의 경영자는 부문 원가를 최소화하여 부문 이익을 높이고자 노력하게 된다.

(2) 모터와 선풍기를 월 500대 생산하여 판매할 때, 모터의 사내대체가격을 시장가격인 ₩3,500으로 설정할 경우와 부문 전부원가의 110%로 설정할 경우, 각 부문의 월단위 영업이익을 계산하고 두 가격기준의 영향을 평가해보자.

■ **영업이익 계산**

모터부문 전부원가의 110%인 ₩3,080(=₩2,800×1.1)은 두 부문이 수용할 수 있는 최대, 최소사내대체가격 범위에 속하지 않는다. 따라서 부문 자율성이 보장될 경우, 공급부문은 사내거래를 거부하고 모터를 외부시장에 판매하게 될 것이다. 그러나 만약 전부원가의 110%에서 사내거래가 이루어지는 경우(본부의 지시로 인해), 각 부문의 영업이익과 회사 전체 영업이익은 표 14-2와 같다. 시장가격을 사용할 때와 비교하면, 원가기준을 사용할 때 모터부문의 영업이익은 감소하고, 조립부문의 영업이익은 증가한다. 그러나 두 부문 영업이익의 합계는 두 가격 기준에서 같다.

표 14-2 **(주)신바람의 사내거래와 영업이익**

		사내대체가격	
		시장가격	전부원가의 110%*
모터부문	(1) 매출	₩1,750,000 (=₩3,500x500개)	₩1,540,000 (=₩3,080x500개)
	(2) 부문 총비용	₩1,400,000 (=₩2,800x500개)	₩1,400,000 (=₩2,800x500개)
	(3) 영업이익 (=(1)−(2))	₩350,000	₩140,000

(표 계속)

		사내대체가격	
		시장가격	전부원가의 110%*
조립부문	(4) 매출	₩5,000,000 (=₩10,000x500개)	₩5,000,000 (=₩10,000x500개)
	(5) 부문 총비용	₩2,450,000 (=₩4,900x500개)	₩2,450,000 (=₩4,900x500개)
	(6) 사내대체비용 (=(1))	₩1,750,000 (=₩3,500x500개)	₩1,540,000 (=₩3,080x500개)
	(7) 영업이익 (=(4)−(5)−(6))	₩800,000	₩1,010,000
(8) 영업이익 합계(=(3)+(7))		₩1,150,000	₩1,150,000

* 모터부문 전부원가의 110% =(₩2,000+₩800)×1.1=₩3,080

■ **원가기준의 목표일치성 등 평가**

본 예제에서 두 부문이 자율적으로 협상하도록 허용하더라도 시장가격에서 사내대체가격이 설정되고, 그 결과 회사 전체 이익은 중앙집권적 시스템에서 달성할 수 있는 최대이익과 동일하므로, 부문의 자율성을 최대한 보장하는 것이 좋다. 만약 본부에서 주관하여 사내거래가격 기준을 설정하면 각 부문의 자율성만 훼손되며, 각 부문의 영업이익은 성과평가 자료로 사용하기에 적합하지 않을 수 있다.

원가기준은 부문의 원가절감 유인에도 부정적인 영향을 미칠 수 있다. 예를 들어, 원가기준을 제시하는 경우, 공급부문은 원가를 항상 보전받고 일정한 비율의 이윤(markup)을 보장받을 수도 있으므로, 효율성을 높여 원가를 절감할 유인이 발생하지 않게 된다. 본 예제에서는 모터부문의 원가가 높아지면 모터부문 영업이익이 오히려 증가하도록 사내대체가격이 설정되므로, 공급부문의 책임자는 사내대체가격이 시장과 유사한 수준(수요부문이 수용할 수 있는 한계)까지 부문원가를 증가시킬 유인마저 가질 수 있다.

4. 책임회계의 의의와 구성요소

앞에서 설명한 바와 같이, **경영통제시스템(MCS)**의 설계는 조직에서 책임과 권한의 할당 방식과 연계되어 있다. 권한의 할당 방식(분권화와 중앙집권화)에 이어 책임의 할당과 성과평가에 대해 학습해보자.

책임회계(responsibility accounting)는 조직에서 단위조직(**책임중심점(responsibility center)**)별로 계획(예산)을 수립하고 실적을 측정하여, 관리자가 맡은 업무와 활동에 대한 책임을 얼마나 잘 수행했는지를 보고하는 회계시스템이다. 책임회계제도에서 각 책임중심점은 맡은 업무에 대해 예산과 실적의 차이(variances)를 분석하여 차이 발생 원인을 규명하여 보고하고, 관련 부서에 커뮤니케이션함으로써 필요한 조치를 신속하게 취할 수 있게 해야 한다.

책임회계시스템은 경영통제시스템으로서 **동기부여(motivation)** 기능을 수행할 수 있도록, 분권화된 조직에서 단위조직과 회사 전체의 목표가 일치되도록 **목표일치성(goal congruence)**을 달성하고 관리자의 노력을 유도할 수 있도록 설계해야 한다.

책임회계는 다음과 같은 다섯 가지 요소로 구성된다.

- 책임의 할당(assigning responsibility)
- 예산 수립(establishing budgets)
- 성과측정치의 수립(establishing performance measures)
- 성과평가(evaluating performance)
- 보상 부여(offering rewards)

첫 번째 요소인 책임의 할당은 회사가 수행해야 할 모든 업무를 단위조직별로 할당하는 것을 말한다. 단위조직이 수행해야 할 일에는 맡은 업무를 수행하는 데 필요한 정보를 수집하고, 계획을 수립하고, 실행하며, 분석하고 피드백하는 등 모든 제반 사항이 포함된다. 단위조직이 업무에 대해 맡는 책임은 업무에 대한 통제가능성을 넘어서는 포괄적인 의미를 지닌다.

두 번째 요소인 예산 수립은 참여예산, 활동기준예산, 카이젠예산, 상향식(하향식) 예산, 벤치마킹 등 다양한 방법을 사용하여 실시한다(제13장 참고).

세 번째 요소인 성과측정치의 수립은 원가(비용), 매출액, 영업이익, 투자수익률 등 성과지표(PI, performance indicators)를 정하고, 구체적인 성과평가 방법을 결정하는 것을 포함한다. 예를 들어, 영업이익의 경우, 영업이익 목표 대비 달성도, 전년 대비 증가율, 부서 간의 영업이익 비교 등을 통해 성과를 측정할 수 있다.

업무수행 후 실제 성과가 나오면 단위조직의 성과와 관리자의 성과를 평가한다. 성과평가에서 단위조직의 성과와 관리자의 성과는 구분되어야 한다. 먼저, 단위조직의 효율성과 경쟁력을 평가하여, 필요한 경우 해당 조직의 확대, 축소, 유지, 외부 아웃소싱 등을 결정한다. 다음으로, 성과평가 결과를 이용하여 단위조직의 관리자에 대한 보상수준을 결정한다.

5. 책임중심점의 유형

책임회계를 운영하는 기본 단위조직을 **책임중심점**(responsibility center)이라고 한다. 기업은 다양한 형태로 하부 조직을 구성하여 운영한다. 회계, 생산, 마케팅, 인사 등 기능별로 조직을 구성할 수도 있고, 제품 종류별로 사업부를 둘 수도 있으며, 지역별로 지사를 두기도 하고, 고객 유형별로 B2B, B2C 사업본부를 두기도 한다. 기업이 어떤 형태의 조직구조를 취하든 상관없이, 각 단위조직이 수행하는 활동은 재무적으로 원가(비용), 수익, 이익, 투자와 관련되어 있다.

기업의 단위조직은 그 관리자가 재무적으로 책임을 지는 분야에 따라 다음과 같이 네 가지 **책임중심점**(responsibility center)으로 구분할 수 있다.

- **비용중심점(cost center)** : 관리자가 재무적으로 비용에 대해서만 책임을 지는 단위조직으로서, 대체로 생산부문과 관리부문(총무, 회계, IT 등)이 이에 해당한다.
- **수익중심점(revenue center)** : 관리자가 수익에 대해서만 책임을 지는 단위조직으로서, 마케팅본부가 대표적이다. 일반적으로 수익중심점도 수익 창출을 위해 비용을 발생시키므로 비용에 대해 부분적인 통제를 받는다[5].
- **이익중심점(profit center)** : 관리자가 이익(즉, 수익과 비용)에 책임을 지는 단위조직으로서, 특정 제품을 생산하고 판매하는 책임을 지는 제품 사업부가 이에 해당한다.
- **투자중심점(investment center)** : 관리자가 투자, 수익, 비용 전 분야에 책임을 지는 단위조직으로서, 제품의 생산과 판매, 재고수준, 매출채권의 규모, 설비투자, 공장 증설 등에 관해 포괄적으로 책임을 지는 사업본부나 부문(division)이 이에 해당한다. 설비투자에는 대규모 자금이 소요되는 경우가 많아, 투자중심점의 관리자도 중요한 투자에 대해서는 본부의 승인을 받는 것이 일반적이다.

책임의 범위는 비용중심점과 수익중심점보다 이익중심점이 더 넓으며, 투자중심점이 가장 광범위한 책임을 진다. 따라서 조직의 계층구조에서 상층부로 갈수록 대체로 책임의 범위가 더 넓어져 투자중심점이 되는 경향이 있다.

5 일부 학자들은 수익중심점을 이익중심점의 일종으로 분류하기도 한다.

표 14-3 책임중심별 재무적 책임 요소

	비용(원가)	수 익	이 익	투 자
비용중심점	○			
수익중심점	△*	○		
이익중심점	○	○	○	
투자중심점	○	○	○	○

* 단위조직의 직접비용(광고비 등)에 대해 부분적인 통제와 평가를 받는다.

그림 14-4에서 제조를 담당하는 부서와 판매를 담당하는 부서는 각각 비용중심점과 수익중심점 개념에 부합하고, 각 제품의 제조와 판매를 모두 책임지는 제품 1 부서와 제품 2 부서는 이익중심점 개념에 부합하며, 제품군에 대한 투자, 생산, 판매 의사결정을 총괄하는 부문 A와 부문 B는 투자중심점 개념에 부합한다. 최고경영자는 궁극적으로 회사 전체의 투자와 이익에 대한 책임을 지는 단위이므로 최고 투자중심점이다.

책임중심점에서 관리자의 **책임**(responsibility)은 **통제가능성**(controllability)과 구분되어야 한다. 책임은 통제가능성보다 넓은 포괄적 개념이다. 통제가능성은 담당자가 맡은 업무의 재무적 성과(비용, 수익, 이익, 투자)에 영향을 미칠 수 있는 정도(degree of influence)를 말한다.

그림 14-4 조직의 수직적 위계와 책임중심점의 설정

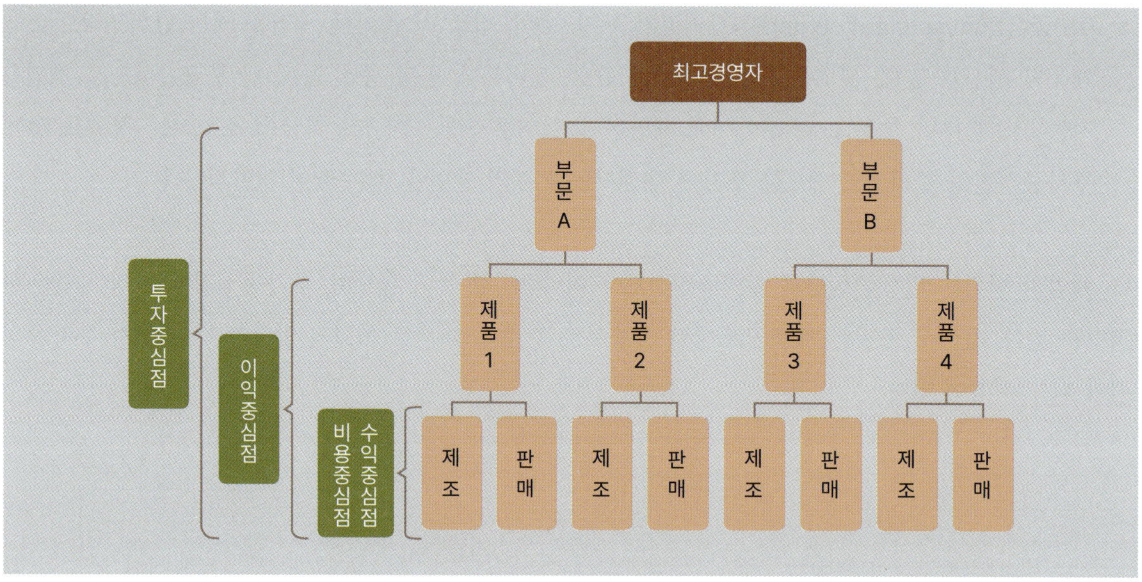

관리자는 자신이 맡은 업무영역을 100% 통제할 수는 없더라도 그 업무영역에 관해 책임을 진다[6]. 성과 향상을 위해 노력하고, 결과에 대해 분석하고, 향후 성과제고 방안을 제시하며, 관련 부서에 커뮤니케이션하고, 보고할 책임을 진다.

6. 책임중심점에 대한 통제와 평가

이제 책임중심점에 대한 통제(control)와 성과평가(performance evaluation)에 대해 학습해보자.

1) 일반적 지침

각 책임중심점의 성과측정치는 전사 균형성과표(BSC)를 하위전개(cascading)하여 설정함으로써, 하위 단위조직이 기업전략의 추진과 달성을 효과적으로 지원할 수 있도록 설계해야 한다. 전통적으로 책임중심점에 대한 통제는 주로 재무적인 요소(비용, 수익, 이익, 투자수익률 등)에 대한 **재무통제(financial control)**가 핵심이었지만, 기업 전략의 중요성이 강조되고 균형성과표(BSC)의 확산에 따라 비재무적 요소에 대한 **비재무적 통제(non-financial control)**의 중요성이 커지고 있다.

따라서 책임중심점의 성과평가에는 재무적(financial)·비재무적(non-financial) 성과측정치를 모두 사용하고, 비재무적 성과측정치에는 종업원 만족도, 정시배달률, 불량률, 고객불만 건수 등 기업 전략의 핵심성공요인(KSF)과 관련된 성과지표들을 포함하는 것이 바람직하다.

재무적 성과측정치들은 주로 관리회계담당자들이 정리하여 보고하지만, 비재무적 측정치들은 담당관리자들이 직접 수집하여 보고하는 경우가 많아, 비재무적 측정치의 정확성이 낮을 수도 있다. 그러나 비재무적 측정치는 기업의 전략적 요소와 연계되어 있고, 의사결정에 필요한 직접적인 정보를 제공한다는 점에서 그 중요성이 크다. 여러 종류의 비재무적 측정치를 사용하는 경우, 상위 관리자는 각 측정치에 대한 상대적 가중치를 설정해서 하위 관리자의 노력투입에 대한 지침을 제공해야 한다.

성과평가 측정치는 객관적(objective), 주관적(subjective) 지표를 모두 포함해야 한다. 매출액, 불량률 등의 검증하기 쉬운 객관적 성과지표는 동료들과의 연대, 부하직원들의 만족도 등 업무수행에 필요한 복합

6 통제가능성이 낮은 경우에도 관리자의 노력은 재무적 성과의 확률분포에 영향을 미칠 수 있다. 노력을 적게 투입하면 성과가 낮게 나올 가능성이 크고, 노력을 많이 투입하면 성과가 높아질 가능성이 크다.

적인 측면을 포함하기 어렵다. 만약 객관적 지표만으로 성과를 측정하면, 측정하기 어렵지만 중요한 업무요소들을 관리자들이 무시하게 될 것이다.

성과측정에는 반드시 성과에 대한 보상(상과 벌)이 수반되어야 한다. 보상은 금전적일 수도 있고, 비금전적일 수도 있다.

책임중심점의 유형별로 업무에 대한 통제와 성과평가를 구체적으로 어떻게 해야 할지에 대해 살펴보자.

2) 비용중심점에 대한 통제와 평가

비용중심점(cost center)에 속하는 대표적인 두 부문은 제조(지원)부문과 일반관리부문이다. 제조(지원)부문은 기계작업, 절단, 조립 등 제조활동에 직접 종사하는 부서와 재료관리부서, 엔지니어링부서, 설비유지보수부서 등 제조활동을 지원하는 부서를 포함한다. 이 부서들에 대한 통제방법은 원가(비용)의 성격에 따라 다르다.

대부분의 원가가 생산량과 무관한 고정원가(fixed cost)인 부서(예 공장관리부서)의 경우에는 단기적으로 원가를 통제하기 어려우므로, 연도말에 성과를 평가하기보다 계획(planning) 단계에서 발생이 예상되는 원가를 고정예산(static budget)으로 확정함으로써 원가발생을 통제한다. 즉, 원가 투입(input)에 대한 통제가 핵심이다.

반대로, 조업도에 따라 변하는 변동원가(variable cost)가 주를 이루는 제조부서(예 기계부서, 조립부서)의 경우에는 원가의 통제가능성이 높으므로, 연도말에 실제 조업도(예 생산량)를 기준으로 실제 발생한 원가의 적정성을 평가하는 것이 바람직하다. 즉, 산출(output)에 기초한 변동예산(flexible budget)과 실제 발생액을 비교하여 평가함으로써 원가를 통제한다(변동예산과 차이분석은 제13장 참고). 원가요소별(직접재료원가, 직접노무원가, 제조간접원가)로 전통적인 원가 차이분석(variance analysis) 기법을 사용하여 차이를 분석하고, 차이 발생 원인을 고려하여 성과를 평가할 수도 있다.

일반관리부문의 원가는 조업도(업무량)가 증가함에 따라 인원의 증가로 인해 계단식으로 상승하는 준고정원가(semi-fixed cost)인 경우가 많다. 일반관리부문의 원가도 실제 발생원가를 변동예산과 비교하여 평가함으로써 원가를 통제할 수 있다. 활동(activity)과 원가동인(cost driver)을 바탕으로 하는 활동기준예산편성(ABB)을 사용하면 예산편성과 차이분석의 정확성을 높일 수 있다.

비용중심점을 비용에 대해서만 통제하는 경우에 문제가 발생할 수 있다. 제품품질과 고객만족 등 비재무적인 요소들에 부정적인 영향을 미칠 수 있다. 예를 들어, 호텔 유지관리부서를 비용중심점으로 설정하고, 예산 단계에서 고정예산(static budget)을 할당한 후 비용지출에 대해서만 평가하는 경우, 호텔 유지관리에 최선을 다할 유인이 발생하지 않을 수 있다. 따라서 호텔 관리상태에 대한 고객의 만족도를 성과측정치에 포함하는 것이 바람직하다. 일반적인 비용중심점의 비재무적 성과측정치로는 불량률, 정시 배달률, 종업원 재해발생 건수, 고객만족도 등을 들 수 있다.

3) 수익중심점에 대한 통제와 평가

마케팅부서와 같은 **수익중심점**(revenue center)은 가격할인, 판촉활동, 배송활동, 고객서비스 등 다양한 수단을 활용하여 매출을 최대화하기 위해 노력한다. 수익중심점에 대한 기본적인 통제와 평가는 연도 초에 도전적인 매출목표(고정예산)를 설정하고 실적을 목표와 비교하여 평가하는 것이다. 아울러, 판매량, 판매가격, 시장점유율과 전체 시장규모 등의 영향을 구체적으로 분석하여 평가에 반영할 수도 있고, **상대적 성과평가**(RPE, Relative Performance Evaluation)를 사용하여 동종 기업들과 비교하여 평가할 수도 있다.

또한, 비용 발생을 고려하여 마케팅부서의 성과측정치로서 매출액 대신, 매출액에서 마케팅부서에 추적가능한 비용을 차감한 순수익(net revenue)을 사용할 수도 있다. 제약업종이나 화장품업종과 같이, 제품 광고와 홍보에 상당한 비용이 발생하는 업종도 있다. 이런 경우 마케팅부서를 수익중심점이 아닌 이익중심점으로 설정해서 통제하는 것도 고려할 수도 있다.

수익중심점의 성과평가도 재무적인 성과(매출)에만 한정할 경우, 고객만족도나 판매 후 고객지원서비스의 품질이 하락할 수 있으므로 비재무적 요소에 대한 평가를 병행해야 한다.

4) 이익중심점에 대한 통제와 평가

이익중심점(profit center)은 비용과 수익 모두에 관해 책임을 지는 단위이다. 기본적인 통제방법은 예산 설정 시에 도전적인 이익목표를 설정하고 실적을 목표와 비교하는 것이다. 이익중심점의 평가에도 환경 불확실성을 반영하여 **상대적 성과평가**(RPE) 등을 고려할 수 있다.

이익중심점의 성과보고서는 원가에 대한 통제가능성을 반영하여 표 14-4와 같이 작성할 수 있다. 먼저, 원가를 변동원가와 고정원가로 구분하여 **부문 공헌이익**(contribution margin)을 보고한다. 고정원가는 다시 부문 관리자가 단기적으로 통제할 수 있는 통제가능 고정원가(예 광고비, 시장조사비)와 통제하기 어려운 통제불능 고정원가(예 감가상각비, 보험료)로 구분하고, 부문 공헌이익에서 통제가능 고정원가를 차감한 이익을 **부문 통제가능 이익**(표 14-4에서 (5))으로 별도로 보고한다.

표 14-4 이익중심점 성과보고서

(단위 : 억원)

	회사 전체	부문 A	부문 B
(1) 매출	2,400	1,500	900
(2) 변동원가	750	400	350
(3) 공헌이익(=(1)−(2))	1,650	1,100	550
(4) 통제가능 고정원가	450	300	150
(5) 통제가능 이익(=(3)−(4))	1,200	800	400
(6) 통제불능 고정원가	550	350	200
(7) 단위조직 이익(=(5)−(6))	650	450	200
(8) 부문별 추적이 불가능한 원가	150		
(9) 영업이익(=(7)−(8))	500		

통제가능 이익은 이익중심점 관리자의 단기적인 성과를 비교적 잘 나타내 줄 수 있지만, 단위조직의 매출에서 해당 조직에 추적가능한 모든 원가를 차감한 단위조직 이익(표 14-4에서 (7))이 관리자의 장단기적인 원가관리 책임을 포괄적으로 반영한 이익이다. 따라서 통제가능 이익보다 단위조직 이익이 책임회계 관점에 더 잘 부합한다[7]. 그러나 부문별로 추적이 불가능한 원가는 단위조직의 성과와 거리가 있으므로 단위조직의 성과에 포함하지 않는 것이 바람직하다.

이익중심점의 성과평가도 재무적인 성과(이익)에만 한정하지 않고, 종업원 만족도, 제품의 품질, 불량률, 고객만족도, 고객지원서비스의 품질 등 비재무적 요소에 대한 평가를 병행해야 한다.

5) 투자중심점에 대한 통제와 평가

투자중심점(investment center)은 수익을 창출하고 원가를 통제하며, 자본투자 의사결정에 책임을 지는 단위이다. 기업의 단위조직 책임 중에서 가장 포괄적인 책임을 지는 단위로서, 최고경영자를 비롯한 대규모 사업부를 관장하는 부문 경영자들은 대체로 투자중심점의 관리자에 해당한다. 투자중심점은 투자에 대한 의사결정권을 보유한 경우가 많으므로 원가에 대한 통제가능성이 비용중심점과 이익중심점에

7 이익중심점의 성과보고서는 제품별, 지역별, 주요 고객별로 상세하게 작성할 수 있다.

비해 크게 증가한다.

투자에 관해 책임을 지는 투자중심점은 이익으로만 성과를 평가할 수 없다. 이익은 투자 규모의 차이를 올바로 반영하지 못하기 때문이다[8]. 투자중심점을 이익 기준으로 평가하면, 관리자는 양(+)의 이익이 예상되는 모든 투자안에 투자하려는 유인을 가지게 되어 **과잉투자**(overinvestment)가 발생할 가능성이 있다. 투자 규모를 고려한 투자중심점의 대표적인 재무적 성과측정치로는 투자수익률, 잔여이익, 경제적 부가가치 등이 있다. 투자중심점의 성과평가에서도 균형성과표(BSC)를 활용하여 다양한 비재무적 요소에 대한 평가를 병행해야 한다.

7. 투자중심점의 재무적 성과평가 지표

투자중심점의 성과지표에 대한 설명을 위해 다음 예제를 사용하자.

예제 14-2

전자제품을 제조하여 판매하는 ㈜가희는 반도체 사업부, 가전제품 사업부, 디스플레이 사업부 등 세 개의 사업부를 투자중심점으로 운영하고 있다. 세 사업부의 20X4년 사업부별 요약 손익계산서 및 재무상태표는 각각 표 14-5, 표 14-6과 같다. 재무상태표에서 비유동부채와 자기자본은 사업부별 배분이 어려워 회사 전체적으로만 나타내었으며, 이에 따라 손익계산서에서 비유동부채의 이자비용과 법인세 및 당기순이익도 ㈜가희 전체적으로만 나타내었다(유동부채 이자는 없는 것으로 가정). 법인세율은 24%로 가정하였으며, 기타 장기부채와 자기자본에 관한 자료는 표 14-7과 같다. 재무적 성과지표를 학습해보자.

표 14-5 ㈜가희 사업부별 요약 손익계산서(단위 : 억원)(20X4.1.1. ~ 20X4.12.31.)

	반도체 사업부	가전제품 사업부	디스플레이 사업부	합 계
매출	550,000	200,000	140,000	890,000
변동원가	125,000	108,000	69,200	302,200
고정원가	357,500	62,000	58,800	478,300

(예제 계속)

8 이익은 감가상각비를 차감한 수치이므로 투자의 영향을 일정 부분 반영한다. 그러나 이익에는 투자 자금에 대한 기회비용은 반영되지 않는다. 예를 들어, 토지에는 감가상각비가 발생하지 않지만 막대한 기회비용이 있다.

	반도체 사업부	가전제품 사업부	디스플레이 사업부	합 계
영업이익	67,500	30,000	12,000	109,500
장기부채이자(10%)				26,000
세전이익				83,500
법인세(24%)				20,040
세후 순이익				63,460

표 14-6 (주)가희 사업부별 요약 재무상태표(단위 : 억원)(20X4.12.31.)

	반도체 사업부	가전제품 사업부	디스플레이 사업부	합 계
유동자산(순)	75,000	30,000	20,000	125,000
비유동자산(순)	300,000	120,000	100,000	520,000
자산총계	375,000	150,000	120,000	645,000
유동부채	50,000	20,000	15,000	85,000
비유동부채				260,000
자기자본				300,000
자본총계				645,000

표 14-7 (주)가희의 20X4년 부채, 자본, 세율 자료

		비 중	비 고
장기부채 이자율	10%		
장기부채 장부(시장)가치	260,000	25%	장부가치와 동일
자기자본 자본비용	15%		CAPM 이용 산출
자기자본 시장가치	780,000	75%	
자기자본 장부가치	300,000		
법인세율	24%		

1) 투자수익률

투자수익률(ROI, Return on Investment)은 듀퐁(DuPont)에서 사업확장에 따라 여러 사업 부문의 상대적 수익성을 비교하기 위해 개발한 지표로서, 투자(investment) 대비 이익(income)의 비율을 나타내는 회계적 수익

률 지표이다.

$$투자수익률 = \frac{이익}{투자}$$

식에서 투자는 기업에서 여러 가지 형태로 정의해서 사용할 수 있으나 일반적으로 총자산(total asset)을 많이 사용한다. 이익의 경우, 기업 전체의 투자수익률을 계산할 때는 당기순이익(net income)을 많이 사용하고, 기업 내 단위조직의 투자수익률을 계산할 때는 영업이익(operating income)을 많이 사용한다[9]. 기업에서 조달한 장기부채에 대한 이자비용 등을 각 부문 단위로 별도로 구분하기 어려운 경우가 많기 때문이다.

㈜가희의 세 사업부의 투자수익률을 계산하면 **표 14-8**과 같다.

표 14-8 사업부별 투자수익률(ROI)

사업부	영업이익	÷	자산총계	=	ROI
반도체	67,500억원	÷	375,000억원	=	18%
가전제품	30,000억원	÷	150,000억원	=	20%
디스플레이	12,000억원	÷	120,000억원	=	10%

투자수익률은 부문의 수익성에 영향을 미치는 3대 요소, 즉 매출, 비용, 투자를 하나의 비율지표로 나타내주는 장점이 있다. 또한 기업 내외부의 여러 투자 대안들의 수익률과 서로 비교할 수 있게 해주는 지표로서 가장 보편적으로 사용된다.

$$투자수익률 = \frac{매출}{투자} \times \frac{이익}{매출}$$

$$= 투자회전율 \times 매출액이익률$$

각 사업부의 투자수익률을 **투자회전율**(Investment Turnover)과 **매출액이익률**(ROS, Return on Sales)로 분리

9 총자산을 투자로 사용하고, 순이익을 이익으로 사용하는 경우 총자산수익률(ROA, Return on Assets)이라고도 부른다.

하면 표 14-9와 같다.

표 14-9 (주)가희의 2024년 사업부별 ROI 분석(반올림 처리)

사업부	투자회전율	×	매출액이익률	=	ROI	순위
반도체	1.47 (=550,000÷375,000)	×	0.12 (=67,500÷550,000)	=	0.18	2
가전제품	1.33 (=200,000÷150,000)	×	0.15 (=30,000÷200,000)	=	0.2	1
디스플레이	1.17 (=140,000÷120,000)	×	0.09 (=12,000÷140,000)	=	0.1	3

세 부문 중에서 반도체 사업부는 투자가 가장 많지만, 투자회전율도 가장 높다. 그러나 매출액이익률이 가전제품 사업부에 비해 낮은 편이다. 이로 인해 가전제품 사업부에 비해 투자수익률이 낮다. 각 사업부를 평가할 때 투자회전율이나 매출액이익률 지표만을 가지고 상대적 우위를 평가하지 않아야 한다. 각 사업부가 속한 산업 영역에 따라 투자회전율과 매출액이익률이 차이를 보일 수 있기 때문이다[10].

각 사업부는 매출, 비용, 투자를 적절히 조합하여 다음과 같은 방법을 사용함으로써 투자수익률을 증가시킬 수 있다.

첫째, 투자회전율을 증가시킨다. 매출액과 매출액이익률에 대한 영향을 최소화하고 투자를 감소시킬 수도 있으며, 반대로, 투자와 매출액이익률에 대한 영향을 최소화하고 매출을 증가시켜 투자회전율을 증가시킬 수도 있다.

둘째, 매출액이익률을 증가시킨다. 매출과 투자에 대한 영향을 최소화하고 원가를 절감하여 이익을 늘림으로써 가능하다.

셋째, 투자회전율과 매출액이익률을 동시에 증가시킨다. 가격을 인상하더라도 판매량에 영향이 적어 매출과 이익이 동시에 증가하는 경우에 가능하다.

넷째, 기존의 투자수익률보다 투자수익률이 더 높은 신규 투자를 통해 전체 투자수익률을 증가시킨다.

10 일반적으로 투자수익률은 소속 산업에 무관하게 기업(부문)의 투자 대비 수익성을 평가할 수 있게 해준다. 그러나 투자회전율과 매출액이익률은 소속 산업에 의해 크게 좌우된다. 예를 들어, 보석산업은 높은 제품 가격으로 인해 투자의 비중이 높아 투자회전율이 낮으나 매출액이익률이 높다. 반대로, 대형할인점은 투자회전율이 높으나 매출액이익률이 낮다. 종합하면, 두 산업의 투자수익률은 (이론적으로) 유사해야 한다. 산업 전체적으로 투자수익률이 낮은 산업은 매력이 떨어지는 산업이라고 할 수 있다.

2) 잔여이익

잔여이익(RI, Residual Income)은 다음과 같이 계산한다.

잔여이익(RI) = 이익 − 투자×필수수익률

즉, 회계적 이익에서 투자에 **필수수익률**(RRR, Required Rate of Return)을 곱한 금액을 차감하여 계산한다. 필수수익률은 기업이 투자에 대해 요구하는 최소한의 수익률로서 각 투자가 안고 있는 위험에 따라 다르게 정할 수 있다. 투자에 필수수익률을 곱한 금액을 **투자의 부가원가**(implied cost of the investment)라고 한다. 투자의 부가원가란 회계적으로는 비용으로 인식되지 않지만, 투입된 자금에 대한 기회비용(opportunity cost)으로서 투자에 따른 비용이다. 따라서 잔여이익은 투자에 대한 기회비용을 차감한 후 남는 이익이라는 의미이다.

예제에서 ㈜가희의 세 사업부의 필수수익률이 모두 13.75%로 같다고 가정하면, 잔여이익은 표 14-10과 같이 계산한다.

표 14-10 ㈜가희의 2024년 사업부별 잔여이익(RI)

사업부	영업이익(억원)	−	투자(억원)	×	필수수익률(%)	RI(억원)	순위
반도체	67,500	−	375,000	×	13.75	15,937.5	1
가전제품	30,000	−	150,000	×	13.75	9,375	2
디스플레이	12,000	−	120,000	×	13.75	−4,500	3

세 사업부 중에서 반도체 사업부의 잔여이익이 가장 많고 가전제품 사업부가 다음이다. 디스플레이 사업부의 경우, 영업이익은 12,000억원으로서 흑자를 나타내고 있으나, 잔여이익이 음(−)의 값으로서, 회사가 요구하는 필수수익률을 달성하지 못한다는 것을 알 수 있다.

3) 경제적 부가가치

경제적 부가가치(EVA, Economic Value Added)는 잔여이익(RI)의 변형된 형태로서, 조직이 창출한 경제적 가치를 측정하고자 하는 지표이다.

경제적 부가가치 = 세후 조정영업이익 − 세후 가중평균자본비용 × 장기자금

경제적 부가가치는 잔여이익 계산에서 사용하는 이익을 세후 조정영업이익(after-tax operating income)으로 구체화한다. 또한 투자의 부가원가를 계산할 때, 필수수익률은 **세후(after-tax) 가중평균자본비용(WACC, Weighted Average Cost of Capital)**을 사용하고, 투자는 **장기자금(long-term fund)**을 사용한다.

먼저 세후 조정영업이익에 대해 구체적으로 살펴보자. 조정영업이익은 보수주의에 입각한 회계이익인 영업이익을 경제적 가치를 반영하기 위해 조정한 영업이익이다. 연구개발비, 구조조정비용 등 기업에 장기적인 혜택이 발생하는 비용은 당기에 영업비용으로 처리하지 않고 자산화하여 감가상각을 실시하는 방식으로 영업이익과 자산금액을 조정한다. 여기서, 당기순이익이 아닌 영업이익을 이익으로 사용하는 이유는 조직이 창출한 진정한 경제적 가치에 부합할 수 있도록 하기 위한 것이다. 세금은 조직 외부로의 유출이므로 이익은 세후 기준으로 계산한다.

투자액으로는 자금조달 원천 중에서 장기자금을 사용하는데, 그 이유는 기업(부문)의 투자 중에서 장기자금으로 재원을 조달한 투자에 대해서만 투자수익을 기대하는 것이 합리적이기 때문이다. 전체 자금 중에서 유동부채 상환에 필요한 단기성 자금은 투자에 적합하지 않으므로 수익 요구 대상에서 제외된다. 장기자금은 다음과 같이 나타낼 수 있다.

장기자금 = 총자산 − 유동부채 = (비유동자산 + 유동자산) − 유동부채 = 비유동자산 + (유동자산 − 유동부채) = 비유동자산 + 운전자본 여기서, 운전자본 = 유동자산 − 유동부채

투자액인 장기자금은 자산 구성 측면에서는 비유동자산과 운전자본(working capital)으로 구성되지만, 조달 원천으로는 그림 14-5 와 같이 비유동부채(타인자본)와 자기자본, 두 가지로 구성된다. 각각에 대한 이자율(수익률)을 두 자금 원천에 대해 가중평균하여 하나의 수치로 나타낸 것이 **가중평균자본비용(WACC)**이다.

세후 가중평균자본비용(WACC)은 다음과 같이 계산한다.

세후 가중평균자본비용(WACC) = (세후 타인자본비용 × 타인자본비중) + (자기자본비용 × 자기자본비중)

그림 14-5 **자산의 구성과 장기자금**

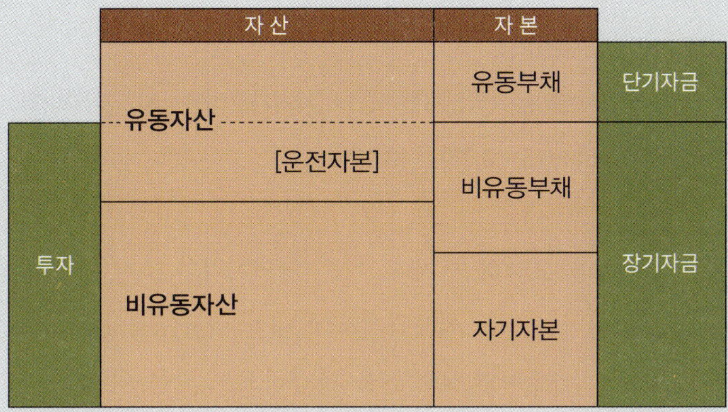

경제적 부가가치 계산에서 사용되는 투자액은 모두 장기자금을 대상으로 하므로, 타인자본은 장기성부채인 비유동부채에 국한한다. 따라서 타인자본비용도 비유동부채의 이자율을 사용한다. 본 예제에서 비유동부채의 이자율은 10%로 가정하고 있으므로, 세후 타인자본비용은 다음과 같이 계산한다[11].

세후 타인자본비용 = 세전 타인자본비용 × (1−법인세율) = 10% × (1−0.24) = 7.6%

기업의 자기자본비용은 일반적으로 자본자산 가격결정모델(CAPM)을 이용하여 계산하며, 우리는 위에서 ㈜가희의 자기자본비용은 15%인 것으로 가정하였다[12].

타인자본(비유동부채)과 자기자본의 비중을 계산할 때, 비유동부채의 가치와 자기자본의 가치는 시장가치(market value)를 사용하는 것이 바람직하다. 그러나 장부가치를 사용하여 계산하기도 한다. 본 예제에서는 시장가치를 사용하였으며, 비유동부채와 자기자본의 상대적 비중은 각각 0.25와 0.75이다(표 14-7)[13].

---

11 타인자본에 대한 이자는 비용으로서 세금을 줄여주는 효과가 있다. 따라서 세금효과를 고려하면 타인자본비용은 세전에 비해 감소한다. 예를 들어, 세전 이자비용이 ₩100인 경우, 이자로 인해 세전 이익이 ₩100 감소하여, 세금(세율 : 24%인 경우)이 ₩24 감소한다. 따라서 세금효과를 고려한 이자비용은 ₩76이 된다.

12 기업 전체가 아닌 사업부의 자기자본비용은 사업부의 위험과 유사한 사업위험을 가진 기업의 자기자본비용을 사용해야 한다. 그러나 본 예제에서는 ㈜가희의 사업부별 자기자본비용을 모두 15%로 같다고 가정하였다.

13 사업부별로 비유동부채와 자기자본의 실제 투입비중을 계산하는 것은 가능하지 않다. 따라서 사업부의 장기자금의 구성비율은 회사 전체의 비율과 동일한 것으로 가정하여 계산한다.

이를 이용하여 세후 가중평균자본비용을 계산하면 다음과 같다.

세후 가중평균자본비용

= (세후 타인자본비용 × 타인자본비중) + (자기자본비용 × 자기자본비중)

= (7.6 × 0.25) + (15 × 0.75) = 13.15%

경제적 부가가치 계산의 핵심을 요약하면, 세후 기준, 영업이익의 조정, 가중평균자본비용, 장기자금 사용이다[14]. 이처럼 경제적 부가가치는 모든 이해관계자에 대한 비용(공급업체의 재료원가, 종업원 인건비, 타인자본 이자비용, 자기자본 기회비용, 국가에 대한 세금 등)을 차감하고도 남은 이익으로서 기업(부문)이 창출한 진정한 경제적 가치라 할 수 있다.

이상의 결과를 이용하여, ㈜가희의 사업부별 경제적 부가가치를 계산하면 **표 14-11**과 같다.

표 14-11 ㈜가희의 2024년 사업부별 EVA

사업부	세후 영업이익(억원)	−	[WACC×(총자산−유동부채)] (억원)	=	EVA(억원)	순위
반도체	51,300 (=67,500×0.76)	−	42,737.5 [=13.15%×(375,000−50,000)]	=	8,562.5	1
가전제품	22,800 (=30,000×0.76)	−	17,095 [=13.15%×(150,000−20,000)]	=	5,705	2
디스플레이	9,120 (=12,000×0.76)	−	13,807.5 [=13.15%×(120,000−15,000)]	=	−4,687.5	3

경제적 부가가치 기준에서 사업부별 순위는 반도체, 가전제품, 디스플레이 순으로서, 잔여이익과 동일하게 계산되었다.

4) 투자수익률의 문제점

투자수익률(ROI) 지표를 투자중심점 관리자의 성과평가 지표로 사용하면, 관리자들이 기업가치 최대화

14 세후 영업이익(after-tax operating income)은 NOPAT(net operating profit after tax)이라고도 불린다.

(목표일치성)에 부합하지 않는 방향으로 행동할 수도 있다. 다음 예제를 이용하여 확인해보자.

예제 14-3

㈜가희의 가전제품 사업부는 공기청정기 제품에 대한 신규 투자기회를 검토하고 있다. 내부검토에 의하면, 공기청정기 제품을 제조하여 판매하더라도 기존 제품의 판매에 미치는 영향은 전혀 없다. 공기청정기 제품 제조에는 1조원의 신규투자가 요구되며, 매년 1,600억원의 세전 영업이익이 발생할 것으로 예상된다. 가전제품 사업부의 관리자가 투자수익률에 의해 평가받을 경우, 공기청정기 사업에 투자할 것인지 분석해보자.

공기청정기 사업의 연간 투자수익률은 다음과 같다.

$$\text{공기청정기 사업의 투자수익률} = \frac{\text{이익}}{\text{투자}} = \frac{1{,}600\text{억원}}{10{,}000\text{억원}} = 16\%$$

신규사업의 연간 투자수익률 16%는 ㈜가희가 요구하는 필수수익률(RRR)인 13.75%를 상회하므로, 가전제품 사업부가 공기청정기 사업에 투자하는 것이 회사 차원에서 바람직하다. 그러나 공기청정기 사업에 투자할 경우, 가전제품 사업부의 투자수익률은 **표 14-12**와 같이 19.75%로 감소한다. 이는 공기청정기 사업의 투자수익률이 기존의 사업부 수익률인 20%보다 낮은 16%이기 때문이다.

표 14-12 가전제품 사업부의 신규투자 전후 ROI 비교

	영업이익	÷	자산총계	=	ROI
신규투자 전	30,000억원	÷	150,000억원	=	20%
신규투자 후	31,600억원	÷	160,000억원	=	19.75%

따라서 투자수익률 기준으로 평가할 경우, 관리자는 기존 투자수익률보다 낮은 신규 투자를 모두 회피하는 **과소투자(underinvestment)** 현상이 발생한다. 투자수익률 기준 평가에서 각 사업부는 유휴설비와 과다한 현금 보유를 줄이고, 재고를 적절히 유지하는 방식으로 비효율적인 투자를 줄임으로써 투자수익률을 증가시킬 수 있다. 그러나 극단적으로는 회사가 기대하는 필수수익률을 상회하는(그러나 사업부의 현재 투자수익률보다 낮은) 투자 분야에서 철수하는 방식으로도 사업부의 투자수익률을 증가시킬 수 있다.

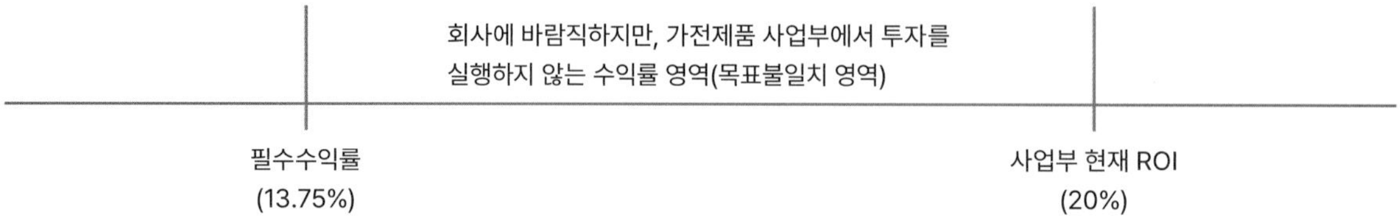

투자수익률로 평가할 경우, 디스플레이 사업부가 어떤 투자의사결정을 내릴지에 대해서 생각해보자. 디스플레이 사업부의 현재 투자수익률은 10%로서 필수수익률 13.75%에 미치지 못하는 상황이다. 만약 디스플레이 사업부가 투자수익률이 12%인 신규투자안을 발견한다면 어떻게 행동할 것인가? 신규투자안의 투자수익률이 현재 사업부의 투자수익률보다 높으므로 신규투자를 실행하게 될 것이다. 그러나 신규투자의 투자수익률은 회사가 기대하는 필수수익률 13.75%에 미치지 못하므로 신규투자는 회사의 이익에 부합하지 않는다.

이처럼 투자수익률 기준 평가에서는 **목표불일치**(goal incongruence) 문제가 발생한다. 회사의 투자기준은 필수수익률이지만, 관리자의 투자 실행 기준은 기존 투자수익률이기 때문이다.

5) 잔여이익과 경제적 부가가치의 목표일치성

투자수익률(ROI)은 비율로 계산하지만, 잔여이익(RI)과 경제적 부가가치(EVA)는 절대금액으로 계산한다. 따라서 잔여이익과 경제적 부가가치를 투자중심점 관리자의 성과평가 지표로 사용하면, 관리자들은 투자에 요구되는 필수수익을 초과하는 이익(즉, 양(+)의 잔여이익과 경제적 부가가치)을 벌 수만 있다면 투자를 계속 실행하게 된다. 이것은 기업가치 최대화에 부합하는 행동으로서, **목표일치성**(goal congruence)을 달성할 수 있게 해준다.

예제에서 잔여이익을 평가 기준으로 사용할 경우를 검토해보자. 공기청정기 사업의 잔여이익을 계산하면 다음과 같다.

공기청정기 사업의 잔여이익 = 이익 − 투자 × 필수수익률 = 1,600억원 − 10,000억원 × 13.75% = 225억원

신규사업의 잔여이익과 경제적 부가가치는 기존 사업과 무관하게 추가적으로 발생하는 것이므로,

표 14-13과 같이 가전제품 사업부의 신규투자 후의 잔여이익은 225억원이 증가하는 효과가 있다. 따라서 가전제품 사업부의 관리자를 잔여이익이나 경제적 부가가치 기준으로 평가하면, 관리자들은 기존 잔여이익이나 경제적 부가가치와 상관없이 공기청정기 사업에 투자하게 될 것이다. 이것이 바로 회사 전체의 이익에 부합하는 투자의사결정 기준이다.

표 14-13 (주)가희의 가전제품 사업부의 신규투자 전후 RI 비교

	영업이익	−	투자	×	필수수익률	RI
신규투자 전	30,000억원	−	150,000억원	×	13.75%	9,375억원
신규투자 후	31,600억원	−	160,000억원	×	13.75%	9,600억원
차이						225억원

6) 투자중심점 성과평가 지표 비교

이상에서 분석한 세 사업부의 주요 재무자료를 요약하면 표 14-14와 같다. 투자수익률(ROI) 기준으로는 가전제품 사업부가 가장 우수하고, 반도체 사업부가 다음이다. 그러나 잔여이익(RI)과 경제적 부가가치(EVA) 기준으로는 반도체 사업부가 가장 우수하고, 가전제품 사업부가 다음이다. 디스플레이 사업부는 두 기준 모두에서 성과가 가장 나쁘다.

반도체 사업부는 가전제품 사업부보다 영업이익이 두 배 이상 높지만, 총자산도 두 배 이상 높아 결과적으로 투자수익률이 가전제품 사업부보다 낮다. 두 사업부의 영업이익은 투자에 대한 필수수익을 초과하여 잔여이익과 경제적 부가가치가 모두 양(+)의 값을 나타내고 있다. 그러나 디스플레이 사업부는

표 14-14 (주)가희의 사업부별 주요 재무자료 요약

	반도체 사업부	가전제품 사업부	디스플레이 사업부	합 계
매출(억원)	550,000	200,000	140,000	890,000
영업이익(억원)	67,500	30,000	12,000	109,500
자산총계(억원)	375,000	150,000	120,000	645,000
ROI(%)(순위)	18%(2)	20%(1)	10%(3)	
RI(억원)(순위)	15,937.5(1)	9,375(2)	−4,500(3)	
EVA(억원)(순위)	8,562.5(1)	5,705(2)	−4,687.5(3)	

투자 대비 영업이익이 낮아, 잔여이익과 경제적 부가가치가 모두 음(−)의 값을 나타내고 있다.

투자수익률(ROI)이 가장 높은 가전제품 사업부와 잔여이익(RI)과 경제적 부가가치(EVA)가 가장 높은 반도체 사업부 중에서 어느 사업부가 더 우수하다고 할 수 있는가? 투자수익률은 투자한 자금에 대한 이익의 비율을 측정하는 비율지표로서 투자의 효율성(efficiency)을 나타낸다. 반면에, 잔여이익과 경제적 부가가치는 투자에 요구되는 필수수익을 차감하고 남은 이익(가치)을 측정하는 절대금액 지표이다.

투자 자금 확보가 어려운 시기에는 투자의 효율성이 높은 투자안을 선택하는 것이 바람직할 수도 있지만, 그렇지 않은 상황에서는 기업가치에 기여하는 바가 더 큰 투자, 즉, 잔여이익(경제적 부가가치)의 규모가 큰 투자가 더 바람직하다. 따라서 이론적으로 잔여이익과 경제적 부가가치가 더 우수하다고 할 수 있다[15]. 그러나 각 성과지표가 측정하고자 하는 성과의 측면이 다르므로, 각 지표의 의미와 한계를 고려하여 보완적으로 사용하는 것이 좋다.

8. 조직평가와 개인평가의 구분

조직의 성과평가와 조직 관리자의 성과평가는 구분해야 한다. 예를 들어, 유능한 임원이 적자부문에 투입되어 적자 폭을 대폭 줄인 경우, 해당 부문의 성과는 여전히 나쁜 상태이지만 해당 임원의 성과는 높이 평가받아야 할 것이다.

또한 부문 경영자가 통제할 수 없는 환경요인으로 인해 해당 부문의 성과가 나쁜 경우에도, 유사한 환경요인에 처한 다른 부문들의 성과보다 나은 경우에는 해당 부문 경영자의 성과는 나쁘다고 할 수 없다.

조직에 대한 평가는 산출(output)(실적)에 대한 평가이지만, 개인에 대한 평가는 기본적으로 개인의 노력을 유도하기 위한 것으로서 투입(input)에 대한 평가가 바람직하다. 개인평가에서 종종 산출을 기준으로 평가하는 것은 관찰이 가능한 산출을 평가함으로써 관찰하기 어려운 투입(노력)을 유도하기 위한 것이다.

따라서 **개인 성과평가지표**는 조직의 성과지표를 그대로 사용하기보다, 개인의 노력에는 민감하지만,

15 ₩1,000,000을 투자하여 ₩500,000을 벌 수 있는 투자안과 ₩100,000을 투자하여 ₩90,000을 벌 수 있는 투자안 중에서 하나를 택한다면, 어느 투자안을 택하겠는가!

환경의 영향은 덜 받는 성과지표들을 사용하는 것이 바람직하다. 비재무적 성과지표들은 재무적 성과지표보다 개인의 통제가능성이 더 높아 개인의 노력에 더 민감하게 반응하는 경우가 많고, 신속한 피드백이 가능하다는 장점이 있다. 또한 비재무적 성과지표들은 관리자가 장기적이고 지속적인 성과에 관심을 가지도록 유도하는 긍정적인 역할을 한다.

연습문제

01 분권화와 사내대체가격에 관한 다음 설명 중에서 옳지 않은 것은?

① 분권화된 조직에서도 구매, IT, 법률 등에 분야는 중앙(본부)에서 주도적으로 관리할 수도 있다.
② 회사의 경영환경이나 활동에 필요한 정보와 지식의 특성에 따라 중앙집권화가 분권화보다 바람직할 수도 있다.
③ 사내대체가격은 관련 부서들의 내부거래 가격이므로, 회사 전체의 이익에는 영향을 미치지 않는다.
④ 분권화된 조직에서 사내대체가격을 사용하면, 각 부문의 자기 부문 이익추구로 인한 준최적화를 방지하는 데 도움이 된다.

02 이상적인 사내대체가격이 갖추어야 할 특성이 아닌 것은?

① 회사와 부문 간의 목표일치성 유도
② 부문의 이기적인 행동을 방지하기 위한 중앙통제 우선
③ 각 부문 성과를 올바로 반영하여 부문 성과를 성과평가에 사용 가능
④ 중간재 제공부문에 대해 원가 효율화 유인 부여

03 대체가격 결정방법 (2007 CPA)

㈜트랜스퍼는 서로 독립적으로 운영되는 중간사업부와 최종사업부로 이루어져 있다. 중간사업부는 중간제품을 생산해 이를 최종사업부에 공급하거나 경쟁적인 외부 시장에 판매한다. 최종사업부는 중간제품을 가공하여 이를 외부 시장에 판매한다. 회사의 최고경영자는 사업부의 자율경영을 촉진하기 위해 중간제품에 대한 내부 이전가격(transfer pricing) 제도의 도입을 검토 중이다. 이와 관련된 다음 설명 중 적절하지 않은 것은?

① 회사가 중간사업부를 이익중심점 또는 투자중심점으로 설정하기 위해서는 내부 이전가격제도의 도입이 필요하다.
② 중간제품에 대한 경쟁적인 외부 시장이 있을 경우에는 원칙적으로 외부 시장가격을 이전가격으로 채택하는 것이 장기적으로 회사의 이익 증대에 유리하다.
③ 이익중심점인 중간사업부로 하여금 공정개선 및 기술혁신을 통한 원가절감을 이루도록 하기 위해서는 시장가격보다 고정원가를 포함한 단위당 제품원가를 이전가격으로 채택하는 것이 효과적이다.
④ 회사 전체에 이익이 되도록 이전가격제도를 운영하기 위해서는 최종사업부가 중간제품을 외부로부터 구입하는 것을 허용해야 한다.
⑤ 이전가격제도를 도입하게 되면 각 사업부의 경영자는 회사 전체의 성과보다는 자신의 사업부의 성과를 극대화하고자 할 수 있다.

04 투자중심점에 대한 이해 (2009 CPA)

투자중심점(investment center)의 투자성과 평가지표에 관한 다음의 설명 중 가장 타당하지 않은 것은?

① 투자수익률(ROI, Return on Investment)은 투하자본에 대한 투자이익의 비율을 나타내는 수익성 지표이며, 매출이익률에 자산회전율을 곱하여 계산할 수 있다.
② 투자수익률은 기업의 여러 투자중심점의 성과를 비교하는 데 유용할 수 있지만, 투자수익률의 수준이 투자중심점 경영자의 성과평가기준으로 사용될 경우에는 목표불일치 문제를 야기할 수 있다.
③ 잔여이익에 의한 투자중심점 성과평가는 투자수익률에 의한 준최적화 문제를 해결할 수 있으며, 각기 다른 투자규모의 투자중심점들의 성과를 잔여이익에 의하여 직접적으로 비교·평가할 수 있는 장점이 있다.
④ 경제적 부가가치(EVA, Economic Value Added)는 세후 영업이익에서 투하자본에 대한 자본비용을 차감하여 계산할 수 있다.
⑤ 경제적 부가가치의 관점에서는 영업이익이 당기순이익보다 기업의 경영성과를 평가하는 데 유용한 지표라고 본다.

05 투자수익률과 잔여이익 비교 (2015 CPA)

㈜한국의 엔진사업부는 단일의 제품을 생산·판매하는 투자중심점이다. ㈜한국의 최근 몇 해 동안의 투자수익률(ROI)은 평균 20%이며, 자본비용(즉, 최저필수수익률)은 15%이다. 다음은 20X1 회계연도 ㈜한국의 엔진사업부에 관한 예산자료이다.

항목	금액
• 엔진사업부의 연간 총고정원가	₩200,000
• 제품 단위당 변동원가	₩100
• 제품의 연간 생산·판매량	1,000단위
• 엔진사업부에 투자된 평균영업자산	₩500,000

㈜한국의 CEO는 엔진사업부 경영자의 성과평가측정치로 투자수익률 혹은 잔여이익(residual income)을 고려 중이다. 만약 투자수익률이 채택되는 경우, 엔진사업부 경영자가 불리한 평가를 받지 않기 위해서는 20X1 회계연도에 20% 이상의 투자수익률을 달성하여야 한다. 만약 잔여이익이 채택되는 경우, 20X1 회계연도에 엔진사업부가 음(−)의 잔여이익을 창출하게 되면 유리한 성과평가를 받을 수 없게 된다. ㈜한국이 엔진사업부의 성과평가측정치로 투자수익률 혹은 잔여이익을 사용하게 되는 각각의 경우에 대해, 엔진사업부 경영자가 20X1 회계연도에 불리한 평가를 받지 않기 위해 책정하여야 하는 제품 단위당 최소평균판매가격은 얼마인가?

	투자수익률을 사용하는 경우	잔여이익을 사용하는 경우
①	₩375	₩380
②	₩375	₩390
③	₩375	₩400
④	₩400	₩375
⑤	₩400	₩390

06 경제적 부가가치의 계산 (2006 CPA)

다음은 ㈜누리의 남부 사업부와 중부 사업부의 대차대조표와 손익계산서 자료의 일부이다.

	남부 사업부	중부 사업부
총자산	₩2,000,000	₩10,000,000
유동부채	500,000	3,000,000
세전영업이익	250,000	2,000,000

㈜누리의 가중평균자본비용 계산에 관련된 자료는 다음과 같다.

장기부채	시장가치 ₩7,000,000	이자율 10%
자기자본	시장가치 7,000,000	자본비용 14%

법인세율은 40%이다. 남부 사업부와 중부 사업부의 경제적 부가가치(EVA)는 얼마인가? (단, 각 사업부에는 동일한 가중평균자본비용을 적용한다.)

	남부 사업부	중부 사업부
①	₩100,000	₩130,000
②	₩50,000	₩130,000
③	₩0	₩500,000
④	₩50,000	₩200,000
⑤	₩100,000	₩200,000

07 경제적 부가가치의 계산 (2010 CPA)

㈜한해는 당기 초부터 고객에 대한 신용매출 기간을 3개월에서 6개월로 연장하는 판매촉진정책을 실시하였다. 그 결과 당기에는 전기에 비해 매출액과 세후이익이 모두 증가하였고, 재고자산과 매출채권은 각각 ₩4,000과 ₩3,500만큼 증가하였다. 회사가 제시한 비교손익계산서와 법인세율 및 자본비용(cost of capital)은 다음과 같다.

항 목	당 기	전 기	증 감
매출액	₩275,000	₩250,000	10% 증가
차감			
매출원가	₩192,500	₩175,000	
판매관리비	55,000	50,000	
이자비용	1,400	1,400	

(표 계속)

항 목	당 기	전 기	증 감
세전이익	₩26,100	₩23,600	
법인세비용	9,135	8,260	
세후이익	₩16,965	₩15,340	10.6% 증가
법인세율	35%	35%	
자본비용	15%	15%	

새로운 판매촉진정책의 실시로 인하여 당기의 경제적 부가가치(EVA, Economic Value Added)는 전기에 비해 얼마만큼 증가(혹은 감소)하였는가? (단, 세후 영업이익에 대한 추가적인 조정은 없으며 재고자산과 매출채권 이외에 투하자본(invested capital)의 변동은 없다고 가정한다.)

① ₩825 감소 ② ₩1,400 감소 ③ ₩500 증가
④ ₩1,125 증가 ⑤ ₩1,625 증가

08 잔여이익의 계산 (2016 CPA)

㈜한국의 투자중심점인 A사업부의 지난해 영업과 관련된 자료는 다음과 같다.

매출액	₩1,000,000
총변동원가	₩300,000
공헌이익	₩700,000
총고정원가	₩500,000
영업이익	₩200,000
평균영업자산	₩625,000

A사업부가 새로운 투자기회를 고려하지 않는다면, A사업부의 당기 성과와 평균영업자산은 지난해와 동일한 수준을 유지할 것이다. 그러나 당기에 A사업부가 고려 중인 투자안에 연간 평균 ₩120,000만큼 투자하게 되면, 이 새로운 투자안으로부터 예상되는 연간 수익, 원가 및 공헌이익률 관련 자료는 다음과 같다.

매출액	₩200,000
총고정원가	₩90,000
공헌이익률	60%

투자안의 채택 여부를 결정할 때 회사 전체와 각 사업부에 적용되는 최저필수수익률은 15%이다. 만약 A사업부가 새로운 투자안을 채택한다면, A사업부의 올해 예상되는 잔여이익(residual income)은 얼마인가?

① ₩106,250 ② ₩110,450 ③ ₩118,250
④ ₩121,450 ⑤ ₩124,450

09 잔여이익과 경제적 부가가치 비교 (2023 CPA)

㈜대한의 A사업부는 단일제품을 생산 및 판매하는 투자중심점이다. A사업부에 대해 요구되는 최저필수수익률은 15%, 가중평균자본비용은 10%, 그리고 법인세율은 40%이다. 다음은 20X3년도 ㈜대한의 A사업부에 관한 예산자료이다.

- A사업부의 연간 총고정원가는 ₩400,000이다.
- 제품 단위당 판매가격은 ₩550이다.
- 제품 단위당 변동원가는 ₩200이다.
- 제품의 연간 생산 및 판매량은 각각 2,000단위이다.
- A사업부에 투자된 평균영업자산과 투하자본은 각각 ₩1,000,000이다.

A사업부의 잔여이익(RI)과 경제적 부가가치(EVA)는 각각 얼마인가?

	잔여이익	경제적 부가가치
①	₩150,000	₩80,000
②	₩150,000	₩90,000
③	₩150,000	₩100,000
④	₩140,000	₩80,000
⑤	₩140,000	₩90,000

10 책임회계에 대한 이해 (2002 세무사)

분권화와 책임회계, 성과평가와 관련하여 다음의 설명 중에서 가장 적절한 것은?

① 분권화(decentralization)로부터 얻을 수 있는 효익으로 내부이전가격의 신속한 결정을 들 수 있다.
② 원가중심점은 특정 원가의 발생에만 통제책임을 지는 책임중심점으로 판매부문이 한 예가 될 수 있다.
③ 하부경영자가 자신의 성과측정치를 극대화할 때 기업의 목표도 동시에 극대화될 수 있도록 하부경영자의 성과측정치를 설정해야 하는데, 이를 목표일치성(goal congruence)이라고 한다.
④ 잔여이익(residual income)이 갖고 있는 준최적화(sub-optimization)의 문제점을 극복하기 위하여 투자수익률이라는 개념이 출현하였다.
⑤ 투자수익률법은 투자규모가 다른 투자중심점을 상호 비교하기가 어렵다는 문제점이 있는 반면에 잔여이익법에는 이런 문제점이 없다.

11 투자수익률 비교 (2012 세무사)

㈜국세는 분권화된 세 개의 사업부(X, Y, Z)를 운영하고 있다. 이들은 모두 투자중심점으로 설계되어 있으며, ㈜국세의 최저필수수익률은 20%이다. 각 사업부와 관련된 정보는 다음과 같다.

	X	Y	Z
자산회전율	4회	6회	5회
영업이익	₩400,000	₩200,000	₩210,000
매출액	₩4,000,000	₩2,000,000	₩3,000,000

투자수익률(ROI)이 높은 사업부 순서대로 옳게 배열한 것은?

① X > Y > Z ② X > Z > Y ③ Y > X > Z
④ Y > Z > X ⑤ Z > Y > X

12 잔여이익 계산 (2004 세무사)

공주㈜의 甲사업부의 작년도 ROI는 15%였다. 甲사업부의 최저필수수익률은 10%이다. 만약 작년도 甲사업부의 평균영업용자산이 ₩450,000이었다면 잔여이익은 얼마였겠는가?

① ₩67,500 ② ₩22,500 ③ ₩37,500
④ ₩45,000 ⑤ ₩35,000

13 투자중심점에 대한 성과평가 (2014 세무사)

㈜세무는 전자제품을 생산·판매하는 회사로서, 세 개의 사업부 A, B, C는 모두 투자중심점으로 설계·운영되고 있다. 회사 및 각 사업부의 최저필수수익률은 20%이며, 각 사업부의 20X1년도 매출액, 영업이익 및 영업자산에 관한 자료는 다음과 같다.

	사업부 A	사업부 B	사업부 C
매출액	₩400,000	₩500,000	₩300,000
영업이익	32,000	30,000	21,000
평균영업자산	100,000	50,000	50,000

현재 사업부 A는 ₩40,000을 투자하면 연간 ₩10,000의 영업이익을 추가로 얻을 수 있는 새로운 투자안을 고려하고 있다. 이 새로운 투자에 소요되는 예산은 현재의 자본비용 수준으로 조달할 수 있다. ㈜세무가 투자수익률 혹은 잔여이익으로 사업부를 평가하는 경우, 다음 설명 중 옳지 않은 것은?

① 투자수익률로 사업부를 평가하는 경우, 20×1년에는 사업부 B가 가장 우수하다.
② 잔여이익으로 사업부를 평가하는 경우, 20×1년에는 사업부 B가 가장 우수하다.
③ 잔여이익으로 사업부를 평가하는 경우, 사업부 A의 경영자는 동 사업부가 현재 고려 중인 투자안을 채택할 것이다.

④ 투자수익률로 사업부를 평가하는 경우, 사업부 A의 경영자는 동 사업부가 현재 고려 중인 투자안을 채택할 것이다.

⑤ 투자수익률 혹은 잔여이익 중 어느 것으로 사업부를 평가하는 경우라도, 회사 전체 관점에서는 사업부 A가 고려 중인 투자안을 채택하는 것이 유리하다.

14 사업부 잔여이익 비교 (2010 세무사)

㈜강릉은 다음과 같은 3개의 사업부(A, B, C)를 갖고 있다. 다음 자료를 이용하여 각 사업부를 잔여이익으로 평가했을 때 성과가 높은 사업부 순서대로 옳게 배열한 것은?

구 분	A	B	C
투자액	₩1,300,000	₩1,200,000	₩1,500,000
영업이익	300,000	330,000	350,000
최저필수수익률	15%	19%	16%

① C > A > B
② C > B > A
③ B > A > C
④ A > C > B
⑤ A > B > C

15 EVA 계산 (2021 세무사)

㈜세무는 사업부의 성과를 평가하기 위해 각 사업부의 EVA(경제적 부가가치)를 계산하려고 하는데, 사업부 중 한 곳인 남부 사업부의 재무상황은 총자산 ₩2,000,000, 유동부채 ₩500,000, 영업이익 ₩400,000이다. ㈜세무의 두 가지 자금원천 중 하나인 타인자본의 시장가치는 ₩6,000,000이고, 그에 대한 이자율은 10%이다. 나머지 원천인 자기자본의 시장가치는 ₩9,000,000이고 그에 대한 자본비용은 15%이다. ㈜세무에게 적용되는 법인세율은 40%이다. 각 사업부의 EVA 계산은 기업 전체의 가중평균자본비용을 적용한다. 이러한 상황에서 계산된 남부 사업부의 EVA는?

① ₩58,000
② ₩69,000
③ ₩72,000
④ ₩74,000
⑤ ₩78,000

16 최저수익률 계산 (2021 감정평가사)

㈜감평은 평균영업용 자산과 영업이익을 이용하여 투자수익률과 잔여이익을 산출하고 있다. ㈜감평의 20X1년 평균영업용 자산은 ₩2,500,000이며, ROI는 10%이다. ㈜감평의 20X1년 RI가 ₩25,000이라면 최저필수수익률은?

① 8%
② 9%
③ 10%
④ 11%
⑤ 12%

찾아보기

ㄱ

ㅇ

ㅈ

C

D

E

F

G

Q

R

S

T

U

V

W

Z